D1730293

Der
Reise Know-How Verlag Peter Rump GmbH
ist Mitglied der
Verlagsgruppe
REISE KNOW-HOW

Thomas Barkemeier
Rajasthan

Die Leidenschaft des Reisens ist das weiseste Laster,
welches die Erde kennt.

Bruno H. Bürgel

Thomas Barkemeier

Rajasthan

Impressum

Thomas Barkemeier
Rajasthan
erschienen im
REISE KNOW-HOW Verlag Peter Rump GmbH
Hauptstr. 198
33647 Bielefeld/Brackwede

© **Peter Rump**
1. Auflage 1997

Gestaltung:
Umschlag: M. Schömann, P. Rump
Inhalt: Günther Pawlak
Fotos: Thomas Barkemeier
Karten: Catherine Raisin, der Verlag

Druck, Bindung: Fuldaer Verlagsanstalt GmbH, Fulda

ISBN: 3-89416-616-9

PRINTED IN GERMANY

Dieses Buch ist erhältlich in jeder Buchhandlung der BRD, Österreichs,
der Niederlande und der Schweiz. Bitte informieren Sie Ihren Buchhändler
über folgende Bezugsadressen:
BRD: Prolit GmbH, Postfach 9, 35461 Fernwald (Annerod)
Schweiz: AVA-buch 2000, Postfach 89, CH-8910 Affoltern
Österreich: Mohr Morawa Buchvertrieb GmbH, Sulzengasse 2, A-1230 Wien
Niederlande: Nilsson & Lamm BV, Postbus 195, NL-1380 AD Weesp

Wer im Laden trotzdem kein Glück hat, bekommt unsere Bücher
gegen Voreinsendung des Kaufpreises plus 4,50 DM für
Porto und Verpackung (Scheck im Brief) direkt bei:
Rump-Direktversand, Heidekampstr. 18, 49809 Lingen (Ems)

● Wir freuen uns über Kritik, Kommentare und Verbesserungsvorschläge.
● Der Verlag sucht **Autoren** für qualitativ gleichartige Reiseführer.

Vorwort

Mit Gold und Juwelen geschmückte Maharajapaläste, Kamelkarawanen vor der Silhouette der untergehenden Sonne, sich endlos bis zum Horizont ziehende Sanddünen, Frauen mit brokatüberzogenen Saris, Männer mit leuchtend bunten Turbanen, uralte Karawanenstädte, legendenumwobene Trutzburgen, einzigartige Festtagsumzüge mit geschmückten Elefanten, Gauklern und Musikern - Rajasthan, das mit 342.000 qkm nach Madhya Pradesh zweitgrößte Bundesland im äußersten Nordwesten Indiens scheint alle Bilder des Märchenlandes in sich zu vereinigen. Tatsächlich erweckt dieses ehemalige Rajputana, das Land der Königssöhne, wie kaum eine andere Region Phantasien von Tausendundeiner Nacht. In vielen historischen Reiseberichten wird immer wieder vor der landschaftlichen Schönheit, dem sagenumwobenen Reichtum der Herrscherhäuser und den exotischen Farben Rajasthans geschwärmt. Und nie fehlten die phantasievoll ausgeschmückten Geschichten, die den legendären Stolz der Bewohner hervorhoben.

Bevor man jedoch in eine allzu vorschnelle Rajasthan-Schwärmerei verfällt, sollte man sich mit jener Realität vertraut machen, die in keinem Werbeprospekt auftaucht. Bittere Armut, ausbeuterische Arbeitsverhältnisse, Kinderheiraten, die Tötung von Neugeborenen unmittelbar nach der Geburt, Umweltzerstörung und das Schicksal der ihren Ehemännern sklavisch untergebenen Frauen gehören zur alltäglichen Lebenserfahrung der 46 Millionen Rajasthanis. Ebenso wie in Indien liegen auch in Rajasthan Schönheiten und Scheußlichkeiten eng beieinander. Gerade zu Beginn der Reise tun sich an die wohlgeordnete und wohlbehütete Mittelstandsgesellschaft gewöhnte westliche Reisende bei der Verarbeitung des lebensvollen und in jeder Beziehung extremen indischen Alltagslebens oftmals schwer. Hilfreich wäre es hierbei sicherlich, vorurteilsfrei die gänzlich neuen Eindrücke auf sich wirken zu lassen, ohne die sonst übliche Gewohnheit, alles sofort etikettieren und bewerten zu müssen.

Neben der jahrhundertelangen Ausplünderung der Bevölkerung durch die verschwendungssüchtigen Maharajas, ist der Grund für die Rückständigkeit der Region in den extrem ungünstigen geographischen Bedingungen zu finden. Über 50 % der Gesamtfläche Rajasthans nimmt die landwirtschaftlich nur sehr begrenzt nutzbare **Wüste Thar** ein. In dieser äußerst regenarmen westlichen Region Rajasthans, in der der Monsun oft jahrelang ganz ausbleibt, müssen über 50 % der Bevölkerung ihren kargen Lebensunterhalt durch Viehzucht verdienen, wobei das Kamel als Arbeitstier von unschätzbarem Wert ist.

Dabei ist es gerade die bis heute geringe industrielle Erschließung und das dadurch bedingte Überleben traditioneller Lebensformen, die die eigentliche Faszination Rajasthans ausmacht. Natürlich ist der in Indien deutlich spürbare Wandel auch am Land der Königssöhne nicht spurlos vorbeigegangen, doch noch immer bieten sich dem Besucher Bilder unvergleichlicher Schönheit. So ist Rajasthan heute zu Recht der mit Abstand meistbesuchte Bundesstaat Indiens, wobei die Zahl der zu besichtigenden Ziele schier unerschöpflich ist. Letztlich ist es fast egal, ob man sich nun in die märchenhafte Wüstenstadt Jaisalmer aufmacht, ins romantische Udaipur, zum atemberaubenden Meharangarh Fort nach Jodhpur oder in die touristisch noch relativ unentdeckte und gerade deshalb um so faszinierendere Shekhawati-Region - hier wie dort gilt, trotz aller Probleme: Rajasthan ist märchenhaft schön.

Thomas Barkemeier

Exkurse

- Schlepper 56
- Die geschlagene Heilige – die heilige Kuh 77
- Mitgiftmorde und andere Grausamkeiten – Frauen in Indien 96
- Die Kasten zwischen Beharrung und Auflösung 100
- Die Herkunft der Rajputen 108
- Die Probleme der raj. Landwirtschaft 140
- 330 Millionen Möglichkeiten – die indische Götterwelt 144
- Mitleid fehl am Platz – das alltägliche Elend in den Augen der Inder 184
- Rettung in letzter Sekunde – Project Tiger 268
- Kamelsafaris 346

Hinweise zur Benutzung

Gliederung des Buches

Dieses Reisehandbuch ist in vier große Abschnitte unterteilt. Den Anfang macht ein praktischer Teil, in dem alles Wissenswerte für die **Reisevorbereitung zu Hause** zusammengestellt ist. Es folgt ein ausführlicher Abschnitt mit Informationen, die einem das **Reisen in Rajasthan** erleichtern sollen. Hier wird u.a. auf das für Indienreisende zunächst schwer zu durchschauende Kapitel Bahnfahren eingegangen. Der sich anschließende Teil **Land und Leute** befaßt sich mit dem geographischen, kulturellen, religiösen und politischen Vielschichtigkeit des Landes. Der eigentliche **Reiseteil** beschreibt ausführlich die Städte und Sehenswürdigkeiten Rajasthans sowie Delhi und Agra. Die über den gesamten Text verstreuten Exkurse dienen dazu, ganz unterschiedliche Aspekte des indischen Alltagslebens näher zu beleuchten. Ein **Register** im **Anhang** erleichtert die Orientierung. Im Anhang findet sich auch eine Sprachhilfe Hindi sowie Tabellen mit Bahn- und Flugzeiten.

Bei größeren bzw. touristisch bedeutenden Orten wurde eine Unterteilung in **An- und Weiterreise** vorgenommen, wobei das Schwergewicht auf die Weiterreise gelegt wurde. Dementsprechend werden hier auch die einzelnen Verkehrsverbindungen detaillierter aufgeführt, während das Ankunftskapitel nur einer ersten, groben Orientierung dient. Um dem Leser einen ersten Eindruck von der Größe der Stadt zu vermitteln, wurden den Städtenamen die jeweiligen **Einwohnerzahlen** hinzugefügt – ist dies nicht der Fall, liegen sie unter 10.000.

Preise

Mehr noch als bei anderen Ländern steht ein Reiseführer Indien in der Gefahr, daß die genannten Preise im Moment der Drucklegung schon wieder überholt sind. Dies deshalb, weil die 1992 eingeführte Liberalisierung der zuvor jahrzehntelang unter staatlicher Kontrolle gehaltenen Wirtschaft erhebliche **Preissteigerungen** zur Folge hatte. Unglücklicherweise gilt dies besonders für die Tourismusindustrie. Vor allem im Hotelwesen, aber auch bei öffentlichen Verkehrsmitteln wie Bahn und Bus ist in den nächsten Jahren mit saftigen Aufschlägen zu rechnen. Obwohl die meisten der hier genannten Preise auf dem Stand von Mitte 1996 beruhen, liegt man sicher nicht falsch, wenn man ein paar Prozente hinzurechnet. **Eintrittspreise** werden nur dann aufgeführt, wenn sie mindestens 10 Rs (=ca. 0,50 DM) betragen.

Indische Begriffe

Wie heißt es denn nun? Punjab, Pandschab oder Panjab, Nirwana oder Nirvana, Chittaugarh oder Chittorgarh?

Es ist verwirrend: Selbst in Indien gibt es verschiedene Schreibungen für einen Ortsnamen, entweder mehr oder weniger korrekt der offiziellen Transkription oder der englischen

Schreibweise folgend. Im Deutschen wiederum wird beispielsweise der Maharadscha immer häufiger auf englische Weise Maharaja geschrieben.

Daher wird in diesem Buch die linguistisch korrekte Transkription für Begriffe aus dem Hindi übernommen. Nur gelegentlich, vor allem bei Namen und bei bekannten Begriffen, wird die englische Schreibweise benutzt.

Häufig benutzte indische Begriffe werden in einem *Glossar im Anhang* des Buches erklärt, geographische Begriffe im Kapitel zur Geographie.

Gesundheit

Dem gerade in Indien besonders wichtigen Thema Gesundheit ist ein *Beiheft* gewidmet, das jedem Buch beiliegt.

Vor der Reise

Botschaften und Konsulate

in Deutschland

● **Indische Botschaft**
Adenauerallee 262-264
53113 Bonn
Tel.: 0228/54050
Fax: 0228/5405153 und 5405154
● **Indisches Generalkonsulat**
Mittelweg 49
60318 Frankfurt/Main
Tel.: 069/153005 0
Fax: 069/554125
● **Büro Indische Botschaft**
Majakowskiring 55
13156 Berlin-Niederschönhausen
Tel.: 030/4800178
Fax: 030/4827034

in Österreich

● **Indische Botschaft**
Kärntner Ring 2
1010 Wien
Tel.: 01/5058666
Fax: 01/5059219

in der Schweiz

● **Indische Botschaft**
Effringerstr. 45
3008 Bern
Tel.: 031/3823111
Fax: 031/3822687
● **Indisches Generalkonsulat**
9, Rue de Valais
1202 Genf
Tel.: 022/7320859
Fax: 022/7315471

Informationsstellen

in Deutschland

● **Indisches Fremdenverkehrsamt**
Baseler Str. 48
60329 Frankfurt/Main
Tel.: 069/2429490
Fax: 069/24294977

in der Schweiz

● **Indisches Fremdenverkehrsamt**
13, Rue de Chantepoulet
1201 Genf
Tel.: 022/9097000
Fax: 022/9097011

in Österreich

● In Österreich unterhält Indien kein Fremdenverkehrsbüro. Infos können dort von der Indischen Botschaft eingeholt werden.

Weitere Informationsstellen

● **Deutsch-Indische-Gesellschaft**
(Bundesgeschäftsstelle)
Charlottenplatz 17
70173 Stuttgart
Tel.: 0711/297078
Zweigstellen gibt es in vielen größeren Städten in Deutschland.
● **Indisches Kulturzentrum**
Stormstr. 10
14050 Berlin
Tel.: 030/3026505
Fax: 030/3066059
● **Deutsch-Indisches Informationsbüro e.V.**
Oststr. 84
40210 Düsseldorf
Tel.: 0211/360597
Fax: 0211/350287

Einreisebestimmungen

Visum

Verschiedene Visa

Die Visavorschriften für Indien wurden mit Wirkung zum 1. Januar 1995 verändert. Man kann zwischen mehreren Kategorien wählen:

● *Touristenvisum, 3 Monate gültig:* berechtigt zur mehrmaligen Einreise, erste Einreise muß innerhalb von 3 Monaten nach Ausstellung erfolgen. Gebühr: 35 DM.

● *Touristenvisum, 6 Monate gültig:* berechtigt zur mehrmaligen Einreise, erste Einreise muß innerhalb von 3 Monaten erfolgen. Gebühr: 70 DM.

● *Geschäftsvisum:* gültig bis zu einem Jahr ab dem Datum der ersten Einreise. Gebühr: 85 DM.

Studentenvisum: Nachweis der indischen Universität erforderlich. Gebühr: 85 DM.

● *Fünf-Jahres-Visum:* spezielles Visum für Vielfach-Indien-Besucher und Geschäftsleute, Nachweise erforderlich. Kosten: 180 DM.

● Wer *länger als einen Monat* in Indien bleiben will, sollte beim Visumantrag unter der Rubrik "Für welchen Zeitraum wird das Visum benötigt" auf jeden Fall 6 Monate eintragen. Egal ob man 2 oder 6 Monate angibt, die Kosten bleiben gleich. So hat man die Möglichkeit, wesentlich länger zu bleiben, als man ursprünglich vielleicht geplant hatte. Dem Visumantrag müssen neben dem ausgefüllten, vorher bei der Botschaft bzw. dem Konsulat angeforderten *Antragsformular* (Rückporto beifügen) ein *Reisepaß*, der ab dem Ankunftsdatum in Indien noch mindestens sechs Monate gültig ist, sowie *zwei Paßbilder* neueren Datums beigefügt sein. Das Ganze wird zusammen mit der Visumgebühr bzw. dem Originaleinzahlungsbeleg in einem frankierten Rückumschlag per Einschreiben an die indische Vertretung geschickt. Als Bearbeitungszeit sollte man etwa 10 Tage rechnen. Wesentlich schneller geht es selbstverständlich, wenn man persönlich bei der Botschaft vorspricht.

Visumverlängerung

Wer sein im Ausland erhaltenes sechsmonatiges Visum in Indien voll ausgeschöpft hat, braucht sich gar nicht erst der bürokratischen Mühe einer Visumverlängerung auszusetzen, da man als Tourist *nur 180 Tage im Jahr* in Indien verbringen darf. Erst wieder nach einem halben Jahr darf man erneut ins Land einreisen.

Ansonsten sind für Visumverlängerungen in Großstädten die sogenannten *Foreigners Regional Registration Offices,* in Distrikthauptstädten die lokalen *Polizeibehörden* zuständig. Das Problem ist, daß dabei meist völlig unterschiedlich vorgegangen wird. Während man in einigen Städten relativ schnell und unproblematisch eine Verlängerung bekommt, erteilen andere sie gar nicht. Auch über die vorzulegenden Dokumente scheint Konfusion zu herrschen. Auf jeden Fall sollte man neben dem Paß immer die *Umtauschbescheinigungen* der Banken und mindestens *vier Paßfotos* dabei haben.

Auch bei den *Kosten* scheint es keine klaren Richtlinien zu geben. Manche Traveller erhielten ihre Verlängerung umsonst, anderen knöpfte man 500 Rs ab. Am besten, man beantragt zu Hause gleich ein sechsmonatiges Visum, dann hat man später mit der ganzen Prozedur nichts mehr zu tun.

Einfuhrbestimmungen

In Indien gelten die international üblichen *Zollbestimmungen*, d.h. man darf neben Artikeln des persönlichen Bedarfs u.a. 200 Zigaretten oder 50 Zigarren sowie Geschenke bis zu einem Wert von 800 Rs einführen. Spezielle *Beschränkungen* gibt es für elektronische Geräte wie z.B. Kameras, Videogeräte oder Laptops. Wer mehr als eine Kamera mit zwei Objektiven und 30 Filme dabei hat, muß diese auf einem speziellen Formular offiziell deklarieren, welches bei der Ausreise wieder vorzulegen ist. Hiermit will man unterbinden, daß man seine Reisekasse mit dem Verkauf dieser Waren aufbessert. Im Grunde beläßt man es jedoch bei der Absicht, denn mir ist bisher kein einziger Tourist bekannt geworden, den man bei der Ausreise tatsächlich nach dem Formblatt gefragt hätte.

Flug

Flugtickets

Der offizielle, von der *IATA (International Air Transport Association)* festgesetzte Flugpreis für die Strecke Frankfurt – Delhi – Frankfurt liegt bei etwa 5.100 DM. Doch keine Angst, soviel zahlt kaum jemand, es sei denn, er ist Geschäftsreisender. Die Preise für Billigtickets liegen zwischen 1.200 und 2.000 DM. Wer darauf achtet, entdeckt in der linken unteren Ecke des Tickets den festgesetzten IATA-Preis, jeweils in der Währung des Landes, in dem der Agent das Ticket ausgestellt hat. Die Flüge ab Amsterdam oder Brüssel liegen preislich oft unter denen ab Frankfurt, für Leute aus Grenzgebieten könnten diese Angebote interessant sein.

Welches Reisbüro verkauft Billigtickets?

Billigreisebüros annoncieren oft in speziellen Reisezeitschriften, Alternativblättern oder in Stadtmagazinen. Wer einen erfahrenen Globetrotter kennt, sollte ihn mal fragen, wo er seine Tickets kauft. Ansonsten sollte man die Reisebüros in der Stadt anrufen und nach den Preisen fragen. Generell ist aber nicht immer das billigste Reisebüro auch das beste.

Manche Tickets haben eine kurze Geltungsdauer, also z.B. nur 30 oder 45 Tage. Das ist dann nichts für Langzeitreisende. Andere Tickets sind billig, weil die einmal gebuchten Termine nicht mehr verschoben werden können. Bei der Anfrage also immer gleich nach der Gültigkeitsdauer fragen! Eine Zusammenstellung von Billigflügen findet sich im Anhang.

Abgestürzt: Die indische Fluggesellschaft ModiLuft mußte ihren Betrieb stark einschränken

Welche Fluglinie?

Die Wahl der Fluggesellschaft fällt bei der Vielzahl der Angebote oft recht schwer. Neben dem Preiskriterium sollte man unbedingt die *Flugdauer* berücksichtigen. Die meisten Airlines fliegen nicht direkt nach Indien, sondern man muß irgendwo unterwegs das Flugzeug wechseln. In der Regel müssen die Passagiere im Heimatflughafen der betreffenden Fluggesellschaft umsteigen. Es macht schon einen gravierenden Unterschied, ob man 15 Stunden eingepfercht im Flugzeug sitzt und dann stundenlang auf irgendeinem Flughafen auf Anschluß wartet, oder ob man schon nach neun Stunden Direktflug in Delhi landet.

Verschiedene Reisebüros bieten den gleichen Flug zu unterschiedlichen Preisen an. Das liegt daran, daß die Reisebüros die Tickets von einem Zwischenhändler beziehen, der meistens im Ausland sitzt. Nicht alle Zwischenhändler nehmen dieselben Preise. So kann es passieren, daß das gleiche Ticket im Reisebüro A wesentlich teurer ist als im Reisebüro B.

Wie lange sind die Tickets gültig?

Es gibt *Gültigkeitsdauern* von 30 oder 45 Tagen, 3, 6 und 12 Monaten. Nach Ablauf der Frist (siehe Gültigkeitsdauer in der Mitte des Tickets über der Flugstreckenangabe) ist keine Verlängerung möglich, das Ticket verfällt dann.

Warteliste – was ist das?

Ist der gewünschte Flugtermin belegt, kann man sich auf die Warteliste setzen lassen, d.h. man kann noch einen Platz bekommen, wenn andere Passagiere ihre Buchung rückgängig machen. Es gibt also keine Garantie, daß man mitfliegen kann. Die besseren Fluggesellschaften geben ihren Wartelisten-Kandidaten Wartenummern, an denen man ablesen kann, wie viele potentielle Passagiere noch vor einem kommen. Bei Tickets, die lange vor dem Flug gekauft wurden, ist die Chance groß, daß der Warteplatz in einen bestätigten Flug umgewandelt wird, da meist

in der Zwischenzeit einige Passagiere abspringen.

Man sollte unbedingt darauf achten, ob das Reisebüro ein *bestätigtes Ticket* oder eines *mit Platz auf der Warteliste* ausstellt. Bestätigte Tickets verzeichnen rechts neben der Streckenangabe (z.B. Frankfurt – Delhi) den Vermerk "OK". Steht stattdessen ein "RQ" (Request), so bedeutet das einen Platz auf der Warteliste! Das Ticket also gut anschauen, wenn man vorher ausdrücklich um einen bestätigten Flugtermin gebeten hat, das "RQ"-Ticket verweigern! Einige schwarze Schafe unter den Reisebüros versprechen feste Plätze, auch wenn der Flug längst ausgebucht ist und die Passagiere auf Warteliste gesetzt werden.

Was ist "Rückbestätigung"?

Kauft man ein Ticket Frankfurt – Delhi – Frankfurt mit schon festgesetzten Terminen, muß der Rückflug dennoch am Zielort (in diesem Fall Delhi) mindestens 72 Stunden vor dem Abflug rückbestätigt werden. Man muß sich also mit der betreffenden Airline in Verbindung setzen – Telefonanruf genügt – um noch einmal zu bestätigen, daß man wirklich zu dem gebuchten Termin fliegt. Vergißt man diese Rückbestätigung *(reconfirmation)*, kann man im Computer der Airline gestrichen werden, und der Flugtermin ist dahin. Das Ticket verfällt dadurch aber nicht, es sei denn, der Gültigkeitstermin wird überschritten. Bei der Rückbestätigung erfährt man gleichzeitig, ob das Flugzeug wirklich zur geplanten Zeit abfliegt.

Rückflug - was ist zu beachten?

Viele internationale Fluggesellschaften verfahren inzwischen nach der Regel, daß die Fluggäste drei Stunden vor der Abflugzeit am Schalter der Airline *einchecken* müssen. Das ist zwar äußerst früh und nicht selten kommt es vor, das der Schalter zur angegebenen Zeit noch gar nicht geöffnet hat, doch es empfiehlt sich aus mehreren Gründen zur angegebenen Zeit zu erscheinen.

Bevor man sich am Check-in-Schalter anstellt, gilt es nämlich noch einige Formalitäten zu erledigen, die bei der auf indischen Flughäfen herrschenden chronischen Desorganisation oftmals recht langwierig ausfallen können.

Zunächst muß man an einem speziellen Schalter die *Flughafengebühr* von 150 Rupies für benachbarte Länder (Pakistan, Sri Lanka, Bangladesh, Nepal), bzw. 300 Rupies in alle anderen Länder bezahlen. Überzähliges *indisches Geld* kann nun gegen Vorlage einer Bankquittung, die bestätigt, daß man den Betrag offiziell getauscht hat, an einem Bankschalter in der Abfertigungshalle gegen westliches Geld zurückgetauscht werden. Da es immer wieder vorkommt, daß einige Bankangestellte dabei etwas schummeln und in ihre eigene Tasche wirtschaften, sollte man den ausgezahlten Betrag genau nachzählen. Schließlich gilt es noch sein *Gepäck* durchleuchten und versiegeln zu lassen. In der Regel ist der Name des Zielflughafens an der Röntgenmaschine angebracht. Wer vergessen hat, die Flughafengebühr zu bezahlen und sein Gepäck versiegeln zu lassen, wird am Check-in-Schalter nicht abgefertigt.

Besonders wer mit einer Billig-Airline fliegt, sollte so früh als möglich einchecken, da diese ihre Flüge gern *überbuchen* und so die zuletzt ankommenden Fluggäste nicht mehr abgefertigt werden. Das ist zwar nicht die Regel, kommt jedoch immer mal wieder vor, und dann hilft auch das Pochen auf ein OK-Ticket meist nicht mehr. Wer frühzeitig erscheint, hat zudem den Vorteil der freien Sitzplatzwahl, wobei sich die bequemsten Sitze am Notausgang befinden, da man hier niemanden vor sich sitzen hat und uneingeschränkte Beinfreiheit genießt.

Ticket verloren – was nun?

Geht ein Ticket verloren, das in Delhi schon rückbestätigt wurde, hat man gute Chancen, einen Ersatz dafür zu erhalten. Einige Airlines kassieren aber noch einmal 10 % des Flugpreises, andere 50 %, und bei manchen läuft gar nichts mehr. Wer auf "Nummer Sicher" gehen will, kann die Rückflugtickets im Büro der Fluggesellschaft in Delhi deponieren (gegen Quittung) und sie dann kurz vor dem Abflug abholen. Die *Deutsche Botschaft* bewahrt ebenfalls Wertgegenstände auf, was aber Gebühren kostet.

Kleines "Flug-Know-How"

● Alle Fluggesellschaften bieten auf Wunsch *Sondermahlzeiten* an. Am besten, man reserviert sie gleich bei der Buchung des Tickets, spätestens aber drei Tage vor Abflug. Das Spektrum umfaßt die Kategorien vegetarisch (oft unterschieden in westlich und indisch/orientalisch), moslemisch, Diabetikerkost u.a.. Die Zuverlässigkeit, mit der die Airline den gebuchten Speisewunsch erfüllt, zeigt, wie gut oder schlecht sie ist.
● Falls das Flugzeug mit einer *Verspätung* von mehr als 2-3 Stunden fliegt, servieren die besseren Airlines ihren Passagieren im Flughafenrestaurant eine Mahlzeit. Bei den Billig-Airlines muß man sein Essen oft durch kräftige Worte einklagen. Bei derartigen Verspätungen kann man beim Bodenpersonal der entsprechenden Fluggesellschaft um Essenscoupons bitten. Dieser Essensservice ist übrigens keine Good-Will-Aktion der Airlines, sondern eine Vorschrift der *IATA*, des Dachverbandes aller Fluggesellschaften.

Anreise aus asiatischen Nachbarländern

Siehe entsprechendes Kapitel im Abschnitt "Reisen in Rajastan".

Ausrüstung

Reisegepäck

Jeder, der auf Reisen eine unbeschwerte Zeit verbringen will, sollte seine Reisetasche oder seinen Rucksack nicht unnötig überladen. Bei der Frage nach der mitzunehmenden Ausrüstung sollte man dementsprechend nach dem Prinzip "Soviel wie nötig, sowenig wie möglich" verfahren. Selbst wenn man nach der Ankunft in Indien feststellt, daß man etwas vergessen hat, ist das kein Beinbruch, läßt sich das meiste doch auch im Lande selbst und zudem noch wesentlich billiger kaufen.

Kleidung

Die Auswahl der richtigen Kleidungsstücke hängt in erster Linie von der Reisezeit und Reiseart ab und kann dementsprechend völlig unterschiedlich ausfallen.

Generell sollte man bedenken, daß es in der Hauptreisezeit von Oktober bis Februar nachts in Rajasthan recht kühl werden kann. Speziell bei längeren Bus- und Zugfahrten ist zumindest ein **warmer Pullover** oder eine Jacke ratsam. Bei allen Kleidungsstücken sind **schweißaufsaugende Naturmaterialien** synthetischen Waren vorzuziehen. Auch ein Paar **feste Schuhe** ist bei den oftmals schmutzigen Straßen empfehlenswert. Wer des öfteren in Billigunterkünften mit Gemeinschaftsdusche übernachtet, sollte ein Paar

Badelatschen dabei haben. Gegen die pralle Sonne hilft eine **Kopfbedeckung** oder alternativ ein **Regenschirm.** Einem Mitteleuropäer mag der Gedanke, sich mit einem Regenschirm vor der Sonne zu schützen, recht albern vorkommen, doch viele Inder machen es genauso. Im übrigen ist ein Regenschirm während der Monsunzeit ein unverzichtbares Utensil.

Schludrige Kleidung sieht man in Indien generell nicht gern, bei vermeintlich reichen Westlern schon gar nicht. Man sollte also zumindest eine Garnitur gepflegter Kleidung mit sich führen, allein schon, um bei Behördengängen oder privaten Einladungen einen seriösen Eindruck zu hinterlassen.

Lange Hosen und **langärmelige Oberbekleidung** sind nicht nur zum Besuch von Tempeln, Moscheen und anderen heiligen Stätten angebracht, sondern dienen auch als Schutz vor Moskitos.

Toilettensachen

● Übliche **Hygieneartikel** wie Shampoo, Zahnpasta, Deo und Rasierschaum sind problemlos und sehr preiswert in Indien zu bekommen.

In Indien sollte man immer ordentlich gekleidet sein (Foto um 1910)

●Indische **Seife** ist allerdings sehr alkalisch und wird von vielen nicht vertragen. Hier wie auch sonst sind die vielfach erhältlichen, aus rein pflanzlichen Stoffen bestehenden ayurvedischen Präparate vorzuziehen.

●Auch **Toilettenpapier** ist inzwischen fast im ganzen Land zu bekommen, mit etwa 15 Rs pro Rolle jedoch relativ teuer. Wo es keines gibt, ist man auf die indische Methode angewiesen: einen Wasserkrug in die rechte Hand, säubern mit der linken. Händewaschen wird danach niemand vergessen …

●Auf jeden Fall sollte reichlich **Sonnenschutzcreme** schon von zu Hause mitgenommen werden, da sie selbst in Baderegionen wie Goa fast unbekannt ist. Bei der intensiven Sonnenbestrahlung ist ein hoher Sonnenschutzfaktor erforderlich.

●Während der trocken-heißen Jahreszeit von März bis Juli ist eine **Hautcreme** und ein **Lippenpflegestift** (z.B. Labello) sehr nützlich, da Haut und Lippen sonst sehr schnell spröde werden.

●Zum **Schutz vor Mücken** empfiehlt sich die Mitnahme eines entsprechenden chemischen Präparates.

●**Tampons** sind in Indien relativ unbekannt und deshalb, wenn vorhanden, teuer. Deshalb empfiehlt es sich, genügend von zu Hause mitzunehmen.

Reiseapotheke
Siehe Anhang.

Sonstiges
●Wegen der immer wieder auftretenden Stromausfälle, auf Zugfahrten und bei nächtlichen Spaziergängen ist eine **Taschenlampe** unverzichtbar.

●**Wasserflasche** und **Wasserentkeimungstabletten** *(Mikropur)* machen unabhängig vom teuren und im übrigen auch nicht ganz sicheren Mineralwasser. Zudem beteiligt man sich auch nicht am Müll, den die Plastikwasserflaschen verursachen.

●**Kondome** schützen nicht nur gegen ungewollte Schwangerschaft und Geschlechtskrankheiten, sondern auch gegen das sich in Indien rasant ausbreitende Aids.

●Nicht so sehr als Wärmeschutz, sondern vor allem um unabhängig von der oftmals nicht gerade persilreinen Bettwäsche in Hotels zu sein, empfiehlt sich ein **Jugendherbergsschlafsack**. Auch auf Nachtfahrten im Zug von großem Vorteil.

●Indische Busse sind hart gefedert, die Sitze schlecht gepolstert und die Straßen holprig: Ein **aufblasbares** Kissen läßt einen die Schläge wesentlich besser ertragen.

●In Hotels sollte man sein Zimmer mit einem eigenen **Vorhängeschloß** versperren. Auch ein kleineres Schloß für den Rucksack ist sinnvoll.

●Beim Schälen von Obst, Öffnen von Flaschen, Schneiden von Brot – das **Schweizermesser** ist immer noch die Allzweckwaffe eines jeden Travellers.

●Wer seine Wäsche selbst waschen möchte, der sollte eine **Wäscheleine** nebst einigen **Klammern** mitnehmen. Hierzu gehört auch ein **Waschbeckenstopfen**, um nicht ständig bei laufendem Wasser waschen zu müssen.

●In lauten Hotelzimmern, bei langen Zugfahrten und vielen anderen Situationen sind im lauten Indien **Ohrstöpsel** von unschätzbarem Wert.

●Zur sicheren Verwahrung von Papieren, Geld und Tickets: **Bauchgurt, Brustbeutel** und **Geldgürtel**.

●**Weiteres:** mehrere Paßfotos, Sonnenbrille, Ersatzbrille für Brillenträger, Adressheftchen, Tagesrucksack, Englisch-Deutsch- und Deutsch-Hindi-Sprachführer, Nähzeug, Sicherheitsnadeln, Bindfaden, Ladegerät für Batterien, Wecker, Kopien von Paß, Reiseschecks und Tickets.

Karten

Die beiden besten **in Deutschland** erhältlichen **Karten für ganz Indien** stammen aus dem *Bartholomew*- bzw. aus dem *Nelles*-Verlag. Die etwas teurere von beiden, die Bartholomew, veranschaulicht nicht nur das physikalische Profil des Landes am besten, sondern ist auch äußerst detailgenau. Dies geht jedoch auf Kosten der Übersichtlichkeit, weshalb viele Reisende die Nelles-Karte vorziehen. Für jene, die eine spezielle Rajasthan-Karte kaufen wollen, empfiehlt sich die West-Indien-Karte des Nelles-Verlages. Bei beiden

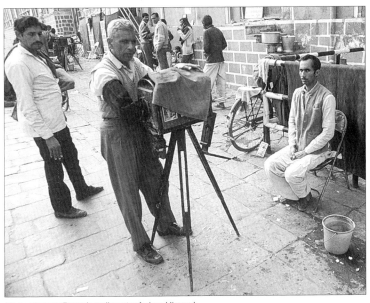

Minimalismus: Portraitstudio unter freiem Himmel

Verlagen finden sich in der Gesamt-Indien-Karte auch noch einige Stadtpläne, die wegen des großen Maßstabes allerdings von begrenztem Nutzen sind.

Wer für ein bestimmtes Gebiet eine genaue topographische Karte benötigt, kann über den *Därr-Expeditionsservice* **russische Generalstabskarten** in den Maßstäben 1:500.000 und 1:200.000 beziehen, Näheres dazu findet sich im Anhang.

In Indien selbst gibt es in vielen Buchhandlungen eine große Auswahl an **Landkarten** und **Stadtplänen,** diese sind jedoch meist veraltet und zudem oftmals recht ungenau. Nicht kaufen sollte man Pläne von Straßenhändlern, da diese speziell von Touristen meist den doppelten bis dreifachen Ladenpreis verlangen.

Fotografieren

Es gibt kaum ein Land der Erde, welches ein derartiges Kaleidoskop an wunderschönen Motiven anbietet wie Indien. Gerade Rajasthan faziniert mit seinen Menschen und ihrer unvergleichlichen Vielfalt an Kleidern, Kopfbedeckungen und Schmuck, seinen wunderschönen Landschaften sowie den immer wieder aufs Neue faszinierenden Szenen des abenteuerlichen indischen Alltagsleben, und den phantastischsten Bauwerken – der Finger scheint geradezu am Auslöseknopf zu kleben, und die veranschlagte Menge an Filmmaterial ist meist schon nach kurzer Zeit aufgebraucht.

21

Fotografierverbot

Das Fotografieren von *militärischen Anlagen* wie Flughäfen, Staudämmen, Brücken, Militärkolonnen und Kasernen ist verboten.

Ausrüstung

Wahl der Kamera

Vollautomatische Kompaktkamera oder komplizierte Spiegelreflexkamera – über diese Grundsatzfrage sind schon ganze Bücher geschrieben worden. Letztendlich muß sie jeder für sich selbst beantworten entsprechend der Bedeutung, die man dem Fotografieren beimißt.

Generell bieten die *Kompaktkameras* den Vorteil der Gewichts- und Platzersparnis, was gerade in Indien einen enormen Vorteil darstellt. Zudem haben sie heute einen derart hohen Standard erreicht, daß sie erstaunlich gute Fotos ganz unterschiedlicher Motive gewährleisten. Im übrigen unterliegt man mit diesen bedienfreundlichen Klickkameras weit weniger der Gefahr, das Land nur noch durch das Auge der Kamera zu sehen.

Kameratasche

Mindestens ebenso wichtig wie die Kamerawahl ist eine gut gepolsterte und staubdichte Kameratasche. Gerade hier wird oft am falschen Ende gespart. Was nützt der beste Fotoapparat, wenn dieser nach kurzer Zeit aufgrund der gerade in Indien enormen Belastung seinen Dienst aufgibt. Gerade die nicht zu vermeidenden Erschütterungen während der langen Bus- und Bahnfahrten sowie die Staubentwicklung während der Trockenzeit setzen den hochsensiblen Geräten enorm zu. Außerdem sollte man darauf achten, daß die Fototasche über genügend Unterteilungen verfügt und mit einem Unterbodenschutz ausgestattet ist. Während der Regenzeit benötigt man natürlich eine entsprechend wasserfest ausgerüstete Kameratasche.

Filter

Zur Standardausrüstung sollte auch ein *UV-Filter* pro Objektiv gehören, da er die störenden *UV-Strahlen* eliminiert und gleichzeitig als zusätzlicher Schutz vor Kratzern auf der Linse dient. Sehr empfehlenswert ist die Mitnahme eines *Polfilters,* der Spiegelungen und Dunst "schluckt" und so Farben satter macht. Oftmals kann er aus einem laschen hellblauen Himmel eine satte Bilderbuchkulisse zaubern. Auch eine *Gegenlichtblende* kann sehr nützlich sein.

Batterien

Besonders bei Verwendung von Kameras mit automatischem Filmtransport, Blitz und Autofocus sollte man sich mit genügend *Ersatzbatterien* eindecken – die ganz spezielle Knopfzelle wird man in einer indischen Kleinstadt wohl kaum finden.

Blitzgerät

Ein gutes Blitzgerät erweist sich auch dann als sehr nützlich, wenn man nicht die vielen Wandmalereien in Tempeln oder die nächtlichen Prozessionen und Feste fotografieren möchte. Hervorragende Effekte kann man z.B. dadurch erzielen, daß man bei einer Portraitaufnahme im Tageslicht einen *Aufhellblitz* verwendet. So vermeidet man zum Beispiel bei den leuchtenden hellen Turbanen in Rajasthan, daß die Gesichter unterbelichtet werden.

Filme

Es wurde bereits gesagt: besser zuviel als zu wenig Filme mitnehmen. Zuviel, das stellt sich bald heraus, hat man eh nie dabei. Zwar darf man offiziell *nur 30 Filme einführen,* doch diese Regel wird selbst von den ansonsten so peniblen indischen Zollbeamten nicht ernst genommen. Sicherheitshalber sollte man aber die Originalverpackungen zu Hause lassen, da andernfalls der Verdacht entstehen könnte, man wolle die Filme verkaufen.

Erfreulicherweise sind in den meisten *indischen Touristenorten Filme* heute kaum teurer als in Mitteleuropa. Bei überraschend billigen Angeboten sollte man lieber zweimal hinschauen, ob es sich tatsächlich um 36 Bilder pro Rolle handelt, meist sind es dann nur 24 Aufnahmen – aufgepaßt! Außerdem sollte man das **Verfallsdatum** überprüfen, da die Filme im feucht-warmen Tropenklima wesentlich anfälliger sind. Deshalb empfiehlt es sich auch, die Filme in Geschäften mit Klimaanlage zu kaufen. Versteht sich, daß man hierfür etwas mehr zahlen muß.

Neigt sich das Kontingent dem Ende zu, empfiehlt es sich, bereits in der nächsten größeren Stadt aufzustocken, da in kleineren Orten manchmal nur eine begrenzte Auswahl zur Verfügung steht. Das gilt besonders für Diafilme.

Da die besten Aufnahmen bekanntlich morgens und abends entstehen, wenn die Farben weicher und intensiver sind, sollte man genügend **höher empfindliche Filme** mitnehmen. Auch in dichten Waldgebieten wie z.B. in Nationalparks oder bei der Verwendung von Teleobjektiven sind höher empfindliche Filme für verwacklungsfreie Aufnahmen unerläßlich.

Wer bei längerem Aufenthalt Filme schon **in Indien entwickeln** lassen muß, sollte auf die **Kodachrome-Diafilme** verzichten. Sie müssen zur Entwicklung ins Ausland versandt werden – bei Indiens nicht gerade zuverlässigem Postsystem ein hohes Risiko. Überhaupt ist es ratsam, die Filme erst zu Hause entwickeln zu lassen, da die Qualität in Indien oft zu wünschen übrig läßt. Wer es dennoch gar nicht erwarten kann, sollte zumindest die mit neuester Entwicklungstechnik ausgerüsteten Fotogeschäfte aufsuchen, von denen es in Indien immer mehr gibt.

Zwar sind inzwischen fast alle Flughäfen Indiens mit strahlensicheren **Röntgengeräten** ausgerüstet, doch kann es beim Einchecken nicht schaden, den Kontrollbeamten um einen *hand check* zu bitten – sicher ist sicher.

Filme müssen vor Feuchtigkeit, Staub und (vor allem bei bereits belichtetem Material) vor Hitze geschützt aufbewahrt werden.

Objektive

Wie bei der Kamera hängt auch die Auswahl der Objektive vom jeweiligen Stellenwert des Fotografierens und vom Geldbeutel ab.

Wer sich nicht mit einer schweren Profiausrüstung abschleppen will, ist mit zwei Zoomobjektiven von 28-80 und 80-210 mm Brennweite bestens bedient. Gute Zoomobjektive erreichen inzwischen die Qualität von Objektiven mit Festbrennweite. Wegen der niedrigeren Lichtstärke von Zoomobjektiven benötigt man bei schlechten Lichtverhältnissen allerdings empfindlichere Filme – oder man nimmt zusätzlich ein lichtstarkes Normalobjektiv mit.

Rund ums Geld

Indische Währung

Die indische Währungseinheit ist die indische **Rupie,** die in 100 **Paisa** unterteilt wird. Auf Preisangaben ist das Wort Rupie meist als Rs angegeben.
- Die **Münzen** gibt es in Stückelungen von 5, 10, 25, 50 Paisa und 1, 2, 5 und 10 Rupien, wobei die kleinsten Münzeinheiten kaum noch in Umlauf sind.
- **Banknoten** gibt es in Werten von 1, 2, 5, 10, 20, 50, 100 und 500 Rupien. Die 1- und 2-Rupien-Geldscheine werden allmählich ausrangiert.

Wechselkurse

Gegen Ende 1997 galten folgende Wechselkurse:

100 Rs	5,80 DM
100 Rs	3,70 US-$
100 Rs	40,30 öS
100 Rs	4,70 sFr
1 DM	17,24 RS
1 US-$	27,00 RS
1 öS	2,48 Rs
1 sFr	21,28 Rs

Schwarztausch

Nachdem die indische Regierung die Rupie im Frühjahr 1992 massiv abwertete und zudem die freie Konvertierbarkeit einführte, brach der bis dahin florierende Schwarzmarkt quasi über Nacht zusammen. Wenige Monate später hatte sich die Lage jedoch wieder weitgehend normalisiert. Vor allem an beliebten Touristenorten wie etwa dem Connaught Place in Delhi wird man fast mit der gleichen Penetranz wie früher angesprochen; *"You want to change money?"* Der einzige Unterschied liegt darin, daß der angebotene Kurs nicht mehr wie früher 20 bis 30 %, sondern nur noch minimal (maximal 5 %) über dem offiziellen Bankkurs liegt.

Bekanntermaßen war Schwarztauschen immer **strafbar**, doch heute sollte man angesichts des nur äußerst geringen Gewinns und dem großen Risiko, übers Ohr gehauen zu werden, erst recht die Finger davon lassen. Bedenken sollte man auch, daß man bei dieser Art des illegalen Geldwechsels selbstverständlich keinerlei Wechselquittung erhält, die bei vielen offiziellen Transaktionen wie etwa beim Bahn- oder Flugticket-Kauf vorzulegen sind, wenn man in einheimischer Währung bezahlen möchte.

Reiseschecks oder Bargeld?

Auf diese so oft vor Reisen gestellte Frage kann es auch in Indien nur eine sinnvolle Antwort geben: sowohl als auch. Reiseschecks bieten sicherlich den Vorteil, daß sie bei eventuellem Verlust ersetzt werden und zudem beim Umtausch etwas höher gehandelt werden als Bargeld. Bargeld sollte man jedoch zusätzlich für den Notfall dabei haben, etwa wenn Banken geschlossen sind oder, was in abgelegenen Orten gelegentlich noch vorkommt, überhaupt keine Umtauschmöglichkeit besteht. Dann kann man die fällige Hotel- oder Restaurantrechnung meist problemlos mit dem guten alten Dollarschein bezahlen.

Auch bei der Frage der **Ausstellungs-
währung** sollte man eine elegante Doppel-
lösung wählen, schlägt man so doch zwei
Fliegen mit einer Klappe. Für Deutsche oder
Schweizer ist es sinnvoll, etwa die Hälfte ihres
Reisebudgets in der jeweiligen Landes-
währung mitzunehmen, da sie dann den doppelten Umtauschverlust zunächst in Dollar
und dann in Rupien vermeiden. Andererseits
ist der Dollar nach wie vor die Weltwährung
Nr. 1 und im Zweifelsfall auch in Indien immer
noch lieber gesehen als anderes Geld. Überdies besitzt diese Kombinationslösung den
enormen Vorteil, daß man Kursschwankun-
gen von DM oder Dollar elegant für sich aus-
nutzen kann. Da die DM- und Dollarkurse wie
eine Art Waage funktionieren, d.h. wenn die
eine Währung steigt, die andere automatisch
im Wert sinkt, kann man auf die jeweiligen
Veränderungen gewinnbringend reagieren.

Wegen des in Indien chronischen Mangels
an großen Geldscheinen empfiehlt es sich,
bei der **Stückelung** auf die Mitnahme allzu
großer Schecks (wie etwa 500 DM) zu verzichten, weil man sonst nach dem Geldwechsel mit einem riesigen Bündel Geld-
scheine die Bank verläßt. Schecks in kleine-
rer Stückelung sollte man bis zum Ende der
Reise aufbewahren, da man diese im Falle eines Einkaufs kurz vor dem Abflug verwenden
kann. Ansonsten müßte man große Schecks
anbrechen und das nicht ausgegebene Geld
unter nicht unerheblichen Verlusten wieder
zurücktauschen.

Es empfiehlt sich, die Reiseschecks zu
Hause von einem international anerkannten
Geldinstitut ausstellen zu lassen, da anderenfalls die Gefahr besteht, daß die Reiseschecks nicht akzeptiert werden. Zudem erhält man im Falle des Verlustes bei internationalen Banken wesentlich zügiger und unpro-
blematischer Ersatz. *Bank of America* und
Thomas Cook sind für Indien die wohl empfehlenswertesten Geldinstitute.

Kaufbeleg und Quittung müssen unbedingt
von den Schecks getrennt aufbewahrt werden. Beide müssen zusammen mit dem Poli-
zeibericht bei eventuellem **Verlust** vorgelegt
werden. Ist das nicht möglich, dauert die
Rückerstattung selbst bei den oben genannten Geldinstituten zermürbend lang.

Kreditkarten

Löste das Zeigen einer Kreditkarte noch vor
wenigen Jahren unverständiges Kopfschüt-
teln aus, so ist das bargeldlose Zahlen in vielen größeren Städten inzwischen fast schon
eine Selbstverständlichkeit. Plastikkarten der
bekannten Geldinstitute *Amex, Visa* und *Ma-
sterCard* sind in Hotels, Restaurants, vielen
Geschäften und bei Fluggesellschaften ein
gern gesehenes Zahlungsmittel. Leider wird
es in Indien wie in vielen anderen asiatischen
Ländern in letzter Zeit immer üblicher, bei der
Bezahlung mit Kreditkarte einen **Aufpreis**
von bis zu 5 % zu verlangen.

Achtgeben sollte man auch bei der Bezahlung selbst. Immer häufiger gibt es **Trickbetrügereien** mit kopierten Karten oder ge-
fälschten Rechnungen, deren unangenehme
Folgen man dann oft erst beim Blick auf den
Kontoauszug nach der Rückkehr erkennt. Als
Vorbeugung sollte man die Karte bei der Ab-
rechnung nie aus den Augen lassen.

Von größtem Nutzen sind Kreditkarten in Indien gerade dann, wenn die gesamten Geld-
reserven aufgebraucht sind. Zwar ist die Aus-
zahlung von Bargeld gegen Kreditkarte bis
jetzt nur in den großen Städten wie Bombay
und Delhi möglich, doch durch den auch in
Indien nicht mehr aufzuhaltenden Siegeszug
des bargeldlosen Zahlens dürfte sich dies in
kürzester Zeit verbessern. Der erste Geld-
automat wurde 1994 in Delhi in Betrieb genommen.

Geld wechseln

Wer in Indien einmal eine Bank von innen gesehen hat, der ahnt, daß offizielle Geldge-
schäfte alles andere als effizient und schnell
vonstatten gehen. Erstaunlich ist eigentlich
vielmehr, daß bei all dem scheinbaren Durcheinander überhaupt irgendetwas funktioniert.
Es bedarf **viel Geduld und Zeit,** um seine
Reiseschecks oder Bargeld in einer indischen Bank gewechselt zu bekommen. Erfahrene Indienreisende nehmen sich – anstatt einer Bettlektüre eine Banklektüre mit,
um die langen Wartezeiten zu überbrücken.
Wenn man nach dem Ausfüllen unzähliger

Formulare und der Erkundung mehrerer Schalter und Bankangestellter endlich seinen Stapel Rupien ausgehändigt bekommt, gilt es, einige wichtige Dinge zu beachten.

Zunächst sollte man vor allem prüfen, ob dem Geld auch eine **offizielle Umtauschquittung** beigelegt ist. Diese ist beim eventuellen späteren Rücktausch ebenso vorzulegen wie für den Fall, daß man bei Fluggesellschaften oder offiziellen Touristenschaltern an Bahnhöfen mit einheimischer Währung bezahlen will. Der Staat will mit dieser umständlichen und letztlich auch völlig sinnlosen Vorschrift den Schwarzmarkt eliminieren. Vielfach reicht der Schalterbeamte das Papier erst nach mehrmaliger Nachfrage heraus.

Es gibt aber inzwischen eine Alternative zu den umständliche Prozeduren und langen Wartezeiten: Die allermeisten **Hotels** der oberen Preisklasse bieten inzwischen ihren Gästen die Möglichkeit des Geldumtausches, wobei der Wechselkurs meist nur unwesentlich schlechter als der offizielle Bankkurs ist. Dieser Umtauschservice wird allerdings nur jenen gewährt, die auch im Hotel wohnen. Wer also in einer billigeren Unterkunft wohnt, wo es nur äußerst selten einen Wechselschalter gibt, ist weiterhin auf die Banken angewiesen. Dies gilt auch für jene, die höhere Beträge tauschen möchten, da viele Hotels nur über begrenzte Geldmengen verfügen.

Tauscht man größere Beträge, sollte man darum bitten, sein Geld hauptsächlich in 500-Rupien-Scheinen ausgezahlt zu bekommen, da man ansonsten schon beim Gegenwert von 100 US-$ ein dickes Bündel Geldscheine ausgehändigt bekommt. Nach der Übernahme des Geldes empfiehlt es sich, nachzuzählen. In Indien ist das eine Selbstverständlichkeit und wird nicht, wie eventuell hierzulande, als Mißtrauen gewertet.

Keinesfalls sollte man allzu **schmutzige oder zerfledderte Scheine** annehmen, die gerade westlichen Touristen gerne untergejubelt werden. Die Inder selbst meiden solches Geld wie der Teufel das Weihwasser, und so wird man es dann später nicht mehr los.

Schließlich sollte man um **genügend Kleingeld** bitten, da Indien auch in dieser Beziehung unter chronischen Mangelerscheinungen leidet. *Sorry, no change*, sind die wohl meistgehörten Worte eines Indienreisenden. Oftmals ist es schon unmöglich, einen 20-Rupien-Schein gewechselt zu bekommen. Zwar ist dies vielfach nur ein Trick, um das Restgeld als zusätzliches Trinkgeld einzustecken, doch wer sich gleich beim Geldwechseln in der Bank genügend kleine Scheine bzw. Münzen aushändigen läßt, braucht sich auf das Spiel gar nicht erst einzulassen.

Überweisungen

Am besten nimmt man von vornherein Geld von zu Hause mit, so daß man in Indien erst gar nicht in die Verlegenheit kommt, Bares nachordern zu müssen. Das kann sich nämlich zu einem äußerst zeitaufwendigen und frustrierenden Unternehmen entwickeln. Es gibt nicht wenige, die erst nach einer Woche frustrierenden Wartens ihr Geld in Empfang nehmen konnten. Nicht selten bleibt die von zu Hause georderte Barschaft auf Nimmerwiedersehen in undurchschaubaren Kanälen hängen.

Wer in die Bredouille gerät und keine Kreditkarte besitzt, sollte die notwendige Überweisung möglichst von seiner **Heimatbank** auf deren **Verbindungsbank** in Indien überweisen lassen. Geldtransaktionen dieser Art sind auf jeden Fall verläßlicher und schneller als zwischen Geldinstituten, die nicht in direkter Geschäftsverbindung stehen. Für den Fall der Fälle empfiehlt es sich also, schon vor Reisebeginn bei seiner lokalen Bank die entsprechende Adresse in Indien zu erfragen, die man auch bei Freunden zu Hause hinterlegen sollte.

Als **Überweisungsmethode** empfiehlt es sich, das Geld per **Telex** oder **Swift** zu senden, normale Überweisungen dauern oft viel zu lange. Die zweite, über Computer getätigte Variante ist mit etwa 30 DM pro Überweisung erheblich billiger als die andere (etwa 70 DM), dafür ist das Verfahren in Indien wegen des antiquierten Zustandes der dortigen Geldinstitute wenig verbreitet.

Bei beiden Verfahren sollten Überweisungen nach spätestens 3 Tagen über die Bühne gegangen sein. Ist dies nicht der Fall, muß man bei der Bank nachfragen. Selbstinitiative ist nicht gerade eine hervorstechende Eigenschaft indischer Bankangestellter, und so ist ein wenig Anschub von außen in einer solchen Situation durchaus angebracht. Eventuell wurde der Eingang des Überweisungsauftrages verschlampt oder bewußt nicht weitergegeben, um an den Zinsen zu verdienen, was durchaus nicht unüblich ist. Auch sollte man die Namen der Überweisungsliste nachprüfen, da es häufiger vorkommt, daß Vor- und Nachname verwechselt werden. Eine sehr schnelle Methode ist die direkte Einzahlung durch eine Kontaktperson in der Heimat bei der *Deutschen Verkehrsbank* – das kostet allerdings eine gehörige Gebühr.

Bakschisch und Trinkgeld

Bakschisch hat in Indien eine wesentlich weitergehende Bedeutung als unser deutsches Trinkgeld. Mehr noch als gutes Servieren in einem Restaurant zu belohnen, hilft es, einen kurz zuvor noch angeblich total überfüllten Flug zu bekommen oder eine Genehmigung innerhalb weniger Tage, auf die man ansonsten Monate gewartet hätte. Bakschisch läßt die notorisch unterbezahlten und damit oftmals wenig einsatzfreudigen Beamten urplötzlich wahre Wunder vollbringen.

Während viele Reisende durchaus bereit sind, hierfür ab und zu in die Tasche zu greifen, sitzt bei ihnen die Rupie für **Trinkgeld** im europäischen Sinne wesentlich weniger locker. Dies mag mit daran liegen, daß bei vielen Restaurants ein in der Speisekarte als *Service Charge* vermerkter Aufschlag von vornherein erhoben wird.

Davon sehen die Kellner, für die es eigentlich gedacht war, herzlich wenig, und so sollte man trotzdem ein wenig *Tip* zusätzlich geben. Dies gilt insbesondere für einfache Restaurants, wo die Ober meist ein lächerlich geringes (und oftmals so gut wie kein) Gehalt zwischen 300 und 600 Rupien erhalten und dementsprechend auf das Trinkgeld angewiesen sind. Man sollte auch bedenken, daß die Speisen gerade deshalb so extrem billig sind, weil der Kostenfaktor Bedienung praktisch wegfällt. So ist es also nur gerecht, ein Trinkgeld zu geben. Zwischen 5 und 10 % ist

meist angebracht, mehr nur bei herausragendem Service. Taxifahrer hingegen erwarten kein Trinkgeld und freuen sich um so mehr, wenn sie welches bekommen.

Preise

Feilschen

Preise, das ist weithin bekannt, sind fast überall in Asien Verhandlungssache, und da macht Indien keine Ausnahme. Das dem Europäer oftmals unangenehme, ja peinliche Feilschen ist Bestandteil einer solch kommunikativen Gesellschaft wie der indischen. So gehört Handeln hier eben nicht nur zum Geschäft, sondern ist selbstverständlicher Teil des Lebens, ob nun auf dem Basar, am Straßenrand oder in vielen Geschäften.

Im Grunde steht der westliche Tourist sogar noch weit mehr unter dem Zwang, den Preis aushandeln zu müssen, sehen doch viele Verkäufer in ihm einen laufenden Dukatenesel auf zwei Beinen und verlangen oftmals astronomische Summen. Generell läßt es sich schwer sagen, wieviel man vom Ausgangspreis herunterhandeln kann, doch mit 30 bis 50 % liegt man meist ganz gut. Andererseits sollte man bedenken, daß in gewissen Bereichen, wie etwa bei öffentlichen Verkehrsmitteln und Restaurants, Festpreise *(fixed price)* gelten.

Im übrigen gilt es zu akzeptieren, daß man als reicher Westler immer ein bißchen mehr zahlt als ein Einheimischer. Allein die Tatsache, daß man es sich leisten kann, vom fernen Europa nach Indien zu reisen, macht einen in den Augen der Inder reich, und das sicher nicht ganz zu Unrecht. So wirkt es auf mich auch immer wieder peinlich, zu erleben, wie manche Traveller um den Preis eines Kilos Bananen minutenlang feilschen, weil der Verkäufer sie partout nicht für 2 Rs verkaufen will. Je länger man sich im Lande aufhält, desto mehr bekommt man ein Gespür für das einheimische Preisniveau.

Preisniveau

Nach einer vor kurzem durchgeführten Untersuchung, in der die Preise von 100 verschiedenen Waren wie Kleidung, Transport und Ernährung weltweit verglichen wurden, ging Indien als das billigste Land der Erde hervor.

Die im Folgenden aufgeführten **Durchschnittspreise** für gängige Waren und Dienstleistungen beinhalten zur Veranschaulichung auch Preise wie Transportkosten, die nicht verhandelbar sind. Das Preisniveau in den Metropolen Delhi und Kalkutta liegt etwa 30 % über dem Landesdurchschnitt, in Bombay teilweise sogar über 50 %.

Durchschnittliche Preise	
100 km Bahnfahrt (2.Klasse, Exp.)	26 Rs
1 Kilo Reis	7 Rs
Lungi	100-130 Rs
Glas Tee	2,50 Rs
Softdrink	7 Rs
Packung Zigaretten	10 Rs
Haarschnitt	10 Rs
Flasche Bier	35 Rs
Flug Delhi-Jaipur	3.600 Rs
Reis und Curry	10-25 Rs
Fahrrad	1.000-1.500 Rs

Wem diese Preise lächerlich gering vorkommen, sollte sich das **indische Einkommensniveau** vor Augen führen. So verdient etwa ein Lehrer in Indien monatlich durchschnittlich 3.500 Rs, ein Busfahrer 3.500 Rs, ein Bankangestellter 5.000 Rs und ein staatlicher Arzt 6.500 Rs.

Reisekosten

Im Land der Extreme kann auch der westliche Tourist zwischen Bahnfahrt 3. Klasse oder Flugzeug 1. Klasse, einem Bett in einer moskitoverseuchten Absteige oder einer luxuriösen Schlafstätte in einem Maharaja-Palast, einem Teller *dhal* im Bahnhofslokal oder einem Festmahl in einem Nobelrestaurant wählen. Insofern ist es unmöglich, eine allgemeine Aussage über die Reisekosten zu machen, mit der Ausnahme, daß, egal auf welchem Niveau man reist, der Gegenwert fast immer extrem gut ist.

Einzelreisende können bei **niedrigstem Ausgabenniveau** mit täglichen Ausgaben von 5 bis 20 DM für Unterkunft und 5 bis 10 DM für Verpflegung rechnen, bei **mittlerem Ausgabenniveau** sind 20 bis 50 DM für Unterkunft und 10 bis 30 für Verpflegung anzusetzen. Bei **hohen Ansprüchen** kann man pro Tag aber auch 50 bis 150 DM für die Unterkunft und 30 bis 100 DM für das Essen ausgeben. Bei Doppelzimmerbenutzung erniedrigt sich der Preis für die Unterkunft z.T. erheblich, da Doppelzimmer oft nur geringfügig teurer sind als Einzelzimmer.

Gesundheit

Tropenkrankheiten, Impfungen und Vorbeugung

Informationen zu Tropenkrankheiten, Impfungen und Vorbeugung finden sich im Beiheft.

Indische Krankenhäuser

Delhi verfügt über einige ganz hervorragende Krankenhäuser mit internationalem Standard. Das kann jedoch nicht darüber hinwegtäuschen, daß die meisten Städte - von kleineren Orten gar nicht zu reden - bei weitem nicht über den Standard an medizinischer Versorgung verfügen, wie man ihn im Westen gewöhnt ist. Die hygienischen Zustände in vielen Krankenhäusern spotten jeder Beschreibung. Das mag bei geringfügigen Untersuchungen noch zu ertragen sein; wem jedoch seine Gesundheit lieb und teuer ist, der sollte sich bei ernsthafteren Erkrankungen so schnell als möglich zur Behandlung in eines der wenigen guten Krankenhäuser des Landes begeben. Ihre Anschriften werden in den jeweiligen Städtekapiteln genannt. Im übrigen verfügen die Botschaften bzw. Konsulate über Listen von zu empfehlenden Privatärzten, bei denen die Honorare dann allerdings auch dementsprechend hoch sind.

AIDS

Gemäß Berichten der *WHO* (Weltgesundheitsbehörde) steht Indien vor einer AIDS-Epidemie, die afrikanischen Verhältnissen in keiner Weise nachstehen wird. Derzeit, so schätzt man, sind 3 Mio. Personen HIV-infiziert. Bei Untersuchungen in Bombays Billigbordellen wurde bei den Prostituierten eine Infektionsrate von ca. 50 % festgestellt – Tendenz rapide steigend. Den höchsten Anteil an Infizierten in der Gesamtbevölkerung stellt der nordöstliche Bundesstaat Manipur, wo bei Tests 14 % aller Blutproben den Virus enthielten. Der Nordosten Indiens weist aufgrund seiner Nähe zum opiumreichen Myanmar eine sehr hohe Zahl von Drogensüchtigen auf.

Die aus obigen Zahlen zu ziehenden Konsequenzen aber dürften offensichtlich sein. Aufgrund der weit verbreiteten Furcht vor der Krankheit erlebt Indien derzeit einen wahren Kondom-Boom. Gab es früher nur die unbeliebten, billigen Government-Gummis namens *Nirodh*, so sind heute einige Dutzend Marken im Angebot. Eine nennt sich passenderweise *Kama Sutra*, nach dem alten indischen Liebeshandbuch.

Versicherungen

Reisegepäckversicherung

Vor Reisebeginn eine Reisegepäckversicherung abzuschließen ist sicher sinnvoll, da man dann nicht nur gegen Raub und Diebstahl, sondern auch gegen Beschädigung versichert ist. Bei der oftmals recht rauhen Art des Reisens in Indien ist das gerade für Individualtouristen ein wichtiger Punkt. Man sollte jedoch das Kleingedruckte unbedingt genauestens beachten, da es eine Vielzahl von Ein- und Beschränkungen für den Fall der Fälle zu beachten gilt.

Sehr wichtig ist es, sich im Fall eines Diebstahls von der örtlichen Polizei ein gut leserliches *Verlustprotokoll* ausstellen zu lassen, in dem alle wichtigen Angaben wie Ort, Zeit und Verlauf des Überfalls sowie die abhandengekommenen Wertsachen genauestens vermerkt sind. Fehlerhaft oder ungenau verfaßte Protokolle bieten den Versicherungen einen guten Vorwand, nicht zahlen zu müssen.

Vom *Versicherungsschutz ausgenommen* sind generell Geld, Wertpapiere, Urkunden und Dokumente jeglicher Art. Schmuck und Fotoausrüstungen sind nur zu einem Teil (meist zu 50 %) ihres Wertes gedeckt. Bei einer hochwertigen Kamera- bzw. Videoausrüstung ist der Abschluß einer Spezialversicherung sinnvoll.

Reisekrankenversicherung

Als Tourist ist man zwar in Indien weit weniger krankheitsgefährdet als allgemein angenommen, der Abschluß einer privaten Reisekrankenversicherung ist aber allein deshalb schon ein Muß, weil die Krankenkassen in Deutschland in Indien anfallende medizinische Kosten nicht zurückerstatten. Ebenso wie die Reisegepäckversicherung kann sie oft im Paket mit dieser in jedem Reisebüro abgeschlossen werden. Reisekrankenversicherungen sind ein profitabler Zweig der Versicherungsindustrie, und so tummeln sich viele Anbieter auf dem Markt. Da die Leistungen und Konditionen zwischen den einzelnen Anbieter erheblich variieren, lohnt auf jeden Fall ein Vergleich.

Mehr noch als bei der Reisegepäckversicherung sollte man das Kleingedruckte vor Vertragsabschluß genauestens studieren. Dort findet sich z.B. auch bei fast allen Anbietern der Hinweis, daß chronische Krankheiten, die schon vor Reiseantritt bestanden, vom Versicherungsschutz ausgenommen sind. Personen über 70 Jahre können meist gar keine Reiseversicherung abschließen, da den Versicherern das Risiko bei dieser Altersgruppe zu hoch ist. Wichtig ist vor allem, daß der Versicherungsschutz im eingetretenen Krankheitsfall über die eigentliche Versicherungsdauer hinaus bestehen bleibt.

Im *Krankheitsfalle* müssen sämtliche *Belege und Quittungen* aufgehoben werden, da sie zu Hause der Versicherung zur Erstattung der entstandenen Kosten vorgelegt werden müssen. Genauso wichtig ist die Angabe der genauen *Diagnose.* Auch hier ist wieder auf Lesbarkeit und Vollständigkeit zu achten, da die Krankenkasse die Beweiskraft der Be-

lege andernfalls anzweifeln und die Zahlung verweigern kann. Quittungen müssen neben der genauen Adresse des Krankenhauses oder des behandelnden Arztes auch die Namen, Mengen und Preise der verabreichten Medikamente aufführen. Die Klausel, wonach die Behandlungs- und Medikamentenkosten nur bis zu einem Betrag rückerstattet werden, der den zu Hause üblichen Satz nicht übersteigt, ist für Indien allerdings belanglos, da die Kosten dort nur einen Bruchteil der europäischen ausmachen.

Gesunde Skepsis ist vor allem bei den von fast allen Versicherern groß hervorgehobenen *Rettungsflügen* angebracht, mit dem der Kranke im Notfall ins Heimatland zurückgeflogen werden soll. Das klingt zwar zunächst äußerst vertrauenerweckend, doch bei näherem Hinsehen stellt sich schnell heraus, daß an die Rettungsaktion derart viele Bedingungen geknüpft sind, daß der Schwerverletzte wohl schon längst verschieden ist, bevor das endgültige O.K. zum Flug kommt.

Praktische Reisetips

Anreise aus asiatischen Nachbarländern

Von Nepal

Flug

● 2 x tgl. *Indian Airlines* u. *Royal Nepal Airlines (RNA)* von **Kathmandu** nach **Delhi**, Preis 170 $.
● Tgl. außer Do und So mit *Indian Airlines* und *RNA* von **Kathmandu** nach **Kalkutta**, 115 US $.
● Tgl. mit *Indian Airways* von **Kathmandu** nach **Varanasi**, Preis 71 US-$.

Landweg

Von den vielen Möglichkeiten hier nur die drei meistbenutzten:
● Von Kathmandu **nach Patna und Varanasi:** von Kathmandu 10- bis 11stündige Busfahrt zum Grenzübergang Birganj. Mit einer Riksha über die Grenze zum indischen Grenzort Rauxaul und von hier 8 Stunden per Bus nach Patna. Von dort mit dem Zug innerhalb von 5 Stunden nach Varanasi.
● Von Kathmandu **nach Darjeeling:** Von Kathmandu in ca. 18 Bus-Stunden zum ostnepalesischen Grenzort Karkarbhitta, mit der Riksha über die Grenze zum indischen Grenzort Panitanki, weiter in gut 30 Minuten per Bus nach Siliguri und von dort in 8 Stunden mit dem Zug oder 4 Stunden mit dem Bus oder 2,5 Stunden per Taxi nach Darjeeling.
● Von Kathmandu **nach Delhi:** Von Kathmandu in ca. 12 Std. (von Pokhara 9 Std.) zum Grenzort Sunauli, dort über die Grenze, auf indischer Seite mit Bus in ca. 3,5 Std. nach Gorakhpur, von dort in ca 14 Std. per Zug nach Delhi.

Von Pakistan

Flug

● Tgl. mit *Indian Airlines* bzw. *Pakistan International Airways (PIA)*.
● Karachi – Delhi   75 US-$
● Lahore – Delhi   140 US-$
● Karachi – Bombay   102 US-$

Landweg

● Von *Lahore* nach *Amritsar* verkehrt tgl. ein Grenzzug, der für die Strecke inkl. Grenzformalitäten 4,5 Std. benötigt.

Von Thailand

Flug

In den Reisebüros an der Khao San Road in Bangkok werden äußerst günstige Tickets nach Indien oder Nepal angeboten.
● Die beliebtesten sind **Bangkok – Yangon** (Rangoon) – **Kalkutta** für etwa 250 US-$ und **Bangkok – Kalkutta** für ca. 120 US-$. Dies ist die mit Abstand billigste Möglichkeit, um per Flug von Südostasien nach Indien zu gelangen.
● Sehr günstige Angebote bietet häufig die *Singapore Airlines.* So kostet die Strecke **Bangkok – Singapur – Delhi** (alternativ Bombay oder Madras) – **Singapur – Bangkok** nur ca. 900 DM.

Öffnungszeiten

Banken

Banken haben in der Regel wochentags durchgehend von 10 bis 14 Uhr geöffnet. Da Bankangestellte in Indien nicht gerade einsatzfreudig sind, öffnen sie ihre Schalter gerne 15 Minuten später bzw. schließen dementsprechend früher. Manche internationalen Banken in Großstädten haben verlängerte Öffnungszeiten, Adressen in den Städtekapiteln.

Behörden

Behörden sind in der Regel zwischen 10 und 16 Uhr geöffnet mit einer Mittagspause zwischen 13 und 14 Uhr. Ebenso wie die Bankangestellten schlafen indische Beamte lange und gehen gerne früh ins Bett, d.h. es kann sich auch alles um eine halbe Stunde nach hinten oder vorne verschieben.

Post

Werktags meist durchgehend von 10 bis 17 Uhr, Sa 10 bis 12 Uhr. Telefonzentralen (*Telecommunication Center*) haben meist 24 Stunden geöffnet.

Geschäfte

Geschäfte haben keine geregelten Öffnungszeiten. Vor 10 Uhr morgens wird man jedoch auch hier fast immer vor verschlossenen Türen stehen. Zwischen 19 und 20 Uhr werden dann die Rolläden wieder herunter-

Briefkasten: verbeult und unzuverlässig

gelassen. Auch die Mittagspausen werden variabel gehandhabt, meist zwischen 12 und 14 Uhr, manchmal jedoch auch gar nicht. Zwar gilt der Sonntag als offizieller Ruhetag, doch viele Läden haben auch dann geöffnet, und in manchen Basarvierteln ist der Sonntag sogar der lebhafteste Tag.

Post und Telefon

Briefe und Postkarten

Die wichtigste Regel beim Verschicken von Briefen bzw. Postkarten lautet: Niemals in den **Briefkasten** werfen, sondern immer persönlich beim **Postamt** abgeben und dort vor seinen Augen **abstempeln** lassen. Erstens weiß man nie, wann und ob überhaupt der Briefkasten geleert wird, und zweitens kommt es auch in Indien wie in anderen Ländern Asiens vor, daß die Postler nicht abgestempelte Briefmarken ablösen, um sie wieder zu verkaufen.

In den meisten Postämtern gibt es mit dem *Stamps Counter* und dem *Cancellation Counter* für den Briefmarkenverkauf und für das Abstempeln zwei unterschiedliche Schalter. Speziell vor dem *Stamps Counter* bilden sich oft lange Warteschlangen. Es empfiehlt sich deshalb, Briefmarken gleich auf Vorrat zu kaufen.

Frankierung und Laufzeiten

Luftpostbriefe nach Europa kosten bis 10 g 12 Rs, Postkarten 6,50 Rs, Aerogramme 7 Rs. Die Laufzeit von Indien nach Europa beträgt etwa 7 bis

10 Tage, von Bombay und Delhi aus kann es auch mal gehen. Inlandsbriefe sind mit 1 Rs, Postkarten mit 0,75 Rs zu frankieren.

Pakete

Das Versenden von Paketen in Indien ist eine sehr aufwendige Prozedur, die u. U. mehrere Stunden in Anspruch nehmen kann. Das beginnt bereits mit der **Verpackung**. In Indien geht man mit Paketen äußerst unsanft um, und so gilt es, die verschiedenen Gegenstände so stabil wie möglich zu verpacken. Hierzu bietet sich entweder eine Holzkiste an, die man z.B. in Obstläden für wenige Rs erhält oder, noch besser, Metallkoffer, die es auf vielen Basaren in unterschiedlichen Größen zu kaufen gibt. Danach muß das Paket **in Stoff eingenäht** und **versiegelt** werden, ansonsten wird es von der Post nicht angenommen. Am besten läßt man dies von einem Schneider oder von einem *Packing Service,* der häufig vor den Postämtern postiert ist, erledigen. Je nach Paket zahlt man zwischen 15 und 50 Rs.

Danach begibt man sich mit dem so versiegelten Paket zum **Paketschalter**, wo einem eine **Paketkarte** und mehrere **Zolldeklarationsformulare** ausgehändigt werden, in denen u.a. der Inhalt näher spezifiziert werden muß. All dies ist gut lesbar, am besten in Druckbuchstaben, auszufüllen. Bei der zu beantwortenden Frage nach dem Inhalt am besten *Gift* bzw. *Cadeau*, d.h. Geschenk, ankreuzen. Außerdem sollte der **Wert des Paketes** mit nicht mehr als 1.000 Rs angege-

ben werden, da sonst ein spezielles sogenanntes *Bank Clearance Certificate* verlangt wird. Man kann das Paket zwar für ein paar Rs versichern lassen, doch in der Praxis ist das nicht mehr wert, als das Papier, auf dem es geschrieben steht.

- **Seefrachtpakete** sind gewöhnlich zwischen 2 und 3 Monaten nach Europa unterwegs, es kann jedoch auch bedeutend länger dauern.
- **Luftpostpakete** sollten innerhalb von 14 Tagen ihr Ziel erreichen.

Postlagernde Sendungen

Postlagernde Sendungen *(Poste Restante)* werden nur gegen Vorlage des Reisepasses herausgegeben.

Wer nicht gerade Müller, Meier oder Schmidt heißt, sollte sich Post von Freunden und Verwandten von zu Hause nur unter Verwendung seines **Nachnamens** nach Indien schicken lassen. Bei sehr häufigen Nachnamen reicht der Zusatz des Anfangsbuchstabens des Vornamens, wobei man zur Sicherheit den Nachnamen noch unterstreichen sollte. Die richtige Adresse würde z.B. lauten:

J. Franklin
Poste Restante
G.P.O.
Nagarpur 12345
India

Damit löst man das häufige Problem, daß Briefe statt unter dem Anfangsbuchstaben des **Nachnamens** fälschlicherweise unter dem des **Vornamens** einsortiert werden und damit unauffindbar bleiben. Woher soll der indische Postbeamte auch wissen, daß Reinhold der Vorname und Messmer der Nachname ist? Sicherheitshalber sollte man beim Abholen der Sendung unter dem Anfangsbuchstaben des Vor- wie des Nachnamens suchen.

Einschreibesendungen und **Päckchen** bzw. **Pakete** sind stets auf einer Extraliste vermerkt. Allerdings sollte man sich keine wertvollen Dinge zuschicken lassen, da sie so gut wie nie ihren Adressaten erreichen. Die Laufzeit der Briefe beträgt, je nach Lage des Ortes, zwischen 4 und 10 Tagen.

Kunden von **American Express** (Kreditkarten- oder Reisescheckbesitzer) können sich ihre Post auch in eine indische Filiale des Unternehmens schicken lassen, z.B.:

R. Häck,
American Express
Clients Mail Service
Connaught Place (A -Block)
New Delhi
India

Schließlich gibt es noch die Möglichkeit, eine **Hoteladresse** anzugeben, an die man sich Post schicken lasen kann. Diese wird dann dort meist ans schwarze Brett gehängt, wo man sie sich abholen kann:

B. Barkegeier
c/o Hotel Taj Mahal
Client's Mail/will be collected
14 Vasant Marg
Nagarpur 12345
India

Telefonieren

Auslandsgespräche

Verglichen mit noch vor ein paar Jahren, als der Versuch, internationale Telefongespräche zu führen, oftmals eine äußerst langwierige und frustrierende Angelegenheit war, geht dies heute fast schon paradiesisch einfach über die Bühne. Am besten, man sucht einen der fast in jeder Stadt vorhandenen **ISD-STD-Läden** auf. Dort bekommt man normalerweise innerhalb kürzester Zeit eine Verbindung. Meist befindet sich in der Telefonzelle eine Leuchtanzeige, auf der bereits vertelefonierte Betrag äußerst übersichtlich fortlaufend angezeigt wird.

● **Gebühren:** Eine Minute nach Mitteleuropa kostet etwa 70 Rs, man kann jedoch meist auch kürzer telefonieren, da nach Sekunden abgerechnet wird. Manche Telefonläden verfahren jedoch noch nach dem alten System, wonach man mindestens 3 Minuten telefonieren und bezahlen muß. Also vorher danach fragen!

● Seit einiger Zeit ist es möglich, über den Telefon-Direkt-Service **R-Gespräche** von Indien nach Deutschland und in die Schweiz zu führen. Dazu muß man die Direkt-Nummer für Deutschland (000-49-17) oder die Schweiz (155-4549) wählen und wird dann mit einem Operator verbunden, der die Angerufenen in Deutschland fragt, ob sie die Gebühren für die Verbindung übernehmen. Der Anrufer zahlt dann die Gebühren für ein indisches Ortsgespräch in Rupien, den Rest zahlt der Angerufene. Der Spaß ist aber nicht gerade billig, da allein

der Tarif für den Operator pro Gespräch bei 11 DM liegt, zusätzlich
noch 3,12 DM Gebühr pro Minute.

Eine andere Möglichkeit ist, bei der
Telekom eine **Telecard** mit Geheimzahl zu bestellen (kostenfrei) und über
den **Connect-Service** (gleiche Nummer wie Deutschland Direkt) zu telefonieren. Pro Verbindung zahlt man
3 DM, zusätzlich 3,12 DM pro Minute
– mit der Telefonrechnung zuhause.
Die Gebühr ist etwas geringer als die
in Indien berechnete, aber nur bei längeren Gesprächen ist dieser Service
günstiger als ein direkter Anruf.

Vorwahlen	
Agra	0562
Ajmer	0145
Alwar	0144
Bharatpur	05544
Bikaner	0151
Bundi	0747
Chittorgarh	01472
Delhi	011
Jaipur	0141
Jaisalmer	02992
Jodhpur	0291
Kota	0744
Mt. Abu	02974
Pushkar	014581
Udaipur	0294

Vorwahlnummern von Indien aus	
Deutschland	0049
Österreich	0043
Schweiz	0041

Vorwahlnummer Indiens	
	0091

Gespräche innerhalb Indiens

Telefongespräche innerhalb Indiens
sind immer noch äußerst problematisch und kommen, wenn überhaupt,
oft erst nach unzähligen Versuchen
zustande. Dazu ist die Verbindung
meist noch schlecht.

Hinzu kommt, daß noch lange nicht
alle Orte in Indien per **Direktwahl**
zu erreichen sind. In diesen Fällen
muß man sich mittels eines Operators
verbinden lassen. Ortsgespräche
innerhalb Indiens kosten 1 Rs für 2
Minuten.

Telegramme und Faxe

Viele der ISD-STD-Läden verfügen
auch über ein Faxgerät. Gerade angesichts der nach wie vor katastro-
phal schlechten Telefonverbindungen
innerhalb Indiens bietet sich diese Art
der Kommunikation besonders bei
Hotelreservierungen und Rückbestä-
tigungen für Flugtickets an. So hat
man im Zweifelsfall einen Beleg in der
Hand, mit dem man seine Reservierung bzw. Rückbestätigung beweisen
kann. Die **Kosten** für eine DIN-A-4-
Seite nach Europa sind mit etwa 150
Rs etwas geringer als ein dreiminüti-
ges Telefonat.

Das gute alte **Telegramm** ist auch
in Indien auf dem Rückzug. Telefonieren und Faxen ist halt eindeutig praktischer, zumal man auch heute noch
davon ausgehen muß, daß ein Telegramm einen halben Tag nach Europa
braucht, wenn es überhaupt ankommt. Wer es dennoch versuchen
möchte: **Gebühr** pro Wort 5 Rs.

Öffentliche Verkehrsmittel

Flug

Die äußerst zeitaufwendigen und ermüdenden Reisen in Bus und Bahnen machen das Fliegen in Indien zuweilen selbst für diejenigen zu einer echten Alternative, die normalerweise nur *on the road* reisen. Selbst wer auf den Pfennig achten muß, sollte sich fragen, ob es nicht sinnvoller ist, einmal 100 DM zu investieren, statt lustlos und erschöpft auf dem Landweg weiterzureisen. Fliegen ist in Indien immer noch verhältnismäßig billig und zudem in den letzten Jahren wesentlich unkomplizierter geworden.

Fluglinien

Bis Anfang der neunziger Jahre beherrschten die beiden staatlichen Gesellschaften *Indian Airlines* und *Vayudoot* die Lüfte. Mit ihren schrottreifen Maschinen, willkürlichen Streichungen von Flügen, notorischen Verspätungen, ständigen Streiks der Angestellten und einem berühmt-berüchtigten Service flogen sie sich einen legendär schlechten Ruf ein und brachten selbst die geduldigen Inder oft bis an den Rand der Verzweifelung. Seit Anfang der neunziger Jahre sind jedoch viele neue, **private Fluggesellschaften** hinzugekommen (einige sind auch schon wieder auf der Strecke geblieben), die den Markt kräftig belebt haben.

Die Vorteile, die sich dadurch ergeben: besserer Service, weniger Wartezeiten und bessere Verbindungen.

War es früher während der indischen Hauptsaison fast unmöglich, ohne mehrmonatige Vorausreservierung auf stark frequentierten Routen einen Platz zu bekommen, hat sich die Lage inzwischen deutlich entspannt.

Von den neuen Anbietern werden die Verbindungen einiger Gesellschaften in einer **Tabelle im Anhang** aufgeführt. Der Markt ist aber noch sehr in Bewegung, Abweichungen von den Preisen und in den Verbindungen oder gar die Einstellung einer Linie sind daher nicht nur gut möglich, sondern sogar sehr wahrscheinlich. Flugverbindungen werden über Nacht auf Grund mangelnder Rentabilität gestrichen, neue kommen ebenso kurzfristig hinzu. So flog die noch kurze Zeit zuvor als eine der zuverlässigsten Inlandsfluggesellschaften geltende *ModiLuft* im Oktober 1996 nur noch mit einer Maschine, da sich die zuvor als Partner beteiligte *Lufthansa* wegen finanzieller Schwierigkeiten zurückgezogen hatte. Ein weiteres Beispiel für die Schnellebigkeit des Marktes ist die Auflösung der im Besitz eines der bekanntesten Mafiabosse Indiens befindlichen *East West Airlines,* deren Flugrouten zum großen Teil von der neugegründeten *Sahara India Airlines* übernommen wurde. Insgesamt gilt für alle aufgeführten Flugverbindungen deshalb der Grundsatz: ohne Gewähr.

Aufgrund des deutlich **besseren Services** sind die Privaten *Indian Airlines* vorzuziehen. Zwar bemüht man sich gezwungenermaßen um mehr Freundlichkeit, doch 30 Jahre Mißmut lassen sich nicht über Nacht abschütteln. Da *Indian Airlines* als staatliche Gesellschaft flächendeckend operieren muß, verfügt sie immer noch über das mit Abstand dichteste Streckennetz.

Ausgebuchter Flug?

Auch heute kommt es noch oft vor, daß Strecken ausgebucht sind und man sich zunächst auf **Warteliste** setzen lassen muß. Dabei sollte man selbst dann nicht den Mut verlieren, wenn einem gesagt wird, daß die Chancen gleich Null sind, da schon zig andere vorgemerkt sind. Nicht selten passiert es, daß sich Flüge, die noch am Tage zuvor als hoffnungsvoll überfüllt galten, schließlich als halb leer erwiesen. Vielfach reservieren ausländische Reisegruppen zur Sicherheit en bloc halbe Flugzeuge im voraus, die sie schließlich nur z.T. wahrnehmen. Manchmal werden auch kurzfristig Sondermaschinen eingesetzt.

Preise und Flugverbindungen

●Eine Übersicht über alle **Flugverbindungen** innerhalb Indiens incl. der Preise bieten *Excels* und *Perfect Media,* die in Indien erhältlich sind.

●Eine Übersicht der wichtigsten **Flugverbindungen** befindet sich im **Anhang** dieses Buches.

●**Flughafengebühr** wird innerhalb Indiens nicht erhoben. In benachbarte Länder beträgt sie 150 Rs, für weitergehende Strecken 300 Rs.

●**Kinder** unter 2 Jahren zahlen 10 % des Erwachsenenpreises, Kinder im Alter von 2 bis 12 Jahren 50 %.

●**Stornierungsgebühren:** mehr als 48 Std. vor Abflug: 10 %; zwischen 48 und 24 Std. v. Abfl.: 20 %; 24 bis 1 Std. v. Abfl.: 25 %.

●**Rückbestätigung** für Inlandsflüge ist nicht erforderlich, kann dennoch nicht schaden.

●Auf allen Inlandsflügen herrscht generelles **Rauchverbot**.

●**Check-In-Zeit** bei Inlandsflügen: eine Stunde.

Besondere Angebote

●Ebenso wie die indische Eisenbahn offeriert auch *Indian Airlines* ein Ticket **(Discover Indian Airlines),** welches zu unbeschränktem Fliegen auf allen Strecken berechtigt. Ein verlockendes Angebot für Reisende mit begrenzter Zeit, um so viel wie möglich vom Land zu sehen. Im Gegensatz zum *Indrail Pass* der Bahn rentiert sich der Kaufpreis des Tickets (400 US-$, 21 Tage Gültigkeit) relativ schnell. Das Angebot hat allerdings einen Haken: Für Kunden mit Billig-Tickets ist es oft schwieriger, eine Reservierung zu bekommen. Wegen der Ausbuchung vieler Flüge ist es jedoch sehr zu empfehlen, möglichst alle Flugtermine gleich beim Kauf des Tickets zu reservieren.

●Weniger sinnvoll ist der Kauf des sogenannten **Indian Wonderfare Tickets** (200 US-$), mit dem man innerhalb von 7 Tagen entweder zwischen 17 Stationen im Westen, 11 Stationen im Süden, 14 im Osten oder 19 im Norden unbegrenzt fliegen kann. Das Ticket ist einfach geographisch wie zeitlich zu eng begrenzt, als daß es sich wirklich auszahlen könnte.

●Reisende, die mit *Indian Airlines* von Sri Lanka oder den Malediven nach Indien fliegen, erhalten auf allen Strecken innerhalb Indiens in den ersten 21 Tagen nach der Ankunft eine **30%ige Ermäßigung**.

●Schließlich gewährt *Indian Airlines* allen **Personen unter 30 Jahren** 25 % Rabatt.

Ziemlich überfüllt: Vorortzug

Bahn

Sie wollen ihren Urlaub in vollen Zügen genießen? Na dann nichts wie auf nach Indien! Indiens Züge sind immer voll. 11 Mio. Reisende sind täglich auf Achse. 11.000 Lokomotiven fahren entlang dem 66.366 km langen Streckennetz und nehmen an den über 7.000 Bahnhöfen des Landes neue Passagiere auf. Mit 1,6 Mio. Angestellten ist die indische Bahn der größte Arbeitgeber der Erde.

Die Bahn ist nicht nur das wichtigste und meistbenutzte Transportmittel Indiens, sondern auch ein Stück Kultur des Landes. Die Bilder der den Karawansereien alter Tage ähnelnden menschenüberfüllten Bahnhöfe und die Rufe der Teeverkäufer in den Abteilen hinterlassen genauso unvergeßliche Indien-Erinnerungen wie das Taj Mahal oder die *Ghats* von Varanasi. Bahnfahren ist das indischste aller indischen Fortbewegungsmittel. Nirgendwo sonst ist man dem indischen Alltagsleben so nah, kann die indischen Eß-, Schlaf- und Schnarchgewohnheiten so hautnah miterleben wie in den engen, stets überfüllten Waggons. Wie in einem Mikrokosmos breitet sich das indische Leben vor einem aus.

Dabei liegen Lust und Frust oftmals so nahe beieinander wie die Passagiere selbst. Lärm, Dreck, Hitze und die oft katastrophalen hygienischen Verhältnisse stellen die Geduld der Reisenden ebenso auf eine harte Probe wie die fast gänzlich fehlende Privatsphäre. Auch die teilweise ewig langen Aufenthalte auf Provinzbahnhöfen und die chronischen Verspätungen tragen nicht gerade zum Fahrvergnügen bei. Dies um so mehr, als Bahnfahrten in dem riesigen Land meist viele Stunden, nicht selten sogar Tage und Nächte dauern. Doch wer mit der in Indien stets hilfreichen Reisephilosophie "Man reist doch nicht, um anzukommen" unterwegs ist, dem kann all dies eigentlich nichts anhaben.

Bahnfahren in Indien will gelernt sein (es gibt sogar einen eigenen englischen Reiseführer darüber). Fahrpläne, Zugklassen, Reservierungen, Ticketkauf – all das scheint auf den ersten Blick ein Buch mit sieben Siegeln. Im folgenden kann aus Platzgründen nur eine kleine Hilfe zum "Einstieg" gegeben werden. Doch keine Angst, hat man erst einmal die erste Fahrt erfolgreich hinter sich gebracht, wird man Indien in vollen Zügen genießen.

Fahrplan

Obwohl mit 15 Rupien äußerst preiswert, ist das kleine Heftchen *Trains at a Glance* für jeden Bahnreisenden in Indien von unschätzbarem Wert. Auf etwa 100 Seiten findet sich hier alles Wissenswerte über das Bahnfahren in Indien. Der Großteil wird von der Auflistung der 80 wichtigsten Zugverbindungen Indiens eingenommen. Es bedarf zunächst tatsächlich ein wenig Trainings, um sich in all den Zahlen und Tabellen zurechtzufinden. Erhältlich ist die monatlich erscheinende Bibel des Bahnfahrens normalerweise an den Zeitungskiosken der größeren Bahnhöfe oder den Ticketschaltern der 1. Klas-

se. Hier gibt es auch den mit 300 engbedruckten Seiten wesentlich umfangreicheren *Indian Broadshaw* zu kaufen, in dem alle Zugverbindungen Indiens aufgeführt sind. Der 40 Rupien teure Wälzer ist jedoch nur für echte Eisenbahnfans empfehlenswert.

Leider waren beide Fibeln in der letzten Zeit kaum zu ergattern. Als Alternative bieten sich zwei Heftchen namens *Travel Link* und *Perfect Media,* in denen neben allen Flugverbindungen innerhalb Indiens auch die Zugverbindungen von Delhi in Richtung Rajasthan angegeben sind.

Wie aus dem *Trains at a Glance* die jeweils gesuchte beste Verbindung herauszufinden ist, wird im **Anhang** beschrieben. Dort sind auch die wichtigsten Bahnlinien in Rajasthan aufgeführt.

Zugtypen und Geschwindigkeit

Die Geschwindigkeit indischer Züge ist abhängig von der jeweiligen **Spurbreite,** wovon es insgesamt drei gibt: **Breitspur** (1,676 m), **Meterspur** (1 m) und **Schmalspur** (0,762 und 0,610 m). Entsprechend der Reisegeschwindigkeit unterscheidet man zwischen **drei verschiedenen Zugtypen:** *Express, Mail* und *Passenger.* Wie sich unschwer denken läßt, kommt man mit dem *Express* am schnellsten voran, während der *Passenger Train* mehr als gemächlich vor sich hintuckert. Dafür werden Passenger-Züge meist von alten **Dampflokomotiven** gezogen, von denen in Indien noch 4.000 im Einsatz sind. Das Reisen mit diesen alten Dampfrossen ist sicher nicht nur für Eisenbahnfreaks ein Erlebnis besonderer

Art. Hat man es jedoch eilig, sollte man in Regionen, wo vornehmlich Passenger-Züge verkehren, wie etwa in Rajasthan oder Bihar, auf Busse umsteigen.

> Mindestens bis Mitte 1997 werden die Bahnlinien in Rajasthan von Meterspur auf Breitspur umgestellt. Dies hat zur Folge, daß einige bedeutende Verbindungen wie etwa Agra – Jaipur für längere Zeit außer Betrieb sind und man auf Bus oder Flugzeug umsteigen muß. Insgesamt ist mit Unregelmäßigkeiten im gesamten Bahnverkehr innerhalb Rajasthans zu rechnen.

Wobei *Geschwindigkeit* ein sehr relativer Begriff bei indischen Zügen ist. Mehr als 30 bis 40 km/h durchschnittlich legen die allermeisten Züge nicht zurück. Rühmliche Ausnahme und Star unter den indischen Zügen ist der vollklimatisierte *Rajdhani Express,* der Delhi mit Kalkutta bzw. Bombay in 17 bzw. 14 Stunden verbindet. Nur Fliegen ist schöner. Ähnlich flink und luxuriös ist der *Shatabdi Express,* der auf den Strecken Delhi – Lucknow und Delhi – Bhopal verkehrt.

Klassen und Preise

Zunächst scheint alles ganz simpel, gibt es doch offiziell nur *2 Beförderungsklassen:* 1. und 2. Klasse. Doch Indien wäre nicht Indien, wenn es das Einfache nicht komplizieren würde.

In der *1. Klasse* gibt es die Unterscheidung zwischen **klimatisierten** (AC) und *nicht klimatisierten Zügen.* AC-Züge werden jedoch nur auf Hauptstrecken eingesetzt und sind mehr als doppelt so teuer wie die normale 1. Klasse – zu teuer, wenn man überlegt, daß eine Fahrt von Delhi nach Bombay in der 1. Klasse gerade mal 30 % billiger ist als Fliegen. Da sollte man sich besser gleich ins Flugzeug setzen.

● Des weiteren gibt es die *AC Chair Car,* die unseren IC-Großraumwagen ähnelt und etwa 60 % der normalen 1. Klasse und etwa 40 % der AC 1. Klasse kostet. Auch diese Waggons werden nur auf wenigen Strecken eingesetzt, bieten jedoch wegen ihres hervorragenden Preis/Leistungsverhältnisses eine exzellente Alternative zur 1. Klasse.

● Am billigsten und dementsprechend immer hoffnungslos überfüllt ist die 2. Klasse. In Express- bzw. Mail-Zügen fährt man in der *2. Klasse* zu einem Drittel des Fahrpreises der 1. Klasse, in einem Passenger-Zug ist es noch billiger.

● Schließlich gibt es noch bei all den Klassen außer der AC-Chair-Variante die *Schlafwagenklasse.* Schlafwagen der *1. Klasse* bestehen meist aus gepolsterten Betten in geräumigen, zum Gang abgeschlossenen Abteilen, die tagsüber in der Regel sechs, nachts vier Personen Platz bieten. Bei den Schlafwagen der *2. Klasse* unterscheidet man noch zwischen sogenannten *2-tier* und *3-tier* Unterklassen, was bedeutet, daß ähnlich wie im europäischen Liegewagen, zwei oder drei Personen

Ziemlich eng: Schlafwagen der 2. Klasse

Ticketkauf und Reservierungen

Ob man nun ein normales Ticket für den gleichen Tag kaufen oder eine Reservierung vornehmen will, beides ist in Indien zeitaufwendig und nervenstrapazierend. Oftmals kann die Prozedur mehrere Stunden in Anspruch nehmen. Zunächst einmal gilt es den richtigen **Schalter** für die verschiedenen Klassen und Züge (Mail, Express oder Passenger) zu finden. Um zu vermeiden, daß man am Ende einer langen Anstelerei schließlich beim falschen Fahrscheinverkäufer endet, sollte man also unbedingt vorher durch beharrliches Nachfragen den richtigen ausmachen. Auf jedem Bahnhof gibt es einen *Stationmaster*, der fast immer freundlich und hilfsbereit Auskunft gibt. Für **Frauen** gibt es manchmal spezielle *Ladies Counter*, die meist weit weniger frequentiert werden als die normalen Schalter. Falls vorhanden, kann man die Fahrkarten für männliche Mitreisende gleich mitbesorgen, wodurch man sehr viel Zeit einspart.

Für Fahrten im **Schlafwagen** ist eine Reservierung unbedingt erforderlich, speziell in der 2. Klasse, da hier die Nachfrage am größten ist. Oftmals sind die Züge in dieser Klasse auf Hauptstrecken für Wochen, ja Monate im voraus ausgebucht, d.h. man sollte so früh wie möglich reservieren! Reservierungen müssen meist in sogenannten *Railway Reservation Offices* oder *-Buildings* durchgeführt werden, die oftmals neben dem eigentlichen Bahnhof in einem Extragebäude untergebracht sind. Für eine Reservierung muß ein Antragsformular, das sogenannte *Sleeper Reservation Form,*

auf Pritschen übereinander schlafen können. Tagsüber dienen diese Schlafwagen wieder als normale Abteile, beim *3-tier* wird lediglich die mittlere Pritsche heruntergeklappt. Selbst wenn man eine reservierte Sitznummer hat, kann man das Bett nur nachts exklusiv für sich reklamieren. Tagsüber okkupieren z.T. bis zu 8 Personen die untere Pritsche. Schlafwagen kosten etwa 20 % mehr als normale Sitze. **Bettwäsche** kann man in der 1. und 2. Klasse nur in einigen wenigen Zügen beim Schaffner für 18 Rupien pro Nacht ausleihen. Ein eigener **Schlafsack** sollte also in jedem Fall zur Grundausrüstung gehören.

ausgefüllt werden. Hierin müssen neben einigen persönlichen Angaben wie Name, Alter, Geschlecht und Paßnummer auch der Zugname, die Nummer des Zuges sowie Abfahrts- und Zielort und Reisedatum eingetragen werden.

Mit dem entsprechend ausgefüllten Formular stellt man sich dann erneut an, wobei man unbedingt darauf achten sollte, ob es eventuell einen *speziellen Touristenschalter* gibt. Da dort nur ausländische Touristen abgefertigt werden, geht alles viel schneller über die Bühne. Es empfiehlt sich, dort möglichst viele Tickets auf einmal zu kaufen, um die langwierige Prozedur nicht immer wieder neu durchlaufen zu müssen.

Die *Reservierungsgebühr* beträgt 15 Rupien für die Erste Klasse und 10 Rupien für die Zweite. Auf dem Ticket sind die Wagen-, Sitz- und Bettnummer vermerkt. Beim Betreten des Waggons hängt neben der Eingangstür noch einmal eine provisorisch angebrachte *Reservierungsliste*, auf der man seinen Namen unter der jeweiligen Platznummer finden sollte. Der eigene Name ist zwar oft leicht entstellt wiedergegeben (Barkegeier, Harketeur), doch normalerweise funktioniert das System gut.

Falls der gewünschte Zug ausgebucht ist, kann man sich auf eine *Warteliste* setzen lassen oder, besser noch, ein sogenanntes *RMC-Ticket* erwerben, welches einem auf jeden Fall einen Platz garantiert.

Rückerstattung

Die Rückerstattung von nicht genutzten *reservierten Tickets* ist möglich, jedoch mit Kosten verbunden, deren Höhe von der Beförderungsklasse und dem Zeitpunkt der Stornierung abhängt. Wer sein Ticket länger als einen Tag vor dem Abfahrtstermin storniert, muß zwischen 30 % (1. Klasse) und 10 % (2. Klasse) zahlen. Bis zu 4 Stunden vor dem geplanten Abfahrtszeitpunkt zahlt man 25 %, danach, bis 3 Stunden nach Abfahrt, 50 % Stornogebühr. Wer später kommt, hat Pech gehabt.

●*Nicht reservierte Fahrscheine* können bis 3 Stunden nach Abfahrt des Zuges für eine Gebühr von 5 Rupien in Zahlung gegeben werden.

●Hat man sein *Ticket verloren,* besteht generell zunächst kein Recht auf Rückerstattung. Doch natürlich gibt es hierbei Ausnahmen: Wem ein *reserviertes Ticket* für eine Fahrstrecke von unter 500 km abhanden gekommen ist, kann unter Vorlage seines Personalausweises für einen Aufpreis von 25 % des ursprünglichen Fahrpreises die Fahrt wahrnehmen. Dies gilt auch für die beiden Superzüge *Rajdhani Express* und *Shatabdi Express.*

Indrail Pass

Auch die indische Eisenbahn sieht die Möglichkeit des Kaufes von *Netzkarten* vor, die es ausländischen Touristen erlauben, für einen bestimmten Zeitraum unbegrenzt viele Kilometer auf Achse zu sein.

Rein finanziell macht der *Indrail Pass* keinen Sinn, dazu ist Bahnfahren in Indien einfach zu billig. Für den Kaufpreis von 80 US-$ für den 7 Tage gültigen Paß (2. Klasse) müßte man ziemlich genau 25.000 km zurücklegen, damit sich die Karte auszahlt. Bei einer Durchschnittsgeschwindigkeit der indischen Eisenbahnen von 40 km/h ein ziemlich aussichtsloses Unterfangen. Auch der oft angeführte Vorteil, daß man mit dem *Indrail Pass* das unangenehme Warten beim Ticketkauf umgehen könne, trifft nur teilweise zu, weil es ja zumindest für Nachtfahrten immer noch einer Reservierung bedarf.

	AC-Class	First-Class	Second-Class
7 Tage	300,-	150,-	80,-
15 Tage	370,-	185,-	90,-
21 Tage	440,-	220,-	100,-
30 Tage	550,-	275,-	125,-
60 Tage	800,-	400,-	185,-
90 Tage	1060,-	530,-	235,-

Preisangaben in US-$, Kinderfahrkarten kosten etwa die Hälfte der Erwachsenenpreise, Kinder bis vier Jahren fahren umsonst.

Wirklich von Vorteil ist der Paß aber in dem Fall, daß alle Züge ausgebucht sind. Inhaber des Passes finden selbst dann einen Platz, wenn normalerweise gar nichts mehr geht. Gerade in Zeiten der großen indischen Familienfeste, wenn das ganze Land unterwegs zu sein scheint, ist dies ein enormer Vorteil. Es bleibt zu fragen, ob das den enormen Aufpreis wert ist.
●Die Karte kann an verschiedenen Bahnhöfen Indiens gekauft werden, muß jedoch in ausländischer Währung bezahlt werden. Außerdem besteht die Möglichkeit, sie schon vor dem Abflug in Deutschland unter

folgender Adresse zu buchen: *Asra-Orient Reisedienst,* Kaiserstraße 50, 60329 Frankfurt/Main, Tel.: 069/ 253098, Fax: 069/ 232045.

Palace on Wheels

Schon der Name allein erinnert an die Zeiten des unbegrenzten Luxus während der Maharaja-Reiche. Tatsächlich wird einem in dem klimatisierten Palast auf Rädern jeglicher Luxus geboten. Jedes der insgesamt 52 Schlafwagenabteile mit je zwei Betten ist klimatisiert und verfügt über eine Dusche mit heißem und kaltem Wasser. Die Inneneinrichtung der einzelnen Wagen ist dem typischen Stil verschiedener Fürstentümer nachempfunden, und zum allumfassenden Ausblick kann man sich in einen speziellen Salon-Aussichtswaggon mit eigener Bar begeben. Zwischen September und April verkehrt der Luxuszug auf folgender Strecke: Delhi – Jaipur – Udaipur – Jaisalmer – Jodhpur – Ranthambore – Fathepur Sikri – Agra – Delhi.

Ebenso fürstlich wie der Zug ist auch dessen *Preis,* muß man für die achttägige Reise doch stolze 2100 US-$ pro Person im Doppelbettabteil zahlen. Im Preis inbegriffen sind Verpflegung im Zug und während der Zwischenaufenthalte, geführte Besichtigungen, Eintrittsgelder für historische Monumente und Paläste, Elefantenritt in Amber, Kamelritt in Jaisalmer, Bootsfahrten in Udaipur und Bharatpur sowie diverse kulturelle Vorführungen.
●*Buchung* siehe bei Indrail Pass.

Weiteres Wissenswertes

●Die meisten Bahnhöfe in Indien verfügen über sogenannte *Cloak Rooms,* in denen man sein **Gepäck** für bis zu 24 Stunden deponieren kann. Eine gute Möglichkeit, um sich nach Ankunft in einer Stadt ohne den lästigen Rucksack auf Zimmersuche zu begeben. Wichtig ist es, das Gepäckstück mit einem kleinen, von außen sichtbar angebrachten **Schloß** abzugeben, da es sonst nicht angenommen wird. Die **Aufbewahrungsgebühr** pro Stück beträgt maximal 2 Rs pro Tag.

●Während der oftmals langen Wartezeiten auf verspätete Züge bietet sich die Möglichkeit, den **Warteraum** aufzusuchen, den es auf fast jedem Bahnhof für die 1. und 2. Klasse gibt. Manchmal muß man hierzu am Eingang sein Ticket vorzeigen. Meist sind die angeschlossenen **Toiletten** in wesentlich besserem Zustand als die öffentlichen.

●Viele Bahnhöfe verfügen über die sogenannten *Railway Retiring Rooms,* einfache, doch meist sehr saubere und günstige **Unterkunftsmöglichkeiten.** Die Zimmer sind vor allem wegen ihres sehr günstigen Preises (oft nicht mehr als 70 Rs pro DZ, EZ stehen nicht zur Verfügung) bei Indern sehr beliebt und deshalb oft ausgebucht. Eine ruhige Lage kann man am Bahnhof allerdings nicht erwarten.

Bus

Es gibt kaum eines der insgesamt 700.000 indischen Dörfer, das nicht von irgendeinem Bus angefahren wird. Für viele in entlegenen Grenz-

Prakt. Reisetips

gebieten wohnenden Inder ist es überhaupt das *einzige öffentliche Verkehrsmittel,* so z.B. im nepalesischen Grenzgebiet, in Himachal Pradesh und Sikkim.

Darüber hinaus kommt man in Gebieten, wo die Bahn nur auf Schmalspurbreite operiert, wie z.B. in weiten Teilen Rajasthans und Bihars, mit dem Bus *wesentlich schneller* voran. Gleiches gilt auch für besonders von Touristen stark frequentierte Strecken wie Agra – Jaipur. Überhaupt ist Busfahren auf kürzeren Strecken der Fahrt mit dem Zug vorzuziehen, da vor allem Langstreckenzüge oft stundenlange Verspätung haben.

Andererseits gibt es gute Gründe, warum die meisten Reisenden den Zug dem Bus vorziehen. Neben allgemeinen Erwägungen wie größerer Bewegungsfreiheit und mehr Kontaktmöglichkeiten ist vor allem die *mangelnde Verkehrssicherheit* zu nennen. Indien ist das Land mit der höchsten Rate an Verkehrstoten der Erde im Verhältnis zur Verkehrsdichte. Daß das keine abstrakten Zahlen sind, kann man tagtäglich auf Indiens Straßen auf anschauliche Weise erleben. Bei fast jeder längeren Busfahrt sieht man mindestens ein Autowrack im Straßengraben liegen. Verwundern kann das bei dem oft schrottreifen Zustand der Fahrzeuge und dem Kamikaze-Stil der Fahrer nicht. Wer die Frage nach dem Leben nach dem Tod noch nicht unbedingt in allernächster Zukunft konkret beantwortet haben möchte, sollte für den Fall eines Frontalzusammenstoßes die mittleren Reihen denen ganz vorne vor-

ziehen. Die hinteren Reihen sind dagegen nicht so zu empfehlen, weil man dort wegen der Kombination von harten Federn und schlechten Straßen zu viele Luftsprünge macht.

Staatliche Busgesellschaften

Etwas weniger Todesverachtung scheinen die Fahrer der staatlichen Busgesellschaften zu verspüren. Auch der technische Zustand ist hier im allgemeinen besser als bei privaten Gesellschaften, welche aufgrund des enormen Konkurrenzdruckes zuerst an neuen Bremsen und profilbereiften Rädern zu sparen scheinen. Jeder Bundesstaat betreibt seine eigene Busgesellschaft, wobei deren Qualitäten sehr unterschiedlich sind.

Dabei macht es auch kaum einen großen Unterschied, ob man nun *Ordinary, Express, Semi Deluxe* oder *Deluxe* fährt. Das einzige, allerdings wichtige Unterscheidungsmerkmal ist, daß die *Semi-Deluxe-* und *Deluxe-Busse* wesentlich weniger anhalten als die *Ordinary-Busse,* die jedes noch so kleine Dorf anfahren. Von innen sehen sie alle gleich einfach aus: drei Sitzbänke pro Reihe, auf deren äußerst mäßiger Polsterung sich neben bis zu zehn Personen auch noch Hühner, Kartoffeln und Chilis zusammenpferchen. An dieser Lebensfülle ändert sich auch dann nicht viel, wenn man eine (nur recht selten mögliche) Vorbestellung vornimmt. Meistens muß man sich den Platz eh schon bei der Einfahrt des Busses im Busbahnhof durch einen Sprint und Muskelkraft erkämpfen. Beim Ansturm auf die heißbegehrten Sitzplätze werden die Inder wohl nur noch von den kampferprobteren Chinesen geschlagen. Hie wie dort scheint es jedoch als geheiligte Grundregel anerkannt zu sein, daß derjenige einen Sitzplatz erhält, der ihn zuvor mit einer Zeitung oder einem Taschentuch schon von außen durch eine offene Fensterscheibe reklamiert hat.

Private Busgesellschaften

Für denjenigen, der sich an der Schlacht nicht beteiligen möchte, scheinen wiederum die sich meist um die Bahnhöfe ansiedelnden Privatgesellschaften eine Alternative zu sein. Hier ist **Vorbestellung** üblich, und jeder bekommt garantiert seinen ihm versprochenen Platz und den sogar für sich allein. Das ist den Aufpreis von ca. 30% gegenüber den staatlichen Bussen durchaus wert. Ein weiterer Vorteil von Privatgesellschaften, die oft mit Minibussen operieren, ist die Möglichkeit, Gepäck sicher zu verstauen.

Preise

Busfahren in Indien ist spottbillig. So zahlt man etwa für die achtstündige Fahrt mit dem *Express-Bus* von Jodhpur nach Jaipur 78 Rupien (d.h. umgerechnet 3 DM), im *Deluxe-Bus* 93 Rupien. Ein *Ordinary-Bus* kostet noch einmal 30 % weniger als ein Express. Preise werden daher in den An- und Weiterreise-Kapiteln auch nur in Ausnahmefällen genannt.

Touristenbusse

Zum Schluß sei noch auf die von den Touristenämtern einiger Bundesstaaten auf für Touristen interessanten Strecken eingesetzten Luxusbusse verwiesen, die bei den einzelnen Ortskapiteln beschrieben werden. Vor allem die Strecke Jodhpur – Jaisalmer ist hier zu empfehlen.

Mietwagen

Kein anderes Verkehrsmittel bietet dem Reisenden die Möglichkeit, das Land so ausführlich, bequem und zudem auch einmal abseits der ausgetretenen Touristenpfade kennenzulernen, wie der eigene Mietwagen. Wie oft erlebt man es gerade im so lebensvollen Rajasthan, daß man im Bus oder Zug gerade an jenen Orten oder Landschaften vorbeirast, die eine einzigartige Stimmung ausstrahlen. Das passiert meistens gerade nicht in den bekannten Touristenhochburgen, sondern in abgelegenen kleinen Ortschaften, wo die Bilder zeitloser Schönheit noch allgegenwärtig sind. Ist man im Mietwagen unterwegs, kann man seinen Fahrer wo und wann immer man möchte anhalten lassen, beziehungsweise auch einmal bewußt in eines der vielen auf den ersten Blick so unscheinbaren Dörfer abseits der Hauptverkehrswege fahren lassen.

Fast alle Mietwagen in Indien werden *samt Fahrer* angemietet, und das ist auch gut so: Die mehr als rustikale Fahrweise der Inder, von denen so gut wie niemand eine Fahrschule besucht hat, ist mehr als gewöhnungsbedürftig. Die bereits erwähnte erschreckend hohe Zahl an Verkehrstoten sollte auch die Wagemutigsten zu der Einsicht gelangen lassen, daß Indien absolut kein Land für Selbstfahrer ist. Hinzu kommt, daß

Prakt. Reisetips

47

der Preis für Mietwagen mit Fahrer kaum höher ist als der ohne.

Mietwagen lassen sich in allen größeren Städten anmieten. Vermittelt werden sie von Hotels oder Reisebüros, oft findet sich in der Stadt auch ein spezieller Haltepunkt für die Wagen. Die **Preise** für die Wagen sind erschwinglich, so daß ein Mittelklasse-Tourist problemlos eine längere Rajasthan-Tour im Mietwagen absolvieren kann. Budget-Reisende können sich einfach mit ein paar Leuten zusammentun.

Die Tarife, allesamt mit Fahrer, sind von Ort zu Ort unterschiedlich. Zudem differieren sie noch, je nachdem ob der Wagen Klimatisierung hat oder nicht und ob er mit Diesel oder Benzin fährt. Dieselwagen sind etwas billiger, machen dafür aber auch mehr Lärm.

In Städten wie Delhi ist mit einer Kilometerpauschale von ca. 7-8 Rs zu rechnen, in kleineren Orten kann der Preis auf 4-5 Rs sinken. Einige Unternehmer beharren auf einer täglichen Mindestkilometerzahl (meist 150 oder 200 km), deren Kosten man zu tragen hat, auch wenn man weniger fährt.

Unternimmt man längere Touren, kommen noch **Extragebühren** hinzu. Für jede Übernachtung muß eine *Overnight Charge* von ca. 150 Rs bezahlt werden, zuzüglich einer Fahrergebühr, der *Driver Batta,* von ca. 100 Rs. Bei einer Fahrtzeit von ca. sechs bis acht Stunden pro Tag sollte man mit etwa 60-70 DM pro Tag auskommen.

Um spätere Schwierigkeiten zu vermeiden, sollte man seine **Rechnung** jeweils am Ende eines Fahrttages be-

gleichen. Gegen Quittung versteht sich, auf der der Kilometerstand zu Anbeginn und am Ende der Tagesfahrt vermerkt ist sowie alle o.g. Zusatzausgaben. Am nächsten Morgen ist dann zu überprüfen, ob der derzeitige Kilometerstand mit dem des Vorabends übereinstimmt – mancher Fahrer übernimmt nächtens private Spritztouren, die er dann klammheimlich dem Passagier anlastet.

Ohnehin ist bei der **Auswahl des Fahrers** eine gewisse Sorgfalt an den Tag zu legen. Für eine längere Tour sollte man nicht den erstbesten Fahrer anheuern, sondern am besten einen, mit dem man mindestens schon einmal einen Tagesausflug unternommen hat. Sonst entpuppt sich der Fahrer womöglich als verhinderter Indian-Airlines-Pilot. Darüber hinaus ist es bei fast allen Fahrern gang und gäbe, daß sie versuchen, gegen Abend jene Hotels anzufahren, bei denen sie Kommission kassieren. Besteht man auf der Wahl seines eigenen Hotels, wird es zunächst immer heißen, daß jenes zu teuer, gefährlich oder geschlossen sei. Wenn das alles nichts hilft, wird sich der Fahrer wahrscheinlich damit behelfen, daß er die Unterkunft nicht finden kann. Man sollte dieses Spielchen gleich von Anfang an unterbinden, so daß der Ärger nicht jeden Abend von neuem losgeht.

Die einzige Gesellschaft, die **Wagen zum Selberfahren** vermietet, ist *Hertz.* Die Mietpreise liegen bei ca. 1000-2500 Rs pro Tag. Hinzu kommt eine Gebühr für Extrakilometer, wenn menr als die Pauschale gefahren wurde.

● *Hertz*
Ansal Chambers-I.
GF 29, No. 3
Bhikaji Cama Place
New Delhi-110 066
Tel.: 6877188
Fax: 6877206

● *Hertz*
Hotel Holiday Inn
Amer Road
Jaipur-302002
Tel.: 609000
Fax: 609090

Taxi

Abgesehen von den größten Metropolen wie Delhi oder Jaipur sind Taxis eher selten, ganz einfach weil sie für die allermeisten Inder viel zu teuer sind. Für an europäische Preise gewöhnte Touristen ist Taxifahren in Indien hingegen immer noch spottbillig.

Im *innerstädtischen Verkehr* kann man mit ca. 4 Rs pro km rechnen. Für 10 Kilometer zahlt man also ganze 2,30 DM. Je länger die Strecke, desto besser läßt sich handeln. Zwischen 22 und 6 Uhr muß man jedoch noch einen *Nachtzuschlag* von 50 % hinzurechnen.

Zwar verfügen die meisten Taxis über einen *Taxameter,* doch scheinen nur die wenigsten Fahrer gewillt zu sein, diesen auch einzustellen. Meist helfen sie sich mit dem Argument, das Gerät sei *broken,* also defekt. Eine wundersame Heilung tritt oft dann ein, wenn man damit droht, ein anderes Taxi zu nehmen. Sehr oft zeigen jedoch selbst funktionierende Taxameter nicht den richtigen Fahrpreis an, weil sie noch nicht der letz-

ten oder vorletzten Fahrpreisänderung angeglichen worden sind. Für diesen Fall muß jeder Taxifahrer eine *Umrechnungstabelle* mit sich führen, die er auf Verlangen vorzuzeigen hat.

Die in diesem Buch genannten Preise sind nur als Orientierungshilfe gedacht. Letztlich hängt es vom jeweiligen Verhandlungsgeschick ab, wieviel man im konkreten Fall zu zahlen hat. Da viele Taxifahrer, wenn überhaupt, nur sehr wenig Englisch sprechen, sollte man sich vor Fahrtbeginn vergewissern, daß er das gewünschte Fahrtziel auch wirklich verstanden hat. Andernfalls kann es vorkommen, daß die eigentlich kurze Fahrt zum nächsten Hotel zu einer halben Stadtbesichtigung ausartet. Wer am Ende die Zeche hierfür zahlt, dürfte klar sein.

Weitere Verkehrsmittel

Autorikshas (Scooter)

Eine Art "Taxi des kleinen Mannes" sind jene dreirädrigen, luftverpestenden Autorikshas, die wegen des von ihnen erzeugten tuckernden Geräuschs in Thailand den Namen *Tuk Tuk* tragen, in Indien allgemein *Scooter* genannt werden. Ähnlich wie ihre thailändischen Kollegen sind auch die indischen Fahrer wahre Hasardeure, die sich einen Spaß daraus machen, auch die kleinste sich bietende Lücke mit Vollgas zu durchrasen. Tatsächlich sind Autorikshas wegen ihrer Wendigkeit, gerade während der Stoßzeiten in größeren Städten, wesentlich schneller als Taxis und zudem auch ca. 30 % billiger. Dafür zahlt man jedoch auch mit Blei in der Lunge und einem ramponierten Rückgrat. Ebenso wie beim Taxi sollte man Fahrpreis und Fahrtziel vor Abfahrt genau abklären, um späteren Mißverständnissen vorzubeugen.

Tempos

Tempos sind eine Art überdimensionale Autoriksha mit Platz für bis zu 8 Personen, d.h. in Indien können es auch schon mal ein gutes Dutzend werden. In mittleren und größeren Städten fahren sie entlang festgelegter Routen, z.B. vom Bahnhof ins Stadtzentrum. Auf der Strecke halten sie überall dort an, wo Passagiere ein- oder aussteigen möchten. *Tempos* sind neben Bussen die billigste Fortbewegungsart im innerstädtischen Verkehr. Die Preise variieren je nach Streckenlänge von 0,50 bis 3 Rs. Sie kommen allerdings nur für Reisende mit ganz wenig oder am besten gar keinem Gepäck in Frage, da der zur Verfügung stehende Platz pro Person minimal ist. Im übrigen ist die Preisersparnis gegenüber den Autorikshas, besonders wenn man zu zweit reist, derart gering, daß diese Transportart nur von wenigen Touristen genutzt wird.

Fahrradrikshas

Fahrradrikshas, dreirädrige Fahrräder mit einem Fahrer vorn und einer kleinen Sitzbank für zwei Personen dahinter, wurden in den letzten Jahren

Wird heute noch in Goa gebaut: die Dreikantfeile von Tempo, Kohlenhändlers "Wirtschaftswunderauto"

aus den Zentren mehrerer Großstädte verbannt, doch in den meisten Orten sind sie das meistbenutzte Transportmittel. Hier gibt es selbstverständlich keinen Taxameter und gerade in großen Touristenorten wie etwa Agra oder Jaipur gilt es, besonders hartnäckig zu handeln, da man ansonsten oft ein Mehrfaches des ortsüblichen Preises bezahlt – mehr als mit der Autoriksha.

Hinzu kommt, daß viele Rikshafahrer im Kommissionsgeschäft engagiert sind und versuchen, den Neuankömmling in jenes Hotel zu bringen, wo sie am meisten Prozente bekommen. Oft ist das die Hälfte des Übernachtungspreises. Besondere Vorsicht ist bei jenen Fahrern geboten, die einem bei der Frage nach dem Fahrpreis mit der Antwort *As you like* zu locken versuchen. Es ist immer unkomplizierter (und billiger), vor Fahrtantritt den exakten Tarif festzulegen. Auch hier können die im Buch gegebenen Preise nur als Anhaltspunkt dienen.

Einige Rikshafahrer verstehen grundsätzlich jede Fahranweisung falsch und fahren schurstracks zu einem Geschäft. Dessen Besitzer zahlt für jedes angekarrte Opfer ein paar Rupien Provision, in der Hoffnung, es werde schon etwas gekauft werden. Das Geschäft sollte natürlich gleich links liegengelassen und der Rikshafahrer auch nicht bezahlt werden.

Tongas

Mit *Tonga* werden einfache Pferdegespanne bezeichnet, die sich gelegentlich, vor allem in kleineren Orten, noch finden.

Frauen unterwegs

Für Frauen, ob alleine oder zu zweit, ist Indien kein leichtes Reiseland. Der Anblick westlicher Frauen kehrt bei vielen indischen Männern den Don Juan hervor. Selbst Frauen, die mit einem männlichen Partner reisen, bleiben nicht unbehelligt. Meist begnügt "mann" sich mit **Rufen oder Schnalzen,** um auf seine offensichtlich nicht sehr attraktive Persönlichkeit aufmerksam zu machen, oder mit einigen anzüglichen Bemerkungen. Gelegentlich (besonders Delhi ist für dieses Problem bekannt) kommt es aber auch zu **Grabschereien** *(Eve Teasing),* ein Problem, mit dem auch die indischen Frauen leben müssen. Nicht umsonst gibt es z.B. in den Vorortzügen in Bombay spezielle Waggons nur für Frauen.

Derzeit erlebt Indien den Ansatz einer bescheidenen "sexuellen Revolution", ausgelöst durch das ausländische Satelliten-Fernsehen als auch durch das immense AIDS-Problem, das eine offene Diskussion des Themas Sex nötig macht. An der Spitze der Liberalisierung stehen die Städte Bombay, Delhi und Bangalore. Der Kurzzeiteffekt der wachsenden Freizügigkeit scheint aber nicht unbedingt positiv, denn der Sprung von einer stark traditionsgebundenen zu einer freiheitlicheren Gesellschaft läßt manchen die Maßstäbe verlieren. Derzeit scheint es, daß die Belästigungen in der jüngsten Vergangenheit eher etwas zu- als abgenommen haben.

Frauen können ihren Teil dazu beitragen, möglichst wenig behelligt zu werden. Daß keine provozierende *Kleidung* getragen werden sollte – dazu zählen in Indien eben auch Shorts, kurze Röcke oder ärmellose Hemden, versteht sich von selbst. Zudem sollte "frau" den *Blickkontakt* mit fremden Männern meiden. Einem fremden Mann in die Augen schauen, das tun nur Prostituierte, der offene Blick wird als Einladung zur Kontaktaufnahme verstanden. Außerdem ist auf allzu große *Freundlichkeit* zu Kellnern, Hotelangestellten, Verkäufern u.ä. zu verzichten – die indische Frau aus guter Familie (auch der Mann) wird mit solch "niedergestellten" Personen nie mehr reden als unbedingt nötig. Tut "frau" es doch, fordert sie dadurch Annäherungsversuche heraus. Als Frau heißt es, *Distanz* zu den Männern zu wahren, alles andere kann leicht falsch ausgelegt werden.

Mit Kindern unterwegs

Während es in vielen Ländern Südostasien wie etwa Thailand, Malaysia oder Indonesien nicht mehr außergewöhnlich ist, daß Eltern mit ihren *Kleinkindern* individuell durchs Land reisen, stellt dies in Indien immer noch eine äußerst seltene Ausnahme dar. Das wird wohl auch noch eine Weile so bleiben, gilt doch Indien zu Recht als eines der am schwersten zu bereisenden Länder. Die weiten Entfernungen auf verstaubten, von Schlaglöchern übersäten Straßen in kaum gefederten und überfüllten Bus-

sen sind *kleinen Kindern* sicherlich ebensowenig zuzumuten wie die oftmals wenig einladenden sanitären Einrichtungen. Die Hitze und das alltägliche Elend auf den Straßen kommen zu den täglichen Belastungen hinzu.

Anders sieht es da schon bei den *Kindern über zwölf Jahren aus.* Für sie bietet Rajasthan mit seinem bunten Alltagsleben, den phantasiebeladenen Burgen, den durch die Straßen stolzierenden Elefanten und Kamelen, den Schlangenbeschwörern und bunten Festen eine exotische Welt, die sie wohl nur aus Märchenbüchern kennen.

Allerdings sollte man gerade wegen der Vielzahl der Eindrücke immer wieder einige Ruhetage einlegen und in höherklassigen *Hotels* übernachten, um so Zeit zum Verarbeiten und zur Erholung einzuräumen. Im übrigen bieten fast alle besseren Hotels die Möglichkeit, für einen geringfügigen Aufpreis das Kind im Zimmer der Eltern übernachten zu lassen. *Ermäßigungen* für Kinder bis zum Alter von 12 Jahren geben nicht nur die indische Eisenbahn, sondern auch die inländischen Fluggesellschaften. Ist man mit Kindern unterwegs, bietet sich als bestes *Fortbewegungsmittel* der Mietwagen an, da man so die fast ständig überfüllten öffentlichen Verkehrsmittel vermeidet und zudem besser auf die individuellen Wünsche der Kinder eingehen kann.

Auch bei der Wahl des *Restaurants* lohnt es sich, etwas tiefer in die Tasche zu greifen. Nur bessere Restaurants verfügen über eine Auswahl an europäischen Gerichten, falls die in der Regel recht scharfen indischen Gerichte nicht nach dem Geschmack des Kindes sind.

Sollte ein **Kind erkranken,** besteht zunächst kein Grund zur Panik, gibt es doch in jedem größeren Ort einen englischsprechenden Arzt, der eine zutreffende Diagnose stellen kann. Fast immer handelt es sich um leichtere Erkrankungen, für die auch die eventuell notwendigen Medikamente problemlos zu besorgen sind. Dennoch kann es nicht schaden, wenn man bereits von zuhause eine Auswahl der gängigsten Medikamente in der Reiseapotheke mitführt. Im Falle einer ernsthafteren Erkrankung gilt bei den Kindern das gleiche wie bei den Erwachsenen: Auf keinen Fall in ein Provinzkrankenhaus gehen, sondern in eines der hervorragenden Krankenhäuser Delhis – oder gleich abreisen.

Unterkunft

Unterkunftskategorien

Wer die Wahl hat, hat die Qual. Diese alte Weisheit gilt bei der Wahl der Unterkunft in Rajasthan wohl noch mehr als anderswo. Die Zahl der Möglichkeiten ist schier unbegrenzt und reicht vom stickigen, moskitodurchsetzten Schlafsaal bis zum fürstlichen Schlafgemach in einem ehemaligen Maharajapalast.

Der Übersicht halber habe ich mich in diesem Reiseführer für 4 Kategorien entschieden.

Low Budget (bis 250 Rupien)

Naturgemäß kann man bei einem Maximalpreis von etwa 10 DM keine allzu hohen Ansprüche stellen, doch selbst in dieser Kategorie wird oft schon Erstaunliches geboten. Besonders in Orten, die sich bei Rucksackreisenden großer Beliebtheit erfreuen wie etwa Udaipur oder Pushkar gibt es eine Vielzahl hervorragender billiger Unterkünfte. Ventilator, Moskitonetz, geräumige, helle Zimmer, saubere Betten und oft auch ein eigenes Bad sind dort fast selbstverständlich.

Besonders empfehlenswert sind die sogenannten **Guest Houses,** meist relativ kleine, wie Privatpensionen geführte Unterkünfte. Da hier der Besitzer meist noch selber Hand anlegt, wirkt alles gepflegt und sauber, die Atmosphäre ist freundlich und man kann leicht Kontakt zu Gleichgesinnten knüpfen. Es gibt natürlich Ausnahmen, speziell da, wo sich die ehemals intimen *Guest Houses* wegen ihres Erfolges über die Jahre zu kleinen Hotelburgen entwickelt haben.

Eine speziell indische Einrichtung sind die sogenannten **Railway Retiring Rooms.** Wie es der Name schon sagt, befinden sich die Unterkünfte auf dem Bahnhofsgelände, meist im Bahnhof selbst. Wegen ihres günstigen Preises (oft nicht mehr als 60 Rupien für ein DZ, EZ gibt es nicht) sind sie auch bei Indern sehr beliebt und deshalb oft ausgebucht. Meistens sind die Zimmer recht gepflegt und bieten besonders für diejenigen eine echte Alternative, die nur auf eine kurze Stippvisite in dem Ort eintreffen und danach mit dem Zug weiterfahren.

Ohropax ist jedoch gerade auf stark befahrenen Bahnhöfen für die Nachtruhe unbedingt erforderlich.

Jugendherbergen bilden eine weitere Möglichkeit des billigen Wohnens. Hierzu muß man nicht unbedingt im Besitz eines Mitgliedsausweises sein, allerdings werden von Nichtmitgliedern höhere Preise verlangt. Meist sind es jedoch auch dann nicht mehr als 60 Rupien. Als beträchtlichen Nachteil empfinden viele Reisende jedoch die in Jugendherbergen herrschende Lautstärke. Zudem zeichnen sich die Schlafsäle nicht immer durch ein Höchstmaß an Sauberkeit aus.

Dharamsalas sind Unterkünfte für Pilger. Nur gelegentlich sind sie auch für Nicht-Hindus zugänglich. Besondere Rücksichtnahme auf den religiösen Charakter dieser Unterkünfte sollte selbstverständlich sein.

Schließlich sei auf die sogenannten **Salvation Army Hotels** hingewiesen, welche besonders in den Großstädten die besten Low-Budget-Unterkünfte darstellen. Diese von der Heilsarmee geleiteten Unterkünfte sind nicht nur billig und sauber, sondern liegen auch noch sehr zentral, was gerade in den großen Metropolen ein gewichtiger Pluspunkt ist.

Budget (bis 700 Rupien)

In dieser Kategorie sind ein eigenes Bad, große, bequeme Betten, Farbfernseher und Teppichfußboden üblich. Im oberen Bereich gehört auch eine Klimaanlage dazu – also fast schon ein bißchen Luxus. Gerade in dieser Preisklasse ist das Angebot in den meisten Städten besonders umfangreich. Wenn im Low-Budget-Bereich die Auswahl eher bescheiden ist, sollte man ein paar Rupien draufzahlen, denn oftmals ist der Unterschied zwischen einer 150- und 250-Rupien-Unterkunft gravierend. Andererseits fehlt den Unterkünften oftmals das Flair der Billigunterkünfte.

Dies gilt auch für die sehr beliebten von den staatlichen Touristenorganisationen geleiteten **Tourist Bungalows.** Meist kann man aus einer großen Menge unterschiedlicher Zimmer auswählen. Oft verfügen sie über ein Restaurant. Außerdem ist ihnen vielfach das lokale Touristenbüro angeschlossen, so daß man nicht nur hilfreiche Informationen erhält, sondern auch die angebotenen Veranstaltungen wie Stadtrundfahrten vor der Haustür starten. Leider werden diese Vorteile nur allzu oft durch den miserablen Service, der diese *Tourist Bungalows* "auszeichnet", zunichte gemacht. Dennoch bieten sie in vielen Städten das beste Preis/Leistungsverhältnis.

Tourist Class (bis 1.500 Rupien)

Unterkünfte dieser Preisklasse sind oft schon mit First-Class-Hotels in Europa gleichzusetzen. Speziell ab 1.000 Rs sind Klimaanlage, Farbfernseher mit Satellitenprogramm, Telefon, Zimmerservice, heiße Dusche und großzügig möblierte Zimmer selbstverständlich. Allerdings finden sich oftmals auch im oberen Bereich der Budget-Klasse ähnliche Annehmlichkeiten, und so sollte man sich überlegen, ob die Mehrausgabe wirklich notwendig ist.

First Class

Internationale Luxushotels finden sich in Indien durchaus nicht nur in den großen Metropolen, sondern in allen Millionenstädten, von denen es allein 20 gibt, und darüber hinaus in Touristenhochburgen wie etwa Agra, Udaipur, Jodhpur und Khajuraho. Dort wird der international übliche Standard geboten, d.h. Swimmingpool, spezielle Einrichtung für Geschäftsleute, mehrere Restaurants, Sportmöglichkeiten etc. Die international renommierten Hotelketten wie *Sheraton, Meridien* oder *Interconti* sind in den großen Metropolen Indiens selbstverständlich vertreten. Das Flaggschiff der *Taj Hotels* ist das altehrwürdige *Taj Hotel* in Bombay, welches immer wieder bei der Wahl der besten Hotels der Erde genannt wird.

Heritage Hotels

Keine andere Region Indiens bietet dem Reisenden die Möglichkeit, den Charme der guten alten Zeit bei der Wahl der Unterkunft gleich mitzubuchen, wie Rajasthan. *Heritage Hotels* heißen jene etwa 50 offiziell von der Tourismusbehörde anerkannten Palasthotels, die sich in ehemaligen Rajputenpalästen beziehungsweise Adligenhäusern befinden und auf einmalige Weise die Atmosphäre der britischen Kolonialzeit mit den Errungenschaften des 20. Jahrhunderts verbinden. Herausragende Beispiele sind der *Umaid Bhawan* in Jodhpur, der *Ramgarh Palace* in Jaipur und das märchenhaft wie ein Schiff inmitten des Pichola-Sees gelegene *Lake Palace Hotel* in Udaipur. Doch auch viele kleinere und dementsprechend inti-

Nicht gerade preiswert: Lake-Palace-Hotel in Udaipur

Schlepper

Sie sind meist auffällig chic gekleidet, sprechen sehr gutes Englisch, oft mit amerikanischem Akzent, scheinen magnetisch von westlichen Touristen angezogen zu werden, halten sich meist an Bahnhöfen oder in Hotelgegenden auf und geben als Berufsbezeichnung gern *Tourist Guides* an. Das ist im Grunde sogar zutreffend, verdienen sie ihr Geld doch damit, Touristen zu den Hotels zu führen, von denen sie für ihre Dienste eine Kommission von ca. 30 % bekommen. Wer den Mehrpreis am Ende bezahlt, ist klar – der Tourist. Schlepper führen einen entgegen ihren Beteuerungen also durchaus nicht zu den preiswertesten und schönsten, sondern zu den am besten zahlenden Unterkünften. Will man zu einem Hotel, welches nicht mit ihnen zusammenarbeitet, heißt es meist, es sei voll oder geschlossen oder abgebrannt. Am besten ignoriert man sie also und läßt sich gar nicht erst auf ein Gespräch ein, andernfalls können sie sehr anhänglich sein.

Nur für den Fall, daß man spät abends in einer Stadt angekommen ist und nach nervenaufreibender Suche keine Schlafstätte finden konnte, sollte man den grundsätzlich sehr zweifelhaften Service in Anspruch nehmen. Irgendwo werden sie schon noch ein Plätzchen auftreiben, schließlich liegt es ja in ihrem ureigensten Interesse. Dann muß man halt in den sauren Apfel beißen und den Aufpreis zahlen, was immer noch besser ist, als im Freien zu übernachten. Am nächsten Morgen kann man sich dann eigenständig auf die erneute Hotelsuche begeben.

mere *Heritage Hotels* wie etwa das *Royal Castle* in Khimsar oder der *Bissau Palace* im Shekhawati vermitteln einen lebendigen Eindruck von jener Zeit als noch nicht Effizienz und Sachlichkeit, sondern Muße und Legenden das Leben bestimmten.

Zimmersuche – Worauf ist zu achten

Sanitäre Anlagen

In diesem Bereich gibt es am meisten zu beanstanden. Toilettenspülungen funktionieren so gut wie nie, aus der Dusche rinnen nur ein paar Tropfen, und das heiße Wasser entpuppt sich nur allzu oft als laue Brühe: eine unangenehme Überraschung vor allem während der kalten Wintermonate im hohen Norden. Alles checken und, falls etwas fehlt, reklamieren. Für viele wichtig: Gibt es ein "europäisches" WC oder ein indisches "Hock-Klo"?

Betten

Sie sind so etwas wie eine Visitenkarte. Ist die Bettwäsche schmutzig bzw. die Matratze mit Flöhen durchsetzt oder durchgelegen, braucht man gar nicht weiter zu verweilen. Eine Liegeprobe zeigt auch, ob das Bett lang genug für europäische Lulatsche ist. Vielfach ist es das nicht. Der häufig vorkommende Grauschleier läßt jedoch eher auf die vorsintflutlichen Waschmethoden schließen als auf nicht gewaschene Bettwäsche.

Moskitonetze

Selbst im angenehmsten Bett kann die Nacht zur Qual werden, wenn man ständig von Blutsaugern heimgesucht wird. Wer also kein eigenes Moskitonetz dabei hat, sollte darauf achten, daß eines vorhanden ist. Ebenso wichtig ist, daß es keine Löcher aufweist. Viele Moskitonetze versprühen eine derart unangenehme Duftnote, daß man darunter kaum Luft bekommt. In diesem Falle sollte man sie auswechseln lassen.

Klimatisierung

Einen **Ventilator** gibt es in Indien in fast jedem Hotelzimmer. Funktioniert er auch? Und wenn ja, wie? Manche sind so träge, daß sich kein Lüftchen bewegt, andere lösen einen mittleren Wirbelsturm aus und donnern wie ein Hubschrauber im Tiefflug. Funktioniert die Stufenschaltung?

Die nächste Stufe wäre ein **Cooler** – eine direkt im Zimmer untergebrachte kleine Klimaanlage, die teilweise gegen einen Aufpreis extra angebracht wird. Nichts für Geräuschempfindliche!

Eine Klimaanlage **(Air Conditon, AC)** ist dagegen wesentlich ruhiger – es sei denn, man hat sein Zimmer direkt in der Nähe ihres Gebläses.

Lautstärke/Lage

Inder sind wesentlich lärmunempfindlicher als Europäer. Oft liegen die Zimmer direkt an einer ununterbrochen von Brummis befahrenen Hauptverkehrsstraße. Auch sollte man darauf achten, daß der Nachbar kein Fernsehnarr ist. Inder lieben es, bei voller Lautstärke in die Röhre zu glotzen. Oft befinden sich im Erdgeschoß von Hotels Restaurants, deren Lärm und Gerüche einen am Einschlafen hindern. Also empfiehlt es sich, sein Zimmer möglichst weit weg von Straße und Restaurant zu wählen. Im Notfall helfen Ohrenstöpsel.

Schließfach-Service

Es ist sehr angenehm, einmal ausgehen zu können, ohne ständig auf seine Wertsachen achtgeben zu müssen. Viele Hotels bieten einen sogenannten *Deposit* Service an, bei dem man seine Wertsachen an der Rezeption deponieren kann. Gleich beim Einchecken danach fragen. Allerdings sollte man sich immer eine Quittung über die abgegebenen Wertsachen ausstellen lassen.

Fernseher

Kabelfernsehen ist seit einigen Jahren der große Renner in Indien. Viele Hotels werben mit dem Empfang internationaler Programme wie *BBC* und *CNN*. Da man in indischen Zeitungen nicht gerade mit internationalen News

verwöhnt wird, checken einige Traveller zwischendurch ganz bewußt in solche Hotels ein, um sich mal wieder aufs Laufende zu bringen. Doch oft ist nur ein verschwommenes Bild zu empfangen. Checken!

Check-Out-Zeit

Viele Hotels in Indien verfahren nach den sogenannten 24-Stunden-System, d.h. man muß den Raum genau einen Tag nach dem Einchecken wieder verlassen. Das ist von Vorteil, wenn man erst abends eincheckt, weil man dann noch den ganzen nächsten Tag zur Verfügung hat. Umgekehrt ist das unangenehmer: Wer ganz früh morgens ankommt, muß am nächsten Tag auch wieder früh aus den Federn. Andere Hotels verfahren nach der in Europa üblichen 9- bzw. 12-Uhr-Regel. Man sollte gleich zu Beginn fragen, welches System verwendet wird.

Preise

Das Preissystem indischer Hotels ist oftmals sehr verwirrend. In vielen, selbst kleineren Hotels hat man oft die Auswahl zwischen bis zu zehn verschiedenen **Preiskategorien.** So kostet das billigste Zimmer z.B. 150 Rs und das teuerste 1.400 Rs. Die Gründe für diese Abstufungen sind dabei oft nur minimal. Ein wenig mehr Holz an der Wandverkleidung begründet ebenso eine veränderte Preisstufe wie die Größe des Fernsehers oder die Höhe des Stockwerkes.

Mindestens ebenso verwirrend ist die allseits beliebte Praxis, auf den Zimmerpreis noch unzählige **Steuern und Zuschläge** aufzuschlagen. *Service Charge, Government Tax* und *Luxury Tax* heben die Preise oft um bis zu 50 %. Speziell die *Service Charge* ist nichts weiter als ein Versuch des Managements, zusätzlich abzukassie-

Leckereien am Straßenrand

ren, da das Personal, dem das Geld eigentlich zugute kommen sollte, meist kaum etwas davon sieht. Vielfach leiden sie sogar darunter, da viele Urlauber wegen der *Service Charge* kein zusätzliches Trinkgeld mehr zahlen. Man sollte immer nach dem Endpreis fragen, da einem anderenfalls oft zunächst ein wesentlich geringerer Preis genannt wird. Die unangenehme Überraschung kommt bei der Bezahlung der Rechnung am Ende. Die in diesem Reiseführer genannten Preise beinhalten bereits eventuelle Zuschläge.

Essen und Trinken

Indische Küche

Um sich von der Beliebtheit der indischen Küche in Deutschland zu überzeugen, genügt ein Blick in die Gelben Seiten des Telefonbuchs. Unter der Rubrik "Restaurants" finden sich da neben "King Wah" oder dem "Bangkok" inzwischen genauso selbstverständlich Namen wie "Taj Mahal", "Passage to India" oder "Thali". Neben der chinesischen und thailändischen hat sich die indische zur beliebtesten asiatischen Küche in Deutschland entwickelt. So wissen inzwischen auch hierzulande viele, daß sich hinter dem Wort Curry nicht ein Einheitsgewürz, sondern eine höchst aufwendige Kräuter- und Gewürzmischung verbirgt.

Andere Vorurteile hingegen halten sich nach wie vor hartnäckig. So z.B. jenes, daß indisches Essen grundsätzlich scharf sei, Reis das Hauptnahrungsmittel darstelle und Tee das beliebteste Getränk ist. Richtig hingegen ist, daß im Norden eher würzig als scharf gegessen wird und Brot die eigentliche Nahrungsgrundlage bildet, während man im Süden wesentlich mehr Kaffe als Tee trinkt.

Ursache für diese regionalen Unterschiede sind die verschiedenen historischen Prägungen und unterschiedlichen klimatischen Bedingungen der beiden Landesteile. Der klimatisch kühlere Norden ist auch heute noch stark beeinflußt durch die sechshundertjährige muslimische Fremdherrschaft, die bekanntlich im tropischen Süden nie so recht Fuß fassen konnte. Als Folge hiervon findet man in Nordindien auch die Küche der Moguln, verhältnismäßig schwere, fettreiche Kost mit viel Fleisch, während im Süden vegetarisches und leichteres, aber auch schärferes Essen bevorzugt wird. So findet man eine Vielfalt an Gerichten und Geschmackserlebnissen, die einmalig ist.

Warum es dennoch immer wieder Touristen gibt, die sich während ihrer gesamten Indienreise mit Spaghetti, Fried Rice und Pommes Frites durchschlagen, ist mir wirklich schleierhaft.

Überdies schmeckt **westliches Essen in Indien** fast immer langweilig bis lausig und ist zudem um ein Vielfaches teurer als das einheimische.

Gesundheitliche Gründe können bei der selbstauferlegten Abstinenz auch keine Rolle spielen. Hält man sich an einige einfache Grundregeln, wie keine rohen Salate, Gemüse und Schweinefleisch zu essen bzw. das in fast allen Restaurants bereitgestellte Trinkwasser zu meiden, dann sind Gaumenfreuden in Indien genauso unbedenklich wie in Thailand, Hongkong oder Singapur.

Restaurants

Im Unterschied zu vielen anderen Ländern Südostasiens wie etwa Thailand, Malaysia oder Indonesien, in denen man an fast jeder Straßenecke über mobile Garküchen stolpert, kann es in kleineren Orten Indiens vorkommen, daß man erst einmal längere Zeit suchen muß, um seinen Hunger stillen zu können. Zwar finden sich auch in Indien viele **Essensstände,** doch diese offerieren meist nur kleinere Snacks bzw. Süßigkeiten.

Als Helfer in der Not bieten sich da *Dhabas* bzw *Bhojanalayas* (wörtl.: "Ort der Speise") an, sehr einfache, meist zur Straße hin offene Lokale, die sich vor allem um Bahnhöfe gruppieren. Die einzelnen Gerichte befinden sich in großen Töpfen, unter denen ständig eine Gasflamme brennt. Zwar sind sie äußerst preisgünstig, doch aufgrund der ununterbrochenen Erhitzung oft auch etwas fad im Geschmack. Zudem hat man ihnen die

meisten Vitamine regelrecht ausge-
brannt.

Eine preiswerte Alternative bieten
die *Bahnhofsrestaurants,* in denen
man selten mehr als 20 Rupien für ein
sättigendes Mahl berappen muß.
Englische Speisekarten sind in diesen Restaurants zwar nicht die Regel,
kommen aber mehr und mehr in Ge-
brauch. Oftmals wird an der Kasse
speziell für Besucher eine bereitge-
halten. Diese Speisekarten haben jedoch zuweilen den Nachteil, daß dort
nur solche Gerichte aufgeführt sind,
die man dem westlichen Gaumen für
würdig empfindet. Dabei fehlen oft
gerade die so schmackhaften lokalen
Spezialitäten. Manchen dieser Speisekarten fehlen jegliche Preisangaben. In diesem Fall sollte man vor der
Bestellung den zu zahlenden Betrag
abklären, um späteren Mißverständnissen vorzubeugen.

Der *Service* ist bei all diesen Restaurants eher bescheiden, manchmal geradezu unfreundlich. Essen
wird in Indien in erster Linie als notwendige Nahrungszufuhr verstanden
und weit weniger als kulturelles Erlebnis. So strahlen viele Restaurants den
Charme einer Bahnhofsvorhalle aus.
Kaum hat man den letzten Bissen
heruntergeschluckt, schon wird einem die Rechnung unter die Nase
gehalten.

Auf einen anderen Planeten fühlt
man sich versetzt, speist man in einem der überraschend vielen *Nobel-
restaurants.* Vor allem in den First-
Class-Hotels der Großstädte, aber
auch in vielen mittelgroßen Orten bietet sich die Möglichkeit, für verhältnismäßig sehr wenig Geld sehr gut zu

speisen. So zahlt man in einem guten
AC-Restaurant kaum mehr als 50 Rupien für ein üppiges und exzellentes
Essen – ein Spottpreis, verglichen mit
einem ähnlichen Restaurant in Europa. Das gleiche gilt für die üppigen
Mittags- und *Abendbuffets,* die viele Hotels in Delhianbieten, wo man
sich für selten mehr als 250 Rs
schadlos halten kann.

Wie wird gegessen

Einen Kulturschock besonderer Art
erleben Europäer, wenn sie das erste
Mal ein Restaurant betreten und sehen, daß in Indien traditionell *mit der
Hand gegessen* wird. Das wirkt auf
viele zunächst reichlich unappetitlich.
Es sei jedoch daran erinnert, daß es
umgekehrt den Indern nicht anders
ergeht, wenn sie die zivilisierten Europäer mit solch martialischen Metall-
werkzeugen wie Messer und Gabel
im Essen herumstochern und -
schneiden sehen.

Letztlich ist es eine Geschmacksa-
che, und so wird es in Indien auch
praktiziert. In fast jedem Restaurant
wird dem westlichen Touristen selbstverständlich Besteck ausgehändigt,
und so kann man an seinen alten Ge-
wohnheiten festhalten.

Einige üben sich dennoch,
zunächst aus Neugierde, in der indischen Art der Nahrungsaufnahme
und stellen dabei überrascht fest, daß
das Essen so viel besser schmeckt.
Wer zum ersten Mal mit den Fingern
ißt, wird sich dabei zunächst wahrscheinlich recht ungeschickt anstellen und nicht so recht wissen, wie er
die Speisen in den Mund bekommt,

ohne sich zu bekleckern, doch eigentlich ist es recht einfach: Man bildet mit den Fingern der rechten Hand (die linke Hand gilt als unrein, da in Indien traditionell kein Toilettenpapier benutzt wird – seinen Zweck erfüllen ein Krug Wasser und die linke Hand) eine Rinne, in der man die Mahlzeit mit dem Daumen in den Mund schiebt. Vor wie nach dem Essen säubert man die Hände in dem in jedem Restaurant speziell dafür bereitstehenden Waschbecken.

Gewürze

Indiens Ruf als Heimat einer der besten Küchen der Erde beruht auf der unvergleichlichen Anzahl unterschiedlicher **Gewürze.** Dafür war Indien im Westen schon seit alter Zeit berühmt. Namen wie Pfeffer, Kardamon, Zimt und Ingwer übten auf die europäischen Kaufleute eine ähnliche Faszination aus wie Gold, und so sandten sie ihre Schiffe rund um den Erdball, um die heißbegehrten Gewürze zu finden.

Curry, jener Begriff, der heute als Synonym für die indische Küche gilt, stand jedoch nicht auf ihren Fahndungslisten verzeichnet. Das konnte er auch gar nicht, gab es den Begriff zu jener Zeit doch noch gar nicht. Erst die englischen Kolonialherren machten aus dem *Karhi* – was lediglich Soße bedeutet – jenes Einheitsgewürz, als welches es inzwischen weltweit bekannt ist. In Indien selbst ist unser "Curry" als *Garam Masala* bekannt. Man muß den Briten, deren Beitrag zur internationalen Küche bekanntlich ja recht unbedeutend ist,

allerdings zugestehen, daß sie von Anfang an überfordert waren, die überaus raffinierte und komplizierte Küche Indiens zu verstehen.

Im Grunde gibt es Hunderte verschiedener *Karhis*. Die Mischung der verschiedenen Gewürze ist das große Geheimnis jeder indischen Hausfrau. Bei all ihrer Unterschiedlichkeit beinhalten fast all diese geheimnisvollen Mixturen Koriander, Zimt, Kümmel, Nelken, Kardamom und Pfeffer. Die gelbe Färbung erhält Curry durch den Gelbwurz (*haldi*), eine medizinische Pflanze, die desinfizierend wirkt. Jedes indische Gericht hat sein spezielles *Masala* (Gewürzmischung), denn es ist die Auswahl, die Menge und die Mischung der einzelnen Gewürze, die den individuellen Geschmack eines Gerichtes ausmachen.

Eine kulinarische Entdeckungsreise in Indien ist schon deshalb mit einem "Risiko" verbunden, weil sich hinter jedem *Masala* oder *Curry* ein anderer Geschmack – und Schärfegrad – verbergen kann. Es kommt halt ganz auf die Mischung an.

Brot

Wie schon erwähnt, ist des Nordinders täglich Brot nicht, wie vielfach angenommen wird, Reis, sondern – Brot. Auf jeder Speisekarte Nordindiens findet sich eine Vielzahl dieser Fladenbrote.

● **Chapati** ist die einfachste, populärste und billigste Brotsorte. Im Grunde ist es nichts weiter als ein dünner, auf heißer Herdplatte gebackener Fladen aus Wasser und Mehl.

● **Paratha** sieht im Gegensatz zum dünnen, knusprigen Fladenbrot eher wie ein dicklicher Pflaumenkuchen aus. Der Vollkornfladen wird mit geklärter Butter *(ghi)* in der Pfanne gebacken und oft mit einer Kartoffelfüllung angeboten *(alu paratha)*

● *Puris* sind Fladen aus Mehl, Wasser und Salz, die in Öl schwimmend gebacken werden, wobei sie sich aufblähen wie Luftballons. Keine sehr weit verbreitete Variante, dafür um so schmackhafter.

● *Nan* ist dagegen wesentlich fettärmer, da es im Tonofen *(tandur)* bei offenem Feuer gebacken wird. Das große dreieckige Fladenbrot gibt es in verschiedenen Varianten, so z.B. mit Butter bestrichen *(butter nan)* oder mit Käse gefüllt *(cheese nan)*.

● *Papad* (oder *papadam*) ist ein hauchdünner, oftmals scharf gewürzter Fladen, der meist als Appetitanreger vor der Hauptmahlzeit serviert wird.

Reis

Obwohl der Reis im Norden als Grundnahrungsmittel nicht die dominierende Stellung einnimmt wie im Süden, ist er natürlich trotzdem überall selbstverständlicher Bestandteil des Speiseplans. Es gibt ihn in den vielfältigsten Varianten vom *Plain Rice* über den besonders bei Travellern beliebten *Fried Rice* bis zu den *Biriyanis*. Dies ist eine köstliche Reis-Gemüse-Mischung, die mit Nüssen und Trockenfrüchten wie z.B. Rosinen angereichert wird und häufig auch mit Fleisch, speziell Lamm, serviert wird. Die schlichtere Form des *Biriyani*, gedünsteter Reis mit Erbsen, *Pulau* oder *Pilaw* genannt, wird in Indien gern mit Safran gekocht, was ihm seine charakteristisch gelbliche Farbe verleiht. Der in Europa so beliebte, weil naturbelassene braune Reis ist in Indien weitgehend unbekannt. Nur die Nachfrage in größeren Touristenorten hat dort den für das indische Auge schmutzigen Reis salonfähig gemacht.

Vegetarische Gerichte

Kein anderes Land bietet eine derartige Vielfalt an *vegetarischen Köstlichkeiten* wie Indien. Hier kann sich das eigentliche Geheimnis der indischen Küche, die unvergleichliche Vielfalt an orientalischen Gewürzen, richtig entfalten. So zaubern indische Köche selbst aus den banalsten Nahrungsmitteln wie Linsen oder Kartoffeln himmlische Leckerbissen. Da verwundert es nicht, daß viele Reisende sich während ihrer mehrmonatigen Indienreisen zu reinen Vegetariern wandeln. Der Umstieg auf fleischlose Kost wird einem außerdem noch dadurch versüßt, daß sie die Reisekasse weit weniger belastet als Fleischliches. Ein köstliches und magenfüllendes vegetarisches Gericht ist fast überall für weniger als umgerechnet eine DM zu bekommen.

Das meistgegessene vegetarische Gericht der Inder ist *Thali*. Hierbei handelt es sich um eine reichhaltige Mahlzeit, die auf einem Metallteller serviert wird. Um den in der Mitte angehäuften Reis sind kleine Metallschälchen plaziert, die verschiedene Currys, Gemüse, scharfe *Pickles* und würzige Soßen enthalten. Das alles wird mit der (rechten!) Hand zu einem äußerst schmackhaften Gemisch vermengt. Meist kosten diese magenfüllenden Gerichte nicht mehr als 20 Rs. In fast jeder Stadt gibt es ein Restaurant, welches ausschließlich *Thali* serviert.

● *Alu Dum* - Kartoffel-Curry
● *Alu Ghobi* - Kartoffeln und Blumenkohl
● *Matter Paneer* - Erbsen und Käse
● *Palak Paneer* - Spinat und Käse

Gruppenbild mit Ziege: Diese Garküchen stehen am Rand eines Busbahnhofes

- *Shahi Paneer* - Rahmkäse in Sahnesoße, Rosinen und Mandeln
- *Dal* - Linsenbrei (Allerweltsgericht)
- *Baigan Pora* - Gebratene Aubergine
- *Navratan Korma* - Gemüse und Fruchtmischung mit würziger Soße
- *Malai Kofta* - Gemüsebällchen in Sahnesoße
- *Shahi Mirch* - Gefüllte Paprikaschote in pikanter Soße

Fleisch

In einem Land, in dem täglich Millionen von Menschen nur mit Mühe ein karges Mahl auf den Teller bekommen, bedarf es keiner großen Phantasie, um sich auszumalen, wie es um die Gesundheit der meisten Tiere bestellt ist. Verwundern kann es da kaum, daß so manches vermeintliche Fleischgericht weniger aus Fleisch als aus Haut und Knochen besteht, die in einer fettigen, scharfen Soße herumschwimmen. Im Schatten der dominierenden vegetarischen Küche Indiens fristet die Fleisch enthaltende Kost ein eher kümmerliches Dasein. Hierzu haben auch die unterschiedlichen Essenstabus der verschiedenen Religionsgemeinschaften beigetragen. Allseits bekannt ist, daß die Hindus kein Rindfleisch essen und die Moslems kein Schweinefleisch (welches auch bei den Hindus selten verspeist wird und wegen der Trichinosegefahr auch zu meiden ist).

Während einem als Vegetarier oft gerade in kleinen bescheidenen Lokalen die schmackhaftesten Gerichte serviert werden, sollte man beim Fleischessen die gehobenen Restaurants vorziehen. Hier sind nicht nur die hygienischen Verhältnisse vertrauenserweckender, sondern die Köche verfügen auch über mehr Erfahrung im Zubereiten von Fleischgerichten, da sich diese der kleine Mann kaum leisten kann. Das gilt besonders für Restaurants, die sich auf die sogenannte **Mughlai-Tradition** berufen, eine Kochkunst, die mit den Moguln vor über 800 Jahren nach Indien kam und die größte Erfahrung in der nicht-vegetarischen Küche Indiens aufweist.

● **Tandoori -** Typisch für Mughlai-Gerichte. Zubereitet wird es im Lehmofen **(tandur).** Das Fleisch wird vorher in Joghurt und Gewürzen mariniert; ein sehr würziges, fettarmes und nicht scharfes Gericht.

● **Vindaloo -** Eine südindische Spezialität, die jedoch auch im Norden gern gegessen wird. Ein scharfes, mit Essig zubereitetes, üppiges Gericht.

● **Korma -** Curry-Gericht aus geschmortem Fleisch

● **Kofta -** Hackfleischspieß, meist in Curry zubereitet

● **Sizzler -** eine moderne Kreation: auf glühend heißer Steinplatte serviertes kurz gebratenes Fleisch

● **Tikka -** geschnetzeltes Fleisch ohne Knochen

● **Murgh -** Huhn

● **Gosht -** eigentlich Lammfleisch, oft jedoch auch Ziegenfleisch

● **Kebab -** marinierte Fleischspießchen

Fisch

In den Küstenprovinzen und hier vor allem in Goa, Bombay, Kerala und Bengalen ist der Fisch neben dem Fleisch für Nichtvegetarier die wichtigste Kost. Thunfisch, Garnelen, Krabben, Haifisch und Hummer sind hier ein selbstverständlicher Bestandteil der Speisekarte guter Restaurants

– und für einen Bruchteil des hierzulande üblichen Preises zu haben.

Bengalen allein ist bekannt für seine über 2.000 Fischgerichte. Trotz seiner Lage inmitten eines noch immer fischreichen Ozeans wird in Indien der Flußfisch den Meeresfischen vorgezogen. Im Landesinneren allerdings sind frische Fische eine Rarität, weil dort traditionell wenig Fisch gegessen wird.

● **Pomfret -** Eine Spezialität Bombays. Dieser köstliche Plattfisch ähnelt einer Mischung aus Scholle und Butt.

● **Fish Curry -** Die beliebteste Zubereitungsart an der Westküste. Sie setzt sich aus einer Mischung von Chili und anderen Gewürzen sowie Kokosraspeln zusammen.

● **Hilsa -** Die Fischspezialität Bengalens. Er verbindet den Geschmack von Lachs und Forelle auf einzigartige Weise – ein Leckerbissen. Der einzige Wermutstropfen sind die vielen Gräten.

● **Machhe Jhol -** Kommt ebenfalls aus Bengalen und ist mit Senfkörnern gewürzt.

● **Jhingri –** Große Krabben, satt in Curry schwimmend. In Bengalen **Jhingrimach** genannt.

Zwischenmahlzeiten

Ideal für kurze Pausen während langer Zug- und Busfahrten sind die überall von kleinen Garküchen auf dem Gehsteig oder vor Bahnhöfen angebotenen Snacks. Einige von ihnen ersetzen durchaus eine normale Mahlzeit.

● **Pakora -** gebackene Teigtaschen mit einer scharfen Gemüsefüllung aus Zwiebeln, Blumenkohl, Kartoffelstückchen, Aubergine und vielem mehr.

● **Samosa -** frittierte Teigtaschen mit einer Kartoffelfüllung

● **Dosas -** vor allem in Südindien äußerst beliebte, hauchdünn gebackene, knusprige Teigrollen, gefüllt mit Gemüse

● **Sambar -** leicht säuerliche, mit Gemüse angereicherte Linsensuppe

●**Bombay Bhelpuri -** Puffreis, Linsen, Zwiebeln, Kartoffelpaste, Chilies und gehackte Kräuter, übergossen mit einer Minze- und Tamarindensoße – köstlich!

Desserts

Die Inder lassen ihrer Vorliebe für Süßspeisen besonders beim Nachtisch freien Lauf. Die Auswahl an Nachspeisen und Süßigkeiten ist schier unerschöpflich, wobei Kuh- oder Büffelmilch vielfach die Basis bildet. Sie muß langsam gekocht werden, bis sie eindickt. Zimt, Kardamom, Safran, zerlassene Butter, Nüsse, Rosinen und vor allem viel, viel Zucker sind die wichtigsten Zutaten. Die geläufigsten Sorten kann man auf dem Basar kaufen, umhüllt von hauchdünner Silberfolie und verpackt in bunte Kartons.

●**Gulab Jamun -** kleine Bällchen aus dicker Milch, Zucker und Mehl, gewürzt mit Kardamon und Rosenwasser
●**Rosgulla -** Frischkäsebällchen in Sirup
●**Bebinca -** Mischung aus Mehl, Eiern, Kokosnußmilch, Butter und Zucker
●**Kulfi -** Eiscreme mit Pistaziengeschmack
●**Halwa -** Süßigkeit mit Nüssen
●**Shrikhand -** Joghurt mit Safran und Kardamom
●**Chaler Payesh -** Reispudding
●**Barfi -** aus Kokosnuß, Mandeln und Pistazien zubereitet

Getränke

Coca Cola is back! Diese Schlagzeile prangte Ende 1993 auf vielen Titelseiten großer internationaler Zeitungen. In Indien selbst war die Rückkehr des Softdrinkmultis nach langjähriger Abstinenz eher wegen ihres Symbolwertes für die Öffnung der in-

Prakt. Reisetips

It´s not the Real Thing!

dischen Wirtschaft zum Weltmarkt von Bedeutung. Viele Reisende sahen darin hingegen in erster Linie eine willkommene Bereicherung im nicht gerade überreichen Getränkeangebot.

In auffälligem Gegensatz zur raffinierten indischen Kochkunst sind die Trinksitten in Indien eher bescheiden. Im allgemeinen trinkt man, um den Durst zu stillen und nicht, um das Getränk zu genießen.

Die meisten Inder bevorzugen zum Essen schlicht **Wasser,** welches einem dementsprechend immer als erstes ungefragt auf den Tisch gestellt wird. Da das Wasser jedoch, wie bereits erwähnt, selbst in besseren Hotels fast nie vorher abgekocht wurde, lasse man besser die Finger davon und trinke lieber das in Plastikflaschen abgefüllte **Mineralwasser,** welches inzwischen vielfach erhältlich ist. Allerdings ist es mit gut 10 Rupien nicht gerade billig, mitnichten "Mineral"wasser und, wie neueste Untersuchungen ergaben, auch nicht so keimfrei wie behauptet. Außerdem: Wo landen bloß all die Millionen Plastikflaschen? Am besten man reaktiviert die gute, alte Wasserflasche und füllt sie mit durch Entkeimungstabletten oder Abkochen sterilisiertem Leitungswasser.

Den köstlichen indischen **Tee,** mit viel Zucker, Milch und Gewürzen wie Ingwer, Zimt, Kardamom und Nelken gekocht, bekommt man manchmal nur dann, wenn man ausdrücklich *Masala Chai* ordert, andernfalls wird einem normaler Tee serviert. Der ist jedoch immer noch besser als der **Kaffee,** den man selbst in besseren Ho-

tels zu trinken bekommt. Am besten schmeckt er wohl noch in den Filialen der über ganz Indien verbreiteten *Indian Coffee Houses.* Echte Kaffeeliebhaber sollten lieber nach Südindien fahren, wo es sogar ganz vorzügliche Kaffeesorten gibt.

Als hervorragender Durstlöscher bietet sich der vielfach an Straßenständen angebotene Saft der frischgeschlagenen **Kokosnuß** (*nariyel*) an. Sehr lecker, erfrischend und wirksam gegen Durst ist auch **Lassi,** ein in vielfachen Varianten (z.B. mit Früchten) erhältliches Joghurtgetränk, das jedoch oft mit nicht abgekochtem Wasser versetzt ist.

Ähnlich erfrischend ist **Lemon Soda:** der prickelnde Geschmack des Mineralwassers zusammen mit dem Saft einer frisch gepreßten Limone und einer Prise Salz wirkt nicht nur äußerst belebend, sondern ist auch hervorragend zum Durstlöschen geeignet. Allerdings ist das "Soda" oft nichts anderes ist als Leitungswasser, das mit Gas angereichert wurde. In kleinen Städten kann man oft "Fabriken" sehen, in denen ein rostiger alter Gaszylinder an die Wasserleitung angeschlossen ist. Man halte sich folglich an die bekannten Marken, wie z.B. *Bisleri.*

Sehr lecker sind auch die mit Hilfe von Pressen gewonnenen **Zuckerrohrsäfte**, wobei man auch hier wiederum darauf achten sollte, daß der Saft nicht mit Leitungswasser vermischt ist.

Alkoholische Getränke sind in Indien eher verpönt. Hierbei spielt der jahrhundertealte Einfluß des Islam ebenso eine Rolle wie Mahatma

Gandhi, der während des Freiheitskampfes die Prohibition stark propagierte. So ist Gandhis Heimat Gujarat heute ein "trockenes Gebiet", in dem es bis auf die ehemals portugiesischen Enklaven Diu, Daman und Surat keinerlei Alkohol zu kaufen gibt. Bis auf stark christlich geprägte Regionen wie Goa und Kerala ist **Bier** dementsprechend mit bis zu 50 Rupien pro Flasche sehr teuer.Die bekanntesten der einheimischen Biersorten sind *Shivalik* und *Kingfisher*, die beide sogar recht gut sind. Speziell in den Küstenregionen werden die hochprozentigen, aus Palmsaft hergestellten **Toddy** und **Arak** getrunken. Wem das immer noch nicht reicht, der sollte ein Schnapsglas **Feni** (Kokos- oder Cashew- Schnaps, eine Spezialität aus Goa) hinter die Binde kippen – ein im wörtlichen Sinne umwerfender Erfolg ist garantiert!

Einkaufen und Souvenirs

Wo kaufen?

Während Hongkong und Singapur weltweit bekannt als Einkaufsparadiese speziell für elektronische Produkte sind, so gibt es wohl kaum ein anderes Land dieser Erde, welches eine derartige **Auswahl an Handwerkskunst** zu bieten hat wie Indien. Jede einzelne der vielfältigen Ethnien des Landes hat ihre eigene Handwerkstradition entwickelt, wobei die unterschiedlichsten Materialien Verwendung finden. Dem Lockruf von Gold,

Silber, Juwelen, Seide und Marmor folgten schon vor Jahrtausenden die Kaufleute aus Übersee, die ganze Schiffsladungen mit nach Hause nahmen. Etwas bescheidener gibt sich da der neuzeitliche Tourist, doch wie die übervollen Koffer und Taschen beim Rückflug belegen, kann auch er dem reichlichen Angebot nur schwerlich widerstehen.

Allerdings steht der Neuankömmling ob dieser riesigen Auswahl zunächst einmal vor der Qual der Wahl. Den besten Ort, um sich einen **Überblick** zu verschaffen, bieten die sogenannten *Government Cottages* oder *Emporiums,* staatliche Läden, von denen sich die größten und schönsten in Delhi und Bombay befinden. Hier werden auf überschaubarem Raum hochwertige Produkte aus ganz Indien zu festgesetzten Preisen angeboten. Selbst für diejenigen, die nicht kaufen wollen, empfiehlt sich ein Besuch, gewinnt man doch hier einen verläßlichen Anhaltspunkt über das Preisniveau und hat so später beim Handeln auf Basaren und Geschäften eine bessere Ausgangsposition.

Erübrigen sollte sich eigentlich der Hinweis, daß **Tierfelle, Elfenbeinarbeiten, Korallen** und ähnliches als Souvenir und Andenken absolut tabu sein sollten. Die Einfuhr solcher Produkte nach Deutschland ist übrigens strafbar.

Ebenso selbstverständlich ist, daß derjenige, der sich von einem **Schlepper** in den Laden locken läßt, einen z.T. erheblichen Aufpreis zu zahlen hat. Dies ist vor allem in Touristenorten wie Agra oder Jaipur zu bedenken.

Was kaufen?

Schmuck

Nicht nur viele indische Frauen, für die er eine Kapitalanlage für das Alter darstellt, sondern auch eine Großzahl westlicher Reisender kaufen gern und häufig Schmuck. Besonders beliebt ist dabei der schwere **Nomadenschmuck aus Rajasthan** und der filigranere **Silberschmuck der Tibeter.** Gerade wegen seiner Beliebtheit bei westlichen Touristen ist er inzwischen über das ganze Land verteilt in Geschäften zu erhalten. Wie die oftmals extrem niedrigen Preise vermutem lassen, ist dabei vieles, was als reines Silber angeboten wird, kaum mehr als billiges Metall. Wen das jedoch nicht stört, der findet besonders in Jaipur und Pushkar eine große Auswahl.

Teppichknüpfen ist leider oft Kinderarbeit

Jaipur ist auch die Hochburg für die **Edelsteinverarbeitung.** Großhändler aus aller Welt decken sich hier ein. Der verführerische Schein der edlen Klunker hat schon manchen Touristen tief in die Tasche greifen lassen, der später enttäuscht feststellen mußte, daß der Edelstein eine billige Glaskopie war. Am größten ist die Gefahr, minderwertige oder unechte Ware angeboten zu bekommen, bei den fliegenden Händlern. Wer führt schon Rubine und Saphire in einem schäbigen Holzkoffer mit sich?

Teppiche

Einen weltweit hervorragenden Ruf genießen **Kashmirteppiche,** doch auch in Uttar Pradesh und Rajasthan existiert eine lebhafte und qualitativ hochstehende Teppichproduktion. Aufgrund des faktischen Zusammenbruchs des Tourismus in Kashmir haben sich viele kashmirische Händler im touristisch besonders einträglichen Rajasthan niedergelassen, so daß das Angebot sehr vielfältig ist.

Bereichert wird die Palette noch durch die tibetanische Exilgemeinde in Indien, die auf eine lange Teppichknüpftradition zurückschauen kann. Viele westliche Touristen bevorzugen **tibetanische Teppiche** wegen der charakteristischen farblichen Gestaltung.

Entscheidende **Qualitätsmerkmale** und damit preisbestimmend sind neben den verwendeten Materialien (Wolle, Seide und eine Mischung aus beidem) die Knotendichte, Knotenart und die verwendeten Farben (natürlich oder synthetisch). Ärgerlich ist es jedoch, nach der Rückkehr im Heimatland festzustellen, daß der lokale Großhändler den gleichen Teppich, den man im Urlaubsland gekauft hat, 20 % billiger anbietet. Gerade bei Teppichen eine nicht selten gemachte Erfahrung. Daher ist es ratsam, vor Abflug die Preise zu Hause zu checken.

Antiquitäten

Ein Land mit einer derart reichen Vergangenheit an Kunsthandwerk und pompösen Herrscherhäusern, die ihre Paläste bis unters Dach vollstopften mit antiken Kostbarkeiten, müßte eigentlich eine Fundgrube für Antiquitätenliebhaber sein. Ist es auch, doch hat die Sache zwei Haken: Zum einen ist die Ausfuhr von Gegenständen, die älter als 100 Jahre sind, nur mit einer **Sondergenehmigung** erlaubt und zweitens ist der einstmals so reiche Markt inzwischen von ausländischen Händlern so gut wie abgegrast. Zwar sind die Antiquitätenläden in Delhi und Bombay noch immer gut bestückt, doch vieles von dem, was dort angeboten wird, ist nicht viel mehr als eine, allerdings z.T. hervorragende Imitation. **Altersschätzungen** ebenso wie **Ausfuhrgenehmigungen** kann man beim *Archaeological Survey of India* in Bombay, Srinagar und Kalkutta einholen.

Malerei

Kaum eine andere Kunstart hat einen derartigen Aufschwung durch den Tourismus genommen wie die **Miniaturmalerei,** die nach dem Untergang der alten Rajputenreiche lange Zeit in Vergessenheit geraten war. Zwar werden die Miniaturbilder inzwischen wegen ihrer Beliebtheit vieler-

orts angeboten, doch die größte Auswahl hat man nach wie vor in ihrem Heimatland Rajasthan. Auch hier variiert die Qualität erheblich, wobei neben der Detailgenauigkeit auch die verwendeten Farben und das Material eine Rolle spielen. Neben den auf Bürgersteigen in Bombay oder Delhi angebotenen Massenprodukten aus reinem Papier, die für 30 bis 40 Rupien pro Stück zu haben sind, gibt es auch exquisite Einzelstücke aus Seide, die ein kleines Vermögen kosten. Vorsicht ist auch hier wieder bei angeblich antiken Bildern geboten.

Holz- und Metallarbeiten

Jeder staatliche Laden führt eine große Abteilung von Holzarbeiten, wobei es eine riesige Variationsbreite in Größe, Form und Material gibt. Von winzigen, besonders in Kashmir hergestellten, oftmals lackbemalten Schmuckkästchen über Paravents und Möbelgarnituren bis zu Elefanten im Maßstab 1 zu 1 reicht die Bandbreite des Angebots. Besonders beliebt sind die ausdrucksstarken indischen **Götterskulpturen** wie Kali, Krishna oder Vishnu, die es sowohl aus edlem Sandel- oder Rosenholz geschnitzt als auch in Metall gegossen gibt.

Vielfach werden einem von privater Hand **alte Tempelschnitzereien** angeboten. So schön diese auch manchmal sein mögen, man sollte von dem Kauf auf jeden Fall Abstand nehmen, unterstützt man doch andernfalls den eh schon verheerenden Handel mit gestohlenen Tempelschätzen und trägt so aktiv zum Ausverkauf einer jahrhundertealten Kultur bei.

Kleidung und Lederwaren

Kaum ein anderes Land der Erde bietet ein derart breites und qualitativ hochstehendes Angebot an Kleidungsstücken wie Indien. Auch hier profitiert das Land wieder von seiner territorialen Größe und ethnischen Vielfalt. Kashmir ist berühmt für seine **Wolle** und **Schals,** Assam für seine **wilde Seide,** Varanasi für seine **Brokatseide,** Rajasthan und Gujarat für seine eingearbeiteten **Spiegelornamente.** Daneben gibt es noch unzählige andere Varianten. Neben dieser lokalen Tradition ist Indien jedoch auch Heimat der größten Textilindustrien der Erde mit einem hohen Exportanteil.

Moderne Kleidung in vorzüglicher Qualität findet sich in guten Geschäften der Metropolen, aber auch vieler Mittelstädte zu einem Bruchteil des Preises in Europa. Eine günstige Möglichkeit, sich vor dem Rückflug noch einmal rundum einzukleiden.

Gleiches gilt übrigens auch für **Schuhe.** Für umgerechnet 40 Mark bekommt man bereits erstklassige Qualität.

Extrem billig ist auch die **Maßanfertigung** bei einem Schneider – ein Luxus, den man sich bei uns kaum noch leisten kann. Allerdings scheinen viele Schneider mit der modischen Entwicklung nicht ganz mitgehalten zu haben und pflegen einen etwas antiquierten Schnitt. Außerdem läßt die Verarbeitungsqualität manches Mal zu wünschen übrig. Ein Katalogfoto des gewünschten Anzuges und genügend zeitlicher Spielraum für Reklamationen ist also angebracht.

Die meisten der vor allem in Delhi angebotenen **Lederjacken** und **Taschen** stammen aus Kashmir und variieren stark in Preis und Qualität. Wer sich Zeit nimmt, kann immer noch eine hübsche Lederjacke für 70 Mark ergattern. Doch so etwas soll es ja auch im Winterschlußverkauf in Deutschland geben.

Sicherheit

Überblick

Auch wenn es bei Betrachtung der ausländischen Berichterstattung nicht immer so scheint, ist Indien im allgemeinen und Rajasthan im speziellen ein **relativ sicheres Reiseland.** Bedenkt man, welche ungeheuren sozialen Spannungen im Lande herrschen und daß 40 % der Bevölkerung unter der sogenannten Armutsgrenze leben, kann man sich nur wundern, daß alles im Grunde so friedlich ist. Die Religion übt sicher einen die Kriminalität dämpfenden Einfluß aus: Man fügt sich lieber in sein Karma, als sich mit Brachialgewalt in eine bessere finanzielle Position zu bugsieren. Herrschten dieselben sozialen Verhältnisse in Europa, könnte wohl niemand mehr vor die Haustür gehen. Noch ein wenig Statistik für die morbide Geneigten. Was die **Mordzahlen** angeht, so liegen Indien und Deutschland (west) ganz nah beieinander: Mit 3,5 bzw. 3,9 Morden pro 100.000 Einw./Jahr belegen sie Platz 61 bzw. 62 der Sicherheitsskala. Indien ist in dieser Beziehung also noch ein wenig sicherer als Deutschland. Das derzeit sicherste Land der Welt? Burkina Faso, das frühere Obervolta, mit 0,2 Morden pro 100.000 Einw./Jahr.

Betrug

Vorsicht ist bei der **Bezahlung mit Kreditkarten** geboten. Abgesehen von staatlichen Geschäften, seriösen Läden und First-Class-Hotels, kommt es immer wieder zu Trickbetrügereien, die man oftmals erst bemerkt, wenn man wieder im Heimatland ist.

Eine ähnlich unliebsame wie häufige Überraschung mußten Touristen erleben, die sich auf das Versprechen des Verkäufers verließen, der als besonderen Service für sie die erstandene Ware **per Post** nach Hause zu schicken vorgab. Für viele entwickelte sich das sehnsüchtige Warten auf die vielen schönen Souvenirs zum Warten auf Godot. Am besten ist es immer noch, man gibt die Pakete persönlich bei der Post auf oder nimmt sie persönlich mit nach Hause. Damit kein Mißverständnis entsteht: Hier soll nicht allgemeinem Mißtrauen gegenüber indischen Geschäftsleuten Vorschub geleistet werden – aber Geld ist nun mal verführerisch, vor allem in einem Land, in dem die Armut groß ist. Die Tricks der Betrüger, ihre Opfer in Sicherheit zu wiegen, sind vielseitig. Generelle Vorsicht ist bei allen allzu verlockenden Geschäften geboten, besonders solchen am Rande der Legalität oder gar Gesetzesverstößen (z.B. **Schwarztausch** oder **Schmuggel**). Hier wird besonders gern betrogen, da sich das Opfer nicht an die Polizei wenden kann.

Diebstahl

Das Delikt, das noch am ehesten zu erwarten ist, sind Diebstähle in Hotelzimmern oder Taschendiebstähle. Verläßt man sein Zimmer, sollten alle **wertvollen Gegenstände** verschlossen werden. Zu "wertvollen" Gegenständen können auch Kugelschreiber, Feuerzeuge, Taschenrechner u.ä. gerechnet werden.

Wer ganz sicher gehen will, sollte auch seine **Kleidung** nicht im Zimmerschrank ablegen, sondern im Gepäck belassen: Ein schönes T-Shirt oder ein teurer BH kann auf manche(n) Hotelangestellte(n) eine unwiderstehliche Anziehungskraft ausüben. Dabei geht es den Dieben weniger um den materiellen Wert des Objektes, als darum, ein ausländisches (bzw. im Ausland hergestelltes) Kleidungsstück zu besitzen. *Foreign* ist "in".

Wer zu **Parterre** wohnt, sollte dafür sorgen, daß keine Gegenstände durch das Fenster "erangelt" werden können. Zimmertüren sollten nachts gut verschlossen sein. Zur doppelten Sicherheit könnte man von innen ein batteriebetriebenes **Alarmgerät** an die Türklinke hängen. Faßt jemand von außen an die Klinke, geht ein lauter, schriller Alarmton los. Das Gerät läßt sich mit dem gleichen Effekt auch in verschlossenen Gepäckstücken unterbringen.

Gegen **Taschendiebstähle** ist das allerbeste Mittel, gar nichts Wichtiges in den Hosentaschen herumzutragen. Geld, Schecks und Paß sollten in einem **Bauchgurt** untergebracht werden, den man unter der Kleidung tragen kann. Da der fast permanent auftretende Schweiß oft durchdringt, empfiehlt es sich, den Inhalt noch einmal in eine Plastikhülle zu packen. **Brustbeutel** sind zum einen deutlich sichtbar, lassen sich zum anderen auch zu leicht abnehmen – am liebsten vom Besitzer, wenn er unter indischer Hitze schwitzt.

Geldgürtel sind auch nicht schlecht, für Pässe allerdings zu schmal. Außerdem sollten sie diskret genug sein, um nicht als Geldgürtel erkannt zu werden.

Vor der Reise sollten von allen Dokumenten (Paß, Visum, Scheckquittungen, Tickets) mehrere **Fotokopien** angelegt und an verschiedenen Stellen verstaut werden. Auch Geld und Schecks sollte man nicht an einer Stelle unterbringen.

Prakt. Reisetips

Überfälle

Weitaus seltener als Diebstähle sind Überfälle. Ein erhöhtes Risiko besteht vielleicht in abgelegenen Gebieten Uttar Pradeshs oder Bihars.

Gelegentlich – sehr selten – kommt es zu Überfällen auf Busse oder Züge. Sich dagegen zu schützen ist fast unmöglich; im unwahrscheinlichen Falle einer solchen Attacke gilt es aber, nicht den indischen Filmhelden spielen zu wollen. Inder, und damit auch Kriminelle, haben Respekt vor westlichen Ausländern, und wahrscheinlich wird man behutsamer behandelt werden als die Einheimischen.

Bahn

Bahnhöfe und Züge sind ein ideales Jagdrevier für Diebe, weil dort oftmals chaotische Zustände herrschen. Zudem führt der Tourist während des Reisens meist seine gesamten Wertsachen mit sich. Besonders beliebt bei Gaunern sind häufig bereiste Strecken wie z.B. Delhi – Agra oder Jodhpur – Jaisalmer. Vorsicht ist vor allem in den Minuten vor der Abfahrt des Zuges und während der oft langen Zwischenstops geboten, da dann ein ständiges Kommen und Gehen herrscht. Wer jedoch einige Grundregeln konsequent befolgt, der ist vor Diebstahl so gut wie sicher. Mir selber ist während meiner sechs Indienfahrten absolut nichts abhanden gekommen.

Die wichtigste Regel ist: Nie die **Wertsachen,** d.h. Flugticket, Reiseschecks, Bargeld, Paß, Kreditkarte und Kamera, aus den Augen lassen. Am besten macht man es sich zum Prinzip, den Geldgurt während einer Zugfahrt nie abzulegen. Die **Kameratasche** sollte man nachts am besten im Kopfbereich abstellen oder sogar als Kopfkissen benutzen. Viele Traveller in Indien schließen ihre Rucksäcke oder Koffer mit einer **Metallkette** ans Bett. Das ist sicher sinnvoll, doch die Diebe haben es meist sowieso mittlerweile auf die wertvollen kleinen Gegenstände abgesehen.

Besonders gefährdet sind naturgemäß **Einzelreisende**. Schließlich ist es gerade während der oftmals langen Zugfahrten unmöglich, ständig hellwach zu bleiben. In einem Notfall sollte man vorher eine vertrauenerweckende Person (Frauen, Familienväter) darum bitten, für die Zeit der Abwesenheit auf das Gepäck zu achten.

Achtgeben sollte man auch, wenn sich eine Gruppe junger, auffällig modisch gekleideter Männer um einen versammelt. Besonders, wenn sie mit einem großen Gegenstand, etwa einer Holzplatte oder einem Bild, hantieren. Oft schon wurden solche Objekte nur zur Tarnung eines Raubes zwischen den Besitzer und seinen Rucksack geschoben.

Bus

Bei den staatlichen Bussen stellt die dort übliche **Gepäckaufbewahrung** auf dem Dach ein echtes Sicherheitsrisiko dar. Man sollte auf jeden Fall darauf achten, das Gepäck gut festzuzurren und es möglichst mit einer eigenen Kette sichern. Gerade während der vielen Teepausen sollte man immer mal wieder einen prüfenden Blick auf sein Gepäck werfen. Besser ist es jedoch, seine Habseligkeiten im Businneren zu deponieren. Platz findet sich eigentlich immer, ob nun unter den Sitzbänken, im Gang oder neben der Fahrerzelle. Gern gesehen wird das zwar meist nicht, doch nach einigem Insistieren stört sich dann meist keiner mehr daran. Bei privaten Busgesellschaften kann man sein Gepäck in der Regel sicher verstauen.

Demonstrationen, Menschenansammlungen und Feste

Inder sind die meiste Zeit zwar sehr umgängliche und freundliche Zeitgenossen, diese Regel kann sich gelegentlich aber auch in Sekundenschnelle umkehren. Das gilt vor allem bei großen Menschenansammlungen, Demonstrationen u.ä. Sind die Gemüter erhitzt, kann eine friedliche Versammlung in Windeseile in eine Massenkeilerei, einen Religionskrieg oder sonstiges Chaos ausarten, bei dem die indische Polizei manchmal sehr brutal eingreift. Bei politischen Versammlungen oder ähnlichen Menschansammlungen hält man sich am besten am Rande des Geschehens auf, um notfalls schnell aus der Gefahrenzone verschwinden zu können.

Ähnliches gilt auch bei den ausgelassenen Festen, allen voran das Frühlingsfest *Holi.* Zu Holi berauschen sich viele Nordinder mit Alkohol oder mit Bhang, einem Getränk

Menschenmassen unterwegs: Hier muß man auch mit Taschendieben rechnen!

aus Milch, Zucker, Gewürzen und Marihuana. Traditionell bewerfen die Feiernden ihre Mitmenschen mit bunten Farbpulvern, wobei Ausländer bevorzugte Zielscheiben darstellen. Farbpulver sind ja gar nicht schlimm, leider wird das Fest aber von Jahr zu Jahr rowdyhafter – im Vollrausch wird gelegentlich schon mit Lackfarbe und Exkrementen geworfen. Zu Festen wie Holi gilt es, die Atmosphäre des Ortes etwas auszuloten. Machen zu viele rabaukenhafte Jugendliche die Straßen unsicher, zieht man sich lieber in sein Hotelzimmer zurück. Diese Vorsichtsmaßnahme gilt im erhöhten Maße für Frauen.

Anzeige erstatten

Ist es zu einer Straftat gekommen, sollte auf der nächsten Polizeiwache (*thana*) Anzeige erstattet werden (*darj karana*). Das kann jedoch zu einem Hindernislauf ausarten. Indische Polizisten können sehr hilfreich, oft aber auch völlig unkooperativ sein. Ihre Landsleute müssen nicht selten erst einen Obulus entrichten, ehe der Fall bearbeitet wird.

Ausländer werden in der Regel zuvorkommender behandelt. Falls man bei den niederen Polizeirängen auf **Probleme** stößt, darauf insistieren, mit einem höheren Polizeioffizier zu sprechen. Das kann der *Inspector* (*thanedar*) sein oder der *Sub Inspector* (*daroga*). Bei sexuellen Vergehen können Frauen bitten, mit einer Polizistin (*pulis ki mahila sipahi*) zu sprechen. Ob es auf der Wache eine gibt, und falls ja, ob sie Englisch kann, ist wiederum eine andere Sache.

Bei Erstattung einer Anzeige ist am Ende ein **Protokoll** (*vigyapti*) zu unterschreiben. Das ist je nach Ort des Geschehens wahrscheinlich in Hindi, Gujarati, Marathi oder sonstiger Lokalsprache verfaßt, seltener in Englisch. Man hat also im Normalfall keine Ahnung, was man unterschreibt. Danach gibt es einen Zettel mit der Registriernummer (*panjikaran sankhya*) des Falles, auch dieser wahrscheinlich in Lokalsprache. Im Falle von Diebstählen muß der Versicherung (*chori bima*) daheim eine Kopie des Verlustprotokolls und eventuell die **Registriernumer** des Falles vorgelegt werden. Für eine **amtliche Übersetzung** hat der Geschädigte selber zu sorgen. Normalerweise erstellen die Heimatbotschaften solche Übersetzungen, allerdings nicht umsonst.

Falls der Missetäter auf frischer Tat erwischt worden ist, sollte man sich nicht wundern, wenn dieser auf der Wache gleich mit ein paar saftigen Ohrfeigen bedacht wird – das ist normale Polizeipraxis. Was weiter in der Zelle passiert, läßt sich nur erahnen.

Elektrizität

Wie in Europa wird in Indien Wechselstrom von 230 bis 240 Volt und 50 Hz benutzt. Elektrogeräte wie Rasierapparat, Radio oder Akkuladegerät können also problemlos betrieben werden. Vielfach finden dreipolige Steckdosen Verwendung, mit denen jedoch nicht alle europäischen Zweipolstecker kompatibel sind. Will man ganz sicher gehen, empfiehlt sich die Mitnahme eines internationalen **Adapters,** der für wenig Geld in Elektrogeschäften erhältlich ist. Da **Stromausfälle** speziell am frühen Abend in Indien immer noch sehr häufig sind, gehört eine **Taschenlampe** zur Standardausrüstung jedes Indienreisenden.

Zeitunterschied

Nach der im ganzen Land geltenden **Indian Standard Time** (IST) gehen die indischen Uhren der **Mitteleuropäischen Zeit** in der Sommerzeit (Ende März bis Ende Oktober) um 3,5 Stunden voraus, zur Winterzeit um 4,5 Stunden. 12 Uhr in Indien entspricht also 8.30 bzw. 7.30 Uhr in Mitteleuropa.

Weitere Zeitdifferenzen
zu asiatischen Nachbarländern
(Indien = 12 Uhr):
- **Pakistan:** 11.30
- **Nepal:** 12.15
- **Bangladesh:** 12.30
- **Thailand:** 13.30
- **Malaysia, Singapur, Indonesien:** 14.30

Die geschlagene Heilige - die heilige Kuh

Die Kuh in Indien ist heilig, das weiß jedes Kind. Die Frage ist nur - wie heilig ist sie den Indern eigentlich wirklich? Wenn man die abgemagerten Gerippe durch die Straßen streunen sieht, wo sie auf ihrer nimmermüden Suche nach Eßbarem die Abfallhaufen durchwühlen und allzuoft mit Stockhieben vertrieben werden, scheint diese Frage gar nicht so abwegig.

Ein Blick in die Geschichte beweist, daß die Verehrung der Kuh durchaus nicht immer selbstverständlich war. Der Verzehr von Rindfleisch war für die nomadisierenden arischen Hirten, die vor Jahrtausenden in Nordindien einfielen, eine Selbstverständlichkeit, und auch die Opferung von Rindern zu religiösen Zwecken war gang und gäbe, wie Auszüge aus den *Veden* belegen. Dies änderte sich erst, als die Einwanderer seßhaft wurden und geregelten Ackerbau betrieben. Vor nun an war nicht mehr das Pferd, sondern das Rind das wichtigste Tier des Menschen.

Diese Bedeutung hat es bis heute behalten, da sich die Lebensbedingungen eines Großteils der indischen Bevölkerung in den letzten Jahrtausenden nicht grundlegend verändert haben. Vor allem die unzähligen Mittellosen der indischen Gesellschaft profitieren von den kostenlosen Produkten der Millionen Straßenkühe. Die meisten der scheinbar herrenlos durch die Großstädte streunenden Rinder besitzen ein festes Zuhause, zu dem sie allabendlich zurückkehren. Während sie dort die bereitgestellte Mahlzeit bekommen, werden sie von den Besitzern gemolken.

Auch zum Pflügen der Felder und als Zugtier ist das Rind unverzichtbar. Die Milch der Kuh bedeutet für die Unterschicht eine wichtige, weil nährstoffreiche und vor allem kostenlose Ernährung. Der Dung ist als Düngemittel der Felder genauso unverzichtbar wie als Brennmaterial; darüber hinaus findet er als Mörtel zur Errichtung von

Lehmhütten Verwendung, zumal er auch noch insektenabweisend wirkt. Als weitverbreitetes Desinfektionsmittel wird auch der Urin der Cebu-Rinder genutzt, und in den Städten dienen die ca. 200 Mio. freilaufenden Kühe Indiens als Müllentsorger.

Die existentielle Bedeutung des Rindes hatten die indoarischen Einwanderer sehr schnell erkannt, weshalb sie es unter Tötungsverbot stellten. Die Verehrung der Kuh hatte also zunächst rein pragmatische Gründe. Die religiöse Überhöhung als lebensspendende Mutter *(go mata)* setzte erst einige Jahrhunderte später, vor allem mit dem buddhistischen Prinzip der Nichtverletzung des Lebens *(ahimsa),* ein.

Nein, vergöttern im eigentlichen Sinne des Wortes tun die Inder ihre Kühe nicht, und heilig sind sie ihnen nur insofern, als sie ihnen das Überleben ermöglichen. Auch für die Kastenlosen, die außerhalb der hinduistischen Gesellschaft stehen, besitzen die Kühe einen enormen Nutzen. Da sie nicht an die hinduistischen Regeln gebunden sind, dienen diesen Ärmsten der Armen das Fleisch, die Knochen und das Leder als wichtige Ernährungs- und Einkommensquelle.

Der gerade im Westen immer wieder vorgebrachte Einwand, das Tötungsverbot der Kuh sei angesichts der Millionen unterernährten Inder unverantwortlich (gepaart mit der Forderung nach Hochleistungs-Rinderzucht), entbehrt übrigens jeder Grundlage. Gerade die breite Masse der Bevölkerung könnte sich die durch die Aufzucht zwangsläufig anfallenden höheren Kosten die Tiere und deren Produkte nicht leisten und müßte so auf deren Nutzen verzichten. Im übrigen stehen die dafür notwendigen Weideflächen im überbevölkerten Indien gar nicht zur Verfügung.

Land und Leute

Rajasthan auf einen Blick

	Indien (Rajasthan)	Deutschland	Österreich	Schweiz
Fläche in qkm	3.287.263 (342.000)	356.973	83.845	39.987
Bevölkerung in Mio. (1993)	898;2 (46)	81,3	7,62	6,97
Einwohner pro qkm	273 (135)	228	94	174
jährl. Bevölkerungszuwachs (1985-1996)	2,1 % (2,5 %)	0,6 %	0,7 %	1 %
Bevölkerungsanteil 0-14 J.	39,5 %	16 %	17,3 %	16,4 %
Anteil Stadtbevölkerung	26 % (23 %)	86 %	55 %	60 %
Analphabetenquote	52 % (61 %)	1 %	1 %	1 %
Lebenserwartung (Männer/Frauen)	61/61 Jahre	73/79 Jahre	73/79 Jahre	75/81 Jahre
Bruttosozialprodukt je Einwohner	350 US $	23.560 US $	23.510 US $	35.760 US $
Wirtschaftswachstum	6 %	2,1 %	2 %	1,2 %
Anteil Landwirtschaft am Bruttosozialprodukt	30 %	1 %	2 %	4 %
Anteil der Beschäftigten - in der Landwirtschaft - in der Industrie	66 % (69 %) 19 %	3 % 37 %	7 % 35 %	6 % 33 %
Energieverbrauch pro Kopf in kg Öleinheiten	242	4.176	3.277	3.491
Religionen: Hindus 80,3 %, Moslems 11 %, Christen 2,4 %, Sikhs 1,1 %, Buddhisten 0,7 %, andere 4,5 %				

Quellen: Fischer Weltalmanach '96, Harenbergs Länderlexikon 95/96, ind.Statistiken

Geographie

Mit einer Fläche von 342.214 qkm, was etwa der Größe Deutschlands entspricht, ist Rajasthan nach Madhya Pradesh der zweitgrößte Bundesstaat Indiens. Im Nordwesten grenzt er an den alten Erzfeind Indiens, Pakistan, im Nordosten an die Bundesstaaten Harayana und Punjab, im Osten an Uttar Pradesh, im Südosten an Madhya Pradesh und im Südwesten an Gujarat.

Das sowohl geographisch als auch klimatisch bestimmende Element bildet die **Aravalli-Kette,** ein etwa 700 km langer Gebirgszug, der sich von Delhi im Nordosten bis Gujarat im Südwesten auf einer Breite von cirka 50 Kilometern durch Rajasthan zieht. Während die nördlichen Ausläufer in der Nähe Delhis nur etwa 300 Meter erreichen, steigt das in mehreren Parallelketten verlaufende Gebirge nach Südwesten auf über 1.000 Meter an und erreicht seinen höchsten Punkt mit dem 1.727 Meter hohen Gipfel des Guru Shikhar bei Mt. Abu.

Obwohl dieses älteste Faltengebirge der Erde, welches in vorkambrischer Zeit entstand, über die Jahrmillionen durch Erosion auf eine Höhe von heute durchschnittlich 900 m geschrumpft ist, wirkt es als entscheidende *Klimascheide* und unterteilt Rajasthan in ein arides Wüstenklima und ein subtropisches Monsunklima. Während die sich im Westen ausbreitenden Trockenzonen, die schließlich in die Wüste Thar übergehen, mit Niederschlagsmengen von maximal 50 Zentimetern im Jahr auskommen müssen, bringt der im Juni einsetzende Monsun den sich östlich an die Aravalli-Kette anschließenden Ebenen und dem Hadoti-Plateau im Südosten reichlich Niederschläge.

Doch selbst die *Wüste Thar,* die mit etwa 210.000 qkm mehr als die Hälfte der Fläche Rajasthans einnimmt, entspricht zum allergrößten Teil nicht jenen "Lawrence von Arabien"-Klischeevorstellungen, wie sie im Westen gemeinhin vorherrschen. Viel charakteristischer als die sich endlos am Horizont entlangziehenden Sanddünen sind von Buschwerk und kleinwüchsigen Bäumen bedeckte karstige Böden.

Insgesamt kann die Wüste Thar in vier verschiedene natürliche Gebiete eingeteilt werden. Der westlichste Bereich, die *Große Wüste* (Great Indian Desert), ist von leichtem Flugsand und einigen wenigen Sanddünen bedeckt und reicht vom nordwestlichen Gujarat bis zur Grenze zwischen Pakistan und Panjab. Hieran schließen sich nach Osten Richtung Aravallis je-

ne *halbariden Übergangszonen* an, die zwischen 25 und 50 Zentimeter Regen pro Jahr aufweisen: das Becken des Luni-Flusses, welcher in der Nähe Pushkar entspringt, die Shekhawati-Region und die Ghaggar-Ebene zwischen Jaipur und Jodhpur.

Die sich *östlich von den Aravallis anschließenden Ebenen* als dritte Großregion Rajasthans lassen sich mit dem Banasbecken im Nordosten und der Chappan-Ebene im Südwesten in zwei Einheiten unterteilen. Das Banasbecken bildet die Südgrenze der Mewarebene, in der Teile der Distrikte Udaipur, Chittorgarh, Jaipur und Alwar liegen. Die Maximalhöhe dieses Hochplateaus liegt bei 580 Metern, die Regenmenge bei 73 cm. Die sich südlich anschließende Chappan-Ebene steht im landschaftlichen Kontrast zur Mewar-Ebene, die weit weniger zerklüftet ist. Das hügelige, von tiefen Tälern durchzogene Land wird auch als sogenanntes *tribal land* bezeichnet, da es zum großen Teil von verschiedenen Ureinwohnern bewohnt wird.

Nach Osten werden diese Ebenen von den Vindhaya-Bergketten begrenzt, deren Steilhänge nach Süden abfallen und die Grenze zwischen Rajasthan und Madhya Pradesh bilden.

Land und Leute

Geographische Begriffe

Bag / Bagh	Park
Bagicha	(Kleiner) Park
Ban / Van	Wald
Bandar / Bunder	Hafen
Bandh	Damm
Basar / Bazaar	Markt (-platz)
Basti	Siedlung, Dorf
Chowk / Chauk	Platz
Chowrasta /	Kreuzung
Chaurasta / Chauraha	(„Vier Straßen")
Dariya	Bach, Fluß
Dek(k)han	Das südliche Hochplateau
Desh	Land (Nation)
Galli	Gasse
Ganj / Gunj	Markt (-platz)
Gao / Gaon / Gau / Gaum	Dorf
Garh / Gadh	Fort, Festung
Ghat	Uferanlagen; Hügelgebiet zwischen Flachland und Hochplateau
Ghati	Tal
Gir / Giri	Berg
Gram / Grama	Dorf
Jangal	Wald
Jheel / Jhil	(Binnen-) See
Jheelka / Jhilka	Teich
Kot / Kota	Fort, Festung
Kund / Kunda	(Binnen-) See
Mahasagar	Ozean
Mahanagar	Großstadt, Metropole
Maidan	Rasenplatz
Marg	Weg, Straße
Masijd	Moschee
Minar	Turm
Nadi	Fluß
Nagar	Stadt
Nagar Palika	Stadtverwaltung
Nalla	Bach
Pahar	Berg, Hügel
Parbat / Parvat	Berg
Path	Weg, Pfad, Straße
Pol	Tor
Pradesh	Bundesstaat, Provinz
Pul	Brücke
Pur / Pura / Puri / Pore	Stadt
Qila	Fort, Festung
Rasta	Weg, Pfad
Sagar	Meer / See
Samudra / Samundar	Meer
Sangam	Zusammenfluß mehrer Flüsse
Sarak / Sadak	Straße
Sarovar / Sarowar	(Binnen-) See
Shahar	Stadt
Smarak	Denkmal
Tal	(Binnen-) See
Talab	Teich, Weiher
Taluk / Taluka	Distrikt
Tinrasta	Kreuzung („Drei Straßen")
Udyan	Garten, Park
Zilla	Bezirk

Kennt man die obigen Begriffe, werden viele Ortsnamen transparenter. Ramnagar ist somit die „Stadt des Ram", Shivpur die „Stadt des Shiva". Der Nanga Parbat ist der „nackte Berg" und Bansgaon ist das „Bambusdorf". Uttar Pradesh ist nichts weiter als die „Nordprovinz", Madhya Pradesh die „Mittlere Provinz".

Klima und Reisezeit

In unserer hochtechnisierten und industrialisierten Welt haben wir uns so weit vom Wetter unabhängig gemacht, daß wir darüber meist nur dann reden, wenn es an anderen, wichtigeren Gesprächsthemen mangelt. In einem hauptsächlich landwirtschaftlich geprägten Landstrich wie Rajasthan sind die Unbilden der Witterung noch echte Schicksalsfragen. Vom rechtzeitigen Eintreffen der Regenzeit hängen Ernte, Gesundheit, ja Überleben eines Großteils der Bevölkerung ab. Zwar sind gerade in den letzten zwei Jahrzehnten viele Talsperren und Kanäle gebaut worden, die die Landwirtschaft von den Zufällen des Monsunregens unabhängiger machen sollen, doch insgesamt ist der größte Teil des Landes nach wie vor fundamental auf den jährlichen Regen angewiesen. Trotz aller regionalen Schwankungen lassen sich drei Jahreszeiten unterscheiden: Sommer, Regenzeit, Winter.

Sommer

Mit Sommer bezeichnet man in Rajasthan die heißen und trockenen Monate von März bis Mitte Juni. Nicht verwechseln sollte man diese Jahreszeit mit dem mitteleuropäischen Sommer, tritt er in Indien doch mit viel größerer Entschiedenheit auf. Es regnet dann so gut wie gar nicht mehr, dafür steigt die *Hitze* bis Ende Mai auf über 45°C an. Gerade in den extremen Trockengebieten im Nordwesten erschweren schwere *Sandstürme* das Leben. Insgesamt leidet das gesamte Land unter der Hitzeglocke, und wer immer es sich leisten kann, entflieht speziell im April und Mai in die Bergregionen des Himalaya. Kashmir, das Kulu-Tal und Darjeeling erleben jetzt den Ansturm der indischen Mittel- und Oberschicht.

Monsun

Der etwa Mitte Juni vom Südwesten her mit dem Monsun eintreffende **Regen** wird von den Menschen wie eine gottgesandte Erlösung empfunden. Der Himmel öffnet seine Schleusen, entstaubt im wahrsten Sinne des Wortes die Luft, so daß man endlich wieder richtig durchatmen kann. Zwar ist die unerträgliche Hitze überstanden, dafür bedrückt nun ein feuchtes, *schwülwarmes* Klima das Leben der Menschen. Während der **Südwestmonsun** etwa Mitte September den Rückzug antritt, wird die Südostküste noch einmal von Oktober bis Dezember vom **Nordostmonsun** berührt, so daß hier im Vergleich zum restlichen Indien überdurchschnittlich hohe Niederschlagswerte zu verzeichnen sind. Der Monsun kommt durch den jährlichen Wechsel der Winde zustande, die durch die Temperaturschwankungen zwischen Land und Wasser sowie die unterschiedliche Sonnenbestrahlung der Erde entstehen. Im Sommer blasen die Winde aus Südwest, im Winter aus Nordost. Sie transportieren riesige Wolkenmassen, die sich dann als Monsunregen über dem Festland ergießen. Das eigentliche Problem besteht jedoch darin, daß seine Zeit und Ergiebigkeit kaum vorhersehbar ist und er zudem unregelmäßig auftritt. Kommt es an

Land und Leute

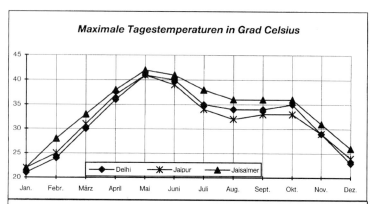

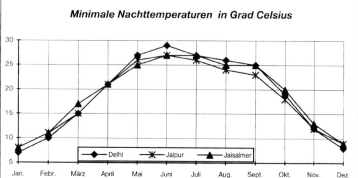

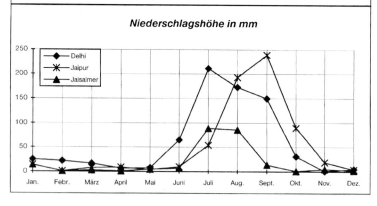

Land unter: Mensch und Tier haben während des Monsun Schwierigkeiten mit den Wassermassen

Land und Leute

Ganges und Brahmaputra immer wieder zu riesigen **Überschwemmungen** mit Tausenden von Toten, leiden die Menschen im Südwesten, in Gujarat und Rajasthan, unter jahrelangen **Dürreperioden,** in denen kein Tropfen Wasser fällt.

Winter

Die angenehmste Jahreszeit beginnt dann im Oktober und reicht bis Februar. Winter ist, zumindest was die Tagestemperaturen betrifft, ein recht irreführender Begriff, liegen sie doch meist noch um **25 °C.** Richtig kalt hingegen wird es nachts mit nächtlichen Tiefsttemperaturen um den Gefrierpunkt, speziell im November/ Dezember.

Reisezeit

Allgemein läßt sich sagen, daß die Wintermonate von **Oktober bis Februar** mit angenehmen Temperaturen, viel Sonnenschein und wenig Regen die beste Reisezeit darstellen. Gerade in den Monaten Oktober/ November, kurz nach der Regenzeit, erstrahlt die Natur in voller Blüte. Allerdings wird es nachts empfindlich kühl, dafür ist die Fernsicht in dieser Jahreszeit am besten. Es kann aber in der **Hauptreisezeit** an einigen Haupt-Touristenorten wie etwa Agra, Jaipur oder Jaisalmer zu Engpässen bei den Unterkünften kommen.

Der indische **Sommer,** speziell die Monate April/Mai, ist wegen seiner erdrückenden Hitze und Feuchtigkeit als Reisezeit nicht zu empfehlen. Für Tierliebhaber ist es allerdings eine günstige Zeit, weil sich die Tiere auf die verbliebenen Wasserstellen konzentrieren und damit leicht zu beobachten sind.

Obwohl die **Monsunzeit** von Juni bis September wegen der vielen Regenfälle, hoher Luftfeuchtigkeit, vieler Insekten und der Überflutung von Verkehrswegen meist von Touristen gemieden wird, bietet sie doch gewisse Vorteile. Der Wechsel zwischen Regen- und Sonnenzeiten (meist regnet es nur einige Stunden pro Tag, danach kommt wieder die Sonne durch) bietet faszinierende Farbenspiele. Nach monatelanger Dürre scheint die Natur geradezu zu explodieren. Duft und Farben der Pflanzen sind in die-

ser Zeit besonders intensiv. Auch das Shekhawati in Rajasthan mit seiner verfallenen, ehemaligen Pracht strahlt in dieser Zeit einen besonderen Reiz aus.

Flora und Fauna

Flora

Die als natürliche Klimascheide zwischen den nördlichen und westlichen Wüsten- und Steppenregionen und dem subtropischen Südosten fungierenden Aravalli-Berge bedingen gleichzeitig eine Unterteilung Rajasthans in eine relativ karg bewachsene Zone und eine von üppiger Vegetation gekennzeichnete Region. War Rajasthan noch bis vor wenigen Jahr-

1867 fotografierte Samuel Bourne seine Frau unter dem riesigen Banyan in seinem Garten.

hunderten von einer fast durchgängigen **Waldfläche** überzogen, so sind es heute gerade noch 10 %. Die **Teakholzbestände** mit einer Ausdehnung von etwa 5.000 qkm beschränken sich fast ausschließlich auf den Süden des Landes, wo auch der wegen seines spektakulär anmutenden Aussehens berühmte **Banyan-Baum** (Würgfeige, *Ficus bengalesis*) zu finden ist. Mit seinen weit ausgreifenden, bis zu zwei Metern aus dem Boden aufragenden Luftwurzeln, mit seinen unzähligen Verästelungen und Verzweigungen macht der Parasit, der sich um die Stämme anderer Bäume legt, einen urweltlichen Eindruck.

Subtropische immergrüne Wälder von nur geringer Ausdehnung finden sich in ganz Rajasthan nur im regenreichen Gebirgsmassiv des Mount Abu oberhalb von 1.000 Metern. Während die Vegetation im Süden und Osten mit den dort vielfach anzutreffenden Mischwäldern, verschiedenen Bambusarten, Dattelpalmen, Mangobäumen, Eukalyptus, Palisander und dem im März korallenrot blühenden Flame-of-Forest-Baum ihre ganze Vielfalt und Farbenpracht zur Schau stellt, tut sich die Flora im **regenarmen Westen** des Landes naturgemäß schwerer. Vorherrschend sind Hartlaubgewächse, Dorngestrüpp und Steppengräser. Doch auch einige wenige Bäume trotzen den unwirtlichen Bedingungen. Einer der wichtigsten, weil von den Menschen am vielfältigsten nutzbare ist der **Khejra-Baum.** Seine Zweige lassen sich als Viehfutter schneiden und wachsen rasch wieder nach, seine Schoten dienen der menschlichen Ernährung, und in Notzeiten wird die gemahlene Rinde unters Mehl gemischt. Auch die Blätter und Früchte des **Nim-Baumes** werden vom Vieh vor allem den Ziegen gefressen. Darüber hinaus glauben die Rajasthanis an seine entzündungshemmende Wirkung und nutzen deshalb seine Zweige als Zahnbürste. Vielfach verwendbar ist auch der **Babul,** ein Akazienbaum, dessen Hülsenfrüchte der Nahrung beigegeben werden, während sein hartes Holz besonders als Bauholz zum Einsatz kommt.

Auch die in West-Rajasthan besonders zahlreichen **Wildpflanzen** werden von den Bauern in vielfältiger Weise genutzt. **Buadi** etwa ist eine Futterpflanze für die Tiere, ihr Schatten wird während der Mittagshitze besonders gern von Tieren aufgesucht. **Cham ghas** hat medizinische Bedeutung, liefert Viehfutter und Gummi, welches gesammelt und verkauft wird. **Dhamavo** ist eine gute Futterpflanze für Ziegen und Kamele. Wichtigstes Kamelfutter sind jedoch das **Sewangras** und die Blätter des Khejra-Baumes. Eine der nützlichsten Pflanzen ist das **Kair:** Die Blätter sind Futter für Ziegen und Kamele, die Früchte werden frisch und getrocknet als Gemüse gegessen und das Holz zur Möbelherstellung verwendet.

Fauna

Die überall in Rajasthan angebotenen Miniaturmalereien mit ihren immer wiederkehrenden Jagdszenen geben einen Eindruck von dem eindrucksvollen Wildreichtum, der die Region früher auszeichnete. Neben dem Be-

Land und Leute

völkerungsdruck, der die Menschen immer tiefer in die angestammten Lebensräume der Tiere eindringen ließ, dem Eisenbahn- und Straßenbau, der die Wanderwege der Tiere zerschnitt, und dem Einsatz von Pestiziden, der ihre Nahrungsgrundlagen zerstörte, trug auch und gerade in Rajasthan die wilde Schießwut der weißen Kolonialherren und indischen Rajas zur Dezimierung des Wildbestandes bei. Vor allem die sogenannten *Big Five,* der indische **Löwe,** der **Tiger,** der **Elefant,** das **Panzernashorn** sowie das **Gaur,** das größte Wildrind der Erde, waren akut vom Aussterben bedroht. Angesichts dieser dramatischen Lage setzte Anfang der siebziger Jahre ein Sinneswandel bei den Verantwortlichen ein. Vor allem das Programm zur Rettung des Tigers erregte weltweites Aufsehen. Mit dem Ranthambore- und dem Sariska-Nationalpark befinden sich zwei der bekanntesten Tigerschutzgebiete auf rajasthanischem Boden.

Gäbe es ein spezielles Wappentier für Rajasthan zu wählen, so könnte dies eigentlich nur das **Kamel** sein. Es ist sicher nicht übertrieben zu behaupten, daß Rajasthan ohne dieses ideale Wüstentier nicht existieren könnte. Trotz der auch in Rajasthan immer mehr um sich greifenden Motorisierung ist das Kamel bis heute das wichtigste Transportmittel der Region. Abgesehen von der Personenbeförderung dient es zum Transport von Baumaterialien, Nahrungsmitteln, Post und vor allem dem Gold der Wüste, Wasser. Bis zu 200 kg kann solch ein Wüstenkamel hinter sich herziehen. Seine dicken Hornschichten un-

ter den Füßen, die es vor Verletzungen schützen und die Fähigkeit, bis zu zwei Wochen mit den Körpervorräten an Wasser auszukommen sind nur zwei Beispiele für seine perfekte Anpassung an die harten Bedingungen in der Wüste. Selbst bei extrem hohen Temperaturen schwitzt ein Kamel so gut wie gar nicht und über eine gewisse Zeit kann es seinen Wasserbedarf durch Grünfutter decken. Darüber hinaus kann ein Kamel bis zu 25 % seiner Körperflüssigkeit verlieren, ohne zu Grunde zu gehen.

Über ihre Funktion als Transporttiere hinaus sind die insgesamt etwa eine Million Kamele Rajasthans als Lieferanten von Milch, Wolle und Leder von erheblicher Bedeutung. Schließlich dient ihr Kot als Brennmaterial und wird als Dung auf den Feldern verwendet. Von den in Rajasthan anzutreffenden Kamelen lassen sich mit dem größeren Bikaner-Kamel und dem wendigen Jaisalmeri zwei Rassen unterscheiden. Während das Bikaner-Kamel in erster Linie als Lasttier verwendet wird, dient das Jaisalmeri vornehmlich als Reittier. Übrigens können die normalerweise so gemächlich daherschreitenden Wüstenschiffe für kurze Zeit eine Geschwindigkeit von bis zu 60 km/h erreichen.

Immer wieder ein faszinierendes Bild ist es, einen **Arbeitselefanten** mit einem *Mahout* in aller Seelenruhe inmitten des brodelnden Verkehrs der rajasthanischen Großstädte wie Jaipur oder Jodhpur marschieren zu sehen. Zunehmend weniger dieser beliebten Großtiere Indiens werden allerdings zu Arbeitstieren abgerichtet. Nach Schätzungen gibt es inzwischen wieder 22.000 Elefanten, von denen die meisten in Nationalparks leben.

Ebenso wie der Tiger in den letzten Jahren vor dem Aussterben gerettet werden konnte, scheint dies auch bei dem **Löwen** zu gelingen. 250 leben heute im Gir-Nationalpark im Bundesstaat Gujarat. Der **Gepard** gilt hingegen seit 1952 als ausgestorben.

Die beliebtesten Beutetiere der Wildkatzen wie **Antilopen, Gazellen** und **Hirsche** finden sich außer in den Nationalparks vor allem in den wüstenähnlichen Regionen West-Rajasthans. Unter den Hundearten finden sind der **Dekhan-Rothund,** der **Goldschakal** und der Bengalfuchs relativ häufig, während der äußerst scheue indische **Wolf** vom Aussterben bedroht ist.

Mutter Rhesus mit Kind

Ebenso erging es lange Zeit dem **Panzernashorn,** welches wegen der Zusammensetzung seines Horns, von dem sich abgeschlaffte asiatische Männer wundersame Kräfte versprechen, eines der begehrtesten Jagdobjekte der Wilderer war. Heute gibt es weltweit etwa wieder 1.500 der beeindruckenden Tiere, von denen etwa 70 % in Terai im Süden Nepals und im Kaziranga-Nationalpark in Assam beheimatet sind.

Ein absolut gewöhnlicher Anblick in Indien sind die **Affen,** die häufig ausgerechnet in Tempeln anzutreffen sind. Hier scheinen sie sich besonders heimisch zu fühlen und sind dementsprechend selbstsicher, was zuweilen jedoch in Aggressivität umschlagen kann. Von den in Indien vertretenen neunzehn Rassen sind die **Rhesusaffen** und die **Languren** besonders häufig.

Vogelliebhaber kommen in Rajasthan voll auf ihre Kosten, beherbergt der indische Subkontinent doch über 1.200 **Brutvogelarten,** von denen 176 nur hier vorkommen. Rechnet man noch die im Winter aus dem nördlichen und mittleren Asien einfliegenden **Zugvögel** hinzu, so können ingesamt mehr als 2.000 Vogelarten nachgewiesen werden. Ein Paradies für Ornithologen ist der Keoladeo-Nationalpark bei Bharatpur. Dieses Vogelschutzgebiet im ehemaligen Jagdrevier des dortigen Maharajas gilt mit seinem ungeheuren Artenreichtum als eines der weltweit bekanntesten Vogelreservate. Besonders häufig sind **Eulen, Spechte, Nashorn-** und **Nektarvögel, Kuckucke, Reiher, Störche** und **Kraniche.**

Land und Leute

Der indische Nationalvogel, der **Pfau**, ist nicht nur in der Wildnis weit verbreitet, sondern gehört fast schon zum gewöhnlichen Anblick in jedem rajasthanischen Dorf, wo er als halbzahmer Vogel verehrt und gefüttert wird. An diese "schillernde Persönlichkeit" knüpfen sich gerade im sagenumwobenen Rajasthan besonders viele Mythen und Legenden. So soll er Regen vorhersagen können, wenn er beim Erscheinen der ersten Wolke zu tanzen beginnt. Wegen seiner Fruchtbarkeit wird er als Aspekt der Erdmutter angesehen. Souvenirs aus dekorativen Pfauenfedern können übrigens ohne Bedenken gekauft werden, da die Vögel ihre Schmuckfedern während der Mauser im Winter verlieren.

Weniger erfreulich klingt die Zahl der ca. 45.000 jährlich in Indien durch Schlangenbisse getöteten Menschen. Gerade im Westen Rajasthans finden sich besonders viele dieser furchteinflößenden Tiere. Die Zahl der **Schlangenarten** liegt bei 230, davon sind 55 giftig. Die Tigerpython ist mit bis zu 6 Metern Länge die größte Schlangenart Indiens. Zu den gefährlichen **Giftschlangen** zählen hauptsächlich Kobra, Kettenviper und Sandrasselotter. Bei 90 % der Bisse durch gefährliche Giftschlangen ist die injizierte Menge zu gering, um tödliche Folgen zu haben. Opfer finden sich meist unter der verarmten Landbevölkerung, da viele die Nacht auf dem Boden verbringen müssen und dabei versehentlich mit einer Giftschlange in Berührung kommen.

Ganz harmlos und zudem sehr nützlich ist dagegen der freundliche Zeitgenosse, der fast jeden Abend an der Wand des Hotelzimmers nach einer leckeren Mahlzeit Ausschau hält – der **Gecko.** Der kleine Kerl mit seinen reichlich groß geratenen Glubschaugen hält sich besonders gern in der Nähe von Lampen auf, da hier die Chancen für einen fetten Leckerbissen in Form eines Insekts besonders hoch sind. Schade nur, daß er sich in Mitteleuropa nicht recht wohl fühlt.

Bevölkerung

Bevölkerungszahlen und Bevölkerungsstruktur

1951, im Einführungsjahr des großen Familienplanungsprogrammes, lebten in Rajasthan 15 Millionen Menschen. 1971 war die Zahl auf 26 Millionen angestiegen und 1991, als die letzte Volkszählung durchgeführt wurde, waren es 44 Millionen. Zwar ist vor allem die sinkende Sterberate für diesen dramatischen Bevölkerungszuwachs verantwortlich (so stieg die durchschnittliche **Lebenserwartung** innerhalb von nur 45 Jahren von 30 auf heute 60 Jahre), doch insgesamt ist es nicht gelungen, die **viel zu hohe Geburtenrate** den Erfordernissen entsprechend zu senken.

Tatsächlich ist Rajasthan mehr noch als Indien ein klassisches Beispiel dafür, daß **staatliche Familienpolitik** scheitern muß, solange die Ursachen des Übels – traditionelle Wertvorstellungen und soziale Ungerechtigkeit – nicht beseitigt sind. Hierzu gehört gerade in Rajasthan das über Jahrtausende tradierte Bild der Frau

als unterwürfige Dienerin des Mannes, die Anerkennung und Daseinsberechtigung erst dadurch erlangt, daß sie möglichst viele Kinder, vor allem aber Jungen, zur Welt bringt.

Diese einseitige **Bevorzugung von männlichen Nachkommen** und die damit einhergehende Benachteiligung der Mädchen von Geburt an hat dazu geführt, daß Rajasthan eine der ganz wenigen Regionen dieser Erde ist, in denen es einen deutlichen **Männerüberhang** gibt, wobei diese Diskrepanz in den letzten Jahrzehnten sogar deutlich zugenommen hat.

Überdies sind Kinder nicht nur billige Arbeitskräfte, sondern fungieren in Dritte-Welt-Ländern ohne bzw. mit nur sehr geringen staatlichen Sozialleistungen natürlicherweise als die beste, weil einzige Altersversorgung. So

zeigt sich auch in Rajasthan, daß die Bereitschaft zur **Geburtenkontrolle** mit einer Reihe von Entwicklungsindikatoren wie Einkommens- und Altersversicherung sowie Ausbildungsgrad eng zusammenhängt. Während zum Beispiel in Kerala, dem Staat mit der höchsten Alphabetisierungsrate Indiens, die Geburtenrate mit 2,2 % jährlich landesweit am niedrigsten liegt, ist sie in Rajasthan, einem der rückständigsten Gebiete Indiens, wo kaum 20 % der Frauen lesen und schreiben können, mit 3,2 % extrem hoch.

Hier zeigt sich, daß die Verbesserung sozialer Rahmenbedingungen und die landes- und klassenübergreifende Anhebung des Bildungsstandes die langfristig aussichtsreichsten Mittel sind, um das bedrohliche Bevölkerungswachstum zumindest einzugrenzen. Dies bestätigen auch Untersuchungen unter Mitgliedern der indischen Mittel- und Oberschicht in westlich geprägten Städten wie Bombay oder Delhi, bei denen der Slogan "Zwei Kinder sind genug", mit dem auf Plakaten und in Schulen für die Familienplanung geworben wird, schon längst Allgemeingut ist.

Das darf jedoch nicht darüber hinwegtäuschen, daß auch heute noch immer gut zwei Drittel der Bevölkerung der Unterschicht angehören und 80 % der rajasthanischen Bevölkerung auf dem Land lebt. Von den 23 Millionenstädten Indiens befindet sich mit Jaipur gerade einmal eine innerhalb der Grenzen Rajasthans, dem flächenmäßig zweitgrößten Bundesstaat des Landes. So kann es nicht verwundern, daß Rajasthan mit 128 Menschen pro Quadratkilometer einer der am dünnsten besiedelsten Bundestaaten Indiens ist, wo die durchschnittliche *Bevölkerungsdichte* 271 Menschen pro Quadratkilometer beträgt. Naturbedingt ist dabei die Bevölkerungsdichte in den lebensfeindlichen Wüsten- und Steppenregionen des Westens und Nordens mit 6 Einwohnern pro Quadratkilometer, wie zum Beispiel im Distrikt Jaisalmer, weit geringer als im regenreichen und entsprechend fruchtbaren Südosten.

Bevölkerungsgruppen

Die für das Landschaftsbild Rajasthans so charakteristische Unterteilung in den kargen Norden und We-

sten und den subtropischen Südosten mit der daraus resultierenden Vermischung nomadisierender Hirten und seßhafter Bauern hat der Region jenes außergewöhnlich reiche Vökergemisch beschert, welches wesentlich zur Faszination Rajasthans beiträgt. Wie im übrigen Indien unterteilt sich die rjasthanische Gesellschaft in vier *Hauptkasten,* die sich wiederum in zahlreiche *jatis,* Unterkasten, gliedern.

Was ihr gesellschaftliches Ansehen betrifft, stehen nach wie vor die *Brahmanen* an oberster Stelle der Gesellschaftspyramide. Ökonomisch hingegen sind sie nicht auf Rosen gebettet, da ihre kultischen Dienste als Tempelvorsteher heutzutage vor allem mit regelmäßigen Naturalienabgaben und Spenden der Gläubigen entlohnt werden. Einige Brahmanen sind inzwischen jedoch auch in der Landwirtschaft oder als Lehrer tätig.

Obwohl die *Rajputen* zu keiner Zeit mehr als zehn Prozent der Gesamtbevölkerung Rajasthans stellten, haben sie als die lokale Herrscherkaste über ein Jahrtausend die politische und kulturelle Elite des Landes gestellt. Die Unabhängigkeit Indiens und damit die Unterordnung der einzelnen Rajputenreiche unter die Zentralregierung seit 1947 hat diese zuvor als naturgegeben angesehene Führungsrolle der Rajputen ebenso empfindlich eingeschränkt wie die Abschaffung der fürstlichen Privilegien im Jahr 1954 und der Apanage-Zahlungen 1970.

Spätestens seit jenem Zeitpunkt befinden sich viele Nachfahren der ehemals absolutistisch herrschenden Ra-

Land und Leute

jputen in großen **finanziellen Schwierigkeiten.** Einigen Mitgliedern des rajputischen Adels ist es durch die Umwandlung ihrer Paläste in Luxushotels oder die Übernahme ebenso einflußreicher wie lukrativer Posten in Politik und Verwaltung gelungen, ihre führende Position zu bewahren. Die meisten jedoch haben bis heute nicht erkannt, daß die einst glorreichen Tugenden der Rajputen wie Heldentum und Ehre in einer modernen Welt, in der Rationalität und Effizienz gefragt sind, nicht zum Erfolg führen. So droht den noch bis vor kurzem unangefochten herrschenden Rajputen in jenem Land, das nicht nur ihren Namen trägt, sondern von ihnen auch entscheidend geprägt wurde, in den kommenden Jahrzehnten ein sozialer und ökonomischer Abstieg.

Ein besonders auffälliges Beispiel des sozialen Wandels der letzten Jahre ist der Aufstieg der **Jats,** einer Bauernkaste, deren traditionelles Siedlungsgebiet zwischen Bikaner, Jodhpur und Agra liegt. Diese hart arbeitenden Landwirte haben durch die Einführung moderner Ackerbaumethoden und die zunehmende künstliche Bewässerung in weiten Gebieten Rajasthans die ehemalige Führungsposition der Rajputen übernommen. Sicherlich mit ein Grund für ihren auffälligen Erfolg liegt darin, daß sie sich in vielen Bereichen von den starren Grenzen des hinduistischen Kastensystems gelöst haben. So sind zum Beispiel kastenübergreifende Heiraten erlaubt und auch die Wiederverheiratung einer Witwe nichts Ungewöhnliches.

Eine Untergruppe der Jats bilden die **Bishnois,** Anhänger des Rajputen-Gurus *Jamboje,* der im 15. Jh. zur Einhaltung von insgesamt 29 (*bish* = zwanzig, *noi* = neun) Grundregeln aufrief, wobei besonders der schonende Umgang mit der Umwelt im Mittelpunkt stand. Bis heute halten sie an diesen Grundsätzen fest, wozu unter anderem auch der völlige Verzicht auf Tabak und Alkohol gehört. Die Bishnoi gelten als die ersten Umweltschützer der Menschheit.

Eine der auffälligsten Gruppen im rajputischen Völkergemisch sind die mit ihren kleinen Ochsenkarren durchs Land streifenden **Gadia Lohars.** Der Legende nach sollen diese Nomaden ursprünglich von jenen Rajputen abstammen, die als einige der ganz wenigen die verheerende Niederlage gegen die Truppen *Akhbars* bei Chittorgarh im Jahre 1568 überlebten. Sie beschlossen, erst dann wieder ein seßhaftes Leben zu führen, wenn die Niederlage gerächt sei. Heute verdingen sie sich als Kesselflicker, Messerschmiede und Werkzeugmacher und zählen zu den ärmsten Schichten der Bevölkerung. Traditionell erhielten sie nicht das Recht, die Ortschaften zu betreten, und so findet man ihre meist nur aus Papp- und Blechresten zusammengeschusterten Hütten in Dauerlagern an den Stadträndern. Zu dieser Gruppe von Zigeunern zählen auch die **Banjaras.** Früher verdienten sie ihr Geld als Salztransporteure, die mit Ochsenkarren die Märkte belieferten. Seit dem Aufkommen der Eisenbahn sind sie vornehmlich als kleine Transportunternehmer tätig.

Die bedeutendsten Gruppen der *Ur-bewohner* Rajasthans, die insgesamt 12 % der Gesamtbevölkerung ausmachen, sind die *Bhil* und *Minan*, die zusammen etwa 50 % dieser sogenannten *adivasi* (Erste Siedler) stellen. Speziell die Minas haben die staatlichen Förderungsprogramme der indischen Regierung, die ihnen unter anderem entsprechend ihrem Anteil an der Gesamtbevölkerung Stellen in Universitäten und staatlichen Institutionen gewährleisten, genutzt und so ihre soziale Stellung in den letzten Jahren erheblich verbessert.

Ähnliche Privilegien von Seiten des Staates gelten für die sogenannten *scheduled tribes,* jene ehemals *"Unberührbaren",* die außerhalb des hinduistischen Kastensystems stehen und am untersten Ende der sozialen Pyramide dahinvegetieren. Insgesamt 17 % der Gesamtbevölkerung Rajasthans werden hierzu gezählt. Davon stellen allein die *Chamar,* die traditionellen Lederarbeiter Indiens, 45 %. Zu diesen Ärmsten der Armen zählen auch die *Meghwal* und *Balai,* die ihren äußerst kargen Lebensunterhalt mit dem Beseitigen von Tierkadavern und dem Häuten von Tieren verdienen. Noch dreckiger im wahrsten Sinne des Wortes geht es den *Bhangi,* die für die Reinigung von Straßen und Latrinen zuständig sind.

Geschichte

Die Geschichte Rajasthans kann nur vor dem Hintergrund der gesamtindischen Historie verstanden werden. So soll im folgenden Kapitel der Versuch unternommen werden, die Grundstrukturen der indischen Geschichte unter besonderer Berücksichtigung Rajasthans herauszuarbeiten. Auf die spezifische Geschichte der einzelnen rajputischen Herrscherhäuser wird jeweils zu Beginn der einzelnen Städtekapitel näher eingegangen.

Ähnlich der europäischen Geschichte, die gewöhnlich in die drei deutlich voneinander zu unterscheidenden Perioden alte, mittlere und neue Geschichte unterteilt wird, hat sich auch die indische Geschichtsschreibung an einer Dreiteilung orientiert: die alte indische Geschichte geprägt vom Hinduismus, die Zeit der islamischen Herrschaft und die britische Fremdherrschaft. Diese simple Kategorisierung erfreute sich sicherlich nicht nur deshalb so lange großer Beliebtheit, weil sie die jahrtausendealte, äußerst vielschichtige indische Geschichte in einen sehr übersichtlichen Rahmen preßte, sondern auch, weil sie den Wunsch der nationalistischen Historikerzunft befriedigte, der goldenen Zeit der alten Geschichte die Epoche der Fremdherrschaft, die bereits mit den islamischen Dynastien begann, gegenüberzustellen. In dem Wissen, daß letztlich jede Periodisierung willkürlich bleiben muß, soll hier als Orientierungshilfe eine Aufteilung in 10 Epochen gewählt werden, um

Mitgiftmord und andere Grausamkeiten – Frauen in Indien

„Ein Mädchen großzuziehen, ist etwa so, als würde man die Pflanzen im Garten des Nachbarn gießen." In konsequenter Umsetzung dieses Sprichwortes beginnt in Indien die Geschlechterdiskriminierung bereits vor der Geburt. **Sex Determination** heißt die Zauberformel, mit der durch eine Fruchtwasseruntersuchung (Amniozentese) das Geschlecht des Fötus ermittelt werden kann. Eigentlich als eine Methode zur Früherkennung von Mißbildungen gedacht, dient sie heute in erbarmungsloser Weise dazu, weibliche Embryos zu erkennen und abzutreiben. Die für die Untersuchung zu zahlenden 500 Rupien sind eine zukunftsträchtige Investition, sparen die Eltern doch so später das Vielfache der Summe für die Mitgift der Tochter.

Für die große Masse der Unterschicht sind das jedoch immer noch astronomische Summen, und so greift man hier aus verzweifelter Not zum Mittel der Kindstötung unmittelbar nach der Geburt.

Diese grausame Praxis bleibt nicht ohne Auswirkung auf die Bevölkerungsstatistik. So ist Indien eines der ganz wenigen Länder der Erde mit einem deutlichen **Männerüberschuß**, Tendenz steigend. Kamen 1901 noch 972 Frauen auf 1.000 Männer, so waren es 1981 nur noch 935.

Für die dennoch das Licht der Welt erblickenden Mädchen beginnt mit der Geburt ein Prozeß **lebenslanger Benachteiligung.** Während die Jungen verwöhnt werden, müssen die Töchter schon von frühester Kindheit an die Lasten des Haushalts mittragen, können so viel seltener die Schule besuchen und werden nur im äußersten Notfall ärztlich versorgt. Die Folgen sind auch statistisch belegbar: Von Kindern bis

9 Jahren sterben 60 Prozent mehr Mädchen als Jungen, 71 Prozent der Mädchen gegenüber 28 Prozent der Jungen leiden an Unterernährung, und von den 6- bis 14jährigen besuchen 84 Prozent der Jungen eine Schule, dagegen nur 54 Prozent der Mädchen, so daß heute immer noch die Analphabetenrate unter Frauen fast doppelt so hoch ist wie bei den Männern.

Unter rein ökonomischen Gesichtspunkten betrachtet, stellen die Mädchen tatsächlich eine enorme Belastung dar, denn während sich die Brauteltern bei der Verheiratung ihrer Tochter für die an ihren zukünftigen Mann zu zahlende **Mitgift** (*dowry*) oft lebenslang verschulden, steigert ein Sohn umgekehrt ihr Vermögen. Im Zuge des gerade in den letzten Jahren verstärkt um sich greifenden Konsumdenkens, vor allem in der indischen Mittel- und Oberschicht, ist die *Dowry* zum Bereicherungsinstrument verkommen. Videorekorder, Motorroller, Waschmaschine und dazu noch ein ordentlicher Batzen Bares als Mitgift sind selbst in der unteren Mittelschicht schon die Regel.

Oft begnügt sich der Ehemann jedoch selbst damit nicht, fordert im nachhinein Nachbesserungen und schreckt im Falle der Nichterfüllung auch vor Mord nicht zurück; kann er doch im Falle der angestrebten Wiederverheiratung mit einer neuen großzügigen Mitgiftzahlung rechnen. Beinahe täglich finden sich in den indischen Zeitungen Meldungen über vermeintlich tragische Küchenunfälle, bei denen die Frau am in Indien üblichen Kerosinkocher den Flammentod fand.

Es ist ein offenes Geheimnis, daß sich hinter dieser Meldung einer der jährlich Tausenden von **Mitgiftmorden** verbirgt, doch da sich schlagkräftige Beweise so gut wie nie erbringen lassen, kommt der mordende Ehemann fast immer straffrei davon.

Offiziell ist die Mitgiftspraxis schon seit 1961 verboten, und das Mitte der 80er Jahre von *Radjiv Gandhi* eingerichtete Ministerium für Frauenangelegenheiten stellt den staatlichen Versuch dar, der weiter zunehmenden Diskriminierung der Frau einen Riegel vorzuschieben.

Demütige und klaglose Erfüllung ihrer Rolle als dienende, fürsorgliche Ehefrau prägen dann auch ihren Ehealltag, obwohl sie – gerade auf dem Lande – allzu oft als Arbeitstier mißbraucht werden. Sie bekocht den Mann und ißt, was er übrig läßt, besorgt auf oft stundenlangen Fußmärschen Wasser und Brennmaterial, hält Haus und Hof sauber und zieht die Kinder groß. Überdies verrichten die Frauen als Tagelöhnerinnen und in der Landwirtschaft und im Straßenbau die körperlich schwersten Arbeiten. Ihr Lohn ist dabei um ein Drittel bis zur Hälfte niedriger als der der Männer, bei gleicher Arbeit.

Mit dem Tod ihres Mannes scheint auch die Existenzberechtigung der Ehefrau erloschen zu sein. Die meisten **Witwen** führen ein bemitleidenswertes Leben am Rande der Gesellschaft, da die Familie ihres Ehemannes sie nur noch als Last empfindet.

Erste zaghafte **Auflösungserscheinungen** dieses seit Jahrtausenden unveränderten Frauenbildes sind allerdings in den großen Metropolen unverkennbar. Speziell Bombay, die westlichste aller indischen Städte, spielt hier wieder einmal eine Art Vorreiterrolle. Selbstbewußt auftretende junge Frauen, gekleidet in Jeans und T-Shirts, die auf feschen Bajaj-Motorrollern zu ihrer Arbeitsstelle fahren, wo sie als Sekretärin, Hotelangestellte und Stewardess, aber zunehmend auch als Ärztin oder Jungunternehmerin tätig sind, finden sich immer öfter im Straßenbild der heimlichen Hauptstadt Indiens.

Land und Leute

der Vielfalt der indischen Geschichte wenigstens ansatzweise gerecht zu werden.

Indien im Zeitalter der Induskultur (2250 v. Chr.-1750 v. Chr.)

Es ist mehr als bezeichnend für den Verlauf der von Gewalt und Teilung geprägten indischen Geschichte, daß die Schauplätze der ersten indischen Hochkultur heute größtenteils außerhalb des Staatsgebietes im pakistanischen Industal liegen. Etwa um 2250 v. Chr. hatten sich in dem fruchtbaren Schwemmland mit den beiden ca. 600 km voneinander entfernten Metropolen **Harappa und Mohenjo Daro** zwei streng hierarchisch gegliederte Stadtkulturen entwickelt, die für ca. 5 Jahrhunderte die Zentren der Indus-Zivilisation bildeten. Doch auch im Gebiet des heutigen Rajasthan, und zwar im nordwestlichen Zipfel, im Distrikt Ganganagar, finden sich mit den archäologischen Überresten des vor etwa 4500 Jahren errichteten Ortes Kalibangan Spuren jener ältesten bekannten indischen Zivilisation. Da bis heute die Schrift nicht entziffert werden konnte und man so auf die Interpretation der materiellen Kulturzeugnisse angewiesen ist, lassen sich nur sehr vage Aussagen über die Kultur und politische Gliederung dieser Gesellschaften machen. So ist auch die immer wieder aufgestellte These, daß es sich um eine Sklavengesellschaft gehandelt haben soll, durchaus nicht erwiesen.

Archäologische Funde lassen vermuten, daß Weizen, Gerste und Hülsenfrüchte angebaut wurden sowie Sesam für die Ölerzeugung. Steinwerkzeuge wurden neben solchen aus Bronze und Kupfer noch vielfach verwendet, und die Töpferkunst war hoch entwickelt. Kultbilder aus Stein lassen bereits Ähnlichkeiten mit den späteren Hindugottheiten erkennen. Außerdem meinen die Wissenschaftler, Anzeichen für die später beim Hinduismus so charakteristische Führungsrolle der Priester ausgemacht zu haben.

Auch über die Ursachen für den ***plötzlichen Untergang*** der Stadtkulturen lassen sich nur Vermutungen anstellen. Unbeerdigte Leichen in der obersten Schicht Mohenjo Daros las-

Indischer Harem (Kupferstich)

sen auf ein gewaltsames Ende schließen. Ob dafür jedoch Überschwemmungen oder kriegerische Auseinandersetzungen verantwortlich waren, wird wohl nie eindeutig beantwortet werden können.

Einwanderung der Arier und Formierung des Hinduismus (1750-500 v. Chr.)

Das bis heute bedeutendste Ereignis der frühen indischen Geschichte war die Einwanderung **nomadisierender Rinderhirten** aus Zentralasien, die etwa um 1750 v. Chr. einsetzte und sich über ca. 5 Jahrhunderte in mehreren Völkerwanderungen fortsetzte. Woher die neuen Herren Indiens kamen und wer sie waren, ist auch heute noch eine offene Frage. Sie selbst nannten sich, wenig bescheiden, *Arya,* die Edlen. Man nimmt an, daß sie ursprünglich im südlichen Zentralasien beheimatet waren. Ihr Einfallstor zum indischen Subkontinent war wie für alle weiteren in der Folgezeit aus dem Norden eindringenden Eroberer der **Khyberpaß,** der sich wie ein Korridor durch die westlichen Ausläufer des ansonsten unüberwindbaren Himalayas legte. Über das Leben der **Arier** sind wir weit besser informiert als über das der Menschen der Induskultur. Als Geschichtsquelle von unschätzbarem Wert erweisen sich hier die großen Epen der Arier, die *Veden.* Diese heiligen Schriften wurden zwischen 1500 und 800 v. Chr. verfaßt und enthalten trotz ihrer auffallend legendenhaften Ausschmückung viele Hinweise über Organisation und Kultur im Indien des zweiten Jahrtausends vor Chr.

So machten die Arier zunächst den Punjab zu ihrem Brückenkopf in Indien, von dem sie erst mehrere Jahrhunderte später, vermutlich zwischen 1000 und 600 v. Chr., in die mittlere Gangesebene bis zum Yamuna vordrangen. Die Verwendung von Eisenwaffen, welche um 1000 v. Chr. Verbreitung fanden, zusammen mit ihrer beweglichen Kriegstechnik ließen die Arier schnell auf allen Gebieten die Vormacht erlangen.

Ob sie allerdings bei ihrem Vormarsch auf die dunkelhäutigen Drawiden trafen, die in der Fachliteratur lange Zeit als die Urbevölkerung ange-

Land und Leute

Hinduistische Hochzeit (Kupferstich)

Die Kasten zwischen Beharrung und Auflösung

Seine **Ursprünge** hat das indische Kastensystem in der Zeit das Brahmanismus (ca. 1000-500 v. Chr.). Nach dem Einfall der Arier entstand eine in vier Klassen geteilte Gesellschaft. An ihrer Spitze standen die *Brahmanen* (Priester), denen die *Kshatriyas* (Krieger und Adel) und die *Vaishyas* (Bauern, Viehzüchter und Händler) folgten. Ihnen untergeordnet waren die nichtarischen *Shudras* (Handwerker und Tagelöhner).

Das Sanskrit-Wort für diese Klassen lautet *varna*, (Farbe). Das deutet darauf hin, daß die hellhäutigen arischen Eroberer die dunkelhäutige Urbevölkerung aufgrund ihrer **Hautfarbe** isolierte. Welch Bedeutung auch heute noch der Hautfarbe zukommt, kann man den sonntäglichen Heiratsannoncen entnehmen, in denen immer wieder der Wunsch nach einem möglichst hellen Teint auftaucht. Deshalb erfreuen sich auch Puder und Cremes, die die Haut künstlich aufhellen, bei unverheirateten Frauen großer Beliebtheit.

Die von den *Brahmanen* verfaßten heiligen Schriften erklären und legitimieren diesen hierarchischen Gesellschaftsaufbau mit einem Gleichnis. Danach entstanden die *Brahmanen* bei der Opferung des Urriesen aus dessen Kopf, die *Kshatriyas* erwuchsen aus seinen Armen, die *Vaishyas* aus seinen Schenkeln und die *Shudras* aus dem niedrigsten Körperteil, den Füßen. Rechtfertigung erhielt das Kastensystem auch durch die Karma-Lehre, nach welcher der Status im gegenwärtigen Leben direktes Resultat der Taten in einem vorangegangenen Leben ist.

Das heute gebräuchliche Wort „Kaste" prägten die Portugiesen im 16. Jahrhundert, als sie die verschiedenen **gesellschaftlichen Gruppen** als *castas* (Gruppe, Familie) bezeichneten. Mit der wirtschaftlichen Entwicklung kam es zu einer Differenzierung der gesellschaftlichen Unterschiede, indem die Berufsgruppen in Unterkasten aufgeteilt wurden. Von diesen den europäischen Zünften vergleichbaren Unterkasten, die als *jatis* bezeichnet werden, soll es heute über 3000 in Indien geben. Da man in diese Kasten hineingeboren wird und ein Aufstieg in eine nächsthöhere Kaste, ausgeschlossen ist, kann der einzelne dieser Apartheid nicht entkommen.

Außerhalb dieses Kastensystems stehen die sogenannten **Unberührbaren**, die als derart unrein galten, daß sich ein Brahmane aufwendigen Reinigungsritualen unterwerfen mußte, wenn auch nur der Schatten eines dieser Unberührbaren auf ihn gefallen war.

Im **Indien von heute,** einem Land an der Schwelle zum 3. Jahrtausend, in dem fast eine Milliarde Menschen auf engem Raum zusammenleben und dessen Wirtschaft sich nach jahrzehntelanger künstlicher Abschottung im harten Konkurrenzkampf auf dem internationalen Markt behaupten muß, entscheidet nicht mehr die Kaste, sondern Ausbildung und Leistung über die Vergabe des Arbeitsplatzes.

Kasten- und **Klassenstatus** mögen früher einmal identisch gewesen sein – heute sind sie es längst nicht mehr. Unter den oberen Schichten der Gesellschaft muß man die Brahmanen mit der Lupe suchen; hier dominieren die Händler- und Bauernkasten. Erst danach finden sich die früher so dominierenden Brahmanen, die heute eher mittlere Gehaltsempfänger sind und vielfach höhere Verwaltungsposten besetzen. Allerdings befinden sie sich hier manchmal bereits in Konkurrenz mit Angehörigen der früheren Unberührbaren, die ihren Aufstieg einer systematischen Förderung der Regierung verdanken und deshalb nicht selten als „Regierungs-Brahmanen" bespöttelt werden.

Bedeutet all dies, daß das einstmals allesbeherrschende Kastensystem im Indien von heute praktisch keine Rolle mehr spielt? Die Antwort lautet, wie so oft in Indien, nicht ja oder nein, sondern sowohl als auch. So ist es auch für die meisten der westlich geprägten Inder, denen sonst im Alltag die Kastenschranken kaum noch etwas bedeuten, undenkbar, ihre Kinder mit Angehörigen einer niedrigen Kaste zu verheiraten.

Was einem nach den Prinzipien von Individualität und Selbstverwirklichung erzogenen Europäer als ungerecht erscheinen mag, erhält im Lichte der sozialen und kulturellen Realität Indiens eine völlig andere Bedeutung. Schließlich sollte man nicht übersehen, daß diese im Westen wie selbstverständlich propagierten Ideale gleichzeitig ein *soziales Netz* erfordern, welches jene, die auf dem schmalen Grat der freien Entscheidung straucheln, auffängt. Die Funktion eines in Indien so gut wie unbekannten staatlichen Sozialsystems übernimmt das Kastensystem.

Diese wirtschaftliche Komponente ist aber nur einer der im Westen immer wieder verkannten *Vorteile der Kastenordnung.* So haben die über Jahrtausende tradierten Werte und Verhaltensvorschriften innerhalb der einzelnen Kasten zu einer Art kulturellem Heimatgefühl geführt, auf welches die meisten Inder bis heute allergrößten Wert legen. Dementsprechend treffen sich die einzelnen Kastenmitglieder im Privatleben fast ausschließlich untereinander und halten damit eine Ordnung aufrecht, die im öffentlichen Leben kaum noch eine Rolle spielt.

Vor allem in den Hunderttausenden von indischen *Dörfern,* die seit jeher als die Hochburgen des Kastensystems gelten, haben sich die alten Traditionen noch weitgehend erhalten. Dort ist es immer noch üblich, daß die Brahmanenhäuser, geschützt unter den hohen Bäumen, im Zentrum stehen, während sich die anderen Be-wohner, abgestuft nach ihrer Rangordnung im Kastensystem, weiter Richtung Dorfrand ansiedeln.

Außerhalb der Dorfgrenze haben die *Kastenlosen* ihre schäbigen Hütten aufgeschlagen. Trotz aller staatlichen Fördermaßnahmen, die ihnen unter anderem entsprechend ihrem Anteil an der Gesamtbevölkerung einen Prozentsatz an Stellen im öffentlichen Dienst zusichern, zählen sie nach wie vor zu den Ausgestoßenen der indischen Gesellschaft.

Die Zeiten, daß ein *Paria* vor Betreten der Stadt die Höherkastigen durch das Schlagen einer Trommel *(parai)* vor seinem Erscheinen warnen mußte, damit diese sich nicht durch Nähe verunreinigten, gehören zwar der Vergangenheit an; das Betreten des Dorftempels oder die Wasserentnahme aus dem Dorfbrunnen ist ihnen jedoch auch heute noch untersagt.

Daß jahrtausendealte Traditionen weit schwerer wiegen als bürokratische Entscheidungen im fernen Delhi mußte auch *Mahatma Gandhi* erkennen, der sich vehement für die Besserstellung der Unberührbaren einsetzte und ihnen den Namen *Harijans* (Kinder Gottes) verlieh. Aufsteiger kommen zwar vor, die große Mehrzahl der Kinder Gottes verdient ihren kargen Lebensunterhalt jedoch mit dem Säubern von Latrinen, dem Enthäuten von Kadavern oder als Müllmänner. Als Abfall der Gesellschaft ist der Abfall der Höherkastigen für sie gerade gut genug. Bei diesen geborenen Verlierern, den Ärmsten der Armen, zeigt sich die häßliche Seite des Kastensystems auf besonders krasse Weise.

sehen wurden, gilt nach neuesten wissenschaftlichen Untersuchungen nicht mehr als gesichert. Glaubt man diesen Erkenntnissen, so erreichten die **Drawiden** erst nach den Ariern, über den Seeweg von Irak aus kommend, den Subkontinent und ließen sich vornehmlich in Südindien nieder. Sollte sich diese Theorie bestätigen, wäre eine zentrale Konstante der indischen Geschichtsschreibung, wonach die Drawiden von den Ariern unterjocht und als unterste Schicht im Kastensystem eingegliedert worden seien, hinfällig.

Nach der Etablierung ihrer Macht bildeten die Arier eine Vielzahl kleiner **Königtümer,** die sich zumeist gegenseitig befehdeten. Neben dem König etablierten sich immer mehr die **Brahmanen** (Priester) als die eigentlichen Herrscher im Staat.

Erst durch die immer komplizierter werdenden rituellen Handlungen, die nur die Brahmanen durchzuführen wußten, erhielt der König die zur Amtsführung notwendige überirdische Legitimation. Auch mußte der Herrscher vor jeder bedeutenden Entscheidung die Priester zu Rate ziehen. So waren die Brahmanen letztlich sogar mächtiger als der König, zumal sie nicht dessen Risiko im Kampf um die Macht zu tragen hatten. Gleichzeitig verstanden es die Priester, ihre gesellschaftliche Stellung zu zementieren, indem sie sich als oberste der vier Hauptkasten an die Spitze der sich immer deutlicher zementierenden Kastengesellschaft setzten. Mit dem sich herausbildenden **Kastensystem** sowie einer Bauernkultur, deren Grundlage der kleinbäuerliche Familienbetrieb war, etablierten sich zwischen 1500 und 500 von Chr. zwei zentrale Grundpfeiler der indischen Gesellschaft, die in ihrem Kern bis in die heutige Zeit hinein Bestand haben.

Das erste indische Großreich und der Aufstieg des Buddhismus (500-150 v. Chr.)

Die Zeit um 500 v. Chr. ist eine bedeutende Zeitenwende in Indien: Zum ersten Mal stehen fast alle Teilregionen Nordindiens in Beziehung zueinander. Zudem bricht sich die **Eisenzeit** erst jetzt richtig Bahn, eine ent-

Der Rajah von Cutch reitet aus (Kupferstich)

scheidende Voraussetzung für die Kultivierung der unteren Gangesebene, die sich von nun an in eine fruchtbare **Reislandschaft** verwandelte.

Als drittes epocheprägendes Element wirkte das Aufkommen neuer religiöser Strömungen, des Jainismus und vor allem des **Buddhismus.** Es ist sicherlich kein Zufall, daß sich der Buddhismus gerade in jener Zeit ausbreitete, als der Hinduismus durch die vom einfachen Volk immer weniger nachvollziehbaren Opferrituale der Priesterkaste zunehmend an Einfluß verlor. Entscheidender war jedoch, daß der Buddhismus mit seinen vielen Klöstern wesentlich großflächigere **Missionserfolge** verzeichnen konnte als die an die Königshöfe gebundenen Brahmanen.

Buddhismus, Reis und Eisen waren die drei entscheidenden Elemente, aus denen die **Maurya-Dynastie** (322-185 v. Chr.), das erste Großreich Nordindiens mit der Hauptstadt *Pataliputra,* dem heutigen Patna, hervorgehen sollte.

Als bedeutendste Figur des Mauryareiches und einer der größten Herrscher der indischen Geschichte überhaupt gilt **Kaiser Ashoka** (274-232 v. Chr.). Nachdem seine Truppen das *Kalingareich* im heutigen Orissa unterworfen und dabei Tausende von Menschen abgeschlachtet hatten, konvertierte er reumütig zur friedfertigen buddhistischen Religion und erklärte sie gleichzeitig zur Staatsreligion. Er ließ nicht nur im gesamten Herrschaftsbereich, der von Delhi über Gujarat, Uttar Pradesh, Bihar und Orissa bis nach Sanchi ins heutige Madhya Pradesh reichte, unzählige seiner berühmten Ediktsäulen aufstellen, in denen er seine Untertanen zu moralischem Handeln im Einklang mit der buddhistischen Lehre ermahnte, sondern sandte auch Missionare seines Hofes in andere asiatische Länder. Die religiöse Klammer des Buddhismus schuf ein prosperierendes Gemeinwesen, in dem der Staat zum ersten Mal in der indischen Geschichte über den Bereich kleiner Territorialreiche hinaus weitgehende Verwaltungseinrichtungen schuf, den Handel förderte, die Handelswege beherrschte und Münzen in Umlauf setzte. So besteht die historische Bedeutung des Mauryareiches und vor

Karawane in Kattiavar (Kupferstich)

Land und Leute

allem ihres Universalherrschers *Ashoka* darin, zum ersten Mal eine überregionale kulturelle Einigung Indiens geschaffen zu haben.

Zerfall des Großreiches und Entstehung vieler Regionalreiche (150 v. Chr.-300 n. Chr.)

Wie sich jedoch nach dem Sturz des letzten Mauryakaisers 185 v. Chr. durch den General Pushyamitra aus der Sungadynastie zeigte, war die territoriele und herrschaftspolitische Einbindung großer Teile Nordindiens in einem Großreich unter *Ashoka* eine historische Ausnahmeerscheinung. Nach dem Untergang des Mauryareiches wurde das machtpolitische Vakuum durch **unzählige Regionalreiche** aufgefüllt, wobei sich vier Hauptakteure herauskristallisierten: die bereits erwähnten *Sungas* im Norden, *Kalinga* (Orissa) im Osten, das unter *Kharasvela* wieder zu bedeutender Macht aufstieg, die *Satavahanas* im zentralen Hochland und im Nordwesten die *Shakas* (Skythen), die von Zentralasien über Afghanistan in das Industal eingedrungen waren und bald ihre Herrschaft bis nach Gujarat ausdehnten.

So unterschiedlich diese einzelnen Reiche in ihrer ethnischen Zusammensetzung und politischen und religiösen Organisation auch waren, allen gemeinsam war doch, daß sie sich kaum länger als maximal 200 Jahre halten konnten. Die Jahrhunderte vor und nach Christi Geburt waren in dieser Beziehung eine der turbulentesten Perioden der indischen Geschichte. Das Phänomen solcher

kurz aufblühender und rasch wieder verschwindender Reiche erklärt sich dadurch, daß sich regionale Herrscher einem siegreichen Eroberer beugten und seine Oberherrschaft anerkannten, praktisch jedoch in ihren Herrschaftsrechten kaum beschränkt wurden. Da sich viele der neuen Regionalfürsten immer wieder ihre Herrschaft durch die Brahmanen legitimieren lassen mußten und der Buddhismus unter dem Verlust der Patronage des Mauryareiches litt, gewann der Hinduismus langsam wieder seine alte Bedeutung zurück.

Das goldene Zeitalter des indischen Mittelalters (300-1200 n. Chr.)

Nach den turbulenten Zeiten der vorherigen Periode war die Zeit vom 3. bis zum 12. Jh. bei aller Rivalität verschiedener regionaler Machthaber doch durch eine, zumindest für indische Verhältnisse gewisse **innere Stabilität** gekennzeichnet.

Außer den iranischen **Hunnen,** die zwischen 500 und 527 unter ihrem Führer *Toramana* in weiten Teilen Nordindiens herrschten, fielen keine bedeutenden Eroberer von Norden nach Indien ein, und so spielten sich die Machtkämpfe zwischen inner-indischen Dynastien ab.

Diese innere Stabilität trug wesentlich zur Ausprägung eines allgemein verbindlichen **höfischen Herrschaftsstils** bei. Die für den europäischen Feudalismus so charakteristischen Treue- und Lehensverhältnisse fehlten hier, wurden aber oft durch verwandtschaftliche oder quasi-verwandtschaftliche Beziehungen ersetzt. Vassallen wurden als Brüder oder Schwestern bezeichnet und der Hof selbst des kleinsten Vasallen nach dem Vorbild des Königs gestaltet.

Diese auch als indisches Mittelalter bezeichnete Epoche wird gern als Goldenes Zeitalter der indischen Geschichte bezeichnet, weil sich **Kunst und Kultur** ungestört von kriegerischen Auseinandersetzungen mit Unterstützung regionaler Herrscher entfalten konnten. Einige der großartigsten Bauwerke Indiens sind in jener Zeit entstanden, wobei die zwischen 950 und 1050 erbauten Tempel von Khajuraho nur das berühmteste Beispiel sind.

Die bedeutendste Macht dieser Epoche war die **Gupta-Dynastie,** die die Nachfolge der Mauryas und Sungas angetreten hatte und die Ostregion der Gangesebene zur Ausgangsbasis ihres Großreiches machte. Die Gupta-Zeit und hier speziell die Regierungsjahre der großen Könige *Samudragupta* (340-380) und *Chandragupta II.* (380-414) gilt auch als die glanzvollste Epoche der höfischen Kultur.

Zur gleichen Zeit findet eine **indische Kolonisierung Südostasiens** statt. Diese Kolonisierung erfolgt jedoch nicht durch die Ausdehnung indischer Herrschaft, sondern durch eine Übertragung von Herrschaftsstil, Schrift, Baukunst und religiösen Ideen sowohl des Hinduismus wie des Buddhismus. In Java, Sumatra, Vietnam und Kambodscha entwickelten sich Königreiche, in denen Hinduismus und Buddhismus nebeneinander existierten.

Allerdings geschieht dies paradoxerweise zu einer Zeit, als der **Buddhismus** in seinem Mutterland selbst fast völlig bedeutungslos geworden ist. Um das 7. Jh. n. Chr. bekennt sich nur noch im heutigen Bihar, dem einstigen Kernland des großen buddhistischen Kaisers *Ashoka,* ein Großteil der Bevölkerung zum Buddhismus.

Zwar gelingt es den *Pratikaras* unter ihrem berühmten König *Bishoja* (836-890) noch einmal, Teile Nordindiens ihrem Herrschaftsgebiet einzuverleiben, doch um die Jahrtausendwende sind die verschiedenen Teilregionen Nordindiens wieder unter **verschiedene Dynastien** aufgeteilt, von denen keine die Vormacht erlangt.

Der erste Vorbote einer neu anbrechenden Zeitepoche ist der *Sultan Mahmud-e-Ghazni* (997-1030), der von seiner afghanischen Heimat in mehreren **Raubzügen** bis tief in die nordindische Ebene und nach Gujarat vorstößt und dort u.a. den Sonnentempel von Somnath plündert und zerstört. Im Gegensatz zu seinen muslimischen Nachfolgern ging es ihm jedoch nicht um territoriale Machtentfaltung, sondern ausschließlich um materielle Güter, und so zogen sich seine Truppen, reich beladen mit Gold und Juwelen, in die afghanische Heimat zurück.

Das Sultanat Delhi (1200-1500)

Die politische Zersplitterung Indiens lud islamische Herrscher aus Zentralasien geradezu ein, zunächst in **sporadischen Eroberungszügen** ins Land einzufallen, um schließlich die sagenhaften Reichtümer der einzelnen Regionalreiche zu erbeuten. Wer aber Indien beherrschen wollte, mußte die außerindische Machtbasis aufgeben und sich dafür entscheiden, in Indien selbst sein Hauptquartier zu errichten.

Diese Entscheidung fiel mit der Errichtung des **Sultanats von Delhi** durch *Qutb-ud-din-Aibak* im Jahre 1206. *Aibak* war ein Sklave *Mohammed von Ghurs* (1150-1206), der im 1191 mit Prithviraj Chauhan von Ajmer einen der bedeutendsten Rajputenherrscher seiner Zeit geschlagen und 1194 Varanasi eingenommen hatte, sich dann aber wieder nach Afghanistan zurückgezogen hatte. Er hatte *Aibak* zum Statthalter von Delhi eingesetzt, und dieser machte sich selbständig, als sein Herr in Afghanistan ermordet wurde.

Damit war das Fundament der über 500-jährigen *islamischen Herrschaft* über Indien gelegt. Das Sultanat Delhi hielt sich über mehr als zwei Jahrhunderte unter verschiedenen Dynastien, die sich durch Mord und Usurpation ablösten.

Auf dem Höhepunkt ihrer Macht konnten die Sultane um die 100.000 Pferde und einige tausend Elefanten in die Schlacht schicken. Dieser *geballten Schlagkraft* konnten die zersplitterten Hindukönigreiche nichts gleichwertiges entgegensetzen. Innerhalb von nur 20 Jahren beherrschten die Sultane von Delhi die gesamte nordindische Region. Besonders *Ala-ud-din-Khalji* (1295-1316) konnte seine Herrschaft durch viele erfolgreiche Feldzüge entscheidend erweitern. Paradoxerweise gelang es

den moslemischen Eroberern letztlich trotz aller Siege auf dem Schlachtfeld jedoch nicht, die Rajputenreiche gänzlich auszuschalten. So entwickelte sich über die Jahrhunderte ein Kräftegleichgewicht, was es den Rajputen nicht erlaubte die fremden Eroberer außer Landes zu treiben, während die einzelnen Rajputenreiche innerhalb ihres begrenzten Territoriums nach wie vor eine ernstzunehmende Bedrohung darstellten.

Wichtiger noch als die militärischen Erfolge *Khaljis* war jedoch seine Fähigkeit, das Reich administrativ zu durchdringen. So schuf der Sultan einen streng zentralistischen Staat mit einem großen stehenden Heer, effizienter Steuererhebung und scharfen Preiskontrollen.

Auf dieser Basis konnte die nächste Dynastie des Sultanats, die der *Thuglags,* den Herrschaftsbereich bis in den Süden ausdehnen und so ein Großreich errichten, das in seinen Ausmaßen weder vor noch nach ihnen je eine indische Macht erreicht hatte. *Muhammed Tughlag* (1325-1351) trug der geographischen Ausdehnung dieses Riesenreiches Rechnung, indem er die Hauptstadt von dem nun an der Pheripherie gelegenen Delhi nach Daulatabad im zentralen Hochland Indiens verlegte. Mit seinem Versuch, das Land mit kontinentalen Ausmaßen in einem Zentralstaat zusammenzufassen, scheiterte er jedoch wie alle seine Nachfolger. 1329 mußte er seine imperialen Ambitionen wieder aufgeben und nach Delhi zurückkehren, weil er sonst den Norden verloren hätte, der nach wie vor das Fundament seiner Hausmacht bildete.

Dieser erzwungene Rücktritt von seinen Großmachtzielen und die offenkundige **Verwundbarkeit des Sultanats** nahmen viele zuvor loyale Gouverneure zum Anlaß, sich von ihren ehemaligen Herrn zu lösen und eigene, unabhängige Reiche zu gründen. Hilflos mußte die Zentralmacht mit ansehen, wie sich das Land in viele **selbständige Regionalreiche** auflöste und somit erneut jene für die indische Geschichte so charakteristische Territorialisierung des Reiches einsetzte.

So mußten sich die folgenden Dynastien der *Sayyids* (1414-1451) und *Lodis* (1451-1526) nolens volens wieder mit dem Großraum um Delhi begnügen. Gleichzeitig mit dem Niedergang des Sultanats von Delhi entstand mit dem Reich *Vijayanagar* im Süden Indiens eine Großmacht, die die bis dahin selbstverständliche Vorrangstellung des Nordens in Frage stellte.

Die Moguln (1500-1750)

Erst mit den Moguln, einer **türkischen Dynastie,** die im 16. Jh. die Bühne der indischen Geschichte betrat, wurde der weiteren territorialen Zerstückelung des Landes Einhalt geboten. Wie kein anderer Name symbolisieren die Moguln den Glanz des imperialen Indiens. Dabei waren ihre ersten Gehversuche in Indien weit weniger glorreich, als man meinen könnte. Nachdem der erste *Großmogul Babur* (1483-1530) den letzten Lodi-König 1526 besiegt und damit dem Sultanat Delhi den endgültigen Todesstoß versetzt hatte, mußte sein

Sohn und Nachfolger *Humayun* (1530-1556) nach zwei Niederlagen gegen den von Osten anrückenden Feldherrn *Sher Shah* 1540 beim König von Persien Zuflucht suchen. Erst als dessen Nachfolger sich untereinander befehdeten, konnte *Humayun* wieder nach Delhi zurückkehren, wo er jedoch schon wenig später 1556 starb.

Die große Stunde der Moguln brach erst mit seinem Sohn und Nachfolger **Akhbar** an, der nahezu ein halbes Jahrhundert über Indien herrschte (1556 bis 1605). Das Reich *Akhbars* ist das einzige indische Großreich, das sich in Idee und Anspruch mit dem *Ashokas* vergleichen läßt. Ebenso wie der große Maurya-Kaiser wurde auch *Akhbar* von der Geschichtsschreibung derart glorifiziert, daß es schwerfällt, ein objektives Urteil über diesen bedeutendsten Großmogul zu fällen.

Wie zwiespältig die Person des großen muslimischen Herrschers war, zeigt sich besonders deutlich bei dem ihm immer wieder zugesprochenen **Streben nach religiöser Toleranz.** Tatsächlich war er an einer friedlichen Koexistenz von Hindus und Moslems interessiert, die er mit einer von ihm konzipierten Religion, der *Din-il-Ilahi* (Gottesglaube) zusammenführen wollte. Der wahre Hintergrund dieser scheinbar so friedfertigen Idee war jedoch die von machtpolitischem Kalkül getragene Überlegung, daß nur dort, wo eine graduelle Partizipation der Hindus am Staat erfolgte, die zahlenmäßig weit unterlegenen Muslime ihre Machtstellung langfristig stabilisieren konnten.

Land und Leute

107

Die Herkunft der Rajputen

Wer sind die Rajputen, woher stammen sie, seit wann siedelten sie in Rajasthan, sind sie eine eigene Ethnie oder nur eine durch gemeinsame Verhaltensweisen definierte soziale Gruppe? Es ist bezeichnend für den die gesamte indische Geschichtsschreibung kennzeichnenden Mangel an wissenschaftlich verwertbaren historischen Quellen, daß selbst derart fundamentale Fragen zur Herkunft und Zusammensetzung eines der bedeutendsten Herrschergeschlechter der indischen Geschichte bis heute nicht geklärt sind. Erst mit Beginn der muslimischen Herrschaft in Indien Anfang dieses Jahrtausends kann von einer historisch verwertbaren Geschichtsschreibung im engeren Sinne gesprochen werden. Mit der rajputischen Geschichte im allgemeinen und speziell mit der Herkunft der Rajputen beschäftigte sie sich jedoch nur am Rande. Wenn man zudem die für das rajputische Denken so charakteristische Vermischung von Realität und Legenden bedenkt, kann die Existenz vieler, zum Teil widersprüchlicher Theorien über die Abstammung der Rajputen nicht verwundern.

Folgt man den quasi "offiziellen", von den einzelnen Rajputengeschlechtern selbst aufgestellten Theorien, so sind die Rajputen direkte Nachkommen der vor über 2.000 Jahren eingewanderten Arya. Innerhalb der arischen Gesellschaftshierarchie nahmen sie als Kriegerkaste *(Kshatriyas)* nach den Brahmanen die zweithöchste Stellung ein. Ihre Herkunft führten die Kshatriyas auf die **Sonne** *(Surya)* und den **Mond** *(Chandra)* zurück. Wie die allgegenwärtige Sonne in den Wappen beispielsweise der Rathors von Jodhpur und Bikaner sowie der Sisodias von Mewar in Udaipur und der Kachvahas von Jaipur belegen, beanspruchen bis heute einige der bedeutendsten Rajputengeschlechter ihren Ursprung vom Suryageschlecht. Auch wenn diese Abstammungstheorie wissenschaftlich kaum haltbar ist, so verdeutlicht sie doch das allen Rajputengeschlechtern wichtigste Ziel, eine möglichst reine, hochstehende Abstammung nachzuweisen.

Wesentlich interessantere Aufschlüsse über die Herkunft der Rajputen als die arische Abstammungstheorie birgt die auf den ersten Blick wenig überzeugende Agnikula-Theorie, wonach die Rajputen aus einem

Ganz besonders deutlich zeigte sich dies bei seiner geschickten Heiratspolitik mit den verschiedenen **Rajputen-Clans** in Rajasthan. Gegen diese sich aus 36 Familien zusammensetzende Kriegskaste, die ab dem 6. Jh., aus Zentralasien kommend, vornehmlich im Nordwesten Indiens zahlreiche Fürstentümer geschaffen hatte und sich vehement gegen jede Fremdherrschaft auflehnte, ging *Akhbar* bei seinen Eroberungsfeldzügen mit äußerster Brutalität vor. Nur eines der vielen Beispiele ereignete sich 1564, als er nach der Eroberung der ruhmreichen Festung Chittorgarh

30.000 wehrlose Bauern wegen ihrer Unterstützung für die Rajputen niedermetzeln ließ. Erst nachdem er den Widerstand der tapferen Rajputen gebrochen hatte, verheiratete er die Töchter seines Hofes mit den Söhnen der einzelnen Herrscherhäuser und setzte diese als Gouverneure seiner neu hinzugewonnenen Provinzen ein. Hier findet sich also wieder jenes Prinzip von "Teile und Herrsche", welches schon so viele Könige vor Akhbar angewandt hatten, um das Riesenreich unter ihre Kontrolle zu bekommen. Perfektioniert wurde es schließlich von den Briten.

Feuerloch hervorgegangen sein sollen. Die Legende knüpft an den Mythos Parashurama an, in dem diese Inkarnation des Gottes Vishnu alle Kshatriyas vernichtet hatte. Da die Brahmanen jedoch eine Kriegerklasse benötigten, um sich verteidigen zu lassen, richteten sie ihre Gebete an ihren Gott auf dem Gipfel des Berg Abu und hielten dort eine vierzigtägige Zeremonie ab. Schließlich entsprangen aus einem Feuerloch *(agnikund)* vier Helden, von denen jeder eine eigene Rajputenkaste bildete. Durch diese Feuergeburt, die im Jahr 747 n. Chr. in Mt. Abu stattgefunden haben soll, wurden die Rajputen als einzig rechtmäßige Kriegerkaste anerkannt. Diese bereits im 12. Jh. von dem Dichter *Chand Bardai* wiedergegebene Feuerlochlegende ist in verschiedenen Versionen bekannt, die sich hauptsächlich in der Entstehungsart der einzelnen Rajputenklans unterscheiden. Angeregt von dieser Ursprungsversion der Rajputen haben viele Wissenschaftler die Theorie vertreten, daß die Rajputen aus der *Vermischung* einheimischer niederer Klassen und außerindischer Völker hervorgegangen seien. Gestützt wird diese Theorie von der historischen Situation Nordwestindiens um die Jahrhundertwende.

Nach dem Untergang des Guptareiches fielen über einen Zeitraum von ca. 500 Jahren verschiedene Völker aus Zentralasien wie die Sakas, Kushanas und Hunnen ein, bildeten kleinere Königreiche und vermischten sich mit der einheimischen Bevölkerung.

Durch eine Reinigungszeremonie, wie hier durch das Feuer, konnten sowohl die Fremden in das einheimische Kastensystem aufgenommen werden als auch die niederkastigen Einheimischen sozial aufgewertet werden und so eine einheitliche Herrschaftsschicht bilden, die sich von nun an Rajputen nannte.

Auch beim **heutigen Stand der Diskussion** über die Abstammung der Rajputen gibt es noch keine endgültige Klärung, welche der vielen angebotenen Theorien den meisten Wahrheitsgehalt hat. Zunehmend scheint sich jedoch die Theorie durchzusetzen, daß es sich bei den Rajputen nicht um ein einheitliches Volk, sondern ein Gemisch unterschiedlicher Bevölkerungsgruppen handelt, die zu einem Zeitpunkt denselben sozialen Status erreichten und sich erst später im Sinne der ideologischen Herrschaftsabsicherung auf einen gemeinsamen Urspung beriefen.

Gerade wegen der in den Geschichtsbüchern immer wieder so glorreich ausgeschmückten Heldentaten der rajputischen Krieger, die angeblich einen kollektiven Selbstmord der Niederlage gegen den Feind vorzogen, ist es wichtig, darauf hinzuweisen, daß sich in der *Realität* die allermeisten Maharajas nur allzu gerne in den Dienst der Moguln stellten und dafür fürstlich entlohnt wurden. Nachdem der damals recht unbedeutende Herrscher von Amber mit der Verheiratung seiner Tochter an Akhbar den Anfang gemacht hatte und dafür mit erheblichen Privilegien aus-

gestattet worden war, folgten ihm die anderen Rajputenherrscher ohne große Widerstände. Als Feldherren von Akhbars Armeen schlugen sie von nun an zahlreiche Schlachten in fast allen Provinzen des schnell gewachsenen Reiches, wobei sie an den Kriegsschätzen großzügig beteiligt waren. Der tatsächlich heldenhafte Widerstand des Sisodias von Mewar, der erst mit der Niederlage *Pratap Singhs* 1576 in der Schlacht von Haldighati gegen die Truppen Akhbars endete, war nicht die Regel, sondern die Ausnahme. Nicht heldenhafter Widerstand, sondern loyale

Gefolgschaft zum eigenen Nutzen kennzeichnet das Verhältnis der Rajputenreiche gegenüber den Moguln.

Es war Akhbars besondere Fähigkeit die militärisch unterworfenen Gebiete durch eine straffe, administrative Kontrolle zu beherrschen, die seinen Erfolg begründete. Ein weiterer Faktor war die **strategische Überlegenheit,** die sich aus der Nutzung von Feuerwaffen ergab. Selbst die immmer wieder legendenhaft ausgeschmückte Tapferkeit der Rajputen, die einen massenhaften Selbstmord der bevorstehenden militärischen Niederlage vorzogen, konnte gegen diesen Ansturm moderner Kriegsführung nichts ausrichten, und so drangen *Akhbars* Truppen weiter nach Süden vor. Dennoch stießen die Moguln dort zunehmend auf erheblichen Widerstand, und so reichte die Grenze von *Akhbars* Reich, das im Nordwesten Afghanistan umfaßte und im Osten Bengalen, im Süden nur bis zu einer Linie, die sich etwa auf der Höhe von Bombay von Küste zu Küste erstreckte.

Akhbars Nachfolger *Jehangir* (1608-1627) und *Shah Jahan* (1627-1658) widmeten sich weitgehend der friedlichen Konsolidierung des ererbten Reiches und der Förderung der Künste. Das weltberühmte Taj Mahal, jenes Grabmal, welches *Shah Jahan* zu Ehren seiner Gemahlin *Mumtaz* in Agra hatte errichten lassen, ist das großartigste Zeugnis jener kulturellen Blütezeit.

Es waren gerade jene aufwendigen Bauwerke, die den Staat an den Rand des finanziellen Ruins führten, die *Shah Jahans* machthungrigem Sohn *Aurangzeb* (1658-1707) als willkommmenes Argument zum Sturz und zur anschließenden Gefangennahme seines Vaters dienten.

Aurangzeb mochte sich auf dem Höhepunkt der Macht wähnen, als er mit einer rücksichtslosen **Kreuzzugs-Politik** Tausende von Hinduheiligtümern zerstören ließ und gleichzeitig versuchte, als erster gesamtindischer Kaiser in die Geschichte einzugehen, indem er versuchte, auch den bis dahin weitgehend unabhängig gebliebenen Süden zu unterwerfen.

Damit hatte er jedoch den Bogen seiner Macht bei weitem überspannt und leitete den **Niedergang der Mogul-Macht** in Indien ein. Mit seinem militant religiösen Fanatismus brachte er selbst bis dahin loyale Untertanen gegen sich auf. Diese landesweite Aufstandsbewegung verstärkte sich noch, als er seine Hauptstadt, ähnlich wie *Muhammed Thuglag* dreieinhalb Jahrhunderte zuvor, in den Süden verlegte. Bei der Verfolgung seiner ehrgeizigen Pläne hatte der letzte Großmogul die Ressourcen seines Reiches erschöpft. Besonders schwerwiegend war, daß er das von seinen Vorgängern sorgfältig ausbalancierte Steuersystem *(Mansabdar)* durch eine unverhältnismäßige Aufblähung der militärischen Oberschicht aus dem Gleichgewicht brachte. Da die Agrarbasis den feudalen Überbau nicht mehr tragen konnte, geriet das gesamte Herrschaftssystem in eine Krise, an der es schließlich zerbrach.

Nach dem Tod *Aurangzebs* setzte erneut eine **Phase der Regionalisierung** und des Zerfalls in viele kleine

Herrschaftsbereiche ein. Die schwachen Nachfolger *Aurangzebs* konnten sich nicht mehr durchsetzen und regierten jeweils nur für eine kurze Zeitspanne. Der Einfall *Nadir Shahs,* eines Heerführers aus Persien, der 1739 Delhi eroberte und den gesamten Thronschatz plünderte, markierte das endgültige Ende der einstmals als unbesiegbar geltenden Moguln.

Es ist bezeichnend für die über die Jahrhunderte zwischen den Moguln und den Rajputen-Dynastien entstandenen Abhängigkeiten, daß mit dem Niedergang des Moghul-Reiches auch die militärische Stärke der Rajputen zusammenbrach und man so wieder einmal der neu aufkommenden Machthabern der **Marathen,** ein lokales Herrschergeschlecht, welches seine Hausmacht im Gebiet um Puna besaß und bereits seit Mitte des 17. Jh. den Moguln einige empfindliche Niederlagen beigebracht hatte hilflos ausgeliefert war. Hinzu kam, daß nun die zuvor durch die Moguln unterdrückten Feindlichkeiten unterhalb der einzelnen Herrscherhäuser wieder voll zum Ausbruch kamen, sodaß die verbliebenen Kräfte in Kämpfen untereinander vergeudet wurden, anstatt sie im gemeinsamen Kampf gegen die neuen Aggessoren von außen einzusetzten.

Das Marathen-Reich konnte jedoch das Mogul-Reich nicht ersetzen, eben weil es gar nicht den Versuch unternahm, einen großen Territorialstaat aufzubauen. So scheiterten letztlich auch die Moguln daran, daß das riesige Land von keiner noch so mächtigen und gut organisierten Zentralmacht zu regieren war.

Doch schon standen mit den **europäischen Nationen,** die bereits über verschiedene Handelsniederlassungen ihre Interessen in Indien vertraten, neue Interessenten bereit, um das Machtvakuum auszufüllen und, mehr noch, den enormen Reichtum des indischen Subkontinents auszubeuten.

Indien unter europäischer Kolonialherrschaft (1750-1947)

Da der Handel mit den begehrten Gütern Indiens fest in asiatischen Händen lag, waren die aufstrebenden europäischen Seefahrernationen daran interessiert, den direkten Seeweg nach Indien zu finden. Bekanntlich war *Christoph Columbus* bis zu seinem Tod davon überzeugt, bei seiner Entdeckung Amerikas die Schatzkammer Indien geöffnet zu haben, und so nannte er die dortigen Ureinwohner auch Indianer.

Mit *Vasco da Gama* blieb es einem **portugiesischen Seefahrer** vorbehalten, den Seeweg nach Indien zu entdecken. So waren es die Portugiesen, die zunächst 1510 mit Goa und danach mit Daman und Diu im heutigen Gujarat die ersten europäischen Handelsposten an der indischen Westküste errichteten. Für ein knappes Jahrhundert besaßen sie das Monopol auf den europäischen Indienhandel. Letztlich verfügte das kleine Land jedoch nicht über genügend Ressourcen, um das Riesenreich Indien zu kontrollieren, und so mußten die Portugiesen Anfang des 17. Jh. den Franzosen, Holländern und Engländern das Feld überlassen.

Land und Leute

Die **East India Company,** die im Jahr 1600 von *Queen Elisabeth I.* das Monopol über den britischen Indienhandel zugesprochen bekommen hatte, eröffnete 1612 in Surat ihren ersten Handelsposten, dem schon bald jene in Madras (1640), Bombay (1668) und Kalkutta (1690) folgten. Der Osten als Zentrum der Baumwollherstellung wurde vor allem deshalb mehr und mehr kolonialisiert, da sich der Vertrieb der überall in Asien sehr begehrten indischen Textilien noch vor Gewürzen und Tee als besonders profitabel erwies. Für die Briten wurde die Beteiligung am innerasiatischen Handel derart lukrativ, daß sie mit den Gewinnen jene Güter kaufen konnten, die sie nach Europa verschickten. So blieb die *East India Company* für lange Zeit das, was sie als ihre eigentliche Aufgabe ansah, ein höchst profitables Wirtschaftsunternehmen. Ein territoriales Engagement war dabei weder erforderlich noch erwünscht. Der Handel gedieh prächtig, da konnten politische oder gar militärische Verstrickungen nur Unheil anrichten. *"Viele Festungen, viel Ärger und wenig Profit",* war das Motto jener Tage.

Um so mißtrauischer beäugte man den Aufstieg des alten Erzfeindes **Frankreich,** der sich auch ein Stück von der fetten Beute Indien einverleiben wollte und 1672 in Pondicherry an der Südostküste Indiens den ersten Handelsposten eröffnete. Die Franzosen versuchten, die von den Briten sorgsam austarierte Machtbalance zwischen Fürsten und Kolonialherren zu unterlaufen, indem sie die Lokalherrscher mit lukrativen Versprechungen für sich zu gewinnen suchten. 1746 gelang es ihnen sogar, Madras zu erobern, welches sie jedoch schon drei Jahre später wieder an die Briten abtreten mußten.

Den entscheidenden Übergang von dem zunächst rein am Profit orientierten East-India-Handelsunternehmen **zur politischen Ordnungsmacht** in Indien markiert das Jahr 1757, als der Nawab von Bengalen Kalkutta eroberte und dabei viele Briten ermorden ließ. Ein Jahr später nahmen die Briten unter der Anführung des wagemutigen Feldherrn *Robert Clive* in der Schlacht von Plassey nicht nur blutige Revanche an dem Lokalherrscher, der es gewagt hatte, eine Weltmacht herauszufordern, sondern schlugen gleichzeitig die mit ihm verbündeten Franzosen. Der Wandel von Händlern zu Feldherren war endgültig vollzogen.

In den folgenden Jahrzehnten gelang es den Briten in einer Reihe **erfolgreicher Feldzüge** gegen aufständische Regionalstaaten, ihre Stellung auszubauen. Anfang des 19. Jh. waren sie die unumschränkten Herrscher Indiens, womit das Land zum ersten Mal in seiner Geschichte unter einer Zentralgewalt vereint war. Wichtiger noch als ihre militärischen Siege war für die Festigung ihrer Macht die am Prinzip von *"Teile und herrsche"* orientierte Taktik, den mächtigen Lokalfürsten (Maharajas) formal ihre Unabhängigkeit zu belassen, sie faktisch jedoch der Oberherrschaft der europäischen Kolonialmacht zu unterstellen.

Bei dieser Regelung fielen für beide Parteien **riesige Gewinne** ab, die die Engländer zu großen Teilen in ihr

Heimatland transferierten, während die Maharajas der etwa 500 verbliebenen Fürstenstaaten, die etwa ein Drittel des indischen Staatsgebietes ausmachten, ihre politische Ohnmacht durch verschwenderischen Prunk und Protz zu übertünchen versuchten. Die riesigen, bis zum Rand mit Luxusgütern vollgestopften Paläste zusammen mit prachtvollen Umzügen und Paraden und den sich in Gold aufwiegenden Maharajas haben entscheidend zum Bild vom märchenhaften Indien beigetragen, das bis heute die Werbeprospekte vieler Reiseveranstalter prägt.

Als letztlich entscheidend für den Erfolg der Engländer erwies sich jedoch ihre Fähigkeit, als erste Herrscher der indischen Geschichte das riesige Land unter die **einheitliche Verwaltung** festbesoldeter Beamter zu stellen, die jederzeit versetzbar waren und sich deshalb keine regionale

Hausmacht aufbauen konnten. So wurde eine rationale Bürokratie bürgerlich kapitalistischer Herkunft einer alten Agrargesellschaft aufgestülpt, die rücksichtslos ausgebeutet wurde.

Die Briten selbst weisen auch heute noch gern auf die unter dem Begriff *steel frame* zusammengefaßte **positive Hinterlassenschaft** ihrer Kolonialherrschaft hin. Hierzu gehören der Aufbau einer funktionierenden Bürokratie, die Durchdringung Indiens mit einem weitverzweigten Eisenbahnnetz, die Einführung eines Rechts- und Bildungswesens sowie die Etablierung demokratischer Grundwerte. Viel schwerer wiegen jedoch die **negativen Folgen des Kolonialismus:** die Unterdrückung traditioneller indischer Bildungs- und Rechtsvorstellungen, die Zerstörung der einheimischen Textilindustrie, die Degradierung des Landes zu einem reinen Rohstofflieferanten sowie die Entste-

Britische Offiziere (Foto von John Burke, 1879)

hung eines riesigen Heeres von Proletariern. Paradoxerweise waren es gerade Mitglieder der indischen Oberschicht, die an den von den Briten geschaffenen Hochschulen ausgebildet worden waren, die die Ausbeutung ihres Mutterlandes als erste anprangerten und damit zum Träger der indischen Unabhängigkeitsbewegung wurden.

Die indische Unabhängigkeitsbewegung (1850-1947)

Die erste Phase des indischen Nationalismus wurde mit dem **Sepoy-Aufstand** von 1857 eingeläutet, als genau die Hälfte der insgesamt 74 indischen Battaillone in Nordindien gegen die britischen Besatzer revoltierte. Während der rund viermonatigen erbitterten Kämpfe, die ihre Zentren vor allem in Lucknow, Delhi und Meerut hatten, kamen mehrere tausend indischer und englischer Soldaten ums Leben. Vorübergehend geriet das britische Kolonialreich ernsthaft ins Wanken. Während die Nationalisten den Aufstand der indischen Sepoys (Soldaten) als ersten Unabhängigkeitskrieg gegen die europäische Fremdherrschaft feierten, weisen die heutigen Historiker darauf hin, daß die Revolte von vornherein zum Scheitern verurteilt war, da es ihr an jeglicher Koordination und Führung fehlte. Gleichzeitig war damit ein erstes sichtbares Zeichen gesetzt, daß die britische Herrschaft überwunden werden konnte, wenn es gelang, alle Kräfte des Landes auf dieses Ziel zu vereinen.

Auf Seiten der Engländer hatte der Aufstand weitreichende Konsequenzen zur Folge, die darin gipfelten, daß die *East India Company* aufgelöst und Indien **direkt der Krone unterstellt** wurde. 1876 ließ sich *Queen Victoria* zur Kaiserin von Indien küren, und der Posten des Generalgouverneurs, der als eine Art Diplomat des englischen Königshauses bereits seit Ende des 18. Jh. in Indien tätig war, wurde in den Rang eines Vizekönigs erhoben. Während die Briten so nach außen deutlich machten, daß sie keinesfalls bereit waren, die Zügel der Macht aus der Hand zu geben, öffneten sie gleichzeitig Posten im Verwaltungsapparat zunehmend auch für Mitglieder der aufstrebenden indischen Oberschicht, die an den von liberalem Gedankengut geprägten Universitäten ausgebildet worden waren.

Immer deutlicher kristallisierte sich im Lager der **Unabhängigkeitsbewegung,** die sich 1885 im *Indian National Congress* organisiert hatte, eine Spaltung zwischen "Gemäßigten" und "Extremisten" heraus. Die Gemäßigten glaubten, daß nur durch eine schrittweise Demokratisierung und einen allmählichen Übergang der Macht in indische Hände aus der vielfältig gegliederten Gesellschaft eine moderne Nation werden konnte. Die Extremisten hingegen wollten sich der kolonialen Zwangsjacke so schnell wie möglich, wenn nötig auch mit Gewalt, entledigen, um das angestammte Recht auf Freiheit und Selbstbestimmung zu erlangen. Die Kluft zwischen den beiden Gruppen verstärkte sich noch, als die Briten durch mehrere halbherzige Verfas-

Gandhistatue

sungsreformen, die u.a. ein sehr eingeschränktes Wahlrecht beinhalteten, den Druck aufzufangen versuchten.

In dieser Situation bedurfte es einer solch außergewöhnlichen Führungspersönlichkeit wie *Mahatma Gandhi,* der 1915 aus Südafrika nach Indien zurückgekehrt war, um diese beiden Pole zu vereinen und zudem die bis dahin allein im Bildungsbürgertum verankerte Unabhängigkeitsidee ins breite Volk zu tragen.

1920 übernahm er die Führung der *Congress Party,* die er innerhalb kürzester Zeit von einem lockeren Zusammenschluß divergierender Kräfte zu einer straff organisierten Partei formte. Seine Methoden des gewaltlosen Widerstandes, der Nicht-Zusammenarbeit und anderer Boykottmaßnahmen fanden breite Unterstützung in der Bevölkerung.

1921/22 führte er eine **erste Massenbewegung** gegen die als völlig unzureichend empfundenen Reformzugeständnisse an, die er jedoch abbrechen ließ, als gewalttätige Unruhen ausbrachen. Trotzdem ließen ihn die Briten verhaften und verurteilten ihn zu sechs Jahren Gefängnis, von denen er jedoch nur zwei Jahre verbüßen mußte. Wie schon beim Sepoy-Aufstand standen auch jetzt wieder die Maharajas fest auf Seiten der Briten, befürchteten sie doch sicherlich nicht zu Unrecht von der indischen Unabhängigkeitsbewegung unter Mahatma Gandhi ein Erstarken demokratischer Forderungen, die ihrem autokratischen Führungsstil sehr gefährlich werden konnten.

Der legendäre *Salzmarsch,* mit dem Gandhi 1930 symbolisch das Salzmonopol der Briten brechen woll-

Mahatma Gandhi und Jawaharlal Nehru während des legendären Salzmarsches (Wandgemälde)

te, wurde ein überwältigender Erfolg. Das Ergebnis waren zwei Konferenzen am "Runden Tisch" in London, in denen schließlich die Abhaltung freier Wahlen beschlossen wurde. Mehr als ein Teilerfolg war auch dieses Zugeständnis nicht, da die Inder nur über die Zusammensetzung der Provinzparlamente abstimmen konnten, während die Zentralregierung weiterhin von den Engländern gestellt wurde.

1936 brachten **die ersten gesamtindischen Wahlen** einen überwältigenden Erfolg für die *Congress Party,* während die Partei der indischen Muslime weit abgeschlagen wurde.

Das Ergebnis verstärkte noch die Furcht der **Muslime** vor einer Majorisierung durch die Hindus und vor dem Verlust ihrer Identität in einem Hindu-Staat. Diese Angst wurde während des 2. Weltkrieges, als der Freiheitskampf weitgehend auf Eis lag, von dem Führer der Muslim-Liga *Ali Jinnah* kräftig geschürt.

Mehr und mehr entwickelte sich hieraus eine Massenbewegung, die einen **eigenständigen Muslim-Staat Pakistan** forderte. Seitdem es im Gefolge des 16. August 1946, dem sogenannten *Direct Act Day,* den *Jinnah* in Kalkutta ausrufen ließ, um der Forderung eines Separatstaates Nachdruck zu verschaffen, zu schweren Massakern zwischen Hindus und Moslems gekommen war, führte kein Weg mehr an der von Gandhi und seinen Anhängern befürchteten Zerstückelung Indiens vorbei.

Das Ende des Krieges und die geschwächte Position Englands führten schließlich zu einer raschen, ja überstürzten Machtübergabe der Engländer, die gleichzeitig die **Teilung des Landes** in ein muslimisches Ost- und West-Pakistan und das hinduistische Indien bedeutete.

Der von *Lord Mountbatten,* dem letzten Vizekönig Englands in Indien, festgelegte Tag der langersehnten **Unabhängigkeit, der 15. August 1947,** stand im Zeichen grausamer **Massaker** zwischen Hindus und Moslems, bei denen über 200.000 Menschen auf offener Straße abgeschlachtet wurden. Besonders betroffen hiervon war der Punjab, dessen Staatsgebiet in der Mitte zerschnitten wurde.

Wie schon so oft in der Geschichte des Subkontinents offenbarte sich hier auf tragische Weise die Unmöglichkeit, das Riesenreich friedlich zu vereinen.

Das nachkoloniale Indien

"Vor langen Jahren haben wir einen Pakt mit dem Schicksal geschlossen und nun naht die Zeit, da wir unser Gelöbnis einlösen werden." Dieser Pakt mit dem Schicksal, von dem Indiens erster Ministerpräsident und langjähriger Gefährte Mahatma Gandhis während der Zeit des Unabhängigkeitskampfes, *Jawaharlal Nehru,* in der Nacht zum 15. August 1947 sprach, meinte einen Staat, der auf den Grundwerten der Toleranz, Demokratie, Pluralität, Friedfertigkeit und vor allem des Säkularismus aufgebaut sein sollte. Alles Werte, die auch an den Grundfesten der Rajputenreiche rüttelten. Die Potentaten wurden vor die Wahl gestellt, sich entweder Indien oder Pakistan anzuschließen, wobei ihnen die

Entscheidung durch die Gewährung einer großzügigen Apanage und weiter Privilegien erleichtert wurde. Dennoch dauerte es fast ein Jahrzehnt bis der Bundesstaat Rajasthan 1956 in seiner heutigen Größe in die indische Union integriert wird.

Wie kurzlebig der Schicksalspakt des gerade erst unabhängig gewordenen Landes war, wurde der indischen Bevölkerung bereits am 30. Januar 1948 schlagartig vor Augen geführt, als der Vater der Nation, **Mahatma Gandhi,** von dem fanatischen Hindu *Nathuram Godse* **erschossen** wurde. Hier offenbarte sich auf fatale Weise, daß religiöser Fanatismus und politischer Separatismus, die bereits die Geburtsstunde des unabhängigen Indien überschattet hatten, letztlich die indische Realität weit mehr prägen als Toleranz und Friedfertigkeit.

Während es die politischen Führer Indiens während der Zeit des Kalten Krieges lange Jahre verstanden, das Land durch eine geschickte **Neutralitätspolitik** aus weltweiten Konflikten herauszuhalten, wurden die Beziehungen zu den Nachbarstaaten, allen voran dem **Erzfeind Pakistan,** anstatt von friedlicher Koexistenz durch militärische Auseinandersetzungen bestimmt.

Hauptstreitobjekt war hier **Kashmir,** ein Fürstenstaat im Nordwesten Indiens mit einer Hindu-Dynastie und einer Muslim-Mehrheit, den beide Staaten für sich beanspruchten. Nachdem es bereits 1948 zwischen Indien und Pakistan zu Kämpfen in Kashmir gekommen war, die erst durch einen von der UNO vermittelten Friedensschluß beendet wurden, nutzte Pakistan die

Wahlplakat des Congress mit Indira und Rajiv Gandhi

innenpolitische Schwäche Indiens nach dem Tod *Nehrus* 1964 zum **2. indo-pakistanischen Krieg.** 1966 wurde er während der Friedensverhandlungen von Tashkent, wo Nehrus Nachfolger *Shastri* starb, beendet.

Mit **Indira Gandhi,** der Tochter *Nehrus,* übernahm nun eine Politikerin für die nächsten 16 Jahre die Führung des Landes, die die durch das unaufhaltsame Bevölkerungswachstum im Innern hervorgerufenen sozialen Konflikte sowie die außenpolitischen Herausforderungen durch eine kompromißlose Politik der Härte zu bewältigen suchte.

So gab sie die strikte Neutralitätspolitik ihrer Vorgänger auf, als sie 1971 als Reaktion auf das pakistanisch-amerikanische Bündnis einen Freundschaftsvertrag mit der Sowjetunion

abschloß. Im gleichen Jahr entsandte sie Truppen ins benachbarte Ostpakistan, wo sie den aufständischen Rebellen unter *Mujibur Rahman* zur Gründung eines unabhängigen Staates **Bangladesh** verhalf.

Dieser große außenpolitische Erfolg ermöglichten der seit 1948 ununterbrochen regierenden Congress Party 1971 einen überwältigenden Wahlsieg. Als weiteres Zeichen machtpolitischer Stärke verkündete Indien 1974 den **ersten Atomtest in der Wüste Thar,** womit das Land in den exklusiven Club der Atommächte eintrat.

Gleichzeitig geriet die Regierung unter Indira Gandhi in den Jahren 1972 bis 1974 unter zunehmenden **innenpolitischen Druck.** Durch die Weltwirtschaftskrise, drastisch steigende Energiepreise und mehrere aufeinander folgende Dürrejahre verschlechterten sich die Lebensbedingungen der Bevölkerung dramatisch. Die lange Zeit kaum in Erscheinung getretene Opposition verlangte lautstark Indira Gandhis Rücktritt, und bei den Landtagswahlen 1975 in Gujarat erlitt die Kongresspartei eine vernichtende Niederlage.

In dieser prekären Situation entpuppte sich Indira Gandhi als rücksichtslose Machtpolitikerin, da sie einen ***nationalen Notstand*** ausrief, um die Verschiebung der für 1976 anstehenden Wahlen, bei denen sie kaum Gewinnchancen besaß, rechtfertigen zu können. Was folgte, waren die Verhaftung Tausender unliebsamer Oppositionspolitiker, die Einschränkung der Pressefreiheit und die Gleichschaltung der Provinzparlamente.

Eine rücksichtslose ***Zwangssterilisationskampagne,*** mit der ihr jüngerer Sohn *Sanjay,* den sie als ihren Nachfolger auserkoren hatte, das Bevölkerungswachstum in den Griff bekommen wollte, ließ den Popularitätswert Indira Gandhis endgültig auf den Nullpunkt sinken.

Als sie schließlich für das Frühjahr 1977 Neuwahlen ansetzte, um ihre Notstandsgesetze von der Bevölkerung absegnen zu lassen, erlitt die *Congress Party* eine **klare Niederlage** und wurde von der in aller Eile aus fünf Oppositionsparteien zusammengezimmerten *Janata-Partei* unter dem neuen Ministerpräsidenten *Morarji Desai* abgelöst.

Doch innerhalb kürzester Zeit brachen die unüberbrückbaren Gegensätze dieser Parteienkoalition, die im gemeinsamen Kampf gegen die Congress Party überdeckt worden waren, in alter Schärfe wieder auf. So zerfiel die Koalition recht bald wieder, und aus den im Januar 1980 abgehaltenen **Neuwahlen** ging erneut Indira Gandhi als Siegerin hervor.

Im Juni 1980 wurde Indira Gandhis Sohn *Sanjay* Opfer eines Flugzeugunfalls. Der Verlust des von ihr geliebten, geradezu verehrten Sohnes stand wie ein schlechtes Omen über der letzten Regierungszeit Indira Gandhis, die vor allem durch die ***gewaltsamen Autonomiebewegungen*** verschiedener Landesteile in den Nordost-Provinzen Sikkim und Kashmir geprägt wurde.

Die größten Sorgen bereiteten der Bundesregierung jedoch der ***Sezessionskrieg der Sikhs*** für einen eigenen Staat *Khalistan.* Nachdem sich die Terroristen im Goldenen Tempel von Amritsar, dem Hauptheiligtum der Sikhs, verschanzt hatten, befahl Indira Gandhi dessen Erstürmung, wobei der Anführer *Bhindranwale* und etliche seiner Gefolgsleute ums Leben kamen.

Wenige Monate später, am 31. Oktober 1984, wurde **Indira Gandhi Opfer eines Attentates** zweier ihrer Sikh-Leibwächter. "Was tun Sie da?", soll sie die ihr seit vielen Jahren vertrauten Mörder im Augenblick ihres Todes fassungslos gefragt haben. Fassungslos und entsetzt war auch die ganze Nation. Indira ist Indien, Indien ist Indira – dieser griffige Slogan hatte seine imaginative Wirkung nicht verfehlt. *"Indira Gandhi zindabad"* - "Hoch lebe Indira Gandhi" – schrien die Massen an ihrem Grab, aber auch *"Blut für Blut".* Damit war die Szenerie für die kommenden Tage abgesteckt.

Allein in Delhi wurden mehrere tausend Sikhs von aufgebrachten Hindus ermordet.

Um eine Ausweitung der Unruhen zu vermeiden, wurde hastig Indira Gandhis bis dahin kaum in Erscheinung getretener Sohn **Rajiv Gandhi** zum Nachfolger erklärt. Erst nachträglich gaben die Partei und schließlich bei den Wahlen am 24. Dezember 1984 das gesamte Volk ihre überwältigende Zustimmung. Zunächst schien sich diese aus der Not geborene Wahl als Glücksgriff zu erweisen, brachte doch der vornehmlich an britischen Eliteschulen ausgebildete und mit einer Italienerin verheiratete Berufspilot neue Ideen in die Politik.

Rajiv wurde zur Symbolfigur für einen fundamentalen **Neubeginn;** mit Indira Gandhi war eine Epoche zu Ende gegangen. Mit Rajiv kam eine neue Generation an die Macht, die nicht mehr am Unabhängigkeitskampf beteiligt gewesen war und die dem Computerzeitalter näher stand als den Palastintrigen der Moguln.

Rajivs Anspruch war Effizienz, seine Mission die längst überfällige **Modernisierung Indiens.** *"Wir haben schon die industrielle Revolution verpaßt, nun können wir uns nicht leisten, auch noch die elektronische Revolution zu verpassen. Wir müssen eben zwei Schritte auf einmal machen."* Auf diesem Quantensprung von einer mittelalterlichen Agrargesellschaft ins postmoderne Zeitalter folgten Rajiv seine *Computer Boys,* wie die Mitglieder seiner vornehmlich aus dem Management großer Firmen zusammengesetzten Regierungsmannschaft von der Presse tituliert wurden.

Die von der neuen Regierung eingeführten Maßnahmen zur Öffnung des bis dahin durch hohe Schutzzölle weitestgehend abgeschotteten Inlandsmarktes, die Förderung zukunftsweisender Industrien und die allmähliche Privatisierung unrentabler Staatsbetriebe ließ viele vor allem junge Inder euphorisch an die Verwirklichung eines modernen, dynamischen, an westlichen Werten orientierten Indiens glauben.

Doch nach dem ersten Jahr seiner Regierungszeit mußte auch Rajiv erkennen, daß sich der Koloß Indien nicht über Nacht umkrempeln läßt. Vor allem die um ihre Privilegien bangenden 16 Mio. Beamten, die heimlichen Herrscher Indiens, setzten die beschlossenen Gesetzesänderungen, wenn überhaupt, nur sehr schleppend in die Realität um.

Außerdem wurde nun auch Rajiv Gandhi immer tiefer in die wieder aufflammenden terroristischen **Unabhängigkeitskämpfe** in Kashmir, den Nordost-Provinzen und dem Punjab verstrickt. Erneut ließ er, wie schon seine Mutter, den Goldenen Tempel von Amritsar stürmen, wodurch alte Wunden erneut aufgerissen wurden.

Seine Entscheidung, die im Norden **Sri Lankas** für einen unabhängigen Staat kämpfenden Tamilen durch die Entsendung indischer Truppen zur Aufgabe zu zwingen, machte ihn im weitgehend tamilischen Südindien zu einem verhaßten Mann.

Auch seine zu Beginn so strahlend weiße Weste als Saubermann in der ansonsten völlig korrupten indischen Politikerlandschaft erhielt auf einmal tiefe schwarze Flecken. Als bekannteste der vielen *Schmiergeldaffären* jener Tage gilt der Bofors-Skandal. Jene schwedische Rüstungsfirma soll sich die Entscheidung zum Kauf ihres Kriegsgeräts durch die indische Armee mit der Zahlung horrender Summen an Politiker erkauft haben. Ob auch Rajiv und seine Frau zu den Begünstigten zählten, ist bis heute ungewiß.

Wie sehr Rajivs wohlgemeinte Ideale der Anfangszeit von der *mörderischen indischen Realität* eingeholt wurden, zeigte sich exemplarisch in der Wahlkampfführung des ersten indischen "Premiers zum Anfassen". Als er zu einer Kundgebung im Punjab einschwebte, tat er das in vier identischen Hubschraubern und nur nach ganz kurzfristiger Anmeldung. Von drei Seiten mit drei Meter hohen kugelsicheren Scheiben umgeben, hielt er seine Ansprache, über einen Sicherheitsabstand von 25 Metern hinweg, an eine Menschenmenge, die zur Hälfte aus Sicherheitsbeamten bestand.

Rajiv, der die meiste Zeit seines Lebens im Westen verbracht hatte, waren die Sorgen und Nöte der meisten Inder gänzlich fremd geblieben. Im Grunde war er ein *Fremder im eigenen Land.* Seine *Computer Revolution* ist hierfür ein Beispiel: Die zu zwei Dritteln in der Landwirtschaft beschäftigten Inder verstanden davon ebensowenig wie der Landesvater von ihnen.

So war es nicht überraschend, daß der *Congress* nach den *Wahlen im November 1988* die Macht an die Fünfer-Koalition unter der Führung *V.P. Singhs* von der *Janata-Partei* abge-

ben mußte. Doch wie schon während des nur eineinhalbjährigen Intermezzos von 1979/80 zerstritten sich die Koalitionsparteien nach dem Wahlsieg bei der Verteilung von Posten und Pfründen, so daß für das Jahr 1991 Neuwahlen angesetzt werden mußten.

Indien an der Schwelle zum 2. Jahrtausend

Die *Ermordung Rajiv Gandhis* durch ein Mitglied der tamilischen Befreiungsbewegung *Tamil Tigers* während einer Wahlkampfveranstaltung im südindischen Sriperumbudur (nahe Madras) am 21. März 1991 markiert nicht nur das Ende der Nehru-Gandhi-Dynastie, die fast ein halbes Jahrhundert die Fäden der indischen Politik in der Hand gehalten hatte. Mehr noch als der Tod Indira Gandhis bedeutet die Ermordung ihres Sohnes einen tiefen Einschnitt in der indischen Geschichte. Viele sehen seither den Versuch, das Riesenreich Indien mit seiner Vielzahl an Kulturen, Religionen, Ethnien und Sprachen unter einer Zentralregierung zu vereinen, als endgültig gescheitert an.

Dennoch schien mit der Übernahme der Regierung durch die 227 Sitze im Parlament gewinnende Kongreßpartei unter dem erfahrenen *P.V. Narasimha Rao* am 21.6.1991 zunächst eine Phase der Ruhe und Konsolidierung anzubrechen. Nach dem Tod Rajiv Gandhis hatte der altgediente Congress-Politiker den Premiersposten übernommen. Doch schon bald darauf sah sich Indien einer seiner schlimmsten *Finanzkri-*

sen ausgesetzt. Die Devisenreserven waren fast gänzlich dahingeschmolzen, und das Land sah sich gezwungen, tonnenweise Gold an die Schweiz zu verpfänden, um die Importe der nächsten Wochen zu finanzieren – ein enormer Gesichtsverlust.

Rao und sein Wirtschaftsminister *Manmohan Singh* beschlossen eine Kehrtwendung von der sozialistisch geprägten Protektionswirtschaft hin zur **Öffnung Indiens für ausländische Investoren.** Mittlerweile fließt vermehrt ausländisches Geld ins Land, das Devisenpolster wächst stetig an. Der dank der wirtschaftlichen Öffnung durchs Land wehende *"wind of change"* ist allerorten sichtbar. Westliche Waren, noch bis Anfang der neunziger Jahre so gut wie gar nicht erhältlich, füllen die Auslagen der Geschäfte. Das Straßenbild wird inzwischen mehr von kleinen Privatautos (wie etwa dem in indisch-japanischer Koproduktion hergestellten *Maruti*) geprägt als durch die heiligen Kühe, und Verkäufer kleiner Farbfernsehgeräte, welche die schöne neue Konsumwelt in nahezu jede Hütte tragen, verzeichnen Rekordabsätze.

Von dieser Entwicklung profitiert in allererster Linie die neue, **aufstrebende Mittelschicht,** deren Zahl inzwischen auf etwa 250 Millionen geschätzt wird. Für die große Masse der unteren Mittelschicht und **Unterschicht** hingegen bedeuten die mit der Liberalisierung der Wirtschaft einhergehende Inflation (1996 bei 11%) und der Abbau von Arbeitsplätzen in unrentablen Staatsbetrieben eine **Verschlechterung der Lebensbedingungen.** Hieraus erklären sich auch

die zum Teil verheerenden Verluste, welche die Kongreßpartei bei diversen Landtagswahlen im Herbst 1994 und Frühjahr 1995 hinnehmen mußte.

Symptomatisch für den **Massenprotest** der unteren Bevölkerungsschichten gegen die neue Wirtschaftspolitik war dabei die Wahl im südindischen Andhra Pradesh. Während die hier bisher mit 178 Sitzen vertretene Kongreßpartei nur noch 35 Sitze erhielt, gewann die von dem Filmschauspieler *Rama Rao* geführte Regionalpartei *Telugu Desam* mit 209 Mandaten die Mehrheit der Mandate. Entscheidend für diesen Erfolg war das Versprechen an die Armen, Reis zu einem subventionierten Preis in die Läden zu bringen, der weit unter dem staatlich garantierten Mindestabnahmepreis liegt. Nutznießer vom Niedergang der Kongreßpartei sind neben der fundamentalistischen *BJP,* die unter anderem mit der radikalen *Shiv Shena* in Maharashtra die Regierung stellt, viele Regionalparteien, die sich vor allem der Rechte der Unterschichten annehmen. Die erschreckend hohen Verluste führten innerhalb des *Congress* zu einer Revolte gegen den Vorsitzenden *Narasimha Rao,* die schließlich eine Spaltung der Partei bewirkte.

Die sich seit Anfang der neunziger Jahre abzeichnende **schleichende Revolution** der zuvor über Jahrtausende fest in den Kastenschranken verankerten indischen Gesellschaft fand ihren augenfälligsten Niederschlag in dem Ergebnis der **Parlamentswahlen vom Frühjahr 1996.** Nachdem die seit der Unabhängigkeit fast ständig regierende Kongreßpartei die Macht verlor und es auch der *BJP*, mit 194 Sitzen die stärkste Fraktion im Parlament, nicht gelang, eine regierungsfähige Mehrheit zu bilden, wird Indien von der *"Nationalen Front"*, einem Linksbündnis aus 13 Parteien, ethnischen und regionalen Gruppen sowie Abspaltungen der Kongreßpartei regiert. Eine völlig neue Situation, deren Brisanz sich allein daran festmachen läßt, daß der neue, aus dem südindischen Karnataka stammende Premierminister *Deve Gowda* noch nicht einmal die offizielle Landessprache Hindi spricht. Ein noch eklatanteres Indiz für den mit dieser Wahl zum Ausdruck kommenden tiefgreifenden Einschnitt in die indische Geschichte ist die Tatsache, daß dem neuen Kabinett weder Brahmanen noch Mitglieger anderer hochgestellter Kasten angehören; der Verteidigungsminister kommt aus der wenig angesehenen Kaste der Ziegenhirten, und im neugewählten Parlament stimmen sogar Mitglieder ab, die weder lesen noch schreiben können. *Gowdas* Koalitionsparteien vertreten vor allem die erstmals in der indischen Geschichte für ihre Rechte eintretenden niederen Kasten. Eine ungeheure Herausforderung für das bisher ausschließlich von den Eliten geführte Land.

Sollte der im Wahlergebnis zum Ausdruck kommende Aufstand der niederen Kasten, Kastenlosen und Ureinwohner, die zusammen fast 50 % der indischen Gesellschaft ausmachen, sich weiter fortsetzen, steht das Land an der Schwelle zum 2. Jahrtausend vor einer inneren Zerreißprobe, deren Folgen noch nicht abzusehen sind.

Staat und Verwaltung

Verfassung

Mit Inkrafttreten der indischen Verfassung am 26. Januar 1950 wurde ein Paradox staatsrechtlich verankert. Der junge Staat, der seine neu gewonnene Freiheit und Unabhängigkeit gerade erst nach jahrzehntelangen Kämpfen gegen die Briten errungen hatte, übernahm nahezu unverändert alle politischen Institutionen der Kolonialmacht. Der Freiheitskampf hatte nicht zu einer Revolution geführt, sondern letztlich zur Erhaltung des vorher so erbittert bekämpften Systems.

So orientieren sich die allgemeinen Bestimmungen der den Prinzipien der **parlamentarischen Demokratie** verpflichteten indischen Verfassung am Westminster-Modell. Ebenso wie in England existieren in der Indischen Union mit dem Unter- und dem Oberhaus zwei Zentralparlamente. Hier wie dort ist das **Oberhaus** *Rajya Sabha* (Staatenkammer) nicht viel mehr als ein recht harmloser Ort betagter Männer, die nur sehr geringen Einfluß auf die Tagespolitik ausüben. Gewählt werden die 250 Mitglieder nicht direkt vom Volk, sondern nach einem komplizierten Quotensystem durch Vertreter der einzelnen Länderparlamente.

Eine wesentlich breitere Legitimation besitzen die 542 Mitglieder des **Unterhauses** *Lok Sabha* (Volkskammer), die alle 5 Jahre in freier und geheimer Wahl vom Volk gewählt werden. Stimmberechtigt sind alle Bürger über 18 Jahre.

Land und Leute

An der Spitze der Regierungsmannschaft steht der **Premierminister** als Chef der stärksten Partei, der auch die Richtlinien der Politik bestimmt und somit die stärkste politische Figur des Landes darstellt.

Formal ihm übergeordnet steht der **Präsident** an der Spitze des Staates, dem jedoch in der Verfassung, ähnlich dem deutschen Bundespräsidenten, eher repräsentative Aufgaben zugewiesen sind. Gewählt wird der Präsident für jeweils 5 Jahre von einem Wahlausschuß, der sich aus Vertretern der beiden Zentralparlamente sowie den insgesamt 25 Landesparlamenten der einzelnen Bundesstaaten zusammensetzt.

An der Spitze jedes **Bundesstaates** steht ein vom Präsidenten eingesetzter *Gouverneur,* wobei der *Chief Minister* an der Spitze seines Kabinetts die politischen Fäden in der Hand hält.

In der **Gesetzgebung** sind bestimmte Bereiche wie auswärtige Beziehungen, Verteidigung, Verkehr und Atomenergie dem *Zentralparlament* vorbehalten, andere wie Polizei, Gesundheitswesen und Erziehung den *Länderparlamenten.*

Auf welch wackligen Beinen die theoretisch scheinbar reibungslos funktionierende Ordnung der Indischen Union jedoch steht, zeigt die sogenannte **President's Rule,** der meistumstrittene, weil meistmißbrauchte Artikel der indischen Verfassung. Danach besitzt die indische Zentralregierung unter bestimmten Bedingungen das Recht, die jeweiligen Landesparlamente aufzulösen und den Unionsstaat der Zentralregierung unterzuordnen.

Da die Gründe für ein solches Vorgehen nur äußerst schwammig formuliert wurden, diente die *President's Rule* schwachen Regierungen immer wieder als willkommenes Instrument, um unter dem dünnen Mäntelchen der Legalität politische Gleichschaltung zu betreiben.

Bisher wurde diese einst von der britischen Kolonialmacht zur Kontrolle unruhiger Provinzen geschaffene Ausnahmebestimmung über zwei Dutzend Male eingesetzt. Besonders Indira Gandhi bediente sich gern dieser Möglichkeit, um ihr mißliebige, von Oppositionsparteien geführte Landesregierungen zu stürzen. Derzeit haben der Punjab, Kashmir, Nagaland und Mizoram ihre Souveränität auf diese halbdiktatorische Weise eingebüßt.

Insgesamt jedoch ist man in Indien zu Recht stolz darauf, trotz all der riesigen Probleme und gewaltigen Auseinandersetzungen gerade auch während der letzten Jahrzehnte niemals ernsthaft an den Grundfesten der Demokratie gerüttelt zu haben.

Nationale Symbole

Indien **offizieller Landesname** lautet seit der Unabhängigkeit am 15.8.1947 *Bharat Juktarashtra*, was soviel wie Republik Indien heißt.

Die **Nationalflagge** ist eine waagerecht gestreifte Trikolore - oben tief safrangelb, in der Mitte weiß und unten dunkelgrün. Nach offizieller Deutung stehen die Farben für Mut, Frieden und Wahrheit. Im weißen Feld befand sich vor der Unabhängigkeit das Ghandische Spinnrad. An seine Stelle ist später die *Chakra Varta,* das Rad der Lehre, getreten.

Das Motiv ist dem Löwenkapitell von Sarnath entnommen, welches gleichzeitig das **nationale Emblem** bildet. Das Löwenkapitell wurde im 3. Jahrhundert v. Chr. durch Kaiser *Ashoka* an jenem Ort errichtet, an dem Buddha zum ersten Mal seine Lehre in einer öffentlichen Predigt verkündete. Das Wappen soll die religiöse Toleranz des nachkolonialen Indien symbolisieren. Die Säulenplatte ruht auf einer voll erblühten Lotusblume, die für Hindus wie Buddhisten gleichermaßen das Symbol für Reinheit, Schönheit und ewiges Leben und die **Nationalblume** Indiens ist. Die am Fuße des Sockels eingravierte Inschrift lautet: "Die Wahrheit allein siegt". Als **Nationaltier** gilt der Tiger, als **Nationalvogel** der Pfau.

Die **Nationalhymne** laute: *"Der du die Herzen durchwaltest, und unsres Landes Schicksal gestaltest, Panjab und Orissa, das Land der Gujraten, Bengalen, der Süden, das Reich der Marathen, Himalaya, Vindhya, die heiligen Quellen von Jamna und Ganga, des Ozeans Wellen, erwachen bei deinem Namen, dem hehren, nach deiner Gnade sie flehend begehren, und singen Lieder zu deinen Ehren, der du zum Segen der Völker waltest, und unsres Landes Schicksal gestaltest. Heil dir, Heil dir, dir sei Heil!"*

Parteien

Die indische Parteienlandschaft ist aufgrund häufiger Absplitterungen, Neugründungen und Verschmelzungen bestehender Parteien sowie des Parteiwechsels selbst prominentester Parteimitglieder außerordentlich unübersichtlich. Wenn man unter diesem Gesichtspunkt das Spektrum der wichtigsten politischen Parteien Indiens betrachtet, sollte man bedenken, daß westliche Vorstellungen von rechts und links, von Ideologie und Programm nur sehr bedingt übertragbar sind.

Indian National Congress (Congress (I) Party)

Während des Freiheitskampfes soll *Jawaharlal Nehru* einmal gesagt haben, es gebe nur zwei Parteien in Indien, die Briten und den Nationalkongreß. *Nehrus* Wort sollte bis Mitte der neunziger Jahre Gültigkeit behalten, regierte doch, abgesehen von einer kurzen Unterbrechung zwischen 1977 und 1980, die Kongreßpartei seit der Unabhängigkeit das Land.

Dabei war der Nationalkongreß in den ersten Jahren seiner Gründung 1885 eher ein loses Bündnis junger bürgerlicher Intellektueller, die sich unter seinem Dach zusammenfanden, um die britische Fremdherrschaft abzuschütteln. Erst seit etwa 1920 entwickelte sich der Kongreß unter der Leitung *Mahatma Gandhis* zu einer gut organisierten Massenbewegung im Kampf für die Unabhängigkeit Indiens.

Trotz gelegentlicher linker Lippenbekenntnisse hat die Partei immer einen vorsichtig **konservativen Kurs** gesteuert. Während alle anderen Parteien ihre Wählerschaft immmer nur in bestimmten Schwerpunktgebieten haben und so mit dem regionalen Pfund wuchern müssen, um ihre Wiederwahl zu sichern, ist der wohlorganisierte *Congress* im ganzen Land verankert. Überall gelang es ihm, die lo-

Land und Leute

kalen Eliten wie Großgrundbesitzer, Bildungsbürgertum und Industrielle für sich zu gewinnen.

Logische Folge war eine tiefgreifende Entfremdung von der Basis und hiermit einhergehend eine mehr und mehr **unsoziale Politik.** Wenn Politik in Indien heute mit Korruption und Vetternwirtschaft gleichgesetzt wird, so liegt dies in allererster Linie an der Machtbesessenheit der Kongreßabgeordneten. Leider nur allzuoft mißbrauchen diese ihren Wahlkreis als Selbstbedienungsladen zur eigenen

Bereicherung und lassen gleichzeitig die Polizei auf verarmte Bauern und entwurzelte Ureinwohner einschlagen, die für ihre Rechte demonstrieren. Von ihrer einstigen Reputation als einzige legitime politische Institution der indischen Freiheitsbewegung war Mitte der neunziger Jahre kaum etwas übrig geblieben. So konnte es auch nicht verwundern, daß die Partei nach mehreren **verheerenden Wahlniederlagen** bei verschiedenen Landtagswahlen schließlich auch bei den Parlamentswahlen im Frühjahr 1996

Politische Kundgebung

ihre zuvor als geradezu gottgegeben angesehene Position als stärkste Partei des Landes einbüßte und sich in der Opposition wiederfand. Daß dies weit mehr als ein in einer demokratischen Gesellschaft normaler zwischenzeitlicher Verlust der Macht sein könnte, zeigen die tiefen innerparteilichen Zerreißproben, denen sich der *Congress* gegenübersieht. Mehrere **Abspaltungen** belegen den tiefen Riß, der durch die Partei geht. Der wegen Korruption angeklagte und kurz vor der Inhaftierung

stehende ehemalige Vorsitzende *Narasimha Rao* zementiert für die Öffentlichkeit das verheerende Bild einer Partei, für die der Weg zurück an die Macht weit länger ausfallen könnte als vermutet.

Baratiya Janata Party
(BJP, Indische Volkspartei)

Wie keine andere konnte diese 1979 gegründete Partei von dem zunehmenden Imageverlust des *Congress* während der letzten Jahre profitieren. Eine Welle des Erfolges brachte die *BJP* Anfang der neunziger Jahre bei verschiedenen Landtagswahlen in traditionellen Congress-Hochburgen wie Gujarat, Rajasthan und Uttar Pradesh an die Macht. Das erklärte Ziel der *BJP,* die **Politik zu hinduisieren** und den Hinduismus zu militarisieren, rüttelt an den demokratischen und säkularistischen Grundsätzen der indischen Verfassung und stellt eine ernstzunehmende Gefahr für die Einheit und Integrität Indiens dar.

Welch gefährliche Sprengkraft die Vermischung von Politik und Religion in einem multireligiösen Staat wie Indien in sich birgt, zeigte die **Erstürmung der Babri-Moschee** in Ayodhya am 6. Dezember 1992 durch fanatische Hindus, die zuvor durch aufrührerische Reden vor allen Dingen des BJP-Führers *Advani* aufgestachelt waren. Bei den darauffolgenden Ausschreitungen zwischen Hindus und Moslems kamen über 2.000 Menschen ums Leben.

Die **Scharfmacher** innerhalb der Partei werden auch weiterhin Hinduismus und Nationalismus gleichsetzen und die Moslems als antinationale

Kräfte brandmarken, um über die tatsächlichen Krisen des Landes wie Arbeitslosigkeit, Massenarmut und Umweltzerstörung hinwegzutäuschen. Religiöse und nationale Minderheiten geben auch in Indien ideale Sündenböcke ab.

Zwar erlebte die *BJP* bei Landtagswahlen in Uttar Pradesh und Himachal Pradesh im November 1993 empfindliche Niederlagen, und einige um den inneren Frieden des Landes besorgte Berichterstatter gaben ihrer Hoffnung Ausdruck, daß damit das Ende der Erfolgsgeschichte der *BJP* eingeläutet sei. Das Ergebnis der *Parlamentswahlen vom Frühjahr 1996,* bei denen die *BJP* mit 194 Parlamentssitzen zur **stärksten Partei** aufstieg, belehrte sie jedoch eines besseren. Zwar gelang es der Partei trotz mehrfacher Versuche nicht, eine Koalitionsregierung auf die Beine zu stellen, doch die bekanntlich sehr kurzlebige indische Politik läßt es nicht unwahrscheinlich erscheinen, daß die *BJP* als stärkste Partei des Landes schon bald ihr langersehntes Ziel erreicht und die Zügel der Macht in die Hand nimmt.

Communist Party of India (CPI)

Am anderen Ende des politischen Spektrums steht die 1920 gegründete *marxistische Partei.* Von allen indischen Parteien ist sie wohl die einzige, die ein klar definiertes Parteiprogramm besitzt. Obwohl sie auch heute noch am Ziel einer klassenlosen Gesellschaft unter Führung der Arbeiterklasse festhält, gab sie sich seit jeher weit weniger ideologisch als z.B. die osteuropäischen Kommunisten und war sogar für einige Jahre Juniorpartner in einer vom *Congress* geführten Regierung.

Die 1964 durch Absplitterung des pro-chinesischen Flügels der *CPI* entstandene **Communist Party of India (Marxist) (CPIM)** orientiert sich heute eher an sozialdemokratischen Zielen und stellt die Landesregierungen in Bengalen und Kerala.

Janata Party (Volkspartei)

Diese 1977 aus fünf mehr oder weniger **sozialistischen bzw. sozialdemokratischen** Parteien geformte Bündnispartei ist ein typisches Produkt der für indische Verhältnisse so charakteristischen Parteiabsplitterungen und Parteiwechsler. Ebenso vage wie die formulierten Ziele der Partei war auch ihr innerer Zusammenhalt. So verwundert es auch wenig, daß die zunächst in der Opposition zu *Indira Gandhi* geeinten Parteienkoalitionen nach ihrer Wahlniederlage 1980 größtenteils wieder auseinanderbrachen. Als kleine Partei jedoch stellt sie seit 1983 in Karnataka den Ministerpräsidenten und ist in einigen weiteren Unionsstaaten aktiv. Hatte die Partei Ende 1993 in verschiedenen Gegenden schon verheerende Wahlniederlagen eingesteckt, so erlitt sie im Juni 1994 einen weiteren Rückschlag: 14 der 39 Janata-Abgeordneten in Delhi erklärten ihren Austritt und gründeten eine neue Partei.

Weitere Parteien

Neben den hier genannten gibt es noch eine große Anzahl weiterer kleiner Parteien, die sich als Interessenvertretungen einiger bestimmter

Volksgruppen verstehen. Spätestens seit den Parlamentswahlen vom Frühjahr 1996, als sich viele von ihnen unter dem Motto "Nur gemeinsam sind wir stark" zur Koalitionsregierung der *Nationalen Front* zusammenschlossen, verfügen diese meist nur in bestimmten Bundesstaaten vertretenen Regionalparteien über großen politischen Einfluß.

●Die **Lok Dal** (Volksversammlung) vertritt hauptsächlich die Interessen der nordindischen Großbauern.

●Die **Bahujan Samaj Party** (Partei der Volksmacht) oder *BSP* unter ihrem umstrittenen Vorsitzenden *Kanshi Ram* stellte von 1993 bis zum Auseinanderfallen der Koalition 1995 die Regierung in Uttar Pradesh und setzt sich für die Harijans oder Dalits ein. *Kanshi Ram* schafft sich regelmäßig Feinde, wenn er gegen *Mahatma Gandhi* wettert, der das Kastensystem eher gefestigt und so die Harijans in ihrer niederen Rolle belassen hat. Seit Juni 1995 stellt die *BSP* mit ihrer neuen Vorsitzenden Frau *Mayawati* die erste kastenlose Regierungschefin eines indischen Unionsstaates. Die hohen Gewinne der *BSP* bei den Parlamentswahlen im Frühjahr 1996 geben ihr ein entscheidendes Wort innerhalb der Koalitionsregierung der *Nationalen Front.*

●Die **1982 gegründete Telugu Desam Party** (Partei des Telugu-Landes) ist ein klassisches Beispiel für die in letzter Zeit so erfolgreichen Regionalparteien, die sich vor allem für die Rechte der Landbevölkerung und der sozial Benachteiligten einsetzen. Unter der charismatischen Führerschaft des im Frühjahr 1996 verstor-

benen ehemaligen Filmstars *N.T. Rama Rao* gewann sie in ihrem Heimatstaat Andhra Pradesh im Dezember 1994 die absolute Mehrheit und ist Mitglied der indischen Koalitionsregierung *Nationale Front.*

●Großen Einfluß in Bombay und in Maharashtra, wo sie seit Dezember 1995 in einer Koalition mit der *BJP* die Regierung stellt, übt die faschistische **Shiv Sena** (Shivas Armee) aus, die eine offen chauvinistische Pro-Hindu-Politik vertritt. Ihr Vorsitzender, der ehemalige Zeitungs-Karikaturist *Bal Thackerey,* macht aus seinem demagogischen Gedankengut keinen Hehl. Das als sehr aggressiv bekannte Fußvolk der *Shiv Sena* rekrutiert sich in der Gangster-Szene von Bombay und in den frustrierten Unterschichten Maharashtras

Land und Leute

Zerbombte Autos nach Sprengstoffattentaten vom 12.März 1993 in Bombay

Medien

Presse

"Wenn die Presse verschwindet, verschwindet mit ihr die Demokratie." Kein geringerer als der indische Staatspräsident *Shankar Dayal Sharma* unterstrich mit diesen Worten im Dezember 1992 die zentrale Bedeutung der Printmedien als Säule der indischen Demokratie. Diese demonstrative Rückendeckung von höchster Stelle war auch bitter nötig, nachdem unzählige Journalisten bei der Berichterstattung über die Zerstörung der Babri-Moschee in Ayodhya von fanatischen Hindus zum Teil schwer verletzt worden waren. Die Entschiedenheit, mit der alle indischen Regierungen seit der Unabhängigkeit im Jahre 1947 den Wert der **Pressefreiheit** verteidigten, macht deutlich, daß dies keine leeren Worte sind. Eine Tatsache, die um so höher zu bewerten ist, wenn man bedenkt, daß die Freiheit des Wortes in asiatischen Ländern wie Malaysia, Singapur und Indonesien, die weit weniger großen Zerreißproben ausgesetzt sind als Indien, sehr selten geworden ist.

Den Grundstein des indischen Zeitungswesens legte der *Bombay Samachar* (Bombay-Nachrichten), eine 1822 in Bombay gegründete und in der Regionalsprache Gujarati erschienene Tageszeitung. Gut 170 Jahre später suchen täglich 1.500 **Tageszeitungen,** wovon etwa 100 in englischer Sprache erscheinen, ihre Leserschaft. Die geschätzte Gesamtauflage der indischen Zeitungen beträgt rund 25 Mio. Exemplare täglich. Nach wie vor ist die morgendliche Lektüre jedoch ein Privileg gebildeter Städter, lesen doch nur gerade 2 % der Gesamtbevölkerung Zeitung, wovon allein 40 % in den Metropolen Delhi, Bombay, Madras und Kalkutta leben.

Anders als im Westen genießt der **Beruf des Journalisten** in Indien noch einen hohen Stellenwert. Viele indische Watergates wie der Bofors-Skandal, aber auch Menschenrechtsverletzungen auf lokaler Ebene, Polizeiübergriffe, Korruptionsfälle und Ausbeutung durch Großgrundbesitzer wurden erst durch sie publik gemacht.

Interessanterweise sind die indischen Zeitungen *im Besitz einiger weniger Geschäftsleute,* die gleichzeitig zu den großen Industriebossen des Landes gehören. So beherrschen allein die aus Rajasthan stammenden *Marwaris* mit den beiden großen indischen Tageszeitungen, der *Times of India* und dem *Indian Express,* 35 % der indischen Printmedien.

Hierin mag auch ein Grund für die *regierungskritische Tendenz* der meisten indischen Zeitungen liegen. Da die Kongreßpartei bis zur Mitte der achtziger Jahre eine an sozialistischen Prinzipien orientierte Politik verfolgte, mußte sie ganz zwangsläufig auf den Widerstand der indischen Großindustriellen stoßen. Mit der grundsätzlichen Neuorientierung der indischen Wirtschafts- wie Außenpolitik nach dem Auseinanderfallen des ehemaligen Hauptverbündeten, der Sowjetunion, und dem Ende des Kal-

Land und Leute

ten Krieges haben sich jedoch auch hier die traditionellen Feindbilder verschoben.

Englischsprachige Tageszeitungen

Für jeden ausländischen Besucher, der sich längere Zeit in Indien aufhält, bieten die englischsprachigen Tageszeitungen eine hervorragende Möglichkeit, sich näher mit den großen wie kleinen Problemen des Landes vertraut zu machen. Gerade ein Blick in den Lokalteil oder die traditionell am Sonntag erscheinenden Heiratsanzeigen vermittelt wesentlich tiefere Einblicke in das indische Alltagsleben als mancher wissenschaftliche Aufsatz. Da keine indische Tageszeitung teurer als 5 Rs ist, gestaltet sich das Lesevergnügen äußerst preisgünstig.

● *Times of India* - Das Flaggschiff der indischen Tagespresse ist ein wenig in die Jahre gekommen und wirkt dementsprechend in Aufmachung und Stil etwas hausbacken. Dennoch stellt es noch immer die seriöseste und ausführlichste Tageszeitung des Landes dar. Selbst wem der Stil zu trocken erscheint, sollte sich die unter dem Titel *Sunday Times* erscheinende **Sonntagsausgabe** nicht entgehen lassen. Hier finden sich hervorragende Analysen zu allen gesellschaftspolitischen Themen, die über die hektische Tagesaktualität hinausgehen.

● *Indian Express* - Diese am weitesten verbreitete englischsprachige Zeitung erscheint gleichzeitig in 16 indischen Bundesstaaten mit einer Gesamtauflage von mehreren Millionen Exemplaren. Wie bei der *Times of India* gibt es in verschiedenen Regionen lokale Ausgaben, die in ihrer Qualität z. T. erheblich variieren. Insgesamt ist der *Indian Express* im Vergleich zur *Times of India* nicht nur flotter geschrieben, sondern auch kritischer und hat durch seinen engagierten Journalismus

gerade in den letzten Jahren zur Aufdeckung vieler Skandale beigetragen.

● *The Asian Age* - Hatten indische Tageszeitungen sich bis in die jüngste Vergangenheit vor allem auf die einheimische Berichterstattung konzentriert, so kam 1993/94 eine neue Zeitung auf den Markt, die sich weitaus internationaler gibt. *The Asian Age* bringt eine Vielzahl von Auslandsnachrichten, die allerdings von ausländischen Presseagenturen übernommen und nicht etwa von eigenen Korrespondenten recherchiert sind. *The Asian Age* hat einen sehr umfangreichen Auslandsteil und ist mit 5 Rs. auch mehr als doppelt so teuer wie die meisten indischen Tageszeitungen. Leider ist sie bisher nur in den großen Metropolen erhältlich.

Wochenblätter und Magazine

● *Sunday Observer und Sunday Mail* - Diese beiden sehr guten, ihrem Namen entsprechend jeweils sonntags erscheinenden Wochenblätter haben gegenüber den Tageszeitungen den unschätzbaren Vorteil, weniger aktuell sein zu müssen und dementsprechend fundierter auf die Hintergründe und Ursachen der Schlagzeilen der vergangenen Woche eingehen zu können. Beide nutzen diesen Zeitvorteil hervorragend und stellen somit eine echte Alternative zur allmorgendlichen Lektüre dar.

● *India Today* - Keine andere Publikation bietet derart umfangreiche wie fundierte Hintergrundreportagen zu unterschiedlichen Themen wie Innen- und Außenpolitik, Wirtschaft, Wissenschaft und Forschung, Sport, Medien und Showbusiness wie das zweiwöchig erscheinende Magazin *India Today*. Die Reportagen sind sowohl exzellent geschrieben als auch gründlich recherchiert und zeichnen sich durch eine unvoreingenommene und im besten journalistischen Sinne faire Berichterstattung aus. Sehr zu Recht ist dieses etwa 160 Seiten starke, im Stil von *Times* und *Newsweek* gestaltete Blatt das meistverkaufte Magazin Indiens.

Ähnlich wie in Deutschland der *Focus* dem *Spiegel*, so hat in Indien das Magazin **Frontline** dem *India Today* in letzter Zeit viele Werbekunden abgeluchst. Das scheint jedoch in erster Linie am Hochglanzpapier zu liegen, weniger an der Berichterstattung. Diese ist zwar nicht schlecht, doch reicht sie nicht an das Niveau ihres Vorbildes heran. Diese beiden jeweils 15 Rs teuren Magazine sind aus der Vielfalt von Magazinen die beiden empfehlenswertesten. Sie teilen jedoch insofern das Manko aller indischen Printmedien, als sie sich fast ausschließlich auf die innenpolitischen Nachrichten konzentrieren und das Weltgeschehen nur ganz am Rande streifen.

● *Weitere Magazine* - Weitere interessante Magazine sind das zweiwöchentlich erscheinende *Sunday* (10 Rs) und das Wochenblatt *The Week* (7 Rs); beide bringen wie üblich vornehmlich Inlandsnachrichten. In der jüngsten Vergangenheit ist es, im Zuge der zaghaften Liberalisierung, zur Gründung von mindestens einem Dutzend englischsprachigen *Soft-Porno-Magazinen* gekommen, die heute frei an jedem Zeitungsstand ausliegen – vor wenigen Jahren noch völlig undenkbar.

Radio

Aufgrund der großen Entfernungen in Indien senden die meisten Stationen auf Mittel- und Kurzwelle. Das Medium ist vornehmlich in der Hand des staatlichen *All India Radio,* das leider nicht gerade für spannende Unterhaltung oder ausgewogene Information bekannt ist. Als Staatssender konzentriert er sich auf regierungsfreundliche Semi-Propaganda, langatmige religiöse Sermone, viel klassische Musik und ein wenig Filmschlager. *All India Radio* sendet auf Englisch, Hindi und in allen Regionalsprachen.

UKW-Programme gibt es nur in Delhi, Kalkutta, Bombay, Bangalore und Madras. Sie werden privat getragen und vermieten Sendezeit oder werden von Zeitungen gesponsert.

Fernsehen

Bestimmen bei den Printmedien immer noch weitgehend die altehrwürdigen Publikationen den Markt, so hat die weltweite Medienrevolution seit Anfang der neunziger Jahre auch den bis dahin ruhig vor sich hin schlummernden indischen Markt voll erfaßt. Wiegte das *Staatsfernsehen Durdarshan* auf zwei Kanälen seine Zuschauer bis dahin mit dem wohl langweiligsten Programm der Welt in den Schlaf, so kann man heute kaum noch schnell genug die Fernbedienung betätigen, um mit der Einführung neuer Satellitenprogramme Schritt zu halten.

Den Anfang machten 1991 die von Hongkong über *Satellit* ausgestrahlten 5 Kanäle des australischen Medien-Moguls *Rupert Murdoch.* Dessen *Sky Channel* eroberte sich innerhalb von zwei Jahren 45 Mio. Zuschauer in 38 Ländern Asiens und des mittleren Ostens, davon allein 14 Mio. in Indien. Der bunten Mischung aus Seifenopern, Musikvideos, Sport, BBC-Informationen, einem eigenen Hindi-Kanal *(Zee TV)* und vor allem viel, viel Werbung können immer weniger Inder widerstehen. Kaum etwas hat die Lebens- und Konsumgewohnheiten der kaufkräftigen indischen Mittelschicht, die bereits jetzt 200 Mio. Menschen umfaßt, in den letzten Jahren mehr verändert. Der Blick über die Dächer der indischen Großstädte wird zunehmend von den in aller Eile installierten Satellitenschüsseln bestimmt, während Tempeltürme und Minarette dahinter kaum noch zu erkennen sind.

Land und Leute

Asiens Regierungen fürchten, von einem **Kulturimperialismus** überschwemmt zu werden, und sehen, sicher nicht ganz zu Unrecht, die Identität ihrer Länder bedroht. Als Vorkämpfer zum Schutz der asiatischen Werte profilierte sich in den letzten Jahren der malaysische Premierminister *Mahatir,* doch auch in Indien werden die Stimmen lauter, die westliche Fernsehsendungen per Gesetz einschränken wollen.

Inzwischen lassen sich, per Satellit *BBC-TV, CNN, Star TV, Zee TV* und *Jain TV* (beide Hindi) und die fünf regionalen, in Lokalsprachen ausgestrahlten Programme des staatlichen *Durdarshan* empfangen. *Durdarshan* (die wörtliche Übersetzung von "Fern-Sehen") sendet auch per Normalausstrahlung (nicht Satellit), unter anderem den recht interessanten Kanal *Durdarshan Metro.* Dieser ist jedoch bisher nur in den größeren Städten zu empfangen. Bei Jugendlichen sehr beliebt ist der Musiksender *VTV,* der die Rolle des nicht mehr sendenden *MTV* übernommen hat. Ein neuer *MTV* soll Ende 1994 auf Sendung gehen.

In Städten wie Bombay und Delhi werden zudem von lokalen Anbietern noch **Kabelprogramme** ins Netz gespeist. Diese senden jedoch fast ausschließlich Hindi-Filme. Wer ein wenig Hindi lernen möchte, dem seien die lockeren Programme von *Zee TV* empfohlen. Der Sender bringt neben Hindi-Filmen auch Talk-Shows, Quiz- und Musiksendungen, oft präsentiert in dem typischen Hindi-Englisch-Gemisch, in dem die besseren indischen Schichten zu parlieren pflegen.

Für den westlichen Touristen hat die Einführung der neuen Sender den enormen Vorteil, daß er sich wesentlich ausführlicher als bisher möglich über das **Weltgeschehen** informieren kann. Inzwischen verfügt fast jedes Mittelklassehotel in Indien über einen Satellitenanschluß. Die über *BBC-TV* stündlich (jeweils zur halben Stunde) ausgestrahlten Nachrichten stehen ganz oben auf der Hitliste der Touristen.

Wirtschaft

Industrie

"A tiger caged", ein **eingesperrter Tiger,** so bezeichnete das angesehene britische Wirtschaftsblatt *Economist* Anfang 1990 die indische Wirtschaft unter Anspielung auf die südostasiatischen Länder Thailand, Südkorea, Hongkong, Singapur und Taiwan, die aufgrund ihrer rasanten Wirtschaftsraten in den achtziger Jahren die "fünf springenden Tiger" genannt wurden. Dieser Sprung von einer Agrargesellschaft ins Industriezeitalter ist Indien, trotz hervorragender Voraussetzungen wie qualifizierten und billigen Arbeitskräften, reichen Bodenschätzen, einem riesigen Binnenmarkt und einer seit jeher im Handel erfahrenen Bevölkerung, bisher nicht gelungen. So liegt der Anteil der verarbeitenden Industrie am indischen Bruttosozialprodukt mit 19 % deutlich unter dem Durchschnitt der Entwicklungsländer, und das gesamte Bruttoinlandsprodukt erreichte Ende der achtziger Jahre nicht einmal das der Niederlande.

Straßenladen

Self Reliance

Die Gründe für die frappierende Diskrepanz zwischen dem enormen Potential und der recht bescheidenen Wirklichkeit führen zurück in die Gründungsphase der indischen Republik. *Self Reliance,* selbst tragende Entwicklung, war 1948 die wirtschaftspolitische Antwort auf 500 Jahre Fremdherrschaft. *Nehru* sah damals in der **Planwirtschaft** das richtige Instrument, um Indiens Unabhängigkeit und Wirtschaftskraft zu sichern und weiter zu entfalten.

Wie im Ostblock wurden die **Schlüsselindustrien verstaatlicht** und das Schwergewicht der staatlichen Industrien auf Grundstoff- und Schwerindustrien gelegt, die die Grundlage für einen vom Weltmarkt möglichst unabhängigen Entwicklungsweg legen sollten. Anders jedoch als im Ostblock räumte man der **privaten Industrie,** vor allem den Kleinunternehmern, größeren Spielraum ein, gleichzeitig jedoch wurden die Entfaltungsmöglichkeiten durch ein engmaschiges Netz staatlicher Regulierungen und Kontrollen eingeengt. Durch die staatliche Planwirtschaft und bürokratische Reglementierung wurde das enorme wirtschaftliche Potential langfristig an die Kette gelegt.

Das erklärte Ziel einer weitgehenden **Unabhängigkeit vom Weltmarkt** und der **Schutz der einheimischen Industrie** wurde durch eine Zollpolitik, die fast alle Importe mit einer hohen Steuer belegte, durchaus erreicht. So gibt es heute in Indien kaum eine Kategorie von Industriegütern, die nicht in Indien selbst hergestellt werden. Das gilt für Kühlschränke, Autos, Computer, Flugzeuge und Satelliten, aber auch für Panzer und Raketen.

Wirtschaftskrise

Die Kehrseite dieser Abschottung vom Weltmarkt liegt darin, daß die einheimischen Unternehmer durch die **fehlende Konkurrenz** weder kostengünstig noch qualitätsbewußt fertigen und indische Produkte auf internationaler Ebene kaum Käufer finden. Nur noch in traditionellen Sektoren wie Textilien, Bekleidung und Tee, die zusammen etwa 50 % der Exporterlöse einbringen, ist die indische Wirtschaft konkurrenzfähig.

Da durch die gestiegenen Ansprüche der zahlenmäßig immer bedeutender werdenden Mittel- und Oberschicht die Importe zunehmend größere Ausmaße annahmen und ein Großteil der staatlichen Finanzen in die Subventionierung der chronisch defizitären Staatsunternehmen floß, stieg die **Staatsverschuldung** immer mehr an, und die Handelsbilanz verschlechterte sich in bedrohlichem Ausmaße. Als Ende der achtziger Jahre auch noch mit dem Auseinanderfallen der ehemaligen Sowjetunion der bis dahin größte Exportmarkt Indiens zusammenbrach, stand das Land vor der schwersten **Wirtschaftskrise** seit seiner Unabhängigkeit.

Öffnung der Wirtschaft

Als Indien im Frühjahr 1991 international für kreditunwürdig erklärt wurde, konnte eine **wirtschaftliche Kehrtwendung** um 180° das Land noch vor dem Zusammenbruch retten. Die seither von der Regierung durchgeführten Maßnahmen zur Globalisierung der indischen Wirtschaft und das Aufgeben der bis dahin als sakrosankt angesehenen Self-Reliance-Ideologie glichen einer wirtschaftlichen Revolution.

Die zwanzigprozentige Abwertung der indischen Rupie, die Privatisierung von Staatsunternehmen, der Abbau von Einfuhrzöllen, Subventionen und bürokratischen Reglementierungen und die Antimonopolgesetze sind nur die spektakulärsten der von der Regierung angesichts der Notsituation im Eiltempo vollzogenen Reformen. Zwar konnten mit der Senkung der Inflationsrate von 20 auf heute 11 % und verbesserten Devisenreserven erste Erfolge verbucht werden, doch insgesamt haben sich die Hoffnungen bisher nur in Maßen erfüllt.

Entwicklungshindernisse

Allerdings hätte die Neuorientierung auch zu keinem weltwirtschaftlich ungünstigeren Zeitpunkt beginnen können. In den westlichen Industrieländern herrscht Rezession, andere exportstarke Entwicklungsländer, vor allem in Ostasien, haben längst die Marktpositionen besetzt, die Indien in Zukunft anvisiert, und von einer Erholung der Ostblockmärkte kann keine Rede sein. Hinzu kommt, daß die innenpolitischen Auseinandersetzungen manche ausländischen Investoren abhält.

Langfristig bedeutender sind allerdings die chronischen **Strukturprobleme** Indiens, wie beispielsweise das völlig veraltete und unzureichende Transportwesen und die mangelhafte Energieversorgung. Wie soll eine moderne Industrie funktionieren, wenn Stromausfälle noch immer an der Tagesordnung sind?

Als wichtigster Hemmschuh einer Entwicklung von einer Agrar- zu einer Industriegesellschaft dürfte sich jedoch der **mangelhafte Ausbildungsstand** der indischen Bevölkerung erweisen. Angesichts einer Analphabetenrate von über 40 % ist es noch ein langer Weg von der Feldarbeit zum Bildschirmtext.

Landwirtschaft

Agrarland Indien

Auch nach 40 Jahren industrieorientierter Entwicklungsstrategie und Wirtschaftspolitik ist Indien und vor allem Rajasthan immer noch in erster Linie ein Agrarland, dessen Konjunktur mehr vom pünktlich eintreffenden Monsun und den davon abhängigen Ernten bestimmt wird als von industriellen Zyklen. Mehr als zwei Drittel der Erwerbstätigen sind in der Landwirtschaft beschäftigt, erabeiten jedoch nur ein Drittel des Sozialprodukts des Landes. Allein diese Zahlen verdeutlichen die mangelnde Rentabilität der Landwirtschaft.

Ende des Hungers?

Andere Zahlen belegen jedoch, daß die Entwicklung der Landwirtschaft eine der wenigen Erfolgsgeschichten der indischen Nachkriegszeit ist. Obwohl seit der Unabhängigkeit die Gesamtbevölkerung von knapp 300 Mio. auf heute über 900

Marktstand

Mio. gestiegen ist, konnte die **Nahrungsmittelproduktion** nicht nur im gleichen Umfang gesteigert werden, sie nahm sogar bedeutend schneller zu. Noch 1949 starben allein in Bengalen zwischen zwei und drei Mio. Menschen an einer Hungersnot, und 1966/67 brachten zwei Dürreperioden mit Ernteeinbußen bis zu 30 % das Land an den Rand einer erneuten Katastrophe. Fernsehbilder von verhungernden Menschen, wie man sie heute aus Afrika kennt, kamen damals aus Indien.

Wie grundlegend sich die Lage inzwischen verändert hat, zeigte sich in den Jahren 1984 bis 1987, als in mehreren aufeinander folgenden Jahren die Ernteerträge absackten. Noch zwanzig Jahre zuvor wären die Folgen nicht ohne ein internationales Hilfsprogramm größten Ausmaßes aufzufangen gewesen, diesmal gelang es jedoch, durch die Auflösung von in guten Erntejahren angelegten Lagerbeständen und geringen Nahrungsimporten, der Lage Herr zu werden.

Grüne Revolution

Nicht weitsichtige Strategieüberlegungen der indischen Regierung, sondern die Notsituation Mitte der sechziger Jahre begründete den grundlegenden Wandel in der indischen Landwirtschaft, der später unter dem Schlagwort *Grüne Revolution* bekannt wurde. Die schon erwähnte Verknappung der Nahrungsmittel Mitte der sechziger Jahre ließ die Preise emporschnellen. Die so erwirtschafteten hohen Gewinne konnten die reichen Bauern in den Kauf von neu gezüchtetem Saatgut, insbesondere

Weizen, investieren. Die verbesserten Saaten mit einer um etwa ein Drittel verkürzten Reifezeit erlaubten nun zum Teil bis zu drei Ernten pro Jahr. Gerade für ein Land wie Indien ist die *Steigerung der Flächenerträge* von zentraler Bedeutung, da es einen hohen Anteil Agrarbevölkerung hat, aber nur eine begrenzte Fläche für die landwirtschaftliche Nutzung zur Verfügung steht. Die *zunehmende Mechanisierung* in der Landwirtschaft zeigt sich augenfällig im gesteigerten Einsatz von Traktoren bei der Bestellung der Felder. Speziell in Ostrajasthan findet sich das noch vor einigen Jahren allgegenwärtige Bild des stoisch den Pflug hinter sich herziehenden, von den gelegentlichen Stockschlägen des Bauern angetriebenen Wasserbüffels immer seltener.

Allerdings stehen den offenkundigen Vorteilen der Grünen Revolution *gravierende Nachteile* gegenüber. Der neue Weizen gedeiht nur bei der Verwendung von Kunstdünger, bei Bewässerung und wegen seiner besonderen Schädlingsanfälligkeit unter Einsatz chemischer Pestizide. Die hierfür notwendigen hohen Investitionen konnten nur von den eh schon reichen Großgrundbesitzern getätigt werden, die die Kleinbauern mehr und mehr vom Markt drängten. Während noch Anfang der neunziger Jahre die Hälfte aller selbständigen Bauern Rajasthans Ackerflächen von unter einem Hektar bewirtschafteten, ist dieser Prozentsatz in den letzten Jahren rapide zurückgegangen. Während die Grünen Revolutionäre nicht zuletzt dank der großzügigen Subventionen der Regierung ihre Gewinne stetig steigern konnten, verloren viele Landarbeiter wegen der zunehmenden Mechanisierung der Feldarbeit ihre Arbeit. Die Grüne Revolution hat so zwar zu einer deutlichen und begrüßenswerten Steigerung der Ernteerträge geführt, andererseits die Kluft zwischen Arm und Reich nur noch zusätzlich vertieft.

Umweltschäden

Der eigentliche Verlierer der Grünen Revolution – und hier erscheint der Titel mehr als paradox – war jedoch die Umwelt. Durch den explosionsartigen Anstieg des Kunstdüngereinsatzes von 2,9 Millarden Tonnen im Jahre 1975 auf 8,7 Milliarden Tonnen zehn Jahre später unterliegen die Böden der ständigen Gefahr der **Überdüngung** mit negativen Auswirkungen auf die landwirtschaftlichen Erträge in der Folgezeit.

Noch erschreckender sind die noch gar nicht abzusehenden Auswirkungen des ausufernden Gebrauchs von **Pestiziden.** Neben dem Einsatz von Kunstdünger und Pflanzenschutzmitteln beruht der Erfolg der Ertragssteigerung auf der zunehmenden **Bewässerung** landwirtschaftlich bisher nicht nutzbarer Flächen. Auch hier wurden enorme Erfolge erzielt, stieg doch die Anzahl der bewässerten Fläche an der Gesamtanbaufläche von 1970 bis 1975 von 23 auf 33 %.

Dies gilt insbesondere für den vom Regen extrem benachteiligten Nordwesten Rajasthans, wo mit dem Bau des **Indira-Gandhi-Kanals,** bis heute eines der größten Bewässerungsprojekte Indiens, große Gebiete der Wüste Thar landwirtschaftlich nutzbar

gemacht werden konnten. Der von seinem Beginn am Harika-Staudamm im Punjab bis in die Nähe Jaisalmers führende Kanal hat eine Gesamtlänge von 649 km, wobei die vom Hauptkanal abzweigenden Verteilerkanäle insgesamt 6.400 km lang sind. Durch diese künstliche Bewässerung ist es heute möglich, große Mengen an Weizen, Reis, Baumwolle, Zuckerrohr und anderen hochwertigen Agrarprodukten anzubauen. Doch auch der von der Weltbank finanzierte Bau riesiger Staudammprojekte führt zu unvorhersehbaren Folgen für das ökologische Gleichgewicht und der Vertreibung Zigtausender von Ureinwohnern aus ihren traditionellen Stammesgebieten.

Ein **Gesamturteil** über die Grüne Revolution fällt nicht leicht. Die angeführten Kritikpunkte wiegen zweifelsohne schwer, doch sollte sich gerade der westliche Beobachter vor Augen führen, daß der indische Staat Mitte der sechziger Jahre vor der kaum zu bewältigenden Aufgabe stand, die Ernährungsgrundlage von jährlich 18 Mio. mehr Menschen sichern zu können. Umweltpolitisch war ein hoher Preis zu zahlen – aber vielen Millionen von Menschen wurde das Überleben ermöglicht.

Tourismus

Was schon für die gesamtwirtschaftliche Entwicklung gesagt wurde, gilt verstärkt für die Tourismusindustrie: Indien hinkt den allgemeinen Wachstumsraten seiner südostasiatischen Konkurrenten weit hinterher. Neidisch schaut man auch hier auf Staaten wie

Land und Leute

Die Probleme der rajasthanischen Landwirtschaft

Trotz aller auch in Rajasthan nicht zu übersehender neuzeitlicher Veränderungen hängt das Leben und Überleben der absoluten Mehrheit der Menschen in Rajasthan wie seit Jahrtausenden von Pflanzenbau und Viehhaltung ab. Immer noch sind fast 80 % der Bevölkerung in der Landwirtschaft tätig. Während es den Bauern des Südostens aufgrund des fruchtbaren Bodens und der ausreichenden Regenfälle für indische Verhältnisse vergleichsweise gut geht, ist die Landwirtschaft in den semiariden Zonen des Westen ein mühsames Unterfangen. In den trockenen und relativ unfruchtbaren bergigen Regionen der westlichen Bezirke Bikaner, Jodhpur, Jaisalmer und Barmer an der Grenze zur Wüste sehen sich die Bauern in ihrem Bemühen, dem Boden genügend Erträge abzuringen, gleich mehreren natürlichen Barrieren gegenüber.

Die Regenfälle sind äußerst gering und zudem auf eine sehr kurz Zeit konzentriert. Die gerade einmal 260 bis 325 mm **Regen** pro Jahr fallen hauptsächlich in den Monaten Juni bis September, wobei die durchschnittliche Anzahl der Regentage im Distrikt Jodhpur nur 18 Tage beträgt. An manchen Tagen fallen bis zu 130 mm Regen, was der Hälfte der gesamten Jahresmenge entspricht. Die Bodenfeuchtigkeit ist nur in einer Zeitspanne von 10 bis 11 Wochen für das Pflanzenwachstum ausreichend. Nicht selten kommt es vor, daß es das ganze Jahr überhaupt keine Niederschläge gibt, was einen totalen Ernteausfall und Massensterben von Tieren zur Folge hat.

Die **Sandböden** sind nährstoffarm, strukturlos und porös oder bestehen aus steinigen, harten Oberböden. Deshalb versickert das ohnehin geringe Regenwasser schnell oder fließt ab. Heiße **Sandstürme** wehen in den Sommermonaten die dünne fruchtbare Krume weg oder schütten sie mit Sand zu. Die zumeist Subsistenzlandwirtschaft betreibenden Bauern haben **selten Geld**, um durch Zukauf von Produktionsmitteln wie Pumpen, Dünger und Pflanzenschutzmitteln ihre Landwirtschaft zu intensivieren und von den Unbilden der Natur unabhängiger zu machen. Darüberhinaus lassen **Grundwassermangel** und **Versalzungsprobleme** in weiten Gebieten eine Bewässerung gar nicht zu.

Die natürlichen Voraussetzungen für eine ertragreiche Landwirtschaft könnten also kaum ungünstiger sein. Dennoch haben es die Bauern in den letzten Jahrtausenden verstanden, das Land erfolgreich und nachhaltig zu nutzen. Die wichtigste Strategie hierfür ist eine **hohe Diversität der Tier- und Pflanzenarten** sowie eine starke **Verflechtung von Tierhaltung und Pflanzenbau**. So säen die Bauern West-Rajasthans äußerst selten nur eine Feldfrucht, sondern mehrere Kulturpflanzen nebeneinander, die positiv aufeinander einwirken. Je nach klimatischen Bedingungen erbringt die eine oder andere Pflanze einen guten Ertrag, nur in ganz schlechten Jahren ist der Ertrag aller Pflanzen gleich schlecht.

Bei aller Diversifizierung steht doch der Anbau von **Hirse** *(bajra)* im Mittelpunkt der Nutzpflanzen. Fast 50 % der gesamten Hirse Indiens werden in Rajasthan angebaut. Wie kaum eine andere Pflanze ist sie in der Lage, extreme Hitze und geringe Niederschläge zu überleben, was sie zur idealen Pflanze für die Halbwüste macht. Abgesehen von ihrer Anspruchslosigkeit besitzt sie im Vergleich zu anderen Getreidearten einen relativ hohen Proteinanteil, ist reich an Eisen und Phosphor und verfügt zudem über einen hohen Fettanteil.

Neben Hirse und anderen Feldfrüchten des Mischanbaus wachsen in den Feldern noch viele **Sträucher und Bäume,** die für den Menschen von Bedeutung sind. Gerade in den entlegenen Dörfern sind die Bauern sehr stark auf ihre Subsistenz angewiesen und produzieren alles Lebensnotwen-

dige selber. Nahrungsmittel für Mensch und Tier, Brennstoff und Baumaterial, Dünger, Medizin, Erosions-, Wind- und Sonnenschutz sind nur einige Beispiele, wozu die Pflanzen dem Menschen dienen. Ein besonders schönes Beispiel hierfür liefert der **Khejadibaum,** der gern im Feld stehengelassen wird, auch wenn er das Pflügen erschwert. Die Bauern wissen, daß die Blätter wertvolles Tierfutter sind, die Früchte gegessen werden können und der Baum die Fruchtbarkeit des Bodens verbessert.

Neben dem Mischanbau und der hohen Subsistenzorientierung gehört eine **konsequente Sammel- und Lagerhaltungswirtschaft** zu den wichtigsten Prinzipien der Landwirtschaft im Westen Rajasthans. Aufgrund der unberechenbaren Natur sind die Bauern darauf angewiesen, Vorräte zu sammeln, um in schlechten Jahren überleben zu können. Neben dem Getreide wird auch Stroh gelagert, welches bis zu 10 Jah-

re genutzt werden kann. Zum Sammeln von Regenwasser, das dem gesamten Dorf für das ganze Jahr reichen muß, dienen die großen Stauteiche *(nadis)*.

Während die Bauern der Region über die letzten Jahrtausende eine im Einklang mit der Natur stehende Landwirtschaft betrieben haben, weil für sie nur so das Überleben in dieser so unwirtlichen Region zu sichern war, zeichnet sich in den letzten Jahren mit dem zunehmenden Einsatz von Traktoren durch wohlhabende Bauern eine **ernsthafte Gefährdung des labilen Ökosystems** West-Rajasthans ab. Mit dem vermehrten Einsatz von Traktoren erweitern die reichen Bauern nicht nur den bewirtschafteten Anteil der Felder zuungunsten der Brache, sondern zerstören auch einen großen Teil der Wildpflanzen und beseitigen Büsche, die der schnellen Bearbeitung im Wege stehen.

Indonesien, Malaysia oder Thailand, in denen sich in nur fünf Jahren die Besucherzahlen teilweise verdreifacht haben und, wie im Falle Thailands, der Tourismus sogar zum Hauptdevisenbringer avanciert ist. Da nimmt sich die indische Steigerungsrate in der *Besucherstatistik* von 8 % geradezu mickrig aus, zumal die gut 2 Mio. Indientouristen nur gerade 2,1 Milliarden Mark im Lande ließen. Das entspricht noch nicht einmal einem Drittel der thailändischen Deviseneinnahmen aus dem Tourismus. Im asiatisch-pazifischen Raum nimmt Indien knapp vor Taiwan nur den vorletzten Platz in der Tourismusindustrie ein.

Das erstaunt um so mehr, wenn man bedenkt, welch enormes *Potential* das Land für ausländische Besucher birgt: Die einzigartige landschaftliche Vielfalt, einige der großartigsten Baudenkmäler der Erde, eine jahrtausendealte, weitgehend intakte Kultur, unvergleichliche Feste – die Liste ließe sich problemlos erweitern.

Die Gründe, warum die Besucher nicht scharen-, sondern eher tröpfchenweise nach Indien kommen, sind vielfältig. Neben aktuellen Krisen und Katastrophen, wie dem verheerenden Erdbeben in Maharashtra 1993, den bürgerkriegsähnlichen Unruhen in Kashmir und Punjab, religiös motivierten Gewalttaten zwischen Hindus und Moslems und dem Aufkommen fundamentalistischer, halb faschistischer Parteien ist es vor allem ein grundsätzliches *Negativimage,* welches viele Besucher abhält. Das allgemeine Indienbild im Ausland wird immer noch von hungernden Kindern und Massenelend bestimmt. Obwohl dies nur ein kleiner Ausschnitt der Realität ist, wird sich an diesem tiefsitzenden Klischee sicherlich in absehbarer Zukunft nicht viel ändern.

Dennoch geben sich Indiens Tourismusmanager für die *Zukunft* optimistisch und rechnen mit Wachstumsraten von durchschnittlich 10 % jährlich. Tatsächlich gibt es einige gute Gründe, die diese Hoffnung untermauern. Hier sind vor allem die verbesserten Transportbedingungen zu nennen. So sind in nur zwei Jahren ein halbes Dutzend private Fluggesellschaften in Konkurrenz zur vorher allein den Markt beherrschenden *Indian Airlines* getreten. Auch die indische Eisenbahn trug mit der Einführung mehrerer vollklimatisierter Luxuszüge auf Hauptstrecken sowie der Umstellung der Spurbreite von der langsamen Meterspur auf die wesentlich flottere *"broade gauge"* in Rajasthan, dem touristisch mit Abstand bedeutendsten Bundesstaat Indiens, zur positiven Entwicklung bei. Auch in der Hotelindustrie ist ein deutlicher Trend zu mehr Luxus und besserem Service unübersehbar. Selbst in mittelgroßen Städten entstehen immer mehr First-Class-Hotels, die durchaus internationalen Standard erreichen.

So wichtig und positiv diese Entwicklungen auch sein mögen, letztlich wird die weitere Entwicklung des Tourismus in Indien davon abhängen, ob es dem Land gelingt, durch eine stabile politische Lage und vor allem die Verbesserung der Lebensbedingungen der Unterschichten das schlechte Image im Ausland zu revidieren.

Religionen

Hinduismus

Für kaum eine andere Region der Erde gilt der Grundsatz, daß die Religion den Schlüssel zum Verständnis des Landes bildet, mit der gleichen Ausschließlichkeit wie für Indien. Der Glauben durchdringt nach wie vor fast jeden Aspekt des indischen Lebens. Dies gilt insbesondere für die Hindus, die mehr als 80 % der Bevölkerung stellen. Auch in Rajasthan sind sie die bei weitem überwiegende Religionsgruppe. Von den Reinigungsvorschriften über die Ernährungsweise, Heiratsgebote und Bestattungszeremonien bis hin zur Wiedergeburt im nächsten Leben - im wahrsten Sinne des Wortes von der Wiege bis zur Bahre wird das Leben jedes einzelnen Hindus von seiner Religion bestimmt.

Bei der Suche nach den Wurzeln der indischen Gesellschaft straucheln die meisten westlichen Besucher recht bald im undurchsichtigen Dschungel des Hinduismus. Tatsächlich muß sich der Europäer angesichts eines Glaubens, der weder einen Stifter noch einen Propheten, weder eine Organisation noch einen Missionsanspruch, weder allgemeinverbindliche Dogmen noch eine heilige Schrift, dafür jedoch das Nebeneinander vieler verschiedener Lehrbücher und mehrerer hundert Millionen Götter kennt, ziemlich verloren vorkommen.

Allein das Wort Hinduismus ist bereits eine irreführende Bezeichnung. **Hindu** ist das persische Wort für die Menschen jenseits des *Sindhu,* dem Indus - also die Bezeichnung der moslemischen Eroberer für die Inder. Erst viel später gingen die Inder dazu über, sich selbst als Hindus zu bezeichnen.

Ein "ismus" im Sinne einer einheitlichen Lehre oder Ideologie ist der Hinduismus aber nicht. Vielmehr verbirgt sich hinter dem Begriff ein äußerst vielschichtiges und **komplexes Gedankengebäude** philosophischer, religiöser und sozialer Normen, welches sich im Laufe von Jahrtausenden durch die Entstehung und Verschmelzung unterschiedlicher Strömungen herausgebildet hat.

Die **Ursprünge** dessen, was man heute Hinduismus nennt, gehen über drei Jahrtausende zurück, als die aus Zentralasien nach Indien eindringenden Arier die drawidische Urbevölkerung unterwarfen. Während die Arier militärisch eindeutig die Oberhand gewonnen hatten, wurde die indoarische Religion in den folgenden Jahrhunderten in hohem Maße von den Glaubensvorstellungen der besiegten Ureinwohner durchdrungen.

Besonders deutlich zeigt sich diese Synthese bei der Herausbildung des hinduistischen **Götterhimmels.** Standen zunächst die arischen Naturgottheiten wie etwa *Surya* (Sonne), *Candra* (Mond) und *Indra* (Gewitter) im Mittelpunkt der Verehrung, so wurden diese in der Folgezeit mit den bereits aus der vorarischen Zeit in Indien verehrten Götter vermischt. So ist etwa die mit dem Shivaismus in Verbindung stehende Lingam-Verehrung eine Weiterentwicklung des bereits im 3. Jahrtausend v. Chr. in Harappa nachgewiesenen Phalluskults.

Land und Leute

330 Millionen Möglichkeiten – die indische Götterwelt

Du sollst keine anderen Götter neben mir dulden – dieses für Juden, Christen und Moslems gleichermaßen gültige Gebot des Monotheismus steht im krassen Gegensatz zur hinduistischen Götterwelt. Nicht weniger als 330 Millionen Götter stehen den Hindus angeblich zur Auswahl! Tatsächlich symbolisiert der hinduistische Götterhimmel die einzigartige Vielschichtigkeit des Phänomens Indien auf geradezu klassische Weise.

Für Außenstehende ist es nur sehr schwer nachvollziehbar, daß die Götter im Hinduismus, ebenso wie die Menschen, zahlreiche Reinkarnationen durchlaufen, die dann wiederum als eigenständige Gottheiten verehrt werden. Hinzu kommt, daß viele von ihnen heiraten und Kinder bekommen, welche dann ebenfalls Aufnahme in den hinduistischen Pantheon finden. Schließlich gibt es auch noch unzählige lokale Gottheiten. So gelingt es nicht einmal den Indern selbst, all ihre Götter zu identifizieren.

An der Spitze des Pantheons steht die als *Trimurti* bezeichnete **Dreieinigkeit** der Götter Brahma, Vishnu und Shiva.

Brahma wird als der Schöpfer der Welt und aller Wesen angesehen, bleibt jedoch im Schatten Vishnus und Shivas, denn anders als diese wurzelt er nicht im Volksglauben. Nur ganz wenige Tempel Indiens, wie etwa in Pushkar, sind ihm direkt geweiht, doch als einer unter vielen Göttern ist er in fast jedem Heiligtum anzutreffen. Dabei wird er meist mit vier in die verschiedenen Himmelsrichtungen blickende Köpfen und seinem Tragtier, dem Schwan, dargestellt. Brahmas Gattin **Sarasvati** gilt als die Göttin der Künste; ihr werden die Erfindung des Sanskrits und des indischen Alphabets zugeschrieben. Zwei immer wiederkehrende Attribute Sarasvatis sind ein Buch und eine Gebetskette.

Vishnu, der neben Shiva bedeutendste Gott im Hinduismus, gilt als der Erhalter der Welt, der in seinen bisher insgesamt neun Inkarnationen *(avataras)* immer dann auftritt, wenn es gilt, die Erde vor dämonischen Gewalten zu schützen. Seine bekanntesten Inkarnationen sind die als Rama, Krishna und Buddha. Vishnus Tragtiere sind entweder eine Schlange oder ein *Garuda.* Seine Gattin **Lakshmi** verkörpert Schönheit und Reichtum und ist deshalb vielfach Mittelpunkt der in ganz Indien von der Industriellenfamilie *Birla* gestifteten Tempel.

Shiva wird oftmals als das Gegenstück Vishnus bezeichnet, was jedoch nur zum Teil stimmt, da sich in ihm verschiedene, äußerst widersprüchliche Wesenselemente vereinen. Laut der indischen Mythologie soll er unter nicht weniger als 1.008 verschiedenen Erscheinungsformen und Namen die Erde betreten haben. Einerseits verkörpert er die Kräfte der Zerstörung, andererseits gilt er auch als Erneuerer aller Dinge. Besonders augenfällig zeigt sich diese Vereinigung von Gegensätzen in seiner Manifestation als kosmischer Tänzer *Natraja,* der in einem ekstatischen Tanz inmitten des Feuerkranzes einer untergehenden Welt zu sehen ist, damit jedoch bereits die Energien für ein neu zu errichtendes Universum schafft. Ebenso widersprüchlich (zumindest nach westlichen Vorstellungen) wie er selbst ist die ihm zur Seite gestellte Göttin **Parvati,** die auch in ihren Inkarnationen als *Annapurna, Sati, Durga* und *Kali* bekannt ist und unter diesen Namen ganz verschiedene Wesenszüge aufweist. Ihre zerstörerische Seele spiegelt sich am offenkundigsten in der blutrünstigen, v.a. in Bengalen verehrten Kali, während sie als Sati die ihrem Mann bis in den Tod ergebene Gattin verkörpert, die sich nach dem Tod Shivas auf dem Scheiterhaufen verbrennen läßt. In Shiva-Tempeln steht der *lingam* (Phallus), der Shiva als kraftvollen Schöpfer symbolisiert, aufrecht auf der *yoni* (Vulva), dem Symbol Shaktis. Wie auch bei den anderen Göttern gibt es eine ganze Reihe von Emblemen, an denen man Shiva und Shakti erkennen kann. Bei Shiva sind dies der Dreizack, ein Schädel oder die ascheverschmierte, grau-blaue Haut, bei Parvati in ihrer Form als Kali die um ihren Hals hängende Totenkopfkette. Wichtigstes Erkennungsmerkmal sind jedoch auch hier die Tragtiere, bei Shiva der *Nandi-Bulle* und bei Parvati ein Löwe.

Einer der populärsten Götter im Hinduismus ist der dickbäuchige, elefantenköpfige *Ganesha,* Sohn von Shiva und Parvati. Der Legende nach soll Shiva – nach langer Abwesenheit zurückgekehrt – seinem Sohn im Zorn den Kopf abgeschlagen haben, nachdem er diesen fälschlicherweise für einen Liebhaber Parvatis hielt. Voller Trauer ob seines Mißgeschicks und im Bemühen, dieses so schnell als möglich zu beheben, beschloß er, seinem Sohn den Kopf jenes Lebewesens aufzusetzen, das ihm als erstes begegnete. Da dies ein Elefant war, ziert Ganesha seither jener charakteristische Elefantenkopf, mit dem er sich aus der stets bereitstehenden Konfektschale bedient - womit auch das Geheimnis um seine auffällige Leibesfülle gelüftet ist. Daß nun ausgerechnet eine Ratte für das Schwergewicht als Tragtier herhalten muß, paßt zu dieser drolligen und liebenswerten Götterfigur. Als Glücksbringer und Beseitiger von Hindernissen jeglicher Art ziert er praktischerweise das Armaturenbrett vieler Busse und LKWs.

Neben Ganesha ist *Krishna,* die achte Inkarnation Vishnus, die beliebteste Gottheit des Hinduismus und zudem auf Bildern und Zeichnungen die am meisten dargestellte. Die schelmischen und erotischen Abenteuer des jugendlichen Hirtengottes boten den Miniaturmalern reichlich Stoff, um ihren Phantasien freien Lauf zu lassen. Die wohl am häufigsten aufgegriffene Szene zeigt Krishna, als er den im Yamuna-Fluß bei Vrindaban badenden Hirtenmädchen *(gopis)* die Kleider stiehlt. Mit seiner Hirtenflöte und der charakteristischen blauen Hautfarbe ist er einer der am einfachsten zu identifizierenden Götter.

Wie keine andere Heiligenfigur symbolisiert *Rama,* die siebte Inkarnation Vishnus, auf geradezu tragische Weise die ungebrochene Verehrung, welche die jahrtausendealten hinduistischen Götter im heutigen Indien immer noch genießen. Der meist dunkelhäutig und mit Pfeil und Bogen dargestellte Rama ist die Hauptfigur des großen hinduistischen Heldenepos Ramayana. Nachdem dieses insgesamt 24.000 Doppelverse umfassende Werk Mitte der achtziger Jahre in einer aufwendigen Fernsehserie verfilmt worden war, bedienten sich die Hindu-Fundamentalisten der erneuerten ungeheuren Popularität des Gottes, indem sie Rama zur Symbolfigur einer Kampagne machten, die die muslimische Minderheit für die wirtschaftlichen und sozialen Spannungen im Lande verantwortlich machten. Nach der Erstürmung der Babri-Moschee im nordindischen Ayodhya, die angeblich an der Stelle des ehemaligen Geburtsortes Ramas errichtet worden sein soll, starben im Dezember 1992 Tausende von fanatischen Hindus und Moslems, die sich auf offener Straße abschlachteten.

Ganesha mit seinem Reiter, der Ratte

Durch Rituale wie das Singen von Hymnen, Opferungen und die Abhaltung magischer Rituale versuchten die Menschen, ihre Götter für die Erfüllung ihrer Wünsche zu gewinnen. Die Hymnenliteratur ist in heiligen Schriften, den sogenannten **Veden,** zusammengefaßt. Nach diesen frühesten, im 2. Jahrtausend v. Chr. verfaßten Schriften wurde diese erste Phase des Hinduismus, die etwa von 1500 bis 1000 v. Chr. reichte, als Vedismus bezeichnet.

Auf den Vedismus folgte der **Brahmanismus** (ca. 1000-500 v. Chr.). Diese Phase ist gekennzeichnet durch die Ausbildung aller zentralen, im Kern bis heute gültigen **Glaubensprinzipien** des Hinduismus. Mit dem Aufkommen des allumfassenden Schöpfergottes *Brahma* verloren die alten Naturgottheiten mehr und mehr an Bedeutung. Gleichzeitig wuchs mit den immer komplizierter werdenden Opferritualen, die allmählich die zentrale Rolle in der Religionsausübung einnahmen, die Macht des Priesterstandes.

Diese *Brahmanen* standen aufgrund ihres Wissensmonopols an der Spitze der hierarchisch geordneten Gesellschaft. Ihnen folgten die *Kshatriyas* (Krieger und Adel) und *Vaishyas* (Bauern, Viehzüchter, Händler), denen die unterworfenen nicht-arischen *Shudras* (Handwerker, Tagelöhner) untergeordnet waren. Aus diesen vier Gruppen entstand das heute noch immer gültige **Kastensystem** Indiens.

Doch je weniger die große Masse des Volkes Zugang zu den für sie kaum noch nachzuvollziehenden Opferritualen der elitären Priesterkaste

fand, desto empfänglicher wurden die Menschen für **andere Glaubensrichtungen.** So ist es kein Zufall, daß gerade zu jener Zeit mit dem Jainismus und dem Buddhismus zwei neu entstandene Religionen großen Zulauf fanden, die vom Priestertum unabhängige Wege zur Erlösung aufzeigten. Unter der Patronage des großen Maurya-Königs *Ashoka* (274-232 v. Chr.) entwickelte sich der Buddhismus sogar zur führenden Religion des Landes. Wiederum als Reaktion hierauf erfolgte im Hinduismus eine Rückbesinnung auf die Ursprünge der Veden, die in Verschmelzung mit den Erkenntnissen des Brahmanismus zur Herausbildung des bis heute praktizierten Hinduismus führte.

Bei dieser hier nur in großen Zügen wiedergegebenen Entstehungsgeschichte verwundert es kaum, daß selbst viele gebildete Inder in Schwierigkeiten geraten, wenn sie darum gebeten werden, ihre Religion allgemeinverständlich zu erklären. Die Grundprämissen lassen sich dennoch recht problemlos darstellen.

Kerngedanke des Hinduismus und das Herzstück traditionellen indischen Lebens ist der Glaube an einen ewigen Schöpfergeist oder eine **Weltseele** *(brahman),* aus dem alles Leben und die gesamte Weltordnung hervorgeht.

Den zweiten Grundpfeiler bildet die Vorstellung von der **Reinkarnation,** d.h. der Wiedergeburt der unsterblichen Seele in einem neuen Körper. Danach durchläuft jeder Mensch, oder richtiger jede Seele, unzählige Wiedergeburten, so daß der Tod nur eine Zwischenstation auf dem Weg zu einer neuen Existenz darstellt. Hieraus erklärt sich auch, warum für den Hindu der Tod ein weit weniger einschneidendes Erlebnis ist als für einen Menschen aus dem Westen, der von der Endlichkeit und Einzigartigkeit seiner Existenz überzeugt ist.

Ziel eines jeden Lebewesens oder Einzelseele *(atman)* ist **Moksha,** die Erlösung aus dem Geburtenkreislauf und die Vereinigung mit dem Brahman. Den Weg zu diesem Ziel kann jeder einzelne selbst bestimmen, indem er sich in jedem seiner Leben so weit wie möglich an die **Regeln der göttlichen Ordnung** *(dharma)* hält. Wer diesen Dharma-Gesetzen entsprechend lebt, rückt mit jeder Wiedergeburt auf einer höheren Stufe der Erlösung jeweils einen Schritt näher. Fällt die Gesamtbilanz am Lebensende jedoch negativ aus, so wird dies mit einer niederen Wiedergeburt im nächsten Leben bestraft.

Dieses **Karma** genannte Vergeltungsprinzip bildet auch die Erklärung für das Kastenwesen, da es jedem Menschen entsprechend seinen Verdiensten bzw. Verfehlungen im vorigen Leben einen festen Platz in der sozialen Rangordnung zuweist. Jede der insgesamt über 3000 Kasten- und Unterkasten hat ihr eigenes *Dharma,* dementsprechend sich das jeweilige Kastenmitglied zu verhalten hat.

Welche Pflichten im einzelnen zu erfüllen sind, beschreiben die **Dharma-Bücher,** unter denen das Gesetzbuch des *Manu* das bekannteste ist. Hindus sehen in diesem ab dem 2. vorchristlichen Jahrhundert entstandenen Werk eine Offenbarung des

Schöpfergottes an den Urvater des Menschengeschlechts *Manu.* Bis ins kleinste Detail wird dort Dharmagerechtes Verhalten aufgelistet. Als Haupttugend gilt eine Heirat nur innerhalb der eigenen Kaste, die Ausübung eines nur für die eigene Kaste erlaubten Berufs und das Einnehmen der Mahlzeiten nur mit Mitgliedern der eigenen Kaste.

Entsprechend der Vergeltungskausalität des *Karma,* nach der jeder durch seine Taten im vorherigen Leben für sein jetziges Schicksal selbst verantwortlich ist, gehört die **klaglose Akzeptanz** dieser Vorschriften zu einem der Grundmerkmale hinduistischen Glaubensverständnisses. So heißt es im *Mahabharata,* einem aus 18 Büchern mit insgesamt 100.000 Doppelversen bestehenden Hindu-Epos aus dem 2. Jahrhundert v. Chr.: *"Tu deshalb ohne Hinneigung immer das, was deine Pflicht dir vorschreibt, denn indem der Mensch so handelt, erreicht er das Höchste".* Das sich klaglose Fügen in sein Schicksal schließt individuelle Selbstentfaltung außerhalb der engbegrenzten Schranken des Kastensystems aus, bedroht es doch das oberste Gebot, die Aufrechterhaltung der göttlichen Ordnung.

Diese Sicht der Welt schlägt sich in einer **allgemeinen Grundstimmung** nieder, die oftmals allzu undifferenziert als fatalistisch bezeichnet wird. Nach hinduistischer Philosophie ist die Welt wie ein riesiger Strom, der seit alters her träge dahinfließt. Jeder Mensch hat seinen Platz in diesem Strom, in dem die scharfen Konturen der Vergangenheit, der Gegenwart und der Zukunft verschwimmen, da

Land und Leute

das Leben des einzelnen nicht durch Geburt und Tod fest umgrenzt ist. Die Welt ist, wie sie ist, ihre Gesetze sind vom Menschen nicht zu beeinflussen. Der auf die Zukunft gerichtete Wille zur Veränderung und zur Mehrung irdischer Güter konnte sich in dieser gesellschaftlichen Atmosphäre nicht so durchsetzen wie im neuzeitlichen Europa. Hieraus erklärt sich auch der auffällige wirtschaftliche Erfolg kleiner Religionsgemeinschaften wie den Jains, den Sikhs und den Parsen, die mit ihren mehr diesseits orientierten Glaubensvorstellungen einen ökonomischen Wertevorsprung gegenüber den Hindus besitzen.

Die Wiedergeburt in eine der vielen tausend Kasten stellt jedoch nur eine Möglichkeit der **Reinkarnation** dar. Da für die Hindus alles Leben auf Erden Ausdruck der göttlichen Ordnung ist, kann der Mensch durch Fehlverhalten auch als Tier oder als Pflanze wiedergeboren werden, wie es das Gesetzbuch des *Manu* höchst drastisch veranschaulicht: *"Wenn man Korn stiehlt, wird man eine Ratte, Wasser ein Wassertier, Honig eine Mücke, Milch eine Krähe und Süßigkeiten ein Hund".*

Mag dies zunächst auch eher belustigen, so verbirgt sich dahinter mit der Vorstellung, daß letztlich alle Lebewesen gleichwertig sind, eine **ganzheitliche Weltsicht,** welche kaum unterschiedlicher zum christlichen Glauben sein könnte, in dem der Mensch als Krönung der Schöpfung gilt. Die universelle Auffassung von der Einheit allen Lebens, in der der Mensch nur ein Teil des Ganzen ist, hat in Indien zu einem grundsätz-

lich behutsameren Umgang mit der Natur geführt, die nicht als Um-, sondern als Mitwelt verstanden und erfahren wird. In einer solch ganzheitlichen Weltsicht stehen Mikro- und Makrokosmos, Himmel und Erde, Gott und Mensch in unmittelbarem Bezug zueinander.

Dementsprechend gehört es für jeden Hindu zu den Selbstverständlichkeiten des Lebens, daß er durch tägliche **Kult- und Opferhandlungen** *(puja)* die Götter gnädig zu stimmen versucht. So befindet sich in jedem Hindu-Haus ein kleiner Altar mit dem Bild der verehrten Gottheit. Mindestens einmal täglich wird ihm mit dem Umhängen von Blumengirlanden, dem Entzünden von Räucherstäbchen und einer kleinen Andacht gehuldigt. Das gleiche Ritual vollzieht sich in größerem Rahmen in den Dorftempeln, in denen an speziellen Feiertagen aufwendige *Pujas* abgehalten werden. Zu diesen Anlässen werden den Götterbildern liebevoll zubereitete Opfergaben wie Kokosnüsse, Süßigkeiten und Blumen dargeboten. Dadurch, daß die Gottheit die Essensgaben symbolisch ißt, werden sie zu *Prasad,* d.h. heiligen Speisen, die danach wieder an die Pilger verteilt werden.

Die Offenheit der hinduistischen Religion bringt es mit sich, daß dem Gläubigen viele **weitere Möglichkeiten** offenstehen, um sich dem Göttlichen zu nähern. Dazu gehören u.a. verschiedene Arten der Meditation, das Leben als wandernder Asket oder Einsiedler *(sadhu)* oder die Teilnahme an oftmals langwierigen und kräftezehrenden Pigerreisen zu be-

Straßentempel in Delhi

deutenden Plätzen der indischen Mythologie.

Die Annahme von der Einheit aller
Lebewesen gilt für die Hindus auch
gegenüber anderen Religionsgemeinschaften wie Buddhisten, Christen, Sikhs, Parsen oder Moslems.
Sie alle werden als legitime Wege
zum ewigen Schöpfergott angesehen. Für Hindus gibt es dementsprechend so viele Wege zu Gott, wie es
Gläubige gibt. Inquisitionen oder
Kreuzzüge im Namen des Hinduismus hat es nie gegeben.

Diese **Toleranz** ist allerdings in letzter Zeit vor allem gegenüber den Moslems durch die Wunden jahrhunder-
tealter Fremdherrschaft und die Zu-
nahme sozialer Spannungen, die zudem von skrupellosen Politikern noch
geschürt werden, stark gefährdet.

Hier bleibt nur zu hoffen, daß sich die
Hindus zurückbesinnen auf jene vier
Haupttugenden, die in den hinduisti-
schen Lehrbüchern zur Erlangung der
Moksha gefordert werden: Wohlwol-
len, Mitleid, Mitfreude und Gleichmut.

Islam

Mahmud-e-Ghazni, ein Heerführer aus
dem heutigen Afghanistan, der im
Jahre 1001 den ersten seiner insgesamt 17 Raubzüge durch Nordindien
durchführte, wurde für die Hindus
zum Prototyp des islamischen Eroberers, der mordend und brandschat-
zend durchs Land zieht und im Namen der Religion die heiligen Stätten
zerstört. Seither ist die indische Geschichte von blutigen **Glaubenskrie-
gen** zwischen Hindus und Moslems

geprägt, wobei die Teilung des Subkontinents 1947 in das islamische Pakistan und das hinduistische Indien nur den vorläufigen traurigen Höhepunkt darstellt.

Wie die Erstürmung der Babri Masjid in Ayodhya durch hinduistische Fanatiker am 6. Dezember 1992 und die darauffolgenden Pogrome nur allzu deutlich zeigen, stehen sich beide Religionen an der Schwelle zum 2. Jahrtausend unversöhnlicher denn je gegenüber. Die 110 Mio. in Indien lebenden Muslime stehen gerade im Zeichen eines immer radikaler und intoleranter werdenden Hindu-Fundamentalismus vor einer mehr als unsicheren Zukunft. Tatsächlich läßt sich ein größerer Gegensatz als zwischen dem strikt monotheistischen und bilderfeindlichen Islam und den Millionen von Göttern, die die hinduistischen Tempel voll üppiger Erzählund Darstellungsfreude zieren, kaum denken.

Abdil Kasim Ibn Abt Allah – der erst später den Beinamen **Mohammed** (arabisch: der Gepriesene) erhielt – wurde im Jahr 570 als Sohn eines Kaufmannes in Mekka, einer bedeutenden Karawanenstadt auf der Handelsroute zwischen Indien und Ägypten, geboren. Im Alter von 40 Jahren wurde ihm in einer Höhle unterhalb des Berges Hira durch den Erzengel Gabriel die Offenbarung zuteil, Prophet Gottes *(Allah)* zu sein.

Die ihm über einen Zeitraum von mehr als zwanzig Jahren vom Erzengel Gabriel übermittelten Worte Allahs schrieb Mohammed in einen Buch nieder, welches als **Koran** (das zu Zitierende) zur heiligen Schrift der

Muslime wurde. Fünf Glaubensgrundsätze, an die sich jeder Muslim zu halten hatte, bildeten die Grundlage der insgesamt 114 Kapitel *(Suren)* des Koran.

Wichtigstes Prinzip ist dabei der strikte Monotheismus des Islam (Unterwerfung, Hingabe an Gott), die mit den Worten Allahs *"Es gibt keinen Gott außer mir, so dienet mir"* im Koran zum Ausdruck kommt. Die den gesamten Koran durchziehende Mahnung *"Fürchtet Allah"* unterstreicht die tiefe Bedeutung der Gottesfurcht als Grundelement des Islam.

Nach diesem wichtigsten aller Gebote folgen die Pflicht zum Gebet (fünfmal täglich gen Mekka gerichtet), Fasten im Monat *Ramadan,* Almosen geben und Pilgerfahrt nach Mekka.

Mohammed sammelte zwar mit seiner Lehre eine immer größere Glaubensgemeinschaft um sich, doch die in Mekka herrschenden *Kurashiten* fühlten sich in ihrem bisherigen Glauben und damit in ihrer Machtposition bedroht und belegten ihn zunächst mit einem Bann und drohten schließlich sogar mit seiner Ermordung. So sah sich Mohammed schließlich gezwungen, in die Wüstenstadt Jashib umzusiedeln, die später in Medinaan-Nabbi (Stadt der Propheten), kurz **Medina,** umbenannt wurde. Das Datum seiner Ankunft in Medina gilt seither als Beginn der islamischen Zeitrechnung.

Innerhalb nur weniger Jahre wurde Mohammed mit seinen Predigten nicht nur zum meistverehrten Heiligen der Region, sondern avancierte auch als weltlicher Herrscher Medinas zum mächtigen **Staatsmann und Feld-**

herrn, der mit seinen Truppen den Ungläubigen von Mekka empfindliche Niederlagen beibrachte. Die heute für den Islam so charakteristische Einheit von geistlicher und weltlicher Macht sowie die Idee vom Heiligen Krieg als legitimem Mittel zur Verbreitung des islamischen Glaubens haben hier ihren eigentlichen Ursprung. 630 konnte Mohammed im Triumphzug in seine Vaterstadt zurückkehren und erklärte Mekka zur heiligen Stadt des Islam.

Die Einheit von geistlicher und weltlicher Macht führte nach dem **Tod Mohammeds** am 8. Juni 632 fast zwangsläufig zu erbitterten Nachfolgekämpfen, die schließlich die Spaltung des Islam in die drei großen Glaubensgemeinschaften *Sunniten, Schiiten* und *Charidschiten* zur Folge hatten. Vor allen Dingen die erbitterte Feindschaft der ersten beiden ist noch heute Ursache für viele kriegerische Konflikte im Nahen Osten.

Keine Abspaltung vom eigentlichen Glauben, sondern eine Antwort auf die zunehmende Ritualisierung der religiösen Zeremonien war der sogenannte **Sufismus,** der gerade unter den indischen Muslimen viele Anhänger fand. Durch eine strenge Askese, tiefe Meditation und Rückzug aus der Welt wollte man die im orthodoxen Glauben verloren gegangene Einheit mit Gott wiederherstellen. Ähnlich wie den Gurus im Hinduismus wurden auch hier spirituellen Lehrmeistern magische Kräfte zugesprochen. Die Grabstätten dieser *Sufis* genannten Heiligen wurden später zu Pilgerorten. Das bedeutendste Beispiel in Nordindien findet sich mit dem Grabmal Khwaja-ud-din-Chistis in Ajmer.

Sikhismus

Obwohl sie nur wenig mehr als 1 % der indischen Bevölkerung ausmachen, haben die Sikhs unser Bild des Inders mehr geprägt als alle anderen Volks- und Religionsgruppen. Frisch gebügeltes weißes Hemd, silberner Armreif, gepflegter Vollbart und kunstvoll gebundene Turbane, so sah Hollywoods Vorzeigeinder aus, und er war immer ein *Sikh* (wörtl.: Schüler) aus dem fruchtbaren Punjab (Fünfstromland) im Nordwesten. Das ist im Grunde paradox, legen doch die Sikhs selbst großen Wert darauf, sich vom Rest der indischen Bevölkerung zu unterscheiden.

Die Männer dokumentieren dies traditionell durch die sogenannten **Fünf K:** das nicht geschnittene, unter einem Turban getragene Haar *(kes),* ein Kamm aus Holz oder Elfenbein *(kangha),* ein Dolch *(kirpan),* ein stählerner Armreif *(kara)* und eine kurze Kniehose *(kaccha).* Allerdings sind auch an den stolzen Sikhs die Zeichen der Zeit nicht spurlos vorbeigegangen, und so verschwindet die *Kaccha* heute meist unter langen Hosen, der Kamm ist aus Plastik und der Dolch wird fast nur noch zu Festlichkeiten getragen. Alle Tugenden, die gemeinhin gerade nicht mit Indern in Verbindung gebracht werden – er schien sie zu verkörpern: Disziplin, Fleiß, Stolz, Pragmatismus.

Doch spätestens seit 1984 zwei Sikhs aus der Leibwache Indira Gandhis die damalige Ministerpräsidentin ermordeten, hat dieses makellose Bild erhebliche Risse erhalten. Seither verbindet man eher den von Terror

Land und Leute

und Mord gekennzeichneten Kampf der Sikhs um einen eigenen unabhängigen Staat *Khalistan* mit ihrem Namen.

Dabei wird jedoch übersehen, daß der Konflikt in seiner jetzigen Form erst vor einem Jahrzehnt entbrannte und Sikhs und Hindus bis dahin über fünf Jahrhunderte friedlich nebeneinander lebten. An sich sind die Glaubensgrundsätze beider Völker durchaus miteinander vereinbar, und so war es auch kein religiöser Antagonismus, sondern ihre von ständigen Abwehrkräften gegen die Zentralregierung in Delhi geprägte Geschichte, die die Sikhs ihre Eigenständigkeit immer mehr betonen ließ.

Die Ursprünge des Sikhismus gehen auf den Hinduprediger *Guru Nanak* (1469-1539) zurück, der aus einer Kaufmannnskaste aus dem Punjab stammte und eine **Synthese von Hinduismus und Islam** anstrebte. Er übernahm zwar vom Hinduismus die Lehre vom Weltschöpfer *(Brahman)*, von der Seelenwanderung und vom *Karma,* lehnte jedoch mit der Vielgötterei, dem Ritualismus und vor allen Dingen mit dem Kastenwesen drei seiner Kernelemente ab.

Ebenso wie der Islam ist der Sikhismus streng monotheistisch und glaubt an einen unsichtbaren Gott. Als Ausdruck ihrer aufgehobenen Kastenzugehörigkeit tragen alle männlichen Sikhs den gleichen Namen – *Singh* (Löwe).

Ferner geht der Sikhismus von der Möglichkeit der Erlösung durch moralisches Handeln und weltliche Pflichterfüllung aus. Bedingt durch diese egalitären und diesseits orientierten Wertvorstellungen zeichnen sich die Sikhs im Gegensatz zu den oft zum Fatalismus neigenden Hindus durch eine pragmatische und dynamische Lebenseinstellung aus.

Nanaks vierter Nachfolger *Guru Arjun Dif* ließ 1577 den **Goldenen Tempel** erbauen, der von nun an das spirituelle Zentrum der Sikhs bildete. Hier befindet sich auch das heilige Buch des Sikhismus, der *Adi Granth* (wörtl. "Urbuch", auch als *Guru Granth Sahib,* "das hochverehrte Buch", bekannt), welches *Arjun Dif* aus den Schriften und Lehren seiner Vorgänger zuammenfaßte.

Im Verlauf der **zunehmenden Verfolgung** der Sikhs durch die muslimischen Machthaber in Delhi wurden sowohl *Arjun Dif* als auch der neunte Guru *Tik Bahadur* hingerichtet, worauf dessen Sohn die Reformsekte zu einem religiösen Kampfbund, *Khalsa* genannt, umformte. Ferner verfügte er, daß nach seinem Tode niemand seine Nachfolge antreten sollte und dafür die heilige Schrift *Adi Granth* als oberste Autorität des Glaubens die Position der Gurus einnehmen sollte.

Mit dem Zerfall des Mogulreiches erstarkten die Sikhs und konnten 1801 unter *Ranjit Singh* als Maharaja ihr **eigenes Königreich** im Punjab errichten, welches jedoch nach zwei erbitterten Schlachten 1849 von den Briten erobert wurde.

Als mit der Unabhängigkeit Indiens am 15. August 1947 gleichzeitig auch die Abtrennung Pakistans in Kraft trat und die neue Grenzlinie der beiden Staaten mitten durch den Punjab lief, kam es hier zu den schlimmsten Massakern zwischen Sikhs, Hindus und

Moslems im ganzen Land. Von nun an wurden die Stimmen für einen von Hindus und Moslems gleichermaßen **unabhängigen Staat** immer lauter. Noch jedoch wurden die Forderungen durch die 1921 gegründete Sikh-Partei *Akali Dal* (Bund der Unsterblichen) auf demokratische Weise vorgebracht.

Als sich die ökonomische Situation im bis dahin als Wirtschaftswunderland geltenden Punjab, das einen bedeutenden Anteil zu Indiens wirtschaftlicher Entwicklung beigetragen hatte, in den sechziger Jahren radikal verschlechterte und die Zahl der landlosen Arbeiter verdoppelte, fanden die fundamentalistischen Parolen des Sektenführers *Bhindranwale*, der zur Errichtung eines unabhängigen Staates **Khalistan** (Land der Reinen) aufrief, vor allem unter den desillusionierten Jugendlichen schnellen Zulauf. Seine Anhänger verbreiteten unter der Hindu-Bevölkerung im Punjab durch terroristische Gewalttaten Angst und Schrecken.

Als Bhindranwale schließlich seinen eigenen Staat Khalistan ausrief und sich 1982 mit seinen Anhängern im Goldenen Tempel von Amritsar verschanzte, waren die Türen für eine friedliche Lösung des Punjab-Konfliktes endgültig zugeschlagen.

Versuchte Indira Gandhi zunächst noch vergeblich, durch die Ernennung eines Sikhs als Staatsoberhaupt den Konflikt zu entschärfen, geriet sie von den Hardlinern in ihrem Kabinett unter immer stärkeren politischen Druck und entschloß sich schließlich zur **Operation Blue Star.** Nach generalstabsmäßiger Planung wurde der Goldene Tempel am 30. Mai 1984 von 15.000 Soldaten erstürmt, wobei die meisten der über 3.000 Besetzer getötet wurden, unter ihnen auch Bhindranwale.

Diese Schändung ihres Heiligtums war ein Fanal für die strenggläubigen Sikhs. Befanden sich die **Fundamentalisten** bis dahin innerhalb der Sikh-Gemeinde noch deutlich in der Minderheit, so radikalisierten sich jetzt auch jene, die bisher nur für eine größere politische wie wirtschaftliche Autonomie gegenüber Delhi eingetreten waren.

Von nun an beherrschte eine Spirale von **Gewalt und Gegengewalt** die Lage in Punjab. Die Ermordung *Indira Gandhis* und die sich anschließenden Massaker an Sikhs in Delhi, Terroraktionen verschiedener Untergrundorganisationen gegen hinduistische Politiker, brutales Vorgehen der indischen Polizeitruppen in Amritsar, erneute Erstürmung des Goldenen Tempels 1988, fehlgeschlagener Anschlag auf *Rajiv Gandhi* aus seiner Sikh-Leibgarde, die Unterstellung des Punjab unter direkte Kontrolle Delhis – die Liste der Gewaltakte zwischen Hindus und Sikhs seit 1980 ließe sich noch endlos verlängern.

Die Gefahr vor Augen, die Abspaltung des Punjabs könnte weiteren, schon lange schwelenden Unabhängigkeitsbestrebungen in Assam, Tamil Nadu und vor allem in Kashmir neuen Auftrieb geben und damit den Bestand der indischen Union ernsthaft gefährden, ließ die indische Zentralregierung lange Zeit keinen Millimeter von ihrer kompromißlosen Haltung abgehen, während die Sikhs wegen des

Land und Leute

brutalen Vorgehens der indischen Truppen weiterhin auf ihre Unabhängigkeit pochten.

Anfang der neunziger Jahre entspannte sich die Lage jedoch auf beiden Seiten. Im Gegensatz zu Kashmir, wo eine friedliche Konfliktlösung in den nächsten Jahren nur schwerlich vorstellbar ist, scheint der Wunsch vieler Punjabis, statt politischem Extremismus wirtschaftlichem Aufschwung Priorität einzuräumen, langfristig die Lage im Punjab zu beruhigen.

Jainismus

Ebenso wie der Buddhismus entstand auch der Jainismus im 6. Jh. v. Chr. als **Reformbewegung** gegen die autoritären Strukturen des Brahmanismus. Während jedoch der Buddhismus später zu einer der bedeutendsten Religionen der Erde aufstieg, konnte sich der Jainismus nicht über die Grenzen seines Ursprungslandes hinaus ausdehnen. Von den etwa 4,5 Mio. Anhängern dieser Religionsgemeinschaft (0,5 % der Gesamtbevölkerung) leben die meisten im Nordwesten des Landes, hier speziell im Bundesstaat Gujarat.

Ihr **Stifter** *Varda Mana,* später *Mahavira* (Großer Held) genannt, verließ im Alter von 28 Jahren Frau und Kinder, um das Wanderleben eines nackten Asketen zu führen. Schon zwei Jahre später erlangte er vollkommene Einsicht in die Gesetzmäßigkeit des Lebens und verbreitete von nun an als Wanderprediger seine Lehre, dessen letztendliches Ziel der Austritt aus dem ewigen Kreislauf des Lebens

ist. Auch hier wieder zeigen sich deutliche Paralellen zum Buddhismus.

Jina (Weltüberwinder), wie er von seinen Jüngern nun genannt wird, gilt jedoch nur als letzter von insgesamt **24 Tirthankaras** (Furtbereiter) des Jainismus, die einen Weg (Furt) aus dem Kreislauf des Lebens gefunden haben. Die 24 *Tirthankaras* verkörpern die Götter des Jainismus, und ihnen zu Ehren wurden die Tempel meistens an Orten erbaut, wo einer von ihnen geboren, erleuchtet oder ins Nirvana eingegangen ist. Die bekanntesten Tempelanlagen befinden sich auf den als heilig angesehenen Bergen in Gujarat und Rajasthan.

Oberstes von den Gläubigen einzuhaltendes Gebot auf dem von den Tirthankaras gewiesenen Weg aus dem Kreislauf der Wiedergeburten ist **Ahimsa,** die unbedingte Schonung jeglichen Lebens. Dieses Gebot resultiert aus der vom Hinduismus übernommenen Idee der Einheit allen Lebens. So liegt es im ureigensten Interesse jedes Lebewesens, anderen kein Leid zuzufügen, schadet es sich dadurch doch letztlich nur selber. Einige Gläubige verfolgen dieses Gebot derart strikt, daß sie einen Mundschutz tragen, um nicht versehentlich ein Insekt zu verschlucken.

Diese uneingeschränkte Achtung vor dem Leben hat bis heute tiefgreifende Auswirkungen auf die **Lebens- und Arbeitsbedingungen** der Jains. Selbstverständlich sind alle strikte Vegetarier (manche essen sogar nichts, was in der Erde gewachsen ist, weil beim Herausziehen Kleinlebewesen getötet werden könnten), doch darüber hinaus verbietet ihnen ihr Glaube die Ausübung von Tätigkeiten wie etwa in der Landwirtschaft oder im Militär, die das Tötungsverbot mißachten könnten.

So finden sich Jains heute vor allem in kaufmännischen und akademischen Berufen, was zur Folge hat, daß sie zu den wohlhabendsten und bestausgebildeten Schichten der Gesellschaft zählen. Die im Jainismus geforderte innerweltliche Askese hat dazu geführt, daß sie ihren materiellen Wohlstand nur in geringem Maße zum persönlichen Konsum verwenden, dafür jedoch um so großzügiger Bau bzw. Erhaltung ihrer Heiligtümer unterstützen. Hieraus erklärt sich auch, daß ihre Marmortempel von Palitana, Dilwara und Ranakpur zu den schönsten Heiligtümern ganz Indiens zählen.

Buddhismus

Bei der Frage nach dem ***Ursprungsland des Buddhismus*** würde wohl kaum jemand auf das klassische Land des Hinduismus Indien tippen. Tatsächlich jedoch verbrachte Buddha, der vor über zweieinhalb Jahrtausenden auf dem indischen Subkontinent geboren wurde, den größten Teil seines Lebens in der nordindischen Tiefebene. Zudem war die nach ihm benannte Lehre für fast ein Jahrtausend die Staatsreligion des Landes. Das sieht heute ganz anders aus, bekennen sich doch gerade mal 0,7 % der Gesamtbevölkerung zum buddhistischen Glauben. Auch in Rajasthan ist der Buddhismus kaum zu finden.

Zu den Heiligtümern zählt das im heutigen Südnepal gelegene Lumbini, jener Ort, wo Buddha als ***Prin-***

Alles im Blick: Jain-Kultbilder

zensohn Siddharta Gautama wahrscheinlich 560 v. Chr. geboren wurde. Entsprechend seiner adeligen Herkunft führte der spätere Religionsstifter in seinen jungen Jahren ein sorgenfreies, ja luxuriöses Leben und wurde im Alter von 16 Jahren standesgemäß mit seiner Kusine *Jashudara* verheiratet.

Zunehmend stellte sich der tiefsinnige Prinz jedoch die **Frage nach der wahren Bedeutung des Lebens,** wobei ihm die Sinnlosigkeit eines an materiellen Werten orientierten Lebens immer bewußter wurde. Diese Überlegungen verstärkten sich, als er bei drei heimlichen Ausflügen aus dem väterlichen Schloß seine realitätsferne Welt verließ und menschlichem Leid in Gestalt eines Greises, eines Kranken und eines Verstorbenen begegnete. Den letzten Anstoß, sein bisheriges Leben im Überfluß aufzugeben, gab ihm die Begegnung mit einem wandernden Asketen.

So verließ er im Alter von 29 Jahren in der Nacht der großen Entsagung heimlich Eltern, Frau und Kind und vertauschte das luxuriöse Bett in seinem Palast mit einer Lagerstätte unter freiem Himmel. Als er nach insgesamt sieben Jahren unter strengster **Askese,** die ihn an den Rand des physischen Zusammenbruches führte, seinem Ziel der Erkenntnis nicht näher gekommen war, wählte er als dritte Möglichkeit zwischen extremem Überfluß und Askese den mittleren Weg: meditative Versenkung als Weg der Loslösung von den Begierden der materiellen Welt.

Schließlich gelangte er nach sieben Tagen ununterbrochener Meditationssitzung unter einem Feigenbaum im kleinen Ort Gaya, im heutigen Bihar, zur Erleuchtung, indem er die **vier edlen Wahrheiten,** die zum *Nirvana* führen, erkannte:

- Alles Leben ist Leiden.
- Alles Leiden wird durch Begierden hervorgerufen.
- Alles Leiden kann durch die Auslöschung der Begierden vernichtet werden.
- Leid und Begierden können durch die Praktizierung des achtfachen Pfades überwunden werden.

Wer hiernach sein Leben an den **acht Prinzipien** der rechten Anschauung, der rechten Gesinnung, des rechten Redens, des rechten Tuns, der rechten Lebensführung, des rechten Strebens, des rechten Überdenkens und der rechten Versenkung ausrichtet, wird im nächsten Leben auf einer höheren Daseinsstufe wiedergeboren. Geht man diesen Pfad konsequent, d.h. unter strenger Selbstdisziplin, zu Ende, durchbricht man schließlich den Kreislauf der Wiedergeburten und tritt in einen Zustand ewiger Seligkeit ein und wird somit zum Buddha. So übernimmt auch der Buddhismus die Vorstellung von *Karma* und Wiedergeburt, lehnt jedoch das Kastenwesen entschieden ab, da er die **individuelle Selbsterlösung** zum obersten Prinzip erklärt.

Gaya, der Ort, an dem aus dem Prinzensohn *Siddharta Gautama* der **Buddha,** d.h. der Erleuchtete, wurde, heißt seitdem Bodhgaya und zählt zu den vier heiligsten Orten des Buddhismus, welcher inzwischen zur viertgrößten Religionsgemeinschaft der Welt aufgestiegen ist. Die nun folgenden 45 Jahre seines Lebens zog Buddha als Wanderprediger durchs Land, wobei seine Anhängerschaft stetig zunahm. Als er schließlich im Alter von 80 Jahren bei Kushinagar in Uttar Pradesh mit den Worten *"Wohlan ihr Mönche, ich sage euch, alles geht dahin und stirbt, aber die Wahrheit bleibt, strebt nach eurem Heil"* verstarb, hatte er die Grundlagen für eine landesweite Ausdehnung seiner Lehre gelegt.

Entscheidender weltlicher Wegbereiter nach seinem Tode wurde **Kaiser Ashoka** (272-232 v. Chr.), der einzige Herrscher bis zum Aufkommen der Moguln, der einen Großteil des indischen Subkontinents unter eine zentrale Herrschaft vereinigen konnte. Nachdem er selbst zum Buddhismus konvertiert war, erklärte er die Lehre zur Staatsreligion und förderte ihre Verbreitung durch großzügige Spenden für Klöster und heilige Stätten. Zudem entsandte er Mitglieder des Königshauses in benachbarte asiatische Länder, die dort die buddhistische Lehre verbreiteten. So war es sein Sohn *Mahinda*, der als Begründer des Buddhismus auf Ceylon (Sri Lanka) gilt. Entscheidend zur schnellen Verbreitung des Buddhismus trug sicherlich bei, daß der Hinduismus gerade zu jener Zeit durch die alles beherrschende Rolle der Brahmanenkaste in einem Ritualismus erstarrt war, der von dem einfachen Volk kaum nachzuvollziehen war.

Ähnlich wie der Islam oder Jainismus spaltete sich auch der Buddhis-

mus nach dem Tode seines Stifters in verschiedene Glaubensrichtungen. Der **Hinayana-Buddhismus** (Kleines Fahrzeug) gilt als die ursprüngliche Form, weil sie den von Buddha gewiesenen Weg jedes einzelnen unter strenger Beachtung der vorgegebenen Prinzipien betonte. Da dies die ältere Form des Buddhismus unter strenger Betonung der mönchischen Lebensordnung darstellte, wird sie auch *Theravada* genannt, was soviel wie Weg der Älteren bedeutet. Diese konservative Richtung wird heute vor allem in Birma, Sri Lanka, Thailand und Kambodscha gelehrt.

Der **Mahayana-Buddhismus** (Großes Fahrzeug) schließt, wie es der Name schon andeutet, alle Gläubigen ein, weil hier Mönche wie Laien das Nirvana erlangen können. Die im 5. Jh. gegründete und 1197 n. Chr. durch die Muslime zerstörte Universität Nalanda im heutigen Bundestaat Bihar war einst die Hauptlehrstätte dieser Glaubensinterpretation. Eine zentrale Rolle im Mahayana-Buddhismus spielen die sogenannten *Bodhisattvas,* erleuchtete Wesen, welche selbstlos auf den Eingang ins Nirvana verzichten, um anderen auf deren Weg dorthin zu helfen. Die Lehre vom Großen Fahrzeug hat heute Vorfahrt in China, Japan, Korea und Vietnam.

Die dritte große Schulrichtung des Buddhismus bildet der **Vajrayana-Buddhismus** (Diamantenes Fahrzeug), welcher im 7. Jh. entstand. Bekannter im Westen ist er unter dem Namen *Tantrismus.* Mit Hilfe von Riten (*tantras*), dem wiederholten Rezitieren heiliger Sprüche und Formeln (*mantras*) und der Ausführung ritueller Gebete, aber auch durch das Praktizieren von Mitgefühl wird der Weg der Erlösung gefunden. Diese Form des Buddhismus hat heute in China, Japan und vor allem in Tibet eine große Anhängerschaft.

Zwar überdauerte der Buddhismus auch den Tod seines unermüdlichen Protegées *König Ashokas,* doch schließlich **erstarkte der Hinduismus,** zumal er von den nachfolgenden Herrschern nachdrücklich unterstützt wurde. Hier rächte sich jetzt auch eine Entwicklung, die einst dem Hinduismus zum Nachteil geriet. Während zu Beginn die Botschaft der buddhistischen Göttermönche über den Pomp der großen brahmanischen Opferrituale gesiegt hatte, war

die Zahl der buddhistischen Klöster im Laufe der Zeit mächtig angewachsen und den Gläubigen zu einer Last geworden, während der Unterhalt der Brahmanenfamilien weit weniger Aufwand erforderte. Spätestens im 9. Jh. hatte der Hinduismus die Oberhand gewonnen, während die Lehren des mittleren Weges nur noch in ihrem Heimatgebiet, in Bihar und Bengalen, die Mehrheit der Gläubigen befolgten. Letztlich waren es jedoch nicht die Hindus, sondern die Moslems, die im 12. Jh. mit der Zerstörung buddhistischer Klöster und Heiligtümer die Religionsphilosophie des ehemaligen Prinzensohns Gautama Siddharta in Indien fast gänzlich zur Bedeutungslosigkeit degradierten.

Festlich geschmückt: rajasthanische Musiker

Feste, Feierlichkeiten

Feste im indischen Leben

Indische Feste sind so bunt und ungestüm wie das Land selbst. Zwar haben die meisten religiöse Ursprünge, doch gerade die für Indien so typische Einheit von Religion und prallem Leben macht ihre eigentliche Faszination aus. Prozessionen und Feuerwerk, Theatervorführungen auf öffentlichen Bühnen und farbenfrohe Tänze, nächtliche Jahrmärkte mit Karussels, und Akrobaten und verführerischen Essensständen sowie infernalische Lautsprechermusik sind die typischen Bestandteile. Ein Augenschmaus sind sie immer, dafür auch allzuoft eine Pein für unsere Ohren. Die Vielfalt der Religionen beschert dem Land eine unübersehbare Anzahl von Festen und Feiertagen.

Neben den landesweiten existieren noch unzählige nicht minder beeindruckende Regionalfeste. Jeder Reisende, der auch nur wenige Wochen im Land unterwegs ist, wird wahrscheinlich Augen- und Ohrenzeuge einer solchen Feierlichkeit werden.

Feste bringen nicht nur Abwechslung in das gerade von der Landbevölkerung oftmals als relativ ereignisarm angesehene Leben, sondern besitzen auch in einer derart extrem reglementierten Gesellschaft wie der indischen, in der die meisten Entscheidungen des täglichen Lebens durch die Kastenordnung vorgegeben werden, eine höchst wichtige Ventilfunktion. Man darf sich gehen lassen und Dinge tun, die sonst verpönt sind.

Indischer Festkalender

Selbstverständlich kann hier nur eine kleine Auswahl der vielen hundert indischen Feste aufgeführt werden. Da sich die meisten religiösen Feste nach dem **Mondkalender** richten und zudem regional oftmals leicht variieren, kann auch nur eine ungefähre Zeitangabe gegeben werden. Beim indischen Fremdenverkehrsamt in Frankfurt ist ab November eine Liste mit den Terminen der hundert Hauptfeste für das kommende Jahr erhältlich.

Januar
● 1. Januar; **Neujahr** - Gesetzlicher Feiertag
● 26. Januar; **Tag der Republik** - Gesetzlicher Feiertag. Wer es irgend einrichten kann, sollte sich die große Parade zum Tag der Republik in Delhi nicht entgehen lassen. Das ganze unvergleichliche Kaleidoskop der Völker und Stämme dieses kontinentalen Landes zieht in ihren bunten Trachten, begleitet von Musikkapellen, geschmückten Elefanten und Kamelen über den Raj Path, die Prachtstraße vor dem Parlament. Indiens ehemalige Größe scheint hier unter dem Motto „Einheit in der Vielfalt" wieder lebendig zu werden.

Januar/Februar
● **Vasant Panchami** - Zu Ehren von Saraswati, der Göttin der Gelehrsamkeit, werden im ganzen Land, vornehmlich jedoch in den intellektuellen Hochburgen Westbengalens, Prozessionen durchgeführt.

Februar
● **Maha Shivaratri** - Nächtliche Tempelprozessionen, vor allem in Varanasi, Khajuraho und Delhi, stehen im Mittelpunkt dieses dem Gott Shiva gewidmeten Festes.

Februar/März
● **Holi** - Gesetzlicher Feiertag. Eines der fröhlichsten, ausgelassensten und vor

allem farbenfrohsten Feste ganz Indiens. Zur Begrüßung des Frühlings wirft man ausgelassen mit Farbpulver um sich, wobei Touristen die begehrtesten Opfer abgeben. Leider wird das Fest vielerorts immer rowdyhafter, siehe daher das Kapitel „Sicherheit".

● *Gangaur* - Das unmittelbar nach Holi beginnende Gangaur-Fest läßt sich von allen Bundesstaaten Indiens am schönsten in Rajasthan erleben. Gewidmet ist es Gaur, einer Erscheinungsform Parvatis, der Frau Shivas. Gangaur ist in erster Linie ein Fest der Frauen, wobei die Mädchen um einen liebevollen Gatten und die verheirateten Frauen um ein langes und glückliches Leben ihres Mannes bitten. Die besonders schön herausgeputzten Frauen verehren in Festtagsumzügen die durch die Straßen der Städte getragenen, meist aus Holz oder Ton gefertigten Gaurifiguren, die am Ende des Festes im Wasser versenkt werden. Besonders romantisch wird das Fest am Pichola-See in Udaipur begangen.

März/April

● *Mahavir Jayanti* - Gesetzlicher Feiertag. Das bedeutendste Fest der Jains zu Ehren des 24. und letzten Furtbereiters *Avira* wird vor allen Dingen in den Jain-Hochburgen Gujarats gefeiert, aber auch in Mt. Abu.

● *Ramanawami* - Gesetzlicher Feiertag. Der Geburtstag *Ramas,* der siebten Inkarnation *Vishnus,* wird in Großstädten sowie Ayodhya, seinem Geburtsort, und Rameshwaram gefeiert.

● *Karfreitag* - Gesetzlicher Feiertag.

Mai/Juni

● *Buddha Purnima* - Gesetzlicher Feiertag. Buddhas Geburtstag wird vor allem in Bodhgaya gedacht, wo der Prinz Gautama Siddharta seine Erleuchtung erlangte.

Juli/August

● *Naga Panchami* - Typisch indisch, könnte man sagen. Ein Fest zu Ehren der Schlangen, welche nach hinduistischem Glauben Feinde von Haus und Hof fern-

halten. Es wird vor allem in Mathura, Delhi, Agra und Rajasthan begangen.

● *Muharram* - Dieses bedeutendste muslimische Fest erinnern an eine Schlacht im Jahre 680 v. Chr., bei der die Enkel des Propheten Mohammed getötet wurde. Es wird vor allem in Lucknow, Delhi, Bhopal, Kashmir und Bombay gefeiert und bietet leider oft Anlaß zu Ausschreitungen zwischen Schiiten und Sunniten.

● *Teej* - Das zur Begrüßung des Monsuns und zur Wiedervereinigung Shivas und Parvatis begangene Fest ist neben Holi und Gangaur eines der fröhlichsten und farbenfrohesten Nordindiens. Frauen in ihren meist grün gehaltenen Saris schwingen in den dafür speziell hergerichteten, in Bäumen aufgehängten Schaukeln und lassen ihrer Lebensfreude freien Lauf. In einigen Städten werden auch auf Elefanten plazierte Statuen Parvatis während Festtagsumzügen durch die Straßen geführt.

August

● 15. August; *Unabhängigkeitstag*
Gesetzlicher Feiertag.

● *Janmashtami* - Gesetzlicher Feiertag. Der Geburtstag Krishnas, einer der beliebtesten Götter des hinduistischen Pantheons, wird landesweit, vor allem an seinem Geburtsort Mathura sowie in Dwarka, Delhi und Varanasi, gefeiert.

September

● *Ganesh Chaturthi* - Dem volkstümlichen Elefantengott *Ganesha,* Sohn *Shivas* und *Parvatis,* gewidmet. Im ganzen Land, vornehmlich jedoch in Bombay und Westbengalen, werden Tonfiguren des Gottes des Wohlstandes und der Weisheit auf Umzügen durch die Stadt gefahren, bevor sie im Meer bzw. im Fluß versenkt werden.

September/Oktober

● *Dussera* - Dauer 10 Tage, davon 2 gesetzliche Feiertage. Das bedeutendste aller indischen Feste bezieht sich auf das Ramayana-Epos, in dem *Sita,* die Gattin *Ramas,* vom Dämon *Ravana* nach Sri Lanka entführt, am Ende jedoch von Rama wieder befreit wird. In Delhi wird das Epos abends als *Ramlila* auf vielen Freilichtbühnen aufgeführt. Daneben überall kirmesähnliche Vergnügungsangebote mit Musik, Essensständen und Schaustellern. *Ravanas* Figur aus Papier und Holz wird am eigentlichen Festtag gegen Abend in Brand gesteckt.

Oktober
● 2. Oktober; **Geburtstag Mahatma Gandhis** - Gesetzlicher Feiertag.

Oktober/November
● **Diwali** - Fünf Tage, davon ein Feiertag. Eigentlich *Depavali* genannt (Lichterkette), ist es eher ein ruhiges, beschauliches Fest,

vergleichbar mit unserem Weihnachtsfest. Auch in Indien ist es in den letzten Jahren zu einem reinen Konsumfest verkommen, wobei der eigentliche Anlaß, nämlich die symbolische Heimleuchtung *Ramas* bei seiner Rückkehr aus dem Exil, völlig in den Hintergrund getreten ist.

November/Dezember :
● **Govardhan Puja** - Gesetzlicher Feiertag. Das gibt es nur in Indien: Alle öffentlichen Institutionen haben geschlossen zu Ehren der Kuh, dem heiligen Tier im Hinduismus.

Dezember
● 25. Dezember; **Weihnachten** Gesetzlicher Feiertag.

Daten rajasthanischer Feste 1997 bis 2000

Fest	1997	1998	1999	2000
Camel Festival Bikaner	22.-23.1.	11.-12.1.	1.-2.1.	20.-21.1.
Nagaur Fair Nagaur	13.-16.2.	3.-6.2.	24.-27.1.	12.-15.2.
Desert Festival Jaisalmer	20.-22.2.	9.-11.2.	29.-31.1.	17.-19.2.
Elephant Festival Jaipur	23.3.	12.3.	1.3.	19.3.
Gangaur Fair Jaipur	10.-11.4.	30.-31.3.	20.-21.3.	7.-8.4.
Mewar Festival Udaipur	10.-11.4.	30.31.3.	20.-21.3.	7.-8.4.
Teej Festival Jaipur	6.-7.8.	26.-27.7.	14.-15.8.	2.-3.8.
Marwar Festival Jodhpur	15.-16.10.	4.-5.10.	23.-24.10.	12.-13.10.
Dussehra Mela Kota	9.-11.10.	29.9.-1.10.	17.-19.10.	5.-7.10.
Pushkar Fair Pushkar	11.-14.11.	1.-4.11.	20.-23.11.	9.-11.11.
Chandrabhaga Fair Jhalawar	13.-15.11.	2.-4.11.	22.-24.11.	10.-12.11.

Land und Leute

Kunst und kulturelle Ausdrucksformen

Literatur

Wohl kein anderes Volk ist in seinen Denk- und Verhaltensweisen derart stark von seiner Literatur geprägt worden wie die Inder. Schon vor drei Jahrtausenden begann mit der Formierung der Kastengesellschaft die Niederschrift der **Veden,** meist religiöse Schriften anonymer Autoren. Neben Hymnen an die Götter und Beschreibungen der hochkomplizierten priesterlichen Opferrituale finden sich detaillierte Anweisungen über die der jeweiligen Kaste entsprechenden Verhaltensweisen. Noch heute bestimmen die penibel geführten Vorschriften über Berufsausübung, Essens- und Heiratsvorschriften, Reinigungszeremonien, Opferhandlungen und Beerdigungszeremonien den Alltag der allermeisten Inder.

Die beiden Klassiker der altindischen Literaturgeschichte sind jedoch die ausufernden Helden- und Göttersagen Mahabharata und Ramayana. Mit seinen über 100.000 Versen gilt das **Mahabharata** als das umfangreichste Werk der Weltliteratur. Vor dem Hintergrund des Kampfes zwischen den mythischen Völkern der *Pandawas* und *Kausawas* wird eine verschachtelte Handlungsstruktur aufgebaut, in deren Verlauf die verschiedenen Götter in ihren zahlreichen Inkarnationen auftreten. Die im Kampf zwischen Gut und Böse entwickelten Glaubens- und Moralvorstellungen prägen bis heute das Le-

ben der Inder. *"Wir verdanken ihnen",* sagt der Schriftsteller *Gangada Gangije, "all unsere Inspirationen. Sie sind tief in unser Leben eingedrungen".*

Besonders deutlich zeigte sich dies, als Mitte der achtziger Jahre das **Ramayana-Epos** in über hundert Folgen im staatlichen Fernsehen ausgestrahlt wurde. Gebannt verfolgte die gesamte Nation das Schicksal des strahlenden Helden Rama, einer Inkarnation Vishnus, wie er seine ihm demütig ergebene Frau Sita aus den Klauen des Dämon Ravana, der sie nach Sri Lanka entführt hatte, befreite. Wie in Deutschland nur zu bedeutenden Spielen der Fußballweltmeisterschaft, so waren Indiens Straßen während der Ausstrahlung leergefegt, und riesige Menschentrauben versammelten sich vor jedem verfügbaren Fernsehapparat. Die Helden hießen nicht Beckenbauer oder Matthäus, sondern Hanuman (der Affengott), Rama oder Krishna. So gänzlich unterschiedlich Ramayana und Fußballspiel auch erscheinen mögen, in einem zentralen Punkt erfüllten sie jedoch die gleiche Funktion: Beide dienten als ideale, lang ersehnte Identifikationsmodelle zweier sonst von schweren Krisen und inneren Zerwürfnissen gezeichneten Nationen. Zweifelsohne hatte der überwältigende Erfolg der Fernsehausstrahlung wesentlichen Anteil an der Rennaisance des Hindu-Fanatismus mit seiner Symbolfigur Rama.

Von einer millionenstarken Anhängerschaft können die **neuzeitlichen Literaten** nur träumen. So betragen selbst bei renommierten Schriftstellern die Anfangsauflagen kaum mehr als 1.000 bis 3.000 Exemplare. Nur ganz wenige können so ihren Lebensunterhalt bestreiten, die allermeisten sind. in anderen Berufen tätig Bei vielen ist dies der Journalismus, was nicht ohne Einfluß auf die indische Literatur geblieben ist. Nicht blumige und ausufernde Heldensagen, sondern kurze und kritische Essays zu den drängenden Problemen der indischen Gesellschaft bestimmen heute die indische Literatur.

Als einer der Wegbereiter des modernen indischen Romans mit einer Hinwendung zum sozialen Engagement gilt der 1905 in Peshawar geborene und in England ausgebildete *Mulk Raj Anand.* Seine Biographie ist symptomatisch für die Vertreter der **Nai Kahani,** jener Bewegung der neuen Hindi-Literatur, die zum ersten Mal Ende der fünfziger Jahre radikal mit der indischen Tradition brach. Gleichzeitig geprägt durch den indischen Unabhängigkeitskampf und europäisches Gedankengut, versuchen die von europäischer Erzähltradition beeinflußten Autoren den indischen Alltag in all seiner Ungerechtigkeit schonungslos darzustellen und verstehen sich als Sprachrohr der Unterdrückten. So sagt der Schriftsteller *Dadja Pawar,* einer der wichtigsten Vertreter der **Dalit-Bewegung** (einer Bewegung zur Durchsetzung der Rechte der "Unberührbaren", die sich Anfang der siebziger Jahre bildete): *"Unser Schreiben über unsere Rechte als menschliche Wesen ist der Kampf um unsere Identität".*

Die **Identitätsfrage** ist dabei gerade in einer Zeit, in der die jahrtausendealten Traditionen und Werte der indischen Kultur durch den Ansturm der von westlichen Medien verbreiteten Konsum- und Wettbewerbsgesellschaft ins Wanken geraten, eines der Hauptthemen der neueren indischen Literatur. Gerade angesichts des scheinbar unaufhaltsamen Siegeszuges der elektronischen Massenmedien wirken die nur allzu berechtigten Rufe der indischen Literaten nach einer an indischen Wertvorstellungen orientierten gesellschaftlichen Entwicklung wie die berühmten Rufe in der Wüste.

Tanz

Ganz anders als im oftmals körperfeindlich eingestellten christlichen Europa war in Indien der Tanz von Anfang an integraler Bestandteil der religiösen Kulthandlungen. So sind viele Hindutempel nicht nur mit einem speziellen Raum für die Abhaltung der **rituellen Tänze** ausgestattet, sondern von außen geradezu übersät mit Skulpturen grazilen, kaum bekleideter Tänzerinnen; *devadasis* wurden diese Tempeltänzerinnen früher genannt. Sie wohnten, wie die Brahmanen-Priester auch, im Tempel und lebten von den Gaben der Gläubigen.

Indischer Tanz ist **Göttertanz.** Die Menschen tanzen für die Götter und als Götter, imitieren sie oder werden von ihnen besessen, mehr noch: Selbst die Götter tanzen. *Shiva* ist zugleich *Nataraja,* der König der Tänzer. In wildem Tanz inmitten eines Feuerkreises zu Füßen der Zwerg *Asmara,* der für die Ich-Befangenheit des weltlichen Menschen steht, tanzt der vielarmige Shiva den Tanz der Zerstörung

Land und Leute

Frauen bei einer der zahlreichen Tanzveranstaltungen während der Pushkar Mela

und gleichzeitigen Erneuerung (*tandava*). Die hinduistische Vorstellung vom Tanz als spirituelle Vereinigung mit dem Kosmos findet hier ihren Ausdruck. Keine andere Kunstform Indiens ist derart innig mit der Religion verwoben wie die Tanzkunst, in der die indische Hochkultur ihre wohl reifste Ausdrucksform gefunden hat.

Von besonderer Bedeutung sind dabei die vier **Darstellungsmittel,** derer sich die Tänzer bedienen sollten, nämlich körperlicher *(angika),* akustischer *(barika),* dekorativer *(aharja)* und ästhetisch-psychischer *(satrika)* Ausdrucksformen.

Angika umfaßt alle Bewegungen von Kopf, Hals, Armen, Händen, Beinen und Füßen, aber auch Gebärden und Mimik. Insgesamt werden im *Narashastra,* dem Lehrbuch des Tanzes aus dem 2. Jh., 13 verschiedene Kopfdrehungen, 64 Fußbewegungen, 108 Körperhaltungen, 64 Handgesten und 36 verschiedene Blicke aufgeführt. Vieler Jahre intensiven Trainings bedarf es, um diese hochkomplizierte Ausdruckssprache zu beherrschen. Dafür kann der Tänzer dann nicht nur Objekte wie Tiere, Musikinstrumente oder Waffen darstellen, sondern auch Gefühle, Situationen und sogar abstrakte Begriffe, wie zum Beispiel Unwissenheit und Zukunft, ausdrücken. Wohl wissend, daß selbst erfahrene Zuschauer bei einer derartigen Vielzahl von Symbolen unmöglich den Sinn aller Zeichen erkennen können, wird besonders dort, wo ausländische Zuschauer anwesend sind, vor Beginn der Veranstaltung der Inhalt des Stückes und die Bedeutung zentraler Gesten und Körperhaltungen erklärt.

Fast kein indischer Tanz kommt ohne **Rhythmus- oder Musikinstrumente** aus, wobei das Harmonium, die Mrindanga-Trommel und vor allen Dingen Fuß- und Armglöckchen Verwendung finden.

Kennzeichnend für die Tanzvorführung ist die extreme Überzeichnung der Charaktere. Hierzu eignen sich besonders die **dekorativen Elemente:** Kostüme, Masken, Bühnenbilder und Requisiten. Im *Narashastra* finden sich genaueste Anweisungen, wie etwa ein Gott oder ein Dämon auszusehen hat. So werden etwa Götter- und Heldendarsteller bevorzugt in weiße oder orangefarbene Kostüme gekleidet, Böse hingegen meistens in schwarz oder tiefblau.

Wichtigstes aller vier vorgeschriebenen Darstellungsmittel sind jedoch die **ästhetisch-psychologischen Elemente.** Der indische Künstler versucht, sich in emotionale Haltungen *(baras)* zu versetzen und diese so "echt" hervorzubringen, daß sie beim Zuschauer entsprechende Gefühlszustände *(rasas)* auslösen. Auch hier wird also wieder die Vereinigung von Künstler und Publikum als überindividuelle Einheit angestrebt. Dann erst stellt sich jenes höhere religiöse Erlebnis ein, das letztlich das Ziel aller Kunst in Indien ist.

An **Themen** besteht kein Mangel, bietet doch die überreiche indische Mythologie eine unerschöpfliche Quelle an Heldengeschichten. Szenen aus dem *Ramayana* oder *Mahabharata* bilden heute wie zu alten Zeiten die Grundlagen der Aufführungen.

Episch wie die Sagen sind auch die Aufführungen selbst, nehmen sie doch oft mehrere Nächte in Anspruch. Wie bei indischen Musikkonzerten, so äußert sich auch hier das gänzlich andere Zeitverständnis der Inder. So dramatisch die Handlung auch immer wieder zwischen Gut und Böse hin und her zu schwanken scheint, auf eines kann sich der Zuschauer letztlich verlassen – ein Happy End.

Indische Tanzstile

Heute unterscheidet man mehrere klassische Tanzstile, die sich im Laufe der Jahrhunderte in verschiedenen Landesteilen entwickelt haben.

●Der bekannteste ist wohl der ursprünglich aus Tamil Nadu stammende **Bharat Natyam.** Da dieser Stil besonders präzise Bewegungsabläufe erfordert, bedarf er einer jahrelangen Ausbildung. Getanzt wird er ausschließlich von Frauen, wobei die Szenen meist aus dem Leben Krishnas stammen.

●Der **Kathakali** aus Kerala, der nur von Männern getanzt wird, ist vor allem wegen seiner äußerst farbenfrohen Masken bekannt und gilt auch als der dramatischste indische Tanz.

●Eine Art getanzte Liebeserklärung an den Gott Krishna ist der äußerst gefühlsbetonte **Odissi.** Dieser weibliche Solotanz stammt aus Orissa und wurde angeblich schon vor Jahrtausenden im Jaganath-Tempel von Puri getanzt.

●Aus dem Zentrum Nordindiens stammt der **Kathak.** Da hier für viele Jahrhunderte das Zentrum der Moghulherrschaft lag, sind persische und islamische Einflüsse nicht zu übersehen und vor allem nicht zu überhören – der Kathak ist für seine

Land und Leute

ausgefeilte Fußarbeit bekannt, und eine dementsprechend große Rolle spielen die Fußglöckchen. Hochburg des Kathak in Rajasthan ist Jaipur, wo eine bekannte Schule zum Erlernen dieses komplizierten Tanzes beheimatet ist.

Rajasthanische Volkstänze

Im allgemeinen spielt der klassische indische Tanz in Rajasthan eine eher untergeordnete Rolle. Dafür pflegt man im vor allem anläßlich der großen Volksfeste wie Holi oder zu familiären Festen wie Hochzeiten Volkstänze, denen, verglichen mit dem klassischen indischen Tanz, meist recht simple Bewegungsmuster zugrunde liegen.

● Der mit Abstand beliebteste Volkstanz Rajasthans ist der **Ghoomar,** der bei allen sich nur bietenden Feierlichen aufgeführt wird. Dabei wirbelt eine Gruppe von Frauen, die sich an der Hand halten, in hohem Tempo um einen imaginären Kreis herum. Jede Region hat ihre eigene Version dieses Tanzes, wobei oft im Rhythmus der Musik Holzstöcke aneinandergeschlagen werden.

● Der nach dem Ghoomar bekannteste Volkstanz Rajasthans ist der nur während des Holi-Festes und ausschließlich von Männern getanzte **Gher.** Dabei werden die Sänger und Musiker von den Tänzern durch einen äußeren Kreis umringt, wodurch eine besonders intensive Verbindung zwischen Musik und Tanz entsteht.

● Der **Gher-Ghoomar** ist eine Verbindung aus beiden Tänzen. Zunächst umringen die in einem äußeren Kreis tanzenden Männer die in der Mitte ebenfalls einen Kreis bildenden Frauen, wobei alle Beteiligten singen und ihre Positionen verändern. Dieser ebenfalls nur zu Holi aufgeführte Tanz gehört zu den beeindruckendsten Tänzen Nordindiens.

● Daneben gibt es noch eine Reihe weiterer, typisch rajasthanischer Tänze wie etwa den **Kacchi Ghodi,** der von säbelschwingenden Männern auf Steckenpferden dargestellt wird und den **Sidh Nath,** einen Feuertanz, der speziell in der Region Bikaners beliebt ist. Übrigens lohnt beim Betrachten der Aufführung oftmals ein genaueres Hinsehen, entpuppen sich in Rajasthan die ihr Gesicht hinter einem Schleier verbergenden grazilen Tänzerinnen beim zweiten Hinsehen häufig als kräftig geschminkte Männer.

Musik

"Die Chinesen und die Inder würden eine der unseren ähnliche Musik haben, wenn sie überhaupt eine besäßen, aber diesbezüglich stecken sie noch in der tiefsten Finsternis der Barbarei und sind in einer geradezu kindlichen Unwissenheit befangen, in der sich kaum vage Ansätze zu einem Gestaltungswillen entdecken lassen. Außerdem sprechen die Orientalen von Musik da, wo wir höchstens von Katzenmusik sprechen ..." Der französische Komponist *Hector Berlioz* stand mit dieser 1851 geäußerten Meinung über indische Musik durchaus nicht allein. Für die meisten Europäer war indische Musik nie viel mehr als ein stechender Grundton, ein monotoner Klang ohne polyphone Elemente und Harmonie – Katzenmusik eben.

Das sollte sich erst ändern, als Mitte der **sechziger Jahre** im Zuge der

Flower-Power-Bewegung viele westliche Musiker wie die *Beatles* und *Rolling Stones* nach Indien pilgerten. Von nun an ergoß sich eine Welle von Räucherstäbchen, Meditationskursen und indischen Klängen auf den von der Sinnkrise gebeutelten Westen. Da machte es auch nichts, wenn das begeisterte Publikum versehentlich schon mal das Stimmen der Instrumente beklatschte – wie geschehen beim Auftritt *Ravi Shankars* im *Concert for Bangladesh.*

So unterschiedlich *Hector Berlioz'* schon fast physische Abneigung gegen indische Musik und die Huldigung der Blumenkinder auch war, so verband sie doch eine Gemeinsamkeit: Beide hatten das Wesen **indischer Musik** nicht verstanden. Verwunderlich ist das nicht, äußert sich doch in der klassischen indischen Musik, deren Wurzeln bis ins 5. Jh. v. Chr. zurückgehen, sehr viel von den religiösen Vorstellungen der Hindus. Ursprung und Ziel indischer Musik ist es, Musiker wie Zuhörer in den Zustand geistig-seelischer Harmonie zu versetzen, in eine meditative Versenkung in Gott. So ist die Musik nichts anderes als eine Art Gottesdienst.

Raga und Tala bilden den Rahmen indischer Musik. *Tala* könnte man dabei mit Rhythmus, *Raga* mit Melodie gleichsetzen. Bei **Raga** handelt es sich um genau festgelegte Tonskalen, innerhalb welcher der Musiker unter Beachtung bestimmter Regeln ein Thema improvisiert. Diese Ragas, von denen es über 1.000 geben soll, sind jeweils bestimmten Stimmungen zugeordnet. So gibt es Ragas für spezielle Tages- oder Jahreszeiten, Frühlings-Ragas oder Nacht-Ragas ebenso wie solche für das Wetter oder menschliche Gefühle.

Die eigentliche Kunst des Musikers besteht darin, die Ragas so zu spielen, daß die beabsichtigte Stimmung dem Zuhörer perfekt vermittelt wird. Nicht umsonst umschreibt die Vokabel *Raga* eine ganze Palette menschlicher Gefühle: Begierde, Leidenschaft, Sorge, Schmerz, Ärger, Boshaftigkeit, Feindschaft, Haß und Liebe. Nebenbei bedeutet das Wort auch Farbe, Farbschattierung, Farbmittel oder Einfärben – tatsächlich soll sich der Musiker bei seinem Spiel auch wie in einer Meditation mit dem Göttlichen "einfärben", mit ihm eins werden. Als klassisches Ragainstrument gilt gewöhnlich der *Sitar,* das im Westen wohl bekannteste indische Instrument. Genauso kann ein Raga jedoch von einer Flöte oder Violine gespielt werden.

Der rhythmische Kontrapunkt zum *Raga* ist **Tala,** gewöhnlich von Handtrommeln, sogenannten *Tablas,* gespielt. Wie bei den *Ragas,* so gibt es auch Hunderte von *Talas.*

Der besondere Reiz eines Konzerts besteht im **Dialog zwischen Raga- und Tala- Interpreten**. Jeder interpretiert und improvisiert im Rahmen der ihm vorgegebenen Regeln sein Thema, und immer dann, wenn die beiden Virtuosen es schaffen, sich im rhythmischen Zyklus treffen, erheben sich begeisterte *Wah-Wah-Rufe* aus der engagiert mitgehenden Zuhörerschaft.

Unterlegt wird das Spiel von einem **Grundton,** der meist von einer *Tambura* gespielt wird. Genau dies ist die für indische Musik so typische Klang-komponente, die für westliche Ohren stechend, ja penetrant klingt. Dieser Grundton dient vornehmlich zur Wahrnehmung kleiner und kleinster Intervalle. Immerhin muß der indische Musiker innerhalb einer Oktave 22 Haupttöne und 30 Mikrotöne unterscheiden. Nur durch den unveränderlichen Bezugspunkt des Grundtons wird es möglich, solch geringe Intervallunterschiede zu erkennen und präzise zu setzen.

Ein weiterer signifikanter Unterschied zu westlichen Aufführungen liegt in der scheinbar nicht enden wollenden **Dauer** indischer Konzerte. Fünf Stunden und mehr sind dabei keine Seltenheit. Zeit hat eben in Indien noch eine ganz andere Dimension als im Westen, und so gibt es kein dynamisches Voranschreiten im Andante oder Allegro, dafür um so häufiger ein meditatives Verweilen bei einem einzigen Ton. Sich nie von der Uhr versklaven lassen: ebenfalls ein Stück asiatischer Lebensphilosophie.

Indische Musik findet jedoch nicht nur im Konzertsaal statt, und so sollte sich der nicht grämen, der keine Aufführung besuchen konnte. Der einmalige Reichtum des **Klangkörpers Indien** ist überall zu erfahren. Wer sich die Zeit nimmt (immer eine entscheidende Voraussetzung, um das Phänomen Indien zu erfahren) und an einem beliebigen Ort in Indien – die Augen geschlossen – auf die Geräusche des Landes achtet, wird die akustische Vielfalt Indiens unmittelbarer denn je erfahren. Nur ein Beispiel: Überall in Indien findet man die *Dhobis,* Wäscher, die morgens an den Ufern der Flüsse stehen und rhythmisch den Schmutz aus der Wäsche schlagen. Oder das Gemurmel einer Tempelzeremonie, das Vorbeifahren eines Ochsenkarrens, das Stimmengewirr auf dem Marktplatz. Im Vergleich dazu ist unsere eigene Klangsphäre arm, reduziert fast nur noch auf diffuse Motorengeräusche.

Instrumente

Indische Instrumente sind oft reich verziert und stellen für sich schon kleine Kunstwerke dar.

● Der **Sitar,** das bedeutendste Musikinstrument Südasiens, erlangte erst im 19. Jh. seine heutige Form. Auf dem rund einen Meter langen Hals sitzen insgesamt siebzehn verschiebbare Messingbünde. Darüber verlaufen zwei bis vier Spielsaiten. Ihre Schwingungen werden von einem Steg aus Knochen auf den Resonanzkörper übertragen, einen ausgehöhlten Kürbis mit Holzdecke. Neben den Spielsaiten verlaufen vier weitere Bordunsaiten, die nicht abgegrifffen, sondern zwischen dem Greifen der Spielsaiten angeschlagen werden. Ein separates System von elf Resonazsaiten verläuft unter den Bünden. Auf dem *Sitar* lassen sich alle Feinheiten der indischen Musik zur Geltung bringen. Eine Veränderung der Tonhöhe kann nicht nur durch das Abgreifen der Bünde, sondern auch durch seitliches Wegziehen der Spielsaiten erzielt werden.

● Der **Tambura** ist eine Art bundloser meist mit vier Saiten bespannte Langhalslaute. Auf ihm wird ein Halteton als Grundton und unveränderlicher Bezugspunkt des *Ragas* gespielt.

●Die *Tabla* besteht aus einer zylindrischen Holztrommel für die rechte Hand, die meist auf den Grundton gestimmt ist, sowie einer halbkugelförmigen, in verschiedenen Tonhöhen gestimmten Metalltrommel für die linke Hand. Mit Hilfe der Blöckchen, die unter den Haltebändern angebracht sind, wird sie exakt gestimmt. Die *Tabla* repräsentiert im *Raga* das durch die verschiedenen Anschlagtechniken außerordentlich differenzierte rhythmische Element.

●Der *Sarod* hat einen halbkugelförmigen, mit einer Decke aus Tierhaut bespannten Klangkörper aus Holz. Das bundlose Griffbrett auf dem breiten Hals besteht aus einer polierten Metallplatte. Die vier Spielsaiten werden mit einem Plektron gezupft. Daneben erklingen ein doppelchöriges Saitenpaar mit dem Grundton sowie siebzehn Resonanzsaiten.

●Die *Santur* (wörtl.: Einhundert Saiten), ein Hackbrettinstrument, fand erst recht spät Eingang in die klassische indische Musik. Sie besteht aus einem hölzernen, trapezförmigen Resonanzkasten, über dessen Decke mittels zweier Stegreihen achtzehn bis fünfundzwanzig Metallsaitenchöre geführt werden, die mit zwei an der Spitze aufwärts gebogenen Klöppeln angeschlagen werden.

●Die *Shahnai,* ein oboenartiges Instrument mit vollem, stark näselndem Klang, fand erst in den fünfziger Jahren unseres Jahrhunderts volle Anerkennung in der klassischen Musik. Ursprünglich von islamischen Eroberern und später in hinduistischen Tempeln gespielt, verdankt sie ihre Auf-

Gruppenbild mit Sitar und Geige: Mädchenkapelle vom Maharani-College in Mysore, 1895

wertung zum Konzertinstrument der Ragamusik, vor allem dem großen Virtuosen *Ustad Bismillah Khan.* Die *Shahnai* ist ein Doppelrohrblattinstrument. Der konische Holzkörper ist mit einem Metallschalltrichter und sieben Löchern ausgestattet und kann sämtliche Verzierungen der indischen Musik entfalten.

Malerei

Keine andere Kunstform Indiens wurde derart intensiv durch den Einfluß der muslimischen Invasoren aus dem Norden beeinflußt wie die Malerei. Jene oft nur wenige Quadratzentimeter großen **Miniaturmalereien,** die dem Touristen in fast jedem Maharaja-Palast und Souvenirladen begegnen, gab es allerdings schon vor der Ankunft der Moguln. Bei den ältesten erhaltenen Miniaturmalereien handelt es sich um Illustrationen von Jain-Schriften aus dem 12. Jh., die auf Palmblättern gemalt wurden.

Doch erst mit dem Machtantritt der Großmoguln, die mehrere berühmte persische Miniaturmaler mit an ihren Hof nach Delhi brachten, erwachte diese Kunstrichtung zu ihrer vollen Blüte. Entscheidend hierzu trug sicherlich auch die von ihnen in Indien eingeführte Kunst der Papierherstellung bei. Hierdurch öffneten sich nicht nur neue Möglichkeiten für das Bildformat, sondern auch für die Farbgebung, denn nicht alle Farben hafteten auf der Palmblattunterlage.

Während die Bilder früher als reine Textilillustrationen gedient hatten, erhielten sie nun ein immer größeres Eigengewicht. Als **Motive** dienten vielfach Szenen aus der indischen Literatur, die immer wieder den verspielten Krishna zum Mittelpunkt haben. Besonders beliebt ist die Badeszene am Fluß Yamuna in Vrindavan, bei dem Krishna die Kleider der gerade badenden Hirtinnen versteckt. Neben hinduistischen Szenen traten jedoch mehr und mehr Landschaftsmotive und höfische Szenen in den Vordergrund. Besonders bei der figürlichen Darstellung zeigte sich mit der Zeit ein deutlicher Wandel.

Wurde zunächst darauf geachtet, daß die Figuren keine Ähnlichkeiten mit lebenden Personen aufwiesen, wurde dieser unpersönliche, rein die Idealvorstellungen jener Epoche nachzeichnende Stil zunehmend ab-

Moderne Postkartenmalerei: Krishna mit Flöte

gelöst von **Personendarstellungen,** die erste Ansätze einer Portraitmalerei erkennen lassen. Besonders die beiden kunstsinnigen Herrscher *Akhbar* und *Jehangir* ließen auch europäische Einflüsse in die Hofmalerei einfließen. So läßt sich die Verwendung von Körperschatten und Perspektive erkennen, die den Miniaturen zusätzliche Plastizität verleiht.

Themenauswahl, Farbgebung und andere Details bestimmten fast immer die jeweiligen **Auftraggeber,** oft sogar der Großmogul selbst. Die meisten Maler gehörten niederen Kasten an und hatten so gut wie gar keinen Einfluß auf die individuelle Ausgestaltung ihrer Werke. Oft entstanden die Malereien sogar in Teamarbeit: Zunächst entwarf der Künstler, wobei man in diesem Fall wohl richtiger von Handwerker sprechen sollte, die Komposition, ein anderer trug die Farben auf, und ein dritter kümmerte sich um die Feinarbeiten.

Aber nicht nur die Mogul-Herrscher, sondern auch die Potentaten der unzähligen Fürstentümer fanden Gefallen an der Miniaturmalerei. Besonders die Herrscherhäuser in Rajasthan und Punjab wurden zu großzügigen Gönnern, wobei sie die Mogul-Traditionen aufnahmen, sie jedoch gleichzeitig mit eigenen Traditionen ergänzten. Wie so oft, wenn es um die Herausstellung einer eigenen Identität ging, zeichneten sich auch hier wieder die *Mewaris* von Udaipur aus. Ihre Bilder heben sich vom Mogul-Stil durch leuchtende Farben, größere Formate und vor allem die Darstellung lokaler Ereignisse ab. Weitere Fürstentümer wie etwa Bun-di, Kota, Alwar oder das kleine nordindische Kangra entwickelten ihre eigenen Malschulen, wobei als Zeichen der Eigenständigkeit auch wieder zunehmend Szenen aus den hinduistischen Epen Verwendung fanden. Als Motiv sehr beliebt waren auch die sogenannten *Ragamalas,* bei denen die männlichen *(ragas)* und weiblichen *(raginis)* Melodien in Stimmungsbilder umgesetzt wurden.

Eine besondere **Blütezeit** erlebte die Miniaturmalerei noch einmal Anfang des 19. Jh., als die neugewonnene Unabhängigkeit gegenüber den Moguln ihren Ausdruck in besonders farbenfrohen und heiteren Bildern fand. Mit dem Aufkommen moderner europäischer Techniken, vor allem der Fotografie, erlahmte jedoch bei vielen Maharajas das Interesse an der Miniaturmalerei. Nun zierten die Wände ihrer neuerbauten Paläste nicht mehr Szenen aus dem mittelalterlichen Hofleben, sondern Fotos von solch faszinierenden neuen Erfindungen wie Autos und Telefonen. Erst die vor den Errungenschaften der Moderne in den sechziger Jahren nach Indien fliehenden Europäer entdeckten die auf wenige Quadratzentimeter komprimierte Romantik des mittelalterlichen Indiens auf den Miniaturmalereien neu und erweckten die Kunstgattung zu neuem Leben.

Architektur

Hinduistische Architektur

Wie die anderen zuvor beschriebenen Kunstformen war auch die Architektur in ihren Anfängen reine Sakralkunst und ist dies zum großen Teil bis heute auch geblieben. So waren es Priesterarchitekten, die bereits im 1. Jahrtausend v.Chr. in speziellen Architekturlehrbüchern genaue Bauvorschriften vorgaben, deren Ziel es war, einzelne Gebäude, aber auch ganze Städte als steinerne Abbilder der göttlichen Weltordnung zu planen. Dabei stößt man auf ganz einfache Gesetzmäßigkeiten, v.a. das Quadrat und das gleichmäßige Dreieck. Hieraus ergibt sich ein strenges Muster, das fast allen Sakralbauwerken zugrunde liegt.

Im Zentrum der hinduistischen Architektur steht der Tempel, der als Sitz der Götter verehrt wird. Die ältesten freistehenden Hindu-Tempel stammen aus dem 7. Jahrhundert n. Chr., wobei die einzelnen Steinblöcke ineinander verzahnt und aufgeschichtet wurden. Die größeren unter ihnen bestehen aus mehreren Gebäudeteilen, deren Zuordnung genauestens festgelegt ist. An den nach Süden ausgerichteten Eingang schließen sich entlang einer Längsachse je eine Versammlungs-, Tanz- und Opferhalle an. Abschluß und Zentrum jedes Tempels bildet die Cella *(garbhagriha)*, in deren Mitte sich das Kultbild des dem Tempel geweihten Gottes befindet. Die hiervon ausstrahlende göttliche Kraft und Energie versinnbildlicht der über die Cella aufsteigende weithin sichtbare Tempelturm *(shikhara)*. Die Außenwände des *Shikhara,* der als Verkörperung des heiligen Berges Meru gilt, sind oftmals mit Hunderten von Skulpturen verziert. Die Anordnung der unzähligen Götterplastiken erfolgt dabei entsprechend der Hierarchie im hinduistischen Pantheon, in dem jede einzelne Gottheit ihren ge-

nau zugewiesenen Platz einnimmt. In der Gestaltung der einzelnen Skulpturen konnten die ansonsten von strengen Regeln eingeschränkten Künstler ihrer Phantasie und ihrem Schaffensdrang freien Lauf lassen. Als Quelle dienten ihnen dabei die Erzählungen der großen hinduistischen Epen wie des *Ramayana* und *Mahabharatha.* Die bunte, zum Teil geradezu ausschweifende Lebensfreude, die von vielen der gänzlich mit Götter- und Fabelwesen ausgeschmückten Tempeltürme ausgeht, steht dabei in einem spannungsreichen Kontrast zur meditativen Ruhe, die die darunter befindliche Cella kennzeichnet.

Bei der Gestaltung des Tempelturmes haben sich im Laufe der Jahrhunderte zwei verschiedene Formen herausgebildet. Beim nordindischen ***Nagara-Stil*** wird die Cella von einem sich konisch verjüngenden Turm überragt, beim südindischen ***Vimana-Stil*** erheben sich die Türme terrassenförmig über dem Allerheiligsten bis zur Spitze. In Südindien wird der Tempelbezirk von einer großen Tempelmauer umgeben, die mit ihren riesigen Eingangstoren oftmals noch den Tempelturm überragt. Beide Bautypen erreichten ihre Blütezeit zwischen 1100 und 1300, wobei im Norden die mit erotischen Skulpturen geradezu übersäten Tempel von Khajuraho sowie der Sonnentempel von Konarah in Orissa die herausragendsten Beispiele sind, während im Süden Madurai und Tiruchirapalli zwei der bedeutendsten Tempelanlagen beherbergen. Der südindische Stil wurde in zahlreichen südostasiatischen Kulturen aufgenommen und weiterentwickelt.

Trutzburg: indoislamische Festungsarchitektur in Jodpur

Land und Leute

Indoislamische Architektur

Der Einfall der muslimischen Eroberer bedeutete für die hinduistische Kultur im allgemeinen und die Architektur im speziellen einen tiefgreifenden Einschnitt. Den von religiöser Intoleranz getragenen Eroberungsfeldzügen der neuen Herrscher Indiens fielen unzählige hinduistische Bauwerke zum Opfer.

Gleichzeitig jedoch brachten die Eroberer neue Ideen und Architekturformen mit, welche dem Land einzigartige Prunkbauten bescherten. Zu den schönsten islamischen Bauwerken zählen die *Mausoleen,* allen voran natürlich das Taj Mahal, die Krönung der Mogul-Architektur. Mausoleen waren den Hindus bis dahin völlig unbekannt, da eine ihrer Glaubensgrundsätze die Wiederge-

burt ist und sie so ihren Toten keine Denkmäler errichteten. Die kunstvolle Einbeziehung der vor dem eigentlichen Grabmal gelegenen viergeteilten Gartenanlage *(garbagh)* ist ein weiteres typisch islamisches Bauelement, durch das man versucht hat, die Architektur und die Landschaft zu einer harmonischen Gesamtkomposition zu vereinigen.

Zweites hervorstechendes architektonisches Monument islamischer Herrschaft in Indien sind die übers ganze Land verteilten *Moscheen.* Im Gegensatz zu hinduistischen Tempeln dienten die größeren, *Jami Masjid* (Große- oder Freitagsmoschee) genannten Moscheen jedoch nicht nur als Kultstätte, sondern auch als Ort politischer Kundgebungen. Wie bei allen Moscheen war auch bei der

173

Jami Masjid die Ausrichtung der Gebetsrichtung *(kibla)* nach Mekka das oberste Gebot bei der architektonischen Planung. Minarette finden sich in Indien vor allem in Form zweier Rundtürme, die den Haupteingang flankieren. Arabische Schriftzeichen und stilisierte Arabesken zieren dabei häufig die Fassaden, während die Säulen des Umgangs vielfach aus geschleiften Hindu- oder Jaintempeln stammen und deshalb naturalistische Motive und Menschendarstellungen aufweisen, die in der islamischen Ikonographie eigentlich verboten sind.

Schließlich errichteten die muslimischen Eroberer im Lauf ihrer jahrhundertelangen Herrschaft riesige *Festungs- und Palastanlagen.* Die beeindruckendsten Beispiele dafür sind die Roten Forts in Delhi und Agra sowie die Anlage von Fathepur Sikri. Besonders gelungen und heute noch zu sehen bei diesen Monumentalbauten ist die harmonische Synthese aus wehrhafter Trutzburg und romantischen Privatgemächern.

Nirgendwo sonst ließen sich die Hindufürsten von den fremden Eroberern derart beeinflussen wie im *Palastbau.* Hatten sie ihre Macht und ihr Prestige bis dahin vornehmlich durch den Bau großer Tempelanlagen dokumentiert, so ließen auch sie sich nun großzügige Palastburgen bauen, wobei sich die schönsten Beispiele hierfür in Rajasthan finden (Amber, Udaipur, Jodhpur, Bundi). Typisch für diese Paläste ist der festungsartige Charakter der unteren Stockwerke, die nur wenige Fenster aufweisen.

Dieser schmucklose, lediglich zu Verteidigungszwecken dienende Unterbau wird durch einen verschwenderisch gestalteten Überbau ergänzt, der mit seinen Terrassen, Balkonen, Pavillons, kleinen künstlich angelegten Gartenanlagen und riesigen, mit Gold und Silber verzierten Empfangs- und Gästesälen den Ruf vom märchenhaften Reichtum der Maharajas mitbegründete.

Den größten Einfluß auf die Durchdringung zweier im Grunde so gegensätzlicher Architekturrichtungen wie der hinduistischen und der islamischen hatten die sogenannten *Bauhütten.* In diesen von islamischen Herrschern betriebenen Handwerksstätten arbeiteten über Generationen hinweg moslemische und hinduistische Handwerker Seite an Seite, was eine höchst fruchtbare Synthese zur Folge hatte. Islamische Stilelemente wie das Gitterfenster, Spitzbögen und florale Ornamentik wurden mit hinduistischen zusammengeführt. Beispiele für den sich hieraus entwickelnden indosarazenischen bzw. indoislamischen Baustil finden sich nicht nur in den Metropolen, sondern auch in der Provinz und hier v.a. in Gujarat mit der Bundeshauptstadt Ahmedabad.

Film

Nicht, wie allgemein angenommen, die USA, sondern Indien stellt die produktivste *Filmindustrie* der Welt. Indiens Traumfabriken in Madras, Bangalore, Hyderabad, Trivandrum und vor allem Bombay produzieren die unglaubliche Zahl von 800 abendfüllenden Spielfilmen pro Jahr, das heißt mehr als zwei pro Tag. Die Filmindustrie ist so nicht nur im Inland ein bedeutender Wirtschaftsfaktor, sondern mit einem Export in inzwischen über 100 Länder auch ein gern gesehener Devisenbringer.

Der schöne Schein des Zelluloid ist zu einer **Massendroge** vieler Inder geworden. Täglich strömen über 15 Mio. Menschen in die 10.000 Kinos des Landes, um wenigstens für einige Stunden die Mühsal des Alltags zu vergessen. Ihre Sehnsucht nach einer heilen Welt wird, das ist von Anfang an gewiß, nicht enttäuscht. Indien im Kommerzfilm – das ist eine Welt aus Luxus und Macht, riesigen Villen, romantischen Tälern, verführerischen Frauen, glitzernden Kostümen, opulenten Mahlzeiten, europäischen Sportwagen und strahlenden Helden.

Die Strickmuster all dieser Filme wiederholen sich ständig; es scheint, als gäbe es nur etwa zwanzig **Standardhandlungen,** die in leicht abweichenden Varianten immer wieder durchgespielt werden. Eine typische Handlung könnte so aussehen: Eine arme Mutter hat zwei Söhne, der eine kommt ihr eines Tages auf dem Jahrmarkt abhanden. Der Junge wird von einer reichen Familie aufgenommen und entwickelt sich zum arroganten Bösewicht. Der Bruder zu Hause dagegen bleibt rechtschaffen, irgendwie wird er sogar Polizist. Um diese beiden ranken sich noch ein oder zwei weibliche Figuren, eine konservative und gute und eine moderne und liderliche. Irgendwann treffen die beiden Brüder als Gegner aufeinander, nichtsahnend, wen sie vor sich haben. Nachdem sie gegeneinander gekämpft haben, quasi als Symbol des Kampfes des Guten gegen das

Böse, erkennen sie sich und fallen sich in die Arme – womöglich am Sterbebett der schon lange kränkelnden Mutter. Während der böse Bruder die dahinscheidende Mutter um Verzeihung bittet, kündigt der gute seine bevorstehende Hochzeit an.

Das Ganze wird melodramatisch mit einer Mischung aus Liedern, Tanzeinlagen, Verfolgungsjagden und Intrigen gewürzt. Wegen dieser "bunten Mischung" wird diese Filmart auch Masala-Film genannt – Masala heißen die indischen Gewürzmischungen. Die Parallelen zum Ramayana-Epos sind dabei unübersehbar, und im Grunde ist der indische Kommerzfilm nichts anderes als die ständige Wiederholung der alten Mythen in neuen Kleidern. Genau dies ist mit ein Hauptgrund für seinen einzigartigen Erfolg. Die Verquickung von Mythos und Realität mit ihren höchst ritualisierten Handlungs- und Gefühlsmomenten sowie die klare Unterteilung in Gut und Böse entspricht so sehr dem kollektiven Verständnis des Vielvölkerstaates, daß sie über alle Kultur- und Sprachgrenzen hinweg verständlich ist.

So hat der Masala-Film eine ganz eigene charakteristische Ästhetik entwickelt. Seine Erzählstruktur ist nicht auf psychologisch stimmige Charaktere, plausible Handlung oder kompositorische Geschlossenheit angewiesen. Von der Gewißheit ihres Wertesystems ausgehend, ist der indische Film unter westlichen Filmkritikern als wirklichkeitsfremd, kitschig und ausufernd verpönt. Der Psychoanalytiker *Sudhir Kakar,* ein hervorragender Kenner indischer Verhaltens-

weisen und der sie prägenden Kulturformen, schreibt hierzu: *"Wenn dogmatische Relativisten die Hindu-Filme als unrealistisch abtun und beklagen, daß die Handlungen so unrealistisch seien wie die auftretenden Figuren, so beruht diese herablassende Beurteilung gewöhnlich auf einer sehr beschränkten Sicht der Realität. Das Reale darauf zu reduzieren, was faktisch zu demonstrieren ist, heißt, das Reich des Psychologisch Realen - dessen, was man als Innenleben empfindet - auszuschließen".*

Einen **Kinobesuch** sollte sich kein Indienreisender entgehen lassen. Die meisten indischen Kinos sind noch richtige Filmpaläste, in denen 1.000 und mehr Besucher Platz finden. Hinzu kommt, daß, gemessen an der keimfreien Distanz deutscher Kinogänger unvorstellbare Engagement

der Zuschauer. Die Fülle der Identifikation mit ihren Helden läßt sie all deren Höhen und Tiefen mitfeiern bzw. miterleiden.

Die großen Stars, wie etwa *Sanjay Dutt* oder *Amitab Bachchan,* sind nicht nur vielfache Millionäre (Dollar-Millionäre wohlgemerkt), sondern werden von ihren Anhängern geradezu abgöttisch verehrt. Und das ist durchaus wörtlich zu verstehen. So wurde dem kürzlich verstorbenen *N.T. Rama Rao,* ein Schauspieler, der Zeit seiner Karriere immer Götter dargestellt hatte, in Andhra Pradesh ein Tempel erbaut. In Zigtausenden von Fanclubs wird der Starkult gepflegt und keiner der an den Straßenrändern aufgeschlagenen Posterständer, der nicht die in heldenhafter Pose auftretenden Megastars ausstellt.

Viele Mimen nutzen ihre ungeheure Popularität für eine politische Karriere. Bekanntestes Beispiel ist *M.G. Ramachandran,* der seine Beliebtheit als Helfer der Armen, Beschützer der Frauen und Rächer der Entrechteten auf der Leinwand begründete und schließlich 1977 sogar zum Chefminister Tamil Nadus aufstieg. *N.T. Rama Rao* war Chefminister von Andhra Pradesh.

Neben der Glitzerwelt des Kommerzkinos fristet der **Autorenfilm** ein vergleichsweise dürftiges Dasein. *Aparna Sen* und *Satyajit Ray,* zwei führende Vertreter dieses alternativen Kinos, sind unter westlichen Cineasten bekannter als in Indien selbst. Zentren dieses künstlerisch ambitionierten Autorenfilms sind Westbengalen und Südindien. Nicht Verklärung, Wirklichkeitsflucht und strahlende Helden, sondern das Engagement gegen soziale Mißstände und komplizierte, widerspruchsvolle Charaktere stehen im Mittelpunkt der Handlung. Themen wie Korruption, Umweltzerstörung, Unterdrückung der Frau oder Verlust traditioneller Werte versuchen die Regisseure einem breiteren Publikum näherzubringen. Doch ihre Anhängerschaft kommt meist über den kleinen Kreis des jungen, akademisch gebildeten Großstadtpublikums nicht hinaus. Die Regisseurin *Mira Nair* wies mit ihrem Ende der achtziger Jahre gedrehten Spielfilm *Salaam Bombay,* der das Schicksal der Straßenkinder Bombays zum Inhalt hatte, einen Ausweg aus dem Dilemma. Sie bediente sich bewußt einiger Stilmittel des Kommerzkinos, um den Wunsch des Massenpublikums nach Unterhaltung zu befriedigen und machte so auf unterhaltsame, fast schon spielerische Weise auf eines der großen sozialen Probleme Indiens aufmerksam. Der Film wurde national wie international ein überragender Erfolg.

Sprache

Ebenso wie es vor Ankunft der Briten keinen geschlossenen Zentralstaat mit Namen Indien gab, existierte keine einheitliche indische Sprache. Während sich das durch die Engländer zusammengeschweißte Kunstprodukt Indien seit nunmehr 50 Jahren über die Runden quält, ist das Land sprachlich so zersplittert wie eh und je.

Am ehesten könnte man noch **Hindi** als **Nationalsprache** bezeichnen, welches in den indischen Kernstaaten Madhya Pradesh, Uttar Pradesh, Bihar und Rajasthan von der Mehrheit der Bevölkerung gesprochen wird. Allerdings wird in Rajasthan ein eigener Dialekt, das Rajasthani, gesprochen. Zwar sind wiederholt Versuche unternommen worden, Hindi als indische Nationalsprache einzuführen, doch scheiterte dies letztlich immer wieder am entschiedenen Widerstand des stark auf seine Eigenständigkeit bedachten Südens. Dort wehrt sich die mehrheitlich drawidische Urbevölkerung gegen diesen nach ihrer Meinung sprachlichen Kolonisationsversuch des indogermanischen Nordens.

Welch politische Bedeutung das Sprachproblem in Indien besitzt, zeig-

Land und Leute

Sprache	Verbreitungsgebiet	Anteil
Assami	Assam	0,001 %
Bengali	West Bengal	8,3 %
Gujarati	Gujarat	5,4 %
Kannada	Karnataka	4,2 %
Kashmiri	Kashmir	0,5 %
Malayalam	Kerala	4,2 %
Marathi	Maharashtra	8,0 %
Oriya	Orissa	3,7 %
Punjabi	Punjab	3,2 %
Sanskrit	„tote" Ursprache aller nordindischen Sprachen	
Tamil*	Tamil Nadu	6,9 %
Telugu	Andhra Pradesh	8,2 %
Urdu	Moslems & Pakistani	5,7 %

(* Die Zahl gilt für 1981, da die betreffenden Ergebnisse des Zensus von 1991 in einer Flutkatastrophe verloren gingen!)

te sich bei der Grenzziehung der einzelnen Unionsstaaten, die weitgehend nach sprachlichen Gesichtspunkten vorgenommen wurde.

Indien hat offiziell 18 Nationalsprachen, allen voran Englisch und Hindi. Man schaue sich einmal einen beliebigen indischen Geldschein an. Da ist der Notenwert zunächst groß in Englisch und Hindi aufgedruckt. (43 % der Bevölkerung haben Hindi als Muttersprache.) Daneben ist eine Kolumne zu sehen, auf der der Wert in den früher 13 offiziell anerkannten Regionalsprachen angegeben ist. Die Kolumne verläuft alphabetisch von oben nach unten.

Hindi, Marathi und Sanskrit (sowie Nepali) werden gleichermaßen im Devanagari-Alphabet geschrieben, alle anderen Sprachen benutzen ihr eigenes *Schriftsystem.* Einige Lokalsprachen benutzen je nach Gebiet gar mehrere Alphabete gleichzeitig. So wird z.B. das Konkani in Goa in lateinischem Alphabet geschrieben, in

Maharashtra im Devanagari und in Karnataka im Kannada-Alphabet.

Neben all diesen Sprachen existieren mindestens 200 weitere – die Sprachforscher sind sich über die genaue Zahl nicht einig – dazu noch Hunderte, wenn nicht gar Tausende von Dialekten. Einige bedeutende, in Rajasthan verbreitete *Minderheitensprachen* sind Sindhi und Marwari.

Bei diesem Sprachenwirrwarr ist es kein Wunder, daß sich bis heute *Englisch* als überregionale Verständigungssprache erhalten hat. Diese im Grunde paradoxe Situation, wonach sich die einzelnen Bürger über die Grenzen ihrer jeweiligen Unionsstaaten hinaus vornehmlich in der Sprache ihrer aus dem Land gejagten Kolonialherren unterhalten, wird sich in der Zukunft mit dem zunehmenden Bildungsniveau eher noch verstärken. Dies gilt um so mehr, als die Beherrschung der englischen Sprache im Kasten- und Klassenbewußtsein Indiens heute mehr denn je zu einem Statussymbol geworden ist, mit dem sich die Mittel- und Oberschicht gegenüber der ungebildeten Unterschicht abzuheben versucht. In vielen Familien der Oberschicht wachsen die Kinder bereits mit Englisch als erster Sprache auf. Dies ist ein weiteres Beispiel dafür, wie sehr sich diese, die zukünftige Entwicklung entscheidend mitgestaltende Bevölkerungsgruppe von den traditionellen Wurzeln der indischen Gesellschaft entfremdet hat. Für Touristen hat die Entwicklung natürlich den ungemeinen Vorteil, daß man sich mit Englisch landesweit gut verständigen kann. Leider ist es in weniger gebildeten Kreisen, zu denen z.B. Taxi- und Rikshafahrer zählen, wenig verbreitet.

Weitergehende praktische Hilfe leistet der Sprachführer **Hindi – Wort für Wort** aus der Kauderwelsch-Reihe. Das handliche Büchlein für 14,80 DM aus dem REISE KNOW-HOW VERLAG PETER RUMP bietet eine auf das Wesentliche reduzierte Grammatik und viele Beispielsätze für reisespezifische Situationen. Eine Begleitkassette ist zum gleichen Preis erhältlich.

Verhaltenswegweiser

Daß die Inder zumeist wenig dramatisch auf falsches oder sogar verletzendes Verhalten von Touristen reagieren, liegt durchaus nicht daran, daß sie diesbezüglich unempfindlich sind, sondern an ihrer ausgeprägten **Toleranz.** Hinzu kommt, daß man von dem Gast aus dem Ausland gar nicht erwartet, daß er sich in dem ritualisierten Verhaltenskodex der indi-

Redewendungen auf Hindi

Guten Tag, Hallo	*namaste*
Danke!	*shukriya, dhanyawad*
Ja/Nein	*hañ/nahi*
Wie teuer?	*kitne paise?*
Das ist teuer	*Yeh bahut mehnga hai*
Wo ist ein Hotel	*hotal kahañ hai?*
Wie weit ist …?	*… kitne dur hai?*
Wie komme ich nach …?	*… ko kaise jana parega?*
Wie heißen Sie?	*apka shubh nam?*
Medizin	*dawa*
Früchte	*phal*
Gemüse	*sabzi*
Wasser	*pani*
Tee	*chai*
Zucker	*chini*
klein/groß	*chota/bara*
eins	*ek*
zwei	*do*
drei	*tin*
vier	*char*
fünf	*pañch*
sechs	*chhe*
sieben	*sat*
acht	*ath*
neun	*nau*
zehn	*das*
Hundert	*san*

Land und Leute

Gute Miene zum manchmal gerade auf **Amtsstuben** frustrierend langsamen Fortkommen zu machen führt letztlich auch immer weiter als die Faust auf dem Tisch.

Gesicht wahren

Ein altes asiatisches Sprichwort sagt *"Gesicht geben, niemals Gesicht nehmen, selbst Gesicht wahren".* Wer sich dementsprechend verhält, der hat die wichtigste Grundregel im zwischenmenschlichen Umgang erfüllt. Fast jeder Inder ist auf seine in der Kastengesellschaft genau definierte Lebensgemeinschaft fundamental angewiesen, sowohl im Berufsleben als auch im Privatleben. Dementsprechend wichtig ist es für ihn, was die anderen über ihn denken. Deshalb sollten **Konflikte** möglichst nur unter vier Augen und in ruhiger und zurückhaltender Atmosphäre besprochen werden.

schen Gesellschaft bis ins Kleinste auskennt. So billigt man ihm schon von vornherein ein Vorrecht auf Irrtum zu, vorausgesetzt, er beansprucht es nicht fortlaufend.

Lächeln

Der erste Eindruck ist bekanntlich immer der wichtigste, und da wirkt nichts erfrischender und einnehmender als ein freundliches Lächeln. Gerade in so einem kommunikativen und auf Harmonie ausgerichteten Land wie Indien ist es von unschätzbarem Wert, eine angenehme Atmosphäre zu verbreiten. Wer erst einmal die Herzen der Menschen durch ein fröhliches Auftreten geöffnet hat, dem öffnen sich auch viele sonst verschlossene Türen.

Überhaupt wird man in Indien mit den bei uns so oft geführten und beliebten offenen und ehrlichen **Gesprächen über persönliche Probleme,** Sorgen und Intimitäten auf wenig Gegenliebe stoßen. Über diese Dinge redet man im reservierten Indien nicht. Neben der Angst um Gesichtsverlust spielt hierbei auch die Befürchtung eine Rolle, den anderen damit zu belasten.

Ähnliches gilt für **politische Diskussionen.** Zwar sind die Inder wesentlich offener als andere Asiaten und interessierter daran, auch mit Ausländern über die vielfältigen Probleme ihres Landes zu diskutieren, doch während sie einerseits äußerst heftig über Korruption, Terrorismus und Armut klagen, sind sie doch letztlich immer sehr stolz auf ihr Land. Zuhören und sich dabei seine eigene Meinung zu bilden anstatt mit eigenen Lösungsvorschlägen glänzen zu wollen, ist nicht nur höflicher, sondern auch für einen selbst lohnender, lernt man doch wesentlich mehr aus erster Hand über das Land.

Gestik und Körpersprache

Sexualität und Körperlichkeit ist in Indien immer noch ein Tabuthema, und dementsprechend sollte man sich mit **öffentlichen Zärtlichkeiten** so weit wie möglich zurückhalten. Zwar gehören die Zeiten, da ein eng umschlungenes westliches Pärchen einen mittleren Volksauflauf hervorrief, der Vergangenheit an, gern gesehen wird es dennoch auch heute noch nicht.

Küsse oder weitergehende Berührungen sollten im prüden Indien gänzlich unterlassen werden. Es wird zwar von vielen Touristen anders gesehen und gehandhabt, doch zum Reisen in anderen Kulturen gehört eben auch, daß man die dort herrschenden unterschiedlichen Moralvorstellungen gerade dann akzeptiert, wenn man sie nicht teilt. Anderenfalls sollte man lieber zu Hause bleiben.

Ganz unverfänglich und dementsprechend selbstverständlich ist dagegen das **Händchenhalten** zwischen Personen gleichen Geschlechts, bekundet man sich dadurch doch nur die gegenseitige Freundschaft.

Zur traditionellen indischen **Begrüßung** legt man die Hände etwa in

Brusthöhe senkrecht aneinander und sagt dabei in Verbindung mit einem leichten Kopfneigen *Namasté,* eine sehr schöne und anmutige Geste, die ähnlich auch in vielen anderen asiatischen Ländern praktiziert wird. Nur in den großen indischen Städten bürgert sich im Zuge der Verwestlichung die Sitte des Händeschüttelns ein.

Streng verpönt ist es dabei, einem **die Linke** entgegenzustrecken. Da in Indien traditionell kein Toilettenpapier benutzt wird, sondern zu diesem Zweck die unbewaffnete linke Hand und ein Krug Wasser dienen, gilt links als unrein. So sollte man nie Dinge oder Gegenstände wie etwa Geschenke mit der Linken überreichen bzw. entgegennehmen. Verstärkt gilt das Gebot *Right Hand Only* selbstverständlich beim Essen. Die Linke bleibt während des gesamten Essens möglichst unter der Tischkante.

Ebenso wie die linke Hand, so gelten auch die **Füße und Schuhe** als unrein. Fußsohlen sollte man nicht auf Menschen oder heilige Stätten richten, Schuhe vor dem Betreten eines Raumes ausziehen.

Selbst Langzeitreisende in Indien ertappen sich immer wieder dabei, daß sie die indischen Gesten für Ja und für Nein mißdeuten. Die Geste für **Ja** sieht unserem Nein sehr ähnlich, allerdings wird der Kopf dabei eher locker von einer Schulter zur anderen geschlenkert. Das recht ähnliche **Nein** wird durch ein seitliches Zucken des Kopfes nach links und rechts ausgedrückt, häufig unterstützt durch abfälliges Schnalzen oder eine abfällige Handbewegung.

Kleidung

Niemand wird erwarten, daß man in einem Land wie Indien, in dem viele Menschen kaum mehr als einen Fetzen Stoff am Leibe tragen, mit Schlips und Kragen herumlaufen sollte. Andererseits ist jeder Inder, der es sich leisten kann, bemüht, **gepflegte und saubere Kleidung** zu tragen. Der besonders von Rucksacktouristen geliebte Schmuddellook ist den Indern ein Greuel.

Gleiches gilt für das Zurschaustellen von zuviel **nackter Haut.** Während man sich über Männer in Shorts noch eher amüsiert, gelten Frauen in kurzen Hosen bzw. Rock und dazu vielleicht noch mit einem ärmellosen Hemd in den Augen der Inder als leichte Mädchen. Wer einmal gesehen hat, daß indische Frauen nach wie vor in voller Montur, d.h. mit Sari, zum Baden ins Meer gehen, der kann sich vorstellen, welchem Kulturschock die jungen Inder vor allen Dingen in Goa ausgesetzt sind, wo es an manchen Stränden immer noch als "in" gilt, hüllenlos zu baden. So ist es als Beitrag zur Beachtung einheimischer Moralvorstellungen kaum zuviel verlangt, zumindest die Badehose anzulassen.

Vor dem **Betreten von Heiligtümern,** egal welcher Religion, sind grundsätzlich die Schuhe auszuziehen. Zudem dürfen in Jain-Heiligtümern keine Gegenstände aus Leder mitgenommen werden, und in Sikh-Tempeln und vielen Moscheen ist eine Kopfbedeckung obligatorisch. Im Tempel selbst sollten keinerlei heilige Gegenstände berührt werden. Gleiches gilt auch für Hausaltäre. Dezentes Auftreten und vor allem zurückhaltende Kleidung, d.h. zum Beispiel lange Hosen und bedeckte Schultern, sollten selbstverständlich sein.

Bettler

Das Bild vom zerlumpten und verkrüppelten Bettler gehört ebenso zum klassischen Indienbild wie der märchenhafte Zauber des Taj Mahal. Jeder Indienreisende ist innerlich darauf vorbereitet, und doch packt ihn, wenn er das Elend an fast jeder Straßenecke vor sich sieht, wieder das schlechte Gewissen. Vor lauter Mitleid greift er dann tief in die Tasche, um zumindest seinen kleinen Teil zur Linderung der Armut zu leisten. Psychologisch ist das nur allzu verständlich, doch schafft er damit oftmals mehr Probleme, als er löst.

Jeder muß für sich selbst entscheiden, ob und wieviel er geben soll. In dem Dilemma stecken nicht nur die Westler, sondern auch die Inder selbst. Unstrittig sollte jedoch sein, daß man Kindern grundsätzlich nichts gibt, da sie andernfalls vom Schulbesuch ferngehalten werden, weil sie beim Betteln mehr verdienen als ihre Eltern mit täglicher schwerer Arbeit. Am sinnvollsten scheint es mir, nur solchen Personen etwas zu geben, die offensichtlich nicht arbeitsfähig sind, d.h. Kranken, Älteren und Krüppeln.

Fotografieren

Wenn an den Leichenverbrennungsstätten in Varanasi die Toten auf den Scheiterhaufen gelegt werden, an den Türmen des Schweigens in Bombay, dem Bestattungsort der Parsen, die Geier einfliegen oder stimmungsvolle Tempelfeste gefeiert werden, dann ist mit Sicherheit ein kamerabewehrter Tourist nicht weit. Das exotische Geschehen soll so hautnah wie irgend möglich auf die Kamera gebannt werden. Dazu wird geblitzt, geknipst und gezoomt, was das Zeug hält, und falls sich einmal ein unaufmerksamer Inder versehentlich vor das Objektiv stellt, wird er mit grimmiger Miene zum Weitergehen aufgefordert. Immer diese störenden Einheimischen!

Man stelle sich das ganze einmal in Deutschland vor: Ein Inder mischt sich ungefragt unter eine Trauergemeinde, um ein Foto vom blumenbe-

kränzten Sarg zu schießen, oder das Blitzgewitter geht bei der Weihnachtsmesse über Altar und Krippe nieder. Recht unchristliche Zurechtweisungen wären wohl noch die harmlosesten Konsequenzen, die der Mann zu erwarten hätte.

In jedem Fall sollte man Fotografierverbote und den Wunsch mancher Personen, nicht fotografiert zu werden, respektieren. Zumindest durch einen Blick sollte man sich der Zustimmung vergewissern, bevor man mit der Kamera "draufhält".

Psychologische Einstellung

Indien ist ein Land, das schon manchen Reisenden aus der Balance geworfen hat. Geschichten von Travellern, die Monate bleiben wollten und das Land nach zwei Wochen "nicht mehr ertragen" konnten, hört man immer wieder. Mehr als die weitverbreitete Armut oder die überwältigend fremde Kultur sind es oft die dubiosen Charaktere (Schlepper, Schnorrer, raffgierige Händler, Neugierige, Aufdringliche etc.), die die Besucher zur Weißglut bringen. Durch derlei Negativkontakte, die auf die Dauer natürlich zermürben können, vergeht manchem die Lust auf Kontakte im Land.

Es gilt, die Negativerfahrungen zu relativieren und sie nicht wichtiger zu nehmen als sie sind. Wer sich den ganzen Tag aufregt, weil er um zwei Rupien betrogen wurde, wer aus der Haut fährt, nur weil er schon wieder angestarrt wird, macht sich selber das Leben schwer. Positives Denken und innere Gelassenheit sind beim Reisen durch Indien vielleicht wichtiger als anderswo.

Mitleid fehl am Platz – das alltägliche Elend in den Augen der Inder

In seinem Buch *Die Krise Indiens* erregt sich der britische Autor *Ronald Segal* über die Gleichgültigkeit, mit der die Slumbewohner indischer Großstädte ihre Wohnbedingungen akzeptieren - und das, obwohl viele von ihnen *„in einem knietiefen Morast von Kot und Kehricht leben, über dem eine einzige Wolke von Fliegen schwebt. Nichts ist so erniedrigend wie diese Indifferenz, diese zum Himmel schreiende ruhige Mattigkeit von Körper und Geist ... Haß ist menschlich, Indifferenz aber ist im Grunde das Gegenteil der Menschlichkeit.“*

Mehr noch als über diesen Fatalismus der Opfer empören sich viele Indienreisende jedoch darüber, mit welch scheinbarem **Desinteresse** die bessergestellten Inder auf das alltägliche Elend ihrer Landsleute reagieren. Tatsächlich werden die Armen von vielen Reichen und Teilen der aufstrebenden Mittelschicht eher verachtet. Der Anblick der aus Pappe und Stoffresten zusammengeschusterten Hütten, der Schmutz und Gestank der Slums und die auf den Bürgersteigen dahinvegetierenden Bettler paßen nicht in ihr westlich geprägtes Bild eines modernen Indiens. Ihr Indien ist die wirtschaftlich und technologisch aufstrebende südasiatische Supermacht, die Atomkraftwerke und Mittelstreckenraketen baut und deren Söhne und Töchter in England oder den USA studieren. Die Armen sind da nichts anderes als ein Schandfleck.

Für die große Masse der Inder ist diese Einstellung jedoch nicht repräsentativ. Sie steht dem Elend genauso fatalistisch gegenüber wie die Opfer selbst. Dreck, Armut und soziale Ungleichheit sind für sie nicht nur eine alltägliche Lebenserfahrung, sondern auch selbstverständlicher Bestandteil ihrer **Weltanschauung.** Der eine wird niedrig, der andere hoch geboren, der eine ist bitterarm, der andere märchenhaft reich, der eine krank und gebrechlich, der andere erfreut sich bester Gesundheit. Ausgleich und Auf- bzw. Abstieg bleiben der Kette der Wiedergeburten überlassen. Dementsprechend besteht eines jeden Aufgabe darin, sein Schicksal, welches das Resultat seiner Taten im vorherigen Leben ist, geduldig und klaglos anzunehmen. Jeder erwartet vom anderen, daß er seine Rolle, in die er hineingeboren wurde, so gewissenhaft wie möglich ausfüllt. Lamentieren oder Äußerungen von Mitleid bzw. Selbstmitleid passen nicht in diese Vorstellungswelt.

Hinter dieser Tabuisierung offen zur Schau gestellter Empfindungen stehen jedoch zwei weitere, nicht nur für Indien, sondern den gesamten asiatischen Kulturkreis signifikante Motive - der Wille, den Schmerz nie Oberhand gewinnen zu lassen, weil dies am Ende auf einen Gesichtsverlust hinausliefe, und die mit Schmerzäußerungen verbundene Befürchtung einer Harmoniestörung. Gesichtsverlust und Harmoniestörung gelten im ganzheitlich denkenden und fühlenden Asien als zwei der unverzeihlichsten Fehlverhalten. Wann immer möglich, wird Leid deshalb lächelnd ertragen - und von anderen nicht zur Kenntnis genommen.

Auch Sozialpolitik kuriert nach dieser Auffassung nur an den Symptomen herum, beseitigt aber nicht deren Ursachen. Wer im Slum lebt, war schließlich seines eigenen Unglückes Schmied; nicht Ausbeuter oder menschliche Bösartigkeit sind für das Mißgeschick verantwortlich, sondern das eigene Karma. So erklärt sich auch, daß selbst die Ärmsten der Armen die prunkvolle Zurschaustellung von Macht und Reichtum bei jenen, die es sich leisten können, nicht verdammen, sondern geradezu erwarten.

Viel mehr als Nächstenliebe, Mildtätigkeit oder der Abschluß einer Sozialversicherung ist es die Erlangung eines ***rechten Bewußtseins,*** die nach dieser Auffassung gleichsam automatisch eine korrekte Sozialordnung und eine angemessene Politik nach sich zieht. Die Grundprämissen dieses sozialphilosophischen Denkens lassen sich etwa wie folgt zusammenfassen: Willst du die Welt verbessern, dann verbessere zuerst den Staat, willst du den Staat verbessern, dann verbessere zuerst die Familie, willst du die Familie verbessern, dann verbessere zuerst dich selbst, willst du dich selbst verbessern, dann verbessere dein Herz, kläre deine Gedanken und erforsche die Dinge, d.h. erkenne und lebe entsprechend den Prinzipien des Hinduismus. Hast du die Dinge erforscht, werden deine Gedanken klar, wird dein Herz aufrecht, kommst du mit dir selbst ins Reine, kannst du die Familie verbessern, kannst du den Staat verbessern und kannst du die Welt verbessern.

Während der westliche Mensch die Welt mit äußeren Mitteln (d.h. die Gesellschaft mit politischen Maßnahmen und die Natur mit Wissenschaft und Technik) beeinflussen will, lautet die hinduistische Devise: „Ich zwinge die Welt mit inneren Mitteln, indem ich mich moralisch vervollkommne und mir damit meine Umgebung gefügig mache." Schmerz, Leid und Tod werden also im Westen wie im Osten kulturspezifisch erlebt und verarbeitet; dementsprechend unterschiedlich reagieren die Inder, verglichen mit den Europäern, auf das alltägliche Elend in ihrem Land.

Land und Leute

185

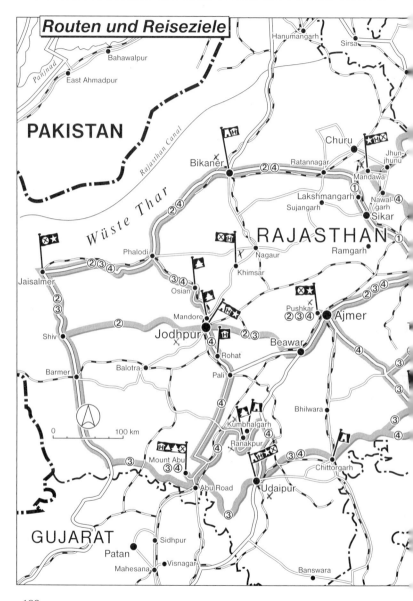

Routen und Reiseziele

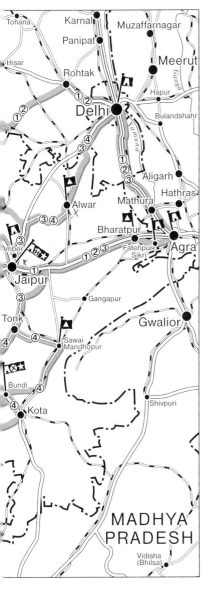

Reiseziele und Routenvorschläge

Rajasthan ist derart reich an touristischen Sehenswürdigkeiten, daß sich Besucher mit begrenzter Zeit vor die Qual der Wahl gestellt sehen. Einerseits möchte man soviel wie möglich sehen, andererseits nicht durch das Land hetzen und nur reinen "Abhaktourismus" betreiben. Die vier hier angebotenen Reiserouten versuchen, einen Kompromiß zu finden und möglichst viel von der landschaftlichen und kulturellen Vielfalt der Region zu vermitteln. Als kleine Hilfestellung beim "Basteln" an einer individuellen Reiseroute, wurden, geordnet nach bestimmten Themen, reizvolle Reiseziele in Rajasthan zusammengestellt, auch hier nur eine subjektive Auswahl, die selbstverständlich keinen Anspruch auf Vollständigkeit erhebt.

Lohnenswerte Reiseziele

✪ Orte zum Verweilen
Bundi, Jaisalmer, Khimsar, Mandawa, Mt. Abu, Pushkar, Udaipur

🛡 Palastanlagen und Festungsbauten
Agra, Amber, Bikaner, Bundi, Chittorgarh, Delhi, Fatehpur Sikri, Jaipur, Jodhpur, Kumbhalgarh, Udaipur

★ Altstädte
Bundi, Jaipur, Jaisalmer, Jodhpur, Mandawa, Pushkar

▲ Landschaften und Naturschutzgebiete
Keoladeo-Nationalpark, Mt. Abu, Ranthambore-Nationalpark, Sariska-Nationalpark, Wüste Thar

♠ Tempelanlagen
Dilwara (Mt. Abu), Mandore, Osian, Ranakpur

🏨 Palasthotels
Bikaner House (Mt. Abu), *Lake Palace Hotel* (Udaipur), *Lallgarh Palace* (Bikaner), *Mandawa Castle* (Mandawa), *Rambagh Palace* (Jaipur), *Rohet Garh* (Rohet), *Royal Palace* (Khimsar), *Umaid Bhawan* (Jodhpur)

Land und Leute

187

Routenvorschläge

Route 1: Der Ein-Wochen-Kurztrip
Delhi - Agra - Fathepur Sikri - Keola-
deo-Nationalpark - Jaipur - Mandawa
- Delhi.

Route 2: Die Zwei-Wochen-Tour
Delhi - Mandawa - Bikaner - Jaisalmer
- Jodhpur - Ajmer - Pushkar - Jaipur -
Agra - Delhi.

Route 3: Höhepunkte Rajasthans
Delhi - Sariska-Nationalpark - Amber -
Jaipur - Pushkar - Jodhpur - Jaisalmer
- Mt. Abu - Udaipur - Chittorgarh - Agra
- Bundi -Jaipur - Delhi.

Route 4: Die Rundum-Tour
Delhi - Alwar - Sariska-Nationalpark -
Nawalgarh - Mandawa - Bikaner - Jai-
salmer - Osian - Mandore - Jodhpur -
Mt. Abu - Ranakpur - Kumbhalgarh -
Udaipur - Chittogarh - Kota - Bundi -
Sawai Madhopur - Ajmer - Pushkar -
Jaipur - Keoladeo-Nationalpark - Fa-
thepur Sikri - Agra - Delhi.

Delhi

Überblick

Wer in erwartungsvoller Vorfreude auf das ewige Indien in Delhi ankommt, den erwartet zunächst eine *unliebsame Überraschung.* Nicht märchenhafte Paläste, weltentrückte Yogis oder meditative Ruhe, sondern der geballte Lärm, Dreck und die Hektik einer Großstadt mit gut 7 Millionen Einwohnern, die aus allen Nähten platzt, empfangen den Besucher. Dem Ansturm von täglich Tausenden von Zuwanderern aus verarmten Regionen und den Belastungen des ungebremsten und unkontrollierten Wirtschaftswachstums scheint die Stadt am Yamuna heute weniger gewachsen denn je. Die ungezählten Obdachlosen, die jede Nacht, mit wenig mehr als einer dreckverkrusteten Decke ausgerüstet, ihr Nachtlager auf den Gehsteigen aufschlagen, eine Smogglocke, die scheinbar 365 Tage im Jahr über Delhi lastet und der alles überflutende Verkehr (sieben Tote pro Tag) sind dabei nur die augenfälligsten Erscheinungen. Delhi gehört, genau wie Kalkutta, zu den sieben Städten mit der weltweit schlimmsten Luftverschmutzung.

So ist es kaum verwunderlich, daß die Hauptstadt Indiens bei Touristen keinen guten Ruf besitzt und die meisten die Stadt so schnell wie möglich wieder verlassen möchten. Teuer, langweilig, hektisch, dreckig und zu weitläufig sind die meistgenannten Kritikpunkte. Jeder einzelne Aspekt hat für sich genommen sicher seine Berechtigung, doch augenfällig sind die z.T. widersprüchlichen Bewertungen.

Es kommt entscheidend darauf an, in welchem Teil der Metropole man sich mehrheitlich aufgehalten hat. Wie kaum eine andere Stadt setzt sich Delhi aus zwei gänzlich *unterschiedlichen Stadtteilen* zusammen.

Da ist einmal *Old Delhi,* angelegt und geprägt von den Moguln, denen es vom 12. bis zum 18. Jh. als Hauptstadt diente und die hier mit dem Roten Fort und der Jami Masjid zwei imposante architektonische Beispiele ihrer imperialen Macht hinterließen. Mit seinen engen, verwinkelten Altstadtgassen voller kleiner Geschäfte, seinen Märkten und Menschenmassen ist Old Delhi eine typisch indisch anmutende Stadt.

Einen krassen Gegensatz hierzu bildet das von den Briten erst mit der 1911 erfolgten Verlegung der Hauptstadt Britisch-Indiens von Kalkutta nach Delhi am Reißbrett konzipierte *New Delhi.* Mit seinen weitläufigen, baumbestandenen Alleen, großzügigen Parkanlagen und modernen Verwaltungsgebäuden wirkt es äußerst großzügig, sachlich und nüchtern.

Dieser Kontrast macht jedoch auch den leider von nur wenigen wahrgenommenen *Reiz der Stadt* gerade für diejenigen Besucher aus, die zum ersten Mal nach Indien kommen. Man gewinnt einen ersten Einblick in das vom prallen Leben scheinbar berstende Old Delhi, kann sich jedoch danach wieder in die Ruhe und Überschaubarkeit New Delhis zurückziehen.

So ergibt sich unter dem Motto *"The best of both worlds"* die Möglichkeit einer allmählichen Annäherung an den indischen Alltag. Besonders günstig ist es, an einem Samstag in Delhi anzukommen, um am Sonntag, dem einzigen Tag der Woche, an dem die Straßen frei passierbar sind, an einer der vom Tourist Office durchgeführten Stadtrundfahrten teilzunehmen. Der Montag bietet sich an, um die gerade in Delhi besonders zügig und effizient zu erledigenden Dinge wie Flugticketbestätigung, Visumantrag und Geldwechsel zu erledigen. Falls genügend Zeit bleibt, sollte man die hervorragenden Einkaufsmöglichkeiten nutzen, da die Auswahl hier so vielfältig wie in keiner anderen Stadt Indiens ist. So läßt sich das Angenehme mit dem Nützlichen verbinden und gleichzeitig die erfreuliche Entdeckung machen, daß die anfänglich so unliebsame Überraschung Delhi durchaus ihre positiven Seiten besitzt.

Geschichte

Etwas salopp formuliert könnte man sagen, daß Delhi gar nicht anders konnte, als zur bedeutendsten Stadt des indischen Subkontinents aufzusteigen. Die seit Anfang des 10. Jh. vom Norden her einfallenden islamischen Eroberer aus Zentralasien mußten zwangsläufig durch dieses schmale Nadelöhr zwischen der Wüste Thar im Südwesten und den Himalayaketten im Nordosten, um in die fruchtbare Ebene des Ganges und Yamuna, die unmittelbar südlich von Delhi beginnt, zu gelangen. Aus dieser quasi naturbedingten **Schlüsselposition** leitet sich auch ihr ursprünglicher Name *Dilli* (= Schwelle) ab. Hatte man diese Stadt erobert, war man gleichzeitig Herr über die strategische Schlüsselstellung des Landes und hatte damit den entscheidenden Grundstein seiner Macht gesetzt.

Obwohl sie als Indraprastha bereits im *Mahabharata* erwähnt wurde, erlangte die Stadt erst mit der Eroberung durch den afghanischen Feldherrn *Mohammed-e-Ghur* (1150-1206 n. Chr.), der hier seine neue **Hauptstadt** errichtete, wirkliche historische Bedeutung. Auffälligstes Zeugnis dieser Epoche ist die 13 km südlich der heutigen Stadt gelegene Siegessäule Qutb Minar, die der erste Sultan Delhis errichten ließ.

Dies war jedoch nur die erste von insgesamt sechs **weiteren Hauptstädten,** die die islamischen Herrscher während der folgenden sieben Jahrhunderte im Großraum Delhi errichteten.

Allah-ud-Dhin, dritter Herrscher der Khalji-Dynastie und Sultan Delhis von 1296 bis 1321, gründete mit **Sirri** die zweite Hauptstadt. Die ersten drei Herrscher aus der darauffolgenden Thuglag-Dynastie, einem ursprünglich aus der Türkei stammenden Volk, errichteten zwischen 1321 und 1388 mit **Thuglagabad, Jahanpanah** und **Firuzabad** die Hauptstädte drei bis fünf. Es vergingen weitere 200 Jahre, bis der afghanische Feldherr *Sher Shah* (1540-1545), der den zweiten Großmogul *Humayun* besiegt hatte, mit **Purana Qila** die sechste Hauptstadt innerhalb der Grenzen Delhis errichten ließ. 1638 legte *Akhbars* Enkel *Shah Jahan* mit dem Bau des Roten Forts und der 12 Jahre später errichteten Jami Masjid, der größten Moschee Indiens, den Grundstein für **Shahjahanbad,** die siebte Hauptstadt, deren Grenzen mit denen des heutigen Old Delhi übereinstimmen. Da er jedoch von seinem Sohn *Aurangzeb* 1658 abgesetzt und gefangengenommen wurde, konnte er seinen ursprünglichen Plan, die Hauptstadt von Agra nach Delhi zu verlegen, letztlich nicht verwirklichen.

Nach dem fehlgeschlagenen Versuch *Aurangzebs,* die Grenzen des Reiches auch auf Südindien zu erweitern, verfiel die Macht der Moguln zunehmend. Das hierdurch entstandene **Machtvakuum** nutzten wiederum beutehungrige Feldherrn aus dem Norden, um die Schatzkammer Delhi zu plündern. So entführte der Perser *Nadir Shah,* nachdem er die Stadt 1739 erstürmt hatte, den unermeßlich wertvollen Pfauenthron aus dem Roten Fort. Sein Nachfolger *Ahmed Shah Durani* überfiel die ehemalige Mogul-Hauptstadt sogar dreimal innerhalb weniger Jahrzehnte.

Nach einem kurzen Intermezzo durch die *Marathen* schwangen sich schließlich die **britischen Kolonialherren** 1803 als die neuen Statthalter Delhis auf. Vom 11. Mai bis 17. Dezember 1857 war Delhi dann ein letztes Mal Mittelpunkt blutiger Machtkämpfe, als die Stadt von meuternden indischen Soldaten während der ersten Unabhängigkeitsschlacht in ihre Gewalt gebracht wurde. Nach erheblichen Verlusten auf beiden Seiten konnten die Briten noch einmal die Oberhand behalten.

1911, nachdem sie die Hauptstadt Britisch Indiens von Kalkutta nach Delhi verlegt hatten, begannen sie damit, **New Delhi,** die achte und vorläufig letzte Hauptstadt, innerhalb weniger Jahre aus dem Boden zu stampfen. Dabei gehört es zu den vielen ironischen Kapiteln der Weltgeschichte, daß sie gerade zu einem Zeitpunkt mit dem Bau der Stadt begannen, als Gandhis Bewegung der Nichtzusammenarbeit die Grundlagen ihres Imperiums zunehmend in Frage stellte.

Unmittelbar nach Erlangung der **Unabhängigkeit** stand zur Debatte, ob die Hauptstadt der Republik nicht an einen anderen, zentraler gelegenen Ort verlegt werden sollte. Delhi liegt nur 350 km von der pakistanischen Grenze entfernt, und die enormen Spannungen zwischen diesen beiden Erzfeinden, die sich später in zwei Kriegen entluden, ließen diese geographische Nähe äußerst problematisch erscheinen. Außerdem benötigte das indische Punjab eine neue Hauptstadt, da dessen frühere Hauptstadt Lahore nach der Teilung des indischen Subkontinents nun zu Pakistan gehörte. So hätte es sich angeboten, das von den Flüchtlingen aus Westpunjab überschwemmte Delhi zur neuen Landeshauptstadt des Punjab zu erklären. Letztlich ließ man jedoch wegen der zu erwartenden Kosten und aus Traditionsgründen von den Plänen ab und stampfte stattdessen die postmoderne Retortenstadt Chandigarh als neue Hauptstadt des Punjab aus dem Boden. Die meisten der Flüchtlinge blieben jedoch.

Sehenswertes

Stadtrundfahrt

Da die meisten Touristen nur kurze Zeit in der Hauptstadt Indiens bleiben und zudem die Hauptsehenswürdigkeiten recht weit über das Stadtgebiet versteut liegen, ist eine Stadtrundfahrt sicherlich die bequemste Möglichkeit, in kurzer Zeit viel zu sehen. *ITDC* (Tel.: 3322336) bietet von seinem Büro am Connaught Place, L-Block, wenige Meter vom *Nirula's* entfernt, täglich zwei Touren an. Die **Vormittagstour** von 8.30 bis 13 Uhr (70 Rs) beinhaltet Jantar Mantar, Laxmi Narayan Tempel, Humayun's Grab und das Qutb Minar. Das Regierungsviertel mit dem Rashtrapati Bhawan wird nur im Vorbeifahren gestreift.

Die **Nachmittagstour** von 14.15 bis 17.15 Uhr (80 Rs) startet vom *Ashok Yatri Niwas Hotel* in der Ashoka Road und umfaßt Raj Ghat und das Rote Fort.

Bucht man beide Touren zusammen, kostet es nur 130 Rs. Tickets können in allen Touristenbüros sowie dem Ashok Yatri Niwas Hotel und einigen weiteren Hotels gekauft werden. Die Vormittagstour ist sicherlich interessanter als die am Nachmittag, da diese im Grunde nicht mehr als die Besichtigung des Roten Forts beinhaltet.

Ähnliche Stadtrundfahrten werden auch vom *Sikkim Tourism Office* (Tel.: 3313637), Connaught Place, N-Block, angeboten.

Rotes Fort (Lal Qila)

"Wenn es ein Paradies gibt, ist es hier, ist es hier, ist es hier." Diesen berühmten Spruch ließ Shah Jahan in der Mitte des von ihm erbauten und 1648 nach neunjähriger Bauzeit fertiggestellten Lal Qila oder Roten Forts anbringen. Zweifellos gehört diese gewaltige Festungsanlage aus rotem Sandstein am östlichen Ufer des Yamuna zu den Prunkstücken des Mogul-Reiches.

Vom unvorstellbaren Reichtum und märchenhaften Glanz, den die Gebäude einmal ausstrahlten, ist heute jedoch nur wenig erhalten geblieben. Bei den wiederholten Beutezügen nach dem Tod des letzten Großmogul *Aurangzeb* 1707 wurde alles mitgenommen, was nicht niet- und nagelfest war. Die mangelhafte Instandhaltung seitens der indischen Behörden ist ein weiterer Grund für den reichlich verblichenen Glanz vergangener Tage. So verlassen die meisten der täglich über 10.000 Besucher dieses meistbesuchte Bauwerk Delhis weit weniger euphorisch, als sie es beim Anblick der von außen imposanten Anlage betreten hatten.

Obwohl das Fort mit einer Breite von 360 m und einer Länge von 1,2 km weitaus größer ist als jenes in Agra, wirkt es mit seiner riesigen, fast 2,5 km langen, von geschwungenen Zinnen und Türmen umlaufenen Festungsmauer wegen seiner flachen Lage eher zierlich und elegant. Dieser Eindruck bestätigt sich im Inneren, wurde das Rote Fort doch von *Shah Jahan* großzügig und wie aus einem Guß geschaffen, während sein Äquivalent in Agra während der Regierungszeit mehrerer Herrscher entstand und viele ineinander verschachtelte Gebäude aufweist. Insgesamt wirkt das Lal Qila eher wie eine befestigte Palastanlage und unterscheidet sich so von den Trutzburgen früherer Jahre.

Hierin spiegelt sich das gewachsene **Selbstbewußtsein der Großmoguln,** die es sich im Bewußtsein ihrer über ein Jahrhundert gefestigten Machtpostion nun leisten konnten,

Delhi

neben den militärischen Notwendigkeiten auch ihre künstlerischen Ambitionen zu verwirklichen. Hierzu trug vor allem der für *Shah Jahan* so charakteristische, von Eleganz und Harmonie geprägte Kunstgeschmack mit seiner Vorliebe für weißen Marmor als Baumaterial bei, der seine perfekteste Ausprägung im fünf Jahre später fertiggestellten Taj Mahal fand. Nur etwa 20 % der Anlage sind heute der Öffentlichkeit zugänglich, der große Rest wird von öffentlichen Verwaltungen und der indischen Armee beansprucht.

Der Zugang zum Lal Qila erfolgt durch das *Lahore-Tor,* benannt nach der heute in Pakistan gelegenen Hauptstadt des ehemaligen Punjab. Von hier führt der Weg in den Arkadengang *Chhatta Chowk.* Früher diente dieser kleine Basar den Hofdamen als willkommene Abwechslung in ihrem ansonsten recht eintönigen, von der Außenwelt abgeschlossenen Leben. Waren damals Juwelen und Saris die begehrtesten Kaufobjekte, werden heute entsprechend der veränderten Käuferschicht Erfrischungsgetränke, Filme und Souvenirs feilgeboten. Was geblieben ist, sind die fürstlichen Preise.

Das sich anschließende dreigeschossige *Trommelhaus* (*Nagaar Khana*) bildete das Eingangstor zum eigentlichen Palastbereich. Sein Name rührt daher, daß hier täglich fünfmal zu festgesetzten Zeiten eine Willkommensmelodie gespielt wurde. Alle Besucher mußten hier ihre Elefanten oder Pferde zurücklassen, bevor sie ins Palastinnere weitergehen durften. Die noch deutlich erkennbaren Blumenornamente an den roten Sandsteinwänden waren früher mit Goldfarbe bemalt. Im oberen Stockwerk ist heute das *Indian War Museum* untergebracht (Öffnungszeiten: tgl. außer Fr 10 - 17 Uhr).

Die offene *Gartenanlage* zwischen dem Trommelhaus und der dahinter gelegenen öffentlichen Empfangshalle (*Diwan-e-Am*) war einst von einem Gebäudekarree eingefaßt, welches jedoch den erbitterten Kämpfen des Februaraufstandes 1857 zum Opfer fiel. Auf einem Marmorthron sitzend, der von einem hübschen Dach überspannt wird, hielt der Herrscher öffentliche Audienzen ab und nahm Beschwerden entgegen. Die sehr schönen Einlegearbeiten, die die Wände hinter dem Thron schmücken und von dem florentinischen Künstler *Urstin de Bourdeaux* stammen sollen, wurden erst 1903 auf Befehl des Vizekönigs *Lord Curzon* wieder hier plaziert, nachdem sie zuvor mehrere Jahre im *Victoria and Royal Albert Museum* in London ausgestellt waren.

Hat man den *Diwan-e-Am* hinter sich gelassen, gelangt man auf eine große *Rasenfläche,* an deren östlichem Ende sich von Süd nach Nord mit dem Rücken zur Fortmauer fünf Gebäude reihen. Vom Mumtaz Mahal im Süden bis zum Hammam im Norden wurden all diese Gebäude von einem Kanal, dem sogenannten Paradiesfluß (*Nahir-e-Bihisht*), durchflossen.

Im *Mumtaz Mahal,* einem aus insgesamt sechs Räumen bestehenden Marmorpalast, der früher den Haremsdamen diente, ist heute ein archäologisches Museum aus der Mogul-Zeit untergebracht. Leider schen-

Delhi

Stadtverkehr: ein leicht überladenes Fuhrwerk

ken nur die wenigsten Besucher den z.T. hervorragenden Exponaten der einzelnen Großmoguln von *Babur* bis *Aurangzeb* genügend Beachtung.

In der Mitte des auf einer erhöhten Plattform gelegenen **Rang Mahal,** der ebenfalls für die Konkubinen des Herrschers erbaut wurde, soll sich einst ein Marmorbrunnen befunden haben. Auch von den ursprünglich die Innenwände schmückenden Wandbemalungen, daher sein Name "Palast der Farben", ist kaum etwas erhalten.

Der **Privatpalast** *(Khas Mahal)* diente dem Herrscher als Schlaf-, Wohn- und Gebetshaus. Vom sich an die östliche Wand anschließenden achteckigen **Turm** *(Muthamman Burj)* zeigte sich *Shah Jahan* jeden Morgen, bevor er seine Amtsgeschäfte aufnahm.

Am meisten Phantasie, um die ehemalige Pracht wieder hervorzuzaubern, benötigt der Besucher in der Halle der Privataudienz **Diwan-e-Am.** Hier ließ Shah Jahan auch jenen eingangs zitierten Spruch anbringen.

Das ehemalige Schmuckstück des gesamten Forts, der hier plazierte legendäre **Pfauenthron** aus purem Gold, wertvollen Juwelen und einem dahinterplazierten Papageien aus reinem Smaragd entführte der Perser *Nadir Shah* nach seiner Erstürmung Delhis im Jahre 1739. Er diente seitdem den Schahs von Persien als Thron.

Aus dem Brunnen der nördlich die Palastreihe abschließenden **königlichen Bäder** *(Hammam)* soll einst Rosenwasser gesprudelt sein. Erwähnenswert ist noch die von *Shah Jahans* Nachfolger *Aurangzeb* erbaute

Perl-Moschee *(Moti Masjid)* mit ihren drei ursprünglich kupferverzierten Kuppeln. *Aurangzeb* war es auch, der seinen Vater kurz vor Vollendung der Bauarbeiten absetzte und im Roten Fort von Agra einkerkerte. Seinem Traum vom Paradies war damit ein abruptes Ende beschieden.

Geöffnet ist das Fort tgl. von Sonnenauf- bis Sonnenuntergang. Eine interessante Ton- und Dia-Show, die die ereignisreiche Geschichte des Roten Forts nachzeichnet, findet tgl. um 8.30 Uhr (Winter) bzw. 9 Uhr (Sommer) in englischer Sprache statt, Eintritt 10 Rs.

Jami Masjid

Keine Kosten und Mühen scheute *Akhbars* Enkel *Shah Jahan* während seiner dreißigjährigen Amtszeit, um seine große Leidenschaft, die Architektur, mit gewaltigen Bauwerken in die Tat umzusetzen. Ob die enormen Kosten, die dieses Hobby verschlang, nicht für sinnvollere Zwecke hätten eingesetzt werden können, bleibt dahingestellt, doch unzweifelhaft verdankt die Nachwelt dem fünften und vorletzten Großmogul einige der großartigsten Monumente der Mogul-Herrschaft. Hierzu zählt zweifelsohne auch die aus rotem Sandstein gefertigte Jami Masjid, die *Shah Jahan* nach sechsjähriger Bauzeit und einem Kostenaufwand von 1 Mio. Rupien 1650 einweihen konnte.

Unübersehbar überragt diese nur knapp 1 km südöstlich des Roten Forts gelegene größte Moschee Indiens die quirligen Basarviertel Old Delhis. Durch ihre herausragende

Massenauflauf: gläubige Moslems vor der Jamid Masjid

Delhi

Plazierung auf einem kleinen Felsen wirkt sie noch imposanter, als sie es mit ihren 40 m hohen Minaretten ohnehin schon ist.

Eine breite Freitreppe, von deren Stufen sich einem ein schöner Blick zurück auf das Fort bietet, führt zu ihr empor. Hat man das gewaltige Eingangstor durchquert, befindet man sich im 90 x 90 m großen Innenhof, der über 20.000 Gläubigen Platz bietet. Das Bild der auf der Westseite gelegenen 21 x 27 m großen Gebetshalle mit ihren aus schwarzem und weißem Marmor gestalteten Kuppeln und ihren 11 Bögen erinnert in seiner Mischung aus Größe und Leichtigkeit an das Taj Mahal.

Für 10 Rupien besteht die Möglichkeit, das südliche Minarett zu bestei-gen, von wo sich ein *imposanter Blick* über New Delhi und Old Delhi bietet. Allerdings nur dann, wenn der Zugang nicht mal wieder aus Sicherheitsgründen gesperrt ist oder, was mindestens ebenso häufig der Fall ist, der Smog die Aussicht vernebelt. Hier holen zwei der größten Probleme des neuzeitlichen Indiens die große Mogul-Vergangenheit wieder ein: Terrorismus und Umweltverschmutzung.

Raj Ghat

Nur wenige Gehminuten vom Roten Fort und der Jami Masjid entfernt liegt in einer sehr schön gepflegten, langgestreckten Parkanlage am Ufer des Yamuna die *Gedenkstätte* für die politischen Führer des unabhängigen In-

Raj Ghat: die Verbrennungsstätte Mahatma Ghandhis

diens. *Jawaharlal Nehru,* Indiens erster Premierminister, wurde 1964 im Shanti Vani (Friedenspark) verbrannt, seine Tochter *Indira Gandhi* und ihre beide Söhne *Rajiv* und *Sanjay Gandhi* etwas weiter südlich hiervon. Ein schlichter, schwarzer Marmorblock am südlichen Ende des Parks markiert die Stelle, an der *Mahatma Gandhi,* Indiens große Seele, nach seiner Ermordung 1948 beigesetzt wurde. Jeden Freitag, dem Wochentag seines Todes, findet im Raj Ghat eine kleine Gedenkfeier statt. Wie jedoch die das angenehm bescheidene Monument überragenden riesigen Schornsteine eines ganz in der Nähe gelegenen Kraftwerks nur allzu deutlich dokumentieren, wird hier eines Mannes gedacht, dessen Ideale im heutigen Indien kaum noch etwas gelten.

Feroz Shah Kotla

Vom Raj Ghat etwa 500 m weiter Richtung Süden auf der anderen Seite der Mahatma Gandhi Road finden sich die Überreste jener fünften Hauptstadt **Firnzabad,** die *Feroz Shah* aus der Thuglag-Dynastie 1354 errichten ließ. Viel ist jedoch heute nicht mehr zu bewundern, da die Steine des Forts in späteren Jahrhunderten als Baumaterial für andere Bauwerke verwendet wurden. Neben den Überresten einer großen Moschee und eines schönen Brunnens ist die 13 m hohe Verdiktsäule *Kaiser Ashokas* zu sehen, die *Feroz Shah* im 14. Jh. von Ambala im heutigen Punjab hierher transportieren ließ.

Connaught Place

Hat man sich durch die beschriebenen Sehenswürdigkeiten Delhis gearbeitet, gelangt man nun zu dem am nördlichen Ende New Delhis gelegenen Connaught Place, dem ökonomischen und touristischen **Zentrum der Stadt.** Zunächst fällt es sicherlich schwer, sich auf dem riesigen, kreisrunden Platz mit seiner Einheitsarchitektur zurechtzufinden.

Am besten orientiert man sich an der Aufteilung der zwölf Blöcke, wobei die Buchstaben A bis F den inneren Kreis und die von G bis N den äußeren bezeichnen. Eine weitere **Orientierungsmöglichkeit** bieten die insgesamt acht sternförmig vom Platz in alle Himmelsrichtungen verlaufenden Straßen.

Schon die exakte Einteilung läßt erkennen, daß man sich nicht mehr im chaotischen, typisch indischen Old Delhi, sondern im von den Briten am Reißbrett genauestens durchgeplanten New Delhi befindet. Wie es sich für das an Klarheit und Effizienz orientierte mitteleuropäische Denken gehört, ist hier alles wohlgeordnet, alles an seinem Platz. Auch die unzähligen noblen Geschäfte, Banken und Restaurants wirken eher europäisch denn indisch, alles ist nur vom Feinsten. *It's a rich man's world,* und so finden sich hier fast ausschließlich westliche Touristen und Mitglieder der indischen Mittel- und Oberschicht.

Auf den Gehwegen unterhalb der Arkadengänge des inneren Zirkels finden sich zahlreiche **Bücher- und Zeitschriftenstände,** bei denen es nicht nur z. T. erstaunlich anspruchs-

volle Literatur zu kaufen gibt, sondern auch brandaktuelle Zeitschriften und Magazine aus Europa, wie etwa *Spiegel* und *Stern.*

Ständig wird man von **Straßenhändlern** angesprochen, die einem von Sonnenbrillen über Taschentücher bis zum Flugticket scheinbar alles verkaufen können. Auch der in der Mitte des Platzes gelegene Park bietet nur für kurze Zeit eine Verschnaufpause, da man hier sehr schnell mit den Rufen *"Soft drink, Sir"* oder *"Shoe shine"* konfrontiert wird.

Die touristische Hauptschlagader bildet der südlich vom Connaught Place verlaufende **Janpath.** An dieser Straße finden sich das Tourist Office, unzählige Verkaufsstände, Hotels und das große Emporium.

Jantar Mantar

Ein etwa zehnminütiger Fußweg entlang der Sasan Marg (Parliament Street) vom Connaught Place führt zur ersten der insgesamt fünf **Sternwarten,** die der begeisterte Astronom *Jai Singh II.* (1699-1743), Maharaja von Jaipur, 1724 errichten ließ. Die in einem hübschen Palmenhain gelegenen überdimensionalen rosaroten Beobachtungsinstrumente bilden mit ihrer archaischen Ausstrahlung einen interessanten Kontrast zu den umliegenden modernen Hotel- und Bürobauten. Auffälligstes, weil größtes Instrument des Observatoriums ist, wie schon in Jaipur zu sehen, die steil aufragende Sonnenuhr *(Prince of Dials).* Wer an detaillierteren Informationen zu den einzelnen Bauwerken interessiert ist, sollte sich ei-

Delhi

Betongrau und rostrot: Teile des Jantar Mantar

ner der hier regelmäßig durchgeführten Gruppenführungen anschließen.

Regierungsviertel

Wer die Sasan Marg weiter Richtung Südosten geht, stößt schließlich nach gut 2 km auf den Raj Path. Diese von breiten Grünflächen gesäumte Prachtstraße verbindet mit dem India Gate am östlichen und dem Rashtrapati Bhawan am westlichen Ende die beiden Hauptgebäude des von den Engländern in den zwanziger Jahren dieses Jahrhunderts aus dem Boden gestampften Regierungsviertels.

Kaum eine andere Hauptstadt hat eine derart imposante **Darstellung imperialer Macht** aufzuweisen wie Delhi, die vor kolonialem Selbstbewußtsein nur so strotzt. Wie schnell

sich jedoch das Blatt der Geschichte manchmal wendet und überkommene Machtstrukturen quasi über Nacht von nationalen Unabhängigkeitsbewegungen hinweggespült werden können, zeigte sich nur eineinhalb Jahrzehnte nach Beendigung der Bauarbeiten, als sich die vormaligen Hausherren unvermittelt in ihrem Mutterland wiederfanden und dafür die indischen Nationalisten in die Räume der Kolonialgebäude einzogen.

Präsidentenpalast

So residiert in dem palastähnlichen **Rashtrapati Bhawan** heute auch nicht mehr der englische Vizekönig, sondern der indische Staatspräsident. An den von einer gewaltigen Kuppel gekrönten 340 Räume umfassenden Prachtbau schließt im Westen ein 130 ha großer Mogul-Garten an, für dessen makellose Pflege zu Zeiten der britischen Kolonialherrschaft über 400 Gärtner verantwortlich zeichneten. Während die Blumenpracht in den Monaten Februar und März für Besucher zugänglich ist, bleibt der Präsidentenpalast ganzjährig unter Ausschluß der Öffentlichkeit.

Die Zufahrt zum Palast wird zu beiden Seiten von staatlichen Regierungsgebäuden flankiert, die das Innen-, Außen- und Finanzministerium beherbergen.

Raj Path

Von hier führt die Straße leicht abwärts auf den imposanten Raj Path, Bühne großer Staatsempfänge und vor allem der einzigartigen Parade zum Unabhängigkeitstag am 26. Januar jedes Jahres.

Am östlichen Ende steht das **All India War Memorial,** besser bekannt unter dem Namen **India Gate.** Die Wände dieses 42 m hohen Triumphbogens tragen die Namen von 85.000 Soldaten, die im Ersten Weltkrieg ihr Leben ließen. Der Blick zurück durch diesen indischen Arc de Triomphe über der Raj Path auf den in der Ferne kaum zu erkennenden Präsidentenpalast vermittelt noch einmal einen Eindruck sowohl vom ehemaligen Glanz als auch dem Scheitern des britischen Raj.

Purana Qila (Altes Fort)

Südöstlich vom India Gate finden sich auf einem Hügel die Überreste des vom afghanischen Feldherrn *Sher*

Shah erbauten alten Forts, welches jüngsten archäologischen Funden zufolge auf der Stelle des alten *Indraprashtra* errichtet worden sein soll.

Betritt man die Festungsanlage durch das südliche zweigeschossige sogenannte Humayun-Tor, stößt man auf einen achteckigen roten Sandsteinturm, den sogenannten *Sher Mandal.* Dem zweiten Großmogul *Humayun* (1520 - 1556) wurde dieser Bau, den er später in eine Bibliothek umfunktionierte, 1556 zum Verhängnis, als er auf einer der Treppenstufen ausrutschte und sich dabei so schwere Verletzungen zuzog, daß er wenig später starb.

In unmittelbarer Nähe findet sich die 1541 von Sher Shah errichtete **Qila-e-Kuhna-Moschee**. Der im Innern reich verzierte Bau befindet sich in einem erstaunlich guten Zustand und gilt als hervorragendes Beispiel des Übergangs vom Lodi- zum Mogul-Baustil.

Humayun-Mausoleum

Nur knapp 2 km südlich vom Parana Quila befindet sich das Grabmal Humayuns, welches im Auftrag seiner Frau 1565 neun Jahre nach seinem Tod vollendet wurde. Der quadratische Sandsteinbau mit seiner 43 m aufragenden Marmorkuppel gilt als schönstes Bauwerk der frühen Mogul-Epoche.

Optisch besonders reizvoll wirkt neben dem Wechselspiel zwischen rotem und weißem Sandstein der hohe Eingangstorbogen, der dem Bau trotz seiner Größe etwas Leichtes und Verspieltes verleiht. Daneben fällt die

Delhi

später für die Mogul-Architektur so charakteristische zentrale Bedeutung der das Hauptgebäude umgebenden Gartenanlage ins Auge. Das nach einem ähnlichen Plan erbaute Taj Mahal zeigt diesen Baustil in seiner Hochblüte ein Jahrhundert später. Es gibt sogar Kunstkenner, die die harmonischen Proportionen von Humayuns Grab der verfeinerten Eleganz des Taj Mahal vorziehen. Gleichwie, die Grabstätte Humayuns, in der auch seine Frau beigesetzt ist, gehört zu den schönsten Baudenkmälern Delhis, zumal sich von der Terrasse ein herrlicher Blick ins Umland bietet.

Hazrat-Nizam-ud-Din-Aulia (Nizamuddin)

Auf der gegenüberliegenden Seite des Humayun-Grabes führt eine Straße in einen **Ortsteil,** der einen ganz eigentümlichen Charakter bewahrt hat: Tief verschleierte Frauen huschen durch die schmalen Gassen, das Murmeln von Koranschülern ist zu hören, die Metzger verkaufen Rindfleisch.

Nizamuddin heißt dieser Stadtteil, der sich um das **Grab** des muslimischen Heiligen *Shaik Nizzam-ud-Din-Chisti* gruppiert, der hier 1325 verstarb.

Das Zentrum der Chisti-Verehrung, einer Familie von Heiligen und Höflingen, die ursprünglich aus dem Iran stammen und im 12. Jh. nach Indien kamen, liegt in Ajmer. Das Originalgrab existiert zwar nicht mehr (der heutige marmorne Kuppelbau stammt aus dem Jahre 1562), doch nach dem Tode des Heiligen entwickelte

sich das gesamte Areal zu einer Art moslemischem "Prominentenfriedhof", so daß sich dort heute viele weitere **Grabstätten bedeutender Persönlichkeiten** finden. So etwa das Grab von Shah Jahans Tochter *Jahanara,* die ihrem Vater auch während der Zeit seiner Gefangenschaft durch seinen Sohn *Aurangzeb* im Roten Fort in Agra zur Seite stand.

Im Norden des Stadtteils liegt der noch heute hoch verehrte Urdu-Dichter *Ghalib* (1797-1869) begraben. Das älteste Gebäude ist die 1325 von *Ala-ud-Din-Khalji* erbaute rote **Sandsteinmoschee Jamaat Klana.** Ebenfalls aus dem 14. Jh. stammt ein großer **Stufenbrunnen** am Nordtor.

Safdar-Jang-Mausoleum

Als architektonischen Schwanengesang des im Zerfall begriffenen Mogul-Imperiums könnte man diese südöstlich der Diplomatenenklave Chanakyapuri gelegene Grabstätte bezeichnen. Der 1753 vom *Nawab von Audh* für seinen Vater *Safdar Jang* errichtete zweigeschossige Grabbau weist mit dem ihn umgebenden weitläufigen Park, dem terassenförmigen Unterbau, schönen Marmorintarsien und bemaltem Stuck sowie dem Kuppeldach alle typischen Elemente der Mogul-Architektur auf. Doch insgesamt fehlt ihm die sonst so charakteristische Leichtigkeit, und so scheint sich in ihm schon der nahende Untergang der 250jährigen Dynastie zu spiegeln.

Lodi-Gärten

Einen interessanten Kontrast zum Mausoleum *Safdar Jangs* bilden die in den nur wenige Meter entfernten Lodi-Gärten gelegenen **Grabstätten** der Sayyid- (1451-1526) und Lodi-Dynastien (1414-1451), den beiden Herrscherhäusern Delhis vor der Machtübernahme der Mogul-Dynastie. Die Mausoleen weisen bereits deutliche Merkmale der späteren Mogul-Architektur auf. Unübersehbar sind z.B. die Ähnlichkeiten des Grabmals *Mohammed Shahs* (1434-1444), Herrschers der Sayyid-Dynastie, mit dem gut 100 Jahre später erbauten **Bara Gumbad,** einer Grabstätte mit angeschlossener Moschee. Hier beeindrucken v.a. die schönen Stuckarbeiten, farbige Ziegel und die auffälligen Koraninschriften. Weitere Gräber sind die von Mohammed Shahs Vorgänger *Mubarak Shah* (1433) sowie diejenigen *Sikander Lodis* (1517) und *Ibrahim Lodis* (1526).

Tughlagabad

Das großräumige, von mächtigen Festungsmauern umgebene Ruinengelände beinhaltet die spärlichen Überreste der 3. Stadt Delhis. Da der Erbauer *Ghiyas-ud-din-Thuglag* (1321-1325) noch vor Beendigung der Bauarbeiten starb, ist die Festungsstadt mit einem Gesamtumfang von 6 km nie richtig genutzt worden. Zwar ist heute keines der ursprünglichen Gebäude mehr erhalten, doch es ist gerade der Kontrast zwischen dem auf einem Felshügel gelegenen Ruinenareal mit dem bei klarer Sicht deutlich in der Ferne sichtbaren Delhi, welches den eigentlichen Reiz der Anlage ausmacht.

In erstaunlich gutem Zustand erhalten geblieben ist das südlich der Zwingburg gelegene **Grabmal** des Stadtgründers. Früher stand es inmitten eines kleinen Teiches und war mit dem Fort über eine Brücke verbunden. Heute jedoch ist das Mausoleum mit dem signifikanten Kuppeldach aus weißem Marmor durch eine neugebaute Straße von der ehemaligen Hauptstadt Delhis abgeschnitten.

Bahai House of Worship

Architektonisch äußerst spektakulär wirkt dieser in Form einer Lotusblüte erbaute Tempel inmitten von neun Wasserbecken. In Indien leben fast ein Viertel der weltweit 4,4 Mio. Anhänger der Bahai-Religion, die Mitte des letzten Jh. vom Perser *Baha-ullah* (Pers: Glanz Gottes) gegründet wurde. Entsprechend der Glaubensphilosophie des Bahaismus, die keine Unterschiede oder Vorurteile gegenüber Rasse und Geschlecht kennt, finden sich im sehr anmutigen Tempelinnern Menschen aller Nationen, die in friedvoller Atmosphäre beten und meditieren.

Museen und Gedenkstätten

Nationalmuseum

Tourismusfreundlich ganz in der Nähe des Connaught Place gelegen, bietet das Nationalmuseum neben dem *Prince of Wales Museum* in Bombay und dem *Indian Museum* in Kalkutta die umfangreichste **Sammlung**

Delhi

indischer Kunst. Die Palette ausgestellter Objekte reicht von vorgeschichtlichen archäologischen Funden bis zu Kostümen der heute noch in Indien lebenden Stammesangehörigen.

Wie immer wirkt ein solch breit gefächertes Angebot zunächst eher erschlagend als informativ, und so bietet es sich an, mit einem bestimmten Epochen- oder Stilschwerpunkt die Ausstellungsräume zu begehen. Hier würden sich z.B. die großartigen buddhistischen Skulpturen aus dem 6.-8. Jh. anbieten oder die exquisit ausgestattete Abteilung der Miniaturmalereien. Wer Zeit hat, sollte öfter kommen. Fast täglich werden Filmvorführungen zu unterschiedllichen Kunstepochen gezeigt.

●*Öffnungszeiten:* tgl., außer Mo, 10-17 Uhr

Rail Transport Museum

Nicht nur Eisenbahnfans dürften beim Besuch des südlich der Diplomatenenklave Chanakyapuri gelegenen Eisenbahnmuseums ihre helle Freude haben. Indien ist berühmt für seine exotischen Lokomotiven, und auf dem Gelände des Museums gibt es einige der skurrilsten Exemplare zu bewundern.

●*Öffnungszeiten:* tgl., außer Mo, 9.30-17.30 Uhr

Tibet Haus

Speziell für jene, die Dharamsala, den Exilsitz des *Dalai Lama* in Himachal Pradesh, oder "Little Tibet" Ladakh auf ihrer Reiseroute haben, lohnt sich ein Abstecher zum in der Nähe der Lodi-Gärten gelegenen

Tibet-Haus. In dem kleinen Museum wird eine interessante Sammlung tibetanischer Ritualobjekte ausgestellt.

●*Öffnungszeiten:* tgl., außer So, 10-17 Uhr

Gandhi-Smriti-Museum

Anhand gleichermaßen beeindrukkender wie bedrückender Utensilien wie dem berühmten Spinnrad und dem blutverschmierten Leinentuch, welches *Mahatma Gandhi* am Tag seiner Ermordung trug, sowie unzähligen Fotos, Zitatsammlungen, Zeitungsausschnitten und Filmvorführungen wird hier das von Opferbereitschaft und Wahrhaftigkeit geprägte Leben des "Vaters der Nation" auf eindrucksvolle Weise nachgezeichnet.

●*Öffnungszeiten:* tgl., außer Mo, 10-17 Uhr

Indira Gandhi Memorial

In der ehemaligen Residenz *Indira Gandhis* findet sich in erschreckender Parallelität zum Schicksal *Mahatma Gandhis* der Sari, in den die in Indien gleichermaßen verehrte wie verhaßte Tochter *Jawaharlal Nehrus* am Tag ihrer Ermordung gekleidet war. Mindestens ebenso beeindruckend wirkt das Foto, welches ihren später ebenfalls ermordeten Sohn *Rajiv Gandhi* in einem Flugzeug über dem Himalaya zeigt, wie er die Asche seiner verstorbenen Mutter verstreut. Die Stelle, an der *Indira Gandhi* im Garten ihrer Residenz von zweien ihrer Leibwächtern ermordet wurde, ist mit einer von zwei Soldaten flankierten Gedenktafel markiert.

●*Öffnungszeiten:* tgl., außer Mo, 9.30-16.45

National Gallery of Modern Art

Dieses beim India Gate gelegene Museum beherbergt die umfangreichste **Sammlung moderner Kunst** in Indien. Neben den verschiedenen Malschulen seit dem 19. Jh. findet sich im sehr schönen Garten auch eine große Skulpturensammlung. Eine der überraschendsten Entdeckungen bilden die Gemälde des weltberühmten bengalischen Dichters und Nobelpreisträgers Rabindranath Tagore.

● **Öffnungszeiten:** täglich, außer Mo, 10 bis 17 Uhr

Qutb Minar

Den Grundstein islamischer Herrschaft über Indien, die schließlich über sieben Jahrhunderte andauern sollte, legte der vom Sklaven zum Feldherrn aufgestiegene *Qutb-ud-Din-Aibak,* als er 1193 auf den Trümmern der von ihm eroberten Rajputen-Festung Lalkot seine neue Hauptstadt errichtete. Nach dem Tode seines Herrn, des afghanischen Eroberers *Muhammed-e-Ghur,* gründete er sein eigenes Sultanat und markierte damit den Beginn des Sultanats von Delhi, welches bis zum Aufkommen der Großmogul Mitte des 16. Jh. die führende Macht Nordindiens darstellte. Als Zeichen seines historischen Erfolges über den letzten in Delhi regierenden Hindu-Fürsten *Prithviraj Chauhan* errichtete er den Qutb Minar, eine 72,5 m hohe, sich nach oben verjüngende **Siegessäule** aus rotem Sandstein, 13 km südlich vom heutigen Stadtzentrum.

Er selbst erlebte jedoch nur die Fertigstellung des ersten von heute fünf durch vorspringende Balkone unterteilten Stockwerken. Das zweite und dritte wurde von seinem Schwiegersohn und Nachfolger *Iltutmish* (1210-1235) hinzugefügt. *Firoz Shah* aus der Thuglag-Dynastie war es schließlich, der das stolze Bauwerk 1368 vollendete, indem er zwei weitere Stockwerke aufsetzte, nachdem die Spitze zuvor durch einen Blitzeinschlag beschädigt worden war.

Leider darf der an der Basis 15 m, an der Spitze jedoch nur 2,5 m Durchmesser aufweisende Turm nicht mehr bestiegen werden, seitdem vor einigen Jahren mehrere Schulkinder bei einer im Innern ausgebrochenen Panik ums Leben kamen.

Sechs Jahre früher als beim Qutb Minar wurde bereits mit dem Bau der zu Füßen der Siegessäule liegenden **Qurwat-ul Islam-Masjid** (Macht-des-Islam-Moschee) begonnen. Zum Bau dieses ersten islamischen Sakralbaus auf indischem Boden überhaupt verwendete der wenig zimperliche Feldherr Materialien von insgesamt 27 zuvor zerstörten Hindu- und Jain-Tempeln. Hieraus erklärt sich auch die zunächst recht merkwürdig anmutende Tatsache, daß viele der verwendeten Säulen mit Hindu-Göttern verziert sind.

Kunsthistorisch besonders interessant ist auch die nicht zu übersehende Handschrift der am Bau der Moschee beteiligten Hindu-Steinmetze, die sich vor allem an den kurvenreichen Formen und der Blattornamentik zeigt. Diese Kombination der an strengen Formen orientierten muslimischen Kunst und der eine geschwungene Linienführung bevorzu-

Delhi

genden Hindu-Stilrichtung sollte sich später zu einem ganz eigenen, dem sogenannten **indo-sarazenischen Baustil** entwickeln, dessen beste architektonische Beispiele heute in Ahmedabad im Bundesstaat Gujarat zu sehen sind.

Die Moschee erfuhr im Laufe der Jahrhunderte vielfache **Erweiterungen,** wobei sich vor allem *Ala-ud-din* auszeichnete, der neben dem großen Innenhof im Osten auch das beeindruckende *Alai Darwaza,* den heutigen Haupteingang der Anlage, hinzufügte. Er war es auch, der, den gewachsenen Ausmaßen der Moschee entsprechend, eine zweite, wesentlich größere Siegessäule *(Alai Minar)* hinzufügen wollte. Der Basisdurchmesser von 27 m läßt darauf schließen, daß eine gewaltige Höhe von etwa 150 m geplant war. Bei seinem Tode war jedoch erst eine Höhe von 27 m erreicht. Seine Nachfolger wagten es nicht, dieses waghalsige Bauvorhaben zu Ende zu führen, und so findet sich der klägliche Überrest seiner Großmannssucht heute etwas nördlich der Moschee.

Die größte Aufmerksamkeit bei den täglich Tausenden von Besuchern erregt die im Hof der Moschee stehende 7 m hohe **eiserne Säule.** Herkunft und genaues Entstehungsdatum sind unbekannt, auch wenn vermutet wird, daß sie ursprünglich in Bihar zur Zeit des Gupta-Königs *Chandragupta* (375-413 n. Chr.) vor einem Vishnutempel gestanden haben soll. Bis heute ist ungeklärt, warum die Säule eineinhalb Jahrtausende ohne einen Rostflecken überstehen konnte. Kein Wunder also, daß diesem rätselhaften Objekt magische Kräfte zugesprochen werden. So versuchen täglich viele Inder, die Säule zu umarmen. Wem das gelingt, der hat der Legende nach einen Wunsch frei.

Ankunft

Indira-Gandhi-Flughafen

Wer zu spät kommt, den bestraft das Leben. Daß die Regel auch auf Indien zutrifft, erfährt der Neuankömmling gleich bei der **Paßkontrolle,** wenn er sich ans hintere Ende einer langen Schlange von Wartenden einreiht und bis zu einer halben Stunde warten muß, ehe er vorn angelangt ist.

Wem es gelingt, zu den ersten am Schalter zu gehören, hat danach den zusätzlichen Vorteil, sein Geld ohne langes Anstehen bei einer der vielen nebeneinander gelegenen **Banken** in der Abfertigungshalle wechseln zu können. Alle haben 24 Std. geöffnet, und die Kurse sind nur geringfügig schlechter als in der Stadt. Allerdings sollte man sein Wechselgeld genauestens nachzählen, da es leider allzuoft vorkommt, daß die Angestellten die Unerfahrenheit und Übermüdung der Touristen auszunutzen versuchen, indem sie ein paar Scheine in ihre eigene Tasche wandern lassen.

Die **Gepäckkontrolle** geht meist recht schnell über die Bühne. Es kann jedoch vorkommen, daß ein Formular auszufüllen ist, in dem man die mitgeführten Wertsachen wie Foto- und Videokamera einzutragen hat. Theoretisch soll man es bei Verlassen des Landes wieder vorlegen, um zu beweisen, daß man seine Ausrüstung nicht in Indien verkauft hat. Praktisch wird jedoch nie wieder jemand danach fragen, und so sollte man die Prozedur als ein erstes typisches Beispiel für die berühmt-berüchtigte indische Bürokratie in aller Ruhe über sich ergehen lassen.

Nach Verlassen der Abfertigungshalle befindet man sich in der Ankunftshalle, wo u.a. ein **Informationsschalter des Touristenbüros** untergebracht ist. Leider ist es auch hier keine Seltenheit, daß die Bediensteten Hotels als ausgebucht angeben, die es in Wirklichkeit gar nicht sind, nur um Unterkünfte zu vermitteln, von denen sie eine Kommission kassieren. Am besten man schwingt sich selbst ans Telefon.

Fahrt in die Innenstadt

Für die Fahrt in die 22 km entfernte Innenstadt hat man die Auswahl zwischen mehreren Flughafenbussen und Taxis. Eine Fahrt mit dem **Taxi** zum Connaught Place kostet 250 Rs. Ein überzogener Preis, da der normale Preis von der Innenstadt maximal 170 Rs beträgt, doch die Flughafenchauffeure lassen sich ihr Monopol fürstlich versilbern.

Der EATS-Flughafenbus fährt etwa alle halbe Stunde für 25 Rs zum *Vayudoot-Büro* am **Connaught Place.** Auf Wunsch wird man an einem der auf dem Wege liegenden Hotels abgesetzt.

Ein weiterer von der *Delhi Transport Corporation* eingesetzter Bus fährt außerdem zum Ajmer Gate hinter der New Delhi Railway Station und **zum Busbahnhof.** Meist wird pro größerem Gepäckstück eine Gebühr von 5 Rs verlangt.

Die billigste Möglichkeit (3 Rs) bietet der Stadtbus Nr. 780, der sich in gut 2 Std. bis zum **Connaught Place** quält.

Indian Airlines setzt einen Pendelbus zwischen dem Internationalen und dem **Inlandsflughafen** ein. Auch der EATS-Flughafenbus sollte auf dem Weg zum Connaught Place einen Zwischenstop beim Inlandsflughafen einlegen, doch tut man gut daran, sich zu versichern, ob dies auch wirklich der Fall ist.

Erste Orientierung

Trotz seiner enormen Ausdehnung ist Delhi eine recht übersichtliche Stadt. Auf die signifikante Unterteilung in das typisch indische Old Delhi und das weiträumige, eher europäisch anmutende New Delhi wurde ja bereits in der Einleitung näher eingegangen. Die

beiden Straßen Desh Bandhu Gupta und Asaf Ali, gleich nördlich des Bahnhofes von New Delhi, markieren die Grenze zwischen den beiden Stadtteilen.

Im Süden der Stadt, angrenzend an das Regierungsviertel mit dem Raj Path als Mittelachse, schließen sich die feinen Wohngegenden wie Lodi Colony und Defense Colony an. Westlich hiervon liegt das elegante Diplomatenviertel Chanakyapuri, wo die meisten Botschaften angesiedelt sind. Noch einmal 15 km weiter südwestlich befinden sich die beiden Flughäfen Delhis.

Information

Touristenbüros

●Das **Touristenbüro** (88 Janpath, Tel.: 3320005) ist Mo.-Fr von 9 bis 18 Uhr und Sa von 9 bis 13 Uhr geöffnet. Manche der Bediensteten sind äußerst freundlich und hilfsbereit, andere hingegen machen einen recht mürrischen Eindruck. Generell sollte man sich vorher überlegen, zu welchen Zielgebieten man Fragen hat, da die Informationsmaterialien nicht frei ausliegen. Auf jeden Fall sollte man sich einen umsonst erhältlichen **Stadtplan** Delhis aushändigen lassen, auf dessen Rückseite viele nützliche Adressen zu finden sind. Darüber hinaus erhält man bei entsprechenden Fragen Informationen zu allen weiteren Zielgebieten innerhalb Indiens. Auch bei der **Vermittlung eines Hotelzimmers** kann das *Tourist Office* behilflich sein.
●Ein weiteres von *Delhi Tourism* geleitetes **Informationsbüro** (Tel.: 3313637) befindet sich im N-Block, Connaught Place. Filialen gibt es an allen drei Bahnhöfen Delhis sowie dem Busbahnhof am Kashmir Gate und dem Internationalen Flughafen.
●Auch die meisten **Bundesstaaten** besitzen in Delhi spezielle Touristenbüros, oft in unmittelbarer Nähe des Connaught Place. Die genauen Anschriften finden sich im Adressenteil weiter hinten. Ein Besuch lohnt jedoch nur, wenn man sehr spezielle Fragen zu den einzelnen Gebieten hat, da alle weiteren Informationen auch vom *Tourist Office* am Jan-

Delhi

Die zahlreichen geschniegelten jungen Männer, die sich in der Nähe des Büros mit der immergleichen Frage *"You want tourist information, madame/sir?"* an die westlichen Besucher heranmachen, sind nichts anderes als *Schlepper,* die einem entweder irgendeine Rundreise aufschwatzen oder einen in das Juweliergeschäft ihres Auftraggebers abschleppen wollen. Aufgepaßt! Das gleiche gilt für die vielen *angeblichen Touristenbüros* bei den großen Bahnhöfen Delhis – alles nur getarnte Reisebüros, die Neuankömmlinge mit weit überhöhten Angeboten übers Ohr hauen wollen.

path erhältlich sind. Einzige Ausnahme hiervon bilden die Büros von Uttar Pradesh und Himachal Pradesh, die zu den jeweiligen Hill Stations Luxusbusse einsetzen.

Veranstaltungskalender

In dem wöchentlich erscheinenden *Delhi diary* (5 Rs) findet sich neben einem umfangreichen Adressenteil auch ein sehr interessanter Veranstaltungskalender mit allen wichtigen Ereignissen im Bereich Kunst und Kultur. Es ist wie auch der etwas aufwendigere, monatlich erscheinende *City Guide* (12 Rs), an vielen Kiosken erhältlich.

Stadtverkehr

Bus

Als eine der wenigen Städte Indiens verfügt Delhi über ein gut ausgebautes Stadtbussystem. Wem es gelingt, an den jeweiligen Startpunkten wie Regal- und Plaza Kino am Connaught Place einzusteigen, hat auch eine recht gute Chance, noch einen Sitzplatz zu ergattern. Ansonsten muß man für die Ersparnis von einigen Rupien mit einem Stehplatz in den vor allem während der Hauptverkehrszeit total überfüllten Bussen vorlieb nehmen. Zudem ist man selbstverständlich beliebtes Beuteobjekt für die in Delhi recht aktiven Taschendiebe.

Für jene, die sich davon nicht abschrecken lassen, hier einige nützliche *Busrouten:*
- *Connaught Place nach:* Qutb Minar (505), Rotes Fort (29, 77, 104), Chanakyapuri, der Botschaftsenklave (620).
- *New Delhi Railway Station nach:* Rotem Fort (51, 760), Connaught Place (10, 110).
- *Old Delhi Railway Station nach:* Qutb Minar (502), Connaught Place (29, 77).
- *W.B.T.-Busbahnhof nach:* Qutb Minar (503, 533), Connaught Place (104, 139, 272).

Autoriksha und Taxi

Der Neuankömmling kann gleich in Delhi die für ganz Indien so charakteristische Weigerung der Riksha- und Taxifahrer studieren, den *Taxameter* einzuschalten. Man kann natürlich beharrlich darauf bestehen, doch meist hilft das auch nichts, d.h. der Preis ist Verhandlungssache. Vom Connaught Place zum Roten Fort kostet es mit der Autoriksha ca 20 Rs, 5 Rs mehr zur Old Delhi Railway Station. Vom Connaught Place zur New Delhi Railway Station sind es ca 5 Rs. Mit dem Taxi jeweils etwa die Hälfte mehr.

Falls doch mal ein Fahrer wider Erwarten die Uhr anstellen sollte, darf er, da die Taxameter noch nicht den offiziell erhöhten Tarifen angepaßt sind, 25 % auf den angezeigten Betrag aufschlagen. Zwischen 23 und 5 Uhr sind es 50 %.

Gleich in Delhi sollte man es sich zur Regel machen, vor Fahrtantritt sicherzugehen, daß der Fahrer auch wirklich das *Fahrtziel* verstanden hat. Oft fahren sie einfach los, ohne richtig hingehört zu haben, was am Ende viel Zeit, Geld und Nerven kostet.

Eine Besonderheit Delhis sind die *Six-Seater-Autorikshas,* die von kräftigen Harley Davidsons angetrieben werden und entlang festgelegter Routen verkehren. So fahren sie z.B. vom Connaught Place zum Interstate Bus Terminal und zum Bahnhof Hazrat Nizzamuddin. Der maximale Fahrpreis beträgt 5 Rs.

Delhi

Fahrradrikshas

In New Delhi inkl. Connaught Place sind Fahrradrikshas verboten. Viele warten an der Ecke Connaught Place, H-Block/Chelmsford Road, um zum New Delhi Railway Station und Pahar Ganj zu fahren. Für die kurze Strecke zahlen Einheimische nicht mehr als 5 Rs. Ansonsten sind im weitläufigen Delhi Autorikshas zur Fortbewegung sinnvoller.

Unterkunft

Wie in allen Hauptstädten liegt auch das Preisniveau der Unterkünfte in Delhi weit über dem Landesdurchschnitt. Für ein nur geringsten Ansprüchen genügendes Doppelzimmer mit Bad muß man um die 250 Rs bezahlen, ein Preis, für den man andernorts bereits komfortabel nächtigen kann. Andererseits ist die Auswahl an Unterkünften derart groß, daß, selbst wenn man spätabends eintrifft, problemlos eine Übernachtungsmöglichkeit zu finden ist.

Drei Hotelgegenden lassen sich unterscheiden. Das quirlige **Basarviertel Pahar Ganj** mit der direkt gegenüber dem New-Delhi-Bahnhof beginnenden Main Bazaar Road als Hauptstraße, an der auf einer Länge von ca. 2 km viele Billigunterkünfte liegen, ist das in der Traveller-Szene beliebteste Hotelviertel.

Am **Connaught Place** und der südlich hiervon verlaufenden Janpath-Straße mitten im Herzen von New Delhi findet sich eine bunte Mischung an Hotels aller Preiskategorien. Wer sich für diese Wohngegend entscheidet, hat den enormen Vorteil, in unmittelbarer Nähe der wichtigen Fluggesellschaften, Banken, vieler Geschäfte und dem Touristenbüro zu wohnen und sich so die langen Anfahrtswege sparen zu können.

Die meisten First-Class-Hotels finden sich im noblen **Diplomatenviertel Chanakyapuri** etwa auf halber Strecke zwischen Connaught Place und dem Flughafen.

Low Budget und Budget

Wegen des sehr hohen Preisniveaus in Delhi werden hier ausnahmsweise die beiden unteren Preiskategorien zusammengefaßt, da vielfach die beliebtesten Billigunterkünfte bereits in die Budgetkategorie fallen.

Connaught Place

●Seit Jahren die unbestrittene Nr. 1 der Traveller-Szene am Connaught Place ist das ***Ringo Guest House*** (17 Scindia House, Tel.: 3310605) in einer kleinen Seitengasse links neben dem *Tourist Office*. Der Grund für seine Popularität liegt sicher weniger in den winzigen Zimmern als in der optimalen Lage und der angenehmen Atmosphäre. Der kleine Innenhof ist ein beliebter Treffpunkt und eine gute Informationsquelle. Kleinere Mahlzeiten können hier ebenfalls eingenommen werden. Ein Bett im vollgestopften Schlafsaal kostet 75 Rs, für EZ/DZ ohne Bad zahlt man 210/230, mit Bad 265/315 Rs. Für 7 Rs pro Gepäckstück und Tag gibt es eine Gepäckaufbewahrung.

●Ist das *Ringo*, wie meist während der Hauptsaison, ausgebucht, kann man sein Glück im nur wenige Schritte entfernten **Sunny Guest House** (152, Scindia House, Tel.: 3312909) versuchen. Preislich und qualitativ ist es praktisch identisch mit dem Ringo, und auch hier steht ein Gepäckaufbewahrungsservice für 10 Rs pro Gepäckstück und Tag zur Verfügung.

●Das **Asia Guest House** (14, Scindia House, Tel.: 3310229) verfügt über einige kleine EZ/DZ zu 300/350 Rs.

●Für die dunklen, weil fensterlosen Zimmer im **Janpath Guest House** (82-84, Janpath, Tel.: 3321935) muß man zwischen 300/350 und 415 Rs (AC, nur DZ) zahlen.

●Kaum besser ist das gleich teure **Royal Guest House** (44, Janpath, Tel.: 3329485).

●Am billigsten, aber sicher nicht am schlechtesten wohnt man im freundlichen **Mrs. Colaco Guest House** (Tel.: 3328758) in der Janpath Lane. Das große Plus ist die sehr ruhige Wohnlage mitten im Geschäftsviertel New Delhis. Die äußerst spartanischen DZ mit Gemeinschaftsbad in dem alten Privathaus kosten 190 Rs. Für 80 Rs kann man im Schlafsaal übernachten.

1	Reservierungsbüro der Bahn
2	Hotel 55
3	Plaza Cinema
4	Bus Nr. 620 zum Youth Hostel und zum Diplomatenviertel
5	York Hotel
6	Kaka da Hotel
7	Nirula's
8	Hotel Jukaso Inn und ITDC-Büro (Stadtrundfahrten)
9	Hotel Palace Heights
10	Embassy Restaurant
11	Volga Restaurant
12	Keventer's
13	American Express und Wenger's
14	Hotel Marina
15	Singapore Airlines
16	Alka Hotel
17	State Emporiums
18	State Bank of Bikaner and Jaipur
19	British Airways
20	Post
21	Vayudoot und Flughafenbus
22	Indian Airlines
23	Nirula's und Wimpy
24	Central Court Hotel
25	Aeroflot
26	The Host
27	United Coffee House
28	Grindlays Bank
29	Hotel Bright
30	Indian Airlines und Emirates
31	Bank of Amerika und Banque Nationale de Paris
32	Cathay Pacific und Deutsche Bank
33	Pakistan International Airlines
34	Hongkong Bank
35	Asia Guest House
36	Sunny Guest House
37	Vikram Restaurant
38	Ringo Guest House
39	Air France
40	Air India
41	El Arab und The Cellar
42	Gaylord
43	Park Hotel
44	YMCA Tourist Hotel
45	Jantar Mantar
46	Mr. SC Jain's Guest House
47	Mrs. Colaco's Guest House
48	Bankura Restaurant
49	Government of India Tourist Office

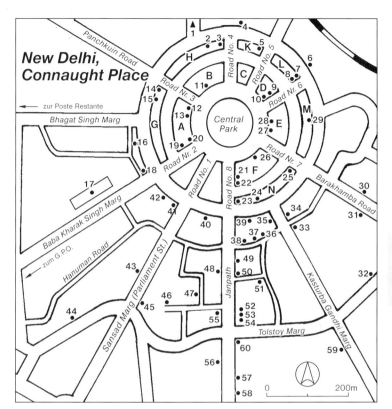

New Delhi, Connaught Place

zur Poste Restante

Delhi

50 Janpath Guest House
51 Tripsout Travel
52 Swissair
53 Royal Nepal Airlines
54 Lufthansa
55 Rajasthan Verkaufsstände
56 Imperial Hotel und Thomas Cook
57 Harayana, Himachal Pradesh und
    Uttar Pradesh Tourist Offices
58 Post und Telegrafenamt
59 Max Müller Bhawan
60 Central Cottage Industries Emporium

• Das Hotel **Palace Heights** (D-Block, Connaught Place, Tel.: 3321419) in der Nähe vom *Nirula's Restaurant* verfügt über eine herrlich große Terrasse, auf der man sich in bequemen Stühlen vom Einkaufs- und Behördenstreß erholen kann. So könnte es die beste Billigunterkunft am Connaught Place sein, hätte nicht der Service in den letzten Jahren ebenso rapide abgenommen, wie die Preise nach oben geschnellt sind (EZ/DZ 275/400 Rs mit Gemeinschaftsbad, 450/600 Rs mit Cooler). Besonders die sanitären Anlagen haben eine Generalüberholung bitter nötig.

• Sehr unterschiedliche Meinungen ruft das **ITDC Ashok Yatri Niwas** (19, Ashok, Tel.: 3324511) hervor. Zweifelsohne kann das 556-Zimmer-Monstrum nicht gerade mit einer familiären Atmosphäre aufwarten, und auch der Service läßt zu wünschen übrig. Dafür gibt es jedoch eine Menge Annehmlichkeiten wie mehrere Restaurants, Gepäckaufbewahrung und einen guten Buchladen. Zudem gehen von hier die Stadtrundfahrten los, und zum Connaught Place sind es nur 10 Min. zu Fuß. Die EZ/DZ liegen zwischen 240/390 bis 450/550 (AC) Rs.

Pahar Ganj

Weit über 50 Hotels, Guest Houses und Lodges liegen entlang der knapp 2 km langen Main Bazaar Road, der direkt gegenüber dem New Delhi Railway Station beginnenden Hauptgeschäftsstraße. Hier kann aus Platzgründen selbstverständlich nur eine kleine Auswahl gegeben werden.

• Nicht im Main Bazaar, sondern zu Anfang der wenige Meter nördlich davon verlaufenden Parallelgasse, der sogenannten Tel Mandi, findet sich das im April 1993 eröffnete Hotel **Sadhu Palace** (Tel.: 7525908). Mit 190/270 und 250/350 Rs (Cooler) bietet es für seine sauberen EZ/DZ, die alle über (z.T. sogar gekachelte) Badezimmer verfügen, ein hervorragendes Preis/Leistungsverhältnis. Positiv schlägt auch die im Vergleich zum stets menschenüberfüllten Main Bazaar ruhige Lage zu Buche.

• Gleiches gilt für das schlichte, aber ordentliche **Shanti Guest House** (Tel.: 525676) wenige Meter entfernt. Wegen des superlauten Fernsehapparates an der Rezeption

herrscht *Shanti*, d.h. Friede, allerdings nur in den Räumen ab dem 1. Stock. EZ mit Gemeinschaftsbad sind für 160 Rs zu haben, DZ mit Bad für 250 Rs.

• Klein, aber fein ist das **Madan Guest House** (Tel.: 739943) mit hübschen EZ/DZ zu 300/350 Rs (Cooler).

• Nicht überwältigend, aber passabel und mit EZ (mit Gemeinschaftsbad) für 130 und DZ zu 240 Rs sind die beiden unmittelbar nebeneinander gelegenen Guest Houses **Kailash** (Tel.: 7774993) und **Kiran** (Tel.: 526104) recht preiswert.

• Mit dem Hotel **Star Palace** (Tel.: 7528584) und dem Hotel **Ashoka Ocean** (Tel.: 7528575) finden sich zwei professionell geführte Unterkünfte am Ende einer kleinen, links vom Main Bazaar abzweigenden Gasse. Alle Zimmer verfügen über Telefon, TV und Warmwasser. Allerdings haben viele Räume kaum Streichholzschachtelgröße. Die EZ/DZ-Preise reichen bei beiden von 200/225 bis 370/470 (AC) Rs.

• Schräg gegenüber in einer kleinen Seitengasse steht das von einem sehr freundlichen und bemühten Manager geleitete Hotel **Namaskar** (Tel.: 7521234). Alles macht hier einen sehr guten Eindruck, angefangen von dem überall bereitstehenden, gefilterten Trinkwasser über die Möglichkeit, sein Gepäck umsonst zu lagern, bis zu den geräumigen, hellen und tadellos sauberen EZ/DZ. Für 160/200 Rs ein sehr gutes Preis/Leistungsverhältnis!

• Großer Beliebtheit erfreut sich auch das preiswerte und gut geführte **Hare Krishna Guest House** (Tel.: 7518972). Preis für die sauberen, aber sehr kleinen EZ/DZ: 100/150 (Gemeinschaftsbad) bis 160/210 Rs.

• Eine hervorragende Adresse ist das **Anoop Hotel** (Tel.: 526256) auf der anderen Straßenseite schräg gegenüber. Neben seinen recht hübsch eingerichteten EZ/DZ zu 200/260 Rs überzeugt es auch mit seinem schönen Dachrestaurant.

• Für Leute mit kleinem Geldbeutel bietet sich das nahegelegene **New Amantran Guest House** an. EZ/DZ Preis 80/130 Rs.

• Das **Metropolis Tourist Home** (Tel.: 7535766) ist eines der alteingesessenen Hotels in Pahar Ganj. Nach einer gründlichen Renovierung Anfang der neunziger Jahre ist es inzwischen eines der komfortabelsten Häuser der Gegend. Die Übernachtung in den exzellenten, klimatisierten 4-Bett-Schlafsälen kostet 90 Rs pro Person. Auch alle anderen AC-EZ/DZ zu 240/300 und 360/440 Rs sind für den gebotenen Standard recht preiswert.

●Biegt man beim Metropolis rechts in die Rajguru Road ab, finden sich auf der linken Seite mit dem *Hotel Kelson* (Tel.: 7527070) und dem *Hotel Roxy* (Tel.: 7523511) zwei weitere empfehlenswerte Unterkünfte. Beide sind im Besitz derselben Familie und überzeugen mit gepflegten Zimmern, die alle über Warmwasser und TV verfügen. Preislich sind die EZ/DZ mit 200/225 Rs bei beiden gleich teuer, doch das insgesamt etwas bessere *Kelson* bietet zudem AC-EZ/DZ zu 325/450 Rs.

●Recht gut ist auch das schräg gegenüber gelegene *Hotel Anand*, ein seit über 20 Jahren ansässiges Haus mit EZ/DZ zu 170/200 Rs (Gemeinschaftsbad) bis 220/240 Rs.

D.B. Gupta Road, Arakashan Road

Eine weitere Ansammlung guter Mittelklassehotels findet sich in den beiden etwa 500 m nördlich, parallel zur Main Bazaar Road verlaufenden Straßen D.B. Gupta Road und Arakashan Road. Hier ist das Preis/Leistungsverhältnis hier oft besser ist als am Main Bazaar.

●Ein gutes Beispiel hierfür ist das moderne Hotel *Shangri La* in der Gupta Road (Tel.: 522629) hinter dem Ashwini Hotel. Die komfortablen EZ/DZ (alle verfügen über TV, Warmwasser, Telefon) sind ihr Geld (370/450 bis 550/650 (AC) Rs) wert.

●Auf gleicher Höhe in der parallel verlaufenden Arakashan Road liegt das ausgezeichnete Hotel *Ajanta* (Tel.: 7520925) mit tadellosen EZ/DZ zu 250/300 bis 400/500 Rs.

●Etwas preisgünstiger wohnt man im Hotel *Crystal* (Tel.: 7535984) gleich nebenan.

●Weitere empfehlenswerte Unterkünfte in ähnlicher Preislage entlang der Arakashan Road sind die Hotels *Sona* (Tel.: 510551), *Syal* (Tel.: 510091) und *Apsara* (Tel.: 734130)

Unterkünfte in anderen Gegenden

●Wer seinen Zug am frühen Morgen vom *Old-Delhi-Bahnhof* nicht verpassen möchte, kann in den allerdings wenig einladenden

1   New Delhi Railway Station
2   Reservierungsbüro
3   Hotel Sadhu Palace
4   Shanti Guest House
5   Madan Guest House
6   Kailash und Kiran Guest House
7   Hotels Star Palace und Ashoka Ocean
8   Hotel Namaskar
9   Gemüsemarkt
10 Postamt
11 Hare Krishna Guest House und Hotel Vishal
12 Anoop Hotel
13 New Amantran Guest House
14 Metropolis Tourist Home
15 Hotel Kelson
16 Hotel Roxy
17 Hotel Anand
18 Hotel Ashwini
19 Hotel Shangri-La
20 Hotel Crystal
21 Hotel Ajanta
22 Hotel Sona
23 Hotel Syal
24 Hotel Apsara

Delhi

Railway Retiring Rooms für 170 Rs (nur DZ) bzw 50 Rs (Schlafsaal) übernachten. Im Preis inbegriffen ist das Rattern der ununterbrochen an- und abfahrenden Züge.

● *Retiring Rooms* stehen auch an den beiden **Flughäfen** zur Verfügung, interessant für all jene, die mit dem nächstmöglichen Flug weiterreisen möchten. Man benötigt jedoch ein bestätigtes Weiterflugticket. Eine frühzeitige Anmeldung ist empfehlenswert, da die Nachfrage das Angebot bei weitem übersteigt. Wer sich hierfür interessiert, sollte am besten selbst dort anrufen, da die Bediensteten des *Tourist Counter* am Flughafen die *Retiring Rooms* auch dann als "ausgebucht" angeben, wenn sie es gar nicht sind, um ein Hotel zu vermitteln, von dem sie Kommission erhalten.Für eine Übernachtung im DZ (AC) des Internationalen Flughafens (Tel.: 5452011) sind 350 Rs zu zahlen. Im Inlandsflughafen (Tel.: 3295126) hat man die Auswahl zwischen einem Schlafsaal mit 24 Betten für 60 Rs pro Nacht und einem DZ (AC) für ebenfalls 400 Rs.

● Besonders bei Campern erfreut sich das **Tourist Camping** (Tel.: 32728098) an der Jawaharlal Nehru Marg gegenüber vom J.P. Narayan Hospital großer Beliebtheit. Wer sein eigenes Zelt aufschlagen möchte, zahlt dafür 40 Rs, und einige passable EZ/DZ von 110/130 bis 150/180 Rs stehen auch zur Verfügung. Ein weiterer Vorteil dieser ca. 2 km nordöstlich des Connaught Place gelegenen Adresse ist das hauseigene Restaurant und die Gepäckaufbewahrung.

● Zelten kann man auch im **Tourist Camping Park** (Tel.: 2523121) im Qudesia Garden gegenüber des Inter State Bus Terminal. Bis auf ein Restaurant bietet es die gleichen Einrichtungen wie das *Tourist Camp* zu jeweils um 10 Rs höheren Tarifen.

● Der große Nachteil des **International Youth Centre** (Tel.: 3013631) oder *Vishwa Yuvak Kendra*, wie es offiziell heißt, ist seine äußerst ungünstige Lage im Diplomatenviertel Chanakyapuri. Wem die lange Anfahrt vom Stadtzentrum (Bus 620 vom Connaught Place oder 622 von der Old Delhi Railway Station) nichts ausmacht, wohnt dafür in einer ruhigen Gegend und erhält für 250/300 Rs sehr schöne EZ/DZ (inkl. Frühstück). Eine Übernachtung im Schlafsaal kostet 50 Rs.

Tourist Class

Connaught Place

Fast alle Hotels dieser Preiskategorie befinden sich im Bereich des Connaught Place. Alle im Folgenden aufgeführten Unterkünfte sind zentral klimatisiert und die Räume sind mit TV, Telefon und Minibar ausgestattet.

● Ein zumindest für Delhi-Verhältnisse gutes Preis/Leistungsverhältnis bietet das **Hotel 55** (H-Block, Connaught Place, Tel.: 3321244). Die meisten EZ/DZ des Hotels verfügen über einen eigenen Balkon 650/850 Rs).

● Mit 800/1.000 Rs teurer, aber nicht besser ist das nahegelegene **York Hotel** (K-Block, Connaught Place, Tel.: 3323769).

● Einen sehr gepflegten Eindruck macht das freundliche **Hotel Alka** (P-Block, Connaught Place, Tel.: 344328, Fax: (91 11) 3732796). Zum positiven Gesamteindruck trägt auch das exzellente vegetarische Restaurant **Veca** im Erdgeschoß sowie der rund um die Uhr geöffnete Coffee Shop bei (1.350/1.650 Rs).

● Obwohl es von außen wenig einladend wirkt, ist das **Hotel Marina** (G-Block, Connaught Place, Tel.: 3324658) ein gutes Mittelklassehotel. Im Preis von 1.100/1.400 Rs (EZ/DZ) ist ein Frühstücksbuffet enthalten.

● Das **Nirula's Hotel** (C-Block, Connaught Place, Tel.: 3324568) direkt neben dem äußerst populären **Nirula's Restaurant** ist ein solides, gut geführtes Hotel mit recht geräumigen EZ/DZ zu 2.400/3.000 Rs.

● Viel zu klein hingegen sind die Räume im wenige Schritte entfernten Hotel **Jukaso Inn** (C-Block, Connaught Place, Tel.: 3329694).

● Das **Central Court Hotel** (N-Block, Connaught Place, Tel.: 3315013) gegenüber dem Air-France-Büro ist ein ziemlich heruntergekommener Hotelkasten, der auch schon bessere Tage gesehen hat. Dafür kann man hier mit EZ/DZ 1100/1150 Rs allerdings recht preiswert übernachten.

● Trotz seiner guten Lage neben dem Imperial Hotel ist das staatliche Hotel **Janpath** (Janpath Road, Tel.: 3320070) gar nicht zu empfehlen. Für 1.650/1.950 Rs darf man in charakterlosen EZ/DZ schlafen und sich über das unfreundliche Personal ärgern.

Andere Gegenden

• Das im Norden Old Delhis beheimatete *Oberoi Maidan Hotel* (7, Sham Nath Marg, Tel.: 2525464, Fax: 238347) ist ein wunderbar altes Hotel im Kolonialstil inmitten eines riesigen Parks. Wen die zweifelsohne recht ungünstige Lage nicht stört, findet hier eines der schönsten Hotels dieser Preiskategorie und kann zudem im hauseigenen Swimmingpool baden. EZ/DZ Preis: 2.300/2.700 Rs.

• Das *Hotel Kanisha* (10, Ashok Road, Tel.: 3324422) wird wesentlich besser gemanagt als das Ashok Yatri Niwas direkt nebenan und kann als eines der ganz wenigen Hotels dieser Preiskategorie mit einem eigenen Swimmingpool aufwarten. EZ/DZ 2.100/2.500 Rs.

First Class

• Obwohl eines der preiswerteren First Class Hotels, ist das traditionsreiche *Hotel Imperial* (Janpath Road, Tel.: 3325332) in unmittelbarer Nähe zum Connaught Place eine der besten Adressen in Delhi. Wegen seiner überschaubaren Größe, dem Kolonialstilambiente und seiner optimalen Lage inmitten eines gepflegten Gartens ist es vielen der zweifelsohne luxuriöseren, aber auch recht langweiligen Glitzerhotels Delhis vorzuziehen. EZ/DZ 3.300/4.300 Rs.

• Preislich auf dem gleichen Niveau angesiedelt, liegt das moderne *Park Hotel* (Parliament Street, Tel.: 352477) gegenüber vom Jantar Mantar. Ebenso wie das Imperial ist es nur wenige Gehminuten vom Connaught Place, dem Herzen New Delhis, entfernt.

• Das riesige *Ashok Hotel* (50-B, Chanakyapuri, Tel.: 600121, Fax: 6873216) ist das Flaggschiff der staatlichen ITDC-Hotelkette. Mit insgesamt 6 Restaurants, 24-Std.-Coffee-Shop, Post, Bank, Reisebüro, Gesundheitsclub, Swimmingpool, Tennisplatz, Diskothek und vielem mehr hat das 571-Betten-Haus schon fast Kleinstadtausmaße. EZ/DZ 3.500/3.800 Rs.

• Wer immer schon einmal in einem solargeheizten Swimmingpool seine Runden drehen wollte, sollte sich im Hotel *Maurya Sheraton* (Diplomatic Enklave, Tel.: 3010101, Fax: 3010908) einmieten. Es ist eines der mondänsten Hotels ganz Indiens und überdies für seine hervorragenden Restaurants bekannt. EZ/DZ 4.000/4.500 Rs.

• Das luxuriöse Hotel *Le Meridien* (Windsor Palace, Janpath, Tel.: 370101, Fax: 3714545) ist ein weiteres Spitzenhotel mit jeglichem dem Preis entsprechenden Luxus sowie einem exzellenten französischen Restaurant. EZ/DZ 5.600/6.100 Rs.

• Das brandneue *Holiday Inn Crown Plaza* (Barakhamba Avenue, Tel.: 3320101, Fax: 3325335) besitzt gegenüber den meisten anderen Tophotels den großen Vorteil, in unmittelbarer Nähe zum Connaught Place zu stehen. EZ/DZ 4.500/5.000 Rs.

• *The Centaur* (Gurgaon Road, Tel.: 5452223) ist ein ziemlich häßlicher Betonklotz. Da es jedoch als einziges First-Class-Hotel in unmittelbarer Nähe (2 km) zum International Airport liegt, ist es dennoch meist von Leuten ausgebucht, die Bequemlichkeit lieben. EZ/DZ 2.500/3.700 Rs.

Essen

Pahar Ganj

• Die einzigen wirklich erwähnenswerten Restaurants in Pahar Ganj finden sich beide im *Metropolis Tourist Home:* Im Erdgeschoß befindet sich ein vollklimatisiertes Lokal, und auf der Dachterasse kann man unter freiem Himmel speisen. Zwar liegen die Preise mit ca. 50 Rs. pro Hauptgericht deutlich über dem üblichen Preisniveau, doch dafür ist das Essen hier auch eine Klasse besser als in den vielen Restaurants in der Umgebung. Während im Erdgeschoß besonders die chinesische Kost zu empfehlen ist, sollte man im Dachrestaurant einmal eines der diversen Hühnchengerichte probieren.

• Besonderer Beliebtheit erfreuen sich das *Lords Cafe* im Hotel Vishal und das *Appetite Restaurant* gleich nebenan. Dem Publikum entsprechend, enthält die sehr umfangreiche Speisekarte die übliche Traveller-Küche mit Pizzas, Burgern, Fried Rice und Steak. Mindestens ebenso wie das Essen scheint im Appetite jedoch das Kabelfernsehen mit internationalen Sportveranstaltungen und Musikvideos die Massen zu locken.

Delhi

● Entlang der Main Bazaar Road bieten eine Vielzahl von Straßenständen frisch gepreßte Fruchtsäfte.

Connaught Place

● Unbestritten das erfolgreichste Lokal am Connaught Place ist das **Potpourri** der Nirula's-Kette, eine Art gehobenes Fast-Food-Restaurant im C-Block. Hier gibt's alles, wonach sich der Tourist nach wochenlangen Reisen in Indien sehnt: Pizzas, Salate, Suppen, Burger, 80 verschiedene Eissorten und vieles mehr. Sehr beliebt ist die Salatbar, an der man sich für 70 Rs sooft und solange bedienen kann, wie man will. Garniert wird das Ganze mit einem für indische Verhältnisse exzellenten Service und einer angenehmen Inneneinrichtung. Speziell während der Mittagszeit ist es keine Seltenheit, daß man bis zu einer halben Stunde auf einen freien Sitzplatz warten muß.

● Eine allerdings bei weitem nicht so gute Filiale von **Nirula's** findet sich im N-Block am Janpath.

● Ganz in der Nähe hält **Wimpy** die Fahne der amerikanischen Fast-Food-Ketten hoch. Den Doppel-Whopper gibt es für 40 Rs.

● Ein weiterer beliebter Treffpunkt der Individualreisenden ist das nette kleine Cafe mit dem einfallsreichen Namen *"Don't pass me by"* direkt neben dem Ringo Guest House.

● Das nur wenige Meter weiter Richtung Sunny Guest House gelegene **Vikram Restaurant** ist die richtige Adresse für all jene, die nach all dem Traveller-Food mal wieder richtig indisch essen wollen.

● Noch schmackhafter ist das Essen im schräg gegenüber vom Nirula's gelegenen Kahada Hotel.

● Das etwas versteckt links neben dem ehemaligen Eingang zum Cottage Emporium gelegene **Bankura** ist vor allem mittags mit Angestellten aus den umliegenden Büros gefüllt und ein hübsches Lokal für eine kleine Mahlzeit zwischendurch. Sehr lecker ist z.B. *fried fish with chips* für 85 Rs.

● Wer etwa 100 Rs für ein Hauptgericht zahlen kann, sollte unbedingt einmal auf der Gartenterrasse des **Hotels Imperial** speisen. Obwohl nur wenige Gehminuten vom Connaught Place entfernt, fühlt man sich hier wie in einer Oase der Ruhe.

● **Keventers** ist eine winzige kleine Milchbar im A-Block am Connaught Place nur wenige Meter vom American-Express-Büro entfernt. Bei Milchshakes in verschiedenen Geschmacksrichtungen für 15 Rs kann man sich ein wenig vom Behörden- und Einkaufsstreß erholen.

● Eine Riesenauswahl an köstlichen Kuchen und Plätzchen hat man im exquisiten **Wenger's** gleich neben *American Express.* Naschkatzen sollten sich hier eindecken, ist es doch eine der besten Bäckereien ganz Indiens.

● Recht gute indische Kost in einem sehr hellen, weil mit großen Glasfenstern versehenen Restaurant erhält man im **Embassy** im D-Block.

● Wesentlich tiefer muß man im Restaurant **Host** in die Tasche greifen, wo man für ca. 200 Rs pro Person sehr gut indisch und chinesisch schlemmen darf.

Mehrere gute Lokale finden sich an der äußeren Ringstraße des Connaught Place, Ecke Sansad Marg. ● Sehr beliebt sind z.B. die Mittag- und Abendbuffets für 150 Rs im **El Arab**. Wie es der Name schon vermuten läßt, wird vornehmlich die recht schwere und fetthaltige, dafür jedoch auch sehr schmackhafte arabische Kost serviert.

● Nicht schlecht, aber eben auch nicht besonders gut ißt man in dem unter dem *El Arab* im Erdgeschoß beheimateten **The Cellar.**

● Mit seinen hohen, stuckverzierten Decken, Kronleuchtern und großen Spiegeln verbreitet das **Gaylord** eine sehr stilvolles und gepflegtes Ambiente. Erfreulicherweise verbirgt sich hinter dieser hübschen Fassade auch ein guter Kern, schmecken doch die einzelnen Gerichte ausgezeichnet und sind mit 150 bis 450 Rs durchaus erschwinglich.

● Mein Lieblingslokal in Delhi ist jedoch das **United Coffee House** in E-Block des Connaught Place. Mit seinen stuckverzierten Decken, plüschigen Sofas und süßlicher Hintergrundmusik wähnt man sich eigentlich eher in einem Wiener Kaffeehaus. Ein idealer Ort, um bei einem der vielen schmackhaften Gerichte oder auch nur einer Tasse Tee den Tag in aller Ruhe ausklingen zu lassen. Die manchmal recht hartnäckig um ein sattes Trinkgeld anhaltenden Ober sind der einzige Negativpunkt.

Tips, Adressen

Geld

Auch in Delhi haben die meisten Banken, wie üblich in Indien, Mo bis Fr von 10 bis 14 und Sa von 10 bis 12 Uhr geöffnet. Es gibt jedoch an einigen Geldinstituten die Möglichkeit, **außerhalb dieser Geschäftszeiten** Geld zu wechseln.

● Am professionellsten wird man bei **American Express** (Tel.: 3327602), Connaught Place, A-Block, bedient. Falls möglich, sollte man jedoch gleich zu Geschäftsbeginn um 9.30 Uhr da sein, weil diese Bank inzwischen derart beliebt ist, daß es trotz der sehr effizient arbeitenden Angestellten 15 Minuten und länger dauern kann, bis man an der Reihe ist. Das ist jedoch noch immer wesentlich schneller als in fast allen indischen Banken. Bedient wird hier jeder, unabhängig davon, welche Reiseschecks er besitzt. Öffnungszeit: Mo bis Sa 9.30 bis 19 Uhr.

● Sehr empfehlenswert ist auch die Filiale von **Thomas Cook** (Tel.: 3328468) in einem Seitenflügel des Imperial Hotel am Janpath. Öffnungszeit: Mo bis Sa 9.30 bis 20 Uhr.

● 24 Stunden geöffnet hat der Wechselschalter der **Central Bank of India** im Hotel Ashok in der Diplomatenenklave Chanakyapuri. Mit der Autoriksha kostet die Fahrt ab Connaught Place ca. 20 Rs.

● Für Geldüberweisungen aus Deutschland ist die **Deutsche Bank,** Tolstoy House, 15-17, Tolstoy Marg, Tel.: 3313629, die beste Adresse.

Post

Postämter

Recht günstig liegen das Postamt am Janpath neben dem *Central Telegraph Office* und das am 9-A Connaught Place. Die Hauptpost *(GPO)* befindet sich etwa 1,5 km westlich des Connaught Place am Ende der in einen Kreisverkehr mündenden Baba Kharak Singh Marg. Alle diese Postämter sind Mo bis Fr von 10 bis 17 Uhr und Sa von 10 bis 15 Uhr geöffnet.

Pakete

Wer von der Hauptpost ein Paket verschicken möchte, muß dies vorher vorschriftsmäßig in ein weißes Leinentuch verpacken und einnähen lassen. Diese Prozedur erledigt für ein Entgelt von 20-60 Rs (je nach Paketgröße) ein vor dem *Janpath Post Office* plazierter Inder. In Pahar Ganj stehen zudem **Packing Services** zur Verfügung.

Postlagernde Sendungen

Wer sich Briefe nach Delhi schicken läßt, muß unbedingt darauf achten, New Delhi als Adresse anzugeben, da die Post sonst im äußerst ungünstig gelegenen Postamt in Old Delhi landet.

● Abzuholen sind die postlagernden Briefe im **Delivery Post Office** in der Market Street (offiziell umbenannt in Bhai Vir Singh Marg) in der Nähe der Hauptpost. Die Schalter für postlagernde Sendungen *(Poste Restante)* befinden sich auf der Rückseite des Gebäudes im 1. Obergeschoß.

● Alternativ lassen sich viele Reisende ihre Post ans **American-Express-Büro** im A-Block, Connaught Place senden. Doch auch hier hört man immer wieder Klagen über fehlgeleitete Briefe.

Telefonieren

Wegen der in den letzten Jahren überall installierten **privaten Telefonbüros,** die deutlich an den ISD/STD-Aufschriften zu erkennen sind, braucht man, Gott sei Dank, heute für Ferngespräche nicht mehr die teuren und schwerfälligen Telegraphenämter aufzusuchen.

Visumverlängerung

Für eine Visumverlängerung muß man sich zum *Foreign Registration Office* (Tel.: 3319489), Hans Bhawan, in der Nähe der Tilak Road, 2 km östlich des Connaught Place begeben. Geöffnet ist es Mo bis Fr von 10 bis 15 Uhr. Hat man die erforderlichen vier Paßfotos nicht dabei, kann man sie von einem der vor dem Gebäude plazierten Fotografen erstellen lassen. Um sich der nerven- und zeitaufreibenden Prozedur gar nicht erst stel-

Delhi

len zu müssen, besorgt man sich am besten bereits vor der Abreise ein sechsmonatiges Visum. Nähere Erläuterungen hierzu finden sich im Einreisekapitel zu Beginn dieses Reiseführers.

Special Permits (Sondergenehmigungen)

Wer in für Touristen gesperrte Gebiete Indiens wie z.B. Sikkim oder die Nordostprovinzen reisen möchte, kann sich um eine Sondergenehmigung *(Special Permit)* im *Ministry of Home Affairs,* Lok Narayan Bhawan (Tel.: 611984) bemühen. Geöffnet ist es Mo bis Fr von 14 bis 16 Uhr.

Ärztliche Hilfe

●Im Falle einer ernsten Erkrankung sollte man bei der **Botschaft** nach einer Arztadresse fragen.
●Positive Erfahrungen haben viele Reisende mit dem **East West Medical Centre,** 38, Golf Links (Tel.: 699229) gemacht. Die Behandlung hier ist sicherlich nicht billig, doch bei der Gesundheit sollte man bekanntlich als letztes sparen.
●Eine weitere Adresse ist das **All India Institute of Medical Sciences,** Ansari Nagar (Tel.: 661123).

Reisebüros

Speziell in der Umgebung des *Tourist Office* treiben sich viele **Schlepper** herum, die einem Billigflugtickets nach Europa andrehen möchten. Da sich viele schwarze Schafe darunter befinden, sollte man sich keinesfalls auf deren Werben einlassen. Je verlockender die Angebote klingen, desto größer ist die Gefahr, daß es sich um Betrügereien handelt. Als Richtwert kann man ca. 350 US-$ für einen Einfachflug nach Frankfurt und ca. 180 US-$ nach Bangkok zugrunde legen.
●Seriös, preiswert und dementsprechend beliebt ist **Tripsout Travel,** 72/7, Tolstoy Lane, hinter dem Indischen Touristenbüro am Janpath.

●Eine gute, wenn auch etwas teurere Adresse ist das **Student Information Travel Centre (STIC)** (Tel.: 3322033) im Hotel Imperial, wo Studentenermäßigungen erhältlich sind. Hier kann man auch seinen Studentenausweis erneuern lassen.
●Im Pahar-Ganj-Viertel ist **Hans Travel Service** (Tel.: 527629) im Hotel *Vishal* seit Jahren eines der renommiertesten Reisebüros.

Swimmingpool

Für 300 Rs dürfen auch Nicht-Gäste im Pool der Hotels **Imperial** und **Park** planschen.

Deutsches Kulturinstitut

Max Mueller Bhawan – benannt nach dem großen deutschen Indologen (1823-1900) – heißt die indische Version des Goetheinstituts. Jede Woche organisiert es sehr interessante kulturelle Veranstaltungen wie Autorenlesungen, Konzerte und Filmvorführungen.
●**Adresse:** 3, Kasturbha Gandhi Marg, Tel.: 3329506.
●**Öffnungszeiten:** Mo-Sa 11 bis 18 Uhr.

Einkaufen

Keine Frage, Delhi ist die beste Einkaufsstadt Indiens. Nirgendwo findet sich eine derartige Angebotsvielfalt wie hier auf überschaubarem Raum.

Emporiums

●Die beste Übersicht über die schier unermeßliche Vielfalt der indischen Handwerkskunst kann man sich im **Central Cottage Industries Emporium** verschaffen, das sich seit '95 in neuen Räumen an der Ecke Tolstoy Marg/Janpath befindet. Auf einer Verkaufsfläche von mehreren tausend Quadratmetern findet sich hier, verteilt über vier Etagen, nahezu alles, was an Skulpturen, Schmuck, Kleidung, Teppichen, Malerei, Möbeln und vielem mehr in Indien hergestellt wird. Selbst wer nichts kaufen will, kann sich in Ruhe umschauen, ohne die sonst übliche Anmacherei. Hier gilt: *Fixed Price,* was einem den Streß

des Feilschens erspart. Das Preisniveau liegt etwas über dem Landesdurchschnitt, doch dafür hat man die Garantie, daß alles echt ist.
● Die verschiedenen Bundesstaaten Indiens verkaufen in ihren **State Emporiums** entlang der Baba Kharak Singh Marg die jeweils typischen Kunsthandwerksartikel ihrer Region.

Janpath

● Kräftiges Feilschen ist bei den zahlreichen zwischen Emporium und Imperial Hotel am Janpath plazierten Geschäften angesagt.
● In einer kleinen Seitengasse, die westlich vom Janpath abzweigt, bieten jeden Tag viele Händler aus Rajasthan ihre bunten Decken, Taschen und Kleider den westlichen Touristen zum Kauf an. Aufgrund der hier besonders stark vertretenen Kundschaft aus den nahegelegenen Luxushotels sind die Preise astronomisch hoch. Man sollte höchstens ein Drittel des vom Händler genannten Ausgangspreises zahlen.

Connaught Place

Für indische Verhältnisse hoch sind auch die Preise der Nobelgeschäften am Connaught Place. Dafür erhält man jedoch auch Top-Qualität.
● Umschauen sollte man sich z.B. einmal in einem der vielen **Schuhgeschäfte,** die sich vor allem um den inneren Kreis des Platzes gruppieren. Gut gearbeitete modische Halbschuhe, die in Westeuropa nicht unter 150 DM zu haben sind, kosten hier nur 900 bis 1.200 Rs.
● Außerdem gibt es eine Reihe exzellenter **Buchläden,** in denen man neben anspruchsvoller Literatur auch großformatige Bildbände über Indien findet. Zwei der besten sind der **Bookworm** im B-Block und der **Oxford Book Shop** im N-Block. Wer an Büchern über indische Regionen, Buddhismus, Hinduismus u.ä. interessiert ist, sollte im **Piccadilly Book Stall** (64, Market Shankar) am Connaught Place vorbeischauen.
Am Connaught Place findet sich auch die wohl größte Auswahl an brandaktuellen **Zeitungen und Magazinen aus Europa** in ganz Indien. So erhält man bei den zahlligen Händlern, die ihre Zeitschriften auf den Bürgersteigen auslegen, Magazine wie *Stern*

oder *Spiegel* oft schon einen Tag nach ihrem Erscheinen in Deutschland. Der Preis richtet sich dabei nach der Aktualität: Kostet der *Spiegel* z.B. am Dienstag noch 200 Rs, so ist die gleiche Ausgabe eine Woche später nur noch die Hälfte wert. Eine aktuelle Tageszeitung ist für etwa 70 bis 80 Rs zu haben.

Pahar Ganj

Das andere große Einkaufsviertel für Touristen ist Pahar Ganj mit dem **Main Bazaar,** jener quirligen Einkaufsstraße, die sich direkt gegenüber des Bahnhofs von New Delhi auf einer Länge von etwa 2 km erstreckt. Hier reihen sich Hunderte von randvollen kleinen Läden aneinander, die vom Shampoo über ein Vorhängeschloß bis zum Sari und teurem Schmuck alles verkaufen. Ein typisches orientalisch anmutendes Basarviertel, in dem man sich stundenlang treiben lassen kann.
Besonders beliebt bei Touristen sind einige Läden wie z.B. **R-Expo** mit einer großen Auswahl an Parfümen, Kosmetika, Waschlotionen und Räucherstäbchen. Während am Connaught Place viele Geschäfte am Sonntag geschlossen haben, ist dies am Main Bazaar einer der geschäftigsten Tage, dafür ist montags Ruhetag.

Chandni Chowk

Das Äquivalent zum Main Bazaar ist Chandni Chowk in Old Delhi. Chandni Chowk heißt Silbermarkt, doch neben **Schmuck- und Silberläden** finden sich auch unzählige Geschäfte, die alle Arten von indischen Gebrauchswaren anbieten.

Sunder-Nagar-Markt

Wer über das nötige Kleingeld verfügt, kann sich auf dem Sunder-Nagar-Markt gegenüber vom Oberoi Hotel in den exquisiten **Antiquitätenläden** umschauen. Beim Kauf sollte man jedoch an die Ausfuhrbeschränkungen für Antiquitäten denken.

Delhi

Touristenämter der Bundesstaaten

● **Rajasthan,** Chandralok Building,
36, Janpath, Tel.: 3322332.
● **Uttar Pradesh,** Chandralok Building,
36, Janpath, Tel.: 3322251.

Diplomatische Vertretungen

● **Deutschland,** 6/50, Shantipath,
Chanakyapuri, Tel.: 604861.
● **Schweiz,** Nyaya Marg,
Chanakyapuri, Tel.: 604225.
● **Österreich,** 13, Chandragupta Marg,
Chanakyapuri, Tel.: 601112.
● **Bangladesh,** 56, Ring Road,
Lajpat Nagar III, Tel.: 6834668.
● **Myanmar (Burma),** 3/50,
Nyaya Marg, Chanakyapuri, Tel.: 600251.
● **Indonesien,** 50-A,
Chanakyapuri, Tel.: 602352.
● **Malaysia,** 50-M Satya Marg,
Chanakyapuri, Tel.: 601291.
● **Niederlande,** 6/50 F, Shantipath,
Chanakyapuri, Tel.: 6884951.
● **Pakistan,** 2/50 G, Shantipath,
Chanakyapuri, Tel.: 600601.
● **Phillipinen,** 50-N, Nyaya Marg,
Chanakyapuri, Tel.: 601120.
● **Sri Lanka,** 27, Kautilya Marg,
Chanakyapuri, Tel.: 3010201.
● **Thailand,** 56, Nyaya Marg,
Chanakyapuri, Tel.: 605679.
● **Vietnam,** 17, Kautilya Marg,
Chanakyapuri, Tel.: 3018059.

Internationale Fluggesellschaften

● **Aeroflot,** N-1, BMC House, Middle Circle,
Connaught Place, Tel.: 3310246.
● **Air France,** 6, Scindia House,
Connaught Place, Tel.: 3310407.
● **Air India,** Jeevan Bharti LIC Building,
Connaught Place, Tel.: 3311225.
● **Air Lanka,** GSA STIC, Hotel Imperial,
Janpath, Tel.: 3324789.
● **British Airways,** 1A, DLF Centre,
Sansad Marg, Tel.: 3327428.

● **Emirates,** Kanchenjunga Building, 18,
Barakhamba Road, Tel.: 3324803.
● **KLM Royal Dutch Airlines,**
Prakash Deep, 7, Tolstoy Marg, Tel.: 3311747.
● **Lufthansa,** 56, Janpath, Tel.: 3323310.
● **Pakistan International Airlines,** 102,
Kailash, 26, Kasturbha Gandhi Marg, Tel.:
3313161.
● **Singapore Airlines,** G 11,
Connaught Circus, Tel.: 3321292.
● **Swissair,** DLF Centre,
Sansad Marg, Tel.: 3325511.
● **Thai Airways International,** Ambadeep,
Kasturbha Gandhi Marg, Tel.: 3323608.

Weiterreise

Flug

Büros von Indian Airlines

● Das Indian-Airlines-Büro am **Connaught Place** (E-Block, Tel.: 3310517) wird wegen seiner zentralen Lage am meisten von Einheimischen und Touristen benutzt und ist dementsprechend überlaufen. Es gibt zwar offiziell einen speziellen *Tourist Counter,* doch das wird in der Praxis nicht so ernst genommen. Am besten, man kommt gleich als einer der ersten (Öffnungszeiten: tgl., außer Sa, von 10 bis 17 Uhr), dann erspart man sich die ganze Warterei.
● Meist schneller wird man im Indian-Airlines-Büro an der **Barakhamba Road** (Tel.: 3313732) bedient. Dieses Büro ist auch für den Verkauf der von Indian Airlines angeflogenen internationalen Ziele zuständig. Geöffnet ist es tgl., außer So, von 10 bis 17 Uhr.
● Die gleichen Zeiten gelten für das städtische Büro an der **Sansad Marg** (Tel.: 3719168).
● Das Büro am **Inlandsflughafen** ist rund um die Uhr geöffnet, und dort wird man meist am zügigsten bedient.
● Die Büroadressen der diversen nationalen **privaten Fluglinien** sind im Anhang aufgeführt.

Flüge nach Rajasthan

Die folgenden Preisangaben sind in US-$, Reisezeiten finden sich in der Tabelle im Anhang.

● **Indian Airlines:** Agra (35), Jaipur (43), Jodhpur (75), Udaipur (74).

● Die Reisezeiten und Preisangaben der **privaten Airlines** sind einer Tabelle im Anhang zu entnehmen.

Bahn

Fahrkartenkauf

Wer seine weitere Reiseroute bereits genauestens durchgeplant hat, kauft seine Fahrkarten am besten gleich im speziell für Touristen eingerichteten *International Tourist Bureau* im 1. Stock des New-Delhi-Bahnhofs. Das erspart einem das stundenlange Anstehen im riesigen *Main Ticket Office,* welches nur wenige hundert Meter vom Bahnhof entfernt Richtung Connaught Place liegt. Zwar kann es auch im Tourist Bureau bis zu einer Stunde dauern, bis man an der Reihe ist (es sei denn, man kommt gleich morgens um 7.30 Uhr), doch dafür geht dort alles wesentlich übersichtlicher und ruhiger über die Bühne. Wer in Rupien zahlen will, muß seinen Umtauschbeleg vorlegen. Zahlt man in Dollar, wird der Restbetrag wiederum in Rupien ausgezahlt.

● **Öffnungszeiten** des *International Tourist Bureau:* tgl. außer So 7.30 - 17.00 Uhr.

Bahnhöfe

Wichtig ist es, darauf zu achten, von welchem Bahnhof der Zug losfährt. Beim zentral gelegenen New-Delhi-Bahnhof dürfte es keine Probleme geben, aber speziell während der Hauptverkehrszeiten sollte man mindestens eine Stunde Anfahrt vom Connaught Place oder Panhar Ganj zum Old Delhi Railway Station veranschlagen. Einige wenige Züge fahren auch vom Nizzamuddin-Bahnhof im Süden New Delhis.

Wichtige Verbindungen

● Der von Touristen am meisten benutzte Zug ist der vollklimatisierte Shatabdi Exp. (Abf. 6.15 Uhr), der in genau 2 Std. nach **Agra** rattert.

● **Weitere Verbindungen** zu hier nicht genannten Orten finden sich im Anhang.

Bus

Wegen der hervorragenden Anbindung und des bequemeren Reisens setzen fast alle Touristen von Delhi aus die Fahrt mit dem Zug fort. Allerdings werden vom riesigen *Interstate Bus Terminal (ISBT)* ca. 1,5 km nördlich der Old Delhi Railway Station alle größeren Städte Nordindiens mit **Direktbussen** angefahren.

Die einzelnen Bundesstaaten besitzen dort ihre eigenen Büros, in denen man zwischen 10 und 17 Uhr sein Ticket bis zu sieben Tage im voraus buchen kann.

Auch die meisten Guest Houses in Panhar Ganj und um den Connaught Place verkaufen Fahrscheine für Luxusbusse. Man sollte sich jedoch vergewissern, ob diese auch wirklich in der Nähe der Unterkunft losfahren.

Mietwagen

● *Hertz*
Ansal Chambers-I.
GF 29, No. 3
Bhikaji Cama Place
New Delhi-110 066
Tel.: 6877188
Fax: 6877206

Delhi

Agra

Überblick

Im Grunde unterscheidet sich die ehemalige Hauptstadt der Großmoguln mit rund einer Million Einwohnern zunächst kaum vom typischen Erscheinungsbild nordindischer Städte. Lärm, Hektik und Luftverschmutzung prägen die dichtgedrängten Straßen der Altstadt, und auch die am Bahnhof wartenden Rikshafahrer, die einen für eine gesalzene Kommission zu den, wie sie meinen, besten und billigsten Unterkünften transportieren wollen, machen die Stadt nicht gerade sympathischer – doch wen interessiert das schon? Es ist eines der berühmtesten Bauwerke der Erde, welches jährlich Millionen in- wie ausländische Touristen nach Agra strömen läßt – das **Taj Mahal.** Wie wohl kein anderes Monument der Erde repräsentiert das Taj sein Ursprungsland.

Für die allermeisten ist Agra gleichbedeutend mit dem Taj, und sie stellen erst dann vor Ort überrascht fest, daß die Stadt noch viele weitere **großartige Monumente** der knapp 200jährigen muslimischen Herrschaft beheimatet. Hierzu zählt vor allem das nur 2 km vom Taj entfernt gelegene Agra Fort und das Grabmal *Kaiser Akhbars* im 10 km nördlich gelegenen Sikandra, doch auch das auf der anderen Seite des Yamuna-Flusses befindliche Grabmal des ehemaligen Finanzministers der Moguln, *Ittimut-ud-Daula,* lohnt einen Besuch. Ein Muß für jeden Agra-Besucher ist zudem ein Abstecher zu dem 40 km entfernt gelegenen Überresten von Fatehpur Sikri, jener von *Akhbar* im 16. Jh. auf einem Felsen errichteten

Hauptstadt, die schon recht bald wieder verlassen werden mußte. So sollte man für Agra auf jeden Fall mehrere Tage einplanen.

Geschichte

Der Legende nach soll Agra schon als *Agrabana* im *Mahabharata* Erwähnung finden, doch historische Bedeutung erlangte die Stadt erst 1500, als der Lodi-Kaiser *Sikandra* sie zu seiner Hauptstadt machte. Wichtigste Stadt des Mogul-Reiches wurde Agra 1566, als *Akhbar* sich entschloß, seine **Hauptstadt** von Delhi hierher zu verlegen. Während Delhi die Schwelle zum Norden bildete, von der man das Land gegen Invasoren verteidigen konnte, repräsentierte Agra den Wunsch der Moguln, nach der Festigung ihrer Machtposition nun den Süden des Subkontinentes enger an ihre Herrschaft zu binden. Gleichzeitig ließ sich der Zugang zum Zweistromland gegen jeden verteidigen, der über die Ebene von Malwa, die strategische Drehscheibe Indiens, vorstoßen wollte.

Doch die Mogulherrscher fühlten sich in Agra nie so ganz heimisch. Am deutlichsten zeigte sich dies bei *Akhbars* Enkel *Shah Jahan,* der zwar mit dem Taj Mahal das großartigste Monument muslimischer Baukunst in Agra errichten ließ, doch gleichzeitig die Grundlage zum heutigen Old Delhi schuf, indem er die Jami Masjid und das Rote Fort in Auftrag gab. Wäre er nicht 1658 von seinem Sohn *Aurangzeb* entthront und gefangengenommen worden, hätte er die Hauptstadt wohl schon damals nach Delhi zurückverlegt.

Nach dem Niedergang der Moguln wurde Agra Mitte des 18. Jh. innerhalb von nur acht Jahren sowohl von den Jats (einem kriegerischen Stamm aus Mittelindien) als auch von den Marathen geplündert, bevor 1803 die Briten die Macht übernahmen.

Sehenswertes

Stadtrundfahrt

● Wer mit dem Taj Express von Delhi anreist, kann bereits im Zug Tickets für die um 10.15 Uhr vom Bahnhof startende *Bustour* zum Taj Mahal, Agra Fort und Fatehpur Sikri für 55 Rs kaufen. Der Ausflug dauert 8 Stunden und endet wieder am Bahnhof, so daß man von dort am gleichen Tag nach Delhi zurückfahren kann. Man kann seinen Fahrschein jedoch auch im *Enquiry Counter* am Bahnhof kaufen oder beim *Tourist Office* in The Mall, von wo der Bus bereits um 9.30 Uhr startet. Die gleiche Tour wird von *Uttar Pradesh Tourism* angeboten. Ein ähnlicher Service soll auch für den morgendlichen Shatabdi Exp. eingerichtet werden. Dann wäre die Abfahrtszeit vom Bahnhof 8.30 Uhr.
● Außerdem wird ein *Ausflug nach Fatehpur Sikri* durchgeführt. Er dauert 4 Std., startet vom *Tourist Office,* The Mall, um 9.15 Uhr und kostet 35 Rs.

Taj Mahal

Rudyard Kipling hatte recht, wenn er sagte, das Taj Mahal liege jenseits jeglicher Beschreibung. Jeder Besucher, der nach Agra kommt, hat das Mausoleum wohl schon unzählige Male zuvor auf Fotos, Postern oder im Fernsehen gesehen, doch schließlich kann sich niemand dessen einzigartiger Ausstrahlung entziehen, wenn er durch das Eingangstor tritt.

Das Taj ist nicht nur das meistbesuchte Bauwerk Indiens, sondern eines der beeindruckendsten der Erde überhaupt. Der fast schon magische Eindruck schwebender Leichtigkeit, die dieses im Grunde so kolossale Monument aus weißem Marmor ausstrahlt, hat viele Betrachter zu lyrischen Vergleichen animiert. „Denkmal unvergänglicher Liebe" ist dabei der wohl meistverwendete. Er bezieht sich auf *Shah Jahan,* der das Monument in Erinnerung an seine Lieblingsfrau *Mumtaz Mahal (die Erwählte des Palastes)* erbauen ließ, nachdem diese im Alter von 38 Jahren bei der Geburt ihres 14. Kindes verstarb. Insgesamt 20.000 Arbeiter benötigten 22 Jahre, um diese Liebeserklärung aus Marmor 1653 fertigzustellen.

Obwohl immer wieder europäische Architekten, vor allem aus Frankreich und Italien, als *Baumeister* angeführt wurden, gilt es inzwischen als erwiesen, daß der Iraner *Ustad Khan* als Hauptarchitekt fungierte. Die enormen Kosten, die der Bau verschlang, führten den Staat an den Rand des finanziellen Ruins. Für *Shah Jahans* machthungrigen Sohn *Aurangzeb* war dies ein willkommener Anlaß, um den *Sturz seines Vaters* zu legitimieren. Während sich *Aurangzeb* im Laufe seiner fünfzigjährigen Herrschaft durch seinen fanatischen Feldzug gegen hinduistische Heiligtümer einen wenig glorreichen Nachruf verschaffte, mußte sich sein im Roten Fort gefangengehaltener Vater für die letzten acht Jahre seines Lebens mit dem Blick auf das Taj begnügen. Statt, wie ursprünglich geplant, im eigenen, dem Taj identischen Mausoleum aus schwarzem Marmor auf der gegenüberliegenden Seite des Yamuna begraben zu werden, ließ ihn Aurangzeb

Agra

neben seiner so hingebungsvoll verehrten Frau beerdigen.

Der für das Taj so bezeichnende
Eindruck perfekter Harmonie beruht auf einer bis in das kleinste Detail
durchgeplanten Abstimmung aller
Bauelemente der Gesamtanlage.
Farbgebung, Material, Ornamentierung, Größenverhältnisse – nichts
blieb dem Zufall überlassen, alles
wurde am Prinzip vollkommener Symmetrie orientiert.

Das beginnt bereits bei den drei
großen **Eingangstoren,** die zu einem
Innenhof führen, an dessen westlicher Seite sich verschiedene Souvenirläden reihen. Alle drei sind architektonisch und farblich dem Haupteingangstor nachempfunden, welches zur eigentlichen Anlage mit dem
Taj Mahal am nördlichen Ende führt.

Der Blick aus dem dunkelen Inneren
des Eingangstors auf das leuchtend
weiße, scheinbar schwebende Taj
Mahal gehört zu den unvergeßlich-
sten Eindrücken jeder Indienreise.
Gehörte sollte man sagen, muß sich
der Besucher doch seit einigen Jahren diesen einzigartigen Augenblick
bis zum Schluß aufbewahren, seitdem der Eingang aus Sicherheitsgründen in ein kleines Tor rechts davon verlegt wurde. Während die Kalligraphien an den Außenwänden des
Eingangstores Verse aus dem Koran
wiedergeben, symbolisieren die zwei-
undzwanzig kleinen, das Eingangstor
krönenden Kuppeln die zweiund-
zwanzigjährige Bauzeit des Taj Mahal.

Wichtiger Bestandteil der quadratischen Anlage ist die zwischen Eingangstor und Taj gelegene **Garten-**

anlage. Das satte Grün der Pflanzen bildet einen gelungenen Kontrast zum Weiß des Taj und zum Blau des Himmels. Besonders der den Garten durchlaufende zentrale Wassergraben mit dem sich darin spiegelnden Taj Mahal trägt entscheidend zu dem so charakteristischen Eindruck schwereloser Leichtigkeit bei. Die in der Mitte des Wassergrabens platzierte Marmorplattform dient als begehrter Aussichts- und Fotografierstandort.

Punjabis, Sikhs, Ladakhis, Rajasthanis, Kashmiris und Tamilen, sie alle lassen sich hier herausgeputzt vor der traumhaften Kulisse ablichten. Das berühmteste Bauwerk Indiens vereint die sonst untereinander so oft zutiefst zerstrittenen Völker des Landes zumindest für einen kurzen Moment friedvoll miteinander.

Die beiden identischen, das Taj flankierenden **Moscheen** rahmen mit ihren roten Sandsteinfassaden und den marmornen Kuppeldächern nicht nur das Mausoleum wirkungsvoll ein, sondern korrespondieren wiederum harmonisch mit dem Eingangstor. Nur die westliche der beiden Moscheen kann als solche genutzt werden, da die andere in die falsche Richtung ausgerichtet ist, d.h. nicht nach Mekka. Hier zeigt sich erneut, wie bestimmend das Prinzip symmetrischer Ausrichtung aller Einzelelemente der Gesamtanlage auf das Taj beim Bau der Anlage war, wurde doch die östliche Moschee aus rein ästhetischen Gründen erbaut.

Das Taj selbst steht auf einer 100 mal 100 m hohen Marmorplattform, die an den vier Ecken von 41 m hohen Minaretten begrenzt wird. Diese wiederum stehen durch ihre in gleicher Höhe wie beim **Hauptbau** verlaufenden Simse mit dem Taj optisch in Einklang. Die mit jeweils 58 m identische Größe der beiden entscheidenden Bauelemente des Mausoleums, der Hauptfassade und der deutlich persische Elemente aufweisenden Kuppel unterstreichen ebenso den harmonischen Gesamteindruck wie die entlang der Fassadenverkleidung verlaufenden Kalligraphien, ein Stilelement, das bereits beim Haupttor Verwendung fand.

Die zwei Sarkopharge von *Shah Jahan* und *Mumtaz Mahal* befinden sich in einer **Gruft** unterhalb des zentralen Hauptraumes. Die beiden zum Verwechseln ähnlichen Grabmäler im Hauptraum selbst sind hingegen Kopien, die dort plaziert wurden, um eventuelle Grabräuber irrezuführen. Das durch äußerst filigran gearbeitete Marmorfenster einfallende diffuse Tageslicht vermittelt dem Besucher zusammen mit dem Echo der Menschenstimmen auch im Inneren jene magische Stimmung, die das Taj auch von außen ausstrahlt.

●Aus Angst vor Anschlägen wurden im Sommer 1993 die **Sicherheitsvorkehrungen** verschärft.

●**Öffnungszeiten und Eintritt:** Das Taj ist **montags geschlossen!** Zu den folgenden Tageszeiten beträgt der Eintritt 100 Rs: 1.10.-31.3.: 6 bis 8 Uhr und 16 bis 19 Uhr, 1.4.-30.9.: 6 bis 7.30 und 17 bis 19 Uhr. Übrige Zeiten (vormittags und früher Nachmittag) nur 10,50 Rs. Wer die besonders schöne Abendstimmung am Taj erleben möchte, sollte also schon vor

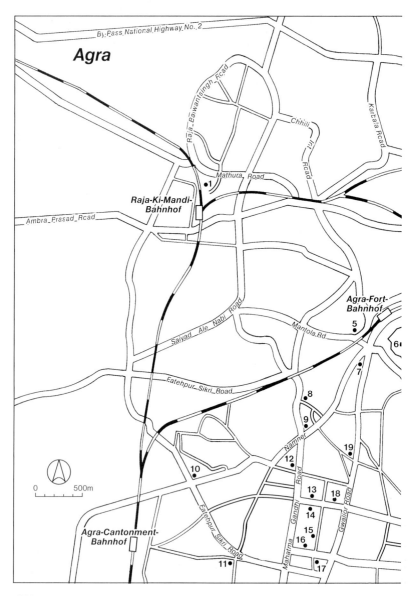

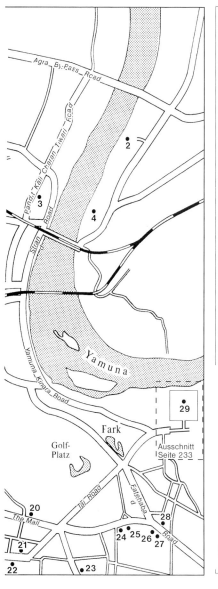

1 Tourist Bungalow
2 Chini Ka Rauza
3 State Bank of Bikaner & Jaipur
4 Itimad-ud-Daulah
5 Jami Masjid
6 Agra Fort
7 Agra-Fort-Busbahnhof
8 State Bank of India
9 Central Bank of India
10 Igdah Busbahnhof
11 Grand Hotel
12 Lauries Hotel
13 Hauptpost (GPO)
14 Government of India Tourist Office
15 Restaurant Zorba the Buddha
16 Kwality Restaurant
17 Park Restaurant
18 Agra Ashok Hotel
19 Tourist Rest House
20 Hotel Akhbar Inn
21 Clarks Shiraz Hotel und Indian Airlines
22 UP Government Tourist Office
23 Safari Hotel
24 Hotels Mumtaz und Atithi
25 Hotels Park View, Agra Deluxe
26 Mayur Tourist Complex
27 Taj View Hotel
28 The Mughal Sheraton Hotel
29 Taj Mahal

Agra

16 bzw. 17 Uhr kommen. Freitags Eintritt frei. Das Südtor ist morgens und abends geschlossen.

●Videofans dürfen nur im unmittelbaren Bereich um den Eingang filmen und müssen danach bis zum Verlassen der Anlage ihre **Kamera** bei der Aufsicht deponieren.

Agra Fort (Rotes Fort)

Während das Taj Mahal den Höhepunkt muslimischer Baukunst in Indien darstellt, repräsentiert das nur 2 km südlich in einer Biegung des Yamuna gelegene Fort wie kaum ein zweites Bauwerk die uneingeschränkte Machtfülle der Mogulherrscher im 16. und 17. Jh.

Gewaltige Ausmaße besitzen allein schon die über zwanzig Meter hohen, von einem Wassergraben umgebenen Doppelmauern, die auf einer Länge von 2,5 Kilometern die aus rotem Sandstein gebaute Festungsanlage begrenzen.

Im Gegensatz zum Roten Fort in Delhi, das innerhalb von nur zehn Jahren sozusagen aus einem Guß gebaut wurde, ist das Fort von Agra im Laufe von Jahrhunderten gewachsen und wirkt im Inneren auf den Besucher zunächst äußerst verwirrend.

Seit der Grundsteinlegung durch *Akbhar* im Jahr 1565 entwickelte sich eine rege, aber eben nicht durchgängig geplante Bautätigkeit, aus der schließlich über 560 Einzelgebäude hervorgingen. Das Fort war eine eigene, in sich abgeschlossene königliche Stadt mit Tausenden von Bediensteten.

Der größte Teil der Gebäude ist heute nicht mehr erhalten, und zudem lassen sich die Spuren des **Verfalls,**

ähnlich wie beim Roten Fort in Delhi, nicht übersehen: Die meisten Räume stehen leer, der Putz bröckelt von den Wänden, Kellergewölbe entpuppen sich als stinkende Abfall- oder Toilettenräume. Die wichtigsten Gebäudeteile des Forts sind jedoch erhalten geblieben und geben einen guten Eindruck imperialer Architektur während der Mogulherrschaft.

Folgt man dem vom südlichen **Eingangstor** *(Amar Singh)* steil ansteigenden Hauptweg, gelangt man nach dem Durchqueren einer Gartenanlage zu einem hinter einem Torgebäude gelegenen **Arkadenhof.** An dessen Ostseite befindet sich die öffentliche **Audienzhalle** *(Diwan-e-Am),* in der die Könige offizielle Empfänge abhielten sowie Petitionen entgegennahmen. Durch die kleine **Juwelenmoschee** *(Nagima Masjid)* im Norden und den **Basar** *(Machi Bhawan),* in dem früher die Händler ihre Waren für die Haremsdamen feilboten, führt der Weg zu einer großen **Terrasse,** die einen sehr schönen Blick über den Yamuna und das im Hintergrund gelegene Taj Mahal gewährt. Der kleine, schwarze **Thronsitz Shah Jahans** befindet sich am Ostende.

Südlich hieran schließt sich die aus zwei Räumen bestehende private **Audienzhalle** *(Diwan-e-Khas)* an, die *Shah Jahan* 1637 errichten ließ. Hier soll sich auch jener berühmte **Pfauenthron** befunden haben, den *Aurangzeb,* nachdem er die Hauptstadt wieder nach Delhi zurückverlegt hatte, im dortigen Roten Fort unterbringen ließ und dessen unermeßlich wertvolle Einzelteile 1739 von *Nadir Shah* nach Iran entführt wurden.

Den direkt vor der Audienzhalle platzierten **achteckigen Turm** *(Saman Burj)* ließ *Shah Jahan* für seine Lieblingsfrau *Mumtaz Mahal* errichten, nicht ahnend, daß er selbst in diesem mit wunderbaren Marmorschnitzereien versehenen Gebäude acht Jahre lang gefangen gehalten werden sollte. Durch den über und über mit kleinen Spiegeln verzierten **Shish Mahal** und den sehr schönen **Privatpalast Shah Jahans** *(Khas Mahal)* mit seinen vergoldeten Bengaldächern, der noch einmal eine sehr hübsche Aussicht auf das Taj Mahal bietet, betritt man schließlich mit dem *Jehangir Mahal* den größten privaten Gebäudeteil innerhalb des Komplexes.

Als eines der schönsten Gebäude des Forts gilt die nördlich des *Diwan-e-Am* gelegene **Perl-Moschee** (*Moti Mahal*). Leider ist die zwischen 1646 und 1653 erbaute Marmormoschee wegen Restaurationsarbeiten nicht für die Öffentlichkeit zugänglich.

●*Öffnungszeiten:* Tgl. von Sonnenauf- bis Sonnenuntergang

Ittimat-ud-Daula

Drei Kilometer nordöstlich des Forts auf der anderen Seite des Yamuna befindet sich eine kleine quadratische *Mausoleum,* welches trotz seines ganz unverwechselbaren Äußeren deutliche Parallelen zum Taj Mahal erkennen läßt. Erbauen ließ es 1622 die Frau *Jehangirs, Nur Jahan,* für ihren Vater *Mirza Ghiays Beg*, der unter seinem Schwiegervater eine steile politische Karriere durchlief, die ihn schließlich sogar zum Premierminister aufsteigen ließ. Als Anerkennung seiner Verdienste trug er den Titel *Ittimat-ud-Daula* (Säule des Staates). Sein Grabmal spiegelt seine staatstragende Bedeutung gebührend wieder.

Dieses erste gänzlich aus Marmor errichtete Mogul-Gebäude besticht vor allem durch seine filigranen Einlegearbeiten in der selben pietra-dura-Technik, die 10 Jahre später beim Taj Mahal verwendet wurde. Die gesamte Grabanlage vermittelt den Eindruck, als habe man zunächst die Grundstruktur des Taj Mahal in kleinem Rahmen erproben wollen, bevor man schließlich nach gelungener Generalprobe das Meisterwerk anging. Der bei den Indern oft verwendete Ausdruck *Baby Taj* vernachlässigt allerdings den ganz eigenen Charakter des Ittimat-ud-Daula.

Agra

Ittimat-ud-Daula

Chini-ka-Rauza

Einen weiteren Kilometer nördlich steht das von einer großen Kuppel überdachte **Grabmal** für *Afzal Kal,* Premierminister unter *Shah Jahan.* Die persische Herkunft des Minsters spiegelt sich deutlich in diesem heute leider stark vernachlässigten Mausoleum.

Anreise

Flug

●Siehe Weiterreise.

Bahn

●Die schnellste Verbindung von **Delhi** (Abf. 6.15 Uhr) nach Agra bietet der Shatabdi Exp., der die 200 km in genau 2 Std. bewältigt. Da der gleiche Zug abends um 20.18 Uhr nach Delhi zurückfährt, nutzen ihn viele für einen **Tagesausflug** von Delhi. Nur eine halbe Stunde länger benötigt der um 7.10 Uhr von New Delhi abfahrende Taj Express.
●**Weitere Verbindungen** zu hier nicht genannten Orten finden sich im Anhang.

Bus

●Siehe Weiterreise.

Information

●Das **Government of India Tourist Office** (191, The Mall, Tel.: 72377, 67959) befindet sich gegenüber der Post und ist Mo bis Fr von 9 bis 16.30 und Sa von 9 bis 13 Uhr geöffnet.
● **Weitere Touristenbüros** befinden sich am Flughafen und am Agra-Cantonment-Bahnhof.
●Das **Uttar Pradesh Government Tourist Office** (64, Taj Road, Tel.: 360517) liegt ganz in der Nähe des Hotels *Clarks Shiraz.*

Stadtverkehr

●In keiner anderen Stadt Indiens ist das **Schlepperwesen** derart ausgeprägt wie in Agra. Sobald man den Zug verläßt, wird man von Rikshafahrern umstellt, die einen in das für sie lukrativste Hotel fahren möchten, sprich dorthin, wo sie die höchste Kommission kassieren. Am liebsten legen sie unterwegs noch mehrere Stops bei Marmor- und Juweliergeschäften ein. Es gibt nicht wenige Touristen, denen durch die ständige Anmache der gesamte Aufenthalt verleidet worden ist.
●Unglücklicherweise ist man jedoch zumindest bei der Ankunft auf die Rikshafahrer angewiesen, da Agra viel zu weitläufig ist, um die Entfernungen zu Fuß zurückzulegen. Dennoch gibt es einige **Tricks,** um sich die aufdringlichsten unter ihnen vom Halse zu halten.

Auf keinen Fall sollte man mit den die Touristen schon auf dem Bahnsteig in Empfang nehmenden Rikshafahrern zum Hotel fahren. Diese sind derart auf Westler spezialisiert, daß sie oft das Vier- bis Fünffache des normalen Fahrpreises verlangen. Vom Bahnhof zu den Billighotels im Stadtteil Taj Ganj, nur wenige Meter südlich vom Taj Mahal, sollte man mit der Fahrradriksha nicht mehr als 25 Rs zahlen, per Autoriksha maximal 35 Rs. Am besten gibt man Joney's Place mitten im Zentrum von Taj Ganj als Fahrtziel an. Von dort sind es nur wenige Meter zu den Hotels.
●Die beste Art der Fortbewegung im weitläufigen Agra bieten **Fahrräder,** die im Taj Ganj von diversen Hotels und Fahrradläden für ca. 25 Rs pro Tag auszuleihen sind. Außerdem entledigt man sich auf diese Weise am elegantesten der ständigen Fragerei der Riksha-Fahrer: *„You want to see a nice carpet shop, Sir?"*
●Zum 7 km außerhalb gelegenen **Flughafen** zahlt man mit dem Taxi 100 Rs. Ob die leider eingestellte Buslinie zum Flughafen inzwischen wieder fährt, sollte man vor Ort erfragen.

Unterkunft

Die beiden für Touristen interessanten Hotelgegenden sind Taj Ganj, sozusagen das Altstadtviertel Agras unmittelbar südlich vom Taj mit einer Ansammlung vieler Billigunterkünfte, und der gesamte sich südwestlich hiervon bis zum Agra-Cantonment-Bahnhof erstreckende Stadtteil, in dem sich vor allem Hotels der mittleren und oberen Kategorie befinden.

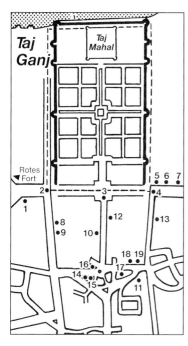

1 ITDC Taj Restaurant
2 West-Eingang (Haupttor)
3 Süd-Eingang
4 Ost-Eingang
5 Relax Restaurant
6 Hotel Sheela
7 Hotel Taj Khema
8 Hotel Siddharta
9 Hotel Host
10 Hotel Raj
11 Sai Guest House
12 Hotel Sikander und Restaurant
13 Hotel Pink
14 Shah Jahan Lodge
15 Gulshan Lodge und Restaurant
16 Joney´s
17 Shankara Vegis Restaurant und
   King's Crown Roof Top Restaurant
18 Hotel Kamal
19 Shanti Lodge und Restaurant

Low Budget

●Bei Rucksackreisenden seit vielen Jahren beliebt ist die **Shanti Lodge.** In der Hauptsaison von November bis März muß man schon recht früh ankommen, um noch ein Zimmer zu ergattern. Dabei ist es jedoch weit mehr der wahrlich grandiose Ausblick von der Dachterrasse auf das nahegelegene Taj Mahal als die Qualität der Zimmer, was die Attraktivität des Hauses ausmacht. Vor allem die Räume im Untergeschoß wirken z.T. dunkel und muffig. Die mit Taj-Ausblick sind ihr Geld hingegen mehr als wert. EZ/DZ mit Gemeinschaftsbad kosten 70/95 Rs, mit eigenem Bad 120/170 Rs. Die Dreibettzimmer auf der Dachterrasse sind für 240 Rs zu haben.

●Die zur Zeit mit Abstand beste Unterkunft in dieser Preiskategorie ist das **Sai Guest House.** In einer ruhigen Seitengasse gelegen, bietet es angenehme Zimmer zu 180/

240 Rs mit eigenem Bad sowie ein schönes Roof Top Restaurant.

●Das **Hotel Kamal** (Tel.: 360926) ist gerade dabei, der direkt nebenan gelegenen *Shanti Logde* den Rang abzulaufen. Ein sehr freundlicher Besitzer und gepflegte Zimmer von 95 bis 145 Rs machen das Hotel zu einer empfehlenswerten Adresse.

●Architektonisch originell wirkt das staatliche **Hotel Taj Khema** (Tel.: 360140) mit seinen in eine begrünte Hügellandschaft hineingebauten Zimmern. Leider machen diese oft einen recht ungepflegten Eindruck, doch die ruhige Lage in der Nähe des Osttors sowie die sehr schöne Aussicht auf das Taj Mahal machen das *Taj Khema* zu einer empfehlenswerten Adresse. EZ/DZ-Preis: 155/200 bis 215/250 Rs.

●Nicht so spektakulär, aber ebenfalls sehr schön mit eigenem Garten ist das nur wenige Meter entfernte **Hotel Sheela.** Alle EZ/DZ

Agra

verfügen über eine kleine Terrasse und sind mit 50/70 bzw. 150/180 Rs erstaunlich preiswert. Ein gutes Hotel.

●Etwas düster wirken die um einen kleinen Innenhof angelegten insgesamt 14 Räume des in der Tat rosa gestrichenen *Hotel Pink* (Tel.: 360667). Dafür sind sie gepflegt, und der freundliche Inhaber verbreitet eine angenehme Atmosphäre. EZ/DZ-Preise: 85/110 bis 130/170 (Cooler) Rs.

●Viel für wenig Geld bietet das *Hotel Sikander* in einer kleinen Gasse, die zum Südtor führt. Manche der sehr sauberen Zimmer (95/190 Rs) verfügen sogar über gekachelte Badezimmer. Nachteilig könnte sich allerdings das im gleichen Hotel befindliche Restaurant durch evtentuellen Lärm und Essensgerüche auswirken.

●Recht mittelmäßig sind die nah beieinander gelegenen Lodges *Shahjahan* und *Gulshan* mit Zimmern von 95 bis 145 Rs. Wegen ihrer etwas dunkel und ungemütlich wirkenden Räume können sie wohl nur dann in Betracht kommen, wenn die anderen Hotels belegt sind.

●Sehr beliebt ist hingegen das beim Westtor gelegene *Hotel Siddharta* (Tel.: 360235). Die um einen schönen Garten gruppierten Zimmer sind geräumig, allerdings nicht immer in bestem Zustand, so daß das Hotel nur bedingt empfohlen werden kann. EZ/DZ-Preise: 70/95 bis 120/155 Rs.

●Auch das nur wenige Meter entfernte *Hotel Host* (Tel.: 361010) ist angenehm, doch im Vergleich zum *Siddharta* mit 120/190 bzw. 180/240 Rs überteuert.

●Eine gute Adresse ist das *Hotel Raj* an der zum Südtor führenden Straße. EZ/DZ 120/180 bis 180/240 Rs.

●Außerhalb des Taj-Ganj-Viertels erfeut sich das *Tourist Rest House* (Tel.: 363961) an der Kachheri Road großer Beliebtheit. Der Grund hierfür ist mir allerdings nicht ganz einsichtig, auch wenn die EZ/DZ zu 110/130 Rs recht preiswert sind.

●Mit 130/180 Rs etwas teurer ist das *Hotel Safari* (Tel.: 360013) an der Shamsad Road, doch dafür sind die einzelnen Zimmer auch geräumig und verfügen über den Luxus eines Badezimmers mit eigener Badewanne. Zudem bietet sich vom Dach ein schöner

Blick auf das Taj.

●Mit einem großen Garten und niedrigen Preisen lockt das *Hotel Akhbar Inn* (Tel.: 363212) an der Mall Road. In den EZ/DZ im Hauptgebäude darf man für 145/170 Rs übernachten. Da das Hotel über kein eigenes Restaurant verfügt, erweist sich die ruhige Lage jedoch vor allem abends als Nachteil, da es relativ zeitaufwendig ist, sich andernorts zu verpflegen.

●Der *Tourist Bungalow* (Tel.: 72123) liegt unangenehm weit außerhalb, am Delhi Gate in der Nähe des Raja-Ki-Mandir-Bahnhofs. Wen das nicht stört, der wird mit großen, sauberen Zimmern in sehr ruhiger Umgebung belohnt. EZ/DZ-Preise: 200/240 bis 360/480 (AC) Rs.

Budget

Die meisten Hotels dieser Preiskategorie finden sich etwa 1,5 km südlich vom Taj Mahal.

●Der *Mayur Tourist Complex* (Tel.: 360302) steht in einer schönen Gartenanlage schräg hinter dem *Taj View Hotel*. Eine Übernachtung in einem der angenehm gestalteten Bungalows kostet je nach Ausstattung (Cooler oder AC) zwischen EZ/DZ 550/720 bis 600/850 Rs. Zur Anlage gehört auch ein hervorragendes Restaurant. Insgesamt eine empfehlenswerte Unterkunft, auch wenn der Service leider oft zu wünschen übrig läßt.

●Einen ordentlichen Eindruck macht das *Hotel Park View* (Tel.: 360079) mit EZ/DZ zu 480/600 bis 850/1.000 Rs.

●Sehr ähnlich in Preis und Leistung ist das daneben gelegene *Hotel Agra Deluxe.*

●Das vielleicht schönste Hotel dieser Preiskategorie ist das alteingesessene *Lauries Hotel* (Tel.: 72536) an der Mahatma Gandhi Road. Das von einem sehr sympathischen Ehepaar geführte Haus steht in einem großen gepflegten Garten mit einem Swimmingpool. Eine Übernachtung in den großen EZ/DZ kostet 420/600 Rs.

●Sympathisch ist auch das *Grand Hotel* (Tel.: 74014) an der Station Road in der Nähe des Cantonment-Bahnhofes. EZ/DZ-Preis: 430/500 bis 480/650 (AC) Rs.

Tourist Class

●Wenige Meter entfernt liegt das **Hotel Mumtaz** (Tel.: 361771). Eine Übernachtung in den komfortablen, aber auch etwas kühl wirkenden EZ/DZ kostet 1.300/1.500 Rs (alle AC).

●Das beste Preis/Leistungsverhältnis in dieser Kategorie bietet das **Hotel Atithi** an der Fatekabad Road. Die Preise liegen zwischen 950 und 1.200 Rs. Wer hier keinen Platz findet, kann es im nebenan gelegenen **Hotel Amar** (Tel.: 360695) versuchen. EZ/DZ-Preise: 800/1.000 bis 1.000/1.200 (AC) Rs.

●Ebenfalls über einen Swimmingpool und außerdem über Kabelfernsehen, Fitneßraum und mehrere Restaurants verfügt das voll klimatisierte **Agra Ashok Hotel** an The Mall (Tel.: 361223). EZ/DZ-Preis: 1.300/1.800 Rs.

First Class

●Das älteste Spitzenhotel Agras ist das **Clarks Shiraz Hotel** (54 Taj Road, Tel.: 361421), in dessen Räumen sich auch das *Indian Airlines Office* befindet. EZ/DZ: 110/130 US-$

●Über alle üblichen Einrichtungen eines First-Class-Hotels wie Swimmingpool, Fitneßraum, Sauna und mehrere Restaurants sowie schöne helle Zimmer und eine gute Küche verfügt auch das **Hotel Taj View** (Taj Ganj, Tel.: 562/361171). EZ/DZ-Preise: 155/170 US-$.

●Sehr teuer (300/360 US-$), dafür aber auch sehr gut ist das mondäne **Mughal Sheraton** (Tel.: 361701). Im Gegensatz zu vielen anderen Hotels dieser Preiskategorie wirkt es ganz und gar nicht steril, sondern äußerst elegant und freundlich. Das 1980 erbaute Luxushotel wurde mehrfach mit Architekturpreisen ausgezeichenet.

Essen

●Selbst wer keinen Hunger verspürt, sollte sich nicht die großartige Aussicht vom Dachrestaurant der **Shanti Lodge** entgehen lassen. Ein idealerer Ort, um bei einem kleinen Imbiß oder einem Getränk ein paar Postkarten zu beschreiben und das Taj auf sich wirken zu lassen, läßt sich kaum denken. Im übrigen sind die einzelnen Gerichte überraschend lecker, reichhaltig und preiswert.

●Der Blick vom **Relax Restaurant** am Osttor kann zwar mit dem des *Shanti* nicht mithalten, doch dafür geht's auch etwas ruhiger zu, und das Essen wird einhellig gelobt. Unbedingt probieren sollte man den Kaffee.

●Auch die **Gulshan Lodge** lockt mit ihrem Dachrestaurant. Wer ein wenig vom bunten Leben des Taj Ganj an sich vorbeiziehen lassen möchte, sollte das im Erdgeschoß ansässige Lokal vorziehen.

●Ein alter Favorit speziell fürs morgendliche Frühstück ist **Joney's Place** schräg gegenüber. Geht man nach der Anzahl der dort ansässigen Fliegen, ist es jedoch sicherlich kein Hort der Hygiene.

●Sehr sauber geht es hingegen im **Sikander Restaurant** zu. Allerdings muß man auf die wohlschmeckenden Gerichte oft sehr lange warten.

●Das beste vegetarische Essen im Taj Ganj bekommt man im schön eingerichteten **Shankara Vegis Restaurant**. Wenn sie ihre Bob-Marley-Kassettenauswahl wenigstens etwas variieren würden, wärs in richtig gutes Lokal.

●Großer Beliebtheit erfreut sich auch das im selben Gebäude gelegene **King's Crown Roof Top Restaurant.**

●Im **ITDC Taj Restaurant** beim Westeingang zum Taj Mahal kann man zwischen Fast Food in der Cafeteria oder gepflegtem Ambiente im angeschlossenen Restaurant wählen. Hier wie dort schmeckt das Essen vorzüglich, doch dafür zahlt man auch entsprechend viel, und die Bedienung macht einen uninteressierten bis unfreundlichen Eindruck.

●Exzellent ißt man im klimatisierten **Kwality** an der Taj Road. Auf der umfangreichen Speisekarte finden sich auch chinesische Spezialitäten.

●Angenehm draußen sitzen kann man im **Park Restaurant** gleich neben dem *Kwality*. Im Angebot sind neben südindischen Gerichten auch chinesische Speisen.

●Erstklassig in Preis und Leistung ist das **Rajneesh Restaurant Zorba the Buddha** im Sadar Bazaar. Das Essen ist nur vom Feinsten, und darüberhinaus trägt das angenehme Ambiente zum Wohlbefinden bei.

●Äußerst empfehlenswert ist das an der Taj Road gelegene **Only Restaurant.** Neben

Agra

dem ausgezeichneten einheimischen wie internationalen Gerichten trägt die angenehme Atmosphäre im Garten des Restaurants zur Beliebtheit bei Einheimischen und westlichen Reisenden gleichermaßen bei. Die Preise liegen allerdings um etwa 50 Prozent über denen in einem einfachen Lokal.

● Etwas preiswerter, ansonsten ähnlich in Ambiente und Küche ist das nahebei gelegene **Sonar Restaurant,** welches vornehmlich für seine ausgezeichnete Mughlai-Küche bekannt ist.

● Wer noch ein wenig mehr ausgeben kann, sollte sich in einem der insgesamt vier Restaurants des eleganten **Mughal Sheraton** schadlos halten. Mit etwa 95 Rs für ein vegetarisches Gericht sicherlich nicht billig, doch für ein Essen in ähnlicher Umgebung würde man in Europa sicher das Zehnfache zahlen. Für 15 US-$ kann man sich auf das hervorragende Mittagsbuffet stürzen.

Weiterreise

Flug

● *Indian Airlines (Hotel Clarks Shiraz,* 54 Taj Road, Tel.: 360153) fliegt tgl. von Agra nach **Delhi** (52 US-$).

● Da die beliebteste Touristenflugroute ganz Indiens während der **Hauptsaison** oft durch große Reiseveranstalter belegt ist, sollte man möglichst lange im voraus buchen.

● Flugzeiten und Preise von **privaten Gesellschaften** bitte dem Anhang entnehmen.

Bahn

● Rechnet man die Anfahrtszeit zum Flughafen hinzu, kommt man mit dem Shatabdi Exp. schneller als mit dem Flugzeug nach **Delhi:** Abf. Agra 20.18 Uhr, Delhi an 22.25 Uhr, Preis 275 Rs in der AC Chair Car.

● Der Taj Exp. als billigere Alternative zum Shatabdi Exp. verläßt Agra um 18.45 Uhr und kommt nach einem Zwischenstop in **Mathura** um 21.45 Uhr in **Delhi** an. Für eine halbe Stunde längere Fahrtzeit zahlt man lediglich 62 Rs in der Second Class Sleeper.

● **Weitere Verbindungen** zu hier nicht genannten Orten finden sich im Anhang.

Bus

● Nach **Fatehpur Sikri** und **Bharatpur** fahren die Busse vom Igdah-Busbahnhof an der Ajmer Road. Nach **Delhi** (5 Std.) mit Stop in **Mathura, Jaipur** (5,5 Std.) und **Gwalior** (2,5 Std) bestehen jede Stunde Verbindungen, doch bequemer kommt man mit dem Zug voran.

Umgebung von Agra

Fatehpur Sikri

Sehr treffend hat man die auf einem Felsrücken knapp 40 km südlich von Agra gelegene Geisterstadt einmal als imposantes Monument der Macht und gleichzeitig der Ohnmacht des Mogul-Reiches bezeichnet.

Glaubt man der Legende, kam *Akhbar* nach Sikri, um bei dem oberhalb der Ortschaft auf einem Felsen lebenden Heiligen *Shaikh Salim Chisti* um den Segen für die Geburt eines männlichen Nachfolgers zu bitten. Nachdem sein Wunsch in Erfüllung gegangen war, erkor er die Einsiedelei des Sufis zum Standort einer neuen Hauptstadt des Mogul-Reiches.

Die Bauarbeiten begannen 1571 zunächst mit der Errichtung der 10 km langen Stadtmauer. Die Moschee wurde auf dem höchsten Punkt des Felsens errichtet. Nach einem erfolgreichen Feldzug in Gujarat benannte *Akhbar* die neue Hauptstadt in Fatehpur (Stadt des Sieges) um.

Doch ebenso abrupt wie die Geschichte Fatehpur Sikris 1571 begonnen hatte, endete sie kaum 15 Jahre später auch wieder. Als *Akhbar* für

Fatehpur Sikri

mehrere Jahre als oberster Feldherr unterwegs war und die von Anfang an problematische Wasserversorgung endgültig zusammenbrach, verließ der Hofstaat das ehrgeizige Projekt und siedelte sich wieder im Roten Fort in Agra an.

Mit dem Niedergang des Mogul-Reiches geriet Fatehpur Sikri endgültig in Vergessenheit. Nur die Bewohner der unterhalb der Anlage liegenden Ortschaft zogen noch Nutzen aus der Geisterstadt, indem sie die Gebäude als willkommenen Steinbruch für ihre eigenen Häuser zweckentfremdeten.

Besichtigung

Die **Moschee** von Fatehpur Sikri liegt außerhalb der eigentlichen Palastanlagen. In den Innenhof dieser flächenmäßig größten Moschee Indi-

ens führen zwei Tore, das **Königstor** *(Badshahi Dawarza)* und das gewaltige 54 m hohe **Siegestor** *(Buland Dawarza),* welches *Akhbar* nach einem Sieg über die Festung Ranthambore errichten ließ.

Hat man das über eine breite Freitreppe zu erreichende Siegestor durchquert, fällt der Blick auf das **Marmormausoleum,** welches *Akhbar* etwa zehn Jahre nach dessen Tod für den Heiligen *Shaikh Salim Chisti* errichten ließ. Die das Gebäude umlaufende, filigran durchbrochene Marmorwand zählt zu den schönsten Arbeiten ihrer Art in ganz Indien. Auffallend viele der heute zum Grabmal des Heiligen pilgernden Gläubigen sind Frauen, die, dem Beispiel *Akhbars* folgend, um die Geburt eines Sohnes bitten. Für die Ehefrauen in Indien ist

Agra

dies auch heute noch die zentrale Aufgabe, da sie sonst in den Augen ihrer Männer und deren Familien ihrer wichtigsten Verpflichtung im Leben nicht nachgekommen sind. An der Westseite des Hofes erstreckt sich die reich geschmückte **Gebetshalle.**

Nachdem man die nordöstlich der Moschee gelegene eigentliche **Palastanlage** betreten hat, befindet man sich zunächst im **Haremsbereich.** Auf der linken Seite steht der nach der Mutter *Jehangirs* benannte **Jodhbai-Palast** mit seinem auffälligen, von blauen Kacheln verzierten Dach. In diesem hinduistische und muslimische Elemente vereinigenden Bau lebte ein Großteil der über 300 Konkubinen des Kaisers.

Auf der Rückseite findet sich das zweigeschossige **Haus von Birbal,** welches der französische Autor *Victor Hugo* einmal mit einer überdimensionalen Schmucktruhe verglich. Der Name *Birbal* bezieht sich auf einen Hindu, der am Hofe *Akhbars* großen Einfluß hatte, wiederum ein Beleg für die oft gepriesene Toleranz *Akhbars.* Man nimmt jedoch an, daß nicht er, sondern Haremsdamen das Haus bewohnten.

Anschließend an den *Birbal Bhawan* befindet sich ein u-förmiger **Hof mit Stallungen** für 200 Pferde und Kamele. Geht man wieder zurück zum Jodhbai-Palast, steht an dessen linker Vorderseite das **Goldene Haus** *(Sunahra Makan),* in dessen Räumen die Mutter *Akhbars* wohnte. Von der einst goldenen Bemalung ist kaum noch etwas erhalten geblieben.

Der **Pachisi-Hof,** der wie eine überdimensionale Kopie des gleichnami-

gen Spiels aussieht, das der Kaiser mit seinen Hofdamen hier gespielt haben soll, bildet mit dem Wasserbecken an der Südseite den eigentlichen Mittelpunkt der Palastanlage.

Von hier sind es nur wenige Meter zum **Panch Mahal,** dem ersten Gebäude innerhalb des **königlichen Palastbereiches.** Die insgesamt 56 Säulen des fünfgeschossigen, sich nach oben verjüngenden Gebäudes erinnern in ihrer Ornamentierung an Jain-Baudenkmäler. Direkt daneben schließt sich die königliche **Schatzkammer** *(Ankh Micholi)* an, von der die um blumige Geschichten nie verlegenen Chronisten des Mogul-Hofes erzählten, daß hier der Kaiser mit seinen Konkubinen Blinde Kuh gespielt haben soll.

Von außen recht schmucklos wirkt der **Diwan-e-Khaz** am Nordende des Platzes. Um so beeindruckender zeigt sich dafür das Innere des Gebäudes. Von der durch eine reich ornamentierte Säule getragenen Plattform führen schmale Brücken zu den vier Ecken der umlaufenden Galerie. Das Gebäude diente wohl in erster Linie als kaiserliches Studierzimmer, in dem sich der Herrscher zuweilen mit berühmten Philosophen des Reiches austauschte. Das nordöstliche Ende der Palastanlage bildete die **öffentliche Audienzhalle** mit einem großen Innenhof.

Unterkunft und Essen

●Am nächsten zum Busbahnhof liegt das neue **Shree Tourist Guest House** mit sauberen, jedoch überteuerten EZ/DZ zu 95/130 (Gemeinschaftsbad) und 120/170 Rs.
●Das **Maurya Rest House** direkt unterhalb des Buland Dawarza verfügt nur über Räume

mit Gemeinschaftsbad. EZ/DZ 35/50 Rs.

● Die beste Unterkunft vor Ort ist der staatliche **Gulisham Tourist Complex** (Tel.: 251). Der architektonisch sehr ansprechende Bau, etwa 500 m vom Ort an der Hauptstraße Richtung Agra gelegen, bietet geräumige und gepflegte EZ/DZ für 200/265 bzw. 360/420 Rs mit AC. Das hauseigene Restaurant wirkt recht unpersönlich, ist jedoch kulinarisch das Beste, was der Ort zu bieten hat.

An- und Weiterreise

● **Bahn:** Die tgl. vier Züge zwischen **Agra** und Fatehpur Sikri sind nicht zu empfehlen, da oft hoffnungslos überfüllt und verspätet.

● **Bus:** Tgl. sechs Busse vom Igdah-Busbahnhof in **Agra** (1,5 Std.) nach Fatehpur Sikri. Häufige Verbindungen zum nur 22 km entfernt gelegenen **Keoladeo-Nationalpark** in **Bharatpur** (45 Min.). Alle Busse von Fatehpur Sikri nach Bharatpur passieren den 500 m vom Eingang zum Vogelpark entfernten *Tourist Bungalow*, um den sich viele weitere Unterkünfte gruppieren. Es empfiehlt sich, bereits dort auszusteigen, da der Busbahnhof von Bharatpur weitere 7 km entfernt ist.

Sikandra

Das 10 km nördlich von Agra nahe der Straße nach Mathura gelegene Sikandra geht auf den Lodi-Herrscher *Sikandra Lodi* (1489-1527) zurück, der hier eine neue Hauptstadt errichten wollte. Von seinem ambitionierten Vorhaben ist heute außer einigen Mauerresten so gut wie nichts erhalten geblieben. Dennoch fahren jährlich Zigtausende von Touristen nach Sikandra, um das prächtige **Grabmal Kaiser Akhbars,** welches in der Mitte einer gepflegten und ummauerten Gartenanlage liegt, zu besuchen. Man betritt die weiträumige Anlage durch das Südtor, einen sehr schö-

nen Bau aus rotem Sandstein mit wunderschönen Marmoreinlegearbeiten. Die sehr eigenwillige Konstruktion des Mausoleums spiegelt die für *Akhbar* so charakteristische Toleranz gegenüber anderen Religionen. Besonders deutlich zeigt sich dies in den vier Eingangstoren, die neben muslimischen auch hinduistische und buddhistische Stilelemente aufweisen. Allerdings wurden viele das Gesamtbild prägende Gebäudeteile nicht von *Akhbar* selbst, der noch vor der Vollendung seines Grabmals starb, sondern von seinem Nachfolger errichtet. Signifikantes Beispiel hierfür sind die vier an den Eckpunkten plazierten, dreistufigen Minarette. Die auffällige Ähnlichkeit zum Taj Mahal ist dabei kein Zufall, wurden sie doch vom Enkel *Akhbars*, *Shah Jahan*, dem Erbauer des Taj, hinzugefügt. Ähnlich einer ägyptischen Pyramide führt ein schmaler Gang zur Gruft mit dem Sarkopharg *Akhbars*.

● **Geöffnet** ist das Mausoleum tgl. von Sonnenauf- bis Sonnenuntergang.

An- und Weiterreise

● Die meisten Touristen besuchen Sikandra im Rahmen der vom *Tourist Office* in Agra angebotenen **Tagestour.** Mit dem **Scooter** sollte man inkl. einstündiger Wartezeit mit 100 Rs für Hin- und Rückfahrt von Agra rechnen, per **Taxi** sind es ca. 150 Rs.

Agra

Der Turban

Der Turban, die meistgetragene Kopfbedeckung Rajasthans, schützt vor der Sommersonne ebenso wie vor der Kälte der Winternächte, dient als Gesichtsschutz bei Wüstenstürmen, als Kopfkissen und im Notfall als Seil.

Während die Turbanformen regionale Varianten aufweisen, hat die Farbe bestimmte Bedeutungen. Orangefarbene Turbane

werden vor allem von Wandermönchen, Brahmanen und Gelehrten getragen. Gelb, Orange und Rot gelten als glücksverheißend, und dementsprechend sind sie häufig bei Heiratsturbanen anzutreffen. Die Trauerfarben sind Blau, Grünblau, Khaki und Weiß, Schwarz gilt als Farbe des Protestes.

Der Turban ist ein Zeichen der Ehre. So ist es eine schwere Beleidigung, den Turban eines anderen Mannes mit Füßen zu treten; ein Austausch von Turbanen jedoch besiegelt eine lebenslange Freundschaft.

Auf dem Land

Wer Indien verstehen will, muß seine Dörfer verstehen. Diese alte Weisheit gilt auch heute noch, und ganz besonders in Rajasthan, wo mehr als Dreiviertel der Einwohner auf dem Land leben. Hier bestimmen nach wie vor die festgefügten Traditionen einer jahrtausendealten Kultur das Leben der Bevölkerung.

Gerade westliche Besucher sind immer wieder fasziniert von den scheinbar zeitlosen, archaischen Bildern einer agrarischen Gesellschaft, wie sie in den Industriestaaten unwiederbringlich verschwunden ist.

Das sollte jedoch nicht darüber hinwegtäuschen, daß im ausgehenden 20. Jahrhundert auch in Rajasthan die Moderne immer

deutlichere Spuren hinterläßt. Gesichtslose Backsteinbauten ersetzen die pittoresken Lehmbauten ebenso wie Traktoren den Bauern auf seinem Ochsen und betonierte Tiefbrunnen den alten Dorfbrunnen.

Als Tourist mag man diese "Entzauberung durch die Moderne" bedauern, für die Bevölkerung jedoch bedeutet sie oft eine große Erleichterung der täglichen Mühsal des Lebens.

Frauen

Frau sein in Rajasthan heißt, in einer noch immer fast ausschließlich von Männern geprägten Gesellschaft zu leben. Die gezielte Abtreibung weiblicher Föten – eine Tochter zu bekommen bedeutet, eine horrende Mitgift zahlen zu müssen, wenn diese heiratet – ist nur ein besonders krasses Beispiel für die Benachteiligung indischer Frauen.

Die klaglose Erfüllung ihrer Rolle als fürsorgliche Ehefrau prägt den Alltag der Inderinnen.
Sie bekochen den Mann, essen, was er übrig
läßt, besorgen auf oft stundenlangen Fußmärschen Wasser und Brennmaterial, halten Haus
und Hof sauber und ziehen die Kinder groß.
Überdies verrichten Frauen als Tagelöhnerinnen in der Landwirtschaft und im Straßenbau
die körperlich schwersten Arbeiten. Ihr Lohn
ist dabei um ein Drittel bis zur Hälfte niedriger
als der der Männer, bei gleicher Arbeit.

Kinder

Kinder, Kinder, Kinder – dieser Eindruck drängt sich einem im wahrsten Sinne des Wortes als erstes auf, wenn man durch Rajasthan reist. Überall wird man als Reisender von einer großen Schar Kinder mit ebenso neugierigen wie freundlichen Blicken geradezu belagert. Betrachtet man die Bevölkerungsstatistiken, sieht man, daß Indien

und erst recht das unterentwickelte Rajasthan das Hauptproblem fast aller Entwicklungsländer teilt – zuviel Nachwuchs. Der Anteil von Kindern unter vierzehn Jahren an der Gesamtbevölkerung beträgt im ohnehin schon überbevölkerten Subkontinent stolze 35 Prozent, mehr als doppelt so viel wie in Deutschland (16 %).

Daß dort, wo Kinder eine Art Altersversicherung der Eltern und leider oft auch billige Arbeitskräfte sind, der Aufruf zur Familienplanung nur wenig Widerhall findet, sollte klar sein. Je höher jedoch der Bildungsgrad und das Einkommen sind, desto weniger Kinder bekommt ein Paar. In der Mittelschicht in den großen Städten Indiens ist die Zwei-Kind-Familie fast schon Wirklichkeit.

Kamele

Gäbe es ein spezielles Wappentier für Rajasthan, so könnte dies eigentlich nur das *Kamel* sein. Sicherlich könnte Rajasthan ohne dieses ideale Wüstentier nicht existieren. Seine dicken Hornschichten unter den Füßen, die es vor der Bodenhitze und Verletzungen schützen sowie die Fähigkeit, bis zu zwei Wochen ohne Wasser auszukommen, sind nur

zwei Beispiele für seine perfekte Anpassung an die harten Bedingungen in der Wüste.

Trotz der immer mehr um sich greifenden Motorisierung ist das Kamel bis heute das wichtigste Transportmittel Rajasthans. Außer zur Personenbeförderung dient es zum Transport von Baumaterialien, Nahrungsmitteln und vor allem Wasser – bis zu 200 kg kann es hinter sich herziehen. Darüber hinaus sind die insgesamt etwa eine Million Kamele Rajasthans als Lieferanten von Milch,

Wolle und Leder von erheblicher Bedeutung. Ihr Kot dient als Brennmaterial und wird als Dung auf den Feldern verwendet.

In Rajasthan lassen sich mit dem größeren Bikaner-Kamel und dem wendigen Jaisalmeri zwei Rassen unterscheiden. Während das Bikaner-Kamel in erster Linie als Lasttier verwendet wird, dient das Jaisalmeri vornehmlich als Reittier.

Transport

Auch die rajasthanische Gesellschaft wird immer mobiler. Verkehrsmittel Nummer eins ist der Bus, mit dem auch abgelegene Ortschaften erreichbar sind. Mit dem Ausbau des veralteten Schienennetzes wird aber die Bahn, jetzt oft heillos überfüllt, sicher auch hier an Bedeutung zunehmen. Für die Wüstenregionen West-Rajasthans ist das Kamel

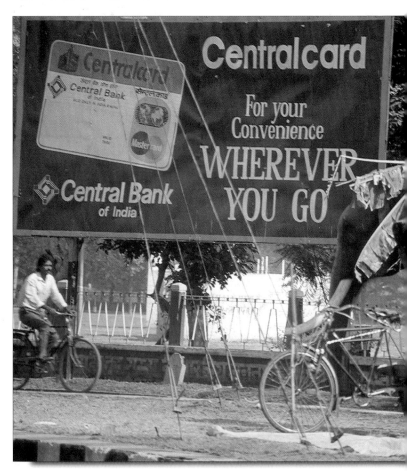

immer noch unverzichtbar. Etwa 200 kg kann solch ein Wüstenkamel hinter sich herziehen. Rund eine Million Tiere sollen in Rajasthan leben.

Immer wieder ein faszinierendes Bild ist es, einen Arbeitselefanten mit seinem *Mahout* in aller Seelenruhe inmitten des brodelnden Verkehrs der rajasthanischen Großstädte marschieren zu sehen. Zunehmend weniger dieser beliebten Großtiere werden allerdings noch zur Arbeit abgerichtet.

Weniger beliebt bei westlichen Besuchern Rajasthans dürften dagegen die Fahrer der Fahrradrikschas sein, deren Aufdringlichkeit man in den Touristenorten eigentlich nicht entkommen kann. Bei all dem Ärger, den es mit ihnen oft gibt, sollte man jedoch nicht vergessen, daß sie ihr Geld mit einer sehr harten Arbeit verdienen müssen.

Religionen

Religion ist in Indien seit Jahrtausenden ein fester Bestandteil des täglichen Lebens. Den zahllosen Göttern des Hinduismus (großes Bild) werden Blumen, Früchte (links oben, Mitte rechts), Farbpulver und Räucherwerk geopfert, nicht nur in den großen und kleinen Tempeln, sondern auch auf den Hausaltären, die fast jede Familie hat.

Oberstes Gebot der Jains auf ihrem von den *tirthankaras* (oben rechts) gewiesenen Weg aus dem Kreislauf der Wiedergeburten ist *ahimsa*, die unbedingte Schonung jeglichen Lebens. Ein Lebewesen, das anderen Leid zuzufügt, schadet sich letztlich nur selber, da alles Leben eine Einheit bildet. Einige Gläubige befolgen dieses Gebot derart strikt, daß sie einen Mundschutz tragen, um nicht versehentlich ein Insekt zu verschlucken (unten rechts).

Diese Achtung vor allem Leben hat bis heute tiefgreifende Auswirkungen auf die Lebensbedingungen der Jains. Selbstverständlich sind alle Vegetarier (manche essen sogar nichts, was in der Erde gewachsen ist, weil beim Herausziehen Kleinlebewesen getötet werden könnten), doch darüber hinaus verbietet ihnen ihr Glaube die Ausübung von Tätigkeiten – wie etwa in der Landwirtschaft –, die das Tötungsverbot mißachten könnten.

Havelis: die Paläste

Das Wort *Haveli*, eine Bezeichnung für die manchmal fast wie kleine Paläste wirkenden Häuser rajasthanischer Kaufleute, stammt aus dem persischen Sprachraum und bedeutet so viel wie "umschlossener Platz". Damit ist auch schon das Gestaltungsprinzip dieser in Rajasthans Wüstenstädten zu findenden Bauten benannt, gruppierten sie

der Kaufleute

sich doch um einen bzw. zwei Innenhöfe. Die größten unter ihnen wiesen sogar vier dieser umschlossenen Plätze auf und waren bis zu sechs Stockwerke hoch. Die Gebäude erfüllten sowohl die kaufmännischen Erfordernisse – Lagerung und Schutz der wertvollen Ware – als auch die Abschottung des Wohnbereichs vor der Hitze und dem

Staub der Wüste. Darüber hinaus dienten die *Havelis* auch der Repräsentation.

Ihre Wände sind außen und innen reich mit Fresken geschmückt. Kulturhistorisch interessant ist dabei der in der Mitte des 19. Jh. deutlich auszumachende Wandel in der Motivauswahl. Waren es zunächst vornehmlich religiöse Darstellungen aus der indischen Mythologie sowie bäuerliche Szenen, so wurden diese allmählich von typisch westlichen Motiven wie Autos, Zügen und Telephonen verdrängt. Ungefähr zeitgleich mit

diesem Wandel benutzten die Maler seit 1860 nicht mehr vornehmlich gelb-braune Naturfarben, sondern aus Deutschland importierte chemisch hergestellte Anilinfarben mit einem bläulichen Grundton.

Selbst bei Außentemperaturen von über 40 °C herrschte in den um einen Innenhof angelegten Räumen ein angenehmes, erfrischendes Klima. Die zur Straße hin gelegenen Repräsentationsräume wurden meist zweigeschossig gestaltet, während die Privaträume oft winzig klein sind.

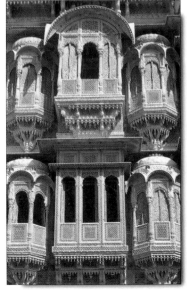

Das Holi-Fest

Rajasthanische Feste sind so bunt und ungestüm wie das Land selbst. Das wohl fröh-
lichste, ausgelassenste und vor allem far-
benfrohste Fest ganz Indiens ist Holi, das
manchen Besucher sehr an den heimischen
Karneval erinnern mag. Zur Begrüßung des
Frühlings singt und tanzt man auf der Straße.
Vor allem aber wirft man ausgelassen mit

Farbpulver um sich, und nicht einmal der Maharaja von Jodhpur wird dabei verschont (oben rechts).

Die begehrtesten Opfer jedoch geben Touristen ab – entsprechende Kleidung ist also notwendig, will man sich den Spaß nicht entgehen lassen. Leider wird das Fest in vielen großen Städten immer rowdyhafter, wird doch nicht nur Bhang, ein berauschendes Getränk aus Hanfblättern, sondern auch reichlich Alkohol konsumiert.

Holi ist auch ein Fest der Tänze und der Musik. Nur während des Holi-Festes und ausschließlich von Männern wird in Rajasthan der *Gher* getanzt, ein Kreistanz um die in der Mitte befindlichen Musiker herum; der *Gher-Ghoomar*, ebenfalls ein spezieller Tanz während des Holi-Festes, von einer Gruppe Männer und einer Gruppe Frauen.

Pushkar Mela

Jedes Jahr im November windet sich eine
unübersehbare Menschenmasse von Pilgern, Touristen und internationalen Kamera-
teams von Ajmer über den Schlangenpaß ins
sonst so verschlafene Pushkar, um eines
der faszinierendsten Feste Indiens zu erleben. Pushkar Mela (Pushkar-Fest) heißt das
Zauberwort, welches die kleine Wüstenoase
während der letzten Tage bis zur November-

Vollmondnacht *(Kartik Purnima)* zum größten Wallfahrtsort ganz Indiens werden läßt.

Die 200.000 Rajputen in ihren verschwenderisch bunten Kleidern zusammen mit ihren bis zu 50.000 Kamelen vor der einzigartigen Wüstenkulisse lassen das so oft bemühte Klischee vom Märchenland Indien auf einmal ganz real erscheinen. Wie auf einem Laufsteg präsentieren sich die jungen, noch unverheirateten Frauen in ihrer ganzen Schönheit, ist doch die Pushkar Mela nicht nur Pilgerfest, sondern auch Heiratsmarkt und

Volksfest, bei dem die strengen Konventionen des wenig abwechslungsreichen Dorflebens für einige Tage abgeschüttelt werden.

Unter das bunte Gemisch der Pilger mischen sich Zauberer, Sadhus, Wahrsager, Akrobaten, Musikanten, Sänger, Gurus, Gaukler und Gauner. Von dieser einzigartigen Lebensfülle werden auch die paar Tausend westlichen Touristen, die das Fest besuchen, gänzlich absorbiert. Für die indischen Pilger ist der Höhepunkt des Festes die Vollmondnacht, in der sie ein Bad im heiligen Pushkarsee nehmen, den Ablaß ihrer Sünden erhoffend.

Ost-Rajasthan

Jaipur

(ca. 1,5 Mio. Einwohner)

Überblick

Shilpa Shastra und *Prinz Albert* sind dafür verantwortlich, daß Jaipur heute eine der beeindruckendsten Städte ganz Indiens ist. Shilpa Shastra ist nicht etwa ein rajputischer Herrscher, sondern ein altes indisches Lehrbuch der Baukunde und Prinz Albert nicht irgendein britischer Adliger, sondern der spätere König Edward VII.

Als sich *Sawai Singh II.* nach dem Tod *Aurangzebs* (1707) und dem dadurch eingeleiteten Niedergang der Mogulherrschaft dazu entschloß, das alte, 700 Jahre als Hauptstadt dienende Amber zu verlassen und seine neue Metropole elf Kilometer weiter südöstlich zu errichten, wollte er seine neugewonnene Unabhängigkeit auch dadurch dokumentieren, daß er sie entsprechend den Regeln des *Shilpa Shastra* errichten ließ. Von der Lage der Stadt über die Breite der Haupt- und Nebenstraßen bis zur Zuordnung der verschiedenen Kasten auf die einzelnen Stadtteile ist dort jedes Detail genauestens festgelegt. So entstand eine für indische Verhältnisse im Grunde ganz untypische **Reißbrettstadt** mit sehr breiten, rechtwinklig aufeinander zulaufenden Straßen, die in neun Blöcke unterteilt ist und von einer sechs Kilometer langen, zinnengekrönten Stadtmauer umschlossen ist.

Als *Prinz Albert* anläßlich eines Staatsbesuches 1876 nach Jaipur kam, wurden ihm zu Ehren alle Häuser der Altstadt mit der **Begrüßungsfarbe Rosa** gestrichen. *Pink City*, wie die heutige Hauptstadt Rajasthans seither genannt wird, ist (zumindest in der Altstadt) seit den Tagen Prinz Alberts nahezu unverändert geblieben – und wird es auch bleiben, da die Altstadt unter Denkmalschutz steht. Das einheitliche zarte Rosa der vom verspielten Design der Mogularchitektur geprägten Häuserfassaden, zusammen mit den weitläufigen, boulevardähnlichen Straßen voller orientalisch anmutender Lebensfülle, faszinierte die Reisenden seit jeher. *"Fast könnte man glauben, diese Stadt sei der üppigen Phantasie eines Dichters entsprungen"*, notierte der Italiener *Luciano Magrini*, der die Stadt in den zwanziger Jahren dieses Jahrhunderts besuchte.

Heute ist Jaipur Synonym für das malerische Indien und aufgrund der geographischen Nähe zu Delhi und der hervorragenden touristischen Infrastruktur die nach Agra meistbesuchte Stadt Indiens. Jedoch ist sie auch eine der am schnellsten wachsenden Metropolen. Daher sollte man sich im Klaren sein, daß in den Außenbezirken Jaipurs all die negativen Aspekte einer indischen Großstadt wie Luftverschmutzung, Lärm und häßliche Zweckbauten das Bild bestimmen. Der Charme der Stadt entfaltet sich ausschließlich in der ummauerten Altstadt.

Geschichte

Flagge zeigen, das bedeutet bei den Maharajas von Jaipur mehr als bei allen anderen Herrschergeschlechtern Rajasthans auch heute noch, ihre Besonderheit zu dokumentieren. Als Zeichen der Anwesenheit des Herrschers flattert über dem Stadtpalast von Jaipur zusätzlich zur üblichen mit dem Herrschaftssymbol versehenen Flagge ein weiterer kleiner Wimpel, genau ein Viertel so groß: *Sawai* - ein und ein Viertel, ein Ehrentitel, der *Jai Singh II.,* dem Gründer Jaipurs, bei seinem Antrittsbesuch vom Großmogul *Aurangzeb* in Delhi auf Grund seiner besonderen Leistungen verliehen wurde und der den Führungsanspruch gegenüber den anderen Rajputenstaaten begründen sollte.

Doch schon lange vorher waren die **Kachwahas von Amber,** deren Herrschergeschlecht *Sawai Udai Singh II.* entstammte, durch besonders enge Beziehungen zu den Mogulen zu Ehre und Wohlstand gelangt. Während andere Rajputenstaaten durch fortwährende Unabhängigkeitskämpfe gegen die Herrscher von Delhi geschwächt wurden (Chittorgarh, Udaipur), war es *Raja Biharimal* aus dem Hause Amber, der 1556 als erster Rajputenfürst seine Tochter Kaiser *Akhbar* zur Frau gab, wofür er und all seine Nachfolger mit lukrativen Posten als Generäle bzw. Gouverneure belohnt wurden. So entwickelten sich die Kachwahas schnell zu einem der mächtigsten Rajputengeschlechter, und die Palastanlage in Amber vermittelt auch heute noch einen lebendigen Eindruck ihres scheinbar unermeßlichen Wohlstandes.

Daran sollte sich auch nach dem Niedergang der Moguln nichts ändern, und so konnte *Sawai Jai Singh*

II. an dem von Astrologen genau festgelegten Datum vom 27.11.1727 den Grundstein für seine neue Hauptstadt Jaipur legen. Auch weiterhin verstanden es die Kachwahas durch geschickte Diplomatie, ihre führende Stellung unter den Rajputenfamilien zu wahren. So standen sie Mitte des 18. Jh. bei der Niederschlagung der indischen Unabhängigkeitsbewegung ebenso auf seiten der Briten wie während des 2. Weltkrieges, als der Maharaja von Jaipur als Major in Italien kämpfte. Erst zwei Jahre nach der Unabhängigkeitserklärung wurde Jaipur Mitglied der Indischen Union.

Sehenswertes

Stadtrundfahrt

●Vom Bahnhof starten täglich um 8 Uhr, 11.30, 13.30, 15 und 18 Uhr jeweils **sechsstündige Rundfahrten,** die zum Preis von 80 Rs alle bedeutenden Sehenswürdigkeiten Jaipurs wie etwa den Hawa Mahal, den Stadtpalast, Jantar Mantar und das 11 km außerhalb gelegene Amber Fort beinhalten. Man kann auch eine halbe Stunde später im *Gangaur Tourist Bungalow* zusteigen.

●Die **Ganztagestour** von 9 bis 18 Uhr (100 Rs) schließt außerdem noch die Besichtigung der königlichen Gräber in Gaitor, den Sisodia-Ram-Garten sowie das Nahargarh Fort mit ein, wo auch eine Mittagspause eingelegt wird. Sicherlich eine gute und zudem relativ preiswerte Möglichkeit, um die vielfältigen Sehenswürdigkeiten der Stadt in kurzer Zeit zu besuchen.

Palast der Winde (Hawa Mahal)

Obwohl kaum mehr als eine Fassade, hinter der sich nur ein Treppenaufgang verbirgt, gilt der Palast der Winde heute als das Wahrzeichen Jaipurs und gehört zudem zu den meistfotografierten Gebäuden Indi-

Ost-Rajasthan

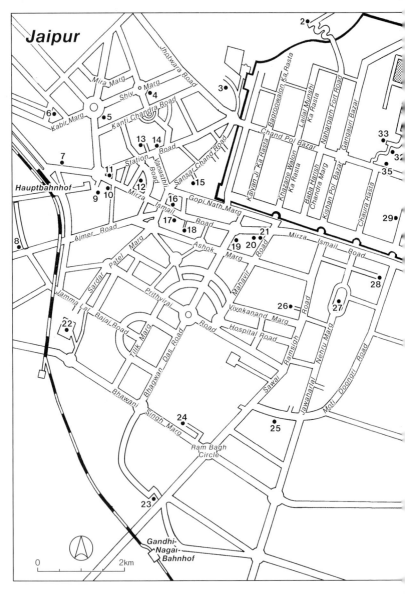

Jaipur

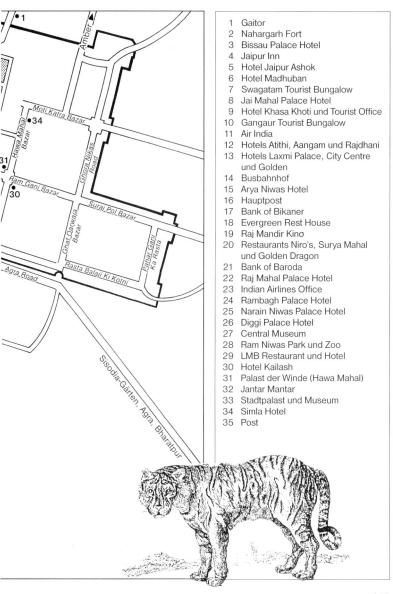

1 Gaitor
2 Nahargarh Fort
3 Bissau Palace Hotel
4 Jaipur Inn
5 Hotel Jaipur Ashok
6 Hotel Madhuban
7 Swagatam Tourist Bungalow
8 Jai Mahal Palace Hotel
9 Hotel Khasa Khoti und Tourist Office
10 Gangaur Tourist Bungalow
11 Air India
12 Hotels Atithi, Aangam und Rajdhani
13 Hotels Laxmi Palace, City Centre
   und Golden
14 Busbahnhof
15 Arya Niwas Hotel
16 Hauptpost
17 Bank of Bikaner
18 Evergreen Rest House
19 Raj Mandir Kino
20 Restaurants Niro's, Surya Mahal
   und Golden Dragon
21 Bank of Baroda
22 Raj Mahal Palace Hotel
23 Indian Airlines Office
24 Rambagh Palace Hotel
25 Narain Niwas Palace Hotel
26 Diggi Palace Hotel
27 Central Museum
28 Ram Niwas Park und Zoo
29 LMB Restaurant und Hotel
30 Hotel Kailash
31 Palast der Winde (Hawa Mahal)
32 Jantar Mantar
33 Stadtpalast und Museum
34 Simla Hotel
35 Post

Ost-Rajasthan

Umbautes Treppenhaus: Der Palast der Winde ist Jaipurs Wahrzeichen

ens. Der 1799 von *Maharaja Pratap Singh II.* errichtete Bau ist das wohl beste Symbol für den verschwenderischen Lebensstil der Rajputenfürsten. Die fünfstöckige, mit 953 Nischen und Fenstern versehene Fassade wurde einzig und allein deshalb errichtet, um den Haremsdamen den Ausblick auf die pompösen Festumzüge zu ermöglichen – ein Luftschloß im Sinne des Wortes.

Ebenso wie der Anblick beeindruckt der Ausblick von den winddurchzogenen (daher der Name) Erkern und Balkonen auf die sich darunter ausbreitende Altstadt bzw. auf die weitläufige, ein Siebtel der gesamten Altstadtfläche einnehmende Palastanlage.

Auf der dem Hawa Mahal gegenüberliegenden Straßenseite versuchen einige clevere Geschäftsleute die günstige Lage ihrer Läden zu versilbern, indem sie Touristen das Dach ihres Geschäftes als ideale Aussichts- und Kameraplattform angeblich kostenlos zur Verfügung stellen. Selbstverständlich nicht ohne später um so nachdrücklicher auf einen Besuch ihres *very, very cheap and nice* Geschäftes zu drängen.

Der **Eingang** zum Palast der Winde liegt etwas versteckt auf dessen Rückseite und ist nicht leicht zu finden. Man erreicht ihn, indem man zunächst zur links des Palastes gelegenen Hauptkreuzung geht, sich dort nach rechts wendet und nach wenigen Metern wieder nach rechts in eine kleine, von einem Torbogen überspannte Gasse einbiegt. Nach etwa 30 Metern liegt auf der rechten Seite der Eingang.

Freistehendes Treppenhaus: Teil der Sternwarte Jantar Mantar

•Öffnungszeiten: Tgl. von 9 bis 16.30 Uhr. Wer die Fassade gänzlich im Sonnenlicht erleben möchte, sollte bis morgens neun Uhr kommen.

Altstadt

Besonders beeindruckend wirkt Jaipurs Altstadt am Spätnachmittag, wenn die Häuserfassaden mit ihren winzigen Fenstern, bogenförmigen Eingängen, geschwungenen Balkonen und Kuppeldächern im Licht der tiefstehenden Sonne in einem satten Rosa erstrahlen. Die immer wieder vorbeiziehenden Kamelkarren mit ihren stolzen, turbangeschmückten Antreibern verstärken noch den malerischen Eindruck von scheinbar stehengebliebener Zeit. Nichts geändert hat sich auch in der Zuordnung der einzelnen Stadtteile an die verschiedenen Handwerks- und Händlerschichten, und das Schlendern durch die von pulsierendem Leben erfüllten Altstadtgassen gehört zu einem der schönsten Erlebnisse in der Stadt.

Freiluftobservatorium (Jantar Mantar)

Die vielen beim Bau Jaipurs zu verzeichnenden Abweichungen gegenüber den Vorschriften des *Shilpa Shastra* rühren in erster Linie daher, daß die Stadt beim Tode *Jai Singhs* noch nicht fertiggestellt war und seine Nachfolger sich herzlich wenig um dessen Konstruktionspläne kümmerten – angeblich sollen sie später sogar als Packpapier zweckentfremdet worden sein.

Für eine zentrale Veränderung war der Stadtgründer allerdings selbst

Ost-Rajasthan

verantwortlich, ließ der begeisterte Astrologe doch in der Mitte der Stadt nicht, wie im *Shilpa Shastra* vorgegeben, einen Tempel, sondern eine Sternwarte errichten. Von den insgesamt fünf von *Udai Singh* errichteten Observatorien ist dieses zwischen 1728 und 1734 erbaute, im Jahr 1901 restaurierte das beeindrukkendste. Es gilt zudem als das größte steinerne Observatorium der Erde.

Einen seltsam faszinierenden Eindruck vermitteln die einzelnen, verstreut liegenden kubischen Konstruktionen, erscheinen sie doch futuristisch und archaisch zugleich. Überhaupt ist der von der Anlage ausgehende ästhetische Reiz weitaus höher einzuschätzen als der wissenschaftliche Wert der meisten aus Marmor und Sandstein gefertigten Meßinstrumente. So fußte ein grundsätzlicher Konstruktionsfehler in der fälschlichen Annahme, daß mit der Größe der Geräte auch deren Meßgenauigkeit zunehmen würde. Das genaue Gegenteil ist jedoch der Fall, wie sich vor allem beim größten Instrument der Anlage, der über 30 Meter hohen Sonnenuhr, zeigte, da deren Schatten zu weit und dementsprechend ungenau gestreut wird. Sehr genaue Informationen vermittelte dafür das ausgeklügelte, futuristisch anmutende *Jai Prakash Yantra.*

Da die Funktionsweise der einzelnen Instrumente auf den installierten Informationstafeln erklärt wird, ist es nicht nötig, die Dienste eines der sich am Eingang zur Verfügung stellenden Führer in Anspruch zu nehmen. Im übrigen kann man sich im Bedarfsfall immer noch einer der vielen Gruppenführungen anschließen. Schließlich werden vor dem Observatorium für die besonders Interessierten diverse Bücher angeboten, die detailliert jedes einzelne Instrument erklären.

●*Öffnungszeiten:* Tgl. von 9 bis 16.30 Uhr.

Stadtpalast

Kaum anschaulicher könnte das gewandelte machtpolitische **Selbstbewußtsein der Rajputen** nach dem durch *Aurangzebs* Tod eingeleiteten Niedergang der Mogulherrschaft zutage treten als beim Vergleich zwischen dem alten Palast der Kachwahas in Amber und dem neuen, von *Udai Singh* errichteten in Jaipur. Nun hatte man es nicht mehr nötig, seine Palastanlagen auf einem Bergrücken zu erbauen, sondern konnte sich in der Ebene ansiedeln. Nicht mehr der festungsartige, wehrhafte Unterbau, sondern das ebenerdige Nebeneinander der einzelnen Gebäudeteile kennzeichnete von nun an alle neuerbauten Rajputenpaläste.

Dabei zeigt sich, wie geschmacksbildend der **Mogulstil** nach über fünfhundertjähriger Fremdherrschaft auf die Maharajas gewirkt hatte. Darüber hinaus vermittelt der Rundgang durch die verschiedenen Räume, Hallen, Säle und Innenhöfe des Stadtpalastes von Jaipur einen lebhaften Eindruck vom legendären **Reichtum** der Herrscherfamilien Rajasthans.

Zunächst betritt man mit dem **Mubarak Mahal** einen großen, quadratischen Innenhof, in dessen Mitte ein sehr schönes zweistöckiges Marmorgebäude steht, welches früher als königliches **Gästehaus** diente. Heute werden hier vornehmlich Kleider und Schmuck der königlichen Familie ausgestellt. Die über und über mit Gold und Edelsteinen besetzten Gewänder zeigen anschaulich den märchenhaften Reichtum der Herrscher von Jaipur. Schwer zu tragen hatte im wahrsten Sinne des Wortes der Maharaja *Madhu Singh I.*, der mit seinen 250 Kilogramm Lebendgewicht eine Gürtelweite von 1,80 Metern benötigte. Was zu viel ist, ist zu viel, und so starb der viel zu dicke Herrscher bereits im Alter von 32 Jahren.

Die frühere **Residenz der Maharani,** im Südwesten des Hofes gelegen, beherbergt heute das bestausgestattete **Waffenmuseum** ganz Indiens. Wer die unbeschreibliche Vielfalt der unter Verwendung edelster Materialien bis ins letzte Detail filigran gearbeiteten Waffen gesehen hat, kann sich im Grunde alle weiteren Waffenschauen in den anderen Palastanlagen Rajasthans schenken.

Ein von zwei Marmorelefanten flankiertes **Bronzetor** führt vom Mubarak Mahal in einen zweiten Hof mit einer öffentlichen **Audienzhalle** in der Mitte *(Diwan-e-Khaz)*. Geschmückt wird sie von den zwei größten Silbergefäßen der Welt, je 345 Kilogramm schwer, die der Maharaja *Madhu Singh II.* in mehrjähriger Arbeit unter einem enormen Kostenaufwand einzig und allein zu dem Zweck fertigen ließ, um 9.000 Liter Gangeswasser zur Krönung *Edwards II.* nach England zu transportieren. Wie sich die Zeiten ändern: Heute begnügt sich der Herrscher von Jaipur mit Leitungswasser, welches freilich aus goldenen Wasserhähnen fließt.

Links von der Audienzhalle führt ein Tor zum sogenannten **Pfauenhof,** einem kleinen Innenhof mit reich verzierten, die vier Jahreszeiten symbolisierenden Toren. Darüber erhebt sich der siebengeschossige, mit seinen vorspringenden Erkern und Pavillons deutlich von Mogul-Architektur geprägte **Chandra Mahal,** in dem sich heute die Privatgemächer der Maharaja-Familie befinden (für die Öffentlichkeit nicht zugänglich).

Wieder zurück zum Diwan-e-Khaz, findet sich auf der rechten Seite der Eingang zu einem riesigen **Saal** mit monumentalen Kronleuchtern, Wandbehängen und Elefantensänften (*haudas*) in der Mitte.

Ram-Niwas-Park und Central Museum

Verläßt man die Altstadt durch das Saganer Gate und überquert die Mirza Ismail Road, gelangt man zu dem ausgedehnten Ram-Niwas-Park. Zwar ist das Areal nicht gerade sonderlich einfallsreich gestaltet, doch dafür bietet es genug Platz, Ruhe und frische Luft zum Ausruhen. Für indische Verhältnisse relativ tierfreundlich ist der auf dem Parkgelände beheimatete **Zoo** gestaltet.

Im Süden des Ram-Niwas-Parks steht die **Albert Hall,** ein beeindruckendes Gebäude im indo-sarazenischen Stil, das wie so viele andere Prunkbauten Jaipurs aus Anlaß des Besuches des *Prince of Wales* erbaut wurde. Heute beherbergt es das **Central Museum,** in dem neben archäologischen Funden und hübschen kunsthandwerklichen Arbeiten aus Rajasthan (Tonarbeiten, Schmuck,

Ost-Rajasthan

Kostüme) auch persische Teppiche aus dem 17. Jh. ausgestellt sind.
● *Geöffnet* ist das Museum tgl. außer Mo von 10 bis 17 Uhr.

Lakshmi Narayan Tempel

Beim Anblick des in strahlend weißem Marmor im Süden der Stadt errichteten Jaintempels fühlt man sich unwillkürlich an das Taj Mahal erinnert. Seit über zehn Jahren ziehen sich nun die Bauarbeiten hin, und noch immer können einem die freundlichen Tempeldiener kein endgültiges Bauende nennen. Der Tempel ist zwar in recht konventionellem Stil errichtet, beachtenswert sind jedoch die in den Nischen plazierten Skulpturen von Religionsstiftern wie Jesus, Buddha, Zarathustra und Konfuzius. Hiermit soll die Toleranz der Jains gegenüber anderen Religionsgemeinschaften zum Ausdruck gebracht werden.

Anreise

Flug
● Siehe Weiterreise

Bahn
● Siehe Anhang

Bus
● Tgl. bis zu 10 Direktbusse fahren von *Jodhpur, Ajmer, Agra* und *Udaipur* nach *Jaipur.* Viele weitere u.a. von *Kota, Bundi, Bikaner* und *Alwar.* Von *Delhi* tgl. über 30 Busse.

Information

● Von den zahlreichen Touristenbüros Jaipurs ist das *Government of Rajasthan Tourist Office* (Tel.: 69714) auf Bahnsteig 1 im Bahnhof das beste. Die freundlichen Bediensteten verteilen bereitwillig die informative *City Guide Map Jaipur* mit einem sehr übersichtlichen Stadtplan sowie zahlreichen Adressen und einer knappen Beschreibung der wichtigsten Sehenswürdigkeiten. Geöffnet ist es tgl. von 6 bis 20 Uhr.
● Weniger gut ist die *Filiale am Busbahnhof,* die offiziell von 10 bis 17 Uhr geöffnet ist.
● Im *Government of India Tourist Office* (Tel.: 72280) im Hotel *Khasa Kothi* erhält man meist nur recht allgemein gehaltene Informationen. Öffnungszeiten: Mo-Fr 9-18 Uhr, Sa 9-13 Uhr, So und feiertags geschlossen.

Stadtverkehr

Riksha
● Jaipurs Rikshafahrer gelten neben denen in Agra und Varanasi als die unangenehmsten Vertreter ihrer insgesamt nicht gerade hoch angesehenen Zunft. Auch bei ihnen meint man, eine Registrierkasse in den Augen rattern zu sehen, wenn sie einen der zahlreichen Touristen erspähen. Man sollte grundsätzlich jene meiden, die sich auf westliche Besucher spezialisiert haben und sich gar nicht mehr am normalen Fahrbetrieb beteiligen. Generell gilt die Regel: Je besser sie Englisch sprechen, desto höher die Preise. Vor allem bei der Ankunft am Bahnhof wird man von ihnen bedrängt, da sie sich eine saftige Hotelkommission versprechen. Meist weigern sie sich sogar standhaft, eine Unterkunft anzufahren, die nicht am florierenden Schleppergeschäft beteiligt ist. Ganz umgehen kann man das Problem kaum, und so tut man gut daran, sich bereits vor der Ankunft auf die nervige Anmache durch Rikshafahrer einzustellen.
● Vom Bahnhof zum Hawa Mahal sollte es mit der Fahrradriksha eigentlich nicht mehr als 15 Rs kosten, zu den Hotels *Jaipur Inn* und *Evergreen* die Hälfte. Mit dem Scooter etwa 15 bis 20 Rs. Verlangt wird selbstverständlich meist das Doppelte.

Fahrrad
● Am besten bewegt man sich mit eigenem Fahrrad fort, das für 20 bis 25 Rs pro Tag in den meisten Billigunterkünften gemietet werden kann.

Flughafenbus

●Der Flughafenbus ab dem *Indian Airlines Office* fährt für 30 Rs. Mit dem Taxi zahlt man für die 15 km lange Fahrt ca. 130 Rs.

Tempos und Busse

●Zwischen den beiden Bahnhöfen und der Innenstadt verkehren Tempos und Busse.

Unterkunft

Low Budget

●Schon seit Jahren die bei Travellern beliebteste Unterkunft ist das **Evergreen Rest House** (Tel.: 363446) am Ende einer kleinen Seitengasse, die schräg gegenüber dem Hauptpostamt von der Mirza Ismail Road abzweigt. Der enorme Erfolg hat das noch vor wenigen Jahren kleine und gemütliche Hotel zu einem Riesenklotz mit über 80 Zimmern anwachsen lassen. Die intime Atmosphäre früherer Jahre ist gänzlich dahin, und auch bei der Reinhaltung der Zimmer scheint man es nicht mehr so genau zu nehmen. In diesem Massenbetrieb für Individualreisende hat man die große Auswahl zwischen einem Bett im Schlafsaal (70 Rs) und EZ/DZ mit Gemeinschaftsbad für 130/150 Rs bis zu klimatisierten Räumen für 460/520 Rs. Im recht guten und billigen Restaurant, welches heute den größten Teil des ehemals gemütlichen Innenhofs einnimmt, werden ständige Wiedersehen zwischen Travellern gefeiert, die sich zuletzt in Varanasi, Goa, Kathmandu, Bangkok oder Timbuktu begegnet sind.

●Vergleichsweise gemütlich geht es dagegen im nach dem *Evergreen* beliebtesten Billighotel Jaipurs, dem sympathischen **Jaipur Inn** (Tel.: 66057), zu. Das etwa 1,5 km westlich vom Chandpol Gate an der Shiv Marg gelegene Hotel verfügt über saubere, allerdings etwas klein geratene EZ/DZ zwischen 120/150 und 210/250 Rs. Ein Schlafsaal für 30 Rs steht ebenfalls zur Verfügung. Campingfreunde können ihr Zelt im Garten für 30 Rs aufschlagen und ihr eigenes Essen in der Küche des Hauses brutzeln.

●Etwa 500 m weiter nordöstlich, in der Nähe des Bani-Parks, findet sich das ausgezeich-

Vor den Toren Jaipurs herrscht Gedränge

nete Hotel **Madhuban** (Tel.: 79033) mit schönen, großen EZ/DZ zu 210/260 bis 320/380 Rs. Zur ruhigen, familiären Atmosphäre trägt auch der große Garten des Hauses bei.

●Einige sehr empfehlenswerte Hotels befinden sich an der ruhigen Park House Scheme Road, einer Verbindungsstraße zwischen der Station Road und der Mirza Ismail Road. Besonders hervorzuheben ist hier das gepflegte **Atithi Guest House** (Tel.: 378679), welches von einem sehr bemühten und freundlichen Manager geführt wird. Die geräumigen und angenehm eingerichteten EZ/DZ kosten je nach Größe und Lage zwischen 225/275 und 350/420 Rs. Alle sind klimatisiert und verfügen über ein großes Badezimmer mit Warmwasser, z.T. sogar eine Badewanne. Gut ist auch das hauseigene Restaurant. Da hier keine Kommission gezahlt wird, fahren Rikshafahrer das *Atithi* nur sehr widerwillig an.

●Tadellos ist auch das neueröffnete **Aangam Traveller Home** (Tel.: 373449) gleich nebenan. Alle der manchmal allerdings etwas bieder wirkenden Zimmer sind mit Cooler und Warmwasser ausgestattet. Preis 250-350 Rs.

●Nicht ganz so gut, aber immer noch empfehlenswert ist das angrenzende **Rajdhani Hotel** (Tel.: 61276 9, EZ/DZ-Preise: 200/230 bis 300/350 Rs).

●Ausgesprochen angenehm wohnt man im makellos sauberen **Arya Niwas Hotel** (Tel.: 6552423) in einer kleinen Seitengasse der Sansar Chandra Road. Das professionell und freundlich geführte Hotel bietet eine Menge Annehmlichkeiten wie die Möglichkeit zum Geldwechseln, Fahrradverleih, ein Selbstbedienungsrestaurant mit sehr leckeren vegetarischen Gerichten zu niedrigen Preisen und einen hübschen kleinen Garten zum Draußensitzen. Eine Nacht in den stilvoll eingerichteten EZ/DZ kostet zwischen 190/220 (Cooler) und 400/450 (AC) Rs.

●Seine vorzügliche Lage inmitten eines großen Gartens am Ende einer kleinen Seitengasse der Sawai Ram Singh Marg macht das **Diggi Palace Hotel** zu einer der besten Adressen dieser Preiskategorie. Wie es der Name schon vermuten läßt, handelt es sich um einen ehemaligen Palast, wobei aller-

dings nur der frühere Wohntrakt der Bediensteten in ein Hotel umgewandelt wurde. Doch auch dies ist eine stilvolle und vor allem sehr friedvolle Unterkunft, in der die EZ/DZ von 200/260 (Gemeinschaftsbad) bis 350/500 Rs (AC) kosten.

●Versteckt in einer kleinen Gasse beim Central Bus Stand und darum kaum je von westlichen Touristen aufgesucht, finden sich die drei empfehlenswerten Hotels **City Centre** (Tel.: 76442), **Laxmi Palace** (Tel.: 523118) und **Golden** (Tel.: 66655). Alle drei machen einen sauberen Eindruck und sind mit EZ/DZ zu 200/240 Rs recht preiswert.

●Der staatliche **Swagatam Tourist Bungalow** (Tel.: 60595) liegt nur wenige hundert Meter vom Bahnhof entfernt und bietet eine ganze Palette unterschiedlicher, generell recht passabler EZ/DZ von 175/275 bis 340/470 (Cooler) Rs. Ein Bett im Schlafsaal kostet 70 Rs pro Nacht.

●Bereits der äußerst schmale Treppenaufgang zum **Hotel Kailash** (Tel.: 45372) läßt erkennen, daß es wohl nicht gerade für westliche Größen gestaltet wurde. Tatsächlich wohnen hier fast nur Inder, was eigentlich unverständlich ist, da es eines der ganz wenigen Hotels in der Altstadt Jaipurs ist. Seine Lage am Badi Chaupar nur wenige Meter vom Hawa Mahal könnte kaum besser sein, zudem bieten die durchweg sauberen EZ/DZ zu 190/220 und 300/350 (Cooler, TV) Rs sehr viel fürs Geld. Ein Geheimtip.

●Noch preiswerter (EZ/DZ 130/170, Cooler 190/230 Rs) ist das **Shimla Hotel** (Tel.: 41391), ebenfalls am Hawa Mahal im Herzen der Altstadt gelegen.

Budget

Bereits in dieser Preiskategorie hat man die Auswahl zwischen mehreren alten Kolonialhotels und Rajputen-Residenzen.

●Der **RTDC Gangaur Tourist Bungalow** (Tel.: 60231) bei der Sansar Chandra Road verfügt über eine Reihe sehr ordentlicher EZ/DZ von 270/310 über 370/420 (Cooler) bis 500/560 (AC) Rs. Zum Haus gehören drei Restaurants und ein rund um die Uhr geöffneter Coffee Shop, eine Bar und ein hübscher Garten. Zudem starten von hier die Stadtrundfahrten.

●Umgeben von einem großzügigen Park, atmet das stilvolle Hotel **Khasa Khoti** (Tel.: 75151 55) hinter dem *Government of India Tourist Office* noch das Flair der Kolonialzeit. Die EZ/DZ in dieser ehemaligen britischen Residenz sind äußerst geräumig und mit 500/600 (Cooler) bzw. 850/1.400 (AC) Rs sehr preiswert.

●Den etwas verblichenen Charme alter Rajputenzeiten vermittelt der im Süden der Stadt an der Narain Singh Road gelegene **Narain Niwas Palace** (Tel.: 563448). Auch hier kann man in den mit antiken Möbeln ausgestatteten Räumen einen kleinen Spaziergang durchführen, so groß sind sie, oder im Garten des Hauses bei einer Tasse Tee die friedvolle Stimmung genießen. Wer es etwas sportlicher liebt, sollte den hauseigenen Swimmingpool nutzen. Preise: 500/660 (Cooler), 750/1.200 (AC) Rs.

●Ein Relikt aus den Tagen alter Rajputengröße ist das 1919 von einem lokalen Fürsten erbaute Hotel **Bissau Palace** (Tel.: 74191), welches etwas versteckt an einer kleinen Straße nördlich des Chandpol Gates steht. Dieses von dem sehr freundlichen Manager George aus Kerala geführte Palasthotel vermittelt nicht zuletzt aufgrund seiner überschaubaren Größe eine gemütliche Atmosphäre. Zum Haus gehören u.a. ein Tennisplatz, ein Swimmingpool, ein schöner Garten mit Springbrunnen und eine hübsche Bibliothek. Sehr treffend lautet der Wahlspruch des Hauses: *"The Bissau Palace is not just a hotel, it's a way of life"*. Preis: 800/850 Rs.

Tourist Class

●Das **LMB Hotel** (Tel.: 565844) reicht zwar atmosphärisch in keiner Weise an den Charme des zuvor genannten Hotels heran, ist es doch ein recht unscheinbares Mittelklassehotel, dafür bietet es als eines der ganz wenigen Hotels in Jaipur den Vorteil, mitten im Herzen der Altstadt nur wenige hundert Meter vom Hawa Mahal und dem Stadtpalast zu stehen. Zudem befindet sich im Erdgeschoß eines der bekanntesten Restaurants Jaipurs. Die EZ/DZ in dem klimatisierten Hotel kosten 950/1150 Rs.

●Das staatliche Hotel **Jaipur Ashok** (Tel.: 75171) am Jai Singh Circle soll in Kürze privatisiert werden, was sich eigentlich nur positiv auf das trotz des EZ/DZ-Preises von 1.750/ 2.250 Rs (alle AC) etwas vernachlässigt wirkende Gebäude auswirken kann.

●Wen die relativ ungünstige Lage etwa 10 km außerhalb der Stadt nicht stört, der findet in dem Hotel **Clarks Amer** (Tel.: 822616) ein komfortables Hotel mit vielen Annehmlichkeiten wie Swimmingpool, Sauna, einem Restaurant, einem 24 Std. geöffneten Coffee Shop sowie – ganz wichtig – einem *Beauty Parlour*. All dies ist für 2.100 Rs (klimatisierte DZ) zu haben.

First Class

●Das über 200 Jahre alte **Samode Haveli** (Tel.: 42407) gehört sicherlich zu den stilvollsten Unterkünften Jaipurs. Die ehemalige Residenz eines Premierministers Jaipurs diente des öfteren als Filmkulisse. Die Preise differieren je nach Ausstattung und Lage der Zimmer zwischen EZ/DZ 1200/1400 und 1500/200 Rs.

●Neben dem *Lake Palace Hotel* in Udaipur symbolisiert der **Rambagh Palace** (Tel.: 68381, Fax: 65237), der 1974 in ein 5-Sterne-Luxushotel umgewandelte ehemalige Palast der Maharajas von Jaipur, wie kaum ein anderes Gebäude das Klischeebild vom Märchenland Indien. Selbst die billigsten EZ/DZ in diesem eleganten Marmorbau, der in einem weitläufigen Parkgelände steht, sind mit 190/250 US-$ sicher nichts für Budget-Traveller. Doch selbst wer nicht über das nötige Kleingeld verfügt, sollte sich einen Drink auf der majestätischen Terrasse mit Blick auf die im Garten stolzierenden Pfauen gönnen.

●Auch das **Jai Mahal Palace Hotel** (Tel.: 0141/68381) an der Ecke Jacob Road/Ajmer Marg war einst ein Palast der Maharajas von Jaipur und verbindet den nostalgischen Charme vergangener Tage mit dem Luxus der Neuzeit wie Swimmingpool, Business Centre und Farbfernsehen. EZ/DZ Preis: 200/220 US-$.

●Weniger romantisch, dafür chic und modern wirkt das **Mansingh Hotel** (Tel.: 78771) an der Sansar Chandra Road. Preis für EZ/DZ: 130/ 160 US-$.

Ost-Rajasthan

Essen

●Ähnlich wie bei den Hotels gibt es erstaunlicherweise so gut wie keine Restaurants in der Altstadt. Eine Ausnahme bildet das **LMB** am Johari Bazar, eines der exklusivsten vegetarischen Restaurants Jaipurs. Der Grund für die Attraktivität scheint jedoch eher in der ungewöhnlichen Fünfziger-Jahre-Einrichtung zu liegen als im durchaus nicht exzellenten Essen, welches zudem in den letzten Jahren unverhältnismäßig teuer geworden ist. Auch die allzu offensichtlich auf ein dickes Trinkgeld spekulierenden Kellner wirken nicht gerade appetitfördernd. Sehr gut ist allerdings der Imbißstand am Eingang mit köstlichen *Somosas, Pakoras* und diversen Eissorten.

●**Niro's** an der Mirza Ismail Road ist sowohl bei Rucksackreisenden als auch bei den Einheimischen seit Jahren beliebt. Auch hier ist das Essen recht teuer, dafür jedoch sehr schmackhaft.

●Im wenige Meter entfernten vegetarischen **Surya Mahal** kann man aus der umfangreichen Speisekarte zwischen indischen, chinesischen und europäischen Gerichten wählen. Hier sind die Preise sehr moderat, und man ist freundlich.

●Unbedingt probieren sollte man die köstlichen *Lassis* im **Lassiwala** gegenüber.

●Solide chinesische Kost serviert das **Golden Dragon Chinese Restaurant** in einer kleinen Seitengasse vom Surya Mahal.

●Überraschend preiswerte (30 Rs) und leckere *Thalis* bekommt man im Restaurant des **Gangaur Tourist Bungalow.**

●Die Meinungen über das Essen im **Evergreen Guest House** variieren stark, dafür ist es zweifelsohne einer der beliebtesten Treffs der Traveller-Szene in ganz Nordindien.

●Authentisch indisches Essen servieren mehrere schlichte **Lokale an der Mirza Ismail Road** in der Nähe des Evergreen. Ausgesprochen leckere, frisch gepreßte Fruchtsäfte kann man an den überall zu findenden Straßenständen trinken.

●Wer sich an einem fürstlichen Abendessen im mondänen **Rambagh Palace Hotel** laben möchte, sollte neben genügend Kleingeld (ca. 20 DM pro Person) auch das nötige Outfit haben dürfen. Besucher in ausgefransten Jeans und Gummischlappen werden gar nicht erst eingelassen.

Tips, Adressen und Sonstiges

Bank

● Zügig und zuverlässig wird man von Mo bis Sa am *Foreign Exchange Counter* im 1. Stock der **State Bank of India** an der Mirza Jamail Road am Sanganer Gate bedient.

● In der **State Bank of Bikaner** gegenüber vom Hauptpostamt kann man zwischen 14 und 18 Uhr Reiseschecks tauschen.

Post

● Das **GPO Jaipur** gilt als eine der zuverlässigsten Adressen Rajasthans, um Post in Empfang zu nehmen oder Pakete zu verschicken. Im Eingangsbereich sitzt meist ein Mann, der für das entsprechende Entgelt (je nach Paketgröße zwischen 20 und 60 Rs) das zu verschickende Paket ordnungsgemäß verpackt und versiegelt.

● *Telefongespräche,* egal ob inländische oder *long distance,* erledigt man am besten von einem der vielen privaten Büros. Man sollte sich jedoch zuvor erkundigen, ob der genannte Minutentarif ein Nettopreis ist oder ob diesem noch eine "Bearbeitungsgebühr" hinzugerechnet wird.

Feste

● Das berühmte **Elefantenfestival** findet alljährlich im Rahmen des Holi-Festes im März statt. Zwar sind die prunkvollen Umzüge mit den bunt geschmückten Elefanten ein riesiges Touristenspektakel, doch trotzdem äußerst sehenswert.

● Ebenfalls ein prächtiger Umzug durch die Straßen Jaipurs steht im Mittelpunkt des zu Ehren von Shivas Gemahlin Parvati veranstalteten **Gangaur-Festivals.** Tänzer, Trommler, Kamele und Elefanten sorgen für eine ebenso farbenfrohe wie laute Mischung.

Kino

● Wer sich einmal einen der verschwenderisch inszenierten indischen Filme in einem adäquat opulenten Ambiente zu Gemüte führen möchte, für den ist das herrliche **Raj Mandir** eine der besten Adressen Indiens. Es ist einer jener stuckverzierten, riesigen Kinopaläste, wie es sie in Europa leider schon lange nicht mehr gibt. Trotz eines Fassungsvermögens von mehreren tausend Personen ist es oft ausverkauft, doch gegen einen Aufpreis sind die Schwarzmarkthändler nur allzu gern bereit, ein Ticket an den reichen Westler zu verkaufen. Allerdings sollte man sich zunächst überzeugen, ob es nicht doch noch einige freie Plätze zum Normalpreis an den Kassenhäuschen gibt.

Einkaufen

Neben (für manche sogar noch vor) Delhi oder Bombay ist Jaipur als touristische Shopping-Metropole beliebt. Dabei ist es sicherlich auch das historische Flair der Altstadt von Jaipur, das vor allem viele gutbetuchte Pauschalreisende zum Kauf animiert. So lassen sich viele gern vom Glanz der prunkvoll ausgestatteten Geschäfte verführen und zahlen astronomisch hohe Preise, zumal die Händler von Jaipur zu den pfiffigsten ihrer Branche zählen.

● Gerade deshalb sollte man sich vorher einen Überblick über Angebot und Preise verschaffen. Der beste Ort hierfür ist das stattliche **Rajasthan Government Emporium** an der Mirza Ismail Road. Wie üblich ist das Angebot riesig und die Preise *fixed*, d.h. festgesetzt und nicht verhandelbar. Wer sich für spezielle Objekte interessiert, sollte die Preise notieren und damit in die entsprechenden Läden der Altstadt gehen.

● Berühmt ist Jaipur über die Grenzen Indiens hinaus für seine juwelenverarbeitende Industrie, in der über 30.000 Menschen beschäftigt sein sollen. Wer sich auskennt, kann sagenhaft günstig einkaufen, wer nicht, wird ebenso sagenhaft übers Ohr gehauen. Eine Vielzahl verlockender **Juweliergeschäfte** findet man in der Haldion-ka-Rasta, einer kleinen Gasse neben dem Johari Bazaar und in der Gopalji-ka-Rasta in der Nähe des Tripola Bazaar.

● Nicht ganz so tief in die Tasche zu greifen braucht, wer sich mit den hübschen, handgewebten **Rajasthan-Kleidern** begnügt. Auch in diesem Fall findet man im staatlichen **Rajasthan Handloom Emporium** gleich neben dem *Government Emporium* eine riesige Auswahl.

Ost-Rajasthan

●Jaipur ist auch ein guter Ort, um seine Reisebibliothek ein wenig aufzufrischen, gibt es hier doch eine ganze Reihe hervorragender **Buchhandlungen.** Eine der besten mit einem großen Angebot an Reisebüchern, Bildbänden, Belletristik, Sachbüchern, aktuellen Magazinen und Zeitungen ist **Book's Corner** gleich neben *Niro's Restaurant.*

Weiterreise

Flug
●**Indian Airlines** (Mundhara Bhavan, Ajmer Road, Tel.: 70624) fliegt Mi, Do, Sa, So von Jaipur nach Bombay (116 US-$), tgl. außer Di nach Delhi (43 US-$), Mo, Mi, Fr, Sa nach Jodhpur (54 US-$) und tgl. außer Di nach Udaipur (35 US-$).
●**Private Fluggesellschaften:** siehe Anhang

Bahn
●Die Verbindungen nach **Delhi, Alwar, Chittorgarh, Bharatpur, Agra, Ajmer, Jodhpur, Abu Road, Bikaner** und **Ranthambore-Nationalpark** bitte der Liste im Anhang entnehmen.

Bus
●Besonders komfortabel sind die **Deluxe-Busse,** die von Bussteig Nr. 3 in der rechten hinteren Ecke des Busbahnhofes abfahren. Hier befindet sich auch ein Reservierungsbüro. Eine **frühzeitige Buchung** ist empfehlenswert, da die Nachfrage während der Hauptsaison sehr groß ist.
●Nach **Delhi** (5 Std.) fahren tgl. 31 Busse, wobei die um 6.45 und 8.30 Uhr vollklimatisiert sind. Zahlreiche Verbindungen bestehen u.a. nach **Jodhpur** (7 Std.), Agra (5 Std.), **Ajmer** (2,5 Std.), **Udaipur** (10 Std.) und **Bikaner** (8 Std.) über **Sikar** und **Abu Road.** Nach **Bundi** und **Kota** dauert es 6 bzw. 7 Std.

Ziele in der Umgebung

Amber
Es gibt kaum einen Besucher Jaipurs, der nicht die nur 11 km nördlich gelegene **Palastanlage** von Amber besucht. Amber war für über sechs Jahrhunderte die Hauptstadt der Kachwalas, bevor sich *Jai Singh II.* 1727 entschloß, seine neue Residenz in Jaipur zu errichten.

Wohl niemand wird diesen Ausflug bisher bereut haben, ja vielen gilt das Fort als die schönste Festung ganz Indiens. Spektakulär ist allein schon der erste Anblick nach der Ankunft, wenn sich die auf einem steilen Berghang gelegene Trutzburg in den Wassern des ihr zu Füßen gelegenen kleinen Sees spiegelt.

Durch den sehr gepflegten **Mogul-Garten Dil-e-Aram** führt ein steiler, gewundener Kopfsteinpflasterweg zum **Suraj Pol,** dem Haupttor der sehr weiträumigen Anlage. Viele Touristen lassen sich in nostalgischer Erinnerung an alte Rajputenzeiten auf buntgeschmückten Elefanten (für 250 Rs, max. 4 Pers.) zum Palast chauffieren.

Hat man das Suraj Pol passiert, befindet man sich in einem weiträumigen, von Souvenirläden, Erfrischungs- und Essensständen gesäumten **Innenhof,** in dem früher die Besucher des Regenten ihre Pferde und Elefanten zurückließen. Von hier führt eine breite Treppe zu einem zweiten Hof mit dem **Audienzsaal** *(Diwan-e-Am),* in dem der Maharaja die offiziellen Empfänge abhielt. Um dieses Schmuckstück aus Marmor vor dem Zugriff des neidischen Mogul-Kaisers *Jehangir* zu

Amber

bewahren, soll es *Jai Singh I.* einst mit einer Gipsschicht überzogen haben.

Durch das wunderschön ornamentierte **Ganesha-Tor** *(Ganesha Pol)* führt der Weg zu den erneut auf einer höheren Ebene angesiedelten **Privatgemächern** der Herrscherfamilie.

Besondere Aufmerksamkeit bei den täglich Tausenden von Besuchern erregt u.a. der kleine, gänzlich mit kleinen Spiegeln ausgeschmückte **Jai Mandir** und der daneben gelegene **Shak Mandir.** Mit seinen filigranen Marmorgitterfenstern gewährt der Shak Mandir einen weiten Blick in das von den Aravalli-Bergketten eingeschlossene Amber-Tal. Den dem Jai Mandir gegenüber gelegenen **Saal der Freuden** *(Sukh Niwas)* durchfloß einst ein Bach. Inmitten der Paläste, Pavillons, Terrassen und Galerien findet sich ein blühender kleiner **Garten.** Auch hier manifestiert sich der Versuch der durch räuberische und grausame Feldzüge zu Macht und Reichtum gelangten Herrscher, ihr Privatleben in einer Ruhe ausstrahlenden Umgebung zu verbringen.

●**Geöffnet** ist der Palast tgl. von 9 bis 16.30 Uhr.

Gaitor und Jai Mahal

Auf der Fahrt von Jaipur nach Amber liegt nach ca. 6 km auf der rechten Straßenseite das "Wasserschloß" **Jal Mahal.** Heute ist es als solches jedoch kaum mehr zu identifizieren, da der das Jal Mahal umgebende See die meiste Zeit im Jahr ausgetrocknet ist. Doch auch so vermittelt das Bauwerk noch viel von seiner ursprünglich romantischen Atmosphäre.

Ost-Rajasthan

Wie kleine Marmorkunstwerke in schöner Gartenlandschaft wirken die sich nördlich anschließenden **Grabstätten** (*Chattris*) der Herrscher von Jaipur in Gaitor. Am beeindruckendsten ist das Grabmal des Stadtgründers *Jai Singh II.*

Nehargarh Fort

1734 ließ *Jai Singh* das spektakulär auf einem Felsrücken plazierte "Tigerfort" als eine Art überdimensionalen Wachturm errichten. Von hier konnten eventuell anrückende Feinde frühzeitig gesichtet und bekämpft werden. Wenn auch von den einzelnen Bauten der 1868 restaurierten und erweiterten Festungsanlage kaum Sehenswertes erhalten geblieben ist, so lohnt der Ausflug allein wegen des **sehr schönen Panoramablickes** auf Jaipur und Umgebung.

Sisodia-Rani-Palast

Vorbei am hübschen **Vidhyadhar's Garden,** der zu Ehren des Architekten Jaipurs errichtet wurde, führt die Straße Richtung Agra nach 8 km zum zierlichen, mit Wandmalereien geschmückten **Sisodia-Rani-Palast.** Auch diese verspielte Palastanlage inmitten gepflegter terrassenförmig angelegter Gärten stammt aus der Regierungszeit *Jai Singhs.* Der offensichtlich nicht gerade knauserige Herrscher ließ das Schloß für seine zweite Frau erbauen. Heute ist es eines der beliebtesten Ausflugsziele in der Umgebung von Jaipur und dementsprechend vornehmlich an Wochenenden von Einheimischen überlaufen.

Galta

Drei Kilometer östlich Jaipurs findet sich mit der **Schlucht** von Galta, die stufenförmig mit vielen kleinen Tempeln und Teichen ausgefüllt ist, ein Ort ganz besonderer sakraler Atmosphäre. Die unzähligen Tempelaffen werden von den Pilgern eifrig gefüttert, da man sich von ihnen Glück verspricht. Der hoch oberhalb der Schlucht gelegene **Tempel** zu Ehren des Sonnengottes Surya aus dem frühen 18. Jh. ist über einen 2 km langen steilen Anstieg zu erreichen.

Saganer

Dieses kleine 16 km südlich von Jaipur gelegene Städtchen mit einem verfallenen Palast und einigen schönen Jain-Tempeln ist überregional für die hier ansässigen **Papier- und Textildruckereien** bekannt. Eine besondere Spezialität der Familienbetriebe Saganers ist der Blockdruck, wobei die verschiedenen Muster in Holz geschnitzt und von Hand auf der ganzen Länge der Stoffbahn gedruckt werden. Ein beliebtes Souvenir sind die dazu verwandten Druckblöcke, die meist nicht viel größer als ein normaler Stempel sind.

Samode

Folgt man der alten Karawanenstraße von Jaipur über das Shekhawati nach Bikaner, gelangt man circa 30 Kilometer nördlich von Jaipur in die kleine Provinzstadt **Chomu.** Wie die von hohen Mauern umstellte Festung vermuten läßt, hat der heute unbedeutende Ort auch schon eine recht abwechslungsreiche Geschichte hinter sich. Biegt man hier nach rechts ab, gelangt man nach 15 Kilometern entlang einer verlassenen Serpentinenstrecke, die sich durch eine faszinierende Berglandschaft schlängelt, zu einer der bezauberndsten **Palastanlagen** ganz Rajasthans. Hier, sozusagen "am Ende der Welt", zu Füßen einer Bergfestung, ließ sich der Finanzminister des Maharajas von Jaipur Mitte des letzten Jahrhunderts ein Märchenschloß errichten. Hat man den imposanten Treppenaufgang hinter sich gelassen, gelangt man in herrlich ausgestattete Räumlichkeiten. Schmuckstück des heute als exquisites *Heritage Hotel* dienenden Prachtbaus ist der Diwan-e-Khas mit seinen über und über mit Wandmalereien und kleinen Spiegelchen verzierten Wänden. Als eines von vielen entzückenden Details fallen die verstellbaren Jalousien ins Auge, hinter denen die Damen des Hauses die Geschehnisse der Männerwelt verfolgten. Alles wirkt ein wenig wie eine Filmkulisse, und tatsächlich wurden hier schon einige bedeutende Filmszenen – wie zum Beispiel "Palast der Winde" nach dem Roman von *Paul Scott* - gedreht.

Unterkunft

● Das herrliche **Samode Palace Hotel** (Tel.: 01423/4114, Fax: 01423/4123) gilt als eines der besten Palast-Hotels des Landes. Je nach Ausstattung und Lage muß man für die liebevoll eingerichteten insgesamt 35 Zimmer zwischen 55 und 115 US-$ berappen.

Bharatpur, Keoladeo-Ghana-Nationalpark

Bharatpur

Wegen des 6 km südlich vom Stadtzentrum gelegenen Keoladeo-Vogelschutzparks gilt Bharatpur heute als Mekka für Ornithologen aus aller Welt. Im 17. und 18. Jahrhundert war es die Hauptstadt eines einflußreichen Regionalreiches, dessen Herrschaftsbereich zeitweise bis an die Grenzen Delhis und Agras reichte.

Noch heute beherrscht das mächtige, von einem Wassergraben umschlossene **Fort** die ansonsten uninteressante Stadt. Seinen Namen Lohagarh (Eiserne Festung) hat es sich verdient, da es erfolgreich verschiedenen Angriffen der Mogul-Heere und später der Briten trotzte. Die beiden großen Festungstürme Jawahar Burj und Fateh Burj sowie zwei von einem erfolgreichen Beutezug aus Delhi mitgebrachte Eingangstore sind die beeindruckendsten Bauelemente des ansonsten deutliche Spuren des Verfalls aufweisenden Forts. Eines der insgesamt drei Palastgebäude innerhalb der Festungsmauern beherbergt allerdings ein interessantes **Museum.**

● **Öffnungszeiten:** Sa bis Do von 10 bis 17 Uhr.

Keoladeo-Ghana-Nationalpark

Das Gebiet des heute 29 qkm großen Nationalparks liegt in einer natürlichen Senke, die sich während der Monsunzeit im Sommer mit Wasser

Ost-Rajasthan

Elefantenführer

füllt. So sammelten sich hier seit jeher **Wasservögel,** die für die Maharajas von Bharatpur willkommene Beuteobjekte waren. An manchen Tagen sollen bis zu 4.000 Vögel ihrer Schießwut zum Opfer gefallen sein. Um ihrem Hobby ganzjährig frönen zu können und nicht, wie zuvor, nach der Regenzeit, wenn mit dem zurückgehenden Wasserspiegel auch die Vögel abzogen, mit leeren Händen dazustehen, ließen die Herrscher von Bharatpur künstliche Bewässerungskanäle und Dämme errichten. Das so von Menschen gestaltete Feuchtgebiet entwickelte sich rasch zu einem Magnet für die Vogelwelt.

Heute zählt es zu den bedeutendsten **Vogelschutzgebieten** der Erde. Etwa 370 Vogelarten wurden bisher in Bharatpur beobachtet, davon allein über 100 Zugvogelarten aus nordasiatischen Gebieten wie Japan und Sibirien. Speziell in den Wintermonaten November bis Mai und während der Brutzeit in den Monsunmonaten von Juli bis Mitte September sind die beiden großen seichten Seen mit den kleinen Bauminseln in der Mitte des Parks Heimatstätte von Zehntausenden von Kormoranen, Reihern, Fasanen, Löfflern, Gänsen, Adlern, Enten und Störchen sowie unzähligen anderen Vogelarten. Wenn man weiß, daß allein die über 2.000 Störche täglich etwa 5 Tonnen Futter benötigen, erstaunt es immer wieder, welch enorme Fischmenge die seichten Gewässer in sich bergen.

Die meisten Gäste besuchen den ganzjährig geöffneten Park in den Wintermonaten November bis Februar. Besonders reizvoll ist jedoch auch

die Brutzeit in den Monsunmonaten, zumal im August und September die Seerosen blühen.

Das von einer mitten durch die beiden Seen führenden Dammstraße durchzogene Gebiet ist ideal, um mit dem **Fahrrad** erkundet zu werden. Um speziell an Feiertagen und Wochenenden den Besuchermassen zu entgehen, sollte man vornehmlich auf den Nebenstraßen und im südlichen Teil des Parks auf Erkundungstour gehen, da man dort oft stundenlang keiner Menschenseele begegnet. Fahrräder werden sowohl am Parkeingang als auch in den meisten Unterkünften für ca. 25 Rs pro Tag vermietet. Da die Nachfrage speziell während der Hauptreisezeit sehr groß ist, empfiehlt es sich, schon einen Tag vorher seinen Drahtesel zu reservieren.

Als andere Möglichkeit zur Parkerkundung bieten sich die zahlreichen am Parkeingang und um den Tourist Bungalow auf Gäste wartenden **Fahrradrikshas** an. Allerdings besitzen nur die mit einem gelben Schild an der Vorderseite ausgestatteten Rikshas die Lizenz für den Nationalpark. Viele Rikshafahrer sind äußerst freundliche Zeitgenossen und verfügen über erstaunliche Fachkenntnisse. Der große Nachteil der Rikshas, die hinter dem Fahrer zwei Personen Platz bieten, besteht jedoch darin, daß sie auf dem asphaltierten Hauptweg bleiben müssen, während man mit dem eigenen Fahrrad jeden schmalen Seitenweg benutzen kann. Für eine Rikshafahrt sollte man pro Stunde etwa mit 30 Rs rechnen.

Zu begrüßen ist sicherlich das seit ein paar Jahren bestehende Verbot, mit kleinen **Ruderbooten** zu den Nistbäumen zu fahren. So werden die Tiere in ihrem unmittelbaren Lebensraum alleingelassen und nicht ständig von kamerabewaffneten Touristen aus nächster Nähe abgeschossen. Statt dessen ist die Benutzung eines Fernglases zu empfehlen, das von vielen Hotels für eine allerdings recht happige Gebühr von 30 Rs ausgeliehen werden kann.

Der **Eintritt** in den von Sonnenauf- bis Sonnenuntergang geöffneten Park beträgt 40 Rs pro Person plus 5 Rs für ein Fahrrad. Pro Fotokamera muß eine Gebühr von 30 Rs gezahlt werden, Videofilmer werden mit 100 Rs zur Kasse gebeten.

Information

● Den Besuch des im *Saras Tourist Bungalow* untergebrachten **Touristenbüros** (Tel.: 3700) kann man sich sparen, da die Bediensteten wenig auskunftsfreudig sind und, wenn überhaupt, nur einige nichtssagende Werbeprospekte herausrücken. Wesentlich umfangreichere Informationen bekommt man am **Eingang des Vogelparks,** wo auch eine informative Broschüre zum Keoladeo-Nationalpark erhältlich ist.

Stadtverkehr

● Bharatpur ist eine sehr **weitläufige** Stadt. So liegt der Bahnhof 2 km nördlich des Stadtzentrums und 7 km vom Nationalpark entfernt, der Busbahnhof immerhin noch unangenehme 5 km.
● Zwischen Bahnhof und Innenstadt verkehren **Tongas.**
● Mit der **Autoriksha** kostet die Fahrt vom Bahnhof zum Nationalpark für Einheimische maximal 30 Rs, vom Busbahnhof 25 Rs, verlangt wird von Touristen jedoch meist das Doppelte.

● Ähnliches gilt für die **Fahrradrikshas,** die für die gleiche Strecke eigentlich nicht mehr als 20 bzw 15 Rs verlangen dürften. Meist hat man nur dann eine Chance auf den lokalen Fahrpreis, wenn man ein vom Rikshafahrer empfohlenes Hotel wählt, da dieser dann die Kommission zusätzlich kassiert.
● Am geeignetsten zur Erkundung des Vogelparks sind die von vielen Hotels verliehenen **Fahrräder.** Mit 30 bis 40 Rs pro Tag sind sie für indische Verhältnisse relativ teuer.

Unterkunft und Essen

● Es gibt zwar einige Hotels in der Stadt selbst, wie etwa das **Avadh** (Tel.: 2462), das **Shagun Tourist Home** (EZ/DZ zu 120/ 160 Rs) und das **Park Palace Hotel** (EZ/DZ zu 120/160 Rs), doch die allermeisten Touristen bevorzugen die sich um die Verkehrskreuzung knapp 400 m östlich vom Parkeingang gruppierenden Unterkünfte.
● Am beliebtesten ist hier der staatliche **Saras Tourist Bungalow** (Tel.: 3700) mit einer Vielzahl von Zimmern, die je nach Lage und Ausstattung zwischen 260/310 und 600/ 750 (AC) Rs kosten. Wie bei allen anderen Unterkünften in dieser Region sind die nach hinten liegenden Zimmer vorzuziehen, da die an- und abfahrenden Brummis an der stark befahrenen Kreuzung einen Nicht-Inder um jeden Schlaf bringen. Die einzelnen Räume sind meist sehr sauber und großzügig eingerichtet und verfügen über einen kleinen Balkon. Insgesamt das wohl beste Preis/Leistungsverhältns in dieser Kategorie, auch wenn die ganze Anlage etwas steril wirkt und das Personal einen gelangweilten Eindruck macht. Das gilt auch für das im Haus untergebrachte Restaurant, wo das Essen den dahinschluffenden Obern entspricht.
● Sehr hübsch und relativ ruhig, weil ein wenig von der Hauptstraße zurückversetzt, ist das wenige Meter entfernte **Falcon Guest House.** Die EZ/DZ sind nicht gerade überragend, aber okay und mit 150/250 Rs relativ preiswert.
● Zwischen dem Saras Bungalow und dem Falcon liegt das hübsche kleine **Spoonbill Restaurant.** Betrieben wird das Open-Air-Lokal von einem pensionierten General, der

köstliches Essen zu erstaunlich günstigen Preisen serviert. Besonders empfehlenswert ist das *Navratan Korma* und der hausgemachte Joghurt aus Büffelmilch. Neuerdings betreibt der geschäftstüchtige General auch ein Guest House mit gleichem Namen (200/ 250 Rs). Hier können auch Fahrräder und Ferngläser zu je 30 Rs ausgeliehen werden.

● Das dem Saras Bungalow gegenüber gelegene Hotel *Eagle's Nest* verfügt ebenfalls über ein Restaurant, doch die EZ/DZ sind, obwohl recht hübsch, mit 350/450 Rs überteuert.

● Ein besseres Preis/Leistungsverhältnis bietet da schon das dunkelrot gestrichene Hotel *Sunbird,* dessen EZ/DZ für 250/300 Rs mit Teppichen ausgestattet sind. Ein günstiger Preis, wenn man bedenkt, daß die meisten Zimmer ein Bad mit Warmwasser haben.

● Preiswert erscheint auch das *Bambino Guest House* mit EZ/DZ-Preisen von 200/250 Rs. Allerdings sind die einzelnen Räume auch nicht gerade als luxuriös zu bezeichnen. Außerdem kann man in den im Garten aufgestellten Zelten übernachten. Das klingt recht romantisch und ist mit 150 Rs für ein geräumiges Doppelbett bzw. 40 Rs in einem großen Gemeinschaftszelt auch recht preisgünstig, doch im Sommer machen die stickige Hitze und die Moskitos den Aufenthalt im Zelt wenig angenehm.

● Die mit Abstand teuerste, gleichzeitig jedoch auch schönste Unterkunft bietet die *Bharatpur Forest Lodge* (Tel.: 2760) mitten im Park. Umgeben von Vogelstimmen, kann man sich in den schön eingerichteten Zimmern oder auf der wunderschönen Terrasse des sehr guten, aber auch teuren Restaurants der friedvollen Atmosphäre des Parks hingeben. Die Tiere sind derart an den Hotelbetrieb gewöhnt, daß sie sich ohne Scheu in unmittelbarer Nähe aufhalten. Die EZ/DZ (mit AC, Warmwasser) sind ihren Preis von 2.700/3.200 Rs voll und ganz wert. Während der Hochsaison zwischen November und März ist das Hotel oft lange im voraus ausgebucht, so daß eine entsprechend frühzeitige Voranmeldung unbedingt erforderlich ist.

An- und Weiterreise

Bahn

● Bharatpur liegt verkehrsgünstig an der Strecke von Delhi nach Bombay sowie an der Delhi-Agra-Jaipur-Jodhpur-Ahmedabad-Strecke und bietet dementsprechend eine vielfältige Auswahl an Zugverbindungen. Man sollte allerdings darauf achten, ob der jeweilige Zug auch in Bharatpur hält, das ist bei einigen nicht der Fall. Genaue Verbindungen finden sich im Anhang.

Bus

● Bharatpur liegt an der Hauptstraße zwischen Agra und Jaipur.

● Alle Busse von und nach *Fatehpur* Sikri (1 Std.) passieren die Hotelgegend um den *Saras Tourist Bungalow.* Es empfiehlt sich, hier auszusteigen, da man ansonsten später den 5 km langen Weg vom Busbahnhof wieder zurückfahren muß – wenig sinnvoll.

● *Stündliche Verbindungen* bestehen nach: Agra (2 Std.), Jaipur (4,5 Std.), Deeg und Mathura (1,5 Std.) und Delhi (5 Std.).

Alwar
(ca. 250.000 Einwohner)

Übersicht

Diese Stadt, die Ende des 18. Jh. von einem ehemaligen Vasallen Jaipurs, der sich unabhängig gemacht hatte, erbaut wurde, wirkt trotz ihrer Größe recht beschaulich, liegt verkehrsgünstig zwischen Delhi und Jaipur und besitzt einen der schönsten Rajputenpaläste Rajasthans. So ist es eigentlich unverständlich, daß das am Rande des Aravalli-Gebirges gelegene Alwar von nur wenigen Touristen besucht wird. Wer von hier, wie die meisten der wenigen Besucher, zum nur 45 km südwestlich gelegenen Sa-

Ost-Rajasthan

riska-Nationalpark aufbricht, sollte zumindest die Gelegenheit nutzen, um den 3 km außerhalb des Stadtzentrums gelegenen Palast zu besichtigen.

Sehenswertes

Stadtpalast

Eine Kulisse besonderer Art bietet sich dem Besucher bereits auf dem Palastvorplatz. Unter riesigen Baumkronen haben Schreiber kleine Holztischchen aufgestellt und bearbeiten mit ihren altertümlichen Schreibmaschinen unzählige Stapel von Antragsformularen. Die ungeduldig wartenden Bürger eilen schließlich mit den fertiggestellten Formularen in den Stadtpalast, der heute zum großen Teil von Behörden genutzt wird.

Eher in einem italienischen Rokokoschloß denn in einem Rajputenpalast wähnt man sich, sobald man über die Mitteltreppe in den **Innenhof** des Palastes gelangt ist. In einer höchst gelungenen Synthese aus strenger Symmetrie und verspielter Formgebung finden sich elegant verzierte und ornamentierte Pavillons, geschwungene Bengaldächer, offene Säulenhallen, freilaufende Treppenaufgänge, durchbrochene Marmorfenster, winzige Erker und Balkone. Eine passendere Filmkulisse für die ausufernden, von Herz, Schmerz und wehenden Kostümen geprägten Hindi-Filme läßt sich kaum denken. Ganz deutlich stehen die Bauten unter dem Einfluß des späten Rajputenstils, der stark vom manierierten Mogul-Geschmack beeinflußt wurde.

Prunkstücke des im oberen Stockwerk des Palastes beheimateten **Mu-seums** sind eine innerhalb von 15 Jahren angefertigte Ausgabe des *Kalisthan,* eine Sammlung moralischer Erzählungen des 1292 verstorbenen Dichters *Shadi,* sowie eine 24 Meter lange Rolle mit einer Abschrift der *Bhagavad Gita.* Daneben verdient auch die Sammlung hervorragender Miniaturmalereien Beachtung. Insgesamt gehört das Museum zu einem der interessantesten Rajasthans, wenn es auch wegen der Unterschiedlichkeit seiner Ausstellungsobjekte zunächst etwas verwirrend erscheint.

Geht man vom Museum entlang einer kleinen Balustrade um das Gebäude herum, bietet sich eine beeindruckende Aussicht auf den dahintergelegenen, künstlich angelegten **Palastteich** mit seinen Pavillons und Badetreppen. Wer sich vor dieser reichlich schmalen und wenig Vertrauen erweckenden Umrundung scheut, kann auch von der hinteren linken Ecke des Vorhofs über eine Treppe zum See gelangen. An dessen Südseite steht der marmorne **Chattri** von *Raja Bakhtawar Singh,* dem Herrscher Alwars von 1781 bis 1815. Diese Gedenkstätte bildet mit seinem umlaufenden Balkon und dem halbkreisförmigen Bengaldach noch einmal ein Beispiel des als indisches Rokoko bezeichneten Baustils Alwars

Nordwestlich des Sees führt ein schmaler steiler Weg auf den sich dahinter befindenden **Hügel,** der von den Überresten einer mittelalterlichen Festung gekrönt wird. Da hier in den 80er Jahren ein Radiosender installiert wurde, ist die Besteigung jedoch nur mit einer speziellen Genehmigung erlaubt. Außer einer allerdings sehr beeindruckenden **Aussicht** auf die Stadt gibt es hier kaum etwas zu bewundern.

Anreise

Bahn
●Verbindungen nach **Delhi, Agra, Udaipur, Chittorgarh, Ajmer** und **Jaipur:** siehe Anhang.

Information
●Das **Touristenbüro** (Tel.: 21868) in der Stadtmitte gegenüber dem Company Park ist tgl. außer So von 10 bis 17 Uhr geöffnet. Neben Informationen zur Stadt selbst werden auch bereitwillig Auskünfte zum nur 35 km südlich gelegenen Sariska-Nationalpark erteilt. Außerdem können **Hotelreservierungen** für Sariska vorgenommen werden.

Stadtverkehr
●Der Stadtpalast, die Hauptsehenswürdigkeit Alwars, liegt etwa 3 km vom Bahnhof entfernt. Die Fahrt mit der **Autoriksha** sollte nicht mehr als 10 bis 15 Rs, mit der **Fahrradriksha** 10 Rs kosten.

Unterkunft und Essen

●Am billigsten (EZ/DZ 130/170 Rs) sind die *Railway Retiring Rooms* am **Bahnhof.** Für Eisenbahnfreaks, bei denen die vorbeirauschenden Züge an der stark befahrenen Strecke romantische Gefühle erwecken, ist es natürlich ein lauschiges Plätzchen, die Mehrzahl der anderen Touristen hingegen benötigt schon gut stöpselnde Ohropax, um sich in den Schlaf zu wiegen.
●Nur wenige Meter vom Bahnhof entfernt liegt das **Aravalli Hotel** mit einer großen Auswahl qualitativ sehr unterschiedlicher Zimmer zwischen EZ/DZ 260/310 und 470/680 (AC) Rs. Die Räume nach hinten sind wegen der ruhigeren Lage vorzuziehen. Im Erdgeschoß befindet sich eine düstere Bar, deren arktische Temperaturen vermuten lassen, daß der für die AC zuständige Angestellte von

grönländischen Urahnen abstammt. Das Restaurant ist hingegen gut, und insgesamt macht das von einem sympathischen Manager geführte Hotel einen gepflegten Eindruck.
●Empfehlenswert ist auch das weiter südlich gegenüber dem Stadion gelegene **Phool Bagh Palace Hotel** (Tel.: 2274). Die Preise, EZ/DZ 420/470 und 620/770 (AC) Rs, sind dem gebotenen Komfort angemessen.
●Weitere empfehlenswerte Hotels wie das **Ashoka, Alanhar** und **Imperial** finden sich in der Nähe der vom Busbahnhof zum Touristenbüro führenden Hauptstraße.
●Eine empfehlenswerte Adresse für Reisende mit kleinem Geldbeutel ist das nur wenige Meter vom Busbahnhof in einer kleinen Gasse rechts neben der *State Bank of Bikaner and Jaipur* gelegene **Deluxe Guest House** (Tel.: 21705). Die Zimmer sind zwar recht spartanisch, doch für den Preis von 150 bis 200 Rs (TV und Cooler) durchaus akzeptabel. Überdies wird das kleine Gästehaus von einem freundlichen Besitzer geleitet.

Weiterreise

Bahn
●Die Bahnverbindungen werden in einer Liste im Anhang aufgeführt.

Bus
●**Direktverbindungen** bestehen u.a. nach: Sariska-Nationalpark (1 Std.), Deeg (2,5 Std.), Mathura und Jaipur (4 Std.), Delhi (4,5 Std.).

Ost-Rajasthan

Sariska-Nationalpark

Übersicht

Ebenso wie in Ranthambore diente auch der Sariska-Nationalpark früher als *Jagdrevier* eines Maharajas. Mit welch hemmungslosem Eifer der schießwütige *Maharaja von Alwar* seinem Hobby nachging, belegen die historischen Fotos im kleinen Sariska-Palast des insgesamt 800 qkm umfassenden Schutzgebietes.

1979 wurde eine Kernzone von 498 qkm dem *Project Tiger* zugeordnet. Obwohl der Tigerbestand ähnlich zahlreich ist wie in Ranthambore und auch der Laubwald in der ansonsten kargen Felslandschaft gute Beobachtungsmöglichkeiten bietet, bekommt man den König der Wildtiere nur äußerst selten zu Gesicht. Dem Grund für diese Scheu kam man Mitte der achtziger Jahre auf die Spur, als man entdeckte, daß Wilderer, die zuvor das Parkpersonal bestochen hatten, den Tigern jahrelang nachgestellt hatten und deren Felle und Knochen ins Ausland, vor allem nach China, verkauft hatten.

Wesentlich besser sind die Chancen, einen der rund 50 im Park lebenden *Leoparden* zu sichten, denen das felsige Gelände ideale Lebensbedingungen bietet. Besonders faszinierend ist der Anblick der Tiere, wenn sie durch die Ruinen des malerisch auf einem Berg gelegenen Kanwari Forts streifen. Hierfür ist allerdings das Mitführen eines Fernglases empfehlenswert, da die gefleckten Großkatzen in den Felsen eine nahe-

zu perfekte Tarnfarbe besitzen und nur schwer aus der Ferne auszumachen sind.

Weitere den Park bevölkernde Tiere sind Sambarhirsche, Antilopen, die bevorzugten Beutetiere für den Tiger, sowie Schakale, Füchse und Wildschweine. Die am Rande des Schutzgebietes gelegenen Seen bei Tekla sind im Winter ein Sammelplatz für viele Arten von *Wasservögeln.* Überdies ist Sariska eines der besten Gebiete, um Indiens Nationalvogel, den *Pfau,* zu beobachten. Die Balzzeit beginnt wenige Wochen vor Eintritt der Regenzeit im Mai/Juni und setzt sich bis Juli/August fort. Daher wird dem wunderschönen Tanz der Pfauenhähne die Kraft zugeschrieben, den Regen herbeizurufen.

Allgemeine Information

Wie für die anderen Nationalparks Indiens, so stellen auch für Sariska die Monate Oktober bis März die *Hauptreisezeit* dar. Zwischen Dezember und Januar sowie an Wochenenden ist eine Vorbestellung für die Parkunterkünfte unbedingt vonnöten. Da die Hauptstraßen im Park asphaltiert sind und somit auch während der *Regenzeit* befahren werden können, ist Sariska ganzjährig geöffnet.

Jeeps für die jeweils morgens von 7 bis 9.30 bzw. nachmittags von 15 bis 17.30 Uhr durchgeführte *Parkbesichtigung* können beim *Tourist Bungalow* für 550 Rs gemietet werden. Hinzurechnen muß man noch die *Eintrittsgebühr* pro Fahrzeug 100 Rs) und pro Person (40 Rs). Teilt man sich den Jeep mit insgesamt 5 Personen, kostet eine Besichtigung also ca. 150 Rs. Die Kameragebühr beträgt 30 Rs.

Unterkunft und Essen

Zwei Hotels ganz unterschiedlicher Qualität und Preisklasse stehen zur Verfügung.
● Der *RTDC Tiger Tourist Bungalow* (Tel.: 42) bietet schöne, geräumige EZ/DZ zu 320/370 bzw. 650/700 (AC) Rs. Darüber hinaus steht ein Schlafsaal für 30 Rs pro Person zur Verfügung. Von der Terrasse des stilvollen, beim Haupteingang gelegenen Gebäudes bieten sich schöne Ausblicke in die Umgebung und insgesamt könnte es eine wunderschöne Unterkunft sein, wären da nicht die völlig uninteressierten Angestellten. Niemand scheint sich um den Zustand der Zimmer und Toiletten zu scheren, und auch die Mahlzeiten im Restaurant sind eine Zumutung. Lauwarme, winzige Gerichte zu viel zu hohen Preisen werden einem auf den Tisch geknallt. Wer sich davon jedoch nicht stören läßt, der findet hier für relativ wenig Geld eine sehr schöne Unterkunft in hübscher Umgebung.
● In jeder Beziehung traumhaft ist dagegen das Hotel *Sariska Palace* (Tel.: 322). Der riesige ehemalige Palast des Maharajas von Alwar liegt inmitten einer wunderschönen baumbestandenen Landschaft. Alle 36 fürstlich eingerichteten Zimmer des ockergelben Prachtbaus besitzen AC und sind ihre 1.800/2.200 Rs (EZ/DZ) allemal wert. Essen und Bedienung im angeschlossenen Restaurant sind vorzüglich, und das allabendliche Buffet für 200 Rs sollte sich auch der nicht entgehen lassen, der im *Tourist Bungalow* wohnt.

An- und Weiterreise

Bus

● Der Eingang zum Nationalpark liegt an der Hauptverkehrsstraße zwischen Alwar und Jaipur, und dementsprechend unproblematisch sind die Verkehrsverbindungen. Allerdings sind die vorbeifahrenden Busse oft bis zum Bersten gefüllt. Zum nur eine Stunde entfernt gelegenen *Alwar* ist das erträglich, die knapp vierstündige Fahrt zum 160 km südöstlich gelegenen *Jaipur* ist da schon problematischer. Als Alternative könnte man zunächst zum 50 km entfernten Verkehrs-

knotenpunkt *Shahpura* fahren und dort in einen weniger besetzten Bus umsteigen. Alle Busse nach Jaipur passieren übrigens die nur 11 km nördlich gelegene Festungsstadt *Amber*.

Deeg

(ca. 10.000 Einwohner)

Übersicht

Für den Durchreisenden stellt sich dieser 34 km nördlich von Bharatpur gelegene Ort nur als verstaubtes Provinznest mit einem etwas zu groß geratenen Busbahnhof dar. Wahrlich kein Grund, um die Reise zu unterbrechen, so scheint es. Doch der hier Mitte des 18. Jh. vom Herrscher von Bharatpur errichtete *Sommerpalast* gehört zu den bezauberndsten und besterhaltenen Rajputenpalästen überhaupt. Ebenso wie der Stadtpalast von Alwar repräsentiert er einen

Rettung in letzter Sekunde – Project Tiger

Typisch Mensch - jahrzehntelang hatten die indischen Maharajas und europäischen Kolonialherren in ihrer schrankenlosen Jagd nach Trophäen, Macht und Ruhm auf alles geschossen, was sich bewegte, um schließlich bestürzt festzustellen, daß viele Tierarten **vom Aussterben bedroht** waren. Besonders gefährdet war der König der Wildtiere, der Tiger, dessen Trophäe - am besten gleich im Dutzend - in keinem Herrscherhaus fehlen durfte. Als besonders schießwütig erwies sich der *Maharaja von Gwalior*, der während einer Treibjagd im Jahre 1899 an einem einzigen Tag nicht weniger als 150 dieser Großkatzen erlegt haben soll. So konnte es eigentlich nicht verwundern, daß sich der Bestand seit der Jahrhundertwende, als noch 40.000 Tiger durch die Wälder Indiens streiften, bis 1969 auf ganze 1.827 dezimiert hatte. Neben der Wilderei trug das explosionsartige Bevölkerungswachstum und die damit einhergehende Zerstörung des natürlichen Lebensraumes des Tigers zu dessen Beinahe-Aussterben bei.

Angesichts dieser bedrohlichen Lage entschloß sich die indische Regierung 1973 mit Unterstützung des *World Wildlife Fund* dazu, das sogenannte **Project Tiger** ins Leben zu rufen. Dabei handelte es sich um eine der weltweit größten Rettungsaktionen, die je zum Erhalt einer Tierart durchgeführt wurden. Ziel war es jedoch nicht, nur den Tiger, sondern auch seine gesamte Biosphäre, zu der neben Elefanten und Nashörnern auch seine Beutetiere wie Gazellen und Sambarhirsche gehören, zu schützen.

Die zunächst neun ausgesuchten *Tierschutzgebiete* sind bis heute auf 19 mit einer Gesamtfläche von knapp 20.000 km2 erweitert worden, wobei die meisten und bekanntesten von ihnen wie etwa Corbett, Sariska, Ranthambhore und Kanha in Nordindien liegen. Jedes dieser Schutzgebiete besteht aus einer gänzlich geschützten Kernzone und einer Pufferzone, in der den Bewohnern der Umgebung eine eingeschränkte Nutzung wie das Weiden ihres Viehs und das Sammeln von Feuerholz erlaubt ist.

Ende der achtziger Jahre machte die Meldung vom *großartigen Erfolg* des *Project Tiger* landesweit Schlagzeilen, weil nach einer offiziellen Zählung die Tigerpopulation wieder auf 4.338 angewachsen war. Wie sich recht bald herausstellen sollte, sah die Realität jedoch weit weniger rosig aus. So hatten viele Parkleiter zur Rechtfertigung des Projekts und ihrer eigenen Position die Bestandszahlen geschönt.

Zudem starben trotz aller Schutzmaßnahmen nach wie vor jährlich ungezählte Tiere durch illegale *Wilddieberei.* Wegen der inzwischen weltweit strikt befolgten Schutzabkommen sind es jedoch inzwischen nicht mehr wie früher die Felle, wegen denen die Tiger verfolgt werden, sondern deren Knochen. Zermahlen und mit einem speziellen Saft vermischt, wird ihnen in vielen asiatischen Ländern lebensverlängernde und potenzfördernde Wirkung zugesprochen. Heute geht man davon aus, daß die tatsächliche Zahl der Tiger bei etwa 3.000 liegt.

Doch selbst für den Fall, daß man dieser Gefahrenmomente Herr werden sollte, hängt der *zukünftige Erfolg* von *Project Tiger* letztlich von der Eindämmung des nach wie vor größten Problems des Landes ab - dem rasanten *Bevölkerungswachstum.* Seit dem Start der Rettungsaktion vor gut 20 Jahren ist die indische Bevölkerung um weitere 350 Mio. auf heute rund 900 Mio. angewachsen. Die meisten dieser Menschen sind auf Brennholz, Gras für ihr Vieh

und Wasser angewiesen. Je mehr die Pufferzonen der Schutzgebiete von ihren Kühen, Büffeln, Schafen, Ziegen und Kamelen abgegrast werden, desto häufiger treiben sie ihr Vieh in die noch weitgehend unberührten Kernzonen. Offiziell ist dies verboten, doch die Dorfbewohner berufen sich nicht zu Unrecht auf ihr jahrtausendealtes Gewohnheitsrecht. Zwar verehren sie den Tiger als Inbegriff des Majestätischen, Erhabenen und Machtvollen, doch im tagtäglichen Überlebenskampf sehen sie in ihm in erster Linie ein gefährliches Raubtier, welches ihr höchstes Gut, das Vieh, tötet. Gerade in den letzten Jahren kommt es immer häufiger zu Übergriffen, da die Tiere ihrerseits wegen der zunehmenden Nahrungsverknappung in die angrenzenden Dörfer einfallen.

Um diesen Teufelskreis zu durchbrechen, wurde 1993 mit Unterstützung der Weltbank die *2. Phase* von Project Tiger initiiert. In der Erkenntnis, daß nur eine Verbesserung der Lebensbedingungen der Parkanwohner den Bevölkerungsdruck auf die Tiger-Refugien verringern kann, wurde ein Bündel von Maßnahmen beschlossen. Hierzu zählen u.a. Projekte zur Verbesserung der Weidequalität, die Anlage leistungsfähiger Bewässerungssysteme und die Zucht ertragreicher Kühe, damit weniger dieser heiligen Tiere mehr Milch geben.

So siegte die Einsicht, daß es nicht reicht, Mensch und Tier durch hohe Mauern voneinander zu trennen, sondern das Überleben des Tigers letztlich vom Wohlergehen des größten Raubtieres der Erde abhängt - dem Menschen.

Baustil, der in seiner stark manieristischen Prägung der Spätzeit der Palastarchitektur zuzuordnen ist. Beeindruckt zeigen sich die Besucher jedoch nicht nur von der architektonischen Gestaltung, sondern auch von der exquisiten Innenausstattung des Palastes, der noch bis in die siebziger Jahre von dem Maharaja bewohnt wurde. Zwar bestehen in Deeg selber keine Übernachtungsmöglichkeiten, doch von Alwar, Bharatpur und Agra ist die Stadt bequem zu besuchen.

Sehenswertes

Gopal Bhawan

Hat man den Palastbezirk von Norden her durch das Singh Pol betreten, befindet man sich in einem sehr schönen, durch vier Wasserläufe gegliederten *Mogul-Garten.* Die Beschwingtheit, die das hierin eingebettete Hauptgebäude der Anlage, der Gopal Bhawan, mit seiner verspielten Architektur ausstrahlt, wird durch dessen von vier Pavillons am Ende der Kanäle flankierten Garten aufgenommen und zusätzlich verstärkt. Insgesamt 500 Fontänen wurden zu speziellen Festen in Betrieb gesetzt und erzeugten mit ihren gefärbten Wassern, künstlich erzeugten Geräuschen und geheimnisvoller Beleuchtung während der Nacht ein einzigartiges Schauspiel.

Vor dem Gopal Bhawan steht, herausgehoben auf einer separaten Marmorplatte, eine *Marmorschaukel. Suraj Mall,* der Erbauer des Palastes, soll sie von einem Beutezug aus dem Roten Fort in Delhi 1763 mitgebracht haben.

Von den Decken des sich zur Gartenseite öffnenden Gopal Bhawan hängen sogenannte *Pahannas,* lange, schön gestaltete Stoffbahnen. Sie dienten nicht nur als dekorativer Blickfang, sondern hatten durchaus praktischen Nutzen. Über Schnüre konnten sie von Dienern bewegt werden und wurden so als manuelle überdimensionierte Windfächer für die unter der Sommmerhitze leidenden Herrschaften eingesetzt.

Die diversen Räume des *Hauptgebäudes* beeindrucken vor allem durch ihre exquisite Möblierung. Alles macht einen äußerst gepflegten Eindruck.

Besonders beeindruckend wirkt der Palast durch den an seiner Südseite angrenzenden *Gopal Sagar,* einen kleinen, künstlich angelegten See. Speziell mit den beiden flankierenden Pavillons wirkt er wie ein kleiner Wasserpalast. Sehr schön, wenn auch weniger verspielt wirkt der südlich des Teichs von *Suraj Mahalls* Stiefvater errichtete *Purana Mahal* mit schönen Rajputen- und Mogul-Wandmalereien im Inneren.

Unterkunft

●Hotels stehen keine zur Verfügung. Eventuell könnte man bei vorheriger telefonischer Anmeldung im *Dak Bungalow* (Tel.: 18) für EZ/DZ 90/120 Rs übernachten.

An- und Weiterreise

Bus

●Fast *stündliche Verbindungen* nach Alwar (3 Std.), Bharatpur (1,5 Std.), Mathura (1 Std.) und Agra über Mathura (3,5 Std.).

Ranthambore-Nationalpark

Übersicht

In seltener Einmütigkeit zählen Naturliebhaber diesen 1957 gegründeten Nationalpark zu einem der schönsten ganz Indiens. Die geologische Prägung des 392 qkm großen Schutzgebietes mit seinen schroffen Felswänden und steilen Hängen haben die Wildnis in Ranthambore über Jahrhunderte vor einer Umwandlung in Ackerland bewahrt. So konnte sich im von kleinen Flüssen und Seen durchzogenen Park eine wunderschöne Naturoase entwickeln, die eine einzigartige Faszination ausstrahlt.

Das inmitten des Parks gelegene **Fort,** welches noch heute deutliche Spuren vergangener Kämpfe aufweist, dokumentiert jedoch, daß das Gebiet in früheren Jahrhunderten kein unberührtes Naturparadies, sondern ein hartumkämpftes Schlachtfeld war. Die bereits im 10. Jh. errichtete Trutzburg als Mittelpunkt eines lokalen Herrscherhauses wurde mehrfach erobert, so z.B. 1301 durch den Sultan von Delhi und 1569 durch die Truppen *Akhbars.* Später wurde aus dem wildreichen Gebiet das Jagdgebiet der *Maharajas von Jaipur.*

Ranthambore wurde als einer der ersten Nationalparks dem **Project Tiger** angeschlossen, wobei die Parkverwaltung konsequenter als irgendwo sonst den speziellen Lebensbedürfnissen dieser scheuen Wildkatzen Rechnung trug. Seit Beginn der groß angelegten Rettungsaktion

vor über 20 Jahren vermehrte sich die Tigerpopulation in Ranthambore auf heute über 50 Tiere. In kaum einem anderen Nationalpark Indiens sind die Chancen, einen Tiger zu Gesicht zu bekommen, größer als in Ranthambore. Hierzu trägt auch bei, daß sich die Tiger innerhalb des Parkgeländes derart heimisch und sicher fühlen, daß sie immer häufiger bei Tageslicht auf Beutejagd gehen. Zudem ist der lichte Wald, der im Winter sein Laub verliert, leicht zu durchblicken und gewährt hervorragende Beobachtungsmöglichkeiten. So ist es ein unvergeßlicher Eindruck, die Tiger durch die Ruinen des Forts streifen zu sehen.

Man sollte sich jedoch nicht allzusehr auf die Jagd nach einem Tiger versteifen, ist es doch gerade die *Vielfältigkeit von Natureindrücken,* die den besonderen Charme von Ranthambore ausmacht. Besonders häufig sind die Sambarhirsche als Hauptbeutetiere des Tigers zu beobachten. Weitere in Ranthambore anzutreffende Säugetiere sind die indischen Gazellen, Chinkaras, Schakale und Antilopen. Äußerst selten werden Streifenhyänen und Leoparden gesichtet. Darüber hinaus haben über 270 Vogelarten das Gebiet zu ihrer Heimat gemacht. Neben Geiern und Adlern zählen Zugvögel wie der Schwarzstorch, die Streifengans und der Fischadler zu den meistgesehenen Arten.

Beliebteste *Reisezeit* für Ranthambore sind wegen des milden Klimas die Wintermonate November bis Februar, allerdings sinken die Nachttemperaturen manchmal bis zum Ge-

Ost-Rajasthan

frierpunkt. Recht heiß mit Tagestemperaturen von bis zu 40 °C und dementsprechend weniger populär ist die Zeit zwischen März und Juni. Allerdings sind diese Monate für Tierbeobachtungen günstig, weil sich das Leben im Park dann weitgehend an den Seen konzentriert. Während der Monsunzeit vom 1. Juli bis 1. Oktober bleibt das Reservat geschlossen, da die unbefestigten Wege aufweichen und nicht befahrbar sind.

Information

● Ein *Touristenbüro* (Tel.: 2223) befindet sich im Project-Tiger-Gebäude einen knappen Kilometer südlich des Bahnhofs. Reservierungen für einzelne Unterkünfte können hier ebenso vorgenommen werden wie für den vom RTDC eingesetzten Safaribus. Darüber hinaus ist weitergehendes Informationsmaterial zum *Project Tiger* erhältlich.

Stadtverkehr

● Der *Bahnhof* von Sawai Madhopur liegt 12 km vom Eingang zum Nationalpark entfernt. Sobald man den Zug verlassen hat, wird man von Riksha-, Tempo- und Tongafahrern umringt, die einen *for two Rupies only* zu einem Hotel ihrer Wahl fahren wollen – um dann die saftige Kommission zu kassieren. Die Hotels in der Stadt sind alle zu Fuß erreichbar. Vom Bahnhof zum Park sollte es, egal mit welchem Transportmittel, auf keinen Fall mehr als 25 Rs kosten, eher etwas weniger.

Unterkunft und Essen

● Einfache Unterkunftsmöglichkeiten finden sich in der Stadt, während die besseren entlang der Straße zum Nationalpark liegen.
● Sehr schlicht, dafür billig ist das etwa einen halben Kilometer vom Bahnhof entfernte *Hotel Swagat* (Tel.: 2601). Die EZ/DZ mit Gemeinschaftsbad kosten 70/90, mit ange-

schlossenem Bad 150/190 Rs. Ähnlich in Preis und Qualität ist das in der gleichen Straße gelegene *Hotel Vishal* (Tel.: 2695).
● Besser ist das bei der Bahnüberführung gelegene *Hotel Pink Palace.* EZ/DZ mit eigenem Bad kosten 200/250 Rs.
● Für Campingfreunde ist das 1 km außerhalb der Stadt an der Straße Richtung Park gelegene *The Cave* die richtige Adresse. 12 geräumige Zelte mit jeweils eigener Bademöglichkeit stehen zur Verfügung. In den heißen Monaten ab März kann es allerdings unangenehm stickig werden. Die Preise scheinen stark von der Reisezeit und dem eigenen Verhandlungsgeschick abzuhängen. Etwa 250 bis 300 Rs pro Zelt.
● Über einen romantischen Touch ganz anderer Art verfügt die knapp 500 m weiter Richtung Park gelegene *Sawai Madhopur Lodge* (Tel.: 2541). Das von einem schönen Garten umgebene Anwesen war früher im Besitz des Maharajas von Jaipur, und dementsprechend luxuriös sind auch die Räume ausgestattet. Versteht sich, daß auch die Preise mit EZ/DZ 150/180 US-$ fürstliches Niveau besitzen. Darin enthalten sind jedoch alle Mahlzeiten.
● Sehr empfehlenswert für Leute mit kleinerem Geldbeutel sind die beiden nach 1,5 bzw. 1 km folgenden Hotels *Anhur* (Tel.: 2541) und *Anurag Resort* (Tel.: 2451). Beide überzeugen durch saubere, gepflegte Zimmer und eine angenehme Atmosphäre. Das *Anhur* verfügt zudem über ein gutes, preiswertes Restaurant. Preise bei beiden: EZ/DZ 250/330 und 370/470 (AC) Rs.
● Nicht schlecht ist auch der nach etwa 1 km folgende *RTDC Kamdhenu Tourist Bungalow* (Tel.: 2334). Außer der etwas sterilen Atmosphäre eine akzeptable Unterkunft mit EZ/DZ-Preisen von 250/350 und 300/350 (Cooler) Rs. Zudem steht ein Schlafsaal für 30 Rs pro Person zur Verfügung. Auch hier gibt es ein Restaurant.
● Wunderschön in den Bergen, 2 km von der Hauptstraße entfernt, liegt das Hotel *Joomar Baori* (Tel.: 2495). Das ehemalige Jagdschloß des Maharajas von Jaipur verfügt über elegant eingerichtete, geräumige EZ/DZ, einen sehr stilvolen Aufenthaltsraum sowie eine Dachterrasse mit einem phantastischen Aus-

Schwergewicht: Touristentransporter

blick. Für all dies sind 650/850 bzw. 800/900 (Suite) Rs ausgesprochen billig. Kein Wunder, daß die elf Räume vor allem in der Hauptsaison oft über Monate ausgebucht sind.

● Das gleiche gilt für die einzige inmitten des Parkgeländes gelegene Unterkunft *Jogi Mahal.* Auch dieses ehemalige fürstliche Rasthaus liegt traumhaft schön unterhalb des mächtigen Forts direkt am Seeufer. Da der kleine, von hübschen Pavillons überdachte rote Sandsteinbau jedoch nur über 4 Zimmer verfügt, ist es unbedingt erforderlich, lange im voraus zu buchen. Der Zimmerpreis von 1300 Rs (kein EZ/DZ-Unterschied) beinhaltet alle Mahlzeiten.

An- und Weiterreise

Bahn

● Sawai Madhopur liegt an der Breitspurstrecke von Delhi nach Bombay und der Meterspur nach Jaipur und Bikaner, daher viele Auswahlmöglichkeiten, oft jedoch ungünstige Abfahrtszeiten. Verbindungen können der Liste im Anhang entnommen werden.

Bus

● Generell sind die *Zugverbindungen* vorzuziehen, da schneller und bequemer.

● Tgl. mehrere Busse nach *Jaipur* (4,5 Std.), *Kota* (5 Std.) und *Gwalior* (6 Std.); *Agra* und *Delhi* besser mit Umsteigen in Jaipur.

Ajmer

(ca. 400.000 Einwohner)

Übersicht

Dieser bedeutendste **Wallfahrtsort der Muslime** in Indien liegt umschlossen von kargen Bergen in einem Hochtal auf 486 Meter Höhe am Rande eines künstlichen Sees. Seit Jahrhunderten strömen die Pilger aus allen Teilen des Landes zum Grab eines muslimischen Heiligen, der hier im 13. Jahrhundert gewirkt haben soll und seine letzte Ruhestätte fand. Schon die letzten Mogulherrscher *Akhbar, Jehangir* und *Shah Jahan* nahmen die beschwerliche Reise zum "Mekka Indiens" auf sich, um am Grab des Sufi für die Erfüllung ihrer Wünsche zu beten. In den engen, verwinkelten, stets von Pilgermassen gesäumten Gassen mit ihren von muslimischen Kaufleuten geführten Geschäften fühlt man sich unversehens in eine arabische Basarstadt in Tunesien oder Marokko versetzt. Trotz seiner pittoresken Altstadt, einer sehr schönen Moschee und dem landschaftlich reizvoll gelegenen See Ana Sagar ist die Stadt für den westlichen Reisenden kaum mehr als ein Tagesausflug vom nur 11 Kilometer entfernten Pushkar.

Sehenswertes

Dargarh

Egal, zu welcher Jahreszeit man nach Ajmer kommt, die Altstadtgassen scheinen 365 Tage im Jahr erfüllt von Pilgerströmen, die alle nur ein Ziel zu kennen scheinen: Dargarh, den **Grabbezirk Khwaja-ud-din-Chistis.** Geboren 1145 n. Chr. in Persien, soll er mit den Truppen *Muhammed-e-Ghurs* 1191 n. Chr. nach Indien gekommen sein und fortan bis zu seinem Tode 1236 n. Chr. vornehmlich als Missionar des muslimischen Glaubens tätig gewesen sein. Die tiefe Verehrung, die dieser *Sufi* auch heute noch erfährt, findet ihren Ausdruck in einer Stimmung reger Geschäftigkeit und tiefer Frömmigkeit, die den Bereich um das gewaltige, die umgebenden Häuser weit überragende silberne Eingangstor prägen. Nachdem man Schuhe ausgezogen und seinen Kopf mit einem der überall erhältlichen Muslimkäppchen bedeckt hat (Taschentuch reicht auch), reiht man sich ein in den Strom der Richtung Zentrum ziehenden Pilger.

Zwei große Kessel mit Feuerstellen begrenzen den zu passierenden **Vorhof.** Hier werden die von den reichen Pilgern gespendeten Reisgerichte zubereitet, die danach kostenlos verteilt werden. Daneben fällt eine von *Akhbar* während einer seiner vielen Pilgerfahrten gestiftete **Sandsteinmoschee** ins Auge.

Die religiöse Inbrunst der Pilger erreicht ihren Höhepunkt beim Betreten des inmitten des Haupttores gelegenen weißen **Marmorschreins,** in dem der Sarkopharg des Heiligen steht. Viel Zeit zum Schauen bleibt im mit silbernen Platten ausgeschlagenen Heiligtum nicht, denn, eingezwängt zwischen den ekstatisch Betenden, wird man schnell zum Ausgang gedrängt.

Mindestens so beeindruckend wie

der Schrein ist die von *Shah Jahan* aus reinem Marmor errichtete **Moschee** mit sehr schönen persischen Inschriften entlang der Vorderseite.

Gezeichnet von den Strapazen der oft tagelangen Anfahrt, sitzen die Pilger unter den schattenspendenden Bäumen im **Innenhof** und lauschen den Gesängen der verschiedenen die Taten der Heiligen verherrlichenden Sänger. Leider wird dem westlichen Touristen die hier herrschende friedvolle Stimmung durch aggressive Spendeneintreiber verleidet, die einem vom Eingang bis zum Sarkopharg nachstellen.

Adai-Din-ka-Jhopra-Moschee

Wendet man sich nach Verlassen des Dargarh nach links, erreicht man nach etwa 300 Metern Anstieg auf der Hauptbasarstraße eine Moschee, die Ende des 12. Jahrhunderts aus den Überresten eines Jain-Tempels errichtet wurde. Der recht merkwürdige Name des Bauwerks (Zweieinhalb-Tage-Hütte) soll sich der Legende nach auf dessen kurze Bauzeit beziehen. Von den Minaretten sind nur noch die Stümpfe erhalten, doch der eigentliche Reiz der Moschee liegt in der siebenbögigen, mit Schrift- und Ornamentverzierungen versehenen Bogenfassade, die vor die von jeweils unterschiedlich verzierten insgesamt 124 Pfeilern gestützte Haupthalle gesetzt wurde.

Obwohl architektonisch von großer Bedeutung (die Moschee gilt als eines der bedeutendsten Beispiele des frühen indo-arischen Baustils), kann der Ort in keiner Weise an die von tiefer Religiosität geprägte Atmosphäre des Dargarh heranreichen. Dafür wird

Indoarisch: die Zweieinhalb-Tage-Hütte der Moschee

Ost-Rajasthan

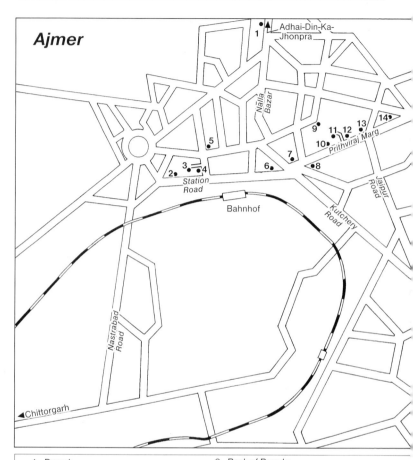

Ajmer

Adhai-Din-Ka-Jhonpra

1

Naila Bazar

14

9
11 12 13
10 Prithviraj Marg

5

7

3
2 4
Station Road

6

8

Bahnhof

Kutchery Road

Jaipur Road

Nastrabad Road

◄Chittorgarh

1 Dargah
2 Honey Dew Restaurant
3 Hotel Nagpal
4 Hotel Paramount
5 Hotel Ashoka
6 Busse nach Pushkar
7 Post
8 Bank of Baroda
9 Akhbar Fort und Museum
10 Hotel Ratan
11 Hotels Poonam, Pooja und Akash Deep
12 Hotel Payal
13 Hotel Bhola

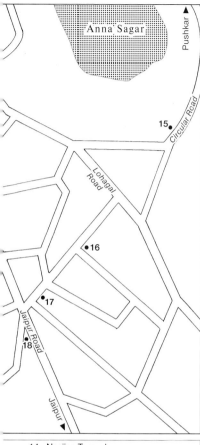

14 Nasijan-Tempel
15 Mansingh Palace Hotel
16 RTDC Khadim Tourist Bungalow und Tourist Office
17 State Bank of India
18 Busbahnhof

man jedoch auch nicht ständig von Spendeneintreibern belästigt.

Von hier führt ein sehr steiler, drei Kilometer langer Anstieg zum im 12. Jahrhundert erbauten **Taragarh Fort,** von wo sich eine beeindruckende Aussicht auf Ajmers exponierte Lage in den Aravalli-Bergen genießen läßt.

Akhbars Fort

Etwas versteckt am Ostrand der Altstadt liegt der von *Akhbar* anläßlich einer seiner vielen Pilgerfahrten 1772 erbaute Palast, in dem er dem britischen Gesandten *Sir Thomas Rowe* seine erste Audienz als britischem Gesandten erteilte, ein Vorgang heute etwa vergleichbar mit der Akkreditierung von ausländischen Diplomaten. Der Palast beherbergt neben einigen Verwaltungseinrichtungen das städtische **Museum,** in dem neben der üblichen Waffensammlung unter anderem Skulpturen und Gemälde ausgestellt sind. Obwohl das älteste Museum Rajasthans, gehört es sicherlich nicht zu den besuchenswertesten. Alles wirkt reichlich dunkel und lieblos.

● **Öffnungszeiten:** tgl., außer Fr von 10 bis 17 Uhr.

Nasijan-Tempel

Weithin sichtbar ist der große, aus rotem Sandstein gefertigte, jainistische Nasijan-Tempel. Nur ein kleiner Teil des 1865 erbauten zweigeschossigen Gebäudes ist zugänglich, wobei das in der zweiten Etage ausgestellte vergoldete Modell einer jainistischen Idealwelt bei den Besuchern recht unterschiedliche Reaktionen hervorruft. Während meine amerika-

Ost-Rajasthan

nische Nachbarin voller Entzücken *gorgeouss* ausrief, wußte ich nicht so recht, ob ich angesichts all des Kitsches lachen oder weinen sollte. Einig waren wir uns hingegen darin, daß dem recht verstaubten Modell eine Generalreinigung gut zu Gesicht stehen würde.

Ana Sagar

Im Nordwesten der Stadt an der Straße nach Pushkar liegt dieser im 12. Jahrhundert durch die Aufstauung des Luni-Flusses entstandene *kleine See.* Seine ursprüngliche Funktion als Wasserreservoir für Ajmer konnte er nur bedingt erfüllen, da er während der Sommermonate zeitweilig vollständig austrocknete. Dafür erfreute sich der See vornehmlich bei Mogul-Kaiser *Shah Jahan* aufgrund seiner idyllischen Lage großer Beliebtheit, und so ließ dieser an den Ufern des Sees sehr schön ins Landschaftsbild eingepaßte Marmorpavillons errichten.

Heute gehört der hierum errichtete *Daulat Bagh* mit seinen teilweise recht kitschigen Freizeiteinrichtungen zu einem der beliebtesten Ausflugsziele der Stadt. Vom angrenzenden Hügel lassen sich speziell bei Sonnenuntergang herrliche Ausblicke in die Umgebung genießen.

Information

●Außergewöhnlich auskunftsfreudig und freundlich ist der Leiter des im *Khalim Tourist Bungalow* beheimateten **Touristenbüros** (Tel.: 21626), Öffnungszeiten: 8 bis 12 und 15 bis 18 Uhr. Stadtpläne und Hotellisten für Ajmer und Pushkar werden kostenlos ausgegeben und Fragen bereitwillig beantwortet.

Stadtverkehr

●Ajmer läßt sich im Innenstadtbereich problemlos *zu Fuß* besichtigen.

●Entlang den Hauptstraßen, wie etwa zwischen dem Hauptbahnhof und dem 2 km entfernt gelegenen Busbahnhof, verkehren *Tempos.*

●Die Strecke zwischen Bahnhof und Tourist Bungalow sollte mit der *Autoriksha* etwa 10 Rs, mit der *Fahrradriksha* 7 Rs kosten.

Unterkunft

Ajmer verfügt über ein breites Spektrum an Unterkunftsmöglichkeiten, doch viele dienen vornehmlich als Übernachtungsstätte für muslimische Pilger. Generell sind die Hotels im nur 10 km entfernten Pushkar vorzuziehen. Beachten sollte man auch die bei den meisten Hotels Ajmers geltende 24-Std.-Check-Out-Regel.

Low Budget und Budget

●Die meisten Traveller wohnen im *RTDC Khadim Tourist Bungalow* (Tel.: 20490) in der Nähe des Busbahnhofs. Man hat die Auswahl zwischen einer Vielzahl qualitativ sehr unterschiedlicher EZ/DZ von 150/225 bis 350/500 (AC) Rs sowie einem Schlafsaal für 70 Rs. Wie meistens bei vom *Tourist Office* geleiteten Hotels leidet auch dieses unter mangelnder Instandhaltung und unfreundlichem Service. Wegen der recht hübschen Lage, der Nähe zum Busbahnhof und einem im Hotel untergebrachten Restaurant zählt es dennoch zu den empfehlenswertesten Unterkünften Ajmers.

●Für Zugreisende empfehlenswerter ist jedoch das direkt gegenüber dem Bahnhof gelegene *Hotel Paramount* (Tel.: 33437). Von außen sieht der Betonklotz wenig einladend aus, doch die insgesamt 26 Zimmer sind sauber und, sofern nicht zur Straße gelegen, auch recht ruhig. Die Preise variieren je nach Ausstattung zwischen EZ/DZ 170/220 bis 450/520 (AC, Farbfernseher, Cooler). Im Hotel befindet sich ein Restaurant.

●Eines der billigsten und dementsprechend einfachsten Hotels der Stadt findet sich mit dem **Nagpal** in einer kleinen Gasse links hinter dem Paramount. Der Preisspanne von 70 bis 150 Rs entsprechend, sollte man nicht zuviel erwarten, doch für eine Nacht ist es sicherlich o.k . Ähnliches gilt für die Hotels **Surya** und **Ashoka,** beide etwas oberhalb des Paramount.

●Ähnlich preisgünstig, aber wesentlich besser ist das an der Prithviraj Marg gelegene **Hotel Bhola** (Tel.: 23844). Alle Zimmer verfügen über Warmwasser und machen einen gepflegten, wenn auch biederen Eindruck. Zu beachten ist jedoch auch hier, daß man wegen des Straßenlärms ein Zimmer nach hinten wählen sollte. Preis von 80 bis 160 Rs. Das dem Hotel angeschlossene Restaurant ist im übrigen hervorragend.

●Entlang der Prithviraj Marg zwischen Hauptpost und Hotel Bhola befinden sich eine Vielzahl **weiterer Billigunterkünfte** wie z.B. die Hotels **Ratan, Raju** und **Payal,** alle in einer ähnlichen Preiskategorie wie das Hotel Bhola. Keines ragt besonders heraus.

●Eine kleine Straße links hinter dem Hotel *Payal* führt nach wenigen Metern zu drei nebeneinander gelegenen Hotels, die durch die Stadtmauer von der Hektik der Hauptstraße abgeschottet sind und insofern eine Alternative zu den bisher genannten Unterkünften bieten. Alle drei (Hotel **Poonam, Pooja** und **Akash Deep**) sind mit EZ/DZ-Preisen von 90/140 bis 210/340 (AC, TV, Warmwasser) Rs recht preiswert und machen einen gepflegten Eindruck.

Tourist Class

●Einzige höherklassige Unterkunft Ajmers ist das an der Umgehungsstraße um den Ana Sagar gelegene Hotel **Mansingh Palace** (Tel.: 54702). Das von außen recht ansehnliche Hotel mit einer großen Satellitenschüssel auf dem Dach verfügt zwar über alle Annehmlichkeiten eines 3-Sterne-Hotels wie AC, Kabel-TV und Restaurant, ist jedoch mit EZ/DZ 1.600/2.300 Rs überteuert.

Essen

●**Gegenüber dem Bahnhof** finden sich eine Reihe von einfachen Restaurants, die vor allem die schwere Mughlai-Küche servieren.

●Besonders empfehlenswert ist das Restaurant **Honey Dew** neben dem *Nagpal Hotel*.

●Ganz hervorragend ist auch das vegetarische Restaurant im 1. Stock des **Bhola-Hotels.** Für 30 Rs gibt es ein hervorragendes *Thali,* und auch die übrigen Gerichte kosten selten mehr als 25 Rs. Für die Qualität der Küche spricht, daß hier viele Inder speisen.

An- und Weiterreise

Bahn

●Ajmer liegt an der Hauptstrecke Delhi – Jaipur – Ahmedabad, und so bieten sich viele günstige Verbindungen in beide Richtungen. Verbindungen siehe Anhang.

Bus

●Fast alle halbe Stunde Busse nach **Jaipur** (3 Std.) und **Delhi** (8 Std.).

●Darüber hinaus häufige Verbindungen nach **Jodhpur** (5 Std.), **Udaipur** (6 Std.) und **Chittorgarh** (4 Std.).

●Außerdem noch viele weitere Abfahrten mit **privaten Luxusbussen.** Die privaten Busunternehmer sitzen fast alle an der Kutcheri Road.

●Die Busse nach **Pushkar** fahren nur äußerst selten vom Busbahnhof, dafür fast alle 20 Min. von einem kleinen Extrastand an der Kreuzung auf der anderen Seite des Hauptpostamts.

Ost-Rajasthan

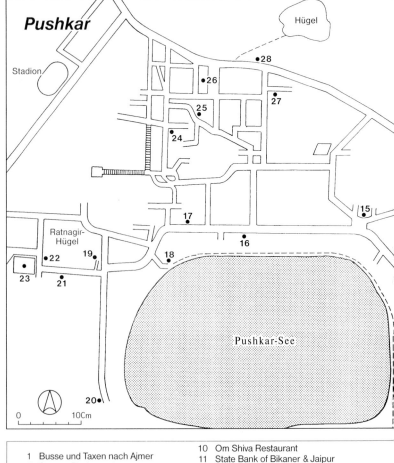

Pushkar

Hügel

Stadion

28

26

27

25

24

15

17

16

Ratnagir-Hügel

19

18

22

23

21

20

Pushkar-See

0   10Cm

1	Busse und Taxen nach Ajmer
2	Sarovar Restaurant
3	Hotel Om
4	RTDC Sarovar Tourist Bungalow
5	Hotel Pushkar Palace
6	Sunset Cafe
7	Shree Travel
8	Kaka Book Centre
9	Venus Restaurant
10	Om Shiva Restaurant
11	State Bank of Bikaner & Jaipur
12	Hotel Prince
13	Sunrise Hotel
14	Hotel Shanti Palace
15	Post
16	Lake View Guest House
17	S.R. Restaurant
18	Bharatpur Palace
19	Sun N Moon Garden Cafe

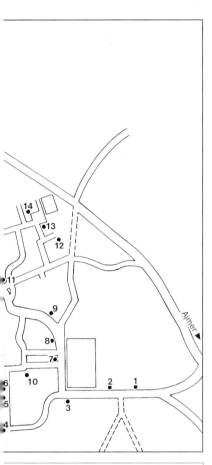

20 Hanuman Guest House
21 Hotel Navrathan Palace
22 R.S. Restaurant
23 Brahma-Tempel
24 Hotel Blue Moon
25 Everest Guest House
26 Post
27 White House
28 Busse Richtung Nagaur und Bikaner

Pushkar

(ca. 15.000 Einwohner)

Überblick

Kennzeichnet die Altstadt Ajmers eine Atmosphäre hingebungsvoller, ja zum Teil ekstatischer Religiosität, so beeindruckt der nur 11 Kilometer entfernte, über den steil ansteigenden Schlangenpaß zu erreichende uralte **hinduistische Wallfahrtsort** Pushkar mit seiner geruhsamen, fast schon weltentrückten Gelassenheit. Bereits in den hinduistischen Epen wird der kleine Ort um den heiligen See als Wallfahrtsort erwähnt, und Anfang des 5. Jahrhundert berichtete der chinesische Reisende *Fa Hsien* von den Pilgerscharen, die hierher aus ganz Indien anreisten. Selbst die großen Mogulherrscher *Akhbar* und *Shah Jahan* sollen ihrer Pilgerreise nach Ajmer einen Besuch in Pushkar angeschlossen haben. Erst der fanatische *Aurangzeb* ließ fast alle der bis dahin über 100 den See säumenden Tempel zerstören.

Im erzähl- und phantasiefreudigen Indien werden Name und Ursprung eines solch religionsträchtigen Ortes selbstverständlich mit einer **Legende** ausgeschmückt. Danach soll dem Schöpfer des Universums Brahma auf der Suche nach einem geeigneten Opferplatz eine Lotusblüte *(Pushkar)* aus der Hand geglitten sein. An der Stelle, wo die Blüte den Boden berührte, öffnete sich eine Quelle und ließ einen See entstehen. Diesen Ort nannte er Pushkar.

Ost-Rajasthan

Der Pushkar-See mit den Ghats

Tatsächlich regt dieser wie eine Oase inmitten der Wüste gelegene winzige Ort mit unzähligen Tempeln, Ghats und seinen stufenförmig ansteigenden, weiß gekalkten Häuserfronten die Phantasien indischer Pilger genauso an wie die der westlichen Besucher. So ist es kein Wunder, daß viele **Rucksacktouristen** und selbsternannte Aussteiger auf der Suche nach dem ewigen Indien Pushkar neben Rishikesh, Puri und Goa zu ihrem Lieblingsort erkoren haben. Leider verwechseln viele dabei die heiter gelassene Atmosphäre der Stadt mit uneingeschränkter Freizügigkeit und verletzen damit die strikten Moralvorstellungen der Inder. Vor allem unter der einheimischen Bevölkerung führt dies zunehmend zu Verärgerung.

Sehenswertes

Ghats

Es wurde bereits erwähnt – Pushkars Charme beruht auf der einzigartig meditativ-spirituellen Atmosphäre, die das Leben in der Kleinstadt kennzeichnet. Ganz ähnlich wie in Varanasi, lohnt es sich auch in Pushkar, frühmorgens das rituelle Bad der Pilger an den Ghats zu erleben. Seit alters her scheint sich hier nichts geändert zu haben. So bieten sich einem immer wieder zutiefst beeindruckende Bilder zeitloser Schönheit, etwa wenn die Frauen in ihren leuchtenden Saris im Angesicht der aufgehenden Sonne ins Wasser eintauchen oder alte, hagere Männer mit goldglänzenden Messingbehältern ihre Kulthandlungen vollziehen.

Allerdings sollte man beim Besuch der Ghats ein äußerst *zurückhaltendes Verhalten* an den Tag legen. So sollte man eine Arme und Beine bedeckende Kleidung tragen, die Schuhe ausziehen, nicht rauchen und das strikte Fotografierverbot beachten.

Brahma-Tempel

Wer sich vom geheiligten Ort Pushkar uralte Tempelanlagen verspricht, wird allerdings eher enttäuscht sein. Trotz der in vielen Epen und historischen Reiseberichten belegten, über Jahrtausende zurückreichenden spirituellen Bedeutung des Ortes ist wegen der Zerstörungswut *Aurangzebs* kaum ein Tempel älter als 300 Jahre. Als bedeutendster Sakralbau Pushkars gilt der Brahma-Tempel, der in seiner heutigen Form 1809 von einem Minister des Maharajas von Gwalior errichtet wurde. Zwar ist er nicht, wie immer wieder behauptet wird, der einzige Tempel zu Ehren dieser höchsten hinduistischen Gottheit in ganz Indien, doch die silberne, in den Boden eingelegte Schildkröte am Tempeleingang sowie die viergesichtige Brahmastatue mit den golden leuchtenden Augen im Allerheiligsten lohnen durchaus einen Besuch.

Saraswati-Tempel

Frühmorgens bzw. nachmittags sind die besten Zeiten, um den etwa einstündigen steilen Aufstieg zum südwestlich auf der Spitze des Ratna Gir (Juwelenhügel) gelegenen Saraswati-Tempel in Angriff zu nehmen. Dieser zu Ehren von Brahmas Gattin (und gleichzeitig Tochter) erbaute Tempel ist Ziel ungewöhnlich vieler Männer,

da ein hier erbrachtes Opfer garantieren soll, daß die Ehemänner nicht vor ihren Frauen sterben. In Anbetracht des kärglichen Daseins indischer Witwen dürfte dieser Wunsch auch im Sinne der meisten Frauen liegen. Egal, ob dieser Wunsch nun in Erfüllung geht oder nicht, einmal sollte man, ganz diesseitig orientiert, den großartigen Blick auf den Pushkar-See genießen, der wie ein schwarzer Diamant inmitten der von Bergketten umsäumten Wüstenlandschaft liegt.

Unterkunft

Pushkars jahrzehntelange Beliebtheit gerade bei Rucksacktouristen hat dazu geführt, daß besonders *viele Billigunterkünfte* zur Verfügung stehen. Die Mehrzahl der Zimmer sind eher spartanisch eingerichtet, und oft verfügen die Guest Houses nur über Gemeinschaftsbäder. Dafür sind die allermeisten in die traditionellen Wohnhäuser integriert und bieten eine angenehme Atmosphäre. Die Preise sind bei fast allen mit 70/100 für ein EZ/DZ mit Etagenbad bzw. 100/140 Rs mit eigenem Badezimmer ähnlich und werden so in der folgenden Aufzählung auch nur in den Ausnahmefällen erwähnt. Zu beachten ist, daß die Tarife während des etwa fünftägigen *Pushkar-Festes* im November um das Fünf- bis Zehnfache erhöht werden.

Die folgende Auflistung beinhaltet nur eine kleine Auswahl der insgesamt über 30 Gästehäuser und Hotels. Die Entfernungen innerhalb des kleinen Ortes sind derart gering, daß man sich problemlos mehrere Unterkünfte anschauen kann, bevor man sich für eine entscheidet.

● Seit Jahren sehr beliebt ist das schöne *Hotel Pushkar Palace.* Die Zimmerpreise variieren von 400 bis 1.300 Rs, wobei die billigen sehr schlicht sind und nur über Gemeinschaftsbäder und -toiletten verfügen, während die teuren Super-Deluxe-Räume mit AC ausgestattet sind. Die im kleinen, palmenbe-

Ost-Rajasthan

standenen Garten aufgestellten Zelte mit Doppelbett zu jeweils 300 Rs sind den einfachen Zimmern auf jeden Fall vorzuziehen. Die Terrasse mit wunderschönem Blick auf den See und die Stadt lädt zum Entspannen ein. Jeden Abend wird im Restaurant ein Büffet zu 90 Rs geboten.

● Der direkt daneben gelegene, jedoch nur über die Hauptstraße zu erreichende **RTDC Sarovar Tourist Bungalow** war früher im Besitz des Maharajas von Jaipur, und dementsprechend fürstlich sieht er auch aus. Die Lage könnte auch hier kaum besser sein, doch insgesamt wirkt der Komplex trotz seines hübschen Äußeren merkwürdig steril. Allerdings sind die Zimmer ohne Bad mit 70 Rs sehr günstig. EZ/DZ mit Cooler kosten 260/330 Rs.

● Das direkt an der Zufahrt zum Tourist Bungalow gelegene **Hotel Om** ist ebenfalls ein alter Favorit in der Travellerszene. Es verfügt über einen schönen Innenhof und einen hübschen kleinen Garten sowie als einzige Unterkunft Pushkars über einen kleinen Swimmingpool!

● Ein Geheimtip ist das etwas abseits der Hauptstraße in der verwinkelten Altstadt gelegene Hotel **Shanti Palace,** dessen Besitzer äußerst sympathisch sind. Mit seinen überhängenden Erkern und dem sehr gepflegten kleinen Garten im Innenhof vermittelt das Hotel die seinem Namen entsprechende Atmosphäre eines romantischen und friedlichen kleinen Palastes.

● Das **Sunrise Hotel** direkt daneben macht einen angenehmen Eindruck. Einige der Zimmer erscheinen, verglichen mit der für Pushkar sonst üblichen Streichholzschachtelgröße, geradezu riesig. Weitere schöne Unterkünfte in dieser etwas verwunschen wirkenden Ecke sind das ganz in Steinwurf entfernte Hotel **Pushkar Lake,** das **Hotel Prince** sowie das **Laxmi Guest House.**

● Seinem Namen alle Ehre macht auch das sympathische **Lake View Guest House,** liegt es doch direkt am See und bietet speziell von der großen Dachterrasse wunderschöne Ausblicke auf die Bade-Ghats. Obwohl es zu den ältesten Hotels Pushkars zählt, macht es noch immer einen sauberen und gepflegten Eindruck. Alle Gäste loben

die angenehme Atmosphäre des Hauses, und viele bleiben weit länger als ursprünglich geplant.

● Sehr einfach, dafür jedoch auch direkt am See liegt der **Bharatpur Palace.** Besonders die oberen Räume bieten speziell morgens herrliche Aussichten auf das sich direkt darunter ausbreitende bunte Treiben an Ghat.

● Nördlich des Sees, entlang der ansteigenden Gassen Pushkars führt der Weg zum etwas versteckt gelegenen **Everest Guest House.** Man merkt dem Gebäude zwar deutlich an, daß es bereits einige Jahre auf dem Buckel hat, doch gerade wegen seiner etwas abgelegenen Lage macht es einen ruhigen und friedvollen Eindruck.

● In der Nähe des Marwar-Bushalteplatzes befindet sich das sehr populäre **White House.** Das relativ neue Hotel verfügt über geräumige und gepflegte Zimmer, einen schönen Garten und ein empfehlenswertes Dachrestaurant.

Essen

Die Auswahl ist riesig und reicht von Müsli über Spaghetti, Apfelstrudel und braunem Brot bis zum *Butter Chicken Masala.* Wer in Pushkar nicht auf den Geschmack kommt, ist selber schuld. Es gibt unzählige Garten- und Dachterrassenrestaurants, wobei der große Renner in den letzten Jahren die von vielen Restaurants angebotenen Büffets sind. Für 40 Rs kann man soviel essen, wie man will, tatsächlich ein verlockendes Angebot.

● Eindeutiger Marktführer scheint hier in letzter Zeit das in der Nähe des Hotel Pushkar Palace gelegene **Om Shiva Restaurant** zu sein, wo man in der Hauptsaison morgens, mittags und abends anstehen muß, um einen Platz zu ergattern.

● Mindestens ebenso gut ist jedoch das beim Busbahnhof gelegene **Sarovar Restaurant,** zumal man dort in einem sehr schönen Garten speisen kann. Doch meistens flaut die Schlacht um den oft nur lauwarmen Büffets nach den ersten Tagen erheblich ab, weil alles recht ähnlich schmeckt.

● Gleiches gilt auch für die mit ihrer schönen Aussicht lockenden zahlreichen **Dachrestaurants.** Nur allzuoft muß man die schöne

Flotter Dreier: Kamelsafari

Lage mit recht flauem Essen und schlechtem Service bezahlen.

● Wer einmal eine Abwechslung vom üblichen *Traveller Food* wünscht, für den ist das sehr spartanisch eingerichtete **S.R. Restaurant** an der Hauptstraße die richtige Adresse. Zu äußerst günstigen Preisen gibt es schmackhafte indische Gerichte wie *Dal Fry* oder *Alu Ghobi.*

● Nicht verwechseln sollte man es jedoch mit dem **R.S. Restaurant** gegenüber vom Brahma-Tempel. Wegen der zu langen Erhitzung der auf Gasflamme schmorenden Gerichte schmeckt das Essen dort oftmals reichlich fade.

● Beliebtester Treffpunkt zu Sonnenuntergang ist das direkt neben dem *Pushkar Palace Hotel* gelegene **Sunset Cafe.** Bei Apfelstrudel, Käsekuchen, Croissants und Zimtbrötchen, Kaffee oder Tee sowie meditativer Musik bietet es tatsächlich eine perfekte Kulisse, um den Tag zu beenden.

Tips, Adressen und Sonstiges

Einkaufen

Praktisch jedes Haus entlang der Hauptstraße beherbergt im Erdgeschoß ein Geschäft, welches um die Gunst der Touristen buhlt. Besonders im Angebot sind die hübschen **Rajasthani-Kleider** und knallig bunten Hosen und Hemden im Flower-Power-Look – Goa läßt grüßen. Bevor man sich zum Großeinkauf entschließt, sollte man sich jedoch fragen, ob man das, was in Indien in und modern aussieht, auch zu Hause tragen würde. Die große Auswahl an Geschäften auf engstem Raum bietet den Vorteil, daß man problemlos Angebot und Preise vergleichen kann. Dies ist um so ratsamer, weil Pushkar oftmals bei weitem nicht so billig ist, wie es auf den ersten Blick erscheinen mag. Viele Verkäufer machen sich die lockere Atmosphäre zunutze, indem sie den meist jungen

Ost-Rajasthan

285

Individualtouristen sehr schnell und elegant einen Tee, *big friendship* und *very special price* anbieten. Nach einigen Tagen stellt der gutgläubige Käufer fest, daß er für das gleiche Souvenir einige Shops weiter nur die Hälfte hätte zahlen müssen.

Wer sich Zeit nimmt und vergleicht, wird sicherlich einige gute und billige Sachen finden. Besonders groß ist die Auswahl an **Silberschmuck** und großen, oft mit kleinen Spiegelchen verzierten **Stoffdecken,** die sich gut als Bettüberwurf und Wandteppich eignen. Mehrere **Musikläden** bieten eine große Auswahl an anspruchsvoller klassischer indischer und meditativer Musik. Weniger zu empfehlen sind jedoch die Raubkopien bekannter westlicher Rock- und Popgruppen, da sie oft von miserabler Qualität sind. Wer seine ausgelesenen Bücher gegen neue eintauschen möchte, kann dies bei einem der zahlreichen sehr gut bestückten **Second-Hand-Bookshops** tun.

Kamelsafaris

Noch sind es nur ganz wenige Reisebüros, die Kamelsafaris in Pushkar anbieten. Im Gegensatz zu Jaisalmer ist es hier noch möglich, tagelang unterwegs zu sein, ohne einem Weißgesicht zu begegnen. Wer also eine kleine Gruppe zusammenbekommt, sollte die entsprechenden Angebote vergleichen. Noch allerdings liegen die Preise mit ca. 700 Rs für eine Tour von zweieinhalb Tagen über denen in Jaisalmer.

Pushkar Mela

Jedes Jahr zum Vollmond im November findet dieses Fest statt: Pilgerfahrt, Heiratsmarkt, Volksfest und Kamelmarkt gleichermaßen (siehe Farbteil). Der Kamelmarkt beginnt schon einige Tage vor dem offiziellen Festtermin, und so lohnt es sich, schon vor dem großen Ansturm anzureisen.

●*Festivaltermine*

1997	11.-14. November
1998	1.-4. November
1999	20.-23. November
2000	9.-11. November

An- und Weiterreise

Bus

●Die beste An- und Abreise ist die über das nahegelegene **Ajmer,** da es von dort feste Bus- und Bahnverbindungen gibt. Busse nach Ajmer (Fahrtzeit 20 Min.) fahren zumindest alle halbe Stunde vom Ajmer-Busbahnhof. Per Autoriksha kostet die Fahrt etwa 50 Rs, mit dem Taxi etwa 60 Rs.

●Es gibt außerdem Direktbusse in Richtung **Bikaner** und **Jodhpur.**

●In Pushkar verkaufen einige Reisebüros Tickets von **privaten Busgesellschaften.** All diese Busse starten von Ajmer, doch im Fahrpreis enthalten ist der Zubringerbus von Pushkar zur Abfahrtsstelle in Ajmer. Natürlich zahlt man hierfür einiges extra, doch dafür erspart man sich den oftmals zeit- und nervenaufreibenden Fahrscheinkauf am Busbahnhof in Ajmer. Allerdings sollte man bedenken, daß die meisten privaten Busgesellschaften Busse mit Video-Dauerberieselung einsetzen.

Süd-Rajasthan

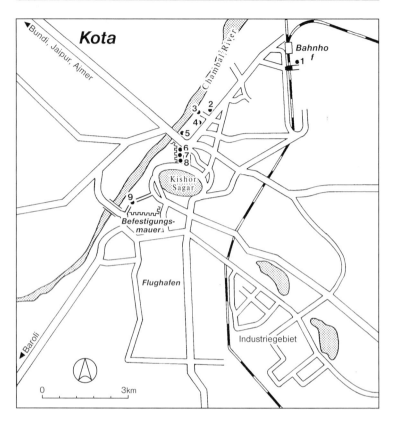

1 Gaytri Hotel
2 Navrang Hotel
3 Brijraj Bhawan Palace Hotel
4 Post
5 Busbahnhof
6 Hotels Parag und Panhay
7 RTDC Chambal Tourist Bungalow
8 Chattris
9 Stadtpalast und Museum

Kota
(ca. 400.000 Einwohner)

Überblick

Obwohl Bundi und Kota nur 37 Kilometer voneinander entfernt liegen, scheinen Welten zwischen den beiden Orten zu liegen. Während im verschlafenen Bundi die Zeit seit dem Mittelalter stehen geblieben zu sein scheint, ist im benachbarten Kota in den letzten Jahrzehnten das Atomzeitalter ausgebrochen.

Das gilt nicht nur im übertragenen, sondern im wörtlichen Sinn, ist die Stadt doch Standort eines Kernkraftwerkes, das zusammen mit den Wasserkraftwerken des Chambal-Flusses, an dessen Ufern Kota liegt, die riesigen **Industriebetriebe** der Distrikthauptstadt mit Energie versorgt. Asiens größte Düngemittelfabrik mit ihren weithin sichtbaren Schornsteinen ist nur ein Symbol für die wirtschaftliche Prosperität dieses Industriezentrums Rajasthans.

Da sich die Industriebetriebe vornehmlich in den Außenbezirken angesiedelt haben, erscheint die **Innenstadt** mit ihren vielen Parks und Gärten sowie einem großen künstlichen See trotzdem angenehm. Insgesamt hat die sehr weitläufige Stadt touristisch weit weniger zu bieten als Bundi, unter dessen Oberherrschaft sie bis zum Jahr 1625 stand, als sie durch Verfügung des Mogul-Herrschers *Jehangir* den Status eines selbständigen Fürstentums erhielt. Auf jeden Fall besuchenswert ist Kota während des Hadoti-Festivals im Februar, wenn anläßlich eines dreitägigen Volksfestes Musikanten, Tänzer und Akrobaten durch die Stadt ziehen.

Sehenswertes

Stadtpalast

Nach der Unabhängigkeit von Bundi begann *Rao Madho Singh* mit dem Bau dieses an den Ufern des Chambal-Flusses gelegenen Palastes. Zwar kann er bei weitem nicht mit der spektakulären Ansicht des Palastes von Bundi konkurrieren, bietet dafür jedoch den großen Vorteil, daß ein Teil in ein öffentliches **Museum** umgewandelt wurde und somit zu besichtigen ist.

Ebenso wie in Bundi flankieren zwei steinerne Elefanten das Haupteingangstor *(Hathi Pol)*. Insgesamt zeichnet sich das Palastmuseum durch hervorragende englische Erläuterungen aus und bietet neben den üblichen Waffen-, Jagdtrophäen- und Münzabteilungen einen vorzüglichen Einblick in die Bundi-Malschule. Bereits die große Eingangshalle *(Chitrashala)* schmücken **Wandmalereien** des 17. Jahrhunderts, wobei auch hier, wie schon in Bundi, vornehmlich Szenen aus dem Leben Krishnas dargestellt sind. Die schönsten Wandmalereien finden sich jedoch in den nicht zum Museum gehörenden Räumen des Palastes. Für einen Extraobulus von 20 Rs werden diese in einer speziellen Führung gezeigt. Die Erklärungen des vor sich hinschlurfenden greisen Wärters sind zwar wenig hilfreich *(Here you see another room)*, doch die wunderschönen Wandmalereien, vor allem im *Arjun Mahal* und Ba-

da Mahal, sind allemal das Geld wert.

Im übrigen bieten die verschiedenen Balkone und Terrassen interessante **Aussichten** auf die nähere Umgebung. Nördlich vom Palast erstrecken sich die Überreste der urwüchsigen, dichtbewaldeten Flußlandschaft, auf der anderen Uferseite erheben sich die hohen Fabrikschornsteine des Industrieviertels.

● **Öffnungszeiten:** Tgl., außer Fr und an Feiertagen, von 11 bis 17 Uhr, Eintritt 5 Rs, Fotoapparat 20 Rs, Video 40 Rs.

Kishor Sagar

Zwischen dem Palast und dem Tourist Bungalow befindet ein großer, im 16. Jahrhundert künstlich angelegter See mit einem fotogenen Pavillon in der Mitte, der aber leider für die Öffentlichkeit geschlossen ist. Gut besucht sind dafür die ganz in der Nähe in einem schönen Park gelegenen, kürzlich restaurierten *Chattris* der Fürsten von Kota.

Anreise

Bahn

● Der Rajdhani Exp. fährt von **New Delhi** (Abf. 16.05 Uhr) in knapp 5 Std. nach Kota (344 Rs, AC Chair Car). Der Frontier Mail (Abf. New Delhi: 8.00 Uhr) benötigt knapp 7 Std., hält aber unterwegs u.a. in **Bharatpur** und **Sawai Madhopur.**
● **Weitere Verbindungen:** siehe Weiterreise.

Information

● Das **Tourist Office** (Tel.: 27695) befindet sich im *Chambal Tourist Bungalow* und ist tgl., außer So, von 8 bis 12 und 15 bis 18 Uhr geöffnet. Die Angestellten sind sehr hilfsbereit und freundlich.

Stadtverkehr

● Kota ist sehr weitläufig, zudem verteilen sich die für die Touristen wichtigen Bereiche wie Bahnhof, Busbahnhof und der Stadtpalast auch noch von Norden bis Süden. Man ist also auf öffentliche Verkehrsmittel angewiesen. Da Englisch kaum verbreitet ist, sollte man sich vor Fahrtbeginn vergewissern, daß der Rikshafahrer das gewünschte Ziel auch tatsächlich verstanden hat, andernfalls landet man eventuell am anderen Ende der Stadt.
● **Tempos** verkehren u.a. zwischen Busbahnhof und Bahnhof.
● **Autorikshas** sieht man erstaunlich wenig. Falls man eine erhascht, sollte die Fahrt vom Busbahnhof zum Bahnhof maximal 15 Rs, zum Tourist Bungalow 5 Rs und zum Stadtpalast 10 Rs kosten.
● **Fahrradrikshas** sind aufgrund der großen Entfernungen wenig geeignet.

Unterkunft und Essen

● Die meisten Reisenden wohnen im **RTDC Chambal Tourist Bungalow** (Tel.: 26527). Das in einer schönen Gartenanlage gelegene Hotel verfügt über eine Vielzahl von EZ/DZ unterschiedlicher Qualität, die je nach Ausstattung und Größe zwischen 100/130 und 300/350 (AC) Rs kosten. Ein Schlafsaal für 40 Rs pro Person steht auch zur Verfügung. Der Service läßt zwar auch hier sehr zu wünschen übrig, doch wegen der schönen Lage, den relativ niedrigen Preisen und dem angeschlossenen Restaurant ist es eine der empfehlenswertesten Adressen in Kota.
● Billiger, dafür jedoch auch kaum zumutbar sind die Hotels um die Hauptkreuzung in der Nähe des Busbahnhofs wie das **Parag** und das **Panhaj.** Für 50/70 Rs (Gemeinschaftsbad) erhält man extrem laute, kleine und muffige EZ/DZ, die von bräunlichen Neonröhren schwach erleuchtet werden, was zumindest den Vorteil hat, daß einem das Elend nicht allzu deutlich vor Augen tritt – äußerst empfehlenswert!
● Wirklich empfehlenswert ist dagegen das nördlich an der Straße zum Bahnhof gelege-

ne **Navrang Hotel** (Tel.: 23294). Das Personal ist sehr bemüht, die Zimmer geräumig, zumindest mit Cooler ausgestattet und mit Teppich ausgelegt. 250/400 bzw. 400/600 (AC) Rs sind hierfür ein angemessener Preis. Das Restaurant im Erdgeschoß verfügt zwar über den Charme eines Betonpfeilers und ist zudem überteuert, doch in einer Stadt, die über so gut wie gar keine Gaststätten verfügt, ist diese hauseigene Verpflegung trotzdem noch ein Plus.

●Wer beim weit außerhalb gelegenen Bahnhof wohnen möchte, dem stehen eine Reihe von Unterkünften zur Verfügung. Nicht schlecht ist das **Gayatri Hotel** (Tel.: 23230) mit Preisen zwischen 200 und 500 Rs.

●Mit Abstand am besten – und teuersten – wohnt man in Kota im **Brijraj Bhawan Palace** (Tel.: 23071). Wie es der Name schon andeutet, ist es ein ehemaliger Palast der Maharajas von Kota, wunderschön inmitten einer Gartenanlage etwas erhöht an den Ufern des Chambal-Flusses gelegen. Von den fürstlich eingerichteten, riesigen Zimmern über die die Wände zierenden Jagdtrophäen bis zu den einem jeden Wunsch von den Lippen ablesenden Bediensteten macht alles den Eindruck, als sei die Zeit der Maharajas noch höchst lebendig. Mit EZ/DZ 750/1.100 Rs erscheint dieser fürstliche Luxus geradezu geschenkt. Schade nur, daß ausschließlich Hotelgäste im Restaurant bedient werden.

Weiterreise

Bahn

●Kota liegt an der Breitspurlinie Bombay - Delhi. Verbindungen siehe Anhang.

Bus

●Stündlich zumindest ein Bus in das 45 Min. entfernte **Bundi**. Sehr häufige Verbindungen auch nach **Ajmer** (5 Std.), **Jodhpur** (8 Std.), **Jaipur** (5 Std.), **Bhopal** (7 Std.), **Chittorgarh** (4 Std.).

Ziele in der Umgebung

Baroli

55 km südwestlich von Kota an der Straße zum Rama-Pratap-Stausee finden sich mehrere **Shivatempel,** die zu den ältesten noch erhaltenen Tempelanlagen Rajasthans zählen. Obwohl sie z.T. aus dem 8. und 9. Jh. stammen, weisen sie noch besonders detailliert und gut erhaltene Skulpturen auf. Die Bildhauer versahen die Nischen an den Tempelmauern mit außergewöhnlich schönen Einzelfiguren, die Shiva u.a. als kosmischen Tänzer Natraja zeigen. Das Haupttheiligtum, der über 20 m hohe Ghateshwara-Tempel, ist u.a. mit schönen Affenskulpturen geschmückt.

Bundi

(ca. 50.000 Einwohner)

Überblick

In der südöstlichen Ecke Rajasthans zwischen den Hügeln des Aravalli-Gebirges gelegen, scheint sich dieses kleine Städtchen hinter der Flanke des sie begrenzenden Bergrückens vor den Veränderungen der Neuzeit verstecken zu wollen. Der *Wind of Change,* der in den letzten Jahren auch das Bild vieler indischer Städte merklich verändert hat, scheint so an der ehemaligen Hauptstadt eines kleinen Fürstentums vorbeigezogen zu sein.

Beim Durchstreifen der verwinkelten Altstadtgassen fühlt man sich ins indi-

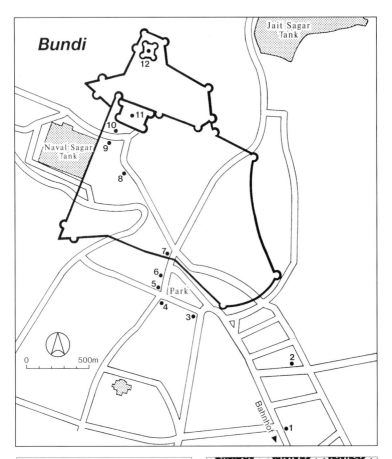

1 Tourist Office
2 Post
3 Hotel Bundi Tourist Palace
4 Raniji-ki-Baori
5 Hotel Diamont
6 Gemüsemarkt
7 Bank of Rajasthan
8 Tempel
9 Ayuverdisches Krankenhaus
10 Haveli Braj Bhushanjee
11 Stadtpalast
12 Taragarh Fort

sche Mittelalter versetzt. Überragt wird die Stadt von der sich am Berghang hochziehenden, riesigen Palastanlage und dem auf dem Gipfel erbauten Fort. Leider ist nur ein sehr kleiner Bereich des Palastes zu besichtigen, und auch die anderen Sehenswürdigkeiten der Stadt sind nur von außen zu bewundern.

Die meisten der insgesamt nur sehr wenigen Touristen besuchen Bundi im Rahmen einer Tagestour vom nur 37 Kilometer entfernten Kota aus. Das ist schade, denn für jeden, der ein Stück unverfälschtes Indien kennenlernen möchte, ist diese scheinbar so weltentrückte Stadt der ideale Ort für einen mehrtägigen Aufenthalt.

Geschichte

1342 gründete *Rao Deva,* Anführer der **Hara-Chauhana-Rajputen,** die zuvor aus Delhi und danach aus Ranthambore vor den muslimischen Invasoren flüchten mußten, an der strategisch günstigen Stelle am Rande des Aravalli-Gebirges seine neue Hauptstadt. Zunächst gelang es ihm und seinem Sohn und Nachfolger *Rao Samar* durch Erfolge über benachbarte Fürstentümer (u. a. Kota), das Herrschaftsgebiet erheblich zu erweitern. Doch schon bald wurden sie erneut von den weiter nach Süden vorrückenden Truppen des Sultans von Delhi besiegt, dem gegenüber sie nun tributspflichtig wurden. Mitte des 15. Jahrhunderts mußten sie sich den Mewaris unterwerfen, die während der Regierungszeit *Rana Kumbhas* vom benachbarten Chittorgarh aus weite Teile Rajasthans eroberten.

Nachdem *Akhbar* die riesige Festungsanlage Chittorgarhs 1568 erobert hatte, fanden sich die *Hara Chauhana* unversehens erneut von den Mogul““ beherrscht. 1625 erklärte *Akhbars* Nachfolger *Jehangir* das bis dahin zum Fürstentum Bundi gehörige Kota zum eigenständigen Rajputenstaat, womit Bundi einen schmerzlichen Gebiets- und Bedeutungsverlust erlitten hatte.

Nachdem das Fürstentum 1818 unter die Oberhoheit der Engländer geriet, kämpften seine Truppen während des 2. Weltkrieges auf Seiten der Kolonialmacht im Burmafeldzug. Am 25. März 1948 wurde Bundi Teil der Indischen Union.

Sehenswertes

Chitra Mahal und Taragarh Fort

Es ist immer wieder erstaunlich zu sehen, wie es sich selbst die Herrscher kleiner und unbedeutender Fürstentümer wie etwa Bundi leisten konnten, solch riesige und aufwendige **Palastanlagen** zu erstellen. Das kleine Städtchen scheint fast erdrückt zu werden vom gewaltigen an den Berghang gebauten Palast und dem darüberliegenden Fort. So dokumentierte der Herrscher auch architektonisch seine uneingeschränkte und allumfassende Macht über seine Untertanen.

Schon *Rudyard Kipling* zeigte sich beim Anblick des Palastes vor über 100 Jahren überwältigt: *"Der Palast in Bundi ist, selbst in vollem Tageslicht, ein Palast, wie Menschen ihn sich in ihren Träumen bauen – eher das Werk von Elfen als von Menschen. Er ist in und an*

Süd-Rajasthan

Der Stadtpalast von Bundi

den Berg gebaut, gigantisch, Terrasse über Terrasse, und dominiert die ganze Stadt wie eine Lawine aus Mauerwerk, die jeden Augenblick hinabgleiten und die Schlucht blockieren kann."

Es überrascht, wieviel eigenständig **rajputische Stilelemente** der Palastbau trotz der jahrhundertelangen Mogul-Herrschaft aufweist. Hierin, wie in vielen anderen Aspekten zeigen sich auffällige Parallelen zum Palastbau der Mewaris von Udaipur. Auf einem festungsartigen, fensterlosen und wenig attraktiven Unterbau erhebt sich ein Neben- und Übereinander ineinander verschachtelter Wohn- und Repräsentationsbauten. Sie wurden von den verschiedenen Herrschergenerationen über einen Zeitraum von fast fünf Jahrhunderten dem ersten, 1342 von *Rao Deva* errichte-

ten Gebäudekomplex hinzugefügt. Trotz seiner enormen Ausmaße und unterschiedlicher Baustile wirkt der Palast durch die vielen vorspringenden Erker, Balkone, Kuppeldächer und Pavillons nicht im geringsten schwerfällig.

Trotz der zunächt scheinbar völlig undurchsichtigen Anordnung der verschiedenen Bauten lassen sich bei näherem Hinsehen **fünf verschiedene Gebäudekomplexe** unterscheiden. Von links nach rechts sind dies der *Queens Palace* (eine der größten zusammenhängenden Einheiten, der Palast der Fürstin), daneben der *Phul Mahal* (Blumenpalast), dann der *Badal Mahal* (Wolkenpalast) mit den drei übereinanderhängenden Balkonen, daran anschließend der an seinem großen, von zwei Pavillons gekrönten

Balkon erkenntliche *Ratan Mahal* (Edelsteinpalast) und schließlich auf der äußersten rechten Seite der nach seinem Erbauer benannte *Chitra Mahal,* der einzig zugängliche Teil der gesamten Anlage.

Bei der außergewöhnlichen Schönheit, die der Palast als ganzes ausstrahlt, stimmt es um so trauriger, bei näherer Betrachtung die schon weit fortgeschrittenen **Verfallserscheinungen** der einzelnen Gebäude zu sehen. Mögen die aus Mauern, Treppen und Dächern herauswachsenden Sträucher und Bäumchen noch einen gewissen Reiz vermitteln, so bedauerlich ist es doch zu sehen, wie die wunderschönen, in ganz Indien einmaligen Wandmalereien des Chitra Mahal verkommen.

Die Motive der vollständig mit **Miniaturmalereien** bedeckten Wände und Decken vermitteln einen guten Einblick in das höfische Leben von vor 300 Jahren. Wie in einem Film ziehen Bilder des Maharajas bei der Jagd, bei gefährlichen Schlachten, feierlichen Umzügen und Vergnügungen mit seinen Konkubinen am Betrachter vorbei. Der eigentliche Liebling der unbekannten Maler war jedoch offensichtlich der Gott Krishna, der in allen Aspekten seines verspielten Lebens dargestellt wird. Natürlich fehlt dabei auch nicht jene für das Krishna-Bild so prägende Szene, in der er den im Yamuna badenden Jungfrauen die Kleider stiehlt. Frei zugänglich ist eigentlich nur die offene, von einem Pavillon überdachte Terrasse des Chitra Mahal. Der in unmittelbarer Nähe wohnende Verwalter wartet nur darauf, den spärlich auf-

tauchenden Touristen gegen ein kleines Trinkgeld die sich anschließenden vollständig mit Miniaturmalereien überzogenen Zimmer zu öffnen.

Das oberhalb des Palastes liegende, über einen steilen Aufstieg entlang des Berges zu erreichende **Tarragarh Fort** (Sternenfestung), mit dessen Bau *Rao Deva,* der Gründer Bundis, 1354 begann, erlaubt einen sehr schönen Panoramablick vom Palast über den quadratischen, in der Mitte mit einem Tempel für den Wassergott Varuna versehenen *Naval Sagar* hin zur Stadt und in die nähere Umgebung. Außer einigen auf die Stadt gerichteten Kanonen, frechen Affen und verfallenen Bauten hat das Fort selbst keine Sehenswürdigkeiten zu bieten.

Raniji-ki-Baori

Bekannt ist Bundi auch für seine einstmals über fünfzig **Tiefbrunnen** *(baori),* von denen der schönste nach seiner Erbauerin, der Frau des Maharajas, *Raniji-ki-Baori* genannt wird. Ein schöner mit Pavillons bestandener Park umgibt den Eingang zu diesem 1699 erbauten *Baori.* Mit seinen reich verzierten Torbögen und schönen Wandreliefs sieht der 46 Meter in die Tiefe führende Treppenschacht eher wie der Eingang zu einer unterirdischen Palastanlage aus. Man kann sich unschwer vorstellen, welch lebhaftes Treiben sich früher, als der *Baori* neben seiner Funktion als Wasserquelle auch noch beliebter Treffpunkt war, entlang der 70 Treppenstufen abspielte. Leider ist der Brunnen heute mit einem massiven Gittergerüst abgedeckt, so daß man sich mit ei-

Süd-Rajasthan

nem Blick in die Tiefe begnügen muß, der jedoch von dem von Hunderten von Fledermäusen erzeugten penetranten Geruch etwas beeinträchtigt wird.

Phul Sagar

Außen vor bleibt man auch beim etwa vier Kilometer außerhalb der Stadt gelegenen Phul Sagar, dem Anfang der vierziger Jahre erbauten neuen Palast. Während des zweiten Weltkrieges fungierte der *Maharaja von Bundi* als persönlicher Sekretär *Lord Mountbattens* im Burmafeldzug, und die gefangengenommenen italienischen Soldaten wurden in der Nähe Bundis untergebracht. Quasi als Freizeitbeschäftigung ließ sie der Maharaja in seinem neuen Palast einige Wandmalereien ausführen, womit der Phul Sagar wohl der einzige Palast ganz Indiens sein dürfte, den italienische Landschaftsgemälde zieren. Vor kurzem hat die *Oberoi-Gruppe* den Palast für 20 Millionen Rs erstanden.

Shikar Bagh

In der Nähe des Phul Sagar liegt in einer landschaftlich sehr reizvollen Umgebung, die heute gern als Ausflugsziel indischer Familien dient, die palastähnliche königliche "Jagdhütte". Nebenan befindet sich eine weitere Parkanlage *(Kokashar Bagh)* mit den Kenotaphen der Herrscher von Bundi.

Information

●Das **Tourist Office** (Tel.: 2697) befindet sich neben dem *Circuit House* etwa 5 Min. vom Busbahnhof entfernt.

Stadtverkehr

●Bundi ist klein, und zudem liegt ein Reiz der Stadt gerade darin, die verwinkelten **Altstadtgassen** zu Fuß zu erkunden. Wer dennoch die etwa 2 km lange Strecke vom Busbahnhof zum Palast mit der Riksha zurücklegen will, sollte dafür nicht mehr als 15 Rs zahlen.
●Der **Bahnhof** liegt 5 km außerhalb. Per Riksha zum Busbahnhof sind es max. 15 Rs.

Unterkunft und Essen

●Billig und dementsprechend einfach ist das **Hotel Diamond** gegenüber der Kreuzung vom Raniji-ki-Baori. Immerhin besitzen alle EZ/DZ ein eigenes Bad – bei einem Preis von 50/85 Rs durchaus nicht selbstverständlich. Für 20 Rs extra kann man einen Cooler benutzen. Insgesamt macht das Hotel jedoch einen recht vernachlässigten Eindruck.
●Etwas besser und dementsprechend auch teurer ist das ganz in der Nähe gelegene Hotel **Bundi Tourist Palace,** EZ/DZ 80/100 bis 100/130 (Cooler) Rs. Von einem Palast kann allerdings kaum die Rede sein, zumal kein Raum über ein eigenes Bad verfügt und alle fensterlos sind. Dafür machen sie einen saubereren Eindruck.
●Akzeptabel ist das **Kothi Ishwari Niwas** (Tel.: 32414) auf der gegenüberliegenden Seite des Tourist Office mit EZ/DZ zu 220/270 Rs.
●Seit 1996 existiert mit dem **Royal Retreat** ein neues Hotel innerhalb des Chitra Mahal. Das kleine Hotel mit insgesamt 6 Zimmern macht einen freundlichen Eindruck und dürfte in den nächsten Jahren noch eine Erweiterung erfahren. Preis EZ/DZ 520/620 Rs.
●Außergewöhnlich schön und sympathisch ist hingegen das direkt unterhalb des Palastes gelegene **Haveli Braj Bhushanjee** (Tel.: 32322, Fax: 0091 747 32142). Das über 150 Jahre alte viergeschossige Haus ist im Besitz einer überaus freundlichen Familie, die die insgesamt 11 Räume sehr geschmackvoll im typischen Rajasthani-Stil renoviert hat. Der Blick von der Dachterrasse über den sich direkt über dem *Haveli* erhe-

Auf der Hauptstraße von Bundi

benden Palast ist speziell gegen Abend wunderschön. Mit Zimmerpreisen zwischen 350 und 500 Rs ist die Übernachtung nicht billig, doch jede Rupie wert. Gleiches gilt für die im angeschlossenen Café dargebotenen, vorzüglichen vegetarischen Gerichte. Im Erdgeschoß befindet sich überdies ein kleiner Laden, in dem man hübsche Souvenirs erwerben kann. Insgesamt die erste Adresse nicht nur in Bundi, sondern eine der schönsten Unterkünfte in der ganzen Region.

Weiterfahrt

Bahn
● Tgl. eine Verbindung mit *Kota* und *Chittorgarh.*

Bus
● Stdl. nach *Kota* (45 Min.).
● Darüber hinaus Verbindungen nach *Ajmer* und *Chittorgarh* (4 Std.) sowie *Jaipur* (5 Std.).

Jhalawar

Überblick

Das auf den ersten Blick recht unscheinbare Jhalawar, 87 Kilometer südlich von Kota gelegen, ist eine von jenen Städten, die vielleicht gerade deshalb, weil sie nicht über außergewöhnliche Sehenswürdigkeiten verfügen, einen Zwischenstop wert sind. Beim Bummel durch die verstaubten und wahrlich nicht immer gerade als sauber zu bezeichnenden Gassen des im 19. Jh. als Hauptstadt der Jhala-Rajputen dienenden Jhalawar stößt man überall auf Szenen unverfälschten Alltagslebens und staunende Gesichter, sind westliche Besucher hier doch noch die absolute Ausnahme.

Süd-Rajasthan

297

Einen Besuch lohnen die Überreste des *alten Forts,* in dessen Mauern sich auch ein recht interessantes *Museum* befindet. Kunsthistorisch äußerst bedeutend ist der sieben Kilometer nördlich gelegene *Sat Sahelion ka Mandir,* ein Surya- Tempel aus dem 19. Jh., mit einer der schönsten Sonnengott-Darstellungen ganz Indiens.

Unbedingt einen Besuch lohnt auch das imposante zehn Kilometer südlich von Jahalawar äußerst pitturesk in einer Flußschleife gelegene *Gagron Fort.* Ähnlich wie in Chittorgarh, meint man beim Durchstreifen des weitläufigen, von vielen zerfallenen Gebäuden gesäumten Areals die ebenso ruhmreichen wie tragischen Schlachten der Rajputenheere unmittelbar spüren zu können. Viele Muslim-Pilger finden sich beim in unmittelbarer Nähe zum Forts gelegenen *Schrein eines Sufi-Heiligen* ein, der hier 1353 gestorben sein soll. Die hübsche Grabanlage kann auch von Nichtgläubigen besucht werden, man erwartet jedoch eine Spende.

Ein echter Geheimtip ist Jhalawar während des *Chandrabhaga-Viehmarktes* im Oktober/November. Fast vollkommen unbemerkt vom Tourismus finden sich zu jener Zeit tausende von Pilgern und Händlern ein und bieten ein ebenso buntes wie faszinierendes Bild der ethnischen Vielfalt dieser Region. Genau das richtige für jene, die eine Alternative zum weit bekannteren Pushkar Fair suchen.

Unterkunft und Essen

● Die beste Unterkunftsmöglichkeit bietet das 1992 eröffnete *RTDC Hotel Chandrawita.* Die Zimmer in dem hellen und freundlichen Gebäude kosten zwischen 120/140 und 200/250 Rs. Dem Hotel angeschlossen ist ein akzeptables *Restaurant.*

● Eine Alternative bietet das *Dwarika Hotel.* Mit 130/170 bzw. 160/210 Rs sind die recht großen Zimmer vergleichsweise günstig. Allerdings wird hier nur wenig Englisch gesprochen.

An- und Weiterreise

● **Von Kota** fahren zumindest stündlich Busse Richtung Jhalawar. Die gut zweistündige Fahrt wird meist in hoffnungslos überfüllten Bussen zurückgelegt.

Chittorgarh

(ca. 60.000 Einwohner)

Überblick

Wie kein anderer Ort repräsentiert die sich 150 Meter aus der Ebene erhebende Festungsanlage von Chittorgarh die von Heldentum und Kampfesmut geprägte Geschichte Rajasthans. Nirgends sonst scheint die Vergangenheit so nah wie in ihren Palästen, Tempeln und Siegestürmen. Daß dabei gerade dieser Ort nicht etwa durch ruhmreiche Siege, sondern durch vernichtende Niederlagen in die Geschichtsbücher eingegangen ist, wirft ein bezeichnendes Licht sowohl auf die von achthundertjähriger Fremdherrschaft geprägte Geschichte Nordindiens als auch auf das Selbstverständnis der Rajputen, für die die Erhaltung ihrer Ehre letztlich immer mehr bedeutete als der Tod.

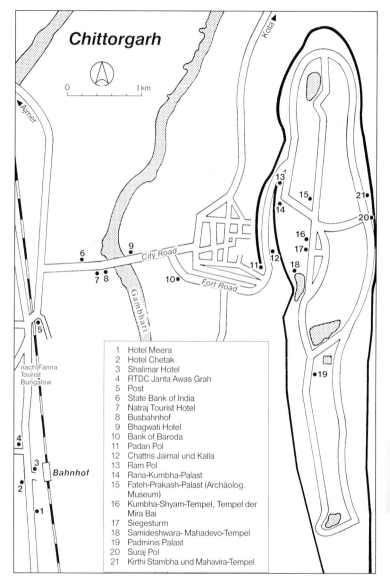

Chittorgarh

0   1 km

Ajmer

Kota

City Road

Fort Road

Gambhari

6

9

7   8

10

11   12

13

14

15

16

17

18

19

20

21

5

nach Fanna
Tourist
Bungalow

Bahnhof

4

3

2

1

1   Hotel Meera
2   Hotel Chetak
3   Shalimar Hotel
4   RTDC Janta Awas Grah
5   Post
6   State Bank of India
7   Natraj Tourist Hotel
8   Busbahnhof
9   Bhagwati Hotel
10   Bank of Baroda
11   Padan Pol
12   Chattris Jaimal und Kalla
13   Ram Pol
14   Rana-Kumbha-Palast
15   Fateh-Prakash-Palast (Archäolog.
      Museum)
16   Kumbha-Shyam-Tempel, Tempel der
      Mira Bai
17   Siegesturm
18   Samideshwara- Mahadevo-Tempel
19   Padminis Palast
20   Suraj Pol
21   Kirthi Stambha und Mahavira-Tempel

Süd-Rajasthan

Geschichte

Bei der für die indische Geschichts-schreibung so bezeichnenden Vermi-schung von historischer Realität und Legenden verwundert es nicht, daß die Anfänge der legendenumwobe-nen Felsenfestung in die *indische Mythologie* zurückversetzt werden. Danach soll die Gründung auf den *König Bhima* aus dem *Mahabharata* zurückgehen. Tatsächlich wird der für Verteidigungszwecke geradezu idea-le Tafelberg schon früh besiedelt und befestigt worden sein. Historisch nachweisbar ist erst *Bappa Rawal,* Ahnherr der **Sisodias von Mewar,** der das Fort Anfang des 8. Jahrhun-derts unter seine Kontrolle brachte.

Für weitere sechs Jahrhunderte ver-liert sich dann wieder die historische Spur, bis die vom Norden vorstoßen-den *islamischen Invasoren* Chittor-garh erreichten. Nach der indischen Geschichtsschreibung belagerte *Ala-ud-din-Khalji,* der Sultan von Delhi, die Festung, weil er *Padmini,* die schöne Gemahlin des Herrschers, begehrte. Das klingt allemal romantischer als kriegerische Machtpolitik zur Erwei-terung des eigenen Territoriums, die der eigentliche Grund für die Belage-rung gewesen sein dürfte.

Ihre aussichtslose Lage vor Augen, kleideten sich die Männer in ihre sa-frangelben Hochzeitsroben, öffneten die Stadttore und stürmten dem zah-lenmäßig weit überlegenen Feind und dem sicheren Tod entgegen, wäh-rend die Frauen den Freitod auf dem Scheiterhaufen suchten. Noch zwei weitere Male sollte sich dieser grau-same, *Jauhar* genannte Ritus wie-derholen, der den Mythos von den selbst im Tode unbeugsamen Rajpu-ten begründete.

Doch zunächst eroberten die Siso-dias von Mewar Chittorgarh zurück und entwickelten sich zum *führen-den Herrscherhaus Rajasthans.* Vor allem während der Regierungszeit *Maharana Kumbhas* (1433-1468) ent-standen viele der heute nur noch in Ruinen vorhandenen Bauwerke.

Doch schon wenige Jahre später (1535) nahm der rasche Aufstieg ein ebenso abruptes wie grausames En-de, als der Sultan von Gujarat, *Baha-dur Shah,* die Festung stürmte und beim *Jauhar* über 32.000 Krieger ab-geschlachtet wurden und 13.000 Frauen auf dem Scheiterhaufen star-ben. Dieses *ungeheure Blutopfer* erscheint um so sinnloser, wenn man weiß, daß die Eroberer die gerade un-ter schwersten Opfern eroberte Fest-ung schon zwei Wochen später we-gen der aus Norden anrückenden Truppen *Humayuns,* des Sultans von Delhi, fluchtartig wieder verließen. Der noch minderjährige Thronfolger *Udai Singh* konnte nur deshalb geret-tet werden, weil seine Amme ihn für ihren eigenen Sohn ausgab und die-sen töten ließ.

Dreiunddreißig Jahre später wurde Chittorgarh erneut, diesmal von den **Truppen Akhbars,** belagert. *Udai Singh* verließ die Stadt und legte ihre Verteidigung in die Hände seiner bei-den Feldherren *Jaimal* und *Patta.* Nach über viermonatiger Belagerung wurde 1568 die Festung eingenom-men; ein letztes Mal bestiegen die Frauen die Scheiterhaufen. Nachdem die Festung gefallen war, ließ *Akhbar,* der in der Geschichtsschreibung wegen seiner vermeintlich toleranten Führung gern als der neben *Ashoka* größte Kaiser Indiens dargestellt wird, 30.000 wehrlose Bauern wegen ihrer Unterstützung für die Rajputen hinrichten. Damit war die Widerstandskraft Chittorgarhs endgültig gebrochen, denn von nun an sollte die Festungsanlage nie wieder besiedelt werden.

Udai Singh jedoch, der wegen seiner frühzeitigen Flucht von den die romantischen Ehrbegriffe ungefragt übernehmenden Historikern als Feigling gebrandmarkt wurde, gründete noch im gleichen Jahr seine **neue Hauptstadt** Udaipur und führte von dort aus den Widerstand der stolzen Sisodias von Mewar gegen die islamischen Invasoren fort.

Sehenswertes

Stadtrundfahrt

● Theoretisch sollten jeden Tag von 8 bis 11 Uhr und von 15 bis 18 Uhr Stadtrundfahrten stattfinden (40 Rs), die alle bedeutenden Sehenswürdigkeiten beinhalten. Praktisch fallen sie jedoch sehr häufig aus, weil entweder die Mindestteilnehmerzahl von 5 Personen nicht erreicht wird oder der Bus wieder einmal *under repair* ist. Also beim Tourist Office nach dem aktuellen Stand der Dinge erkundigen.

Besichtigung

Beim Durchstreifen der winddurchzogenen Tempel- und Palastruinen erscheint einem die von Blut und Feuer geschriebene Geschichte auf einmal erschreckend präsent.

Schon beim steilen Aufstieg aus der Ebene über die kurvenreiche Straße ist fast jedes der insgesamt **acht zu** **passierenden Tore** mit den dramatischen Ereignissen der verschiedenen Schlachten eng verbunden. Neben dem **Padan Pol,** dem ersten Tor, wurde in Gedenken an *Rawal Bagh Singh,* der 1543 bei der zweiten Schlacht gegen den Sultan von Gujarat die Festung anstelle des noch unmündigen Herrscher verteidigte und fiel, ein Gedenkstein errichtet. Zwischen dem **Bhairon Pol,** benannt nach dem Feldherrn *Bhairon Das,* der hier ebenfalls während dieser Schlacht starb, und dem **Hanuman Pol** stehen zwei *Chattris*. An dieser Stelle soll *Jaimal,* einer der beiden von *Udai Singh* vor seiner Flucht zur Verteidigung des Forts bestimmten Feldherren, zusamen mit seinem Gefolgsmann *Kalla* gefallen sein.

Ein weiteres *Chattri* findet sich gegenüber dem **Haupttor,** dem *Ram Pol,* an der Stelle, wo *Patta,* der neben Jaimal zweite Feldherr, in der Schlacht gegen Akhbar gestorben sein soll. Von hier führt eine ringförmige Asphaltstraße entlang der Festungsmauer zu den insgesamt über 50 verschiedenen Gebäuden, von denen im Folgenden die wichtigsten beschrieben werden sollen.

Wendet man sich nach dem Ram Pol nach rechts, liegt nach etwa hundert Metern auf der rechten Straßenseite der im 13. Jahrhundert erbaute **Rana-Kumbha-Palast,** der, obwohl nur noch in Ruinen erhalten, einen lebendigen Eindruck von der Schönheit rajputischer Architektur vermittelt. Ebenso wie der Stadtpalast von Udaipur besitzt er ein *Tripola-* und ein *Badi* Pol, und nicht nur wegen dieser Namensgleichheit meinen Kunsthi-

Süd-Rajasthan

storiker deutliche Ähnlichkeiten zwischen beiden Palästen erkannt zu haben. Die Sisiodas von Mewar haben den Verlust Chittorgarhs nie verwunden und wollten so wohl zumindest architektonisch die Erinnerung an ihre alte Hauptstadt aufrechterhalten. *Udai Singh,* der spätere Gründer Udaipurs, soll in diesem Palast geboren worden sein, und in einem der zahlreichen unterirdischen Gewölbe soll *Padmini,* derentwegen *Ala-ud-din-Khalji* angeblich Chittorgarh belagert haben soll, den Feuertod auf dem Scheiterhaufen gesucht haben. Legenden regen bekanntlich die Phantasie an, und so deutet jeder Führer bedeutungsvoll auf eine andere Stelle, wenn es um die genaue Lokalisierung des Tatortes geht.

Die Straße weitergehend, gelangt man an eine Kreuzung, auf deren linker Seite der relativ modern wirkende, Anfang des 20. Jahrhunderts errichtete **Fateh-Prakash-Palast** steht, der in ein **archäologisches Museum** umgewandelt wurde. Zu sehen gibt es unter anderem eine Waffensammlung, Skulpturen und Stupas.

• *Öffnungszeiten:* tgl. außer Fr 10-17 Uhr

Biegt man, vom Rana-Kumbha-Palast kommend, an der Kreuzung nach rechts ab, erreicht man nach wenigen Metern einen auf der linken Straßenseite liegenden Tempelkomplex. Zunächst betritt man den von einer hohen Tempelmauer umschlossenen **Kumbha-Shyam-Tempel,** der 1449 auf den Grundmauern eines schon im 9. Jahrhundert erbauten, später jedoch von den Moguln zerstörten Tempels errichtet wurde. Im Sanktotum des Tempels findet sich eine Statue, in der Vishnu in seiner Verkörperung als Eber dargestellt wird. Im gleichen Komplex schließt sich südlich der **Tempel der Mirabai** an, benannt nach einer Rajputenprinzessin aus Nagaur, die Anfang des 16. Jahrhunderts an den Hof der Könige von Mewari verheiratet wurde. Nach dem Tod ihres Ehemannes gab sie sich ganz ihrer Liebe zum Gott Krishna hin, dem sie viele Gedichte und Balladen widmete, von denen heute noch einige in Rajasthan gesungen werden. Der Tempel selbst stammt wohl aus dem 15. Jahrhundert und muß ihr so nachträglich gewidmet worden sein. Im Tempelinneren findet sich eine Darstellung *Mirabais* an der Seite Krishnas. Gegenüber steht ein kleines *Chattri* mit den Fußabdrücken ihres Gurus, der angeblich ein *Harijan* gewesen sein soll.

In unmittelbarer Nähe hierzu steht der 38 Meter hohe **Siegesturm** (*Vijay Stambha),* das wohl schönste Bauwerk der gesamten Festungsanlage. Der neungeschossige Turm wurde anläßlich des Sieges über die Sultane von Gujarat und Malwa errichtet und 1468 nach siebenjähriger Bauzeit für einen Kostenaufwand von 9 Mio. Rs fertiggestellt. Über eine sehr schmale Treppe mit 157 Stufen ist der von außen fast gänzlich mit detaillierten Szenen aus den beiden großen Hindu-Epen *Ramayana* und *Mahabharata* verzierte Sandsteinturm zu ersteigen. Bei der nach einem Blitzeinschlag notwendig gewordenen Renovierung der Turmspitze blieb die Treppe unberücksichtigt, so daß der Aufgang im achten Stock endet. Einige offensichtlich lebensmüde Besucher versuchen dennoch immer wieder, mit halsbrecherischen Kletterübungen auch noch das letzte Stockwerk zu erklimmen, wobei es schon zu einigen schweren Unfällen gekommen ist.

Auf dem Weg zum nur wenige Meter entfernten Samideshwara-Mahadeo-Tempel passiert man einen kleinen, mauerumgrenzten Platz. Bei Ausgrabungsarbeiten wurde hier eine dicke Ascheschicht entdeckt, die von der zweiten *Jauhar* stammen soll, bei der sich 1554 über 13.000 Frauen verbrannten.

Im **Samideshwara-Mahadeo-Tempel,** der zunächst im 11. Jahrhundert vom *Maharaja von Malwa* errichtet und 1428 vom *Rana Makhal* in einen Shiva-Tempel umgebaut worden sein soll (darum auch unter dem Namen Makhalji-Tempel geführt), findet sich eine sehr schöne Trimurti-Darstellung.

Hinter dem Tempel führt eine steile Treppenflucht hinunter zu einem malerisch, direkt am Felsrand gelegenen **Teich.** Er wird aus einer unterirdischen Quelle gespeist, deren Wasser aus einer als Kuhkopf gestalteten Felsspalte fließt, weshalb er *Gaumukh Kund* (Kuhkopfbrunnen) genannt wird.

Nach etwa anderthalb Kilometern entlang der Hauptstraße in Richtung Süden gelangt man an den romantischsten Ort der Festungsanlage. Umgeben von einer sehr gepflegten Gartenanlage stehen die Überreste

Süd-Rajasthan

Blitzableiter: der 38 m hohe Siegesturm

von **Padminis Palast,** und inmitten des angrenzenden Sees liegt malerisch ein nur per Boot zu erreichendes Wasserschloß. Der Legende zufolge soll hier *Sultan-Ala-ud-din-Khalji,* auf den Treppenstufen des Palastes schmachtend, das Spiegelbild der sich im Schloß aufhaltenden *Padmini* gesehen haben. Das klingt nicht nur zu schön, um wahr zu sein, sondern ist es auch ganz sicher nicht, denn "Padminis Palast" wurde nachweislich erst Jahrhunderte nach ihrem Tod erbaut. Heutzutage müßte sich der Sultan mit dem Spiegelbild eines Affen zufriedengeben, denn selbige haben hier inzwischen die Palastanlage komplett besetzt.

Von hier geht es wieder zurück nach Norden, diesmal jedoch entlang der östlichen Festungsmauer. Etwa auf Höhe des Kumbha-Palastes findet sich mit dem **Kirti Stambha** (Ruhmesturm) das zweite Wahrzeichen Chittorgarhs. Ein reicher jainistischer Kaufmann ließ den 22 Meter hohen Turm Anfang des 14. Jahrhunderts zu Ehren des ersten *Tirthankaras, Adinath,* errichten. Auch dieser Turm ist von der Basis bis zum obersten, siebten Stockwerk mit unzähligen Figuren verziert. Ebenso wie der direkt daneben liegende **Mahavira-Tempel** wurde der Ruhmesturm vor wenigen Jahren aufwendig renoviert, was seinen hervorragenden Zustand erklärt.

Auf der Straße weiter nach Norden befinden sich keine weiteren Sehenswürdigkeiten, so daß man die nach Westen abzweigende Straße benutzen sollte, um wieder zum **Ausgangsort** der Besichtigungstour zurückzukehren.

Information

● Das **Touristenbüro** (Tel.: 41089) befindet sich im Hotel *Janta Avas Grah,* wenige Minuten vom Bahnhof entfernt. Geöffnet ist es tgl., außer So, von 10 bis 17 Uhr. Sein Leiter, Herr *Bhanwar Lal,* ist äußerst freundlich und hilfsbereit.

Stadtverkehr

● Vom Bahnhof bis zum Fuße des Forts sind es 6 km. Selbst vom Busbahnhof ist es noch ein langer Weg, zumal der lange Aufstieg und der 7 km lange Rundweg im Fort mitgerechnet werden müssen. **Zu Fuß** dauert die Besichtigung aller Sehenswürdigkeiten der Anlage mindestens 4 Stunden, Hin- und Rückweg nicht mitgerechnet.

● **Autorikshas** berechnen, egal ob vom Bahnhof oder Busbahnhof, einen Festpreis von 120 Rs für die dreistündige Besichtigung aller Sehenswürdigkeiten. Man sollte sich auf eine zweistündige Fahrt nicht einlassen, da dann viel zu wenig Zeit bleibt, selbst drei Stunden sind noch knapp bemessen.

● Zwischen Busbahnhof und Stadt verkehren **Tongas.**

Unterkunft und Essen

● Mit 60/70 Rs (EZ/DZ) billig und nur etwa 3 Gehminuten vom Bahnhof entfernt ist das **RTDC Janta Awas Grah.** Zudem verfügen alle Zimmer über ein eigenes Bad, und für 20 Rs Aufpreis steht ein Cooler zur Verfügung. Klingt gut, doch wirken die Räume recht trist und heruntergekommen.

● Etwas besser ist das **Shalimar Hotel** (Tel.: 40842) direkt am Bahnhof mit EZ/DZ bis zu 110/130 und 150/200 (Cooler, TV) Rs. Erträglich sind allerdings nur die nach hinten gelegenen Räume, da zur Straße und zum Bahnhof das Symphoniekonzert von hupenden Bussen und ratternden Loks leicht disharmonisch klingt.

● Gleiches gilt für das schräg gegenüber gelegene **Hotel Chetah** (Tel.: 41588). Die einzelnen EZ/DZ, die 180/240 bis 300/375 (Cooler, TV) Rs kosten, sind zwar teurer als das Shalinar, den Aufpreis jedoch wert. Das klimatisierte Restaurant im Erdgeschoß ist preisgünstig und gut.

●Empfehlenswert ist auch das nur knapp 300 m links entlang der Hauptstraße vom Bahnhof gelegene **Hotel Meera** (Tel.: 2266). Das relativ neue Gebäude macht einen gepflegten und sauberen Eindruck und verfügt über eine breite Palette von EZ/DZ, angefangen mit 110/140 (Gemeinschaftsbad) bis zu 350/400 Rs (AC, TV). Schmackhafte, aber teure Gerichte serviert das Restaurant des Hotels.

●Ganz ähnlich in Preis und Ausstattung ist der **Panna Tourist Bungalow** (Tel.: 41238), etwa 1,5 km vom Bahnhof Richtung Fort entfernt. Das Panna ist eventuell vorzuziehen, da im Fall einer Stadtrundfahrt der Bus von hier startet. Auch hier gibt es ein gutes Restaurant.

●Eine der besten Unterkünfte der Stadt ist sicherlich das Hotel **Pratap Palace** (Tel.: 40099, Fax: 41042) mit sauberen und angenehmen EZ/DZ zu 275/325 (Cooler) bis 375/425 Rs. (AC). Ein weiterer Pluspunkt dieses Hotels ist das angeschlossene gute Restaurant.

●Die beiden einzigen Unterkünfte in der Nähe des Busbahnhofes, das **Natraj Tourist** und das **Bhagwati Hotel** (Tel.: 3226), sind derart heruntergekommen, daß selbst EZ/DZ 40/60 (Gemeinschaftsbad) und 60/80 Rs zu teuer sind.

An- und Weiterreise

Bahn
●Verbindungen mit **Delhi, Ajmer, Jaipur, Udaipur, Bundi** und **Kota:** siehe Anhang.

Bus
●Verbindungen nach **Bundi** (4 Std.), **Ajmer** (5 Std.), **Jodhpur** und **Ahmedabad** (8 Std.), **Udaipur** (3 Std.).

Udaipur
(ca. 400.000 Einwohner)

Überblick

"Ich stand entzückt und schaute auf das majestätische Panorama, das sich zu meinen Füßen ausbreitete. Ich hatte niemals gehofft, etwas so Schönes zu sehen. Es glich einer der Märchenstädte aus Tausendundeiner Nacht." Ein gutes Jahrhundert ist vergangen seit dieser Liebeserklärung eines französischen Reisenden an Udaipur, doch geblieben sind die fast einhellig euphorischen Beschreibungen für diese seither im Altstadtkern fast unverändert gebliebenen Stadt. "Venedig des Ostens" wird sie genannt und gilt als der romantischste Ort ganz Indiens. Weltweit erfolgreiche Filme wie "Der Tiger von Eschnapur" und "Octopussy" wurden hier gedreht, und viele der damals mitwirkenden Hollywood-Stars verliebten sich während der Dreharbeiten so sehr in diesen Ort, daß sie ihn später zu einem ihrer bevorzugten Urlaubsziele machten.

Vor allem dem harmonischen Zusammenspiel von Altstadt, Palast, See und Bergkulisse verdankt die Stadt ihre elegante Schönheit. Die Stadt wechselt ihr Gesicht wie keine andere mit dem sich verändernden Lichteinfall, und zu jeder Tages- und Nachtzeit ist der Blick von den Dächern der Altstadt atemberaubend schön. Morgens erstrahlt die Stadt im leuchtenden Weiß ihrer Häuser, der Sonnenuntergang hinter den sanften Hügeln des Aravalli-Gebirges taucht den See und die Stadt in ein maje-

Süd-Rajasthan

stätisches Violett, und nachts scheint das *Lake Palace Hotel* inmitten des im Mondlicht schimmernden Picholasees zu schweben.

So ist Udaipur inzwischen neben Jaipur und Jaisalmer die am meisten besuchte Stadt Rajasthans, wobei aufgrund der entspannten Atmosphäre, der sehr interessanten Ausflugsziele in der Umgebung und der in jeder Kategorie qualitativ außergewöhnlich guten Unterkunftsmöglichkeiten die meisten Touristen weit länger bleiben als ursprünglich geplant.

Geschichte

Gleichzeitig mit der dritten und letzten Eroberung der Mewar-Hauptstadt Chittorgarh durch *Akhbar* 1568, der noch einmal über 30.000 Menschen zum Opfer fielen, begann die Geschichte Udaipurs. *Udai Singh,* Herrscher der Mewaris, hatte sich schon vor der Erstürmung der Festung abgesetzt und begann noch im gleichen Jahr mit dem Bau seiner neuen, nach ihm benannten Hauptstadt, die strategisch günstig zwischen Hügeln und einem See angesiedelt war.

Udai Singh war der Anführer des ältesten rajputischen Geschlechts, der **Sisodias von Mewar,** die ihre Abstammung auf die Sonne zurückführten. Der sich daraus ableitende besondere Stolz und Unabhängigkeitswille der Mewaris hatte sich schon in ihrer selbst in der Niederlage unbeugsamen Haltung in Chittorgarh bewiesen und war auch mit dem Verlust ihrer ehemaligen Hauptstadt nicht erloschen.

1 Saheliyon-ki-Bari
2 Moti Magri
3 Nehru-Park
4 Hotels Laxmi Vilas Palace und Anand Bhawan
5 Hilltop Hotel
6 Bharatiya-Lal-Kala-Museum
7 Berry's Restaurant
8 Chetak Circle
9 Post
10 Natural Attic Restaurant
11 Poste Restante
12 Kajiri Tourist Bungalow
13 Indian Airlines
14 Bank of Baroda
15 Lake Pichola Hotel
16 Jagdish-Tempel
17 Stadtpalast, Shiv Niwas Palace Hotel und State Bank of India
18 Lake Palace Hotel
19 Jagdish Mandir
20 Sunset Point
21 Busbahnhof
22 Gefängnis
23 Post

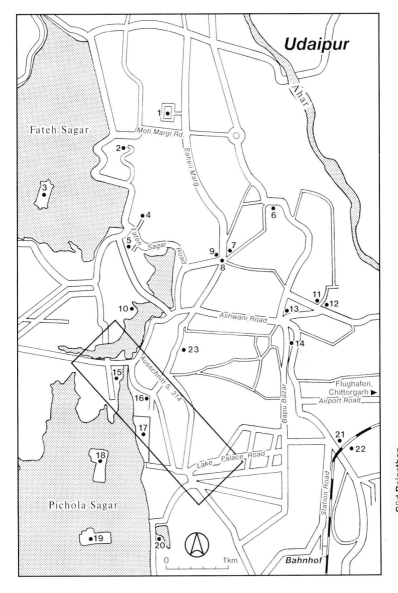

Udaipur

Fateh Sagar

Ahar

1

Moti Margi Rd.

Saheli Marg

2

3

4

Fateh Sagar Road

5

6

7

9

8

11

12

13

Ashwani Road

10

14

23

Flughafen,
Chittorgarh ▶
Airport Road

Ausschnitt S. 314

15

Bapu Bazar

16

17

21

22

18

Lake Palace Road

Pichola Sagar

Station Road

19

20

0   1 km

Bahnhof

Nichts war den Mewaris wichtiger als die **Reinhaltung ihres Stammbaums,** und so durften die Töchter nur innerhalb des eigenen Clans verheiratet werden. So mußte es zwangsläufig zum Konflikt kommen, als sich *Pratap,* der Sohn und Nachfolger *Udai Singhs,* entschieden weigerte, eine seiner Töchter mit der Familie *Akhbars* zu verheiraten. *Akhbars* Wunsch, durch diese "politischen Heiraten" die feindlichen Rajputenstaaten an sich zu binden, waren zuvor alle wichtigen Rajputenfamilien in Anbetracht der Machtverhältnisse widerwillig nachgekommen.

Doch Stolz war, wie sich in Chittorgarh wiederholt gezeigt hatte, letztlich für die Sisodias von Mewar von größerer Bedeutung als der mögliche Untergang, und so wurde auch dieser Konflikt nicht diplomatisch, sondern auf dem **Schlachtfeld** entschieden. Am 21. Juni 1576 standen sich die Truppen Akhbars und Prataps bei Halighat, 48 Kilometer nördlich von Udaipur, gegenüber. Wieder siegte Akhbar, wieder gab es ungeheure Verluste, und wieder gingen die Mewaris wegen ihrer tapferen Gegenwehr in die Geschichtsbücher ein. Pratap, der die Schlacht überlebte und bis zu seinem Tode 1597 große Teile Mewars zurückeroberte, ist in einem Park Udaipurs ein Denkmal gewidmet. 1614 mußte jedoch Prataps Sohn und Nachfolger *Amar Singh I.* endgültig die Vorherrschaft der Moguln anerkennen.

Die Unabhängigkeit war zwar verloren, doch dafür setzte in den nun folgenden, vergleichsweise **friedlichen Jahren** eine rege Bautätigkeit ein.

Der Palast wurde erheblich erweitert, der Jagdish-Tempel erbaut und eine erste Blütezeit von Kunst und Kultur setzte ein.

Ein jähes Ende fand diese Periode, als der fanatische Moslem *Aurangzeb* mit seinem Heer durchs Land zog und alles an hinduistischer Kultur und Architektur zerstörte, was ihm in die Hände fiel. Mit seinem Tod begann jedoch auch der endgültige **Niedergang der Mogul-Herrschaft.** Die wiedergewonnene Unabhängigkeit von den Moguln spiegelte sich auch deutlich in der Architektur, die nun wieder vom Rajputenstil geprägt wurde.

1818 schließlich mußten sich die Mewari der **britischen Oberherrschaft** unterwerfen, seit 1948 ist Mewar mit der Capitale Udaipur Teil der Indischen Union.

Sehenswertes

Stadtrundfahrten

●Täglich eine **Stadtrundfahrt** veranstaltet das Touristenbüro vom *Kajiri Tourist Bungalow* (Tel.: 29509) aus. Die von einem sehr kundigen und gut Englisch sprechenden Reiseleiter durchgeführte Exkursion kostet 50 Rs. (zuzüglich etwa 30 Rs Eintrittsgelder) und umfaßt – neben dem üblichen Abstecher in ein Emporium – Moti Magri, Sahelion-ki-Bari, Lok Kala Mandal und den Stadtpalast. In der Hauptsaison ist eine Voranmeldung unbedingt erforderlich.

●Eine weitere vom Touristenbüro organisierte **Exkursion** führt jeden Nachmittag von 14 bis 19 Uhr **nach Eklingji, Nathdwara** und **Haldi Ghati.** Da für die westlichen Touristen von diesen Zielen nur die Tempelanlagen von Eklingji von Interesse sind und insgesamt drei Fahrtstunden im Bus verbracht werden müssen, sollte man sich eine Teilnahme gründlich überlegen.

Stadtpalast

Der Stadtpalast

Die wahren Ausmaße dieses größten Palastes ganz Rajasthans lassen sich nur von der Seeseite erkennen. Über einen Zeitraum von vier Jahrhunderten verwirklichten hier die verschiedenen Herrschergenerationen ihre von oftmals recht unterschiedlichen Stilepochen beeinflußten Wohn- und Repräsentationsbauten. So entstand am östlichen Ufer des Picholasees ein langgestreckter **Palastkomplex,** der eigentlich aus vier Hauptpalästen und vielen kleinen Zusatzgebäuden besteht. Nur für sich genommen, wirkt der Palast im Grunde wenig attraktiv, doch durch seine pittoreske Hanglage über dem Picholasee und das zarte Weiß seiner Wände, die sich harmonisch in die umgebende Altstadt einfügen, entsteht ein äußerst harmonischer Gesamteindruck.

Auch heute noch dient ein Teil des Palastes als Residenz des Maharajas; der Südflügel wurde in ein Luxushotel verwandelt, so daß nur das **City Palace Museum** für Besucher zugänglich ist.

Man betritt den Palast durch das **Badi Pol,** welche zum großen **Innenhof** führt, auf dessen linker Seite sich acht Torbögen finden, unter denen sich früher die Maharajas in Gold aufwiegen ließen, um es danach unter der Bevölkerung zu verteilen. Zu verschenken haben die Maharajas heute nichts mehr, und so findet sich im Innenhof nun ein Restaurant mit überhöhten Preisen.

Zur Rechten zeigt sich sozusagen die Schokoladenseite des Palastes.

Süd-Rajasthan

309

Mit seinen unzähligen Erkern, Balkonen, Gesimsen und Pavillons diente sie oft als Filmkulisse und unterscheidet sich so auffällig von der strengen, festungsartigen Seefassade. Die so wechselhafte, immer auf Eigenständigkeit bedachte Geschichte der Sisodias von Mewar spiegelt sich auch in ihrer *Palastarchitektur,* die sich in ihrer eher eckigen und kantigen, kräftige Konturen betonenden Linienführung deutlich unterscheidet von der verspielten, runde und gewölbte Formen bevorzugenden Mogularchitektur, die etwa die Palastanlagen von Jaipur und Alwar auszeichnen.

Marmorbetten, Glas- und Porzellansammlungen, Jagdtrophäen und mit Goldfarbe ausgeführte Wandmalereien zieren die unter Verwendung edelster Materialien eingerichteten Zimmer. So beeindruckend diese Pracht der Maharajas dem Besucher auch erscheinen mag, so sollte man dabei nicht ganz vergessen, daß es die hungernden Bauern waren, die zu hohen Abgaben an Steuern und Naturalien gezwungen wurden und mit ihren krummen Rücken das dekadente Leben einer verschwindend kleinen Oberschicht finanzieren mußten.

● *Öffnungszeiten:* Tgl. 9.30-16.30 Uhr, Eintritt 15 Rs, Kameragebühr 50 Rs.

Picholasee

Die Verärgerung eines reichen Kaufmannes über die seine Handelswege blockierenden Überschwemmungen während der Monsunzeit ließen ihn Mitte des 15. Jahrhunderts einen Damm errichten. Durch das hierdurch aufgestaute Wasser entstand der Picholasee, an dessen östlichem Ufer 200 Jahre später der aus Chittorgarh vertriebene Udai Singh seine neue Hauptstadt Udaipur gründete. Zu jener Zeit war die umgebende Landschaft noch mit dichtem Wald bewachsen, doch durch die seither betriebene intensive Abholzung ist davon heute kaum noch etwas übriggeblieben.

Ähnlich wie der Palast wurde auch der See über die Jahrhunderte von den verschiedenen Herrschern mehrfach erweitert und ist heute etwa vier Kilometer lang und drei Kilometer breit. Genau läßt sich das nicht festlegen, da der See äußerst flach ist und so während der Trockenzeit bis auf die Hälfte schrumpft.

Malerisch inmitten des Sees liegen zwei jeweils mit einem Palast bebaute Inseln. Mit dem Bau des heute nur noch in Ruinen erhaltenen Palastes auf der größeren der beiden Inseln, der *Jagdish Mandir,* wurde unter der Regentschaft *Karan Singhs* Anfang des 17. Jahrhunderts begonnen. Der Palast diente dem späteren Kaiser *Shah Jahan* 1623 als Zufluchtsort, als er nach einer Revolte gegen seinen Vater fliehen mußte. Beim Bau des sieben Jahre später unter seiner Regentschaft begonnenen Taj Mahal sollen Ideen des symmetrischen Kuppelpalastes der Jagdish Mandir miteingeflossen sein. Über 200 Jahre später diente die Insel erneut als Zufluchtsort, als hier 1857 während des Sepoy-Aufstandes europäische Frauen und Kinder Schutz vor den meuternden indischen Soldaten suchten. Die seit Jahren kursierenden Gerüchte über den Umbau in ein Hotel wurden bisher nicht verwirklicht. So bietet nachts die Silhouette des angestrahlten Ruinenpalastes einen reizvollen Kontrast zu der in glänzendem Weiß erstrahlenden Marmorfassade des die benachbarte Jag-Niwas-Insel gänzlich bedeckenden **Lake Palace Hotels.** Der 1746 fertiggestellte ehemalige Sommerpalast der Maharajas von Udaipur gilt heute als eines der besten Hotels der Welt und diente vor allem wegen seiner einmaligen Lage in vielen Filmen als Kulisse. Der traumhafte Blick von hier auf den Palast und die ihn umgebende Altstadt vermittelt einen Eindruck vom märchenhaften Lebensstil der Maharajas. Ein englischer Kolonialbeamter, der ihn aus nächster Nähe miterlebte, schreibt: *"Hier lauschten sie den Erzählungen des Sängers und verschliefen ihren mittäglichen Opiumrausch. Die kühle Brise des Sees wehte den zarten Duft von Myriaden von Lotusblüten heran, die das Wasser bedeckten. Und wenn sich die Wirkung des Gifttrankes gelegt hatte, öffneten sie ihre Augen auf eine Landschaft, zu der nicht einmal ihre Opiumträume etwas Gleichwertiges erfinden konnten. Diese Szenerie bildete den Rahmen für die Zerstreuungen, denen sich zwei Generationen von Sisodia-Prinzen und Herrschern hingaben, indem sie das Geklirr der Waffen gegen die Trägheit eines wollüstigen Lebens eintauschten."*

● Eine einstündige **Bootsfahrt** kostet 125 Rs (jeweils zur vollen Stunde).

Jagdish-Tempel

Mit seinen 32 steilansteigenden, oben von zwei Elefanten flankierten Treppenstufen und den ihn umgebenden meterhohen Mauern wirkt der nur

150 Meter unterhalb des Palasteinganges gelegene **Vishnu-Tempel** von außen eher wie eine Festungsanlage. Vielleicht war dies mit ein Grund dafür, daß dieser 1651 von *Jagad Singh I.* erbaute Tempel als einer der wenigen der Zerstörungswut *Aurangzebs* entging. In einer Zeit, als fast alle Tempel Nordindiens vom Mogul-Stil geprägt waren, setzten die so auf ihre Unabhängigkeit bedachten Sisodias ein Zeichen, indem sie den Jagdish-Tempel mit dem für damalige Verhältnisse enormen Kostenaufwand von 1,5 Mio. Rs in rein indo-arischem, d.h. vorislamischem Stil errichten ließen. Vor der Säulenhalle befindet sich ein Schrein mit der Abbildung eines *Garudas,* dem Reittier Vishnus. Im Tempelinneren wird Vishnu in Gestalt des *Jagannath,* des Herren der Welt, dargestellt. Beachtenswert sind auch die Steinmetzarbeiten an den Außenwänden, wobei vor allem die erotischen Darstellungen ins Auge fallen.

Fateh Sagar

The City of Lakes wird Udaipur auch genannt. Und tatsächlich ist es der gerade im sonst so kargen Rajasthan auffällige Wasserreichtum in Verbindung mit der fast schon tropisch anmutenden Vegetation, der mit zum besonderen Flair der Stadt beiträgt. So findet sich nördlich des Picholasees und mit ihm durch zwei kleinere Seen verbunden der an seinem östlichen Ufer von schönen Parkanlagen flankierte **See** Fateh Sagar. Ursprünglich 1678 von *Maharaja Jai Singh* angelegt, wurde er während der Regierungszeit *Maharajas Fateh Singh* auf seine heutige Größe erweitert.

Süd-Rajasthan

311

Auf der in der Mitte des Sees liegenden Insel wurde anläßlich des Geburtstags des ersten indischen Präsidenten am 14. November 1967 der *Nehru-Park* eröffnet, der mit seinen verschiedenen kirmesähnlichen Freizeiteinrichtungen und einem in Form eines Bootes gebauten Restaurant zu einem beliebten Ausflugsziel indischer Familien gehört.

Moti Magri

Ein landschaftlich sehr schöner Weg durch eine elegante Parkanlage mit einem vom Finanzminister *Udai Singhs* angelegten japanischen Felsengarten führt vom Ufer des Fateh Sagar auf den "Perlenhügel", von wo sich ein sehr **schöner Ausblick** auf Udaipur und die umliegende Landschaft bietet. Als Hauptattraktion gilt hier jedoch ein bronzenes **Reiterstandbild** *Pratap Samaks,* der durch seinen heldenhaften Mut in der Schlacht von Haldighat gegen die Truppen *Akhbars* in die Geschichtsbücher einging.

Monsun-Palast

Der spektakulär auf einer Bergspitze westlich vom Picholasee gelegene Palast ist zwar über die Jahrhunderte ziemlich zerfallen, doch allein die grandiose Aussicht lohnt einen Ausflug. Mit dem Scooter kostet die Fahrt ca. 100 Rs hin- und zurück, mindestens eine Strecke sollte man jedoch wandern.

Saheliyon-ki-Bari

Nördlich des Moti Magri befindet sich das "Haus der Freundinnen". Dieser im 18. Jh. zwischen Rosen-

beeten angelegte Park mit seinen Wasserspielen, Pavillons, Lotusteichen und lebensgroßen Steineelefanten war ein **Lustgarten**, in dem die Maharajas sich mit ihren Konkubinen trafen. Wesentlich gesitteter geht es da heute während der vielen hier gedrehten Filme zu, wenn kurz vor einer Kußszene die Überblendung auf den Garten dem Schnitt des Zensors zuvorkommt.

Bharatiya-Lal-Kala-Museum

Dieses inmitten der Neustadt gelegene ethnologische Museum vermittelt einen interessanten und umfangreichen Einblick in die vielfältige **Kultur Rajasthans.** Gezeigt und auf englischen Begleittexten gut erklärt werden Kleider, Gebrauchsgegenstände und Musikinstrumente.

Landesweit bekannt ist das Museum für seine **Puppensammlung,** die Puppen aller Kontinente beinhaltet. Wer das Museum im Rahmen der morgendlichen Stadtrundfahrt besucht, kommt in den Genuß einer - wenn auch nur sehr kurzen - Vorführung. Wer dabei Geschmack auf mehr bekommt, sollte die allabendliche Vorführung von 19 bis 20 Uhr besuchen. Eintritt 10 Rs.

●*Öffnungszeiten:* tgl. 9 bis 17.30 Uhr

Anreise

Flug

●*Indian Airlines* fliegt tgl. von **Aurangabad, Bombay, Delhi, Jaipur** und **Jodhpur** nach Udaipur.

Bahn

●Verbindungen mit **Alwar, Jaipur, Ajmer** und **Chittorgarh:** siehe Anhang.

●Ab **Mt. Abu** geht es schneller mit dem Bus.

Bus

● Siehe Weiterreise.

Information

● Das **Touristenbüro** findet sich beim *Kajiri Tourist Bungalow,* Shastri Circle (Tel.: 29535) und ist täglich, außer sonntags, von 10 bis 17 Uhr geöffnet. Die Bediensteten sind zwar recht freundlich, doch über das Verteilen von kleinen Broschüren geht ihre Informationslust selten hinaus.

● Zwei weitere Informationsschalter befinden sich am **Bahnhof** (gleiche Öffnungszeiten) und am **Flughafen** (Öffnungszeiten nur während der Flugstunden).

Stadtverkehr

● Ein Taxi vom 25 km nordöstlich des Stadtzentrums gelegenen **Dabok-Flughafen** kostet ca. 150 Rs. Billiger ist es mit einem der etwa 500 m vor dem Flughafengelände entlang der Hauptstraße fahrenden öffentlichen Busse.

● Die **Rikshafahrer** Udaipurs sind kräftig im Kommissionsgeschäft tätig, so daß man nach der Ankunft am besten nur Jagdish-Tempel als Fahrtziel angibt, da sich die allermeisten Unterkünfte in unmittelbarer Nähe befinden. Vom Busbahnhof zum Jagdish-Tempel sollte es eigentlich nicht mehr als 10 bis 15 Rs kosten, vom Bahnhof maximal 20. Verlangt wird jedoch meist das Doppelte.

● Mehrere kleine Geschäfte in der Altstadt, so u.a. beim Hotel Minerva, vermieten **Fahrräder** für ca. 30 Rs pro Tag. Zwar ist die Altstadt etwas hügelig, doch die herrliche Umgebung Udaipurs bietet sich geradezu an, um mit dem Fahrrad erkundet zu werden.

Unterkunft

Kaum eine Stadt Nordindiens hat eine derart große Auswahl qualitativ hervorragender Hotels zu bieten wie Udaipur. In jeder der fünf aufgeführten Kategorien finden sich Unterkünfte, die für den jeweiligen Preis einen erstklassigen Gegenwert offerieren. Die meisten der genannten Hotels sind umgebaute Alt-

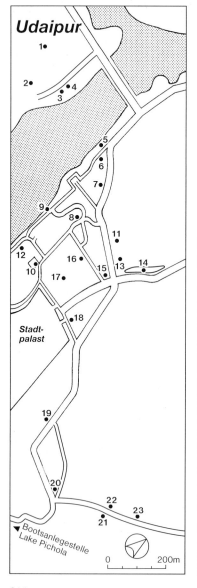

Udaipur

1 Raiba Guest House
2 Lake Star Guest House
3 Lake Pichola Hotel
4 Lake Shore Guest House
5 Jheel Guest House 2
6 Jheel Guest House 1
7 Hotel Minerva
8 Lake Ghat Guest House
9 Guest Houses Evergreen und Lal Ghat
10 Hotel Sai Niwas
11 Anjani Hotel
12 Jagat Niwas Palace Hotel
13 Badi Haveli
14 Souvenirläden
15 Jagdish-Tempel
16 Centre View Guest House
17 Jain-Tempel
18 Gokul Restaurant
19 Hotel Raj Palace
20 Roof Garden Cafe
21 Hotel Ratnadeep
22 Hotel Mahendra
23 Rang Niwas Palace Hotel

Stadt-palast

Bootsanlegestelle Lake Pichola

0   200m

stadthäuser, Villen oder Paläste und fügen sich so nahtlos in das traditionelle Stadtbild ein. Fast alle verfügen über eine Dachterrasse, von wo aus man speziell am Morgen beziehungsweise zum Sonnenuntergang den einzigartigen Blick über die Altstadtdächer auf den Pichola und die liebliche Umgebung in aller Ruhe genießen kann. In der folgenden Auflistung werden deshalb auch, bis auf zwei Ausnahmen, nur die in der Altstadt und um die beiden Seen gelegenen Hotels berücksichtigt, da die zahlreichen Unterkünfte in der hektischen Neustadt nichts von der einzigartigen Atmosphäre Udaipurs zu vermitteln vermögen.

Low Budget

● Etwas versteckt in einem Hinterhof, an der vom Jagdish-Tempel zum See herunterführenden Straße, liegt mit dem *Hotel Badi Haveli* (Tel.: 412588) eines der schönsten Budget-Hotels ganz Nordindiens. In dem verwinkelten, über 100 Jahre alten Haus in typisch rajasthanischem Stil finden sich auf mehreren Ebenen insgesamt elf völlig unterschiedlich gestaltete Räume. Vom Untergeschoß, in dem die sehr freundliche Familie des Hauses wohnt, führen zahlreiche, an den Außenseiten der Wände frei angebrachte Treppenstufen über verschiedene Ebenen und begrünte Innenhöfe auf die insgesamt drei Aussichtsterrassen, von denen sich der wohl beste Blick ganz Udaipurs bietet. Die Zimmer kosten 140 bis 340 Rs. Achtung! Die Besitzerin des unmittelbar nebenan gelegenen *Lehar Guest House* gibt fälschlicherweise ihre Unterkunft als das *Badi Haveli* aus und hat dadurch schon viele Neuankömmlinge in die Irre geführt! Außerdem bringen die Rikshafahrer ankommende Touristen wegen der dort gezahlten Kommission zunächst immer ins *Haveli Hotel*, welches wohl nur wegen des zum Verwechseln ähnlichen Namens mit Kunden rechnen kann.

● Etwas weiter unterhalb des Badi Haveli, von der Sraße zurückversetzt, steht das *Anjani Hotel.* Es bietet auf drei Etagen eine große Auswahl an Zimmern von recht unterschiedlicher Qualität. Die billigeren (180 Rs) sind oft etwas dunkel in die Ecken gezwängt, während die teureren (330 Rs) schöne Aussichten bieten.

● Sehr beliebt bei den Rucksackreisenden ist das *Jheel Guest House,* obwohl die Zimmer eigentlich nur durchschnittlich sind. Das Treppenhaus ist eng und der Aufstieg zur Dachterrasse im fünften Stock dementsprechend steil, doch dafür entschädigt die sehr schöne Aussicht. EZ 90-130 Rs (Gemeinschaftsdusche), DZ 150-250 Rs.

● Das relativ neue *Hotel Minerva* hat ein schönes Dachterrassenrestaurant, doch das dadurch bedingte rege Auf und Ab im Treppenhaus stört zuweilen die Ruhe in den angrenzenden Zimmern beträchtlich. Als Kontrastprogramm bieten einige der Zimmer dafür jedoch Kabelfernsehen. Preis: 120-170 Rs.

● Das *Evergreen Guest House* ist, seinem Namen entsprechend, tatsächlich ein alter Favorit unter den Rucksacktouristen. Das liegt wohl eher an seiner sehr schönen Lage in einer ruhigen Seitengasse in unmittelbarer Nähe zum See und den Ghaths und dem zum gleichen Komplex gehörenden sehr beliebten *Lake View Restaurant* denn an den zum Teil doch recht dunklen und kleinen Räumen. 100 bis 250 Rs.

● Direkt daneben liegt das ebenfalls beliebte *Lal Ghat Guest House,* gleichfalls mit sehr schönem Blick auf den angrenzenden Picholasee. Leider scheint das Lal Ghat ein Opfer seines eigenen Erfolges zu werden, denn durch die kürzlich durchgeführten Erweiterungsbauten ist vieles von der vorher angenehmen Atmosphäre verlorengegangen. 100 bis 250 Rs.

● Versteckt in einer kleinen Seitengasse hinter dem Jagdish Tempel liegt das *Centre View Guest House.* Meister Proper scheint hier Stammgast zu sein, so penibel sauber sind die mit ihren Blümchentapeten etwas bieder wirkenden Räume (EZ/DZ zu 100/160 Rs). Doch die außergewöhnlich herzliche, das Erdgeschoß bewohnende Familie des Inhabers macht dies wett.

● Eines der besten Hotels dieser Kategorie findet sich auf der kleinen, den West- und Ostufer verbindenden Brahm-Puri-Insel, die kaum zehn Minuten vom Stadtpalast entfernt liegt. Das altehrwürdige *Lake Shore Hotel* liegt direkt am See und bietet von der großen Dachterrasse eine wunderschöne Aussicht.

Die Zimmer (EZ/DZ 100-140 Gemein-schaftsdusche, und DZ 180 Rs) sind einfach, aber gemütlich eingerichtet, die meisten mit angeschlossenem Bad. Zur vielfach gelobten angenehmen Atmosphäre der Anlage trägt sicherlich auch der sehr freundliche Mana-ger bei.

● Mit dem *Raiba Guest House* und dem *Hotel Lake Star* finden sich zwei weitere hübsche Unterkünfte in der unmittelbaren Umgebung.

Budget

● Sehr schön ist auch das Mitte 1993 eröff-nete, direkt an den Bade-Ghats gelegene *Jheel Guest House 2.* Die meisten Zimmer haben einen kleinen, die Ghats und den See überblickenden Balkon, und selbst eine Ba-dewanne fehlt nicht. Auf der Dachterrasse soll ein Restaurant eröffnet werden. 250 bis 500 Rs.

● Das von außen tatsächlich wie ein etwas zu bunt geratener Palast aussehende *Hotel Raj Palace* besticht durch einen schönen Pal-mengarten mit Restaurant und zum Teil sehr hübschen, traditionell eingerichteten Zim-mern. Leider macht das Personal einen unin-teressanten Eindruck und zeigt einem nur recht widerwillig die preiswerteren Räume, obwohl oder vielleicht gerade weil diese oft sehr viel bieten fürs Geld. Insgesamt könnte das Gebäude eine Renovierung gut vertra-gen. 200 bis 600 Rs.

● Etwas besser ist das gegenüberliegende *Hotel Mahendra Prakash,* dafür bemüht sich der sehr rührige Besitzer liebevoll um seine Gäste. Leider muß er dabei mit jedem zweiten Satz erwähnen, daß er mit dem Maharaja von Udaipur verwandt ist. 200 bis 400 Rs.

● Ein gutes Preis/Leistungsverhältnis bietet das Hotel *Rana Castle* (Tel.: 520043) mit EZ/DZ 250/350 Rs. Alle Zimmer verfügen über heißes Wasser und zudem soll dieses Haus mit dem *Heaven* über das höchste Roof Top Restaurant der Stadt verfügen.

● Der *Kajiri Tourist Bungalow* liegt zwar in-mitten der Neustadt, allerdings in schöner La-ge auf einem kleinen bewaldeten Hügel und somit etwas abgeschottet von Lärm und Hek-tik. Die Zimmer sind wie so oft bei den staat-lichen Tourist Bungalows etwas herunterge-kommen, doch insgesamt akzeptabel, und da sich im gleichen Haus ein recht gutes und preiswertes Restaurant sowie gleich dane-ben das Touristenbüro befindet, von dem die täglichen Stadtrundfahrten starten, dürfte das Haus gerade für Besucher mit begrenzter Zeit durchaus interessant sein. 320 bis 520 Rs.

● Wer sich zur Abwechslung einmal nach "Ur-laub auf dem Land" in Indien sehnt, dem sei das etwa 10 Kilometer außerhalb Udaipurs gelegene *Pratap Country Inn* empfohlen. Die in einer hübschen Landschaft gelegene Anlage lädt zu einigen Tagen der Ruhe ein und ist zudem bekannt für die von hier orga-nisierten Pferde-Safaris. Zimmer stehen von 250 bis 550 Rs zur Verfügung.

Tourist Class

● Wem das Lake Palace Hotel zu teuer ist, der braucht dennoch nicht auf gepflegtes Wohnen zu verzichten, denn das wunder-schöne *Lake Pichola Hotel* auf der Brahm-Puri-Halbinsel bietet für einen Bruchteil des Preises einen hervorragenden Gegenwert. Alle Räume des etwa hundert Jahre alten Ge-bäudes direkt am See sind mit AC, Fernse-her, Telefon und Teppich ausgestattet. Die schönen alten Holzmöbel auch im Umkleide-raum (!) und im Badezimmer tragen sicherlich auch mit zur insgesamt sehr angenehmen Atmosphäre des Hotels bei. EZ/DZ-Preise: 800/1.100 Rs.

● Ganz hervorragend auch das *Rangniwas Palace Hotel* an der Lake Palace Road; wie der Name vermuten läßt, ein ehemaliger klei-ner Palast, geführt vom Bruder des Mahara-jas. Dieses zu Recht sehr populäre, um einen schönen Innenhof angelegte, zweigeschos-sige Hotel besteht aus dem alten Flügel und einem nach hinten versetzten modernen Ge-bäudekomplex sowie einem kleinen, in einem Extragebäude untergebrachten Restaurant. Die Zimmer im Obergeschoß sind größer und besser ausgestattet als die im Untergeschoß, die im hinteren Bereich ruhiger als die der Straße zugewandten. Preis: 450 bis 850 Rs.

● Klein, aber fein ist das sehr schön am See gelegene *Hotel Sai Niwas.* Mit sehr viel Liebe sind die insgesamt nur sieben Räume individuell vom freundlichen Besitzerehepaar gestaltet. Kein Zimmer gleicht dem anderen, und der wohl schönste Raum Nummer 5 wurde im typisch rajasthanischen Stil eingerichtet. Fast alle Zimmer besitzen einen kleinen Balkon mit wunderschönem Ausblick und kosten zwischen 450 und 700 Rs.

● Sehr empfehlenswert ist auch das neueröffnete, mitten in der Altstadt gelegene Hotel *Caravanserai* (Tel.: 411103, Fax: 521252). Alle Zimmer sind zumindest mit Cooler ausgerüstet und kosten EZ/DZ 700/725 Rs.

● Auf den Hügeln zwischen dem Picholasee und dem Fateh Sagar liegen drei von schönen Parkanlagen umgebene Hotelanlagen. Am schönsten ist das vom Vater des gegenwärtigen Maharajas erbaute *Laxmi Vilas Palace Hotel* (Fateh Sagar Road, Tel.: 24411). Das ehemalige fürstliche Gästehaus hat sich mit seinen insgesamt 34 Zimmern eine angenehm ruhige Atmosphäre bewahrt und verfügt unter anderem über einen Swimmingpool und ein Restaurant. Die Lage des Hotels mit seiner schönen Aussicht auf die Umgebung lohnt selbst dann einen Besuch, wenn man hier nicht wohnen will. EZ/DZ 70/100 US-$.

● Das nebenan gelegene Hotel *Anand Bhawan* ähnelt dem Laxmi Vilas in Bezug auf Ausstattung, Aussicht und Preis. Ihm fehlt jedoch dessen Ausstrahlung. Eine gute Unterkunft ist es dennoch.

● Auf der anderen Seite des Fateh-Sagar-Sees liegt schön auf einem kleinen Hügel das *Hilltop Hotel.* Auch dieses sehr gut geführte Haus verfügt über einen Swimmingpool, Restaurant und Bar. EZ/DZ Preis: 50/70 US-$.

● Wunderschön unmittelbar am Ufer des Picholasees liegt auch das äußerst stilvolle *Jagat Niwas Palace Hotel.* Der herrliche begrünte Innenhof in diesem alten Herrschaftshaus lädt ebenso zum Verweilen ein wie die Liegen auf der Dachterrasse. Preis: 350 bis 900 Rs.

● Genauso empfehlenswert ist das im Sommer 1996 neueröffnete, unmittelbar neben dem Jagat Niwas gelegene *Kankarwa Haveli* (Tel.: 411457, Fax: 521403) mit hübschen Zimmern zwischen 350 und 1000 Rs, je nach Lage und Ausstattung.

First Class

● Traumhaft, wie ein schwimmendes Schiff inmitten des Picholasees gelegen, ist das *Lake Palace Hotel* (Tel.: 23241-4). Das spektakulärste Hotel ganz Indiens repräsentiert den märchenhaften Lebensstil der Maharajas wie kein anderes Gebäude. Inmitten verschwenderisch verzierter Kuppeln, Säulen und Spiegel fühlt man sich wie in eine andere Zeit versetzt. Wegen der sehr hohen Nachfrage sollte man einige Monate im voraus buchen. EZ/DZ Preis: 180/220 US-$, Suite 750 US-$.

● Noch luxuriöser, wenn auch weniger spektakulär wohnt man im *Shiv Niwas Palace Hotel* (Tel.: 28239-41), das den südlichen Teil des Stadtpalastes einnimmt. Luxus findet immer seine Käufer, auch in Indien, so daß auch diese Hotels oftmals über Monate im voraus ausgebucht sind – frühzeitige Anmeldung erforderlich! Preise siehe *Lake Palace Hotel.*

● Im selben Komplex befindet sich das kleine aber feine Hotel *Fateh Prakah Palace* (Tel.: 528016, Fax: 528012) mit insgesamt nur neun, exquisit ausgestatteten Zimmern von 125 bis 225 US-$.

Blick auf den See mit dem Lake Palace Hotel

Süd-Rajasthan

Essen

Herrschte noch bis vor wenigen Jahren ein echter Mangel an Restaurants, so hat sich die Situation inzwischen deutlich gebessert. Dachgartenrestaurants sind der Renner, kaum ein Hotelbesitzer, der nicht diese zusätzliche Einnahmequelle genutzt hätte und seinem Hotel oder Guest House ein Freiluftrestaurant aufs Dach gesetzt hätte. Leider hinkt die Qualität des Essens dabei nur allzu oft weit hinter der Aussicht her. Im von Anfang an zum Scheitern verurteilten Wunsch, es allen Nationalitäten recht machen zu wollen, kommt am Ende ein Einheitsbrei heraus, bei dem man kaum noch zwischen *Alu Gobhi* und Lasagne unterscheiden kann.

● Ein typisches Beispiel hierfür bietet das wunderschön oberhalb der Ghats, hinter dem Jagdish-Tempel gelegene **Lake View Restaurant.** Der Ausblick von der Terrasse des zum angrenzenden *Evergreen Guest House* gehörenden Restaurants könnte kaum schöner sein, doch kulinarische Spezialitäten wird man hier vergeblich suchen. Als Frühstücksadresse allerdings sehr empfehlenswert, vor allem wegen des Joghurts.

● Das **Roof Garden Cafe** ist eine rühmliche Ausnahme, bietet es doch tatsächlich indische Küche, die diesen Namen auch verdient, wenn auch zu etwas überhöhten Preisen. Leider wird der sehr schöne Ausblick auf den Palast durch ein weiteres Roof Top Restaurant zum Teil verstellt.

● Zu Recht sehr beliebt unter Travellern ist das zwischen Lake Pichola und dem See Fateh Sagar etwas abseits gelegene **Natural Attic Restaurant.** Der Weg lohnt sich jedoch, in der umfangreichen Speisekarte sollte für jeden Geschmack etwas dabei sein. Das Essen ist preisgünstig und die Bedienung freundlich.

● Bei einem sowohl geschmacklich wie preislich erstklassigen Fruchtsaft kann man vom zeltüberdachten **Gokul Restaurant** auf dem Palastvorplatz je nach Laune die Aussicht auf die Palastfassade oder die wild fotografierenden Touristen studieren.

● Absolute Topadresse, um bei prächtiger Aussicht auf den Pichola-See seinen Nachmittagstee zu genießen ist das neueröffnete

Gallery Restaurant im 3. Stock des *Shivnivas Palace Hotel.* Natürlich ist der Spaß nicht ganz so billig wie in den vielen Roof Top Restaurants der Stadt, doch um die 100 Rs. für Tee, bzw. Kaffee und Kuchen sind für dieses Ambiente sicherlich nicht zuviel.

● Am Chettak Circle, inmitten der Altstadt, liegt das gute **Berry's Restaurant.** Obwohl in der Einrichtung etwas einfallslos – wie so viele indische Mittelklasserestaurants – ist das Essen hervorragend, was sich auch an den vielen indischen Gästen zeigt.

● Das so beliebte Abendbüffet im **Lake Palace Hotel** ist mit 650 Rs ohne Getränke (mittags 450 Rs) für indische Verhältnisse zwar sündhaft teuer, doch für ein Essen ähnlicher Kategorie in Europa dürfte man mindestens das Fünffache zahlen. Voranmeldung erforderlich!

Tips, Adressen und Sonstiges

Geld

● Die **State Bank of India** in der Hospital Road wechselt schnell und für indische Verhältnisse unbürokratisch Bargeld und Travellerschecks. Thomas-Cook-Reiseschecks kann man nur bei der *State Bank of India* am Chetak Circle einlösen.

Post

●Die *Hauptpost* befindet sich am Chetak Circle, hinter dem Kino. Zum Abholen *postlagernder Sendungen* muß man sich jedoch zur kleinen *City Post Office* an der Kreuzung Hospital Road und Mandi Road begeben.

Einkaufen

Die stetig zunehmende Touristenzahl hat dazu geführt, daß gerade im Altstadtbereich um den Jagdish-Tempel fast jedes verfügbare Häuschen in einen Souvenirladen umgebaut wurde. Mehr Quantität geht auch hier auf Kosten der Qualität, und generell läßt sich sagen, daß man in Jaipur und Pushkar besser und billiger einkaufen kann.

Mit am beliebtesten unter Travellern sind die in unzähligen kleinen Läden oder *Art Galleries*, wie sie sich unter Suggerierung künstlerischer Exklusivität nennen, angebotenen *Miniaturmalereien.* So unterschiedlich wie Qualität und dargestellte Motive sind auch die Preise, die in den letzten Jahren sehr stark gestiegen sind.

Das gleiche gilt für die vor allem an der Straße vom Jagdish-Tempel zum Palasteingang angebotenen *Puppen.* Nicht zuletzt wegen des in Udaipur ansässigen Museums *Bharatiya Lok Kala* mit seiner landesweit berühmten Puppenabteilung und Vorführungen gibt es eine große Auswahl zum Teil sehr schöner Puppen. Bevor man sich jedoch zum Kauf entschließt, sollte man sich Gedanken zum Transport machen, denn die vielgliedrigen Puppen sind äußerst zerbrechlich und kaum zum Verschicken geeignet.

●Wem das Angebot in den Geschäften der Altstadt zu unübersichtlich und chaotisch ist, der findet im *Rajasthli,* einem *Government Emporium* beim Chetak Circle, eine übersichtliche Auswahl an Kunsthandwerk, Malereien, Teppichen u. v. a..

●Ganz hervorragend bestückt ist der *Kiosk* am Gleis Nummer 1 auf dem Bahnhof. Aktuelle internationale Bestseller finden sich hier ebenso wie angesehene Sachliteratur zu Indien und europäische Zeitungen.

Unterhaltung

●Im Museum *Bharatiya Lok Kala* wird tgl. zwischen 18 und 19 Uhr eine sehr gekonnte *Puppenshow* aufgeführt (Eintritt 40 Rs).

●Ein äußerst sehenswertes *Folkloreprogramm* mit traditionellen Tanz-, Musik- und Akrobatikaufführungen gibt es tgl. von 19-20 Uhr im *Meera Kala Mandir* in der Nähe des *Pars Theatre* zu sehen. Zum Preis von 30 Rs muß man auch noch die Rikshafahrt von 15 Rs hinzurechnen.

Gesundheit

●Das *Krankenhaus* von Udaipur (Tel.: 233319) liegt in der Altstadt nahe des Chetak Circle zwischen der Shaheli Marg und der Ashwani Road.

Weiterreise

Flug

●*Indian Airlines* (Delhi Gate, Tel.: 23952) fliegt mehrmals in der Woche nach *Bombay, Delhi, Jaipur* und *Jodhpur.*

Bahn

●Verbindungen mit *Alwar, Jaipur, Ajmer* und *Chittorgarh:* siehe Anhang.

●Nach *Mt. Abu* geht es schneller mit dem Bus.

Bus

●Die aktuellen *Abfahrtszeiten* von Udaipur erfragt man besser beim *Tourist Office* als am chaotischen Busbahnhof. Die meisten Guest Houses um den Jagdish-Tempel verkaufen Tickets für *Luxusbusse,* die etwa zweieinhalbmal so teuer sind wie staatliche Busse. Gerade auf längeren Strecken dürfte sich diese Mehrausgabe lohnen, doch sollte man zunächst fragen, ob die Busse auch in der Nähe der Guest Houses oder vom Busbahnhof starten.

●*Fahrtziele* und *Zeiten* (in Std): Ahmedabad (6), Chittorgarh (3), Delhi (15), Jaipur (9), Jaisalmer (10), Jodhpur (7).

●Wer nach *Mt. Abu* reisen will, sollte sich zunächst erkundigen, ob der jeweilige Bus auch bis aufs Hochplateau oder nur bis Abu Road fährt, von wo es noch einmal 27 km steilen Anstiegs sind.

Süd-Rajasthan

Umgebung von Udaipur, Haldighat

Viele Reisebüros in Udaipur bieten **Ganztagestouren** in die Umgebung an. Eine gute Gelegenheit, um streßfrei die zahlreichen sehenswerten Orte zu besuchen. Bewährt hat sich hier *Haveli Travels* in der Gargaur Ghat Road.

Nagada und Eklingji

Bei einem Halbtagesausflug zu den 20 Kilometer nordöstlich von Udaipur gelegenen Tempelanlagen von Nagada und Eklingji ist allein schon die Fahrt über den 784 Meter hohen Chirwa-Ghata-Paß mit großartigen Ausblicken auf das Aravalli-Gebirge ein Erlebnis für sich.

Kurz vor Eklingji biegt an einem kleinen Stausee eine Nebenstraße nach links ab und führt zu den Tempeln von **Nagada.** Neben dem ältesten, nur noch in Ruinen erhaltenen jainistischen *Adbhutji-Tempel* steht ein Hindu-Tempelkomplex aus dem 11. Jh. mit dem geheimnisvollen Namen *Sas Bahu* (Schwiegermutter – Schwiegertochter), der vor allem wegen seiner schönen Steinreliefs an den Außenwänden gefällt.

Im nur einen Kilometer entfernten **Eklingji** findet sich inmitten des Tempelkomplexes ein ursprünglich 754 erbauter Tempel, mit einem schönen, viergesichtigen Shiva-Bildnis aus schwarzem Marmor im Allerheiligsten. In seiner heutigen Form entstand der von hohen Mauern umschlossene weiße Marmortempel im 16. Jahrhundert. Eklingjis besonderer Reiz liegt in der pulsierenden religiösen Atmosphäre, die diesen Ort auszeichnet. Sobald sich die Pforten zum Tempel geöffnet haben (4.45-7.30, 10.30-13.30 und 17.30-19.30 Uhr), setzt eine marktschreierische Betriebsamkeit ein, und die Blumen-, Schriften- und Süßigkeitenverkäufer versuchen, ihre Produkte unters Volk zu bringen. Man sollte diesen Ausflug nachmittags unternehmen, um sowohl an einer Tempelzeremonie teilnehmen zu können als auch gegen Sonnenuntergang in das dann golden leuchtende Udaipur zurückzukehren.

Anreise

● Wer nicht im Rahmen der vom Touristenbüro angebotenen Exkursion nach Eklingji fahren möchte: Stündlich fährt ein – allerdings fast immer brechend voller - **Bus** vom Busbahnhof.

Haldighat und Nathwara

Das 48 km nördlich von Udaipur gelegene **Schlachtfeld von Haldighat,** auf dem die Truppen *Pratap Singhs* am 21. Juni 1576 erst nach erbittertem Widerstand den Mogulun unterlagen, ist historisch zwar von großer Bedeutung, zu sehen gibt es allerdings außer einer Gedenkstätte für *Pratap Singhs* berühmtes Pferd *Chetak* so gut wie gar nichts.

Der 8 km entfernte **Vishnu-Tempel** von Nathwara stammt aus dem 18. Jh. Im Tempelinneren (für Nicht-Hindus geschlossen) steht ein Abbild Vishnus, welches 1669 von Mathuras hierher gebracht wurde, um es vor der Zerstörungswut *Aurangzebs* zu bewahren.

Gewaltig: die Festungsanlage von Kumbhalgarh

Anreise

● Wer die beiden Sehenswürdigkeiten nicht im Rahmen des vom *Tourist Office* angebotenen Ausfluges besichtigt, kann einen der zu jeder vollen Stunde vom Busbahnhof Udaipur fahrenden **Busse** nehmen.

Unterkunft

● Im staatlichen **Gokul Tourist Bungalow** in Natwara kann man in sauberen EZ/DZ für 350/400 (AC) Rs nächtigen. Ein Restaurant steht ebenfalls zur Verfügung.

Kumbhalgarh

Äußerst pittoresk krönt die gewaltige Burg, einem Vogelhorst ähnlich, einen sich steil über die Ebene erhebenden Felsen. Die von einem mächtigen Mauerring von insgesamt 12 km Länge umgebene Anlage war die nach Chittorgarh **zweitgrößte Festung Rajasthans.** Im Gegensatz zur Heldenstadt der Rajputen, die insgesant dreimal von den vereinten Mogul-Heeren erobert wurde, konnte das 1458 von *Rana Kumbha* angelegte Fort nur ein Mal, Ende des 16. Jh., von den islamischen Eroberern erstürmt werden.

Obwohl Teile der Anlage Anfang des letzten Jahrhunderts renoviert wurden, liegen doch die meisten Gebäude in Trümmern, in den einzelnen Räumen ist, abgesehen von einigen Wand- und Fliesenmalereien, nichts zu sehen. Die eigentliche Faszination Kumbhalgarhs ist der grandiose Ge-

Süd-Rajasthan

samteindruck. Der steile Aufstieg zur Burg durch die z.T. mit dicken Eisendornen gegen Elefantenangriffe versehenen Tore lohnt auch aus einem anderen Grund: Von dem auf 1.100 m Höhe gelegenen Palast bietet sich eine sehr schöne Aussicht auf die wild zerklüftete Landschaft des **Kumbhalgarh-Reservats.** Dieses 578 qkm große Tierschutzgebiet ist ein Rückzugsgebiet des vom Aussterben bedrohten indischen Wolfes.

Anreise

● Da Kumbhalgarh individuell nur unter sehr großem Zeitaufwand erreicht werden kann, besucht man das Fort am besten im Rahmen eines der vielen Reisebüros in Udaipur angebotenen **Tagesausflüge** in Kombination mit den Jain-Tempeln in Ranakpur.
● Wer es dennoch **auf eigene Faust** versuchen will, muß zunächst am frühen Morgen mit einem Bus um 7.30 Uhr nach **Kumbhalgarh** fahren. Dieser fährt jedoch nicht bis zur Burg selbst, sondern setzt einen etwa 8 km entfernt ab. Von dort muß man den Rest des Weges entweder per Anhalter oder zu Fuß zurücklegen.

Unterkunft

● Mit dem **Hotel The Aodhi** findet sich 2 km von der Burg entfernt eine ganz ausgezeichnete Unterkunft. Die wunderschön in einen Hang hineingebaute Anlage allein lohnt schon einen Ausflug in diese Gegend. Vom freundlichen Management werden u.a. auch Ausflüge zu Pferd angeboten. Die Zimmer verfügen alle über eine eigene Terrasse mit Ausblick über den hauseigenen Swimmingpool hinweg ins weite Tal. 650/750 Rs (EZ/DZ) sind hierfür ein guter Preis.

Ranakpur

Als "Khajuraho Rajasthans" werden die **Jain-Tempel** im Tal der Aravalli-Berge wegen ihrer erotischen Skulpturen auch oft bezeichnet. Was wahrscheinlich als Kompliment gemeint ist, wird der ganz einzigartigen Bedeutung Ranakpurs jedoch nicht gerecht. Zusammen mit dem *Dilwara-Tempel* in Mount Abu gehören die verschiedenen Tempel zum schönsten, was die Jain-Kunst je hervorgebracht hat und damit zu den beeindruckendsten Sakralbauten Nordindiens. Bereits der erste Eindruck der Marmorbauten vor der Bergkulisse, zusammen mit den großen schattenspendenden Bäumen, den lilafarbenen Bougainvilleas, den frechen Affen und den umherstolzierenden Pfauen, nimmt einen sofort für den Ort ein.

Der bedeutendste Tempel des von einer Mauer umschlossenen Komplexes ist der dem Ersten Furtbereiter der Jains, *Adinath,* gewidmete Chaumukh-Tempel. Die Kultfigur im Innern ist mit vier Gesichtern *(chaumukh)* dargestellt. Ursprünglich wurde er, wie die meisten anderen Bauten Ranakpurs, im 15. Jh. errichtet. Da jedoch auch hier die religiöse Intoleranz *Aurangzebs* wütete, sind viele der heute so makellos erscheinenden Bauten das Resultat kunstvoller Restaurationsarbeiten.

Ebenso wie bei der Anlage von Dilwara fasziniert die **überwältigende Vielfalt** an ungemein detailgenau gemeißelten Skulpturen. Jeder Zentimeter scheint mit grazilen Tänzerinnen, Göttern, Tieren und Blumenmotiven verziert zu sein. Diese vitale Lebensfreude bildet einen spannungsreichen Kontrast zu den scheinbar weltentrückt in den jeweiligen Nischen sitzenden Jain-Figuren mit ihren gespenstisch silbrigen Augen. Von den insgesamt 1.444 vom Sockel bis zur Spitze ornamentierten Marmorsäulen, auf denen die 29 Dächer der Tempelhallen ruhen, gleicht keine der anderen. Einen besonderen Blickfang bildet die Kuppeldecke der Haupthalle, die in verschwenderischer Ausstattung die 16 Göttinnen der Weisheit *(Vidyadevi)* zeigt.

Während die unterirdischen Gewölbe äußerst stickig, eng und dunkel sind, lohnt es sich, über die verschiedenen Freitreppen bis auf die **Dächer**

der einzelnen Hallen zu steigen. Zwischen den mit kleinen, im Winde flatternden Fähnchen versehenen Kuppeln, Türmchen und über- und nebeneinander gebauten Terrassen und Schreinen bietet sich ein interessanter Ausblick auf den überaus verwinkelten Tempelkomplex. Von hier aus erkennt man auch den außerhalb der Tempelmauer gelegenen **Sonnentempel** mit erotischen Verzierungen an den Außenwänden und den auf einer kleinen Anhöhe plazierten **Amba-Mata-Tempel.**

● **Geöffnet** ist der Tempel tgl. von 12 bis 19 Uhr. Vor Betreten der Anlage müssen alle Lederartikel und Zigaretten am Tempeleingang abgegeben werden.

Jain-Tempel von Ranakpur

Süd-Rajasthan

Unterkunft und Essen

●Ein gutes Preis/Leistungsverhältnis bietet der neben dem Tempel plazierte **Shilpi Tourist Bungalow** mit picobello sauberen EZ/DZ zu 160/180 bzw. 220/280 (Cooler) Rs. Auch der Schlafsaal zu 30 Rs macht einen gepflegten Eindruck. Ein ordentliches Restaurant steht ebenfalls zur Verfügung.

●Auf keinen Fall sollte man sich die köstlichen Thalis entgehen lassen, die jeden Mittag in der Essenshalle des **Dharamsala** gleich links am Haupteingang ausgegeben werden.

●3 km vom Tempel entfernt steht das stilvolle **Maharani Bagh Orchart Retreat**. Die inmitten eines hübschen Gartens angelegten Bungalows strahlen viel Ruhe und Erholung aus und lohnen durchaus auch einen längeren Aufenthalt. Auch das angeschlossene Freiluftrestaurant ist sehr empfehlenswert. Für die gebotenen Leistungen sind die je nach Ausstattung und Lage verlangten 775-1075 Rs für einen Bungalow sicherlich angemessen.

●**The Castle** (Tel.: 3733) liegt tatsächlich wie ein Schloß auf einem kleinen Hügel, umgeben von einem hübschen Garten, aber das wars dann auch schon mit der Herrlichkeit. Für die recht düsteren Zimmer sind EZ/DZ 600/700 Rs eindeutig zuviel.

An- und Weiterreise

●Die häufigsten Verbindungen bieten sich vom 98 km südöstlich gelegenen **Udaipur,** wo tgl. fünf **Express-Busse** in 2,5 Std. nach Ranakpur fahren.

●Einige, aber nicht alle **Deluxe-Busse Udaipur - Jodhpur** legen einen Zwischenstop in Ranakpur ein. Man sollte sich vor der Abfahrt danach erkundigen.

●Schließlich bieten viele Reisebüros in Udaipur einen **Tagesausflug per Minibus** an, der u.a. Kumbhalgarh und Ranakpur beinhaltet.

Mount Abu
(ca. 25.000 Einwohner)

Überblick

Auf einem der für das Dekhan so charakteristischen Inselberge liegt in über 1.200 Meter Höhe *Rajasthan's only hillstation*. Und tatsächlich durchweht Mount Abu ein Hauch von europäischer Nostalgie, gemischt mit der Vitalität der indischen Mittel- und Oberschicht, für die der Ort ein bevorzugtes **Ferienziel** während der heißen Sommermonate ist. Der Poloplatz in der Mitte des Ortes fehlt ebensowenig wie die christliche Kirche und die Villen im Kolonialstil, die äußerst malerisch in die Berge rund um den kleinen idyllisch gelegenen Nakki-See stehen.

Früher hatten hier die Maharajas von Rajasthan ihre Wohnsitze. Eine der spektakulärsten **Villen**, mit einzigartigem Ausblick über die mit ihren Palmenhainen, Orchideen und ihrer bunten Blumenpracht fast schon mediterran wirkende Landschaft, diente dem britischen Gouverneur von Rajasthan in den Sommermonaten als Amtssitz.

Mit dem Abzug der Kolonialherren 1947 rückten die sich kaum weniger snobistisch benehmenden, auf englischen Eliteschulen ausgebildeten indischen Verwaltungsbeamten nach. Die rege Bautätigkeit in den lieblichen Tälern um Mount Abu zeugt von der immer selbstbewußter auftretenden **indischen Oberschicht**. Die in ihrer architektonischen Gestaltung oftmals an der europäischen Bauhaustradition orientierten Villen verdeutlichen darüber hinaus die Entfremdung der indischen Elite von ihren traditionellen Werten.

Sehr beliebt ist der Ort aufgrund seiner romantischen Atmosphäre vor allem bei jungvermählten Paaren, die sich hier zum ersten Mal näherkommen, in der Hoffnung, daß ihre Eltern die richtige Wahl getroffen haben.

Mount Abu hat jedoch weitaus mehr zu bieten als ein angenehmes Klima und liebliche Landschaft. Schon lange vor der Ankunft der britischen Kolonialherren besaß der Ort eine besondere Bedeutung als **Pilger- und Wallfahrtsort,** und auch heute noch sind die vielen Felsenhöhlen vor allem südlich des Nakki-Sees von Eremiten und Sadhus bewohnt. Schon im großen indischen Heldenepos *Mahabharata* wird die Entstehungsgeschichte Mount Abus mit Shiva in Verbindung gebracht.

Für die Rajputen liegt hier der Legende nach der Geburtsort ihres Clans, und für die Jains ist der Mount Abu einer ihrer insgesamt vier heiligen Berge. Mit der Dilwara-Tempelanlage errichteten sie eines der schönsten Bauwerke ganz Indiens. Von der spirituellen Atmosphäre dieses Ortes inspiriert, siedelte sich hier schließlich die weltweit vertretene hinduistische Gruppierung der *Brahma-Kumaris* an.

Obwohl von nur wenigen westlichen Touristen besucht, ist Mount Abu aufgrund seines angenehmen Klimas, seiner wunderschönen Landschaft, die zu vielen Spaziergängen einlädt, seiner entspannten Atmosphäre und den einzigartigen Tempeln von Dilwara für jeden, der etwas Abstand und Ruhe sucht, ein geradezu idealer Ort.

Sehenswertes

Stadtrundfahrt

● Das *Tourist Office* bietet jeweils morgens von 8.30 bis 13 Uhr und nachmittags von 13.30 bis 19 Uhr eine Stadtrundfahrt (30 Rs) an, die auch die relativ weit außerhalb gelegenen Sehenswürdigkeiten wie Achalgarh und Guru Shikha einschließt. Eine sehr gute Gelegenheit, um die landschaftlich sehr schöne Umgebung Mt. Abus zu erleben. Die Nachmittagstour ist allerdings vorzuziehen, da dann mehr Zeit für den erst ab 12 Uhr für Nicht-Jains geöffneten Dilwara-Tempel zur Verfügung steht und zudem der Sonnenuntergang vom Sunset Point gegen 18 Uhr vielversprechender erscheint als am Vormittag … In den Monaten März bis Juni ist die Nachfrage besonders groß, so daß man möglichst schon einen Tag vorher buchen sollte. Neben dem *Tourist Office* bieten noch mehrere private Veranstalter Rundfahrten an.

Nakki-See

Während des Tages bildet der kleine, malerisch von Bergkegeln umgebene Nakki-See den Mittelpunkt des touristischen Treibens. Seinen Namen bezieht der See von einer Sage, wonach er von den Göttern nur mit ihren Fingernägeln *(nakki)* ausgegraben worden sein soll. Der See ist entlang der ihn umgebenden, kaum befahrenen Straße gemütlich in einer halben Stunde zu umwandern, wobei sich schöne Ausblicke auf Mount Abu und die tropisch wuchernde Natur bieten.

Die in der Mitte des Sees aufragenden bizarren Felsformationen haben die Phantasie der Inder offensichtlich nachhaltig angeregt, denn die ihnen zugedachten Namen sind doch nur recht schwer mit ihrem Aussehen in Verbindung zu bringen. Einzige Ausnahme bildet der *Toad Rock,* denn er erinnert tatsächlich auffallend an eine

Süd-Rajasthan

Kröte auf dem Sprung ins Wasser. Am kleinen, in den See hineingebauten Steg können Tret- und Ruderboote gemietet werden.

Sunset Point

Jeden Nachmittag scheint sich, einem Pilgerzug gleich, die halbe Stadt mit gleichem Ziel in Bewegung zu setzen, um zum zwei Kilometer entfernten Sunset Point zu gelangen. Eine ganze Kolonie kitschig bunt geschmückter Pferde und Kamele wird von ihren Besitzern oberhalb der zum See herunterführenden Straße bereitgestellt, um die weniger Gehfreudigen gegen Bezahlung zum Aussichtspunkt zu transportieren.

Wer sich dieser Massenbewegung nicht anschließen möchte, dem bietet sich als Alternative ein wunderschöner, etwa **einstündiger Spaziergang** durch scheinbar unberührte Natur an. Der nach einem britischen Offizier, der im vorigen Jahrhundert während dieser Wanderung spurlos verschwand, *Baylay's Walk* benannte Weg beginnt bei dem oberhalb des Sees, in Höhe der Anlegestelle im 14. Jh. erbauten Raghunath-Tempel. Vom zum Tempel gehörigen See verläuft der Trampelpfad kontinuierlich und ohne große Höhenunterschiede um den Berg. Man sollte früh genug aufbrechen, um die sich unterwegs immer wieder bietenden grandiosen Aussichten in die steil abfallende Ebene in aller Ruhe genießen zu können.

Die weltabgeschiedene Ruhe während der Wanderung steht dann allerdings in krassem Gegensatz zu dem **Trubel** um die Aussichtsplattformen am Sunset Point. Auch die Aussicht an sich ist zumindest nicht beeindruckender als die während des Rundganges erlebten und selbst der eigentliche Grund für den "Volksauflauf", der Sonnenuntergang, verschwimmt nur allzu häufig im diesigen Horizont.

Interessant und wirklich beeindruckend ist so auch weniger das Objekt der Verehrung selbst, sondern sind die Betrachter. Den Blick nicht nach Westen, sondern nach Osten wendend, offenbart sich einem ein beeindruckendes Bild: Das ganze so ungeheuer vielfältige und bunte Spektrum der indischen Bevölkerung scheint hier wie in einem Mikrokosmos vereint in der Verehrung der göttlichen Sonne.

Achaleshwar-Mahadev-Tempel

Um den Ursprung des sich am Fuße des Berges befindenden Tempels rankt sich eine hübsche Legende. Als der Mount Abu kurz nach seiner Errichtung noch recht wackelig am Abgrund gestanden habe, soll ihn Shiva durch einen energischen Fußtritt in die heutige, stabile Lage gebracht haben. Dabei verlor Shiva jedoch seinen großen Zeh, und selbiger wird nun in Form eines Felsens im Tempel verehrt. Das sich unter dem Felsen-Zeh abzeichnende Loch, so wird einem versichert, soll bis zum Mittelpunkt der Erde führen. Achtung beim Betreten des niedrigen Tempels – *"please watch your head"!* Im Tempelhof ist ein sehr schöner *Nandi* (Shivas Reittier, ein Bulle) aus dem 15. Jahrhundert zu sehen. Wirklich lohnenswert ist der Aufstieg entlang des sich vom Shiva-Tempel beginnenden Fußpfades über

Statt Fernsehen: Sunset Point

Süd-Rajasthan

200 Treppenstufen zum Berggipfel, von dem sich ein herrlicher Ausblick auf das wildzerklüftete Hochplateau des Mount Abu bietet.

Dilwara-Tempel

"Ein Traum in Marmor" sind die Jain-Tempel im fünf Kilometer nordöstlich von Mount Abu gelegenen Dilwara einmal euphorisch und treffend zugleich genannt worden. Doch wer nach einer sehr schönen Wanderung schließlich am Tempelgelände anlangt, mag zunächst ein wenig enttäuscht sein, weist doch von außen wenig auf die angebliche Pracht des Ortes hin. Eher versteckt zwischen Felsenhügeln und Mangohainen liegen die insgesamt vier Tempel, und auch ihre Fassaden wirken recht schmucklos.

Um so überwältigender ist dann allerdings der Eindruck im Inneren des **Vimala-Tempels**, des ältesten und bedeutendsten der Tempelgruppe. Man weiß gar nicht, wohin man zuerst schauen soll, so überreich sind die Wände, Säulen, Dächer und Arkaden mit kunstvoll aus dem weiß schimmernden, scheinbar durchsichtigen Marmor gehauenen Figuren besetzt. So fein sind die Musikanten, vollbusigen Tänzerinnen und Göttergestalten in ihren eleganten Körperhaltungen aus dem Marmor gemeißelt, daß man meint, sie würden schweben. Wenn man dann noch die beinahe jeden Ast und jedes Blatt in all seinen Feinheiten erfassenden Blumen- und Blütenmotive sieht, die sich um die einzelnen figürlichen Darstellungen ranken, kann man ermessen, warum über 3000 Arbeiter und Kunsthandwerker

14 Jahre benötigten, um dieses einmalige Kunstwerk zu erstellen.

Angeblich soll der Bauherr, ein Minister des Königs von Gujarat, nach der Fertigstellung des Tempels im Jahre 1031 so beglückt gewesen sein, daß er die Handwerker mit Silber entsprechend dem Gewicht des während der Bauarbeiten angefallenen Staubes entlohnte.

Trotz der zunächst verwirrenden Vielfalt von Figuren, Hallen und Innenhöfen ist der Aufbau des Tempels im Grunde recht einfach. Im Mittelpunkt steht die Cella mit dem Jain-Heiligen, dem der jeweilige Tempel geweiht ist, in diesem Falle *Adinath*, dem ersten Furtbereiter. Die daran anschließende Vorhalle mit ihren wunderschön geschnitzten Säulen führt in einen großen rechteckigen Innenhof, der von 52 aneinandergereihten Zellen umgeben ist, in denen sich jeweils identisch aussehende Skulpturen der *Tirthankaras* finden.

Die beiden **benachbarten Tempel,** 200 Jahre später entstanden, folgten, von kleinen Abweichungen abgesehen, ihrem Vorbild. Nur der vierte, im 16. Jahrhundert als letzter hinzugefügte **Chaumukh-Tempel** unterscheidet sich deutlich von den drei anderen, reicht jedoch auch bei weitem nicht an deren Niveau heran.
●*Öffnungszeiten:* Der Tempelkomplex ist für Nicht-Jains täglich von 12 bis 18 Uhr geöffnet. Leider gilt für diesen wunderschönen Tempel seit einigen Jahren ein striktes Fotografierverbot!

Anreise

●Achtung: Mt. Abu selbst kann **nur per Bus bzw. Taxi** angefahren werden. Der **nächstgelegene Bahnhof** ist Abu Road am Fuße des Tafelberges, 27 km weit entfernt. Von dort ständige Busverbindungen, die den steilen Aufstieg in etwa einer Stunde bewältigen. Da die Busse jedoch oftmals hoffnungslos überfüllt sind, bieten sich Taxen als Alternative an. Preis ca. 150 Rs, maximal 5 Personen. Egal wie man ankommt, jeder muß beim Passieren der Einlaßschranke eine **Gebühr** von 5 Rs zahlen.

Bahn

●Mount Abus **Bahnhof,** Abu Road, liegt an der Hauptstrecke Delhi – Ahmedabad. Täglich mehrere Verbindungen in beide Richtungen. Fahrtzeiten siehe Anhang.

Bus

●Sehr gute Anbindungen an alle größeren Touristenorte in Rajasthan und Gujarat. Generell sind die privaten Anbieter vorzuziehen. All diese fahren bis Mt. Abu, während viele staatliche Busse in Abu Road stoppen. Das bedeutet zusätzliches Umsteigen und Zeitverlust.

Information

●Das *Tourist Office* (Tel.: 295359) liegt günstig direkt gegenüber dem Busbahnhof. Zu Individualreisenden ist man jedoch leider weit weniger freundlich als zu gutsituierten Touristen.

Stadtverkehr

●Mt. Abu ist eine Stadt, die erwandert werden kann, zumal die Entfernungen gering sind. Autorikshas stehen dementsprechend auch nicht zur Verfügung, dafür jedoch eine Fortbewegungsart, die mir nirgendwo sonst in Indien begegnet ist: **Bollerwagen.** Vornehmlich beim Busbahnhof stehen meist ältere Herren mit diesen kleinen Blechkisten, um entweder das Gepäck oder einen selbst zum Hotel zu schieben. Wem's gefällt ...

Unterkunft

●Die Auswahl ist mit über 100 Hotels und Guest Houses riesig. Dennoch kann es in der **Hauptsaison** zwischen Mai und Juli sowie zum Diwali-Fest im November und um Weihnachten zu Engpässen kommen. Speziell zum fünftägigen Diwali explodieren die Preise förmlich. Für ein Zimmer, welches normalerwiese 100 Rs kostet, muß man dann 400 bis 500 Rs zahlen.

●**Außerhalb der Saison** stehen dagegen viele Hotels leer. Viel hängt vom persönlichen Verhandlungsgeschick ab, und so können die folgenden **Preisangaben** der Nebensaison auch nur eine Orientierungshilfe sein. Bei den meisten Unterkünften ist die **Check-Out-Zeit** 9 Uhr!

Low Budget

●Viele Traveller zieht es in das am Ortsanfang gelegene **Tourist Guest House** (Tel.: 3200). Mit EZ/DZ 60/70 bzw. 90/100 (mit heißem bzw. kaltem Wasser) sind die sauberen, aber manchmal auch etwas düsteren und dadurch muffigen Räume sehr preiswert. Positiv ist zu vermerken, daß das Haus um einen hübschen kleinen Garten herum angelegt ist und das gesamte Personal einen sehr netten und hilfsbereiten Eindruck macht. Als nachteilig empfinden viele jedoch die relativ weite Entfernung zum Nakki-See. Mitte 1997 soll das *Tourist Guest House* angeblich als Neubau mit Swimmingpool neueröffnen. Die insgesamt 20 Zimmer werden dann etwa 250 Rs kosten. Das klingt gut und sollte überprüft werden.

●Bis dahin bietet das Hotel **Sudhir** (Tel.: 3311) in einer ruhigen Seitenstraße eine hervorragende Alternative. Die gute Lage und die recht guten Zimmer mit Heißwasserversorgung rund um die Uhr sind in der Nebensaison für 250 Rs äußerst preiswert.

●Was die See-Nähe betrifft, ist das direkt oberhalb des Nakki-Sees gelegene Hotel **Lake View** (Tel.: 3659) unschlagbar. Um diese Lage würden sich sicherlich viele First-Class-Hotels reißen, denn die Aussicht auf den hübschen See und die ihn umgebenden Berge ist wirklich nur traumhaft zu nennen. Zimmer mit Aussicht kosten in der Nebensai-

Süd-Rajasthan

son um die 250 Rs, die nach hinten gelegenen 100/120 Rs (EZ/DZ). Die hervorragende Aussicht kompensiert die relativ schmucklose Ausstattung der Zimmer und den etwas merkwürdig anmutenden Besitzer allemal.

● Sehr freundlich hingegen ist der Manager des Hotels **Pan Ghat** direkt nebenan. Auch diese Unterkunft besticht durch ihre vorzügliche Lage mit einem sehr schönen Blick von der Dachterrasse. Ähnlich wie beim Lake View sind die Zimmer eher bescheiden eingerichtet, was sich auch im Preis 110/130 Rs (EZ/DZ) niederschlägt.

● Ausgesprochen gelungen und angenehm ist das in einer kleinen Seitenstraße, welche gegenüber dem *Madras Cafe* abzweigt, gelegene **Tourist Resort** (Tel.: 3180). Das von einer sympathischen Familie geführte, auf einem kleinen Felsen plazierte Häuschen besticht durch sehr saubere und hübsch eingerichtete Räume und eine angenehme Atmosphäre. Fast alle Zimmer verfügen über fließend Warmwasser und sind mit 110/130 Rs (EZ/DZ) in der Nebensaison preisgünstig. Sehr empfehlenswert sind vor allem die oberen Zimmer!

● Viel fürs Geld (EZ/DZ 110/140 Rs) bietet auch das oberhalb des Sees in der Nähe des Raghunath-Tempels gelegene Hotel **Nakki Vihar** (Tel.: 3481).

Budget

● Ganz ausgezeichnet und mit 500 Rs in der Nebensaison ausgesprochen preiswert ist das Hotel **Lake Palace** (Tel.: 154), die ehemalige Sommerresidenz eines Maharajas. Die Lage unmittelbar am See, der hübsche Garten, die edle Innenausstattung (TV, heißes und kaltes Wasser, Telefon) und das freundliche Personal – alles zusammen in Verbindung mit dem niedrigen Preis machen es zu einer erstklassigen Adresse.

● Unter gleichem Management läuft das an der Straße zum Sunset Point gelegene **Savera Palace** (Tel.: 3354). Zwar verfügt es nicht über den stilvollen Charme des *Lake Palace,* bietet dafür jedoch andere Annehmlichkeiten wie z.B. einen Swimmingpool und ein hervorragendes Restaurant. Eine besonders von Familien mit Kindern bevorzugte Unterkunft. Preis 500/600 Rs (EZ/DZ).

Tourist Class

● Eines der besten Hotels der Stadt ist zweifelsohne das äußerst gepflegte und freundliche **Hotel Hillock** (Tel.: 3467) in der Nähe des Tourist Bungalow. Die Zimmer (EZ/DZ 1400/1800) sind hell und geräumig, das Personal sehr freundlich und bemüht, und zudem verfügt das Hotel über ein sehr gutes Restaurant.

● Mit 659 bis 850 Rs etwas preiswerter ist das ebenfalls sehr empfehlenswerte, gegenüber dem *Hillock* gelegene Hotel **Maharani** (Tel.: 3510).

● Wer es eher etwas romantischer mag, dem sei der oberhalb des *Hillock* gelegene **Sunrise Palace** (Tel.: 3775) empfohlen. Der ehemalige Sommerpalast des Maharajas von Bharatpur ist zwar etwas in die Jahre gekommen und könnte eine Generalüberholung ganz gut gebrauchen, doch der Flair vergangener Schönheit gibt dem ganzen einen speziellen Reiz. 700 bis 900 Rs.

● Das nostalgisch schöne **Palace Hotel (Bikaner House)** (Tel.: 3121) war einst die Sommerresidenz des Maharajas von Bikaner und gehört heute zu den schönsten Hotels Rajasthans. Die 24 elegant gestalteten Zimmer tragen hierzu ebenso bei wie die schöne

1	Railway Booking Office
2	Tourist Guest House
3	Hotel Hilltone
4	Tourist Office
5	Busbahnhof
6	Rajasthan Emporium
7	Bank of Baroda
8	Hotel Polo View
9	Hotel Chanakya
10	Madras Cafe und Hasty Tasty
11	Tourist Resort
12	Taxistand
13	Shere-Punjab Hotel
14	Hotel Mount View
15	Hotel Savera Palace
16	Pony-Vermietung
17	Kings Food
18	State Bank of India und Post
19	Hotel Nakki Vihar
20	Hotel Panghat
21	Hotel Lake View
22	Hotel Lake Palace
23	Universal Peace Hall
24	Kanak Dining Hall

Mount Abu

Nakki Sagar

23

22

◀ Sunset Point

19
20 21
17
15 16
18
14
12 13
9 Polo 11
8 Ground 10
7
6
24
4
5
3
Abu Road
2
1

0   200m

Lage in der Nähe des Dilwara-Tempels. Das Haus ist umgeben von einer sehr gepflegten Gartenanlage und verfügt über zwei Tennisplätze. Geleitet wird das Hotel vom sehr sympathischen Schwiegersohn des Maharajas. Mit 850 / 1.050 Rs (EZ/DZ) ist es vergleichsweise sehr preiswert und dementsprechend oft ausgebucht.

● Ganz ähnlich in Preis, Ausstattung und Ambiente ist das näher am See gelegene **Connaught House** (Tel.: 3360). Wer eine etwas bessere Ausstattung der Zimmer einem kolonialen Ambiente vorzieht, sollte in einem neuen Trakt mit hübschem Ausblick gelegenen Zimmer jenen im Haupttrakt vorziehen.

● Wer es eher modern und neuzeitlich luxuriös mag, der sollte sich im zentral gelegenen Hotel **Hilltone** (Tel.: 3112) einmieten. Mehrere Restaurants, Sauna, Swimmingpool und Tennisplätze gehören zur Anlage. Die AC-Zimmer kosten zwischen 900 und 1150 Rs (Bungalows).

Essen

Ebenso groß wie bei den Unterkünften ist auch die Auswahl beim Essen. Weniger erfreulich ist das Preisniveau, welches erheblich über dem Landesdurchschnitt liegt, unabhängig von Haupt- und Nebensaison.

● Nicht nur wegen seiner günstigen Lage etwas oberhalb des Busbahnhofs, sondern vor allem aufgrund seiner guten und für Mt.-Abu-Verhältnisse preiswerten südindischen Küche erfreut sich die **Kanak Dining Hall** großer Beliebtheit.

● Exzellent ist auch das **Sher-e-Punjab-Hotel** beim Gemüsemarkt. Besonders lecker ist z.B. das *Chicken Special*.

● Das direkt daneben gelegene **New Sher-e-Punjab** ist nicht ganz so gut, dafür etwas teurer.

● Ganz ausgezeichnet ist das **Mayur Restaurant** im 1. Stock des Hotels *Hillock*. Ausgezeichnete Thalis sowie chinesische Gerichte machen es zum besten Hotel-Restaurant der Stadt.

● Gute, aber überteuerte Fruchtsäfte, Eis und Kaffee gibt's im **Hasty Tasty** vor dem *Madras Cafe*.

● **Kings' Food** bietet kulinarisch nichts außergewöhnliches, dafür ist es jedoch ein guter Ort, um bei einem nachmittäglichen Kaffee das bunte Treiben an sich vorbeiziehen zu lassen.

● Gehobene Küche in Open-Air-Atmosphäre bietet das **Savera Restaurant** im Hotel *Savera Palace*.

● Nicht zu empfehlen ist dagegen das **Handi** im *Hilltone Hotel*. Das Essen ist durchschnittlich, zudem teuer bei schleppender Bedienung und biederer Einrichtung – muß nicht sein.

● Gar nicht zu verachten sind die vielen kleinen **Essenstände** entlang der Hauptstraße mit diversen Snacks, z.B. frisch zubereiteten Omelettsandwiches.

Weiterreise

Generell sind Busverbindungen vorzuziehen, da dann das umständliche und zeitaufwendige Umsteigen in Abu Road entfällt.

Bahn

● Ein *Railway Booking Office*, in dem **Reservierungen** für Züge von Abu Road vorgenommen werden können, befindet sich etwas oberhalb des Busbahnhofes, **Öffnungszeiten:** 9 bis 16 Uhr.

● **Verbindungen:** siehe Anhang.

Bus

● Eine Vielzahl von privaten Busgesellschaften bieten Fahrten zu fast allen größeren Städten Rajasthans und Gujarats an. Die **Abfahrtszeiten** liegen meist um 8.30 Uhr früh oder, für längere Entfernungen wie z.B. nach Jaipur, um 19.30 Uhr.

● **Fahrtzeiten:** Ahmedabad 6 Std., Udaipur 5 Std., Jodhpur 7 Std., Jaipur 12 Std.

West-Rajasthan

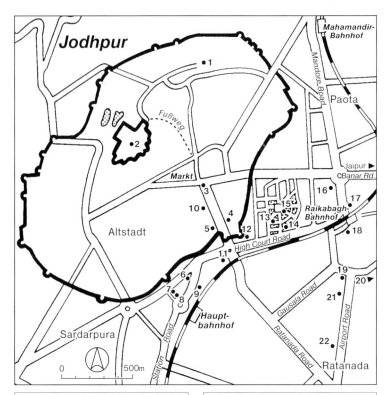

1   Jaswant Thada
2   Meherangarh Fort und Museum
3   Clock Tower
4   Hotel Priya
5   Hotel Soner
6   Hotel Govind
7   Hotel Akash Niwas und
    Kalinga Restaurant
8   Shanti Bhawan Lodge
9   Post, Advanced Railw. Booking Office
10 Hotel City Palace
11 Agra Sweet Home
12 Jodhpur Coffee House
13 Zoo
14 RTDC Ghoomar Tourist Bungalow
    und Tourist Office

15 Government Museum
16 State Bank of India
17 Busbahnhof
18 Hotel Akshey
19 Hotel Sandhu Palace
20 Umaid Bhawan Palace
21 Ajit Bhawan Hotel
22 Indian Airlines

Jodhpur
(ca. 450.000 Einwohner)

Überblick

Von Titanen erbaut erschien das gewaltige inmitten der Altstadt von Jodhpur gelegene Meherangarh-Fort schon *Rudyard Kipling*. Tatsächlich dokumentiert der Anblick dieser im wahrsten Sinne des Wortes alles überragenden Palastanlage auch architektonisch die uneingeschränkte und allumfassende Herrschaft der Rajputenfürsten. Wer mochte es angesichts dieser geradezu erdrückenden Macht schon wagen, gegen die Potentaten zu rebellieren?

Vor die schwierige Aufgabe gestellt, unter all den faszinierenden Festungsanlagen Rajasthans die beeindruckendste auszuwählen, würde das Meherangarh-Fort in Jodhpur sicherlich am häufigsten genannt. Geradezu märchenhaft, wie diese riesige, aus einem 120 Meter hohen Felsen scheinbar herauswachsende Palastanlage im Abendlicht rosarot über der Stadt erstrahlt. Genauso beeindruckend ist der morgendliche Blick von den bis zu 32 Meter hohen Festungsmauern auf die Altstadt mit ihren tief blau bemalten Brahmanenhäusern.

"Stadt des Lichts" wird die zweitgrößte Stadt Rajasthans auch genannt. Und tatsächlich bekommt man hier einen ersten Eindruck vom einzigartigen Licht- und Farbenspiel der Wüste Thar, an deren Rand die ehemalige Hauptstadt des Marwar-Reiches liegt.

Mit dem Umaid Bhawan, einem gewaltigen, erst Mitte dieses Jahrhunderts fertiggestellten Palast und der schönen Altstadt gehört Jodhpur zu den besuchenswertesten Städten Rajasthans und rechtfertigt einen Aufenthalt, bevor man sich von hier auf den langen Weg in die alte Karawanenstadt Jaisalmer an der Grenze zu Pakistan begibt.

Geschichte

1459 sah sich *Rao Jodha* (1451-1492), Anführer der **Rathor,** eines der bedeutendsten Fürstengeschlechter Rajasthans, angesichts der von Delhi anrückenden islamischen Invasoren gezwungen, seine Hauptstadt vom wenig befestigten Mandore, das seit 1395 als Hauptstadt gedient hatte, ins nur acht Kilometer südlich gelegene Jodhpur zu verlegen. Hier wurde umgehend mit dem Bau des Meherangarh-Forts begonnen. Schnell konnten die Rathors aus dem Hause Marwar ihre Machtbasis erweitern, woran vornehmlich *Rao Bi Katshi*, einer der Söhne *Rao Singhs*, mit der Gründung der großen Festungsstadt Bikaner im Norden 1488 großen Anteil hatte. *Jodhas* Enkel *Ganga* mußte jedoch nach mehreren Niederlagen (an der Seite Chittorgarhs) gegen den ersten Großmogul Babur die **Oberherrschaft der Moguln** anerkennen.

Er trat, wie so viele andere Rajputenfürsten auch, in die Dienste der Herrscher von Delhi. So eroberte *Raja Singh* (1594-1619) im Auftrage *Akhbars* große Teile Gujarats und des Dekhan. Sein Enkel *Jaswant Singh* (1635-1678) führte die Truppen *Shah*

Jahans gegen dessen aufsässigen Sohn *Aurangzeb*, dem es schließlich 1679 gelang, Jodhpur zu annektieren. Im nun folgenden dreißigjährigen *Befreiungskampf* verbündeten sich die Rathors von Marwar mit den Sissodias von Udaipur, und ein Jahr nach dem Tod *Aurangzebs* im Jahre 1707 bestieg mit *Ajid Singh* wieder ein Rathor den Thron Jodhpurs.

1818 schließlich erkannten die Marwaris unter *Man Singh* die **britische Oberherrschaft** offiziell an, konnten jedoch, zumindest nominell, ihre Unabhängigkeit bewahren. Dies erwies sich schon 1857 als nützlich, als sich die indischen Truppen in der britischen Armee erhoben und auch in der Legion von Jodhpur Meuterei ausbrach. Die Maharajas, den Briten für die gesicherte Position zu Dank verpflichtet, standen ihrem Vertragspartner zur Seite, und so konnte der Aufstand schließlich niedergeschlagen werden. Auch in den beiden Weltkriegen unterstützte Jodhpur die Kolonialherren, so zum Beispiel im Palästinafeldzug 1917. So verwundert es nicht, daß Jodhpur nur widerstrebend am 30. März 1949 der Indischen Union beitrat.

Sehenswertes

Stadtrundfahrt

● Das *Tourist Office* führt täglich zwei Stadtrundfahrten von 9-13 und 14-18 Uhr durch. Neben dem Meherangarh Fort, dem Umaid-Bhawan-Palast, und dem Jaswanth Thada sind darin auch die Mandore-Gärten 9 km außerhalb der Stadt enthalten. Preis pro Person 50 Rs, Abfahrt vom *Tourist Bungalow*.

Meherangarh Fort

Jedes der insgesamt **sieben Festungstore**, die während des steilen, serpentinenartigen, von hohen Mauern begrenzten Aufstiegs zum Palast zu durchqueren sind, trägt Spuren der ereignisreichen Geschichte des Hauses Mewar. Die farblich markierten Einschläge beim Lakkan-Tor stammen aus den Kanonenkugeln der Truppen Jaipurs, die Anfang des 19. Jahrhunderts vergeblich versuchten, das Fort zu erobern. Das heute als Eingangstor zum Fort dienende *Jaya Pol* (Siegestor) ließ *Maharaja Man Singh* anläßlich dieses Sieges 1809 errichten.

Ein im wahrsten Sinne des Wortes markantes (und makabres) Beispiel des Sati-Kultes findet sich mit den 32 Handabdrücken zu beiden Seiten des mit Eisenstacheln übersäten *Loha Pol*. Hier hinterließen die Prinzessinnen der verschiedenen Maharajas eine letzte Erinnerung, bevor sie sich auf dem Scheiterhaufen ihres verstorbenen Mannes mitverbrennen ließen. Obwohl von den Briten schon Anfang des 19. Jahrhunderts verboten, soll sich noch 1953 die letzte *Sati* aus dem Königshaus von Jodhpur selbst verbrannt haben.

Ähnlich verwinkelt wie der Aufstieg zum **Palast** sind die Treppen und Gänge innerhalb des vor allem durch seine sehr schönen Ornamentierungen beeindruckenden Sandsteinpalastes. Die filigranen Steinmetzarbeiten an den überhängenden Erkern und Balkonen gehören zu den schönsten ganz Rajasthans, ebenso wie die Ausstattung der einzelnen Räume des Palastes mit antiken Möbeln, vergoldeten Sänften, Kostümen, Musikin-

Blick vom Fort auf die Altstadt

strumenten, Kinderwiegen, Waffen und Schmuckvitrinen. Besonders beeindruckend sind dabei die Miniaturmalereien in Umaid Vilas.

Nach Beendigung des Rundganges sollte man auf jeden Fall den einzigartigen **Ausblick** von den mit Kanonen bestückten südlichen Festungsmauern auf die sich weit ausbreitende Altstadt Jodhpurs genießen.

● **Geöffnet** ist der Palast tgl. von 9 bis 17 Uhr, Eintritt 50 Rs, Kameragebühr 50 Rs.

Jaswant Thada

Wer der vom Fort in die Stadt führenden Straße folgt, erreicht nach wenigen hundert Metern eine Abzweigung nach links, die zum **Grabmal** des 1895 verstorbenen *Maharajas Jaswant Singh II.* und aller weiteren

nach ihm verstorbenen Herrscher von Jodhpur führt. Die leuchtend weißen Marmorpavillons wecken eher Assoziationen an einen Palast denn an eine Grabstätte und bieten zudem ein hervorragendes Fotomotiv mit dem Meherangarh Fort im Hintergrund.

● **Öffnungszeiten:** tgl. 10 bis 17 Uhr

Umaid Bhawan

Beim Blick vom Meherangarh-Fort über die Stadt fällt sofort ein in südöstlicher Richtung auf einer Anhöhe liegendes, riesiges **Palastgebäude** auf. Ausmaß, Baustil, Baujahr – alles erscheint an diesem fünf Kilometer vom Stadtzentrum entfernten Gebäude äußerst ungewöhnlich. Als Anfang der zwanziger Jahre dieses Jahrhunderts nach mehrjährigen Mißernten die Bauern ohne Brot und Be-

West-Rajasthan

schäftigung waren, gab *Maharaja Umaid Singh* als eine Art riesige Arbeitsbeschaffungsmaßnahme den Auftrag zum Bau eines neuen Palastes.

Sicherlich ebenso ausschlaggebend war wohl auch hier, wie bei den meisten anderen Rajputenfürsten Anfang des zwanzigsten Jahrhunderts, der Wunsch, die meist mehrere Jahrhunderte alten Residenzen zu verlassen, um sie gegen neue, den Ansprüchen der Neuzeit genügende Paläste einzutauschen. Über 3.000 Arbeiter und Handwerker benötigten 15 Jahre zur Fertigstellung dieses von einer riesigen Doppelkuppel gekrönten Sandsteinpalastes, der mit seinen 195 mal 103 m und 348 Zimmern wahrlich majestätische Ausmaße aufweist.

Das vom prominenten englischen Architekten *H.W. Lancaster* entworfene Monstrum erinnert an eine Mischung aus Buckingham Palace und Petersdom. Während ein Teil des Gebäudes heute als eines des luxuriösesten Hotels ganz Indiens dient, bescheidet sich der derzeit amtierende Maharaja von Jodhpur mit dem kleinen, nur etwa 80 Zimmer umfassenden Südtrakt.

Zudem wurden einige Räume des im Innern etwas düster wirkenden Palastes in ein *Museum* umgewandelt, wobei vornehmlich die umfangreiche Uhren- und Porzellansammlung ins Auge fällt. Während Toilettengänge im übrigen Indien nicht gerade zu den touristischen Höhepunkten zu zählen sind, vermittelt das stille Örtchen im Umaid Bhawan einen lebendigen Ausdruck majestätischen Lebensstils der Maharajas selbst in den profanen Dingen des Lebens.

● *Geöffnet* ist das Museum tgl., außer Fr, von 10 bis 16 Uhr.

● Seit Mitte 1996 wird ein horrender *Eintrittspreis* von 400 Rs. pro Person verlangt, der mit dem im Hotel gegessenen Speisen verrechnet wird.

Anreise

Flug
● Tgl. Flüge von Bombay, Delhi, Jaipur und Udaipur – siehe Weiterreise.

Bahn
● Sehr viele und schnelle Exp.-Verbindungen mit Delhi und Ahmedabad. Verbindungen mit *Jaisalmer Udaipur* oder *Jaipur* sind mit dem Bus schneller. Fahrtzeiten siehe Anhang.

Bus
● Es existieren hervorragende Anbindungen an alle größeren Städte. Innerhalb Rajasthans fährt man mit Bussen oftmals erheblich schneller als mit dem Zug. Wer von *Udaipur* anreist, sollte einen Bus nehmen, der über *Ranakpur* fährt, um dort die wunderschönen Jain-Tempel zu besichtigen.

Information
● Das *Touristenbüro* (Tel.: 45083) befindet sich im *RTDC Ghoomar Tourist Bungalow* und ist tgl. außer So von 8-12 und 15-18 Uhr geöffnet.

Stadtverkehr
● Der *Flughafen* liegt nur 5 km vom Stadtzentrum entfernt. Mit dem Taxi sollte es nicht mehr als 60-70 Rs kosten, mit der Autoriksha max. 30-40 Rs.

● Die Preise für die von Touristen am häufigsten befahrenen Strecken vom Bahnhof zum *Tourist Bungalow*, zum Meherangarh Fort und zum Umaid Bhawan Palace sollten per *Autoriksha* nicht mehr als 20 Rs, 30 Rs und 40 Rs kosten. Verlangt wird vom reichen Sahib natürlich wesentlich mehr.

● *Tempos* verkehren zwischen Bahnhof, Busbahnhof und dem Stadtzentrum.

Unterkunft

Low Budget

● Die meisten Touristen wohnen im **RTDC Ghoomar Tourist Bungalow** (Tel.: 44010), welcher über eine Vielzahl von recht geräumigen EZ/DZ zwischen 300/350 und 425/525 (AC) Rs verfügt. Seine verkehrsgünstige Lage ganz in der Nähe des Busbahnhofs und in Gehdistanz zur Innenstadt, das angeschlossene, wenn auch überteuerte Restaurant sowie das im Haus befindliche *Tourist Office* mit den von dort startenden Stadtrundfahrten sind nur einige Gründe für seine Popularität. All diese Pluspunkte machen den schleppenden, oftmals unfreundlichen Service mehr als wett.

● Wesentlich billiger sind die **Railway Retiring Rooms** mit 120 Rs (nur DZ) und 60 Rs für den Schlafsaal. Sehr preisgünstig, wenn man bedenkt, daß alle Räume mit Cooler versehen sind.

● Die direkt gegenüber dem Bahnhof gelegene **Shanti Bhawan Lodge** (Tel.: 21689) ist akzeptabel mit EZ/DZ zu 80/100 Rs (Gemeinschaftsbad) bis 220/260 (Cooler) Rs.

● Besser ist das **Govind Hotel** (Tel.: 22758) an der Station Road im 2. Stock über einer Bankfiliale. Die EZ/DZ sind sauber, allerdings manche ohne Fenster (200/250 Rs). Dafür bietet sich vom Dach ein toller Blick auf das Meharangarh Fort.

● Zentral gelegen an der Nai Sarak, die ins Stadtzentrum führt, liegt das saubere und freundliche **Hotel Soner** (Tel.: 25732). EZ/DZ Preise: 90/130 und 150/220 (Cooler, TV) Rs.

● Die vielleicht schönste Unterkunft in dieser Preiskategorie ist das **Durag Niwas Guest House** (Tel.: 24990). Das von einer sehr netten Familie geführte Haus verfügt über eine angenehme Atmosphäre und die Zimmer (EZ/DZ 200/250) sind recht passabel.

Budget

● Eine gute Adresse für diejenigen, die in unmittelbarer Nähe zum Bahnhof wohnen wollen, ist das Hotel **Adarsh Niwas** (Tel.: 26936). Alle EZ/DZ des gut geführten Hauses sind gepflegt, besitzen TV und sind zumindest mit Cooler ausgestattet. 450/600 bis 700/900 (AC) Rs.

● Ähnlich, wenn auch nicht ganz so gut ist das **Hotel Priya** (Tel.: 26363) an der Nai Sarak. Auch hier verfügen alle Räume über TV, und ein *Safe-Service* ist ebenfalls vorhanden. EZ/DZ Preise: 300/350 bis 450/550 Rs.

● Empfehlenswert ist auch das gleich hinter der Raiha Bagh Railway Station gelegene **Hotel Akshey** (Tel.: 21549). Alle EZ/DZ verfügen über Warmwasser und sind mit Cooler versehen. Mit 310/360 Rs sind sie zudem recht preisgünstig.

Tourist Class und First Class

● Ein gutes Preis/Leistungsverhältnis bietet das in der Nähe des *Ajit Bhawan* gelegene Hotel **Sandhu Palace** (Tel.: 32611). Die ruhige Lage und das freundliche Personal passen zum Gesamtbild. EZ/DZ 550/650 (Cooler) - 850/950 (AC).

● Das Hotel **City Palace** (Tel.: 390033) ist das wohl beste Hotel an der Nai Sarak Rd. Den groß angepriesenen hauseigenen Swimmingpool kann man zwar vergessen (verdreckt und winzig), doch die Zimmer sind ordentlich. EZ/DZ 790/990 Rs.

● Ausnehmend schön ist die Anlage des Hotels **Ajit Bhawan** (Tel.: 20409) an der Straße zum Flughafen. Die insgesamt 20 stilvoll eingerichteten Bungalows liegen in einem äußerst gepflegten Garten mit Swimmingpool und sind mit EZ/DZ zu 1.300/1.600 bis 2.300/2.500 (AC) Rs vergleichsweise billig. Jeden Abend findet eine Musik- und Tanzvorführung im typisch rajasthanischen Stil statt.

● Ausgezeichnet ist das Hotel **Ratanada Polo Palace** (Tel.: 31910-14, Fax: 33118) mit sehr schön eingerichteten Zimmern (EZ/DZ 2.500/3.000), großem Pool, einem ausgezeichneten Restaurant und sehr freundlichem Personal. Einzig die Lage relativ weit außerhalb des Stadtzentrum an der Straße zum Flughafen ist von Nachteil.

● Wer ein wenig Kleingeld übrig hat, sollte vielleicht für 730 US-$ (pro Nacht) die *Maharani Suite* des **Umaid Bhawan Palace,** eines der nobelsten Hotels ganz Indiens, mieten. Der 1943 fertiggestellte riesige Prachtbau strahlt im Innern eine mondäne und etwas kühle Atmosphäre aus und spiegelt damit die Zeitepoche der untergehenden Rajputenherrschaft Mitte dieses Jahrhunderts. Alle EZ/DZ sind luxuriös ausgestattet, wobei die billigste Kategorie, die sogenannten *Deluxe Rooms*, "nur" 120/140 US-$ kosten. Ein Swimmingpool gehört ebenso zur Anlage wie Badminton- und Tennisplätze, Sauna- und Gymnastikräume, mehrere Restaurants sowie ein wunderschöner Park mit Ausblick auf das 5 km entfernte Jodhpur mit dem alles überragenden Meherangarh-Fort.

Essen

Die Angebotspalette reicht vom *Refreshment Room* des Busbahnhofs bis zum fürstlichen Buffet im *Umaid Bhawan Palace*.

● Erstaunlich gut und preiswert ist das Restaurant im 1. Stock des **Bahnhofs**. Dementsprechend voll ist es jeden Abend mit Reisenden, die auf den Nachtzug nach Jaisalmer warten.

● Sehr gut ißt man auch im **Kalinga Restaurant** (AC) direkt neben dem Hotel *Adarsh Nivas*. Mit ca. 80 Rs für ein Fleischgericht ist es jedoch relativ teuer.

● Etwas preiswerter, für die gebotenen Speisen dennoch zu teuer ist das **Restaurant im Tourist Bungalow**. Die unfreundlichen Ober wirken auch nicht gerade appetitanregend.

● Eine preiswerte Alternative ist das **Midtown Restaurant** in der nahegelegenen Shanti Bhawan Lodge.

● Für indische Verhältnisse richtiggehend angenehm sitzt es sich im direkt an das *Ajit Bhawan* angrenzende und unter gleichem Management befindliche Restaurant **On the Rocks**. In diesem Gartenrestraurant, zu dem auch eine allerdings recht dunkle Bar gehört, sitzt es sich nicht nur angenehm, viele indische Küche ist zudem sehr schmackhaft.

● Aussicht, Ambiente und Küche überzeugen genauso im unmittelbar neben dem Umaid Bhawan gelegenen **Kebab Konner**. Speziell abends schmeckt es unter freiem Himmelbei der Aussicht auf den angestrahlten Palast umso besser.

● Eine besondere Spezialität Jodhpurs ist der sogenannte *Makhani Lassi* (Butter-Lassi), ein wunderbar cremiges und gleichzeitig erfrischendes Getränk. Erhältlich in vielen Restaurants und an Getränkeständen, doch besonders lecker im **Agra Sweet Home** unmittelbar beim Sojati Gate in der Innenstadt.

● Leckere und preisgünstige vegetarische Gerichte und einen tollen Blick auf das Meherangarh-Fort bietet das **Fort View Restaurant** auf dem Dach des *Govind Hotels*. Sogar Hängematten stehen zur Verfügung!

● Exquisit und in fürstlicher Umgebung kann man in einem der vielen Restaurants des **Umaid Bhawan Palace** speisen. Ebenso teuer wie köstlich ist das umfangreiche Abendbüffet im riesigen Bankettsaal (450 Rs ohne Getränke).

● Genauso umfangreich und zudem in schöner Open-Air-Atmosphäre und bei Volksmusik aus Rajasthan kann man im **Ajit Bhawan Palace Hotel** dinieren. Mit 150 Rs ist es außerdem wesentlich billiger.

Weiterreise

Flug

● *Indian Airlines* (Ratanad Road, Tel.: 28600) fliegt tgl. außer Do und Sa nach **Bombay** (87 US-$), **Delhi** (56 US $), **Jaipur** (34 US-$) und **Udaipur** (28 US-$).

Bahn

● Der **Hauptbahnhof** von Jodhpur ist einer der bestorganisierten ganz Indiens. Das **Reservierungsgebäude** liegt etwa 200 m rechts vom Bahnhof und ist Mo bis Sa von 8 bis 20 Uhr geöffnet, So von 8 bis 14 Uhr. Schneller geht es jedoch im *International Tourist Bureau* im 1. Stock des Bahnhofs. Speziell wer morgens ankommt, um z.B. am gleichen Tag mit dem Nachtzug nach Jaisalmer weiterzufahren, sollte sich so bald wie möglich hier sein Ticket besorgen. Je früher, desto besser, denn die Nachfrage speziell für diese Strecke ist sehr hoch.

● Verbindungen nach **Jaipur, Delhi** und **Jaisalmer** bitte dem Anhang entnehmen.

● **Udaipur** und **Mt. Abu** sind wesentlich schneller mit dem Bus zu erreichen.

Bus

● Mehrere Verbindungen tgl. nach **Abu Road** und **Jaipur** (7 Std.), **Ajmer** und **Bikaner** (5 Std.), **Ahmedabad** (11 Std.).

● Wer nach **Udaipur** fährt (7 Std.), sollte den *Deluxe-Bus* nehmen, da dieser über **Ranakpur** fährt, wo die wunderschönen Jain-Tempel zumindest einen Zwischenstop lohnen.
● Von den 10 Bussen, die täglich nach **Jaisalmer** fahren, ist der morgens um 6 Uhr vom *Tourist Office* abfahrende *Deluxe-Bus* einer der bequemsten und schnellsten. Er braucht nur sechs Stunden.

Ziele in der Umgebung

Mandore

Vorbei am Maha Mandir, einer Siedlung mit einem großen Shiva-Tempel, führt die Straße ins 8 km nördlich gelegene Mandore. Der Ort war für ein halbes Jahrhundert **Hauptstadt der Marwaris**, bevor diese ihre Residenz nach Jodhpur verlegten. Heute ist Mandore mit seinen hübschen Ro-

senbeeten, Wasserläufen, frei umherlaufenden Pfauen und schönen alten Bäumen, in denen sich die Affen austoben, ein beliebtes Ausflugsziel. Inmitten der Gärten am Fuße des alten Forts stehen die äußerst fotogenen marmornen Gedenkstätten der ehemaligen Herrscher von Marwar. Die schönsten *Chattris* wurden *Maharaja Jaswant Singh* und *Maharaja Ajit Singh* gewidmet. In der sogenannten Heldenhalle stehen 16 überlebensgroße aus dem Fels gemeißelte, bunt bemalte Skulpturen, die historische Figuren und lokale Gottheiten darstellen sollen. Eine weitere Sehenswürdigkeit ist der Tempel der 333 Millionen Götter, in dem nicht ganz so viele Götter und Geister zu sehen sind.

West-Rajasthan

Osian

Der heute in der Hitze der Wüste Thar vor sich hin dösende Ort war vom 8. bis 12. Jh. eine lebhafte Handelsstadt am Kreuzungspunkt wichtiger Karawanenstraßen. Aus jener Zeit haben sich insgesamt 16 sehr schöne *Hindu-* und *Jain-Tempel* erhalten. Die ältesten Sakralbauten stehen auf einer erhöhten Terrasse am Ortsrand und sind in der Tradition des Gupta-Baustils konstruiert.

Am beeindruckendsten ist ein sehr fein ornamentierter *Sonnentempel,* der stammt aus dem 8. Jh.

Der in der Nähe befindliche *Stufenbrunnen* war ursprünglich Teil eines Sommerpalastes, von dem jedoch nur noch bescheidene Ruinen erhalten geblieben sind.

Zum *Tempel Sachiya Mata* (Tempel der Wahrhaftigen Mutter), der aus dem 12. Jh. stammt, pilgern vor allem junge Ehepaare und kinderlose Frauen, um bei dieser Fruchtbarkeitsgottheit um die Erfüllung ihres Kinderwunsches zu beten.

Wie so oft ragt auch in Osian der große, dem Stifter der Jain-Religion *Mahavira* gewidmete *Jain-Tempel* mit einer unglaublichen Fülle an Skulpturenschmuck heraus. Die Götterfiguren, Tempeltänzerinnen, Blumen und Elefantenfriese erinnern an die großartigen Tempelanlagen von Dilwara und Ranakpur.

●*Anreise:* Von Jodhpur fahren tgl. 5 Direktbusse in 2 Std. nach Osian.

Rohet

Dieser kleine Ort, 40 Kilometer südlich von Jodhpur gelegen, ist wieder einer jener auf den ersten Blick unscheinbaren Ortschaften, die ihren Charme gerade daraus beziehen, daß sie jenen zeitlosen Charme vermitteln, der die eigentliche Faszination des ländlichen Rajasthans ausmacht.

●Ein idealer Ort, um hier einige Tage zu verbringen ist das wunderschöne *Heritage Hotel Rohet Garh,* ein über 350 Jahre altes Herrschaftshaus, in dem schon der berühmte Reiseschriftsteller *Bruce Chatwin* wohnte. Preis EZ/DZ 1100 - 1300 Rs.

●*Anreise:* Täglich mehrere Busse innerhalb von 1,5 Stunden von Jodhpur, oder für ca. 300 Rs. per Taxi.

Salawas

Nicht nur für Freunde handgewebter Baumwollteppiche lohnt ein Besuch des knapp 30 Kilometer südlich von Jodhpur gelegenen Dörfchens Salawas. Seit Jahrhunderten gilt das kaum je von Touristen besuchte Städtchen als eine der bekanntesten Adressen Indiens, wenn es um die Herstellung schöner Baumwollteppiche geht. Beim Gang durch die Altstadtgassen kann man überall die an ihren antiquierten Webstühlen sitzenden Dhurrai-Weber im Einsatz erleben. Die Menschen sind äußerst aufgeschlossen und so wird man nicht selten zu einer Tasse indischen Tees eingeladen. Daß dabei auch einige Teppiche zum Verkauf angeboten werden, versteht sich von selbst.

●*Anreise:* Jeden Tag verbinden Salawas mindestens sieben Direktbusse mit Jodhpur, Fahrtzeit etwa eine Stunde.

Khimsar

Ein geradezu idealer Ort, um abseits der ausgetretenen Touristenpfade einige Tage der Ruhe und Entspannung im ländlichen Rajasthan zu verbringen, ist der kleine Ort Khimsar,

60 Kilometer nördlich von Jodhpur gelegen. Khimsar selbst ist ein unscheinbares Dorf, wäre da nicht jenes zum Hotel umgebaute **Fort,** welches zu einem der schönsten Heritage-Hotels ganz Indiens zählt. Von dem im 17. Jahrhundert erbauten **Burghotel Royal Castle** (EZ/DZ 750/950), welches um einen sehr schönen Swimmingpool angelegt ist, lassen sich interessante Ausflüge in die wüstenartige Umgebung unternehmen. Besonders beliebt sind nachmittägliche Safaris zu den in der Gegend vorkommenden Antilopen-Herden und den hier besonders zahlreichen Bishnoi-Dörfern. Kehrt man nach dem von der Spitze einer Sanddüne genossenen Sonnenuntergang ins herrlich restaurierte *Royal Castle* nach Khimsar zurück, wird einem die zeitlose Schönheit des Ortes bewußt. Als idealen Ausklang des Tages sollte man sich das allabendlich auf den Festungsmauern mit folkloristischer Untermalung angebotene rajasthanische Abendessen nicht entgehen lassen.

Jaisalmer

(ca. 40.000 Einwohner)

Überblick

Goldene Stadt, Traum aus Tausendundeiner Nacht, magisch – solche und ähnliche Vergleiche werden immer wieder bemüht, um den unvergleichlichen Charme dieser inmitten der Wüste Thar weitab der nächsten größeren Ansiedlung gelegenen

Stadt zu beschreiben. Tatsächlich fällt es schwer, beim Anblick dieser uralten Karawanenstadt nicht ins Schwärmen zu geraten. Wie eine Fata Morgana erhebt sich das auf einem achtzig Meter hohen Felsen gelegene und von einer mit 99 Wehrtürmen versehenen Mauer umgebene Fort aus der hitzeflimmernden Wüste.

Dieser Eindruck wird noch verstärkt, betritt man die unterhalb des Forts von einer Stadtmauer eingegrenzte Altstadt. Der allgegenwärtige Wüstenstaub scheint sich hier wie ein Konservierungsmittel über die gänzlich aus gelbbraunen Sandsteinen kunstvoll gefertigten Häuser gelegt zu haben. In den engen Gassen, zwischen den farbenfroh gekleideten Nomaden der umgebenden Wüste, glaubt man sich tatsächlich in eine orientalische Märchenstadt versetzt.

Nichts scheint sich hier seit dem Mittelalter verändert zu haben, als die Kamelkarawanen nach tagelangen, anstrengenden Märschen durch die unbarmherzige Wüste einen langersehnten Zwischenstop einlegten, bevor sie sich wieder auf den Weg Richtung Vorderer Orient machten, um dort ihre wertvollen Stoffe, Gewürze, Elfenbein und Opium zu verkaufen.

Fast nichts, sollte man besser sagen, denn unter das bunte Gemisch der Wüstenvölker hat sich eine typische Erscheinung des 20. Jahrhunderts gemischt – der ob all dieser Pracht staunende und allzeit kamerabereite westliche Tourist.

Jaisalmer ist der Aufsteiger des indischen Tourismus. Galt die Stadt noch vor wenigen Jahren als Geheimtip der Rucksackreisenden, so ist sie heute

West-Rajasthan

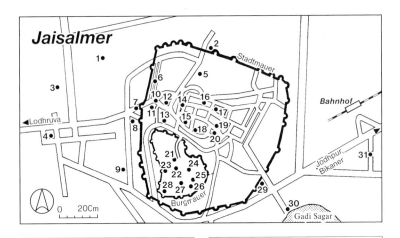

1 Sunset Point und Chattris	14 Nathmal-ji-ki-Haveli
2 Malka Pol	15 Hotel Fort View, Midtown Rest.
3 Himmatgarh Palace Hotel	16 Hotel Rajdhani
4 RTDC Mormal Tourist Bungalow und Tourist Office	17 Patwon-ki-Haveli
	18 Monica Restaurant
5 Narayan Vilas Hotel und Narayan Niwas Hotel	19 Natraj Restaurant
	20 Salim-Singh-Haveli
6 Hotels Pleasure, Pushkar Palace, Swastika, Renuka, Anurag und Holiday Inn	21 Palast und Museum
	22 8th of July Restaurant
	23 Deepak Rest House
7 Amar Sagar Gate	24 Paradise Hotel
8 Bus- und Taxistand	25 Hotel Suraj
9 Post	26 Hotel Srinath Palace
10 Gandhi Chowk	27 Jain-Tempel
11 Restaurants Skyroom, The Trio und Kalpana, State Bank of India und Bank of Baroda	28 Hotel Jaisal Castle
	29 Gadi Sagar Pol
	30 Tilon-ki-Pol
12 Hotel Jaisal Palace	31 Zentraler Busbahnhof
13 Hotel Giriraj	

selbstverständlicher Bestandteil der meisten Pauschalrundreisen. Noch scheint der ursprüngliche Charakter der Stadt einigermaßen intakt, doch sollte die Entwicklung im derzeitigen Tempo fortfahren, dauert es gewiß nicht mehr lange, bis sie zum Rotenburg ob der Tauber Indiens verkommen ist und sich hinter den pittoresken Häuserfassaden anstatt kleiner Geschäfte nur noch Reisebüros, Hotels und Souvenirläden finden.

Geschichte

Ähnlich wie die *Rathors von Jodhpur* sah sich 1156 auch der Rajputenfürst *Jaisal* vom Geschlecht der *Bhati* aufgrund der zunehmenden muslimischen Bedrohung dazu genötigt, seine nur mangelhaft befestigte Hauptstadt Lodruwa zu verlassen, um 18 km östlich davon auf einem steil aus der Wüste aufsteigenden Felsen seine neue Hauptstadt zu errichten. Langsam entwickelte sich Jaisalmer zu einem **bedeutenden Stützpunkt** an der Kamelkarawanenroute zwischen Indien und dem Vorderen Orient.

Strategisch wie wirtschaftlich wurde die Stadt zu einem begehrten Objekt der muslimischen Eroberer. Nach mehrjähriger Belagerung eroberten 1315 die Truppen *Ala-ud-Din-Khalis* die Stadt. Zuvor hatten sich die Bewohner der Stadt, im Angesicht der Hoffnungslosigkeit ihrer Lage, zu dem selbstmörderischen Ritual des *Jauhar* entschlossen. Nach nur zwei Jahren gaben die Eroberer jedoch die Festung wieder auf, und die Bhatis konnten in ihre alte Festung zurückkehren. Weiterhin jedoch blieb Jaisalmer umkämpft, und noch zwei weitere Male zogen ihre Bewohner das grausame Jauhar-Ritual der Unterwerfung vor. Zwischenzeitlich versank die Stadt in Anarchie, wurde zeitweise sogar ganz aufgegeben und verkam zur Geisterstadt.

Erst als sich die Bhatis Mitte des 16. Jahrhunderts dem Großmogul unterwarfen und *Maharawal Bhim* den 1562 geschlossenen Vertrag der Verheiratung einer seiner Töchter an den Mogul-Hof besiegelte, trat eine längere Phase des Friedens und **Wohlstandes** ein, von dem auch heute noch einige der einzigartigen Kaufmannshäuser (*havelis*) zeugen.

1819 schloß auch Jaisalmer unter seinem Herrscher *Rawal Akshey Singh* einen Vertrag mit der *East India Company*. Doch mit dem Aufkommen Bombays als Umschlagplatz des Seehandels begann Mitte des 19. Jh. der **Niedergang** Jaisalmers. Die alten Handelsrouten verloren mehr und mehr an Bedeutung, zumal das von den Engländern rasch ausgebaute Schienennetz, an das Jaisalmer nicht angeschlossen wurde, die vorher von den Kamelkarawanen durchgeführten Transporte schneller und sicherer abwickelte. Ganz ähnlich wie im Shekhawati, verließen daraufhin die reichen Kaufleute die Stadt und siedelten sich im aufstrebenden Bombay an. Von den 1850 noch über 30.000 Einwohnern in Jaisalmer, bewohnten 100 Jahre später nur noch wenige Tausend Menschen die scheinbar vergessene Stadt.

Durch die Abtrennung Pakistans 1947 und den damit einhergehenden Verlust des Hinterlandes schien das Schicksal Jaisalmers endgültig besiegelt.

Doch noch einmal sollte sich das Schicksal der so launischen indischen Geschichte zugunsten Jaisalmers wenden. Die beiden **indisch-pakistanischen Bruderkriege** ließen die besondere strategische Bedeutung der Stadt als Vorposten zum Erzfeind Pakistan wieder in den Vordergrund treten. 1968 wurde Jaisalmer ans Schienennetz angebunden, die Straßenverbindungen ausgebaut und eine Militärbasis in der Nähe der Stadt stationiert. Mit dieser **verkehrstechnischen Anbindung** an den Rest Rajasthans kamen auch die ersten Touristen, und heute ist der Tourismus die Haupteinnahmequelle der Stadt – Tendenz: rapide steigend.

West-Rajasthan

Kamelsafaris

Mehrtägige Kamelsafaris in die Wüste Thar mit Ausgangs- und Endpunkt Jaisalmer gehören für die allermeisten Individualtouristen zu den Höhepunkten, ja fast schon zum Muß einer Nordindienreise. So findet sich denn auch unter den westlichen Besuchern Jaisalmers kaum jemand, der nicht auf dem Rücken eines dieser klassischen Wüstentiere losreiten wollte.

Wer dabei aber vom klassischen Lawrence-von-Arabien-Klischee der menschenleeren, sich endlos bis zum Horizont erstreckenden Sanddünen ausgeht, wird am Ende in dieser Beziehung enttäuscht sein. Damit die Reise tatsächlich ein unvergeßliches Erlebnis wird, gilt es vor der Buchung einige wichtige Dinge zu beachten.

Zunächst muß man sich im klaren sein, daß Kamelsafaris in Jaisalmer *Big Business* sind. Der Wettbewerb ist dementsprechend verbissen, und unter den zahlreichen An-bietern befinden sich einige schwarze Schafe. Am besten, man erkundigt sich unter bereits von einer Safari zurückgekehrten Reisenden nach ihren Erfahrungen. Derartige aktuelle Informationen aus erster Hand sind unbezahlbar. Fragen sollte man z.B. nach Menge und Qualität des Essens (immer nur *Dhal* und Reis oder eine abwechslungsreiche Küche), nach der täglich zurückgelegten Strecke (es gibt Fälle, in denen man gerade drei Stunden pro Tag reitet und den Rest des Tages nichts zu tun hat) oder der Übernachtungsart (unter freiem Himmel oder im Zelt).

Generell gilt: Je mehr man zahlt, desto mehr Gegenwert erhält man auch. Man kann z.B. nicht erwarten, für einen Preis von 120 Rs pro Tag, von dem das Hotel oder Guest House auch noch eine Vermittlungsgebühr von 30 % einbehält, täglich drei Festmahle serviert zu bekommen. 250 Rs pro Tag muß man mindestens für eine anständige Safari zahlen. Bei Allem,

Sehenswertes

Das Fort

was darunter liegt, muß man mit schlechtem, einfallslosem Essen und mißgelaunten, weil unterbezahlten Kameltreibern rechnen. Die Kameltreiber bekommen allerdings immer am wenigsten ab. Ein Trinkgeld am Ende der Tour ist also sicherlich angebracht.

Unbedingt vor Antritt der Safari sollte man sicherstellen, daß man auch wirklich allein auf dem Kamel sitzt. Das sollte eigentlich eine Selbstverständlichkeit sein, doch bei einigen Billiganbietern mußten sich auch schon zwei Touristen ein Kamel teilen.

Eine der am häufigsten durchgeführten Safaris dauert zweieinhalb Tage und beginnt am Mittag des ersten Tages mit einer Jeepfahrt zu den Sam-San-Dünen, wo man meist mit Hunderten von anderen Touristen einen Sonnenuntergang in einer Bilderbuchkulisse erlebt. Während der folgenden zwei Tage, in denen man verlassene Wüstenstädte und Tempelanlagen wie Amar Sagar, Lodruwa und Mul Sagar passiert, wird das Bild jedoch eher von karstigen, weit weniger spektakulären Landschaften bestimmt. Speziell in der Hauptreisesaison von November bis März ist es eher die Regel als die Ausnahme, immer mal wieder anderen Karawanen zu begegnen.

Wer beabsichtigt, eine längere Safari zu unternehmen, sollte auf jeden Fall vorher einmal proberreiten. Kamelreiten sieht romantisch aus, ist jedoch sehr anstrengend, besonders für den Rücken und dessen Verlängerung. Es gibt nicht wenige, die deswegen nach euphorischem Beginn bereits am zweiten Tag aufgeben. Gerade deshalb ist es besonders wichtig, eine weiche Sattelauflage wie etwa einen Wollpullover mitzunehmen. Selbiger ist auch für die oft sehr kühlen Nächte unter freiem Himmel nützlich. Außerdem sollte man eine Wasserflasche, Wasserentkeimungstabletten, eine Kopfbedeckung (Turban ist ideal), Taschenlampe und Sonnencreme auf die Tour mitnehmen. Das wichtigste jedoch ist gutes Sitzfleisch.

Im Gegensatz zu allen anderen Festungsanlagen Rajasthans beherbergte das auf dem 120 m langen und 50 m breiten Trikuta-Felsen gelegene Fort zunächst nicht nur den Herrscherpalast, sondern auch alle weiteren Wohn- und Geschäftshäuser der Stadt. Erst Anfang des 17. Jh., als der Platz innerhalb des Forts erschöpft war, mußten sich neuansiedelnde Bürger ihre Häuser unterhalb des Forts errichten. Der damals in Jaisalmer herrschende Wohlstand zog schnell viele Handelsleute in die entlegene Wüstenstadt, so daß diese Neustadt bald größer war als der ursprüngliche Ort.

Auch in Jaisalmer wurde der Aufstieg zum Fort aus verteidigungstechnischen Gründen im Zickzackkurs angelegt. Entlang einer windungsreichen, von einigen Souvenirläden - flankierten Zufahrt gelangt man schließlich durch das mit reichverzierten Balkonen versehene Hara Pol auf den großen Palastvorplatz. Von dem auf einer Empore neben dem Palasteingang plazierten Marmorthron aus hielt der Rawal von Jaisalmer die Paraden, Feste und Militärzeremonien ab. Der siebenstöckige, reich verzierte ***Stadtpalast Raj Mahal*** besteht aus fünf Gebäudeteilen, die über einen Zeitraum von fünf Jahrhunderten entstanden. Die Wände der Innenräume sind z.T. mit schönen Malereien versehen, doch der Palast ist fast vollständig ausgeräumt. Dafür bietet sich von oben ein sehr schöner Blick über die Altstadtdächer auf die sich anschließende Wüste.

●*Öffnungszeiten:* tgl. 8-13 und 14-17 Uhr

Wenn man vom Palast über den Vorplatz schaut, sieht man hinten rechts eine kleine Straße, die in die extrem engen, kaum Sonnenlicht gestattenden **Gassen des Forts** führt. Hier scheint sich seit Jahrhunderten nichts verändert zu haben. Offene stinkende Kanäle, Ratten, Hunde und Kühe bestimmen das mittelalterlich anmutende Bild. Viele der oft verfallenen Häuser stehen leer, da die Bewohner in den letzten Jahren aufgrund der dort herrschenden besseren hygienischen Verhältnisse in die unterhalb des Forts gelegene Neustadt gezogen sind.

Besonders deutlich wird der Platzmangel bei den vier **Jain-Tempeln**, die hier von den in Jaisalmer besonders stark vertretenen Jains zwischen dem 14. und 16. Jh. erbaut wurden. Die Tempel sind derart ineinander verschachtelt, daß sie wie ein einziges Bauwerk wirken. Wie so oft bei Heiligtümern dieser Religionsgruppe, zeichnen sich auch diese durch ihre ungemein reiche Ornamentierung aus. Blumenornamente, Tänzerinnen, Liebespaare und Tiere bedecken Säulen, Wände und Decken. In den Nischen des Korridors, der das Tempelinnere umgibt, sitzen unzählige, immer gleich aussehende *Tirthankaras.*

●*Öffnungszeiten:* tgl. 8-12 Uhr

Unterhalb des **Sambhavanath-Tempels**, in dem das mit vollbusigen Tempeltänzerinnen verzierte Tempeldach auffällt, findet sich in einem engen unterirdischen Raum die **Gyan-Bhandar-Bibliothek** mit wertvollen, z.T. auf Palmblättern geschriebenen

Jaina-Manuskripten. Von hier soll ein 16 km langer Tunnel zur alten Hauptstadt Lodhruva führen.

●*Öffnungszeiten:* 8 bis 12 Uhr.

Alle Wege innerhalb der Festungsanlage führen schließlich zu den das Fort umlaufenden **drei Mauerringen**, von wo sich speziell gegen Sonnenuntergang ein herrlicher Ausblick genießen läßt.

Havelis

Jaisalmer ist ein einziges Freilichtmuseum voller Lebensfülle und exotischer Eindrücke. An jeder Straßenecke bieten sich dem Besucher neue unverwechselbare Eindrücke, und er weiß gar nicht, wo er zuerst hinschauen soll. Dennoch stellen die von reichen Geschäftsleuten erbauten Wohn- und Geschäftshäuser (*haveli*) die eigentliche Kostbarkeit Jaisalmers dar. Es gibt diese *Havelis* zwar schon von anderen Orten Rajasthans, vor allem aus der Shekhawati-Region (siehe Exkurs in diesem Abschnitt), doch nirgendwo sonst sind sie so betörend schön wie in Jaisalmer. Im weichen und damit leicht zu bearbeitenden Sandstein Jaisalmers haben die muslimischen Handwerker wahre Wunderwerke filigraner Baukunst hervorgebracht, und man muß schon zweimal hinschauen, um zu erkennen, daß es sich tatsächlich um Steinmetzarbeiten und nicht um Holzschnitzkunst handelt.

Eines der auffälligsten Kaufmannshäuser ist das um 1815 erbaute **Salim Singh Haveli**. Der recht schmale Unterbau wird von einem weit auskragenden Obergeschoß mit unzähligen pavillonartigen Kuppeldächern überragt. *Salim Singh Mota* war von 1784 bis 1824 Premierminister, übte jedoch de facto die Macht im Fürstentum aus. Zur Herrschaftssicherung schreckte der Tyrann auch vor der Ermordung zweier seiner Konkurrenten nicht zurück. Um seine herausragende Stellung auch architektonisch zu dokumentieren, plante er, eine Brücke von seinem Haveli zum Palast zu bauen. Schließlich wurde er jedoch von dem bis dahin von ihm abhängigen Maharaja ermordet. Das Haveli ist für einen Obulus von 10 Rs. zugänglich, doch ein schöner Blick auf das bietet sich auch vom Dach des gegenübergelegenen Souvenirshops. Daß der Ladeninhaber für diesen Service nachher eine Besichtigung in seinem Geschäft erwartet, ist selbstverständlich – *just for looking* natürlich.

Auch das 1885 erbaute **Natmal ki Haveli** gehörte einem ehemaligen Premierminister und noch heute wohnen hier dessen Nachkommen. Zwei Brüder waren für die Steinmetzarbeiten verantwortlich. Jeder übernahm einen Flügel des Hauses, und obwohl kein Motiv dieses ungemein detailreich verzierten Gebäudes zweimal vorkommt, wirkt der Bau insgesamt äußerst harmonisch.

Das mit Abstand beeindruckendste Haveli ist jedoch das von einem Gold- und Silberhändler errichtete **Patwon ki Haveli.** Eigentlich sind es fünf Havelis, die der Kaufmann zwischen 1800 und 1860 für seine fünf Söhne errichten ließ. Kaum zu zählen sind die unvergleichlich reich verzierten Erker, Pavillons und Balkone der einen ganzen Straßenzug einnehmen-

den Häuserfassade. Das Patwon ki Haveli wurde in den letzten Jahren zu einem kleinen Basar umgebaut. Den Innenhof schmücken riesige Wändbehänge. Qualität und Preise sind hier gleichermaßen hoch. Speziell gegen Sonnenuntergang ist der Anblick vom Dach über die Altstadt auf das Fort unvergeßlich.

Etwas südlich des Haupteingangstors zur Stadt, dem Amar-Sagar-Tor, findet sich der Ende des letzten Jahrhunderts erbaute **Palast** (*Bada Vilas*) der Herrscher Jaisalmers mit dem wunderschönen pagodenartigen Tarsia-Turm in der Mitte. Der Palast ist noch heute Sitz der Maharajas von Jaisalmer und somit nicht für die Öffentlichkeit zugänglich.

Gadi Sagar

Etwa ein Kilometer südöstlich der Stadt liegt dieser 1367 zur Wasserversorgung angelegte **See**. In seiner Mitte steht ein hübscher kleiner Pavillon, und speziell frühmorgens, wenn die farbenfroh gekleideten Frauen mit ihren Messingkrügen zum Wasserholen kommen, bietet dieser von vielen Tempeln umstandene See ein idyllisches Bild.

Das mächtige, sehr hübsche **Eingangstor**, welches die kleine Straße zum See überspannt, soll ursprünglich von einer in Jaisalmer geborenen Konkubine während einer ihrer alljährlichen Pilgerreisen erbaut worden sein. Da jedoch auch Angehörige des Hofes den See regelmäßig zu ihren Opferhandlungen aufsuchten und das Passieren des Tores als Schande empfanden, sollte es abgerissen werden. Daraufhin ließ die Konkubine ein

West-Rajasthan

Götterbild am Tor anbringen und funktionierte es so zu einem Heiligtum um, das natürlich nicht abgerissen werden konnte. Forthin mußten sich die Hoheiten gezwungenermaßen einen anderen Zugang zum See suchen.

Information

●Das *Tourist Office* (Tel.: 2406) befindet sich im *Tourist Bungalow* und liegt damit recht ungünstig etwa 1,5 km westlich der Altstadt Jaisalmers. Geöffnet ist es tgl., außer So, von 8 bis 12 und 15 bis 18 Uhr. Die Zweigstelle am Bahnhof sollte zu den jeweiligen Ankunfts- und Abfahrtszeiten der Züge geöffnet sein, ist dies aber nicht immer.

Stadtverkehr

●Jaisalmer ist so klein, daß man alle Sehenswürdigkeiten zu Fuß zu erreichen kann. Auch vom Bahnhof in die Altstadt sind es kaum mehr als 10 Minuten. Einzig vom Bahnhof zum *Tourist Bungalow* ist es reichlich weit. Mit dem Scooter kostet die Fahrt ca. 30 Rs.

Unterkunft

In kaum einer anderen Stadt Nordindiens herrscht ein derart verbissener Wettbewerb um die zahlungskräftigen westlichen Touristen wie in Jaisalmer. Das erfährt der Besucher meist schon kurz vor der Ankunft, wenn er im Bus oder im Zug von unzähligen *Schleppern* umringt wird. Am Bahnhof angekommen, wartet dann auch noch eine ganze Armada von Jeeps mit unübersehbaren Transparenten des jeweiligen Hotels auf die noch unentschlossene Kundschaft. Hat man sich erst einmal zu einer Jeepfahrt in die Stadt überreden lassen, wird man von einer Unterkunft zur nächsten gekarrt, bis man sich schließlich genervt irgendwo einquartiert hat, wo man eigentlich gar nicht hinwollte. Zudem darf man selbstverständlich noch eine saftige Kommission für die Schlepper zahlen. Im Grunde ist es völlig unnötig, sich auf die ganzen Lockangebote von *free transport* bis *best and cheapest hotel in*

Jaisalmer einzulassen, da die Wüstenstadt klein genug ist, um sich in Ruhe nach einem genehmen Hotel umzuschauen.

Der enorme *Konkurrenzkampf* hat für den Kunden auf der anderen Seite natürlich den positiven Effekt, daß das Preisniveau relativ niedrig ist. Andererseits sind viele Hotelbesitzer, die übrigens oft gar nicht aus Jaisalmer stammen, sondern nur während der Hauptsaison von Oktober bis März die Häuser von Einheimischen gemietet haben, unter einem derartigen Kostendruck, daß sie ihre Gäste unbedingt auf die von ihnen angebotenen Kamelsafaris verpflichten wollen. Es hat sogar schon Fälle gegeben, in denen Touristen, die sich darauf nicht einlassen wollten, zum Verlassen des Hotels aufgefordert wurden.

Es ist sicherlich nicht leicht, die schwarzen Schafe immer gleich zu erkennen, doch sollte man mit den hier gegebenen Vorüberlegungen in Ruhe aussuchen. Im Folgenden kann nur eine kleine Auswahl der insgesamt über 70 Hotels und Guest Houses gegeben werden.

Low Budget

Die größte Anzahl an Billigunterkünften findet sich in zwei kleinen Gassen, die gegenüber der *State Bank of India* am Amar Sagar Gate abzweigen.
●Eines der empfehlenswertesten in dieser Gegend ist das seit nunmehr 15 Jahren vom sehr freundlichen und hilfsbereiten *Mr. Didi* geleitete *Hotel Pleasure* (Tel.: 2323). Im Preis von 60/80 Rs für die sauberen, allerdings recht kleinen EZ/DZ ist u.a. die kostenlose Benutzung der hauseigenen Waschmaschine enthalten. Nach einer staubreichen Kamelsafari ein sicherlich gern wahrgenommener Service.
●Genauso teurer ist das schräg gegenüber gelegene *Hotel Pushkar Palace.* Auch hier herrscht eine angenehme Atmosphäre, wobei die verhältnismäßig großen Badezimmer ein zusätzliches Plus sind.
●Viele positive Bewertungen erhält auch stets das *Hotel Swastika* (Tel.: 2483) am oberen Ende der parallel verlaufenden Chanipura Street. Eine Übernachtung in einem der sauberen EZ/DZ kostet 100/130 Rs. Ein Bett im Schlafsaal ist für 20 Rs zu haben.

●Sehr populär ist trotz seines vergleichsweise hohen Preises von 40/80 (Gemeinschaftsbad) bis zu 110/180 Rs das *Hotel Renuka* (Tel.: 2757) gegenüber. Das Haus ist im Besitz eines sehr bemühten Ehepaares und bietet vom Dach eine sehr schöne Aussicht.

●Weitere empfehlenswerte Unterkünfte beim Amar Sagar Gate sind das *Anurag Hotel* (Tel.: 2596) mit sauberen und recht geräumigen Zimmern zwischen 90 und 160 Rs sowie das neu eröffnete *Holiday Inn* (Tel.: 2456) mit insgesamt 20 Räumen für 160 bis 200 Rs.

●Etwas weit weg vom Schuß, aber dafür um so angenehmer wohnt man im *Hotel Rajdhani* (Tel.: 2746) in der Nähe des Patwon ki Haveli. Mit 150 bis 250 (Cooler) Rs sind die Zimmer nicht gerade billig, bieten dafür jedoch eine heiße Dusche, und man kann sich in aller Ruhe auf die einzigartige Atmsphäre Jaisalmers abseits des großen Touristenstromes einlassen. Zudem bietet sich speziell am Nachmittag vom Dach des Hauses ein schöner Blick auf das Fort.

●Sehr gut wohnt man auch im stilvollen *Hotel Giriraj Palace* (Tel.: 2268) gleich hinter der Fort-Mauer. Die manchmal etwas unkonventionell geschnittenen EZ/DZ in diesem alten *Haveli* besitzen eine Menge Atmosphäre, was man von vielen anderen in der Nähe des Amar Sagar sicher nicht sagen kann. EZ/DZ-Preis: 80/145 bzw. 120/240 (TV, Telefon) Rs.

●Seinem Namen alle Ehre macht das *Fort View Hotel* (Tel.: 2214), bietet sich doch vom Dachrestaurant ein toller Ausblick auf das direkt gegenüber gelegene Fort. Seine ideale Lage kommt nicht von ungefähr, war es doch eines der ersten Häuser Jaisalmers, so daß sich der freundliche Besitzer noch nicht mit anderen Interessenten um den besten Platz streiten mußte. Heute ist es besonders bei Rucksackreisenden sehr beliebt, wozu sicherlich auch die moderaten Preise von 15 Rs (Schlafsaal) über EZ/DZ 70/90 Rs (Gemeinschaftsbad) bis 160/230 Rs (Warmwasser, Fortblick) beitragen. Allerdings wirken die Räume im Erdgeschoß recht zellenartig. Es besteht die Möglichkeit, Geld zu wechseln, internationale Telefongespräche zu führen sowie Bus- und Bahntickets zu kaufen.

●Sollte das *Fort View Hotel* ausgebucht sein, kann man sein Glück im unmittelbar daneben gelegenen *City View Guest House* versuchen: 60-160 Rs.

●Die billigste Unterkunft im Fort selbst bietet das familiäre, allerdings reichlich versteckt direkt an der Fort-Mauer gelegene *Deepak Rest House* (Tel.: 2665). Die verschachtelten und verwinkelten Räume vermitteln einen sehr gemütlichen Eindruck und werden zudem von der sympathischen Familie des Hauses penibel gepflegt. Von den insgesamt 14 Zimmern ist die Nr. 9 das schönste, weil es über einen eigenen kleinen Balkon verfügt. Während dieser auch mit 220 Rs nicht überbezahlt ist, kosten die anderen EZ/DZ zwischen 60/80 (Gemeinschaftsbad) und 120/170 Rs. Im Schlafsaal kann man für 15 Rs schlafen, unter freiem Himmel auf dem Dach bekommt man den tollen Sternenhimmel mit 10 Rs fast geschenkt.

●Lange Zeit war das *Paradise Hotel* (Tel.: 2674), ein sehr schönes altes *Haveli* mit einem großen Innenhof direkt gegenüber vom Palast, die beliebteste Unterkunft in Jaisalmer. Leider ist auch dieses Haus ein Opfer seines eigenen Erfolges geworden, da mit dem stetigen Preisanstieg ein gleichzeitiges Absinken an Freundlichkeit und Sauberkeit festzustellen ist. Selbst Zimmer ohne Bad sind nicht mehr unter 100 Rs zu bekommen. Für die größeren mit sehr schöner Aussicht und eigenem Bad werden bis zu 400 Rs verlangt.

●Äußerst familiär und romantisch geht es hingegen noch in den in einer schmalen Gasse beim Jain-Tempel gelegenen Hotels *Suraj* (Tel.:.3023, EZ/DZ 300/450 Rs) und *Shreenath Palace* zu. Beide sind wunderschöne, über 500 Jahre alte Rajasthan-Häuser, deren große Zimmer mit Holzdecken, Wandgemälden und kleinen Erkern sehr stilvoll eingerichtet sind. Der äußerst günstige EZ/DZ-Preis von 100/200 Rs im Shreenath erklärt sich durch die Tatsache, daß keines der Zimmer über ein eigenes Bad verfügt, was allerdings kaum störend wirkt, da die Gemeinschaftsbäder sehr sauber sind und beide Hotels meist nur wenige Gäste beherbergen.

West-Rajasthan

Budget

● Der **RTDC Tourist Bungalow** (Tel.: 2392) liegt allzu weit außerhalb der Altstadt und zudem in einer langweiligen Gegend. Diesen Nachteil können auch die recht passablen Zimmer nicht aufwiegen. EZ/DZ Preis: 350/400 (Cooler) bis 700/775 (AC) Rs.

● Besser, aber auch nicht gerade berauschend ist das Hotel **Jaisal Palace** (Tel.: 2717) hinter dem Royal Palace. Zwar verfügen alle Zimmer über Warmwasser und TV, doch das kann die insgesamt mangelnde Atmosphäre nicht aufwiegen. Für die Hälfte des EZ/DZ Preises von 350/450 Rs kann man in der Altstadt wesentlich schöner wohnen.

● Das mit Abstand beste Hotel dieser Preiskategorie ist das stilvolle **Jaisal Castle** (Tel.: 2362), ein renoviertes altes *Haveli* in der südwestlichen Ecke des Forts. Alle der insgesamt 11 sehr schön eingerichteten EZ/DZ (600/700 Rs) verfügen über einen Cooler und große Fensterfronten, die sehr schöne Ausblicke in die Umgebung gewähren. Ein Haus zum Wohlfühlen, wären da nicht die unfreundlichen Bediensteten, die offensichtlich überhaupt keinen Gefallen an ihrer Arbeit finden können. Schade.

Hier gibt es Unterkünfte für jeden Geschmack

Tourist Class und First Class

● Sowohl das zum Stadtpalast gehörende Hotel **Mandir Palace** (Tel.: 52788) als auch das Hotel **Nanchana Haveli** liegen im Bereich des Gandhi Chowk. Beide sind in historischen Bauten untergebracht und vermitteln eine traditionelle Wohnatmosphäre. Leider verbindet beide auch der mit EZ/DZ 600/800 Rs überteuerte Preis, da der gebotene Standard recht bescheiden ist.

● Architektonisch sehr gelungen ist das auf einem Hügel im nördlichen Teil der Altstadt gelegene **Narayan Niwas Palace** (Tel.: 52408). Die um einen hübschen Innenhof gruppierten Zimmer sind hübsch eingerichtet, wobei sehr viele kunsthandwerkliche Objekte Verwendung fanden. Ein sehr gutes, wenn auch mit EZ/DZ 1150/1450 Rs überteuertes Hotel. Das Abendessen im Innenhof wird von traditioneller Volksmusik untermalt.

● Halb so teuer (EZ/DZ 600/700 Rs), dafür jedoch auch wesentlich weniger luxuriös wohnt man im angrenzenden **Shrii Narayan Vilas Hotel** (Tel.: 2397, 2408). Auch hier überzeugt der traditionelle Baustil. Allerdings sind die Zimmer von sehr unterschiedlicher Qualität, so daß man sich zuerst einige anschauen sollte, bevor man sich für eins entscheidet.

● Das um einen schönen Swimmingpool angelegte **Gorgandh Palace Hotel** (Tel.: 52749) hat sich in den letzten Jahren zu einem der besten Hotels Jaisalmers gemausert. Die insgesamt 67 Zimmer (EZ/DZ 1.100/1.300 bis 1.400/2.500 Rs) sind über verschiedene Gebäudetrakte verteilt und verfügen alle über AC.

● Ähnlich in Ambiente und Ausstattung ist das **Himmatgarh Palace Hotel** (Tel.: 2213). Auch dieses erstklassige Hotel verfügt über einen Swimmingpool, der jedoch während der trockenen Sommermonate wegen Wassermangels oft leer bleibt. Zwar liegt das Hotel außerhalb der Stadtmauern, doch dafür wird man mit dem großartigen Panoramablick auf Jaisalmer, speziell am späten Abend, entschädigt. Die Zimmer in den Wohntürmen sind denen im Hauptgebäude vorzuziehen. EZ/DZ 1.200/1900 Rs.

Essen

Dem Ansturm westlicher Touristen folgte der Siegeszug westlicher Eßgewohnheiten. Das hat zu dem kuriosen Ergebnis geführt, daß es heutzutage in einer Stadt, die bis vor 10 Jahren kaum ein Westler zu Gesicht bekommen hat, wesentlich einfacher ist, Müsli, Spaghetti, Pizzas und Kuchen zu bestellen als authentisches indisches Essen. Andererseits hat man die Auswahl zwischen einer Reihe sehr schön gestalteter Lokale, wobei sich besonders die Dachgartenrestaurants bei den Touristen großer Beliebtheit erfreuen. Die größte Ansammlung empfehlenswerter Restaurants findet sich am Gandhi Chowk beim Amar Sagar Gate.

● Am auffälligsten sind dabei das **The Trio** und das **Skyroom,** welches auf dem Dach der in einem sehr schönen, alten *Haveli* untergebrachten *State Bank of India* plaziert ist. In beiden Restaurants werden bei abendlicher Live-Musik köstliche Gerichte serviert. Während das *Trio* jedoch in den letzten Jahren seinen hohen Standard halten konnte und weiterhin köstliche Gerichte zu vergleichsweise günstigen Preisen und das in angenehmer Athmosphäre serviert, hat das *Skyroom* deutlich nachgelassen.

● Keine Live-Musik und keine großartigen Ausblicke bietet das **Kalpana Restaurant**, ebenfalls am Gandhi Chowk gelegen. Dafür gibt es sehr leckeres und preiswertes Essen, so daß sich das Lokal in den letzten Jahren zu einem der Favoriten in der Traveller-Szene entwickelt hat.

● Allein die tolle Aussicht im Dachrestaurant im **Fort View Hotel** lohnt einen Besuch, auch wenn das Essen eher durchschnittlich ist. Großartig schmeckt allerdings Joghurt mit gemischten Früchten (*Mixed Fruit Curd*).

● Schön sitzt es sich auch im neuen, unmittelbar davor plazierten **Midtown Restaurant.**

● Noch näher am Forteingang liegt das sehr beliebte **Monica Restaurant**. Hier sitzt man

ebenso Open Air wie im **Natraj Restaurant** schräg gegenüber vom Salim Singh ki Haveli. Das *Natraj* bietet sich für all jene an, die ein wenig dem touristischen Massenbetrieb um den Gandhi Chowk entgehen wollen.

● Sehr schön sitzt man im **8th of July Restaurant** direkt oberhalb des Schloßplatzes im Fort. Ein idealer Ort, um bei einem Tee mit Kuchen das gemächliche Leben an sich vorbeiziehen zu lassen. Gemächlich sollte man auch auf die gelangweilte Bedienung reagieren – man hat ja Zeit.

Tips, Adressen und Sonstiges

Bank

● Während die **State Bank of India** am Amar Sagar Gate zuletzt keine *Thomas Cook Traveller Cheques* tauschte, nahm die gleich nebenan gelegene **Bank of Baroda** keine *American Express Traveller Cheques* an. Das war aber auch schon mal umgekehrt und kann sich auch wieder ändern – also ausprobieren.

● Außer in den guten Hotels (allerdings nur für Hotelgäste) kann man auch an der Rezeption des **Fort View Hotel** Geld wechseln. Der Wechselkurs ist dabei nur geringfügig schlechter als der Bankkurs.

Post

● Zwei Touristen beklagten sich darüber, daß ihre in Jaisalmer aufgegebenen Pakete auch nach 5 Monaten noch nicht in der Heimat eingetroffen waren. Vielleicht liegt's an der Abgeschiedenheit der Wüstenstadt. Man wartet also besser bis Jaipur oder Delhi mit dem Verschicken von Souvenirs.

Fest

● Ebenso wie das Elefantenfest von Jaipur ist auch das jedes Jahr im Februar stattfindende **Desert Festival** in Jaisalmer eine Erfindung cleverer Tourismusmanager und beruht nicht auf einem traditionellen Hintergrund. Turban-Wettbinden und Tauziehen sind denn auch nur alberne Entgleisungen, doch ansonsten sind die Kamelrennen und vor allem die herrlich geschmückten Wüstenbewohner schon einen Besuch wert.

West-Rajasthan

Einkaufen

Der Tourismusboom der letzten Jahre zog neben Hotels und Restaurants auch unzählige Souvenirshops im Schlepptau nach Jaisalmer. An Shopping-Versuchungen besteht also kein Mangel, wobei sich die bis zu 3 mal 5 m großen mit **Spiegelchen verzierten Decken** als besondere Verkaufsschlager erwiesen haben. Je nach Qualität und Größe werden hierfür zwischen 500 und 5.000 Rs verlangt. Besonders astronomisch sind die Preise im Patwon-ki-Haveli, wo sie sehr eindrucksvoll vom obersten Stockwerk des Innenhofes bis zum Erdgeschoß herunterhängen. Gern gekauft wird auch der schwere **Silberschmuck** der Nomaden, der sich allerdings wohl eher als Dekorationsobjekt denn zum Tragen eignet. Verhältnismäßig billig, zumindest wenn man in den Läden abseits der Hauptstraße kauft, kann man **Kleidungsstücke aus Kamelleder** wie z.B. Hüte, Gürtel und Schuhe erstehen. Ein hübsches, zudem preiswertes Souvenir sind die vielfach leuchtend bunten **Turbane**.

● Wer sich zunächst einen Überblick über das Kunsthandwerk Rajasthans verschaffen möchte, sollte sich im **Jaisalmer Handicrafts Emporium** am Amar Sagar Gate umschauen.

An- und Weiterreise

Flug

● Jaisalmer wird von *Indian Airlines* zur Zeit nicht angeflogen. Priv. Fluggesellschaften siehe Anhang.

Bahn

● Siehe Anhang.

Bus

● Obwohl der **Busbahnhof** in der Nähe des Bahnhofs liegt, starten alle Busse auch vom *City Bus Stand* an der Kreuzung vor dem Amar Sagar Gate.

● Nach **Jodhpur** (6,5 Std.) fahren tgl. 8 Express-Busse.

● Der Express-Bus um 14.30 Uhr nach Jodhpur fährt bis **Udaipur** weiter. Wegen der nachtschlafenen Ankunftszeit jedoch ungünstig.

● Mit einem der tgl. 11 Express-Busse benötigt man zwischen 6 und 7 Std. nach **Bikaner**. Es gibt auch Busse, die über die Nebenstrecke entlang des Indira-Ghandi-Kanals fahren. Sie brauchen etwa 9 Stunden.

● Nach **Jaipur** über **Jodhpur** und **Ajmer** sind es mit dem Deluxe-Bus 12 Std.

● Nach **Mt. Abu** (11 Std.) fährt tgl. ein Direktbus um 5.30 Uhr morgens.

● 14 Stunden sind es zur Wüstenstadt **Bhuj.** Ob dieser Bus allerdings nach wie vor eingesetzt wird, sollte man ebenso wie alle genannten Abfahrtszeiten in Jaisalmer noch einmal erfragen.

Umgebung Jaisalmers

Amar Sagar

Die hübsche Gartenanlage im Nordwesten Jaisalmers mit einem kleinen Palast, Tempeln und *Chattris* stammt aus dem 17. Jh. Der dazugehörige See ist nur wenige Monate im Jahr mit Wasser gefüllt. Bis zum nächsten Monsun, wenn sich die Senke wieder auffüllt, werden Seerosen und Gemüse gezogen. Am besten erhalten sind die nach einem aufwendigen Restaurantionsvorhaben im alten Glanz erstrahlenden Jain-Tempel mit ihrem immer wieder beeindruckenden Skulpturenreichtum.

Lodhruva

Von Lodhruvas ehemaliger Größe als der **Hauptstadt** der Bhati-Herrscher, bevor sie nach Jaisalmer umzogen, zeugt nur noch ein sehr schön restaurierter **Jain-Tempel**. In seinem Inneren verbirgt sich mit einem Wunschbaum, dem sogenannten *Kalpavriksha*, eine seltene Kostbarkeit. Zu diesem aus Kupfer gefertigten Baum mit Blättern, Früchten und Vögeln pilgern viele Jains, um für die Erfüllung ihrer Wünsche zu beten. Ansonsten scheinen die aus alten Reiseberichten überlieferten Paläste, Tempel und zwölf Stadttore des 16 km nordwestlich von Jaisalmer gelegenen Lodhruva über die Jahrhunderte im Wüstenstaub versunken zu sein.

Khuri

Wer einmal eine friedvolle **Wüstenoase** abseits ausgetrampelter Touristenpfade erleben möchte, sollte sich auf den Weg ins 40 km südwestlich von Jaisalmer gelegene Khuri begeben. Die halbnomadischen Bewohner von der Rajputenfamilie der *Sodhas* sind liebenswerte Gastgeber, und so wird man im Rasthaus zunächst einmal mit einem köstlichen Kardamomtee willkommen geheißen. Das archaisch anmutende Dorfleben geht noch geruhsam und ohne jede Hektik vonstatten. Von einer Lehmmauer umgeben, stehen die meisten Häuser inmitten eines kleinen Hofes, der mit einer zementartigen Masse ausgelegt ist, dessen Hauptbestandteil Kuhdung ist. Sehr hübsche geometrische Ornamente verzieren die Eingänge der weiß gekalkten, runden Lehmbauten.

Was auf den zivilisationsgestreßten Reisenden aus dem hochtechnisierten Westen wie ein Hort der Glückseligkeit erscheinen mag, ist eine strengen Sitten und Regeln unterliegende Dorfgemeinschaft. Insofern sollte sich jeder Besucher so zurückhaltend und rücksichtsvoll wie nur irgend möglich verhalten.

●**Anreise:** Drei hoffnungslos überfüllte **Busse** am Tag legen die Strecke in 2 Std. zurück.

Special Permits, die früher zum Besuch von Khuri erforderlich waren, braucht man inzwischen nicht mehr.

●**Unterkunft:** Als einzige Übernachtungsmöglichkeit stehen die vom freundlichen Herrn *Singh* errichteten **Lehmbungalows** zur Verfügung. Eine Übernachtung inklusive 3 Mahlzeiten kostet 250 Rs. Der Besitzer organisiert auch Kamel-Safaris zum Preis von 300 Rs pro Tag. Mit der zunehmenden Beliebtheit Khuris bei Individualreisenden ist damit zu rechnen, daß in nächster Zeit weitere Dorfbewohner kleinere Pensionen eröffnen.

Bikaner
(ca. 400.000 Einwohner)

Überblick

Bis vor wenigen Jahren lag die 1488 nach ihrem Begründer *Rao Pikaji*, einem Sohn des Herrschers von Jodhpur, benannte Stadt noch im touristischen Abseits, doch inzwischen profitiert sie quasi als Trittbrettfahrer von der enormen Popularität der 300 km westlich gelegenen Wüstenstadt Jaisalmer. Viele Reisende legen hier, von Delhi oder Shekhawati kommend, einen Zwischenstop ein, und so sind die Touristenzahlen in den letzten Jahren kontinuierlich gestiegen.

Tatsächlich hat sie mit einem der am besten ausgestatteten **Forts** Rajasthans und der in ganz Indien einmaligen, etwa 10 km außerhalb liegenden **Kamelzuchtfarm** auch zwei Sehenswürdigkeiten zu bieten. Insgesamt jedoch wirkt die sehr weitläufige Stadt recht spröde.

West-Rajasthan

1 Harayana Hotel	7 RTDC Dhola Maru Tourist
2 Junagarh Fort und Museum	Bungalow und Touristenbüro
3 State Bank of Bikaner & Jaipur	8 Hotels Joshi, Amit, Green, Deluxe,
4 Post	Delight und Akash Deep
5 Zoo	9 Amber Restaurant
6 Ganga Golden Jubilee Museum	10 Hotel Shri Shanti Niwas

Talwar: Die indische Hieb- und Stichwaffe ist komplett aus Eisen und Stahl gefertigt.

Sehenswertes

Junagarh Fort

Mag Bikaner auch nicht zu den schönsten städten Rajasthans gehören - der Stadtpalast ist zweifelsohne einer der schönsten überhaupt. Zwei besondere Merkmale unterscheidet das Fort von den meisten anderen Palästen Rajasthans: Es liegt weder erhöht auf einem Bergrücken oder Felsplateau, noch war die Anlage Ausgangspunkt für die sich daran ansiedelnde Stadt, denn sie wurde erst über 100 Jahre nach der Stadtgründung erbaut.

Man betritt die von einem Wassergraben und einer 986 m langen, 20 m hohen und bis zu 9 m breiten Mauer umgebene *Palastanlage* durch das von 2 riesigen Elefanten flankierte *Suraj Pol.* An den nächsten beiden Toren *(Daulat Pol* und *Karan Pol)* finden sich ähnlich wie im Meharangarh Fort in Jodhpur die Handabdrücke der Frauen, die ihren fürstlichen Ehemännern nach deren Ableben auf dem Scheiterhaufen mehr oder weniger freiwillig folgten und so zu *Satis* wurden.

Durch eine kleine Unterführung betritt man den Eingangshof zum Palast. Im nun folgenden Gewirr der unzähligen Empfangsräume, Höfe, Hallen, Schlafräume, Dachterrassen und Tempel wäre der Besucher hoffnungslos verloren, und so wird man von gut ausgebildeten Führern durch die Palastanlage geleitet.

Begonnen wurde mit dem Bau der Palastanlage Ende des 16. Jh. unter *Raja Singh* (1571-1611), der zu einem der mächtigsten Heerführer *Akhbars* zählte. Er und seine Nachfolger, die

als letzte treue Vasallen auf Seiten des letzten, verhaßten Mogul-Herrschers *Aurangzeb* standen, steckten ihr in Kriegszügen angesammeltes Vermögen in den weiteren Ausbau dieses Palastes.

Besonders sehenswert sind der **Phul Mahal und Chandra Mahal** (Blumenpalast und Mondpalast) aus dem 18. Jh. mit ihren sehr schönen Spiegelintarsien und Wandmalereien. Interessant ist auch der **Hari Mandir,** der Haupttempel des Palastes, in dem die fürstlichen Hochzeiten und Geburten zelebriert wurden.

● *Öffnungszeiten:* 10 bis 16.30 Uhr, Eintritt 25 Rs, Kamera: 10 Rs.

Ganga Golden Jubilee Museum

Dieses etwa 2 km östlich des Forts beim Gandhi-Park gelegene Museum befindet sich in einem Rundbau, der zur Hälfte von Verwaltungsbüros belegt ist. Im Innern finden sich ein buntes Sammelsurium von **archäologischen Funden** aus der Harappa- und Gupta-Periode. Als Einzelstücke fallen ein Seidenumhang des Mogul-Herrschers *Jehangir* sowie eine Miniatureisenbahn mit reich ausgeschmückten Wohn-, Arbeits- und Schlafwaggons ins Auge. Englischsprachige Erläuterungen finden sich leider nirgends, der recht lange Anfahrtsweg lohnt nur für wirklich kulturhistorisch interessierte Besucher.

● *Öffnungszeiten:* Tgl., außer Fr, 10 bis 16.30 Uhr.

Jain Tempel

Die beiden im 14. Jahrhundert entstandenen Jain-Tempel der zwei Kaufmannsbrüder *Bandeshwar* und *San-*

deshwar gehören zu den ältesten noch erhaltenen Bauwerken Bikaners. Wie immer bei Sakralbauwerken dieser Religionsgemeinschaft überzeugen die Tempel durch ihren Detailreichtum. Während beim Bandeshwar-Tempel geschnitzte Holzfiguren das Kultbild des 24. und letzten Furtbereiters Mahavira umstellen, sind es die Emaille- und Goldblattarbeiten des Neminath-Sandeshwar-Tempels, die am meisten ins Auge fallen.

Lalgarh-Palast

Etwa 3 km nördlich der Stadt liegt dieser zwischen 1902 und 1926 von *Maharaja Ganga Singh* erbaute Palast, der wegen seiner festungsartigen Architektur und seines Baumaterials auch *Red Fort* genannt wird. Äußeres Erscheinungsbild, Bauzeit, Ambiente und heutiger Verwendungszweck des Gebäudes erinnern stark an den Umaid Bhawan in Jodhpur.

Das riesige Bauwerk beeindruckt durch seine exquisite Innenausstattung und perfekte Bearbeitung. Der Lalgarh-Palast ist heute in 3 Bereiche unterteilt: die Privaträume des Maharajas, ein Luxushotel und ein Museum. Bekannt aus vielen anderen Rajputenpalästen sind die Waffen- und Trophäensammlung, wirklich beeindruckend ist jedoch die ausgezeichnete Fotogalerie, die einen hervorragenden Einblick sowohl in das private wie öffentliche Leben der Maharajas zur Zeit der britischen Besatzung gewährt.

●*Öffnungszeiten:* Tgl., außer Mi, 10 bis 17 Uhr, Eintritt 20 Rs.

Information

●Das *Touristenbüro* (Tel.: 27445) befindet sich im Tourist Bungalow und wird von einem äußerst freundlichen und hilfsbereiten Angestellten geleitet. Geöffnet ist es tgl. außer So von 9 bis 17 Uhr.

Stadtverkehr

●Vom 3 km nördlich des Stadtzentrums am dem Lalgarh-Palast gelegenen Busbahnhof bis zum Bahnhof sollte es mit der *Autoriksha* 8 Rs kosten, vom Bahnhof zum Junagarh Fort maximal 5 Rs und ebensoviel zum *Tourist Bungalow*.
●*Tempos* verkehren auf den Hauptstrecken zwischen Bahnhof und Altstadt und Busbahnhof.
●Für ca. 20 Rs pro Tag kann man sich gegenüber vom Bahnhof *Fahrräder leihen*. Eine sehr gute Alternative, sich in Bikaner fortzubewegen.

Unterkunft und Essen

●Verläßt man den Bahnhof nach rechts und folgt der Hauptstraße für etwa 200 m, zweigen zwei schmale Gassen nach rechts ab, in denen sich *fünf kleine einfache Hotels* drängen. Alle sind spartanisch eingerichtet, doch sauber und ein Nacht durchaus akzeptabel. Die EZ/DZ-Preise liegen um die 110/130 Rs. Manche, wie das freundliche und relativ neue *Hotel Amit* (Tel.: 28064), verfügen zudem über Zimmer mit AC und TV für 180 Rs. Das *Green Hotel* und das *Deluxe Hotel* beherbergen recht gute Restaurants.
●Eine Preiskategorie höher liegt das *Hotel Joshi* (Tel.: 26162) mit recht guten EZ/DZ für 230/260 (Cooler) und 390/440 (AC, TV) Rs. Die hinteren Räume sind allerdings wegen der vorn entlangführenden lauten Station Road vorzuziehen.
●Preisgünstige und saubere EZ/DZ zu 120/140 und 150/200 (Cooler,TV) Rs vermieten das Hotel *Shri Shanti Nivas* (Tel.: 5025) und das *Haryana Hotel* in der Gangashahar Road, gegenüber dem Bahnhof. Bei

beiden macht das Personal einen gelangweilten bis unfreundlichen Eindruck.

● Ruhig, etwa 2 km östlich vom Bahnhof liegt der *RTDC Dhola Mara Tourist Bungalow* (Tel.: 25002) mit EZ/DZ-Preisen von 160/190 bis 360/450 (AC) Rs. Auch hier fällt das eher unbeteiligte Personal sowie der renovierungsbedürftige Gesamtzustand der Anlage negativ ins Gewicht. Das dem Haus angeschlossene Restaurant serviert nur durchschnittliche Kost.

● Das an der Zufahrt zum *Lalgarh Palace* plazierte *Palace View Hotel* vermietet im Privathaus des freundlichen Besitzers sechs recht hübsche Zimmer, die mit EZ/DZ 600/800 Rs jedoch leider überteuert erscheinen.

● Mitten im Altstadtzentrum von Bikaner liegt das erst vor kurzem stilvoll renovierte Hotel *Bhanwar Niwas* (Tel.: 334005). Die insgesamt 12 Zimmer sind mit erlesenem Mobiliar ausgestattet und dementsprechend mit 2.500 Rs nicht gerade billig. Das in einem schönen Marwari-Haveli untergebrachte *Heritage Hotel* ist sein Geld jedoch allemal wert.

● Das *Hotel Lalgarh Palace* (Tel.: 3263), der Palast des Maharajas von Bikaner, sieht zwar auf den ersten Blick recht imposant aus, doch bei näherem Hinsehen entpuppen sich doch viele Räume im Inneren als etwas abgewohnt und muffig. Die insgesamt 40 EZ/DZ kosten zwischen 900/1.100 und 1.900/2.100 (AC) Rs.

● Sehr gut ißt man im *Amber Restaurant* gegenüber dem *Joshi Hotel.*

An- und Weiterreise

Da Bikaner nur an das Meterspurnetz angeschlossen ist, sind die Busverbindungen meist schneller.

Bahn

● Verbindungen nach *Shekhawati, Jaipur* und *Delhi:* siehe Anhang.

Bus

● Sehr schnell mit Deluxe-Bussen in nur 6 Std. nach *Jaisalmer.*

● Nach *Jhunjhunu* 2 Direktbusse um 11 und 14.30 Uhr.

● *Weitere Verbindungen* u.a. nach Jaipur (7 Std.) und Jodhpur (5 Std.). Alle Jodhpur-Busse halten übrigens am *Rattentempel von Deshnok.*

Ziele in der Umgebung

Devi Kund

Die um einen künstlichen See angelegten *Totengedenkstätten* für die Herrscher von Bikaner wirken mit ihren verspielten Kuppeldächern aus Ziegeln, Sandstein oder Marmor und den sie stützenden reich ornamentierten, freistehenden Säulen eher wie heitere Sommerpavillons. Am beeindruckendsten ist der weiße Marmorchattri von *Maharaja Sardhul Singh* (1943-1949). Acht Kilometer östlich von Bikaner.

Kamelzuchtfarm

Die 10 km nördlich Bikaners gelegene staatliche Kamelfarm ist die einzige ihrer Art in ganz Asien und führt die Tradition des legendären Kamelkorps *Ganga Rissala* fort, mit dem Maharaja *Ganga Singh* im Ersten Weltkrieg an der Seite der Engländer gegen die Türken kämpfte. Auch heute noch werden Kamele für die Einheit der *Border Security Force* gezüchtet, doch vornehmlich kommen die Wüstentiere bei Paraden und Filmaufnahmen zum Einsatz. Vor allem am späten Nachmittag, wenn Hunderte dieser majestätischen Tiere von den Weiden zurückkehren, bietet sich ein herrliches Bild

● Für *Hin- und Rückfahrt* mit der Autoriksha inkl. einstündiger Wartezeit sollte man ca. 110 bis 120 Rs rechnen.

Karni-Mata-Tempel in Deshnok

Einer der bizarrsten Tempel Nordindiens findet sich an der Straße nach Jodhpur, 36 km südwestlich von Bikaner. Abscheu und Neugierde zugleich sind wohl – zumindest für Westler – die beherrschenden Gefühle beim Gang durch die sehr schöne, von *Maharaja Ganga Singh* gestiftete, silberbeschlagene Eingangstür. Ein ekelerregender Gestank und tausendfaches Gequieke beherrschen das Innere des einer Inkarnation der Göttin Durga geweihten Tempels. Hervorgerufen wird diese wenig einladende Atmosphäre von angeblich über 20.000 **Ratten und Mäusen**, die im Tempelkomplex verehrt und gefüttert werden. Als besonders glücksverheißend gilt der Anblick der äußerst seltenen weißen Ratten.

● Etwa stündlich fährt ein **Bus** vom Busbahnhof in Bikaner nach Deshnok (Fahrtzeit ca. 1 1/2 Std.). Mit dem **Taxi** sind es für Hin- und Rückfahrt inkl. Wartezeit ca. 150 Rs.

Gajner-Naturschutzgebiet

Auf der Straße von Bikaner nach Jaisalmer erreicht man nach 32 Kilometern das Gajner Wildlife Sanctuary. Es wird nur selten besucht, aber besonders während der Wintermonate, wenn an den Ufern des Sees Tausende von Zugvögeln Station machen, lohnt das ehemalige Jagdgebiet des Maharajas *Ganga Singh* von Bikaner einen Abstecher.

● Wer zudem fürstlich logieren will, für den bietet sich das herrliche, unmittelbar am Seeufer gelegene **Gajner Palace Hotel** an. Die insgesamt 22 Zimmer in dem ehemaligen Sommerpalast des Maharajas kosten je nach Größe, Ausstattung und Lage zwischen 40 und 100 Dollar. Buchungen nimmt das *Lalgarh Palace Hotel* in Bikaner entgegen (Tel.: 3263).

Nagaur

Überblick

Wer von Bikaner weiter Richtung Jodhpur reist, erreicht nach 110 km die vom Tourismus unberührte alte **Rajputenstadt** Nagaur. Nur im Januar/Februar, wenn hier ein viertägiger großer **Kamelmarkt** stattfindet, zu dem Zigtausende farbenfroh gekleideter Wüstenbewohner strömen, lassen sich in der malerischen Altstadt, die von einer mächtigen Schutzmauer umschlossen ist, einige Westler blikken. Zu diesem Zweck errichtet das *Tourist Office* eine Zeltstadt für die Unterbringung von Pauschaltouristen. Viele ziehen das Nagaur Fair dem wesentlich bekannteren Phuskar Fair wegen seiner ursprünglicheren Atmosphäre vor. Doch selbst wenn man das von jahrmarktsähnlichen Vergnügungen begleitete Fest nicht erleben kann, lohnt die für ihre besonders kräftigen Bullen in ganz Rajasthan bekannte Stadt durchaus einen Besuch.

Shekawati

Überblick

Der Name der Wüstenrandzone zwischen Delhi, Bikaner und Jaipur beruht auf dem Rajputenherrscher *Rao Shekhaja*, der hier 1471 ein kleines Fürstentum gründete. Die **Marwaris,** wie die Bewohner dieser Region genannt werden, häuften mit der ihnen eigenen Kombination aus Geschäftstüchtigkeit und Sparsamkeit recht schnell einen bescheidenen Wohlstand an. Hierbei schlugen sie vor allem aus der geographisch sehr günstigen Lage ihrer Provinz Nutzen, die am Knotenpunkt bedeutender Handelsrouten lag, die bis nach China, Afghanistan und Persien führten. Durch den intensiven Handel mit Gold, Ju-

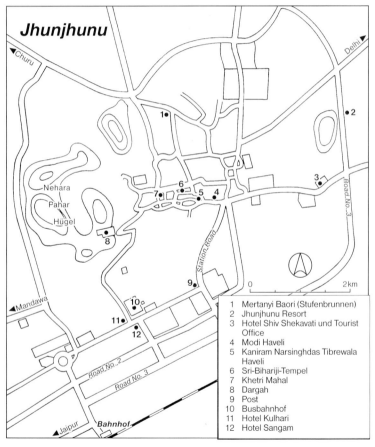

Jhunjhunu

1 Mertanyi Baori (Stufenbrunnen)
2 Jhunjhunu Resort
3 Hotel Shiv Shekavati und Tourist Office
4 Modi Haveli
5 Kaniram Narsinghdas Tibrewala Haveli
6 Sri-Bihariji-Tempel
7 Khetri Mahal
8 Dargah
9 Post
10 Busbahnhof
11 Hotel Kulhari
12 Hotel Sangam

welen, Seide und anderen wertvollen Gütern reich geworden, versuchten sich die einzelnen Kaufmannsfamilien durch den Bau prunkvoller Wohn- und Geschäftshäuser, den sogenannten *Havelis*, gegenseitig zu übertrumpfen.

Alle in diesem Abschnitt aufgeführten Städte liegen relativ nahe beieinander mit Maximalentfernungen von 60 km und sind derart häufig mit Direktbussen verbunden, daß auf deren nähere Erwähnung im Folgenden verzichtet wird.

Jhunjhunu

Überblick

Die Distrikthauptstadt Shekhawatis bietet sich aus vielerlei Gründen als Ausgangspunkt für die Erkundung der Region an. Als eine der größten Städte Shekhawatis verfügt sie mit mehreren empfehlenswerten Hotels, einer Bank sowie dem einzigen und zudem hervorragenden Touristenamt der Region über eine vergleichsweise gute touristische Infrastruktur, liegt relativ zentral, so daß alle weiteren Städte innerhalb kurzer Zeit zu erreichen sind und ist zudem nur 7 Stunden per Zug von Delhi entfernt. Schließlich berherbergt die Stadt einige der beeindruckendsten Gebäude im Land der bemalten *Havelis*.

Man nimmt an, daß die Stadt mit dem ungewöhnlichen Namen von den Jats gegründet wurde. Mitte des 15. Jh. wurde sie von *Muhammed Khan*, dem Anführer der Kamikhani-Nawabs, eingenommen, die das herrschende Geschlecht Jhunjhunus blie-

ben, bis 1730 *Sardul Singh*, ein Rajputenfürst, der zu seiner Zeit der ranghöchste Minister am Hofe der Nawabs war, einen Putsch durchführte. Seither ist Jhunjhunu Distrikthauptstadt und einer der wohlhabendsten Orte der Region.

Sehenswertes

Den besten Überblick über die Stadt verschafft man sich von einem festungsähnlichen **muslimischen Gebäudekomplex** (Badalgarh)) unterhalb des hochaufragenden Kana-Hügels. Ursprünglich Ende des 17. Jahrhunderts vom Nawab Fazl Khan als Stallung für seine Pferde und Kamele, denen im Krieg die entscheidende Bedeutung beikam, gebaut, umschließen die massiven mauern heute neben mehreren Mausoleen muslimischer Heiliger, einer Moschee und einer Koranschule auch das Grab des Sohnes von *Major Henry Foster*, der Mitte des 19. Jh. nach Jhunjhunu geschickt wurde, um die immer einflußreicher werdenden lokalen Räuberbanden zu eliminieren.

Weiter unterhalb des Grabbereichs steht mit dem **Khetri Mahal** einer der architektonisch beeindruckendsten Bauten ganz Shekhawatis. Errichtet wurde der elegante Palast 1760 von *Bhopal Singh*, einem Enkel *Sardul Singhs*. Eine Rampe führt im Zickzack durch die verschiedenen Stockwerke, so daß der Hausherr mit seinem Pferd bis zum Dach reiten konnte. Als eine Art natürlicher Klimaanlage wurden anstelle von Wänden meist Marmorsäulen verwandt, so daß der Wind frei zirkulieren konnte. Während die ockerfarbenen Fresken um das Eingangstor und im Innenhof des um 1735 von *Sardul Singh* errichteten Gopinath-Tempel aus der Frühphase stammen, wurden jene im Inneren, in der Nähe des Schrein erst Ende des 19. Jh. aufgetragen. Das sehr hübsche, um zwei Innenhöfe angelegte *haveli* von *Nurudin Farooqi* ist eines der schönsten mohammedanischen Kaufmannshäuser der Region. Im Unterschied zu den meisten anderen Gebäuden sind hier keine Menschen, sondern nur dekorative Muster und Blumen abgebildet.

Eines der schönsten Kaufmannshäuser Jhunjhunus ist das **Kaniram Narsinghdas Tibrewala Haveli** aus den achtziger Jahren des vorigen Jahrhunderts. Neben Fresken, die Handwerker bei der Arbeit, Handelsleute und Züge zeigen, findet sich auch ein Europäer mit einem kleinen Hund auf seinem Schoß. Das **Modi Haveli**, einige Meter weiter entlang der Basarstraße, weist schöne Motive an den Außenwänden auf. Während diese 1896 gemalt wurden, müssen die Autoszenen im Innenhof späteren Datums sein.

Besuchenswert ist auch der sehr große **Sri Bihariji Tempel**, bei dem besonders die an der Südwand aufgemalten Szenen aus dem *Ramayana* beeindrucken. Den größten und schönsten **Stufenbrunnen** der Stadt (*Mertanyi Baori*) ließ die Witwe *Sardul Singhs, Mertanyi,* 1750 erbauen. Insgesamt 159 Stufen führen zu dem 32 Meter tiefen und 17 Meter breiten baori hinunter. Zweifelsohne ein imposanter Anblick, doch daß der schöne Schein durchaus trügerisch sein

kann, verdeutlichen die Aufzeichnungen eines britischen Beamten, der 1831 über die Wasserqualtät folgendes zu berichten wußte: *"Jene, die das giftige Wasser getrunken hatten, mußten sich innerhalb von 2 Stunden übergeben und starben wenig später."* Also: Micropur nicht vergessen!

Information

●Das **Tourist Office** im Hotel *Shiv Shekhawati* ist nicht nur das einzige ganz Shekhawatis, sondern eines der besten ganz Rajasthans. Der sehr freundliche Leiter, Herr *Laxmikant Jangid*, ist zugleich der Besitzer des Hotels und überdies Lokalreporter für die *Times of India*. Seine Kenntnisse über die gesamte Region sind schier unerschöpflich, und er läßt keine Frage unbeantwortet.

Stadtverkehr

●Zwischen Stadtzentrum, Busbahnhof und Bahnhof pendeln sowohl Tempos als auch viersitzige Autorikshas. Eine Autoriksha kostet ca. 5 Rs vom Stadtzentrum zum Busbahnhof und 8 Rs zum Bahnhof.

Unterkunft

●Das **Hotel Sangam** (Tel.: 2544) gegenüber vom Busbahnhof macht einen freundlichen, gepflegten Eindruck und bietet geräumige EZ/DZ schon für 110/130 Rs. Mit Cooler kosten sie 180/240 Rs. Ein hervorragendes Preis/Leistungsverhältnis! Man sollte sich aber nur in die hinteren Zimmer einquartieren, da vorn die lauten und stinkenden Busse den Ton angeben.

●Der gleiche Rat gilt für das **Hotel Kulhari** ("Hotel Hackebeil") (Tel.: 2668) auf der anderen Straßenseite. Es ist genauso teuer wie das *Sangam*, bietet dafür jedoch bei weitem nicht den gleichen Standard.

●Ein sehr gutes Mittelklassehotel ist das **Shiv Shekhawati** im Ortszentrum. Die insgesamt 20 geräumigen und schön eingerichteten

EZ/DZ kosten 200/250 Rs (Gemeinschaftsbad) bis 600/700 (AC) Rs.
●Die mit Abstand schönste Unterkunft ist jedoch das *Jamuna Resort* (Tel.: 32871). Die
im Frühjahr 1994 eröffnete Anlage besteht
aus ca. 10 sehr schönen, im traditionellen Stil
erbauten Bungalows, von denen alle mit einem Cooler ausgestattet sind. Zur angenehmen Atmosphäre trägt neben dem gepflegten
Garten auch der hauseigene Swimmingpool
bei. Für EZ/DZ 600/650 Rs ein exzellenter
Gegenwert! Sehr empfehlenswert ist auch
das angeschlossene Restaurant.

An- und Weiterreise

Bahn

●Die schnellste *Tagesverbindung* nach
Delhi bietet der Sikar-Delhi Exp.

Bus

●Abgesehen von den vielen Bussen in die
benachbarten Orte Shekhawatis, bestehen
fast stündliche Verbindungen von und nach
Delhi (5 Std.), *Jaipur* (4 Std.) und *Bikaner*
(5,5 Std.).

Mandawa

Überblick

Wie kaum ein anderer Ort vermittelt
das 24 km westlich von Jhunjhunu gelegene verschlafene Wüstenstädt-
chen Mandawa den einzigartigen romantischen Charme Shekhawatis.
Beim Wandern durch die ungepfla-
sterten Gassen wähnt man sich in einer mittelalterlichen Filmkulisse und
kann die zahlreichen wundervoll de-
korierten Havelis wie ein Bilderbuch
an sich vorbeiziehen lassen. Gegründet wurde Mandawa vom vierten
Sohn Sardul Singhs, Nawal Singh.
Wie bei so vielen anderen Städten

des Shekhawati war auch Mandawa
ursprünglich von einer massiven
Stadtmauer umgeben, von der jedoch heute so gut wie nichts mehr erhalten ist. Leider zeigen sich in letzter
Zeit in dieser meistbesuchten Stadt
des Shekhwati auch die Schattensei-
ten des Tourismus immer deutlicher.
Dies gilt insbesondere für die wie pil-
ze aus dem Boden schießenden Antiquitätenläden. Nicht nur, daß die Inhaber recht penetrant versuchen gerade westliche Touristen in ihre Läden
zu locken ist die sache so problematisch, sondern der mit dieser Art
der Geschäftemacherei verbundene
Ausverkauf der Kunstschatze einer
Region, die eh schon stark unter dem
Verfall ihres Erbes zu leiden hat. Wer
das Shekhawati liebt, sollte die Antiquitäten da lassen, wo sie hinge-
hören – im Shekhawati.

Sehenswertes

Den Mittelpunkt der Stadt bildet das
inzwischen in ein sehr stilvolles Hotel
umgebaute *Fort*. Die Bauarbeiten begannen im Jahr der Stadtgründung
1760, doch die meisten Gebäudeteile stammen aus der Mitte des letzten
Jahrhunderts. Selbst wer hier nicht
wohnt, sollte sich die hübschen Räume anschauen und das *kleine Museum* im Haus besuchen. Im übrigen
bietet sich vom Dach des Hotels ein
herrlicher Blick auf Mandawa.

Unter den zahlreichen beeindruk-
kenden Handelshäusern der Stadt
ragt das wunderschöne *Gulab Rai
Ladia Haveli* noch heraus. Über und
über ist es mit vielfältigen, teilweise
erotischen Szenen bemalt. Das um

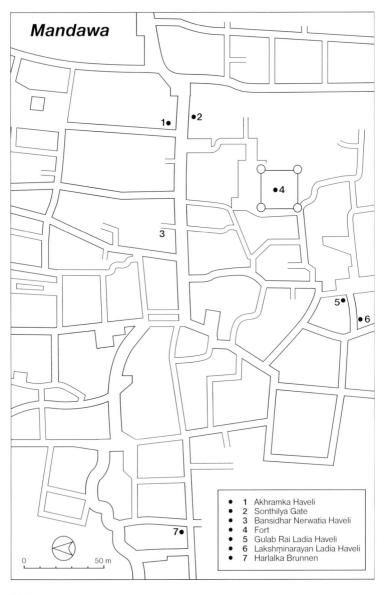

Mandawa

- 1 Akhramka Haveli
- 2 Sonthilya Gate
- 3 Bansidhar Nerwatia Haveli
- 4 Fort
- 5 Gulab Rai Ladia Haveli
- 6 Lakshminarayan Ladia Haveli
- 7 Harlalka Brunnen

0   50 m

Shekawati

1870 erbaute Schmuckstück ist in den verwinkelten Altstadtgassen südwestlich des Forts nicht leicht zu finden, doch im touristisch bereits recht erfahrenen Mandawa warten viele *Tourist Guides* darauf, einen herumzuführen. Allerdings sind sie offensichtlich von den vornehmlich italienischen und französischen Pauschaltouristen derart verwöhnt, daß sie recht abenteuerliche Summen verlangen. Mehr als 20 Rs pro Stunde sollte man dennoch nicht zahlen, da man sonst das Gehaltsgefüge durcheinanderbringt.

Das ebenfalls reich bemalte **Lakshminarayan Ladia Haveli** gleich nebenan weist vor allem religiöse Szenen auf. Zwei weitere sehr schöne *Havelis* finden sich entlang der Basarstraße mit dem 1910 erbauten **Bansidhar Nerwatia Haveli** und dem älteren (1880) **Akhramka Haveli**. Bei der Motivsuche finden sich u.a. Flugzeuge, Fahrräder, Teleskope und ein Junge beim Telefonieren. Aber auch traditionellere Bilder wie Kamele, Pferde und Jagdszenen sind zu sehen.

Von der ursprünglichen Stadtmauer ist kaum noch etwas erhalten geblieben, und so existiert mit dem **Sonilia Gate** nur noch eines der ehemals 4 Stadttore. Der Raum in der Spitze des Tores ist mit sehr schönen Wandmalereien des letzten großen Freskenmalers Shekhawatis, *Balu Ram*, geschmückt. Sehr eindrucksvoll wirken auch die unmittelbar neben dem Tor plazierten *Chattris* lokaler Geschäftsleute.

Vor allem frühmorgens wenn die bunt gekleideten Frauen ihre Wasserbehälter füllen, ist der 1850 erbaute

Harlalka-Brunnen, der ebenfalls von den gestaltungsfreudigen Künstlern bemalt wurde, einen Besuch wert.

Unterkunft und Essen

●Eigentlich kann es keine andere Adresse als das herrliche **Castle Mandawa** (Tel.: 244) geben. Nach dem Prinzip *The best of both worlds* hat man die schönen EZ/DZ geschmackvoll renoviert, ohne dabei die mittelalterliche Atmosphäre des ehemaligen Forts zu beeinträchtigen. Sicherlich die schönste Unterkunft der Region. Mit 1.400/1.600 Rs ein durchaus finanzierbarer Rajputentraum! Besonders stilvoll ist das Abendessen unter freiem Himmel bei Live-Musik.
●Eine preisgleiche, gute Alternative für den Fall, daß das *Castle* durch Pauschaltouristengruppen belegt ist, was des öfteren vorkommt, bietet das unter gleichem Management stehende Hotel **The Desert Resort Mandawa** (Tel.: 251).

An- und Weiterreise

●Häufige **Busverbindungen** u.a. nach Jhunjhunu, Fatehpur und Nawalgarh.
●Jhunjhunu ist auch der nächste **Bahnhof** mit guter Verbindung nach Delhi, Jaipur und Bikaner.

Bissau

Überblick

Das im Norden und Westen von Sanddünen flankierte Bissau wurde 1746 von *Keshri Singh,* dem jüngsten Sohn *Sardul Singhs,* gegründet. Das hübsche kleine Städtchen weist eine Vielzahl sehenswerter *Havelis* auf und lohnt besonders im Oktober einen Besuch, wenn auf einer im örtlichen Bazaar installierten Bühne während

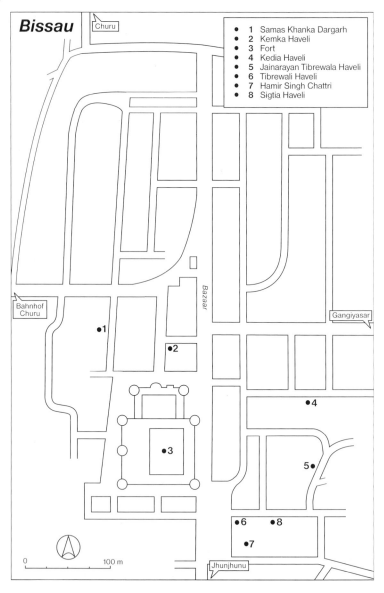

eines zehntägigen Festivals Episoden aus dem Ramayana aufgeführt werden.

Sehenswertes

Obwohl es keine erwähnenswerten Wandmalereien aufzuweisen hat, bietet sich das zwischen 1751 und 1755 erbaute, heute weitgehend verfallene **Fort** auch in Bissau wegen des schönen Ausblicks vom Dach als Ausgangsort für den Stadtrundgang an. Das bei der Busstation gelegene **Chattri von Hamir Singh** soll pikanterweise 1875 von seiner Konkubine finanziert worden sein. Direkt daneben findet sich das zehn Jahre später erbaute **Tibrewala Haveli,** unter anderem mit einer schönen Szene, in der Vishnu sich beim Melken einer Kuh versucht.

Nur wenige Meter weiter südlich der Gasse steht das **Sigtia Haveli,** wobei das hier dargestellte Motiv mit Krishna, der den im Fluß badenden Hirtenmädchen die Kleider stiehlt, eine der beliebtesten Szenen der hinduistischen Mythologie ist. Eines der schönsten Havelis der Stadt ist das **Jainarayan Tibrewala Haveli.** Die interessanten Malereien an den Außenwänden werden noch übertroffen von denen innerhalb der Räume, wobei besonders jene im zweiten Stockwerk beeindrucken. Dargestellt sind vornehmlich religiöse Motive mit Krishna und Rama im Mittelpunkt. Verstärkt wird der Eindruck noch von den hübschen Spiegelverzierungen.

Ein typisches Beispiel für den Baustil Mitte des 19. Jahrhunderts bietet das **Kedia Haveli.** Interessant auch

die vornehmlich in Ocker gemalten Fresken, wobei besonders eine britische Militärparade ins Auge fällt. Die Szene bezieht sich wahrscheinlich auf das Jahr 1831, als Bissau von einer britischen Armeeinheit unter Oberst *Lockett* eingenommen wurde.

Eine bunte Mischung religiöser und weltlicher Motive bietet auch das **Kemka Haveli,** südlich des Forts. Beachtenswert sind hier auch die gelungenen Holzschnitzereien an den Verstrebungen. Südlich eines moslemischen Grabbezirkes *(Samas Khan ka Dargah)* befindet sich ein unscheinbares Grab eines französischen Soldaten. Seit Mitte des 19. Jahrhunderts wurden in Indien zunehmend europäische Söldner von den lokalen Herrschern verpflichtet.

Churu

Überblick

Strenggenommen liegt Churu nicht mehr in den Grenzen der Shekhawati-Region, doch seine Geschichte und Architektur ist derart eng mit dieser Region verbunden, daß sie dennoch hier aufgenommen wird. Die im Süden und Westen von Sanddünen flankierte Stadt soll 1563 von den Jats gegründet worden sein. Ihr eigentlicher Aufstieg zu einer der mächtigsten und wohlhabendsten Städte der Region begann jedoch erst im 18. Jahrhundert und ist untrennbar mit der Kaufmannsfamilie der **Poddars** verbunden. Diese waren vornehmlich durch den Handel mit Kaschmirwolle

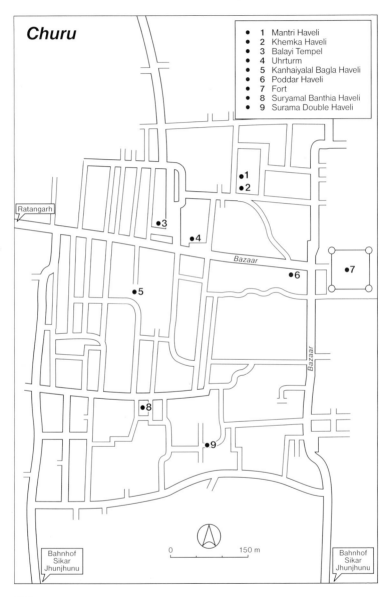

Churu

1 Mantri Haveli
2 Khemka Haveli
3 Balayi Tempel
4 Uhrturm
5 Kanhaiyalal Bagla Haveli
6 Poddar Haveli
7 Fort
8 Suryamal Banthia Haveli
9 Surama Double Haveli

Ratangarh

Bazaar

Bazaar

0   150 m

Bahnhof
Sikar
Jhunjhunu

Bahnhof
Sikar
Jhunjhunu

zu Reichtum gelangt, was sich nicht zuletzt in den vielen von ihnen erbauten *havelis* niederschlug. Als der *Thakur* (Baron) von Churu, *Sheo Singh,* auf die wenig weitsichtige Idee kam, den Handel mit Wolle mit einer deftigen Steuer zu belegen, war es mit der Herrlichkeit vorbei. Verärgert verließen die *Poddars* die Stadt und schlugen ihre Zelte im wenige Kilometer südlich gelegenen Ramgar auf.

Der endgültige Tiefpunkt der einstmals so blühenden Handelsmetropole war 1813 erreicht, als die Stadt vom Maharaja von Bikaner eingenommen wurde und *Sheo Singh* daraufhin Selbstmord beging. Als eine britische Delegation den Ort 1830 besuchte, war der Handel völlig zum Erliegen gekommen und der Basar geschlossen. Schließlich gelang es dem Maharaja von Bikaner jedoch, viele Geschäftsleute nach Churu zurückzuholen. Heute weist die Stadt eine der größten Ansammlungen von *Havelis* auf. Bei der Reiseplanung sollte man bedenken, daß Churu als die Stadt mit den größten Temperaturschwankungen ganz Nordindiens gilt. Während in den Monaten Mai und Juni Temperaturen bis zu 50 Grad keine Seltenheit sind, wurden im Januar schon Minusgrade gemessen.

Sehenswertes

Rundgang

Ein ebenso plastisches wie trauriges Zeugnis von der Niederlage Churus im Kampf gegen die übermächtigen Truppen des Maharajas von Bikaner geben die spärlichen Überreste des 1713 erbauten *Forts.* Glaubt man den örtlichen Geschichtsschreibern, soll hier der unglückliche *Sheo Singh* im Angesicht der Niederlage einen Diamanten geschluckt haben, um seinem Leben ein Ende zu setzten – der Mann hatte offensichtlich Stil.

Ein eindrückliches Zeugnis jener Epoche, als Churu wieder Anschluß an die Prosperität der Region fand, ist das im Süden der Stadt gelegene **Surana Double Haveli.** Hierbei sind es nicht in erster Linie die Fresken, sondern die schiere Größe des Gebäudes, die seine Bedeutung ausmachen. Wegen der angeblich über 1.000 Fenster wird es in Anspielung an den Palast der Winde in Jaipur auch *Hawa Mahal* genannt.

Einige amüsante Motive finden sich an der nördlichen Fassade des ca. 1925 erbauten **Surjamal Banthia Havelis.** Erwähnenswert ist hier vor allem ein Jesus-Porträt, welches seinen besonderen Reiz daraus erlangt, daß der Sohn Gottes genußvoll an einer Zigarre zieht. Ironisch könnte man anmerken, daß man es im hinduistischen Indien damit nicht so genau nimmt, doch tatsächlich dokumentiert sich an diesem skurrilen Beispiel, daß die Maler völlig ahnungslos europäische Motive aufnahmen, ohne etwa über deren Hintergründe zu wissen.

Das vielleicht schönste Fresko ganz Rajasthans findet sich an der Südwand des **Kanhaiyalal Bagla Havelis.** Dargestellt ist eine Szene des in Rajasthan äußerst beliebten Dhola-Maru-Volksmärchens, in dem ein Liebespaar auf einem Kamel flüchtet. Der Besitzer des Kanhaiyalal Haveli war gleichzeitig der Erbauer des sehr hübschen **Balaji-Tempels** beim Uhr-

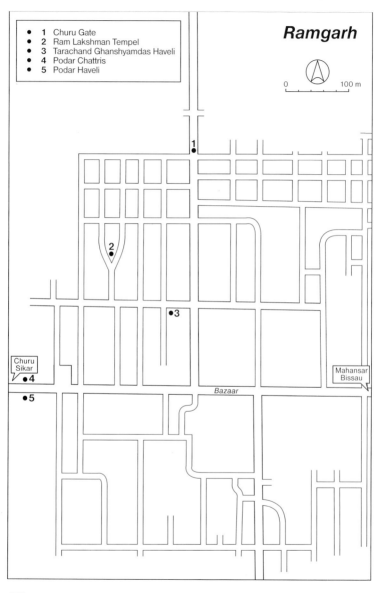

- 1 Churu Gate
- 2 Ram Lakshman Tempel
- 3 Tarachand Ghanshyamdas Haveli
- 4 Podar Chattris
- 5 Podar Haveli

Ramgarh

0   100 m

1

2

•3

Churu
Sikar
•4

•5

Bazaar

Mahansar
Bissau

turm. Zwei von vielen hübschen Motiven finden sich oberhalb des Torbo-
gens; auf der rechten Seite ist die
Heirat zwischen Sita und Rama und
auf der linken Seite die zwischen
Krishna und Rukmini dargestellt.

Das **Haveli der Mantri-Familie**
entstand um das Jahr 1860. Genau
zu jener Zeit wurden die ersten synthetischen blauen Farben aus
Deutschland verwendet, wie einige
allerdings noch recht kleine Motive
verdeutlichen. Aus der gleichen Zeit
stammt das schöne **Poddar Haveli,**
von wo aus der Stadtrundgang zurück
zum Ausgangspunkt, dem Fort führt.

Ramgarh

Überblick

Ein britischer Offizier, der 1841 von
Mandawa nach Ramgarh reiste, be-
schrieb seine erste Begegnung mit
Ramgarh wie folgt: *"Der erste Eindruck
von Ramgarh, wenn man es etwa eine
halbe Meile vor der Ankunft über den
Sanddünen erspäht, ist einzigartig und
scheint alle Träume von Tausendundeiner Nacht Wahrheit werden zu lassen.
Die einzelnen mit hübschen Motiven bemalten Häuserwände zusammen mit
den Torbögen und Chattris vor dem Hintergrund der Wüste ergeben eine einzigartig entrückende Kulisse."* Über eineinhalb Jahrhunderte sind seither vergangenen, doch, würde der Kolonial-
beamte noch einmal das kleine
Wüstendorf besuchen, er bräuchte
seine Worte nicht zu revidieren. Auch
heute noch sind die Touristen vom unverfälschten Charme der 1791 von einer wohlhabenden Kaufmannsfamilie,
den *Poddars*, gegründeten Stadt be-
geistert. Diese waren vom 20 Kilometer nördlich gelegenen Churu hierher
übergesiedelt, nachdem der Thakur
den für sie besonders lohnenden
Woll-Handel mit einer Steuer belegt
hatte. In ihrem Stolz gekränkt legten
sie mit dem Bau besonders pracht-
voller Havelis ihren Ehrgeiz daran
Churu in den Schatten zu stellen. Dieses Vorhaben ist ihnen voll und ganz
gelungen. Kein anderer Ort Shekhawatis, ja wahrscheinlich der ganzen
Erde, weist eine derartige Konzentra-
tion an Wandmalereien auf wie das
kleine Ramgarh, das nicht einmal
über ein Hotel verfügt.

Berümt ist das Städtchen darüber hinaus für die Vielzahl der hier hergestellten, meist kunstvoll verzierten
Holzmöbeln. Dementsprechend finden sich unzählige Geschäfte, die gerade den vermeintlich kaufkräftigen
westlichen Touristen ihre Produkte
verkaufen wollen. Vieles wird dabei
als antik angepriesen, was es mit Sicherheit nicht ist und überdies sei an
dieser Stelle noch einmal darauf hingewiesen, daß man sich beim Kauf
echter Antiquitäten am Ausverkauf der
Region beteiligt.

Sehenswertes

Gleich neben dem Busbahnhof stehen die **Grabstätten** der *Podars*, die
verschwenderischsten *Chattris* aller
Kaufmannsfamilien in Shekhawati.
Leider wurden sie vor einigen Jahren
mit einem häßlichen Metalltor verschlossen, so daß die schönen, das

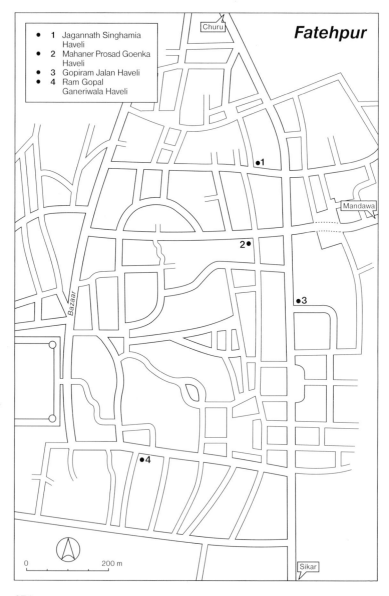

Fatehpur

- • 1 Jagannath Singhamia Haveli
- • 2 Mahaner Prosad Goenka Haveli
- • 3 Gopiram Jalan Haveli
- • 4 Ram Gopal Ganeriwala Haveli

Churu

Mandawa

Bazaar

0   200 m

Sikar

Kuppeldach zierenden Fresken mit Motiven aus dem *Ramayana* nicht zu sehen sind. Man kann sich dafür an den Wandmalereien in den schräg gegenüber liegenden Gedenk- und Grabstätten schadlos halten.

Genaues Hinschauen lohnt auch bei den auf den ersten Blick vielleicht nicht so spektakulären Läden entlang der Main Bazaar Road, speziell in der Nähe des Bushalteplatzes. Das ganz in der Nähe gelegene kleine **Podar Haveli** besticht vor allem durch seine kräftigen Naturfarben, die zur Zeit seiner Fertigstellung 1850 besonders beliebt waren.

Auffällig leuchtend helle Farben haben sich durch den geringen Lichteinfall auch im Keller des etwas weiter nördlich gelegenen **Ram-Lakshman-Tempels** erhalten.

Eines der herausragensten und größten **Havelis** war im Besitz der äußerst wohlhabenden Familie der *Tarachand Ghanshyamdas*. Entsprechend dem Baujahr 1853 dominieren auch hier in Ocker gehaltene Wandmalereien die Fassade.

Ein ebenso krasses wie betrübliche Beispiel für die Rücksichtslosigkeit, mit der die **Gier nach Antiquitäten** befriedigt wird, zeigt ein kleines Haveli im Nordwesten Ramgarhs in der Nähe des Churu Gate. Hier wurden die filigran verzierten Fensterrahmen und die Eingangstür einfach herausgebrochen. Bleibt nur zu hoffen, daß solch schändliche Taten durch das Ansteigen des Tourismus in der Shekhawati-Region in den nächsten Jahren nicht noch mehr zunehmen.

An- und Weiterreise

● Die meisten Direktverbindungen per Bus bestehen von *Fatehpur* und **Mandawa**. Von **Jhunjhunu** kann man zunächst bis **Bissau** fahren und von dort die restlichen 10 km mit einem weiteren Bus.

Fatehpur

Überblick

Fatehpur, 10 km westlich von Mandawa, wurde ähnlich wie Jhunjhunu von 1451 bis 1731 von muslimischen Nawabs aus dem Hause *Kamikhani* regiert, ehe der letzte Nawab *Sadar Khan* von *Shiva Singh*, dem rajputischen Herrscher Sihars, besiegt wurde. Die jahrhundertealte muslimische Vergangenheit ist auch heute noch sehr lebendig. Die Stadt gehört sicherlich nicht zu den attraktivsten Shekhawatis, ist aber dennoch einen Zwischenstop wert, zumal die schönsten Havelis auf engem Raum zusammenliegen.

Sehenswertes

Klein, aber fein ist das um einen einzigen Innenhof errichtete **Mahaver Prosad Goenka Haveli**. Mehr noch als die Wandbemalungen an der Fassade beeindrucken die religiöse Themen aufnehmenden Wandgemälde im Innenraum. Verstärkt wird der Eindruck noch durch die hübschen Spiegelverzierungen, mit denen die Wände geschmückt sind.

Ein besonders anschauliches Beispiel für die sich im Lauf der Zeit auffällig wandelnde Motivwahl der Künstler, weg von religiösen Themen hin zu neuzeitlichen Erfindungen wie Autos, Telefonen und Flugzeugen, ist das *Jagannath Singhania Haveli*. Während die Malereien auf der Rückseite aus der Zeit um 1850 stammen, wurden die Bilder auf der Fassade und im Vorhof Ende des 19. Jh. aufgetragen.

Kulturhistorisch interessant ist auch ein Bild, welches sich im Vorhof des *Ram Gopal Ganeriwala Havelis* findet. Das Motiv – Krishna in einer Tanzszene – ist identisch mit einem Aufkleber, mit dem eine mit Indien Handel treibende Baumwollfabrik aus Manchester in England Werbung betrieb.

Das *Gomiram Jalan Haveli* unterstreicht mit seinen Fresken aus dem Jahr 1912, wie sehr die Motivwahl jener Zeit von europäischen Ereignissen bestimmt war. So kann man sich u.a. über die Bilder einer europäischen Hochzeitsfeier amüsieren und die Krönungszeremonie von *George V.* miterleben.

Unterkunft und Essen

● Der brandneue *RTDC Haveli Tourist Bungalow* (Tel.: 293) am südlichen Rand der Stadt bietet für 200/220 bis 300/350 (Cooler) Rs mit seinen geräumigen und gepflegten EZ/DZ ein hervorragendes Preis/Leistungsverhältnis. Auch der Schlafsaal für 20 Rs pro Bett macht einen angenehmen Eindruck. Das positive Gesamturteil wird durch das gute Restaurant abgerundet.

An- und Weiterreise

Bahn
● Über *Churu* im Norden fährt man von *Fatehpur* mit dem 9711 Exp. (Abf. 23 Uhr) in knapp 9 Std. nach *Delhi*.

Dundlodh

Überblick

Obwohl verkehrstechnisch günstig zwischen Mandawa nach Nawalgarh angesiedelt, legen nur sehr wenige Touristen im 1750 vom fünften Sohn *Sardul Singhs* gegründeten Dundlodh einen Zwischenstop ein. Das ist schade, ist dies doch ein hübsches kleines Örtchen mit einem der schönsten Hotels der Region. Gerade während der Hauptreisezeit, wenn in Mandawa und Nawalgarh die Touristen das Bild bestimmen, bietet sich Dundlodh so als willkommener Standort zur Erkundung des Shekhawati an.

Die schönsten Bauwerke des Ortes wurden von den Goenkas finanziert. Eine Seitenlinie dieser berühmten Shekhawati-Familie siedelte nach einem Disput mit dem *Thakur* von Nawalgarh nach Dundlodh.

Sehenswertes

Die meisten Gebäudeteile des 1750 erbauten *Forts* stammen aus der Mitte des letzten Jahrhunderts. Schmuckstück des insgesamt sehr stilvoll restaurierten Schloßhotels ist der *diwan-khana,* mit einer der wertvollsten Bibliotheken zur Kunst und Kultur Rajasthans. Sehr fotogen wirkt auch die private Audienzhalle *(Diwan-e-khas)* mit ihren europäischen Möbelstücken und interessanten Portraitmalereien an den Wänden.

Die zum Fort führende Straße wird von mehreren *Goenka-Havelis* flankiert, wobei das kleinste dieser Gruppe das erste Wohn- und Geschäftshaus ist, welches die Familie nach ihrem Umzug von Nawalgarh errichten ließ. Das *Jagathia Haveli* unweit des 1911 erbauten Satyanarayan-Tempels weist Darstellungen einiger hübscher Szenen auf. Auf der östlichen Außenmauer findet sich eine europäische Eisenbahn und Tänzerinnen, die für eine gute Ernte tanzen. Weniger nett erscheint der Mann, der seine Frau schlägt.

Das am südlichen Rand der Stadt im Jahre 1888 errichtete *Chattri* von **Ram Dutt Goenka** zeigt unter anderem ein Selbstporträt der Steinmetze beim Errichten der Totengedenkstätte.

Unterkunft

●Das zur *Welcome Group* gehörende **Dera Dundlodh Kila** (Tel.: 366276) ist ein kleines Schmuckkästchen und verfügt über insgesamt 25 Zimmer zu EZ/DZ 850/1050 Rs. Suiten sind zum Preis von 1250 Rs zu haben.

Mukundhgarh

Die um einen Tempelhof angelegte Stadt gehört sicherlich nicht zu den interessanteren Orten des Shekhawati, soll hier aber dennoch erwähnt werden, weil sie mit dem **Fort Heritage Hotel** (Tel.: 6968937) über eines der schönsten Hotels der Region verfügt. Aufgrund der geringen Entfernungen innerhalb des Shekhawati bietet sich das von Touristen kaum besuchte Mukundhgarh als Ausgangsort zur Erkundung an. Das *Fort Heritage Hotel* (Tel.: 6968937) ist, wie es der Name schon vermuten läßt, aus dem ehemaligen Fort der Stadt

hervorgegangen und besticht unter anderem mit dem auf dem Dach plazierten Swimmingpool. Alle Zimmer (EZ/DZ 1250/1910 Rs) verfügen über AC und Kühlschrank. Die Küche des hauseigenen Restaurants ist zwar ausgezeichnet, das gilt jedoch auch für die dafür verlangten Preise.

Nawalgarh

Überblick

Nach Mandawa und Ramgarh ist das etwa auf halber Strecke zwischen Sikar und Jhunjhunu in einer weiten, spärlich bewachsenen Ebene gelegene Nawalgarh die besuchenswerteste Stadt der Region. Die Stadt weist über 100 Havelis auf Gegründet wurde sie 1737 vom fünften Sohn *Sardul Singhs*, dem Herrscher Jhunjhunus und bedeutendsten Machthaber Shekhawatis in jenen Jahren. Viele der in den Gründerjahren errichteten Bauten wie das Fort, der Gopinath-Tempel und die Stadtmauern haben sich bis heute in erstaunlich gutem Zustand erhalten.

Sehenswertes

Das **Bala Qila Fort** beherbergt heute eine Filiale der *Bank of Baroda*, und sein Innenhof dient als der lokale Marktplatz. Die vier Dungaichi Havelis wurden alle um 1890 erbaut und weisen einige interessante Fresken auf, von denen viele von Binja gemalt wurden, einem der berühmtesten Maler seiner Zeit, der aus Mukundgarh

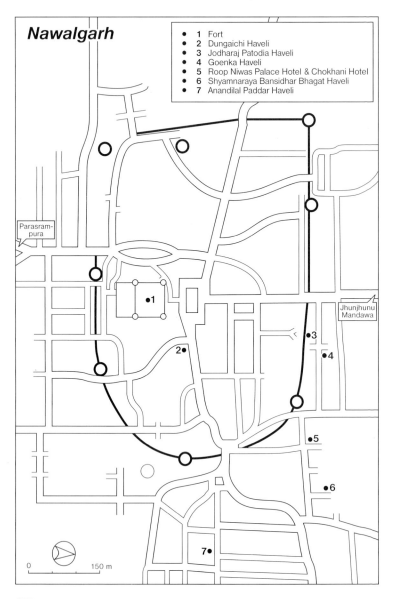

Nawalgarh

- 1 Fort
- 2 Dungaichi Haveli
- 3 Jodharaj Patodia Haveli
- 4 Goenka Haveli
- 5 Roop Niwas Palace Hotel & Chokhani Hotel
- 6 Shyamnaraya Bansidhar Bhagat Haveli
- 7 Anandilal Paddar Haveli

Parasram-
pura

Jhunjhunu
Mandawa

0   150 m

Shekawati

stammte. Eine außergewöhnlich große Vielfalt an Szenen weist auch das
Anandilal Paddar Haveli auf, welches erst recht spät, nämlich 1920,
mit Fresken verziert wurde. Die Palette der dargestellten Szenen reicht
von Tempelprozessionen, prächtigen
Festtagsumzügen und Badeszenen
bis zu Autos, Zügen und Flugzeugen.
Vor allem Fotografen sollten sich dieses außergewöhnliche, heute als
Schule dienende Gebäude nicht entgehen lassen, erstrahlen doch alle
Wandmalereien nach einer umfangreichen Restauration in hellen Farben. Auch wenn Traditionalisten diese
"Modernisierung" der alten Fresken
nicht gutheißen mögen, so ist das
Haveli doch ein nachahmenswertes
Beispiel wie das großartige Erbe der
Shekhawati-Region bewahrt werden
kann.

Viele **reich bemalte Kaufmannshäuser** flankieren die vom *Roop Niwas
Palace Hotel* westlich zum Bowari Gate führende Straße. Zwei besonders
auffällige Beispiele sind die beiden
um 1900 bemalten *Havelis* **Chokhani**
und **Jodharaj Patodia**.

Das hübsche **Shyamnarayan Bansidhar Bhagat Haveli** an der gleichen Straße besticht nebem seiner
reich bemalten Fassade mit einigen
sehr kunstvollen und detaillierten
Fresken im Vorhof. Der aus dem Fenster schauende Mann im **Goenka
Haveli** ist ein besonders in Nawalgarh gern verwandtes Motiv - sollte er
nicht zurückgrüßen, so ist dies also
kein Ausdruck von Unfreundlichkeit.

Unterkunft und Essen

● Das stilvolle **Roop Niwas Palace Guest
House** (Tel.: 2008), das ehemalige Land-
haus des Fürsten von Nawalgarh, ist eines
der schönsten Hotels der Region. Eine Übernachtung in den äußerst geschmackvoll eingerichteten EZ/DZ des von einem schönen
Garten umgebenen Hauses kostet 700/800
Rs. Ein Frühstück ist für 60 Rs, ein Mittag-
und Abendessen für 120 Rs zu haben.
● Dem Preis entsprechend äußerst spartanisch nächtigt und speist man im **Hotel
Natraj** am Eingang zum Fort. EZ/DZ mit
Gemeinschaftsbad kosten 70/90 Rs.

An- und Weiterreise

● Jeweils ca. 1 Std. benötigt der **Bus** von und
nach **Jhunjhunu, Mandawa** und **Sikar**.

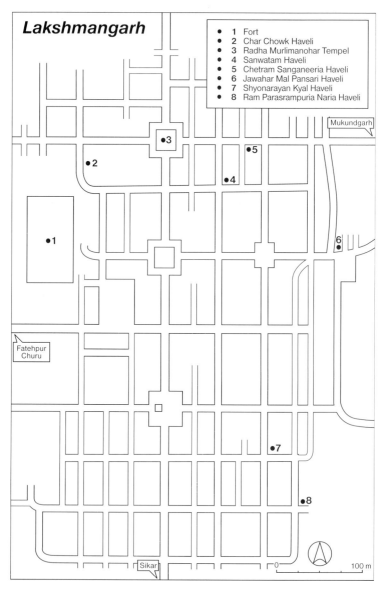

Lakshmangarh

1 Fort
2 Char Chowk Haveli
3 Radha Murlimanohar Tempel
4 Sanwatam Haveli
5 Chetram Sanganeeria Haveli
6 Jawahar Mal Pansari Haveli
7 Shyonarayan Kyal Haveli
8 Ram Parasrampuria Naria Haveli

Mukundgarh

Fatehpur Churu

Sikar

100 m

Lakshmangarh

Übersicht

Wie keine andere Stadt des Shekhawati erinnert das weitläufige Lakshmangarh mit seinem rechtwinkligen Straßenmuster und dem Kreisverkehr an die Hauptstadt Rajasthans, Jaipur. Gegründet wurde die Stadt von dem Raja von Sikar, *Lakhsman Singh,* erst recht spät, nämlich 1806, um von dem zu jener Zeit besonders florierenden Karawanengeschäft zu profitieren. Doch schon kurze Zeit später wurde der Ort ausgeplündert, und so entschied sich der Herrscher von Sikar, eine Stadtmauer zu errichten, von der jedoch heute nichts mehr zu sehen ist.

Auch in Lakshmangarh dominierte die Poddar-Familie, die viele der schönsten Bauten der Stadt errichten ließ. Ein großer Teil des Reichtums wurde nicht in Lakshmangarh selbst, sondern indirekt durch die in Calcutta ansässigen *Poddars* erwirtschaftet, die die riesigen Gewinne zum Teil wieder in ihre Heimatstadt investierten.

Sehenswertes

Beherrscht wird die Stadt vom sich westlich auf einem Ausläufer eines Hügels gelegenen **Fort.** Die runden Bollwerke sind ein Ausdruck der immer größeren Bedeutung, die die Artillerie während der Jahrhundertwende erlangte. Die Gebäude innerhalb des Fort sind wenig beeindruckend, doch die Aussicht von der Terasse lohnt den Aufstieg allemal.

Von hier bietet sich auch ein ausgezeichneter Blick auf das **Char Chowk Haveli,** ein architektonisches Juwel besonderer Art. Wie es der Name "Vier Innenhöfe Haveli" schon sagt, besteht das in den vierziger Jahren des letzten Jahrhunderts erbaute Gebäude aus insgesamt vier Innenhöfen und ist der größte Wohnblock des Shekawati. Abgesehen von seiner architektonischen Bedeutung weist es einige ausgezeichnete Wandmalereien auf, wobei die meisten religiöser Natur sind. Interessant ist die Darstellung einer Giraffe an der Fassade. Man nimmt an, daß diese Zeichnung Mitte des 19. Jahrhunderts angefertigt wurde, da der Maharaja von Jaipur 1894 eine Giraffe in seinen Privatzoo aufnahm.

Architektonisch interessant ist der in der Mitte des nördlichsten der drei die Stadt von Süd nach Nord durchziehenden Plätze plazierte **Tempel Radha Murlimanohar,** der 1845 ebenfalls von den *Poddars* gestiftet wurde.

Rot und Blau sind die dominierenden Farben des zur Jahrhundertwende errichteten **Sanwatram Haveli.** Ein besonders schönes Fresco zeigt Ardhanareshvara, der halb männlich, halb weiblich Shiva und Parvati in einer Person darstellen soll. Eines der am reichsten bemalten *havelis* ist das **Chetram Sanganeeria,** wobei der Name darauf schließen läßt, daß der Erbauer aus der für ihren Stoff- und Papierdruck bekannten Stadt Sanganer, südlich von Jaipur, stammt. Reich bemalt sind die *havelis* **Jawahar Mal Pansari** und **Shyonarayan Kyal,** wobei das letztere auch einige erotische Motive aufweist. Guter Dinge war of-

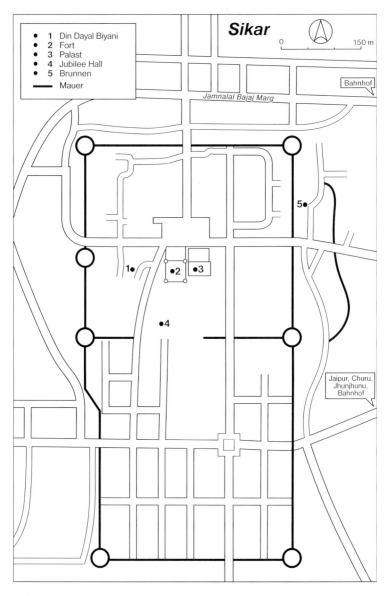

Sikar

1 Din Dayal Biyani
2 Fort
3 Palast
4 Jubilee Hall
5 Brunnen
— Mauer

0   150 m

Bahnhof

Jamnalal Bajaj Marg

5●

1●   ●2   ●3

●4

Jaipur, Churu,
Jhunjhunu,
Bahnhof

fensichtlich der Maler eines Motivs an der Westwand des **Ram Paras-rampuria Naria Haveli,** der eine Frau zu einem Europäer sagen läßt: *"I can give you much pleasure."* Nun denn…

Sikar

Überblick

Da das 1687 von *Daulat Singh* gegründete Sikar recht schnell vom 115 km entfernten Jaipur zu erreichen ist und zudem über gute Bus- und Bahnverbindungen nach Bikaner und Delhi verfügt, wird es von vielen Shekhawati-Reisenden als Verkehrsknotenpunkt genutzt. Es gehört zwar nicht gerade zu den attraktivsten Orten der Region, besitzt aber dennoch einige interessante Bauwerke.

Sehenswertes

Auffällig viele Handelshäuser sind mit blauen Fresken geschmückt. All diese *Havelis* können erst nach 1860 bemalt worden sein, da die synthetische blaue Farbe in jenen Jahren aus Deutschland nach Indien gelangte. Begierig wurde sie von den statusbewußten Kaufmannsfamilien verwendet, konnte man so doch beweisen, daß man seiner Zeit ein Stück voraus war. Ein besonders schönes Beispiel hierfür bietet das **Din Dayal Biyani Haveli**. Die **Jubilee Hall** ließ *Ras Raja Madho Singh* 1897 zur Feier der fünfzigjährigen Thronbesteigung *Queen Victoria's* errichten.

Sein Vorgänger, *Pratap Singh*, ließ 1845 den **Palast** erbauen, der heute im Besitz eines Geschäftsmannes ist, dem der hervorragende Zustand des Gebäudes zu verdanken ist. Besonders gelungen ist der heute als Büroraum genutzte *Chini Mahal* ("Zuckerpalast"), der mit außergewöhnlich schönen Porzellankacheln geschmückt ist, auf denen vornehmlich höfische Motive zu sehen sind.

Während das fast vollständig verfallene **Fort** wegen der guten Aussicht von den Mauern einen Besuch lohnt, kann Sikar den besterhaltenen **Stufenbrunnen** ganz Shekhawatis aufweisen. Das um 1750 erbaute Prachtexemplar ist zwar nicht bemalt, wurde dafür jedoch mit einigen hübschen Steinreliefs versehen.

Unterkunft und Essen

● Im **Hotel Natraj** gleich beim Bahnhof kann man zwischen einer Reihe von EZ/DZ wählen, deren Tarife von 180/260 bis 350 und 430 (Cooler) Rs gehen. Außer dem hauseigenen Restaurant gibt es in der Bahnhofsgegend eine Reihe weiterer kleiner Lokale.

An- und Weiterreise

Bahn
● Verbindungen mit **Jhunjhunu, Delhi, Jaipur** und **Bikaner.**

Bus
● Ständige Verbindungen von und nach **Jhunjhunu** (2 Std.), **Jaipur** (2,5 Std.) und **Delhi** über Jhunjhunu (7 Std.).

Anhang

Glossar

Geographische Begriffe finden sich im Kapitel Geographie, Bezeichnungen für Speisen und Getränke im entsprechenden Kapitel.

Adivasi: Die heute ca. 60 Mio. Ureinwohner Indiens, z.T. noch in Stammesgemeinschaften lebend, trotz staatlicher Fördermaßnahmen unterprivilegiert.

Apsaras: Himmlische Nymphen

Ashram: Religiös fundierte Lebesgemeinschaft, in der eine als heilig verehrte Persönlichkeit ihre Schüler unterrichtet.

Ayurveda: Wörtl. "Wissenschaft vom langen Leben"; indische Medizin, eine alte Heilkunde, die sich nur pflanzlicher und mineralischer Produkte bedient.

Baba: "Väterchen", ehrende Anrede, die vor allem gegenüber Amtspersonen, Älteren und Fremden verwandt wird.

Bagh: Park

Bakshish: Trinkgeld, Almosen

Beedi: Dünne Zigarette, aus einem zusammengerollten Blatt eines Strauches mit einer Füllung aus kleingehacktem Tabak .

Betel: Kaumixtur, aus dem Blatt des Betelbaumes, dem kleingehackten Samen der Areka-Palme, einer Kalkpaste sowie Gewürzen und anderen Zutaten.

Bhagavadgita: Wörtl. "Das göttliche Lied". Wichtigstes religiöses Lehrbuch des Hinduiesmus, welches in das Mahabharata-Epos eingefügt ist.

Bhakti: Gottesliebe, vertrauensvolle Hingabe an die Erlösergabe eines Gottes, Erlösungsweg der Bhagavadgita.

Bhawan: Haus, Palast

Bowry, Baori: Brunnen

Brahma: Schöpfergott, zusammen mit Vishnu und Shiva gehört er zu den drei bedeutendsten Göttern des Hinduismus.

Brahman: Weltenseele. Alles Leben inklusive der Götter ist aus dem Brahman hervorgegangen.

Brahmane: Priester, Angehöriger der obersten Kaste.

Burj: Turm

Cakra: Wörtl."Scheibe, Rad". In der hinduistischen Mythologie Symbol für die göttliche Weltordnung (Dharma), deren Hüter Vishnu ist, eines seiner Attribute.

Chattri: Totengedenkstätte in Form eines offenen Schreins, pfeilertragender Baldachin.

Chowk: Prachtstraße

Crore: Zehn Millionen

Dargarh: Schrein eines Muslimheiligen.

Darwaza: Tor, Torweg

Devadasi: Tempeltänzerin

Devanagari: Schrift der Hindi-Sprache und des Sanskrit.

Dharamsala: Pilgerherberge

Dharma: Weltgesetz, allgemeinverbindliche kosmisch-ethische Ordnung, an die sich jedes Lebewesen zu halten hat.

Dhobi: Wäscher

Dhoti: Traditionelles Beinkleid der Männer.

Diwan-i-Am: Öffentliche Audienzhalle am Moghul-Hof.

Diwan-i-Khas: Private Empfangshalle des Moghul-Kaisers.

Drawiden: Die nicht indoarische Urbevölkerung des indischen Subkontinents.

East India Company: Britische Handelskompanie mit Monopol für den Indienhandel, gegr. 1600. Betrieb die Kolonialisierung Indiens, bevor das Land 1857 direkt der britischen Krone unterstellt wurde.

Ganesha: Hinduistischer Gott mit Elefantenkopf, Sohn Shivas

Ganja: Marihuana (Hanf, Cannabis)

Garh: Fort, Tempel

Garuda: Sonnenvogel, Reittier Vishnus.

Ghat: Treppenstufen, die zu einem Fluß, Teich oder See hinabführen und an denen gewaschen wird, Verbrennungszeremonien oder Kulthandlungen stattfinden. Außerdem Bezeichnung für ein Gebirge.

Gopi: Kuhhirtin, Gespielein Krishnas

Guru: Lehrmeister (Sanskrit), nicht nur spiritueller Lehrer, sondern Lehrmeister jedweder Art.

Hanuman: Affengeneral aus dem Ramayana, Verbündeter Ramas.

Harijan: "Kinder Gottes", Begriff, der den Kastenlosen von Gandhi verliehen wurde, um sie auch sprachlich aufzuwerten.

Hauda, Howdah : Elefantensitz

Haveli: Meist reich geschmücktes und verziertes, um einen oder mehrere Innenhöfe angelegtes Handelshaus in Rajasthan.

Jami Masjid: Große oder Freitags-Moschee.

Anhang

Jauhar: Kollektiver Selbstmordritus der von übermächtigen Feinden umgebenen Rajputen, die damit der Schmach einer Gefangennahme zuvorkommen wollten.

Jaya: Sieg

Kali: furchterregende Erscheinungsform der Parvati, Ehefrau Shivas.

Karma: Einer der wichtigsten Glaubensgrundsätze des Hinduismus, wonach die Summe aller Taten im jetzigen Leben das Schicksal und die Kastenzugehörigkeit im nächsten Leben bestimmen.

Krishna: Achte Inkarnation Vishnus, meist als Kind oder flötenspielender Hirtengott dargestellt.

Kuli: Tagelöhner, Gepäckträger

Kund: Tempelteich

Lakh: 100.000

Lakshmi: Hinduistische Göttin für Wohlstand und Glück.

Lingam: Phallus, Symbol Shivas und der männlichen Energie.

Mahabharata: Größtes indische Heldenepos mit mehr als 100.000 Doppelversen, beschreibt den Kampf zweier befeindeter Stämme, mit vielen eingeschalteten Erzählungen wie der Bhagavad Gita.

Mahal: Palast

Maharaja: Herrscher über ein Fürstentum.

Maharani: Gemahlin des Maharaja.

Mahout: Elefantenführer

Maidan: Grünfläche in einer Stadt.

Mandir: Tempel

Masjid: Moschee

Mela: Fest, Messe, Jahrmarkt.

Moksha: Erlösung

Nandi: Stier, Shivas Reittier.

Nawab: Herrschertitel eines muslimischen Fürsten, vergleichbar mit dem des Maharaja.

Niwas: Haus

Parvati: Hinduistische Göttin, wohlwollende Erscheinungsform der Gattin Shivas.

Puja: Religiöse Zeremonie, verbunden mit Gebeten und Opfergaben.

Rai: Lokaler Herrscher niederen Ranges

Raj: Herrschaft

Ramayana: Eines der beliebtesten und mit 24.000 Doppelversen umfangreichsten Heldenepen des Hinduismus, in dessen Mittelpunkt Rama steht, der seine Frau Sita aus den Klauen des Dämonen Ravana befreit.

Rupie: Indische Währungseinheit, zum ersten Mal 1542 unter der Herrschaft *Sher Khans* in Nordindien geprägt.

Sadhu: Wandernder Asket oder Einsiedler.

Sagar: Künstlich angelegter See.

Sanskrit: Priester- und Gelehrtensprache, Grundlage aller heute in Nordindien gesprochenen Sprachen. Alle wichtigen Hindu-Schriften sind in Sanskrit verfaßt.

Sati: Gattin Shivas. Verbrannte sich selbst, weil ihr Vater es versäumt hatte ihren Gatten zu einem Opferfest einzuladen. Vorbild für Frauen im Hinduismus, die sich nach dem Tod ihres Ehemannes auf dem Scheiterhaufen verbrennen ließen und so zur "Sati" wurden.

Sepoy: Heute nicht mehr gebräuchlicher Begriff für indische Soldaten.

Shikara: Turm eines nordindischen Tempels.

Shiva: Hinduistischer Gott der Zerstörung und Erneuerung, erkennbar an seinem Haarknoten.

Sufi: Islamischer Mystiker.

Tilak, Tika: Zwischen den Augen mit Farbe aufgetragene Stirnmal, kann ein Zeichen für Kasten- und Sektenzugehörigkeit sein, ist heute jedoch meist eher ein schmückendes Mal ohne weitere Bedeutung.

Tirthankara: Einer der 24 "Furtbereiter" des Jainismus.

Tonga: Zweirädrige Pferdedroschke zur Personenbeförderung.

Torana: Wörtl. "Tor". Meint nicht nur das eigentliche Eingangstor, sondern den gesamten Eingangsbereich mit dem figürlichen und ornamentalen Schmuck.

Trimurti: Bezeichnung der drei höchsten hinduistischen Götter Brahma, Vishnu und Shiva.

Vahana: Reit- bzw. Tragtier einer hinduistischen Gottheit.

Veden: Wörtl. "Heiliges Wissen". Die ältesten heiligen Schriften Indiens unterteilen sich in vier Texte (als wichtigster die Rigveda), die im ersten Jahrtausend von unbekannten Autoren verfaßt wurden.

Vilas: Haus, Palast

Vishnu: Wichtiger hinduistischer Gott, Welterhalter. Wichtige Inkarnationen sind Rama und Krishna.

Yoni: Weibliches Geschlechtsteil, Symbol Parvatis, der Frau Shivas und der weiblichen Energie.

Notfall-Tips

Vorbeugemaßnahmen

- Vor der Reise sollte man sich vergewissern, ob für das Reiseland **Versicherungsschutz im Krankheitsfall** besteht. Falls ja, muß bei der Krankenversicherung ein Auslandskrankenschein besorgt werden. Falls nicht, ist es ratsam, eine Auslands-Reise-Krankenversicherung abzuschließen. Bei erhöhtem Sicherheitsbedarf kann auch eine Reise-Notfall-Versicherung bzw. ein Schutzbrief nützlich sein.
- Ein **Impfpaß** und evt. ein **Gesundheitspaß** mit Blutgruppe, Allergien, benötigten Medikamenten u.ä. sollte mit auf die Reise genommen werden.
- Bei der Hausbank sollte man sich über die **Korrespondenzbank im Reiseland** und Möglichkeiten der **Geldüberweisung** informieren, außerdem sollte man sich über Notfallhilfen und Sperrmodalitäten des **Kreditkarteninstituts** kundig machen.
- Für Postempfang und Kontoverfügung sollten bei der Post bzw. Bank an vertrauenswürdige Personen **Vollmachten** ausgestellt werden. Gegebenenfalls sollte man seinem Rechtsanwalt eine Vertretungsvollmacht für Notfälle geben.
- **Zu Hause** ist zu klären, wer im Notfall telefonisch erreichbar ist und R-Gespräche übernimmt. Dort sollten auch die eigene Bankverbindung und die Versicherungsadressen hinterlassen werden.
- Bei der Telecom kann ggf. eine **Telecard** mit Geheimzahl erworben und die betreffende Deutschland-Direkt-Nummer für **R-Gespräche** erfragt werden (s. Kap. Telefonieren).
- Auf alle Fälle sollte man sich **Kopien** von Paß (incl. Visumseite), Flugticket, Kredit- und Scheckkarten, Reiseschecks und sonstigen Dokumenten anfertigen, sie wasserdicht verpacken und getrennt von den Originalen aufbewahren. Ein ausreichend hoher **Sicherheitsgeldbetrag** sollte getrennt von der Reisekasse aufbewahrt werden.
- Die **Dokumente** sollten wassergeschützt am Körper (Brustbeutel, Geldkatze u.ä.) aufbewahrt oder im Hotelsafe gegen ausführliche Quittung hinterlegt werden.

- Sinnvoll ist es, sich einen **persönlichen Notfall-Paß** zu erstellen und ihn wasserdicht und sicher am Körper aufzubewahren. Eingetragen werden sollten: eigene persönliche Daten, die eigene Adresse und die von Kontaktperson zu Hause incl. Tel. und Fax, die eigene Bankverbindung, Notruf-Telefonnummern der Kranken- und/oder Reise-Notfall-Versicherung bzw. der Schutzbrieforganisation, Adresse und Telefonnummer der deutschen Vertretung im Reiseland (siehe im Buch oder Auswärtiges Amt, Tel. 0228/170), Deutschland-Direkt-Nummer für R-Gespräche, Nummern des Passes, des Flugtickets, der Reiseschecks, der Kreditkarten usw.

Im Krankheitsfall

- Wenn ein Auslandskrankenschein nicht akzeptiert wird und man die Kosten selber tragen muß, muß man sich vom Arzt eine **ausführliche Bescheinigung** über Diagnose und Behandlungsmaßnahmen, einschließlich verordneter Medikamente, sowie eine **Quittung** über die bezahlte Behandlung ausstellen lassen. Auch von Apotheken sollte man sich Quittungen ausstellen lassen.
- Bei **schweren Fällen** sollte außer dem Notfallservice der Versicherung auch die Botschaft bzw. das Konsulat informiert werden.

Verlust von Dokumenten/Geld

- Von der **Polizei** sollte ein ausführliches Protokoll ausgestellt werden.
- Den betroffenen Stellen sollte der **Verlust zügig gemeldet** werden, möglichst zusammen mit Nummern bzw. Kopien der verlorenen Dokumente (Paß: Botschaft bzw. Konsulat, Tickets: Fluggesellschaft, Schecks, Kreditkarten: Bank).
- Botschaften bzw. Konsulate stellen bei Paßverlust einen **Ersatzpaß** aus, nachdem die Foto-Identität geklärt ist. Beste Voraussetzung dafür ist eine Fotokopie des Originals. Sonst wird beim Einwohnermeldeamt der Heimatstadt angefragt, was natürlich Zeit kostet.

Beschaffung von Geld

● *Blitzüberweisung* von der **Hausbank.** Dazu sollte man schon vor der Reise die jeweiligen Bedingungen, insbesondere die Korrespondenzbank im Reiseland, klären.

● *Blitzüberweisung* durch einen **Verwandten.** Spezialisiert auf schnellste Verbindungen ist die *Deutsche Verkehrsbank.*

● Vertreter des **Kreditkarteninstituts** zahlen nach Klärung der Identität ein Notfallgeld. Auf eine rasche Ausstellung der Ersatzkarte sollte man nicht in jedem Fall vertrauen.

● *Reise-Notfall-Versicherungen* zahlen je nach Vertragsklauseln bis zu 3000 DM Notfalldarlehen, falls vorhanden, direkt über Vertreter im Reiseland.

● Die **Botschaften bzw. Konsulate** leihen nur in absoluten Ausnahmefällen Geld, zumeist auch nur in Form von Rückflugticket oder Zugfahrkarte. Allerdings kann in Notfällen eine Information an Verwandte in Deutschland erfolgen, die das benötigte Geld auf ein Konto des Auswärtigen Amtes einzahlen müssen.

Anhang

Hilfe!

Dieses Reisehandbuch ist gespickt mit unzähligen Adressen, Preisen, Tips und Infos. Nur vor Ort kann überprüft werden, was noch stimmt, was sich verändert hat, ob Preise gestiegen oder gefallen sind, ob ein Hotel, ein Restaurant immer noch empfehlenswert ist oder nicht mehr, ob ein Ziel noch oder jetzt erreichbar ist, ob es eine Alternative gibt usw.

Der Autor dieses Buches ist zwar stetig unterwegs und versucht, alle zwei Jahre eine komplette Aktualisierung zu erstellen, aber auf die Mithilfe von Reisenden kann er nicht verzichten.

Darum: Schreiben Sie uns, was sich geändert hat, was besser sein könnte, was gestrichen bzw. ergänzt werden soll. Nur so bleibt dieses Buch immer aktuell und zuverlässig. Die besten und hilfreichsten Zuschriften belohnt der Verlag mit einem Freiexemplar der nächsten Auflage. Schreiben Sie direkt an:

Reise Know-How Verlag Peter Rump GmbH, Hauptstr. 198, D-33647 Bielefeld.

Danke!

Kleine Sprechhilfe Hindi

Mit Sicherheit wird man in Indien auch dann häufig nicht verstanden, wenn man Englisch spricht. Die folgende kleine Sprechhilfe mit wichtigen Wörten, Sätzen und Fragen, mit denen man sich zur Not weiterhelfen kann, sind dem Kauderwelsch-Band **Hindi, Wort für Wort** von *Rainer Krack* entnommen, der ebenfalls im Reise Know-How Verlag Peter Rump erschienen ist.

Wörter, die weiterhelfen:

hóṭel	Hotel	
kamráa	Zimmer	
rísṭoranṭ	Restaurant	
dukáan	Geschäft	
látriin	Toilette	
pulíis	Polizei	
benk	Bank	
saamáan	Gepäck	**...kaháañ hai?**
samáanghar	Gepäckaufbewahrung	Wo ist Hotel,
ṭéksii	Taxi	Zimmer,etc.?
dáwaakhaanaa	Apotheke	
farmesii	Apotheke	
áspiṭel	Krankenhaus	
dákṭer	Arzt	
áirport	"Airport", Flughafen	
raadjdutaaváas	Botschaft	
pósṭ affis	Postamt	
mándir	Tempel	

Läßt man das **kaháañ** in den obigen Fragen weg, so erhält man:

hoṭel hai?
Hotel ist?
Gibt es ein Hotel?

kamráa hai?
Zimmer ist?
Gibt es ein Zimmmer? usw.

Die wichtigsten Fragewörter

wer?	kaun?	कौन
was?	kyaa?	क्या
wo, wohin?	kaháañ/kídhar?	कहां / किधर
woher?	kaháañ/kídhar se?	कहां / किधर से
wann?	kab?	कब
warum?	kyoñ/kyuuñ?	क्यों / क्यूं
wie?	káise?	कैसे
wie lange?	kítnii der tak?	कितनी देर तक
wieviel?	kítnaa?	कितना

Die wichtigsten Richtungsangaben

(nach) rechts	dáhinii or	दहिनी ओर
(nach) links	baaíiñ or	बाईं ओर
geradeaus	síidhaa	सीधा
zurück	wáapás	वापस
gegenüber, vor	ke sáamne	के सामने
neben	báajuu	बाजू
hinten, hinter	ke píitschhe	के पीछे
hier	yaháañ	यहां
dort	waháañ	वहां
Kreuzung	tschaar ráastaa	चार रास्ता
im Zentrum	scháhar ke kendra meñ	शहर के केन्द्र में
außerh. d. Stadt	scháhar se báahar	शहर से बाहर
an der Ecke	kóne par	कोने पर
weit	dúur	दूर
nah	nazdíik	नज़दीक

Die wichtigsten Floskeln & Redewendungen

haañ. हां Ja.	**nahíiñ.** नहीं Nein.
sáhii baat. सही बात Ja, stimmt.	
yáh gálat baat hai. यह गलत बात है Nein, stimmt nicht.	
kripayáa कृपया bitte (Angebot/auffordern)	
máangnaa मांगना (um etw.) bitten	
madád máangnaa मदद मांगना um Hilfe bitten	
dhanyawáad. धन्यवाद Danke.	
koí baat nahíiñ. कोई बात नहीं Macht nichts!, Keine Ursache!	
namasté! नमस्ते Guten Tag!, Auf Wiedersehen!	
sab ṭhiik hai? सब ठीक है Geht's gut? (unter Freunden)	
aap káise / káisii haiñ? आप कैसे/कैसी हैं Wie geht es Ihnen(m/w)?	
ṭhiik huuñ. ठीक हूं Danke, mir geht es gut.	
मैं जा रहा / रही हूं **maiñ jaa ráhaa / ráhii huuñ.** Ich(m/w) gehe jetzt!, Tschüß!	
mera naam ... मेरा नाम ... Ich heiße ...	
maaf kíijiye! माफ कीजिये Entschuldigung!	

Zahlen

०	0	schúunya
१	1	ek
२	2	do
३	3	tiin
४	4	tschaar
५	5	paañtsch
६	6	tscháh
७	7	saat
८	8	aaṭh
९	9	nau
१०	10	das

11	**gyáarah**	17	**sátrah**	23	**té-iis**
12	**báarah**	18	**aṭháarah**	24	**tscháubiis**
13	**térah**	19	**unníis**	25	**patschíis**
14	**tscháudah**	20	**biis**	26	**tschábbiis**
15	**pándrah**	21	**ikkíis**	27	**sattáaiis**
16	**sólah**	22	**báaiis**	28	**aṭtháaiis**

29	**uñtiis**		
30	**tiis**		
40	**tscháaliis**		
50	**patscháas**		
60	**saaṭh**		
70	**sáttar**		

Anhang

Indien & Co.

Kaum eine andere Region der Welt bietet so viele Kontraste, Eindrücke und unterschiedliche Reiseziele wie der Indische Subkontinent. Die Reiseführerreihe *REISE KNOW-HOW* bietet für (fast) jedes Ziel das passende Handbuch mit unzähligen Tips und Informationen (jeweils mit großem Farbteil und der 48seitigen Broschüre *Gesundheitstips für Fernreisende*):

Thomas Barkemeier
Indien - Der Norden
Handbuch für individuelles Reisen und Entdecken (mit Goa und Bombay)
720 Seiten, 75 Karten und Pläne, durchgehend illustriert, ISBN 3-89416-223-6, DM 44.80

Jutta Mattausch
Ladakh & Zanskar
Handbuch für die Reise in den äußersten Norden Indiens
456 Seiten, 34 Karten und Pläne, durchgehend illustriert, ISBN 3-89416-176-0, DM 36.80

Rainer Krack
Nepal
Das Königreich im Himalaya individuell entdecken
464 Seiten, 44 Karten und Pläne, durchgehend illustriert, ISBN 3 89416 193 0, DM 36.80

Rainer Krack
Sri Lanka
Der komplette Reiseführer für individuelles Reisen und Entdecken
504 Seiten, 30 Karten und Pläne, durchgehend illustriert, ISBN 3-89416-170-1, DM 39.80

Literaturhinweise

●*Berg, Hans Walter;* **Indien. Traum und Wirklichkeit:** Zwar trauert der langjährige Indienkorrespondent, der unter Journalistenkollegen als Maharaja von Whiskeypur einen legendären Ruf genoß, unverkennbar den kolonialen Zeiten hinterher, doch bietet sein Buch interessante Einblicke ins Indien der fünfziger und sechziger Jahre.

●*Collins, Larry/Lapiere, Dominique;* **Gandhi – Um Mitternacht die Freiheit:** Musterbeispiel eines gelungenen historischen Romans, in dem Indiens Weg in die Unabhängigkeit ebenso spannend wie kenntnisreich geschildert wird. Unter seinem Originaltitel *"Freedom at Midnight"* ist das Buch in den meisten Buchläden Indiens erhältlich.

●*Hörig, Rainer;* **Indien ist anders;** ders.: **Selbst die Götter haben uns beraubt:** Zwei ebenso unausgewogene wie hervorragende politische Reisebücher, welche v.a. die Vergessenen und Entrechteten der indischen Gesellschaft wie die Ureinwohner, Unberührbare und Frauen zu Wort kommen lassen.

●*Kade-Luthra, Veena* (Hrsg.); **Sehnsucht nach Indien.** Ein Lesebuch von Goethe bis Grass: Anhand von Textausschnitten geht die Herausgeberin den Gründen für die seit Jahrhunderten besonders bei deutschen Philosophen und Literaten zu konstatierende Indiensehnsucht nach.

●*Kantowsky, Detlev;* **Von Südasien lernen:** Der Konstanzer Soziologe beschreibt auf beeindruckende Weise seine Abkehr von dem Glauben, der "Dritten Welt" und speziell Indien mit Methoden westlicher, fortschrittsorientierter Wissenschaft und Technologie helfen zu können. Stattdessen sieht er in der ganzheitlichen hinduistischen und buddhistischen Weltsicht ein Beispiel, in dem der sinnentleerte Westen von den asiatischen Gesellschaften lernen kann.

●*Kipling, Rudyard;* **Kim:** Der Roman des englischen Autors, der die meiste Zeit seines Lebens in Indien verbrachte, wurde lange Zeit von der Literaturkritik als Plädoyer zugunsten der englischen Kolonialherrschaft abgelehnt. Inzwischen gilt die Geschichte des irischen Waisen Kim und des tibetanischen Mönchsjungen Tashoo Lama als gelungendstes Werk Kiplings, welches die unterschiedlichen Lebensphilosophien der beiden Hauptdarsteller, die als Repräsentanten ihrer Kulturen agieren, zum Mittelpunkt hat.

●*Krack, Rainer;* **Kulturschock Indien;** ders.: **India Obscura:** Diese beiden Bücher des Verfassers zahlreicher Reisehandbücher über asiatische Länder und jahrelangen Indienkenners empfehlen sich als handliche Reiselektüre für all jene, die mehr über das indische Alltgsleben erfahren möchten. Behandelt werden u.a. Themen wie die Bedeutung der Großfamilie, Aberglaube, Sexualität, der Gegensatz von Stadt- und Landleben oder Eunuchen in Indien.

●*Lutze, L.;* **Als wäre die Freiheit vom Himmel gefallen.** Hindilyrik der Gegenwart

●*Malchow, Barbara, Tayebi,Keyumars;* **Menschen in Bombay:** Zwanzig

Selbstporträts vom Müllsammler über eine Prostituierte bis zum Atomphysiker vermittelten ein höchst lebendiges Bild von der so oft zitierten Vielfalt und Widersprüchlichkeit Indiens.

•*Naipaul, V.S.;* **Indien. Ein Land in Aufruhr:** Kein anderer Schriftsteller hat seine Haßliebe zu Indien in derart faszinierender und erhellender Weise zu Papier gebracht wie der in Trinidad geborene Sohn indischer Eltern. Auch dieses Buch Naipauls, welches eine Mischung zwischen einem politischen Reisebuch und einer unkonventionellen soziologischen Analyse ist, hat wieder die Frage nach der Identität Indiens zum Mittelpunkt. Seine Stärke liegt nicht zuletzt darin, daß Naipaul nicht der Versuchung erliegt, das chaotische Neben- und Durcheinander der politischen, kulturellen und religiösen Sub-Identitäten des Landes künstlich zu einem Ganzen zusammenzuschweißen.

•*Rothermund, Dietmar;* **Indische Geschichte in Grundzügen:** Dem bekannten Heidelberger Indologen ist es gelungen, die überaus ereignisreiche und komplexe indische Geschichte auf 150 Seiten zusammenzufassen. Der Zwang zur Komprimierung geht allerdings zu Lasten der alten und der mittleren Geschichte, während die Neuzeit, speziell die Kolonialgeschichte recht ausführlich analysiert wird.

•*Scott, Paul;* **Das Reich der Sahibs:** Niemand hat die Dekadenz und den Untergang des britischen Kolonialreiches überzeugender literarisch verarbeitet als Paul Scott in seinem vierbändigen Epos.

•*Strasser, Robert;* **Rajasthan, Gujarat, Indien:** Obwohl inzwischen veraltet, ist dieser Band aus der verdienstvollen Reihe des Indoculture-Verlages immer noch ein Standardwerk für all jene, die sich ausführlich mit der Geschichte, Landeskunde und Kulturgeschichte Rajasthans beschäftigen möchten.

•*Tölle, Gisela;* **Kasturba Gandhi - Die Frau im Schatten des Mahatma:** Der Titel ist Inhalt und Himweis zugleich für das Schicksal fast aller indischer Frauen.

•*Tully, Mark;* **No fullstops in India:** Ein großartiges Buch in dem der langjährige BBC-Reporter in 10 Kapiteln so unterschiedliche Themen wie eine Dorfhochzeit, den Besuch bei einem südindischen Bildhauer, die Kumbh Mela in Allahabad oder die kommunistische Regierung in Kalkutta beschreibt. Wie ein roter Faden zieht sich dabei der Vorwurf durch seine brilliant geschriebenen Analysen, daß die indische Mittel- und Oberschicht, die Entscheidungsträger der indischen Gesellschaft dersrt verwestlicht seien, daß sie die Wünsche und Forderungen der Masse der Bevölkerung unberücksichtigt lasse und so das Land seiner kulturellen Wurzeln beraube.

•*Rau, Heimo;* **Indien:** Als Reiseführer vor Ort zwar veraltet und zudem ohne praktische Reiseinformationen, doch die Kapitel über Kunst und Kultur sind nach wie vor äußerst lesenswert.

REISE KNOW-HOW

REISE KNOW-HOW Bücher werden von Autoren geschrieben, die Freude am Reisen haben und viel persönliche Erfahrung einbringen. Sie helfen dem Leser, die eigene Reise bewußt zu gestalten und zu genießen. Wichtig ist uns, daß der Inhalt nicht nur im reisepraktischen Teil „Hand und Fuß" hat, sondern daß er in angemessener Weise auf Land und Leute eingeht. Die Reihe REISE KNOW-HOW soll dazu beitragen, Menschen anderer Kulturkreise näherzukommen, ihre Eigenarten und ihre Probleme besser zu verstehen. Wir achten darauf, daß jeder einzelne Band gemeinsam gesetzten Qualitätsmerkmalen entspricht. Um in einer Welt rascher Veränderungen laufend aktualisieren zu können, drucken wir bewußt kleine Auflagen.

SACHBÜCHER:

Die Sachbücher vermitteln KNOW-HOW rund ums Reisen: Wie bereite ich eine Motorrad- oder Fahrradtour vor? Welche goldenen Regeln helfen mir, unterwegs gesund zu bleiben? Wie komme ich zu besseren Reisefotos? Wie sollte eine Sahara-Tour vorbereitet werden? In der Sachbuchreihe von REISE KNOW-HOW geben erfahrene Vielreiser Antworten auf diese Fragen und helfen mit praktischen, auch für Laien verständlichen Anleitungen bei der Reiseplanung.

REISE STORY:

Reise-Erlebnisse für nachdenkliche Genießer bringen die Berichte der REISE KNOW-HOW REISE STORY. Sensibel und spannend führen sie durch die fremden Kulturbereiche und bieten zugleich Sachinformationen. Sie sind eine Hilfe bei der Reiseplanung und ein Lesevergnügen für jeden Fernwehgeplagten.

STADTFÜHRER:

Die Bücher der Reihe REISE KNOW-HOW CITY führen in bewährter Qualität durch die Metropolen der Welt. Neben den ausführlichen praktischen Informationen über Hotels, Restaurants, Shopping und Kneipen findet der Leser auch alles Wissenswerte über Sehenswürdigkeiten, Kultur und „Subkultur" sowie Adressen und Termine, die besonders für Geschäftsreisende wichtig sind.

Welt

Abent. Weltumradlung (RAD & BIKE)	DM 28,80	ISBN 3-929920-19-0
Achtung Touristen	DM 16,80	ISBN 3-922376-32-0
Äqua-Tour (RAD & BIKE)	DM 28,80	ISBN 3-929920-12-3
Auto(fern)reisen	DM 34,80	ISBN 3-921497-17-5
Die Welt im Sucher	DM 24,80	ISBN 3-9800975-2-8
Fahrrad-Weltführer	DM 44,80	ISBN 3-9800975-8-7
Motorradreisen	DM 34,80	ISBN 3-921497-20-5
Um-Welt-Reise (REISE STORY)	DM 22,80	ISBN 3-9800975-4-4
Wo es keinen Arzt gibt	DM 26,80	ISBN 3-89416-035-7

Europa

Amsterdam	DM 26,80	ISBN 3-89416-231-7
Baltikum – Estl./Lettl./Litauen	DM 39,80	ISBN 3-89416-196-5
Bretagne	DM 39,80	ISBN 3-89416-175-2
Budapest	DM 26,80	ISBN 3-89416-212-0
Bulgarien	DM 39,80	ISBN 3-89416-220-1
England, der Süden	DM 36,80	ISBN 3-89416-224-4
Estland	DM 26,80	ISBN 3-89416-215-5
Gran Canaria	DM 36,80	ISBN 3-89662-152-1
Großbritannien	DM 39,80	ISBN 3-89416-617-7
Hollands Nordseeinseln	DM 24,80	ISBN 3-89416-619-3
Irland-Handbuch	DM 36,80	ISBN 3-89416-194-9
Island	DM 39,80	ISBN 3-89662-03-5
Lettland	DM 26,80	ISBN 3-89416-216-3
Litauen mit Kaliningrad	DM 29,80	ISBN 3-89416-169-8
London	DM 26,80	ISBN 3-89416-199-x
Madrid	DM 26,80	ISBN 3-89416-201-5
Mallorca	DM 34,80	ISBN 3-927554-29-4
Mallorca für Eltern und Kinder	DM 24,80	ISBN 3-927554-15-4
Oxford	DM 26,80	ISBN 3-89416-211-2
Paris	DM 26,80	ISBN 3-89416-200-7
Polen: Ostseeküste/Masuren	DM 29,80	ISBN 3-89416-613-4
Prag	DM 26,80	ISBN 3-89416-204-X
Provence	DM 36,80	ISBN 3-89416-609-6
Pyrenäen	DM 36,80	ISBN 3-89416-610-X
Rom	DM 26,80	ISBN 3-89416-203-1
Schottland-Handbuch	DM 39,80	ISBN 3-89416-621-5

Europa

Skandinavien – der Norden	DM 36,80	ISBN 3-89416-191-4
Südtirol/Dolomiten	DM 36,80	ISBN 3-89416-612-6
Tschechien	DM 36,80	ISBN 3-89416-600-2
Ungarn	DM 32,80	ISBN 3-89416-188-4
Warschau/Krakau	DM 26,80	ISBN 3-89416-209-0
Wien	DM 26,80	ISBN 3-89416-213-9

Deutschland

Berlin mit Potsdam	DM 26,80	ISBN 3-89416-226-0
Frankfurt/Main	DM 24,80	ISBN 3-89416-207-4
Kärnten und Osttirol	DM 26,80	ISBN 3-89662-105-x
Mecklenburg/Vorp. Binnenland	DM 19,80	ISBN 3-89416-615-0
München	DM 24,80	ISBN 3-89416-208-2
Nordfriesische Inseln	DM 19,80	ISBN 3-89416-601-0
Nordseeinseln	DM 29,80	ISBN 3-89416-197-3
Nordseeküste Niedersachsens	DM 24,80	ISBN 3-89416-603-7
Ostdeutschland individuell	DM 32,80	ISBN 3-921838-12-6
Ostfriesische Inseln	DM 19,80	ISBN 3-89416-602-9
Ostharz mit Kyffhäuser	DM 19,80	ISBN 3-89416-228-7
Oberlausitz/Zittauer Gebirge	DM 24,80	ISBN 3-89416-165-5
Ostseeküste/Mecklenburg-Vorpom.	DM 19,80	ISBN 3-89416-184-1
Wasserwandern Mecklenb./Brandenb.	DM 24,80	ISBN 3-89416-221-X
Rügen/Usedom	DM 19,80	ISBN 3-89416-190-6
Freistaat Sachsen	DM 26,80	ISBN 3-89416-177-9
Schwarzwald	DM 24,80	ISBN 3-89416-611-8
Land Thüringen	DM 24,80	ISBN 3-89416-189-2
Westharz mit Brocken	DM 19,80	ISBN 3-89416-227-9

P R O G R A M M

Afrika

Afrikanische Reise
(REISE STORY)
DM 26,80   ISBN 3-921497-91-4

Bikeabenteuer Afrika
(RAD & BIKE)
DM 28,80   ISBN 3-929920-15-8

Durch Afrika
DM 56,80   ISBN 3-921497-11-6

Ägypten individuell
DM 36,80   ISBN 3-921838-10-x

Tonführer Ägypten: Kairo
DM 32,00   ISBN 3-921838-91-6

Tonführer Ägypten: Luxor, Theben
DM 29,80   ISBN 3-921838-90-8

Agadir, Marrakech und der Süden Marokkos
DM 32,80   ISBN 3-89662-072-x

Kairo, Luxor, Assuan
DM 29,80   ISBN 3-89662-460-1

Kamerun
DM 39,80   ISBN 3-921497-32-9

Libyen
DM 39,80   ISBN 3-921497-05-1

Madagaskar, Seychellen, Mauritius, Réunion, Komoren
DM 39,80   ISBN 3-921497-62-0

Marokko
DM 44,80   ISBN 3-921497-81-7

Namibia
DM 39,80   ISBN 3-89662-320-9

Nigeria - hinter den Kulissen
(REISE STORY)
DM 26,80   ISBN 3-921497-30-2

Tunesien
DM 44,80   ISBN 3-921497-74-4

Tunesiens Ferienzentren
DM 29,80   ISBN 3-921497-76-0

Westafrika
DM 49,80   ISBN 3-921497-02-7

Die Wolken der Wüste
(REISE STORY)
DM 24,80   ISBN 3-89416-150-7

Zimbabwe
DM 39,80   ISBN 3-921497-26-4

Asien

Bali & Lombok mit Java
DM 39,80   ISBN 3-89416-604-5

Bali: Ein Paradies wird erfunden
DM 29,80   ISBN 3-89416-618-5

Bangkok
DM 26,80   ISBN 3-89416-205-8

China Manual
DM 49,80   ISBN 3-89416-626-6

China, der Norden
DM 39,80   ISBN 3-89416-229-5

Indien, der Norden
DM 44,80   ISBN 3-89416-223-6

Reisen mit Kindern in Indonesien
DM 26,80   ISBN 3-922376-95-9

Israel/Jordanien
DM 39,80   ISBN 3-89662-450-4

Jemen
DM 39,80   ISBN 3-921497-09-4

Kambodscha
DM 36,80   ISBN 3-89416-233-3

Komodo/Flores/Sumbawa
DM 36,80   ISBN 3-89416-060-8

Ladakh und Zanskar
DM 36,80   ISBN 3-89416-176-0

Laos
DM 29,80   ISBN 3-89416-218-x

Malaysia & Singapur mit Sabah & Sarawak
DM 39,80   ISBN 3-89416-178-7

Myanmar (Burma)
DM 36,80   ISBN 3-89662-600-0

Nepal-Handbuch
DM 36,80   ISBN 3-89416-193-0

Oman
DM 39,80   ISBN 3-89662-100-9

Phuket (Thailand)
DM 29,80   ISBN 3-89416-182-5

Rajasthan
DM 36,80   ISBN 3-89416-616-9

Saigon und der Süden Vietnams
DM 32,80   ISBN 3-389416-607-X

Singapur
DM 26,80   ISBN 3-89416-210-4

Sri Lanka
DM 39,80   ISBN 3-89416-170-1

Sulawesi (Celebes)
DM 36,00   ISBN 3-89416-172-8

Taiwan
DM 39,80   ISBN 3-89416-614-2

Thailand Handbuch
DM 39,80   ISBN 3-89416-625-8

Asien ·

Thailand: Küsten und Strände
DM 29,80   ISBN 3-89416-622-3

Tokyo
DM 36,80   ISBN 3-89416-206-6

Vereinigte Arabische Emirate
DM 39,80   ISBN 3-89662-022-3

Vietnam-Handbuch
DM 39,80   ISBN 3-89416-620-7

Ozeanien

Neuseeland Campingführer
DM 24,80   ISBN 3-921497-92-2

Neuseeland (REISE STORY)
DM 24,80   ISBN 3-921497-15-9

Bikebuch Neuseeland
(RAD & BIKE)
DM 39,80   ISBN 3-929920-16-6

RAD & BIKE:

REISE KNOW-HOW RAD & BIKE sind Radführer von lohnenswerten Reiseländern bzw. Radreise-Stories von außergewöhnlichen Radtouren durch außereuropäische Länder und Kontinente. Die Autoren sind entweder bekannte Biketouren-Profis oder "Newcomer", die mit ihrem Bike in kaum bekannte Länder und Regionen vorstießen. Wer immer eine Fern-Biketour plant – oder nur davon träumt – kommt an unseren RAD & BIKE-Bänden nicht vorbei!

Amerika

Atlanta & New Orleans
DM 28,80   ISBN 3-89416-230-9

Durch den Westen der USA
DM 39,80   ISBN 3-927554-20-0

USA mit Flugzeug und Mietwagen
DM 39,80   ISBN 3-89662-150-5

Amerika von unten
DM 22,80   ISBN 3-9800975-5-2

„Und jetzt fehlt nur noch John Wayne..." (REISE STORY)
DM 22,80   ISBN 3-927554-18-9

USA/Canada (RAD & BIKE)
DM 46,80   ISBN 3-929920 17-4

USA/Canada
DM 44,80   ISBN 3-927554-19-7

Als Gastschüler in den USA
DM 24,80   ISBN 3-927554-27-8

Canada Ost/USA NO
DM 39,80   ISBN 3-89662-151-3

Durch Canadas Westen m. Alaska
DM 39,80   ISBN 3-927554-03-0

Hawaii
DM 36,80   ISBN 3-89416-860-9

Argentinien/Urug./Parag.
DM 44,80   ISBN 3-921497-51-8

Costa Rica
DM 36,80   ISBN 3-89416-166-3

Ecuador/Galapagos
DM 39,80   ISBN 3-921497-55-8

Guatemala
DM 36,80   ISBN 3-89416-214-7

Spuren der Maya
DM 32,80   ISBN 3-89416-623-1

Honduras
DM 36,80   ISBN 3-89416-608-8

Mexiko
DM 36,80   ISBN 3-9800975-6-0

Panama
DM 36,80   ISBN 3-89416-225-2

Peru/Bolivien
DM 36,80   ISBN 3-3929920-20-4

Radabenteuer Panamericana
(RAD & BIKE)
DM 28,80   ISBN 3-929920-13-1

Traumstraße Panamerikana
(REISE STORY)
DM 24,00   ISBN 3-9800975-3-6

Trinidad & Tobago Barbados, St. Lucia, Grenada, St. Vincent & die Grenadinen
DM 36,80   ISBN 3-89416-174-4

Venezuela
DM 39,80   ISBN 3-921497-40-X

Billigflüge

Die nebenstehende Liste bietet eine Übersicht aller wichtigen *Billigflüge nach New Delhi.* Die Daten wurden uns freundlicherweise von der Firma *Travel Overland* in München zur Verfügung gestellt. Natürlich ohne Gewähr, Stand Ende 1996

Bei Nachfragen an *Travel Overland:*
Barerstr. 73, 80799 München,
Tel.: 089/272760
Fax: 089/2725509

●*Abflugorte:* Aus Platzgründen haben wir für die unterschiedlichen Flughäfen Nummern angegeben: (1) Frankfurt, (2) München, (3) Berlin, (4) Hamburg, (5) Bremen, (6) Hannover, (7) Düsseldorf, (8) Köln, (9) Stuttgart, (10) Nürnberg, (12) Leipzig, (13) Dresden, (14) Luxemburg, (15) Amsterdam, (16) Basel, (17) Zürich, (20) Dortmund, (21) Münster, (22) Paderborn.

Innerhalb Deutschlands wird von einigen Gesellschaften einen Zubringerservice (Kennzeichnung: RF) mit dem *Rail & Fly-Ticket* der Bahn nach Frankfurt angeboten. Ausgangsorte: Bayreuth, Berlin, Bonn, Bremen, Dortmund, Dresden, Düsseldorf, Friedrichshafen, Hamburg, Hannover, Hof, Kiel, Köln, Leipzig, München, Münster, Nürnberg, Paderborn, Saarbrücken, Stuttgart, Westerland.

●*Stopover*, an denen man evtl. gegen Zuschlag die Reise unterbrechen kann, werden extra angegeben.
●*Gültigkeit:* Wird in Tagen angegeben.
●*Preis:* Niedrigster und höchster Hin- und Rückflugpreis (in DM) für die angegebene Gültigkeitsdauer, inklusive der Zuschläge für das *Rail & Fly-Ticket.* Die Preise sind saisonbedingt. Die Kennzeichnungen für Sondertarife bedeuten:
1 - Jugendl. bis 24, Studenten bis 29 Jahre
2, 5 - Jugendl. bis 29, Stud. bis 34 Jahre
3 - Jugendl. bis 26, Studenten bis 29 Jahre
4 - Jugendl. bis 24, Studenten bis 29 Jahre
B - Sondertarif Business Class
F - Sondertarif First Class
●Die regulären Flugpreise in der *Business Class* betragen 5115 DM. In der *First Class* zahlt man 8025 DM. Diese Preise sind bei allen Gesellschaften gleich, sofern sie eine solche Klasse anbieten. Gelegentlich werden auch diese Flüge zu Sondertarifen gehandelt, Kennzeichnung siehe Preise.
●*Kinder:* Kinder bis zu zwei Jahren haben keinen Anspruch auf einen Sitzplatz; für sie braucht aber auch nur der angegebene DM-Preis bezahlt werden, bzw. das, was nach Abzug der angegebenen Prozentzahl übrigbleibt. Kinder über zwei bis zwölf Jahre haben Anspruch auf einen Sitzplatz und erhalten ebenfalls Ermäßigung. Bei Jugend- und Studententarifen gibt es keine Kinderermäßigung.

Fluglinie (Land)	Abflugorte, Stopover	Gültigkeit (Tage)	Preise (von - bis)	Kinder (-2 / - 12)	Flugzeit, Reisezeit	Flug-tage
Aeroflot (GUS)	1-4, 7, 8, 12 Moskau + 100,-	365	1099	-90%/-50%	9/14	5
Air France (Frankreich)	1-4, 6-10, 12-17, 21-23/ alle: Paris	7 - 180	1155-1488	-90%/-50%	10/11,5	4
Air India (Indien)	1, RF (+110,-) Bombay	6 - 180 / 365:+300,-	1588	180,-/-50%	8/8	tgl.
	1	6 - 180	2450 (B)	512,-/-50%		
Air Lanka (Sri Lanka)	RF Colombo	6-180	1199-1322[1]	- / -	14/37 ÜN in Colombo	3
		7-45	1350-1544	180,-/-50%		
		6-180	1599-1766	180,-/-50%		
		6-180	3550-3880[B]	512,-/-25%		

●*Flugzeit/Reisezeit:* Angegeben ist zuerst die Flugzeit, dann die gesamte Reisezeit inklusive Stops. Bei einigen Fluglinien
sind Übernachtungen (ÜN) notwendig.
●*Flugtage:* Hier ist die Anzahl von Flügen pro Woche angegeben.

Fluglinie (Land)	Abflugorte, Stopover	Gültigkeit (Tage)	Preise (von - bis)	Kinder (-2 / - 12)	Flugzeit, Reisezeit	Flug- tage
Alia (Jordanien)	1, 3 Amman	6-45	1272	170,-/-25%	9,5/11	3
		14-90	1322	170,-/-25%		
		14-180	1544	180,-/-25%		
		365	1544	487,-/-25%		
British Airways (Großbritannien)	1 - 9, 12 nur [2]: London	7 - 180	1499-1622	180,-/-25%	10,5/12	tgl.
		365	1269-1939 [2]	– / –		
El Al (Israel)	1-3, 8, 12 Tel Aviv	6-180	1266	-90%/-40%	13/14	1
Emirates Airl. (VAE)	1, RF (+ 60,-) Dubai (+ 60,-)	180 365:+550,-	1299 - 1399	180,-/-50%	10,5,5/14	6
	1, Dubai (+60,-)	180	3130 [B]	512,-/-50%		
			4580 [F]	803,-/-50%		
Gulf Air (VAE)	1, 15, 17 RF (+ 123,-) Abu Dhabi, Doha, Muscat, Bahrein	6-180	1322	180,-/-33%	9,5/11	2
KLM (Niederlande)	RF, 14, 18 Amsterdam	7 - 90	1399 - 1688	-90%/-50%	9,5/11,5	4
		6 - 365	1099 - 1330[3]	– / –		
Kuwait Airways (Kuwait)	1, 2, RF (+ 70,-)	365	1150-1433	487,-/-50%	10/12,5	2
Lufthansa (BRD)	1, RF	7 - 365	1099-1250[4]	– / –	8/8	tgl.
	Stop mögl.	14-30	1384-1584	-90%,-/-50%		
		7-180	1440-1630			
Pakistan Airl. (Pakistan)	1, RF + 120-190,- Karachi + 50%	14 - 90	1210	170,-/-50%	11,5/16	4
		365	1899	487,-/-50%		
			2488[B]	512,-/-50%		
Royal Air Nepal (Nepal)	1, RF Dubai + 100,-, Kathmandu	365	1610	-90%/-33%	12/14,5	3
SAS (Dänemark)	1-4, 6, 7, 9	7 - 90	1277	-90%/-33%	9/11	3
		4 - 180	1498			
		365	1722			
Swiss Air (Schweiz)	1-4, 6, 7, 9	365	1099 [5]	– / –	9/9,5	3
		6 - 180	1322	-90%/-50%		
Syrian Arab Airl. (Syrien)	1 (+ 66,-), 2 Damaskus	365	963	-75%/-25%	9,5/12,5	1
Thai Airways (Thailand)	1, RF (+ 97,-) Bangkok	180	1933	180,-/-50%	15,5/31	tgl.

Innerindische Flugverbindungen

Diese Liste der wichtigsten Flugverbindungen in Nordindien ist weder vollständig noch bindend. Es ist unbedingt notwendig, sich so früh wie möglich vor Ort zu informieren. Unter den fettgedruckten **Abflugsorten** mit ihrem jeweiligen Kürzel werden die **Zielflughäfen** angegeben. Rechts neben dem jeweiligen Abflugort werden die wichtigsten Telefonnummern der vertretenen Fluglinien angegeben. "F" bedeutet dabei die Nummer des Flughafenbüros. Rechts neben den Zielflughäfen wird angegeben, **wie häufig** und an **welchen Wochentagen** welche Fluglinie diese Strecke bedient. Die preiswerteste Linie wird dabei fett hervorgehoben. Die Abkürzung "t" steht für täglichen Flugservice, die Zahlen stehen für die Wochentage (mit Montag als 1 beginnend).

Am Rande der Tabelle werden die höchsten und niedrigsten **Flugpreise** der Economy-Class angegeben, deneben die ungefähren **Flugzeiten.**

Kürzel der Fluglinien

IC	*Indian Airlines*
M9	*ModiLuft*
D2	*Damania Airways*
JA	*Jagson Airlines*
9W	*Jet Airways*
S2	*Sahara India Airlines*

Ort	IC	M9	D2	JA	S2	Preis ($)	Reisezeit
Agra (AGR)	*IC:* 360948, F 3611-80 bis -81						
Delhi	t	t				35-52	0:45
Delhi (DEL)	*IC:* 141, 142, 143, 3274609, 606559, 600121, 3310517, 3719168; *M9:* 6430-514, -695, -801, -831, -897, F 3295126, 5481351; *D2:* 68889-51, -52, -53, -54, F 32954-82, -84; *JA:* 3721593, 3711069, 3721594; *S2:* 332685-1, -2, -3, 33130-31, -37						
Agra	t	t				35-52	0:45
Jaipur	t	t	3,5,7		1,2,4-7	42-46	0:45
Jaisalmer				2,4,6		150	2:50
Jodhpur	**1,3,5,6**			2,4,6		75-94	1:30-2:00
Udaipur	1,3-7	t				72-74	1:55-3:05
Jaipur (JAI)	*IC:* 515324, F 142; *M9:* 3633-73, -74; *S2:* 361828, 553306						
Delhi	t	t	3,5,7		1,2,4-7	42-46	0:45
Jodhpur	1,3,5,6	t				50-54	0:45
Udaipur	4-2: 1-2x	t				50-51	0:45
Jaisalmer							
Delhi				2,4,6		150	2:50
Jodhpur				2,4,6		50	0:50
Jodhpur (JDH)	*IC:* 36757, F 30617; *JA:* 44010, F 30617, 43210						
Delhi	**1,3,5,6**			2,4,6		75-94	1:30-2:00
Jaipur	1,3,5,6	t				50-54	0:45
Jaisalmer				2,4,6		50	0:50
Udaipur	1,3,5,6	t				39-41	0:40
Udaipur (UDR)	*IC:* 28999, F 28011; *M9:* 52637-4, -5, F 655281						
Delhi	1,3-7	t				72-74	1:55-3:05
Jaipur	3-1: 1-2x	t				50-51	0:45
Jodhpur	1,3,5,6	t				39-41	0:40

Zugverbindungen in Rajasthan

Die wichtigsten Zugverbindungen Indiens sind in dem vor Ort erhältlichen Heftchen *Trains a Glance* verzeichnet. Einige der wichtigsten Verbindungen sind außerdem hier abgedruckt, zum Verständnis der Tabelle gelten gleiche Regeln wie für *Trains at a Glance.*

Um die jeweils gesuchte beste Verbindung herauszufinden, muß man zunächst unter dem *Station Index* am Anfang des Büchleins nachschauen, d.h. den gewünschten **Zielort** heraussuchen.

Wer zum Beispiel von Delhi nach Udaipur fahren möchte, findet im **Station Index** alphabetisch geordnet unter den etwa 60 unter dem Ausgangsbahnhof Delhi angegebenen Städtenamen den Namen des Zielortes Udaipur mit den Zahlen 72 und 72a. Von den in den entsprechenden Tabellen aufgeführten insgesamt 13 Zügen besteht jedoch nur mit dem 9617 Garib Nawaz Express und dem 9615 Chetak Express eine Direktverbindung zwischen Delhi und Udaipur. Das ist leicht daran zu erkennnen, daß nur zwischen diesen beiden Zügen eine ununterbrochene Linie zwischen Abfahrts- und Ankunftszeit besteht. Die restlichen Züge verkehren nur auf Teilstrecken, wie z.B. der 4791 Bikaner Express zwischen Delhi und Bikaner.

Nummer und **Name** des jeweiligen Zuges sind deshalb wichtig, weil sie auf den **Reservierungsformularen** eingetragen werden müssen.

Am linken Rand der Tabelle sind die jeweiligen **Entfernungen** zwischen den einzelnen Bahnhöfen angegeben. Zusammen mit der **Preistabelle** kann man sich den Fahrpreis also problemlos errechnen.

Neben dem hier genannten Beispiel gibt es im Einzelfall allerdings noch unzählige **Zusatzbestimmungen**, die es zu beachten gilt. So z.B., wenn hinter dem Zugnamen noch eine oder mehrere Zahlen zwischen 1 und 7 verzeichnet sind. Dies bedeutet, daß der jeweilige Zug nur an bestimmten Tagen zum Einsatz kommt, wobei die Zahlen für die jeweiligen Wochentage stehen, 1 für Montag und weiter fortlaufend bis 7 für Sonntag.

Anhang

Fahrpreise nach Entfernung

km	Mail/Express					Ordinary				
	AC First Class	AC-2T Sleeper	First Class	AC-3T Sleeper	AC Chair Car	Sleeper Class	Second Class	First Class	Sleeper Class	Second Class
	Rs.	Rs.	Rs.	Rs.	Rs.	Rs.	Rs.	Rs.	Rs.	Rs.
10	176	132	72	72	72	62	10	22	33	2
20	176	132	72	72	72	62	12	46	33	4
50	205	184	92	90	72	62	17	83	33	9
100	329	238	139	107	85	62	27	126	33	14
250	598	390	266	213	170	76	57	241	42	32
500	1048	612	464	344	275	135	102	421	67	50
750	1455	854	642	462	369	181	137	574	82	62
1000	1713	970	756	525	420	219	166	687	95	72

Wichtige Verbindungen von Delhi Richtung Rajasthan

km von Delhi	Bahnhöfe ↓		9901 Delhi Sarai Rohilla-Ahmadabad Mail	9903 Delhi Sarai Rohilla-Ahmadabad Express	2905 Ashram Express	4893 Delhi Sarai Rohilla-Jodhpur Express	9617 Garib Nawaz Express außer So	9615 Chetak Express	4791 Bikaner Mail	4789 Bikaner Express	4709 Delhi Sarai Rohilla-Bikaner Link Express	9733 Delhi Sarai Rohilla-Jodhpur Shekhawati Exp	4807 Jodhpur-Barmer Express	4827 Ranakpur Express
...	DELHI SARAI ROHILLA	d	21.05	9.20	18.00	20.00	05.45	14.20	21.30	8.35	23.15 (A)	23.15 (A)		
83	REWARI	a	22.55	11.20	...	21.50	7.38	16.00	23.25	10.25	00.55	00.55		
		d	23.05	11.30	...	22.00	7.40	16.10	23.35	10.35	01.05	01.05		
199	AGRA FORT	a	↓	↓	↓	↓	↓	↓	↓	↓	über	über		
		d	↓	↓	↓	↓	↓	↓	↓	↓	Loharu	Loharu		
207	ACHNERA	a												
		d												
179	BHARATPUR	a												
		d												
308	JAIPUR	a	4.30	17.00	↓	↓	12.00	20.30	↓	↓	↓	11.10		
		d	4.50	17.20	↓	↓	12.20	20.50	↓	↓				
224	SADULPUR	a	↓	↓			↓	↓	2.40	13.20	4.55			
		d	↓	↓			↓	↓	3.00	13.30	5.05			
325	RATANGARH	a							5.05	15.35	7.20			
		d							5.30	15.55	7.45			
463	BIKANER	a							8.20	18.50	10.30			
		d												
363	PHULERA	a	6.15	18.30	...	2.45	13.20	22.10				4897 Jodhp. Barmer Exp.		
		d	6.25	18.40		2.55	13.25	22.35						
444	AJMER	a	9.10	21.25	2.30	5.20	15.30	00.40						
		d	9.25	21.45	2.35	5.25	15.35	00.55						
584	MARWAR	a	↓	↓	↓	8.45	↓	↓						
		d	↓	↓	↓	9.25	↓	↓						
626	JODHPUR	a					11.50							
		d										23.00	8.05	7.40
584	MARWAR	a	12.08	0.58	...							↓	↓	10.05
		d	12.15	1.08	...							↓	↓	10.15
825	BARMER	a										4.05	12.45	↓
622	CHITTORGARH	a					19.50	5.20						↓
		d					20.05	5.50						
739	UDAIPUR CITY	a					23.30	9.25						

Wichtige Verbindungen von Rajasthan Richtung Delhi

km von Udaipur	Bahnhöfe ↓	a/d	9902 Ahmadabad Delhi Sarai Rohilla Mail	9904 Ahmadabad Delhi Sarai Rohilla Express	2906 Ashram Express	4894 Jodhpur Delhi Sarai Rohilla Mail	9618 Garib Nawaz Express außer Sa	9616 Chetak Express	4792 Bikaner Mail	4790 Bikaner Express	4710 Bikaner Delhi Sarai Rohilla-Link Express	9734 Shekhawati Express	4898 Ranakpur Express	4808 Barmer-Jodhpur Express
...	UDAIPUR CITY	d					5.35	18.10						
152	CHITTORGARH	a					9.00	21.25						
		d					9.15	21.40						
356	BARMER	d												
221	JODHPUR					14.00	↓	↓					↓	↓
		d					↓	↓					↓	↓
117	MARWAR	a	18.20	2.45	...	16.20						17.45		
		d	18.25	3.00	...	16.35						17.50		
			↓	↓	↓									
			↓	↓	↓									
221	JODHPUR	a										20.30	20.55	04.25
		d												
217	AJMAR	a	21.55	6.30	3.00	19.55	13.20	2.25						
		d	22.10	6.45	3.05	20.00	13.35	2.35						
297	PHULERA	a	00.10	8.50	...	22.10	15.15	4.15						
		d	00.20	9.00	...	22.20	15.20	4.25						
238	BIKANER	a									(A)			
		d							19.45	8.35	17.50			
322	RATANGARH	a							22.35	11.35	20.50			
		d							23.00	11.55	21.15			
									01.00	14.05	23.25			
430	SADULPUR	a	↓	↓	↓	↓	↓	↓	01.20	14.15	23.55			
		d												
352	JAIPUR	[	1.30	10.10			16.20	5.43			(A)			
		d	1.50	10.40			16.40	6.05			18.05			
						↓								
			↓	↓		↓			↓	↓		↓		
			↓	↓					↓	↓		↓		
600	BHARATPUR	a												
		d									über Laharu	über Laharu		
628	ACHNERA	a	↓	↓	↓	↓	↓	↓	↓	↓				
		d	↓	↓	↓	↓	↓	↓	↓	↓				
660	AGRA FORT	a												
		d												
656	REWARI	a	6.35	17.20	...	3.35	20.48	12.15	4.00	17.00	3.10	3.10		
		d	6.45	17.30		3.45	20.50	12.25	4.20	17.10	3.20	3.20		
739	DELHI SARAI ROHILLA	a	6.50	19.45	11.35	5.35	22.20	14.10	6.25	19.00	5.00	5.00		

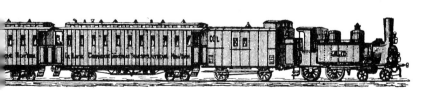

403

Russische Generalstabskarten **INDIEN**
1: 500.000 (1: 200.000 1:100.000)

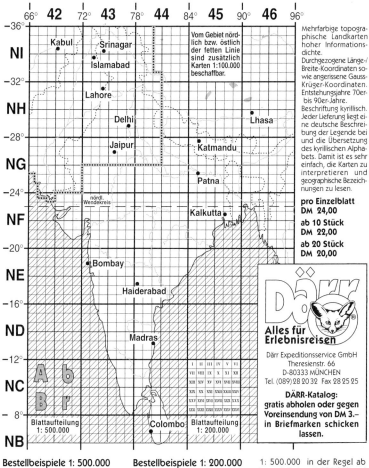

66° **42** 72° **43** 78° **44** 84° **45** 90° **46** 96°

-36° | -32° | -28° | -24° | -20° | -16° | -12° | -8°

NI **NH** **NG** **NF** **NE** **ND** **NC** **NB**

Kabul · Srinagar · Islamabad · Lahore · Delhi · Jaipur · Lhasa · Katmandu · Patna · Kalkutta · Bombay · Haiderabad · Madras · Colombo

nördl. Wendekreis

Vom Gebiet nördlich bzw. östlich der fetten Linie sind zusätzlich Karten 1:100.000 beschaffbar.

Blattaufteilung 1: 500.000

Blattaufteilung 1: 200.000

Mehrfarbige topographische Landkarten hoher Informationsdichte.
Durchgezogene Länge-/Breite-Koordinaten sowie angerissene Gauss-Krüger-Koordinaten. Entstehungsjahre 70er- bis 90er-Jahre.
Beschriftung kyrillisch. Jeder Lieferung liegt eine deutsche Beschreibung der Legende bei und die Übersetzung des kyrillischen Alphabets. Damit ist es sehr einfach, die Karten zu interpretieren und geographische Bezeichnungen zu lesen.

pro Einzelblatt DM 24,00

ab 10 Stück DM 22,00

ab 20 Stück DM 20,00

Anhang

Alles für Erlebnisreisen

Därr Expeditionsservice GmbH
Theresienstr. 66
D-80333 MÜNCHEN
Tel. (089) 28 20 32 Fax 28 25 25

DÄRR-Katalog: gratis abholen oder gegen Voreinsendung von DM 3.– in Briefmarken schicken lassen.

I	II	III	IV	V	VI
VII	VIII	IX	X	XI	XII
XIII	XIV	XV	XVI	XVII	XVIII
XIX	XX	XXI	XXII	XXIII	XXIV
XXV	XXVI	XXVII	XXVIII	XXIX	XXX
XXXI	XXXII	XXXIII	XXXIV	XXXV	XXXVI

Bestellbeispiele 1: 500.000
Artikelnummer 2 000 315

Bombay	>	NE 43 **A**
Jaipur	>	NG 43 **b**
Delhi	>	NH 43 **r**
Islamabad	>	NI 43 **B**

Bestellbeispiele 1: 200.000
Artikelnummer 2 000 118

Bombay	>	NE 43 **VII**
Jaipur	>	NG 43 **X**
Delhi	>	NH 43 **XXX**
Islamabad	>	NI 43 **XX**

1: 500.000 in der Regel ab Lager lieferbar. 1: 200.000 und 1: 100.000 können binnen ca. 3 Monaten besorgt werden.

Copyright 1996 Därr
Expeditionsservice GmbH

Der Autor

Thomas Barkemeier, Jahrgang '58, verbringt seit 1982 jedes Jahr mehrere Monate in Asien. Nach ausgedehnten Reisen in nahezu alle asiatischen Länder führte ihn der Weg 1987 zum ersten Mal nach Indien, und zwar ausgerechnet in das berühmt-berüchtigte Kalkutta.

Seither hat er mehr als eineinhalb Jahre in Indien verbracht und während der über 15 000 Kilometer, die er auf Straße und Schiene zurücklegte fast jeden Winkel des Landes kennengelernt. Neben der einzigartigen ethnischen, kulturellen und landschaftlichen Vielfalt des Landes sind es die dem mitteleuropäischen Denken und Fühlen oftmals entgegengesetzten Wertvorstellungen der Inder, die ihn immer wieder aufs neue in dieses ebenso faszinierende wie schwierige Reiseland ziehen.

Zwischen seinen Reisen führte er sein Studium der Geschichte, Politik und Philosophie zu Ende und arbeitete als Reiseleiter in Asien. Auch in Zukunft wird er sich beruflich und privat vornehmlich in seiner zweiten Heimat Asien aufhalten.

Kartenverzeichnis